KB047967

제3판

# 은행법원론

김용재 저

박영사

# 제 3 판　머리말

　　은행법원론 제 2 판을 출간한 지 만 7년 만에 제 3 판을 출간하게 되었다. 2017년 두 개의 인터넷전문은행이 인가되고, 2018년 그 설치에 관한 근거법이 제정되어 2019년 1월부터 시행되고 있다. 저자는 2015년 금융위원회 금융규제 개혁 T/F의 은행·금융지주 분과장으로 참여하여, 특별법의 제정 필요성과 입법시 반영하여야 할 주요 내용 등을 건의하였다. 특별법에 근거하여 설립된 후 지점 없이 전자금융업을 수행하는 '신설 인터넷전문은행'은 은행법에 근거하여 설립된 후 지점을 기반으로 업무를 영위하던 '기존 은행들'과는 전혀 별개의 금융기관이다. 인터넷전문은행의 경우 은산분리가 완화되어 특정의 요건을 충족하는 산업자본으로 하여금 의결권있는 발행주식의 34%까지 보유할 수 있도록 허용하였다. 그렇지만 대주주의 이해상충을 방지할 수 있는 규제들이 강화되었으므로 최소의 안전장치는 마련된 셈이다. 인터넷상으로만 업무를 영위하기 때문에 대면 거래가 이루어지지 않는 특성으로 인하여 일부 업무행위를 제한받기도 하지만, 인터넷전문은행이 기존 은행들과 차별화된 혁신적인 업무 영역을 개발하여 비이자수입을 확대한다면 다른 은행들에게 신선한 자극을 줄 것이고 결과적으로 전체 은행산업의 경쟁력도 증진될 것이라고 기대한다. 제 3 판은 인터넷뱅킹 분야의 최근 입법과 판례를 꼼꼼하게 분석하고 있다.

　　그간 은행법상의 고유 쟁점을 다시 검토하여야 할 획기적인 사건도 있었다. 론스타펀드가 우리나라 정부를 상대로 ICSID에 제기한 중재신청 사건에서, 저자는 우리 정부측 전문증인으로서 은행법상의 소유규제 전반에 대한 전문가로서의 의견을 서면으로 제출한 후 2015년 중재법정에서의 최종 구술 심리에 참여한 바 있다. 전세계적으로 은행법상 엄격한 소유규제를 시행하는 국가가 그리 많지 않은데, 저자는 중재인들이 궁금해하는 우리나라의 은행법상 소유규제를 설명한 후 우리나라의 금융감독당국이 은행법에 충실하고 투명하게 소유규제 제도를 운영하였으므로 론스타펀드에게 불리한 처분을 한 것이 아니라는 우리 정부의 항변을 지지하면서 다양한 법적 근거를 제시한 바 있다. 동 사건을 계기로 은행법상의 소유규제가 우리나라에서 차지하는 위상이 얼마나 중요한지를 다시 점검할 기회를 가졌고, 은행법상 다소 오해의 여지가 있는 부분과 보완이 필요한 부분을 개정하여야 한다는 점이 드러났다. 이런 점을 반영하여 제 3 판은 은행소유규제를 대폭 정비하였다.

　　건전성 규제 측면에서는 Basel Ⅲ가 전면적으로 시행되면서 국제결제은행 (BIS)이 정하고 있는 자기자본규제 산정식 중 분모가 아닌 분자 항목의 정비가 대폭 이루어졌다. 특히 분자 항목을 구성하는 기본자본으로서 신종자본증권과 보완자본으로서 후순위채는 '조건부 자본증권'의 형태로 발행되어야 하는데, 그 발행의 근거가 은행법에 새롭게 마련되었다. 그리고 과거 은행법에 규정되었던 경영진규제들이 '금융회사의 지배구조에 관한 법률'의 시행과 함께 동 법률로 이관되었다. 한편 2008년 글로벌 금융위기를 계기로 금융그룹에 대한 모델이 전세계적으로 통일되는 움직임이 감지되었다. 예를 들어 Universal Banking 영역에서는 과거 상업은행업과 투자은행업을 하나의 본체에서 수행하던 독일식 겸영은행 방식이 사라지면서, 전세계 유수의 금융그룹들은 미국식 금융지주회사 방식이라는 단일 모델로 구조를 재편하고 있다. 이 때문에 제 3 판은 겸업주의에 대한 관련 내용을 이에 맞게 수정하였다. 마지막으로 금융감독법상의 쟁점 부분에서는 제 2 판까지 외국의 입법례와 판례 등을 방만하게 나열하여 오히려 독자들에게 혼란을 가중시켰다는 비판을 겸허히 받아들여, 불필요한 부분을 과감하게 삭제하고 핵심만을 강조하는 형식으로 내용을 정비하였다.

　　은행법 제 3 판을 발간하면서 항상 저자를 성원해주는 부모님과 가족 및 고려대학교 법학전문대학원에 감사드린다. 제 3 판의 출간을 독려해주신 박영사의 안상준 대표님과 조성호 이사님, 그리고 정성스럽게 편집 및 교정을 해주신 김선민 부장님께도 진심으로 감사드린다.

2019년 8월 안암동 연구실에서

저자 **김 용 재**

# 머 리 말

저자가 1998년 12월 미국의 위스콘신-매디슨 주립대학교 법과대학에서
"한국의 1998년 은행법 개정과 미국법을 모델로 한 향후 은행법 개정방향"이
라는 제목으로 박사학위(S.J.D.)를 받고 귀국한 지도 어언 만 11년이 지났다. 당
시 국내에는 금융법, 그중에서도 은행법을 전공한 학자들이 극히 소수였기 때
문에 저자가 참고할 수 있는 국내 문헌은 금융정책당국과 한국은행에서 발간
한 일부 公刊 자료 외에는 거의 없었다. 저자는 귀국 이후 미국법과의 비교법
적인 분석을 통하여 우리나라 은행법상으로 논란이 되는 제도의 연혁과 문제
점 및 해결방안을 규명하는 데 연구를 집중하였다. 모든 주제를 법학적인 시각
에서 최초로 수행한다는 도전의식과 프론티어로서의 사명감이 저자의 연구 의
욕과 동기를 촉발하는 계기도 되었지만, 다른 한편으로는 저자에게 연구 성과
가 다소 미진할 수 있다는 불안감을 주기도 하였다. 이 때문에 다소 부족하다
고 생각하는 부분을 채우기 위하여 스스로를 채찍질하는 시간을 갖기도 하였
는데, 비록 짧은 경험이었지만 금융감독원의 전문직원과 대법원의 재판연구관
직 업무수행은 저자의 실무분야에 대한 이해도를 대폭적으로 제고시킬 수 있
는 기회를 제공하기도 하였다. 이렇게 축적된 연구결과물과 실무에서의 경험이
저자의 학부와 대학원 강의에서 학생들을 지도할 수 있는 원천이 되어 왔고,
이러한 연구와 강의의 결실은 다시 이 책의 발간으로까지 이어지게 되었다.
　　1997년의 IMF 경제위기와 2008년의 전세계적인 금융위기를 겪으면서 많
은 사람들은 금융시장에서 은행이 얼마나 중요한 지위를 차지하고 있는지를
실감할 수 있었다. 그리고 은행을 축으로 한 자금중개시장과 금융투자업자를
중심으로 한 자본시장이 조화롭게 발전되어야만, 전체 금융시장의 건전성과 안
정성이 확보되고 궁극적으로 실물경제 부문도 안정될 수 있다는 사실을 간파
하였다. 이러한 인식을 기초로, 은행의 건전성을 책임지고 파산을 방지함으로
써 금융소비자를 보호할 목적으로 제정된 은행법을 이해한다는 것은 21세기
금융자본주의 시대를 살아가는 현대인에게는 절대적인 사명이자 불가피한 과

제가 아닐 수 없다. 저자는 금융법에 관심이 많은 법학전공 학생들뿐만 아니라, 재무금융, 정책학, 행정학 등을 전공하는 학생들 그리고 금융 관련 업종에 종사하는 실무가, 금융감독당국 및 법조인들에게도 우리가 살아가고 있는 현대 금융자본주의 체제를 보다 잘 이해하기 위해 이 책을 감히 읽어볼 것을 권하는 바이다. 그 다음으로 '자본시장과 금융투자업에 관한 법률'에 관한 서적을 접할 경우, 독자들의 금융법 전반에 대한 이해의 폭은 상당히 넓어질 것이고 금융관련 전문지식의 양도 대폭적으로 배가될 것이다.

　　이 책의 전체 목차와 세부 내용을 일별한다면, 독자들은 다른 저자들이 기존에 발간하였던 은행법 관련 서적과 이 책이 상당히 차별화된다는 점을 발견하게 될 것이다. 왜냐하면 저자는 은행법의 중요 규제에 대한 원리를 탐구하고 시사점과 개선방안을 강구하는 데 이 책의 주안점을 두었기 때문이다. 저자는 이 책의 전체 내용에 대한 구상을 마친 후 적절한 서명을 결정함에 있어서도 많은 고심을 하였다. 사실 제 1 장 금융법 총설, 제 2 장 은행의 건전성규제, 그리고 제 3 장 은행의 기능별 규제 부분은 현재의 서명에 잘 포섭된다고 평가된다. 그렇지만 은행법이 금융법의 가장 중심에 서고 다른 금융관련법과 유기적으로 연계되어 있다는 점을 감안할 때, 은행법만의 편면적인 고찰로는 독자들의 호기심과 학구열을 충족시키는 데 한계가 있게 마련이다. 이 때문에 저자는 제 4 장 겸업주의(universal banking), 제 5 장 인터넷뱅킹, 제 6 장 금융산업구조조정, 제 7 장 금융감독법상의 쟁점 부분에서 은행법 이외에도 금융지주회사법, 한국은행법, '금융산업의 구조개선에 관한 법률', 전자금융거래기본법, '금융위원회의 설치 등에 관한 법률', 예금자보호법, 공적자금관리법 등의 관련 조항들을 언급하고 중요 쟁점들을 분석하고자 하였다. 한편 제 7 장에서는 은행법과 금융감독법규의 향후 개선방안을 제시하는 데 초점을 맞추었으므로, 모델이 될 만한 금융 선진국의 입법례에 대한 소개에 많은 지면을 할애하기도 하였다. 그렇다 보니 저자는 서명을 아예 「금융법원론」으로 하거나 서명에 대한 부제로서 "금융법의 이상과 과제"를 첨가하는 것이 이 책의 내용과 실질적으로 합치된다고 생각하기도 하였었다. 그렇지만 은행법이 금융법의 핵심을 이룬다는 점과 서명이 너무 길 경우 오히려 독자들이 친숙하게 다가설 수 없다는 점을 감안하여, 저자는 결국 서명을 「은행법원론」으로 간명하게 하기로 하였다.

　　저자는 이 책을 읽는 독자들로 하여금 은행법의 기본 원리를 체계적이고 심도 있게 파악할 수 있도록 하였다. 따라서 독자들에게 나무보다는 숲 전체를 조망할 수 있는 거시적인 안목을 제공하겠다는 방향성을 갖고, 저자는 은행법의 개별 조항에 대한 세세한 분석보다는 은행법 전반에 대한 밑그림을 제시하는 데 초점을 맞추었다. 사실 이 책이 발간되는 시점에도 저자는 금융감독당국이 은행의 사외이사 제도를 비롯한 지배구조 개선방안 및 강화된 감독방안 등을 마련하여 이를 2010년도 은행법 개정안에 반영하려고 하는 움직임을 감지할 수 있었다. 저자는 경영진의 업무수행이 적법하고 타당한지를 감독하는 데 주력하여야 할 사외이사들로 하여금 은행장(혹은 금융지주회사 회장) 선임에 상당한 영향력을 행사할 수 있도록 한 현행 법제가 본질적으로 문제된다고 생각한다. 그러나 법률이 자주 개정되는 상황에서 이러한 세부 쟁점들을 모두 반영하는 책자를 완성한다는 것은 실현 불가능하므로, 저자는 되도록 은행법 개정과는 무관하게 독자들로 하여금 은행법의 존재 의의와 다른 금융 관련 법률과의 관련성 및 큰 틀에서의 향후 개정방향 등을 가늠할 수 있는 책을 집필하는 것이 바람직하다는 판단을 하게 된 것이다. 그렇지만 저자는 이 책을 기획하여 집필하는 과정에서 단행되었던 2009년 6월의 은행법 개정과 동년 10월의 은행법시행령 개정 내용을 소유규제와 이해상충규제 부분에 상세하게 반영하였다. 동 개정이 우리나라 은행제도의 근간을 이루어왔던 銀産分離 원칙의 중대한 변화를 초래하였고 실무계와 학계에서는 여전히 그 개정의 당위성에 대하여 논란이 많으므로, 저자는 이 책의 다른 부분과 달리 여기서는 관련 조항을 세세하게 고찰하는 방식으로 서술체제를 달리할 수밖에 없었음을 미리 밝힌다. 그렇지만 이 책이 발간된 이후 그 밖에 금융 부문에서의 산업정책상의 근본적인 변화는 더 이상 없을 것이라고 희망하는 바이다.

    이 책을 발간하면서 이렇게 머리말을 쓰게 되니 감사의 마음을 전하고 싶은 분들이 여럿 있다. 우선 저자를 낳아서 키워주시고 항상 올바른 학자의 길을 갈 것을 격려해주신 부모님이다. 지금까지도 부모님께서 건강하신 점에 대해 감사드리며, 부모님의 사랑과 은혜에 대해 조금이나마 보답한다는 심정으로 이 책의 영광을 부모님께 돌리고자 한다. 물론 먼 곳에 있지만 항상 저자에게 용기를 북돋아주고 있는 아내와 아들 호중에게도 감사의 말을 전한다. 다음으로 저자를 학문의 길로 이끌어주신 최기원 교수님이다. 최기원 교수님께서는 저자가 이 책의 출간을 결심하는 데 있어서 많은 용기를 주셨고 지금도 저자의 부족한 점을 많이 일깨워주시곤 한다. 황적인 교수님께서는 국비유학을 떠나던 저자로 하여금 은행법 분야를 개척하도록 조언을 주셨고, Charles R. Irish 교수님과 Peter C. Carstensen 교수님께서는 저자의 박사학위논문을 지도하면서 금융구조조정법 분야에 대한 공부도 병행할 것을 권고하신 탁월한 선견지명을 갖고 계셨다. 양승규 교수님께서는 항상 애정 어린 눈길로 저자에게 학자가 지녀야 할 기본적인 소양을 일깨워주고 계시며, 송상현 교수님께서는 저자의 학문적인 발전을 관심 있게 지켜보고 계신다. 정찬형 교수님과 이철송 교수님께서는 금융법학회와 증권법학회에서 지금도 저자의 설익은 주장을 경청해주시고 저자가 미처 파악하지 못한 쟁점들을 제시해주시곤 한다. 진한 동료애로써 이 책의 발간을 물심양면으로 지원해주신 고려대학교 이기수 총장님과 동료 법학전문대학원 교수님들께도 감사의 마음을 전하는 바이다. 끝으로 이 책의 탄생에 도움을 주신 박영사의 안종만 회장님, 조성호 부장님, 안상준 팀장님께 감사드리고, 특히 전반적인 편집과정을 직접 관장하고 세부적인 사항에 대해 아낌없는 조언을 해주신 노현 부장님께 심심한 감사의 말씀을 드린다. 그렇지만 사소한 오·탈자, 본문이나 각주에 있어서 표기상의 일관성 결여 및 기타 내용상의 오류 등은 전적으로 저자의 책임이라는 점을 강조하고자 한다.

2010년 1월 안암골에서

저자 **김 용 재**

# 차    례

## ▮ 제 1 장  총    설 ▮

## ▮ 제 2 장  은행법의 목적과 은행규제의 본질(건전성규제) ▮

## ▮ 제 3 장  은행규제의 기능별 분류 ▮

## ▌ 제 5 장  인터넷뱅킹의 법적 규제 ▐

## ▌ 제6장  금융산업구조조정 ▐

## ▮ 제 7 장  금융감독법상의 쟁점 ▮

# 제1장

## 총 설

# 제 1 장 ■
# 총    설

## 제 1 절   금융의 기능 및 금융을 통한 자금조달방법

금융은 인체에 있어서의 혈액(blood)에 비유된다. 즉 혈액순환이 잘 되어야 사람의 신체가 건강한 것과 마찬가지로, 금융산업이 안전하고 건전(safe and sound)하여야 전체 산업의 균형적인 발전을 기대할 수 있다.

금융은 직접금융의 방식과 간접금융의 방식이 있다. 첫째, 직접금융이란 기업이 직접 투자자를 상대로 주식·회사채 등 증권을 발행하여 거액의 자금을 일시에 조달하는 방법으로서, 보통 금융투자업자(investment banker)의 자금중개 기능을 활용하게 된다. 금융투자업자가 당해 증권을 직접, 어느 정도 인수하는 지 여부에 따라 ① 총액인수, ② 잔액인수, ③ 모집·매출주선(best effort under-writing)으로 다시 세분할 수 있다. 둘째, 간접금융이란 은행, 상호저축은행, 신용협동조합, 새마을금고 등 금융중개기관(intermediaries)이 예금 혹은 기타 채무증서의 발행에 의하여 일반 대중(public)으로부터 여유 자금을 조달하여 집적(pooling)한 후, 자금중개기관으로서 산업부문(중소기업금융)이나 가계부문(소비자금융)에 대한 대출 혹은 기타 신용공여의 방법으로 필요자금을 제공해 주는 방법이다.1) 직접금융과 간접금융은 금융의 방식과 대상에 있어서 다소 차이가 있지만 기본적으로 자금중개역할을 수행한다는 특성에서 공통점을 갖는다.

여기서 후자의 간접금융방식은 자체적인 브랜드가치(brand value)가 없어서

---

1) 2000년대 초반부터 저금리 기조가 뚜렷하였으므로, 全世界的으로 낮은 은행예금 이자에 만족하지 못한 투자자들이 자금을 직접금융시장(특히 주식시장과 채권시장)으로 집중시키는 현상이 만연하여 왔다. 직접금융시장으로의 자금편중현상은 금리체계를 왜곡시키고 투기 심리를 조장함으로써 2008년의 금융위기 및 경제위기의 도화선이 되었다고 평가된다.

직접금융시장을 통한 자금조달이 불가능한 중소기업을 위한 자금조달방식이라
고 할 수 있다. 그런데 정경유착을 통하여 대기업이 은행으로부터 거액의 신용
공여를 받을 경우, 중소기업으로의 선순환적인 자금조달줄이 막힘으로써 사회
전체적으로 가용자금 배분의 왜곡, 즉 자원배분의 왜곡 현상이 발생하게 된다.
금융법은 이러한 간접금융방식의 허점을 보완하기도 한다. 즉 금융법은 이자율
과 투자수익률간 균형을 도모하고 자원배분의 왜곡을 방지하여 자금이 선순환
되도록 함으로써, 궁극적으로 금융소비자와 금융자본주의 체제를 보호하는 파
수꾼으로서의 기능을 수행하는 것이다.

**[표 1-1]  자금중개시장과 자본시장의 비교**

|  | 자금중개시장(Intermediary Market) | 자본시장(Capital Market) |
|---|---|---|
| Player | Commercial Bank가 주도 | Investment Bank가 주도하는 시장으로서, 금융투자업자는 증권발행인으로부터 수수료를 받고, 증권(주식 또는 회사채)이 일반 투자자들에게 발행되어 전전유통될 수 있도록 하는 기능을 수행함 |
| 금융방식 | 간접금융(자원배분) | 직접금융(직접 시장에서 자금 조달) |
| 수익기반 | 예대마진 | 수수료 |
| 지표 | 이자율에 따라 화폐유통량이 결정됨 | 투자수익률에 따라 투자규모가 결정됨 |
| 수요자 | 중소기업·일반서민(가계)대출이 이루어지는 곳 | Brand Image와 Value가 높은 대기업 중심의 금융시장 |
| 신용평가 주체 | 차주의 신용평가를 은행이 결정 (내부 신용평가) | 특히 회사채와 CP 발행에 있어서 독립된 외부신용평가기관의 공정한 신용평가를 필요로 함 |
| 특기사항 | 중소기업이 직접 자금조달하는 경우도 있다 | 오히려 대기업이 은행의 자금을 다 가져가고 있다 |

* 양 시장의 상호조화에 의해 일국의 금리체계가 결정된다. 즉 이자율이 높아지면 자금중
개시장으로 자금이 몰리고, 투자수익률이 높아지면 자본시장이 활발해진다.

# 제 2 절  금융법의 분류

## I. 기능에 따른 분류

전통적으로 금융법은 금융규제법과 금융거래법으로 이분된다고 설명되어 왔다. 첫째, 금융규제법은 공·사법이 혼재된 경제법의 가장 대표적인 영역으로서, 금융소비자를 보호하고 자원배분의 효율성을 제고하는데 주된 목적을 두고 있다. 금융규제법은 민·상법, 행정법, 형법적인 요소가 혼재되어 있다. 둘째, 금융거래법은 금융기관과 금융소비자(고객)간의 사적 거래관계에 적용되는 법으로서, 실무계에서는 금융업을 영위하는 사업자단체가 제정한 표준약관이 주된 *法源*으로서 기능한다. 물론 표준약관의 *法源性*을 인정할 것인지에 대해서는 논란이 있을 수 있다.

---

**참고  표준약관의 법적 성격**

약관의 본질에 대해서는 전통적으로 규범설과 계약설이 있다. 규범설에 의하면 약관이 독자적이고 자생적인 효력을 갖는 법규범으로서의 효력을 갖는다고 하는데, 이는 다시 자치법설과 상관습법설로 나뉜다. 계약설은 약관이 일방 당사자에 의하여 사전에 마련된 것이므로 효력을 가지려면 상대방의 동의가 있어야 한다는 전제하에 약관은 계약서초안 혹은 예문에 불과하다고 한다. 판례도 계약설을 고수하고 있다. 그런데 계약설을 취하면서도 표준약관에 대해서는 법률이 작성주체에 대하여 약관작성의무를 부과하고 감독관청이 약관에 대한 인가권과 변경명령권을 가진다는 점을 들어 법규로서의 실질도 병유한다는 입장이 있다(제한적 계약설). 논란이 있을 수도 있지만 제한적 계약설에 의할 경우 표준약관은 제한적이나마 법규로서의 실질을 갖는 것이고 그때에는 법원성도 인정될 수 있을 것이다.

---

한편 전세계적으로 금융위기가 빈발하면서 1990년대 초반 새로운 법역, 즉 금융산업구조조정법이 등장하게 되었다. 미국에서는 1980년 이자율의 급등을 시발로 하여 장기 부동산담보금융에 특화된 저축대부조합(savings and loan associations)과 관련 상업은행(commercial banks)들이 연이어 파산하면서 예금보

험기금이 고갈되는 최악의 금융위기에 봉착하였다. 이에 대처하기 위하여 제정된 긴급입법인 *FIRREA*(Financial Institutions Reform, Recovery and Enforcement Act)와 *FDICIA*(Federal Deposit Insurance Corporation Improvement Act)는 전세계 금융산업구조조정법의 모델법이 되었다. 동법은 금융위기를 사전적으로 예방하고 사후적으로 '최소비용의 원칙'(the least cost rule)에 따라 적절하게 공적 자금을 투입하며 부실금융기관의 건전성을 조속히 회복하려는 목적을 갖고 있다. 우리나라의 '금융산업의 구조개선에 관한 법률'과 '예금자보호법'도 동법들을 모델로 하고 있다.

## II. 기관별 분류(금융규제법의 세분화)

1950년대 이후 형성된 우리나라의 금융제도는 다음과 같이 기관별 규제를 바탕으로 하고 있다.

(1) 은행법은 은행의 건전성과 업무행위를 규제하고 있다. 금융시장에서 은행이 차지하는 비중과 수행하는 역할이 가장 중요하므로, 은행을 규율하는 은행법이 전체 금융법 중 가장 핵심적인 역할을 담당한다. 이 때문에 은행법과 금융법을 동일시하는 학자 및 실무가들도 많다.

(2) 상호저축은행법은 상호저축은행의 건전성과 업무행위를 규제하고 있다. 연혁적으로 舊 상호신용금고법에 뿌리를 두고 있는데, 과거의 상호신용금고는 미국의 저축대부조합(savings and loan association)을 모델로 한 금융기관이었다.

(3) 2009년 2월 4일부터 시행된 '자본시장 및 금융투자업에 관한 법률'(이하 자본시장법)은 과거의 여섯 가지 증권관련법률, 즉 증권거래법, 선물거래법, 간접투자자산운용업법, 종합금융회사에 관한 법률, 신탁업법, 증권선물거래소법을 기능적·수평적으로 통합한 법이다. 구 증권거래법과 구 선물거래법은 증권회사와 선물회사의 업무행위를 규제하였고 구 간접투자자산운용업법은 투자신탁회사와 투자회사(mutual fund)의 업무행위를 규제하였다. 마찬가지로 구 '종합금융회사에 관한 법률'과 구 신탁업법은 종합금융회사와 신탁회사의 업무행위를 규제하였다. 자본시장법의 시행과 함께 이들 증권관련기관들은 금융위원회에 인가 또는 등록을 함으로써 금융투자업자로서 종전의 금융기능을

수행하게 되었다.

(4) 보험업법은 보험회사의 건전성과 업무행위를 규제하고 있다. 참고로 보험법은 상법에 편입되어 보험계약법으로서 기능하므로 보험업법과는 차별화된다.

(5) 여신전문금융업법은 수신(예금)을 받지 않고 전적으로 여신만 전담하는 금융기관의 업무행위를 규제하는 법으로서, 이러한 여신전문금융기관에는 신용카드(credit card)사, 리스사, 할부금융사, 신기술사업금융업자(venture capital) 등을 포함한다.

(6) 그 외 금융소비자들을 현혹시킬 수 있는 사이비금융기관을 규제하는 '유사수신행위의 규제에 관한 법률'이 있다. 한편 미국의 1933년 Glass-Steagall 법을 폐지한 1999년 금융서비스현대화법(Gramm-Leach-Bliley Act)을 모델로 하여, 2000년 금융지주회사법이 제정되었다.[2] 동법은 순수금융지주회사(pure financial holding company)의 설립을 허용하며, 금융지주회사의 편제하에 자회사의 형태로 은행업, 증권업, 보험업 등을 겸업할 수 있도록 하고 있다.

2003년 서울대학교의 금융법센터는 재경부 금융정책국의 지원을 받아 영국의 '금융서비스 및 시장법'(Financial Services and Market Act, FSMA)을 모델로 하여 은행법 – 증권관련법 – 보험업법을 기능별로 통합한 '(소위)통합금융법'을 제정하려고 하였는데, 이는 모든 금융제도를 네 가지의 기능별 규제, 즉 ① 진입·업무규제, ② 금융거래규제, ③ 자산운용 등 감독규제, ④ 퇴출·구조개선

---

[2] 1933년 Glass-Steagall법은 Morgan Group을 J.P. Morgan(commercial bank)과 Morgan Stanley(investment bank)로 분리시키는 역할을 하였다. Glass-Steagall법은 다음과 같은 네 가지 특징을 갖는다. 첫째, 상업은행업과 투자은행업을 상호겸영할 수 없게 하였다. 둘째, 금융위기를 사전적으로 예방한다는 차원에서 연방예금보험공사가 발족되었다. 셋째, 자유입출금계좌인 checking account의 이자지급을 금지하는 등으로 정부당국이 수신이자율 책정에 직접적으로 개입하기 시작하였다. 넷째, 은행지주회사의 의결권 행사를 제한하는 형태로 은행지주회사에 대한 규제가 개시되었다(은행지주회사 규제의 효시). 동법은 우리나라 금융법제의 근간이 되는 것으로서 미국에서는 65년 이상을 존속하다가 1999년 상업은행업과 투자은행업의 겸업을 금지하는 두 개의 핵심조항이 폐지되었다. 1999년 보험사인 Travelors Group은 상업은행의 대표주자인 Citi Group을 합병하면서 금융에 있어서의 one-stop service를 표방하는 금융수퍼마켓이 되고자 하였다(investment bank로서 Smith Barney를 산하에 두었음). 그런데 Glass-Steagall 법이 존재하다 보니 상업은행업무와 투자은행업무를 하나의 금융그룹에서 수행한다는 것은 불가능하였고, 유럽식 겸업은행들과 경쟁할 수 있는 금융수퍼마켓의 출현에 장애가 발생하였다. 그렇다 보니 동법을 폐지하여야 한다는 자성의 목소리가 미국의회 내에서 점차 높아지게 된 것이다. 결과적으로 Gramm-Leach-Bliley법의 제정은 Glass-Steagall법의 종언을 고하는 계기가 되었다. 그런데 문제는 이러한 일련의 사건이 종국적으로 2008년부터 시작된 전세계적인 금융위기의 직접적인 원인이 되었다는 사실이다.

규제로 재편하려는 것이었고 그 중심에는 증권관련법이 있었다. 그러나 이러한
시도는 학계, 실무계로부터 강력한 반발을 받았고 결국 통합법의 성안 자체도
무산되었다. 다음에서는 우리나라의 금융제도가 왜 기관별 규제체제를 유지하
여야 하는지를 규명하기 위해, 금융법센터가 통합법 제정의 정당화 논거로서
제시하였던 일부 주장을 소개한 후 이를 심도 있게 분석하고자 한다.

  당시 금융법센터의 주장 중 주목할 만한 것은 다음의 두 가지였다. 첫째,
파생금융상품이 널리 이용됨으로써 금융상품간의 차이와 금융기관간의 차이가
점차 흐려지고 있는데, 이러한 파생금융상품의 대표적인 예로서 주가연계예금
이나 주가연계증권을 들었다. 둘째, 실질적으로 동일한 상품을 놓고 은행과 증
권회사가 경쟁할 경우, 결국 규제상의 차이가 경쟁을 왜곡하는 방향으로 작용
할 것이라고 하였다.[3]

  그러나 이러한 주장은 금융상품의 본질과 제도적인 차이를 오해한데서 비
롯된 것이었다. 왜냐하면 주가연계예금과 주가연계증권과 같이 성격이 모호한
파생금융상품이 속속 등장함으로써, 오히려 금융상품과 금융기관간의 차이는
더욱 뚜렷해지기 때문이다. 물론 외형만을 볼 때 증권회사가 취급하는 주가연
계증권이나 은행이 취급하는 주가연계예금은 투자자나 예금주들에게 원금의
상환을 보장하므로, 실질적으로 동일한 상품이라고 오해할 수 있다. 그렇지만
양자는 이질적인 상품이며, 향후에도 결코 동일상품이 될 수 없다. 왜냐하면
당해 상품들을 취급하던 금융기관이 파산할 경우, 금융기관별 속성에 따라 투
자자와 예금자들의 운명은 명백히 달라지기 때문이다. 즉 주가연계증권을 취급
하던 증권회사가 파산하더라도 동 금융상품의 성격은 증권에 불과하므로, 예금
보험공사가 투자자들의 원금을 代支給하는 위험을 감수할 필요가 없다. 그에
비하여 주가연계예금을 취급하던 은행이 파산할 경우, 예금보험공사는 예금주
들에 대해 1인당 오천만원의 한도 내에서 예금을 반드시 대지급하여야 한다.[4]

  금융법센터는 주가연계증권을 예금이 아닌 증권으로 간주하는 구태의연함으
로 인하여, 결국 규제상의 차이가 발생하고 은행이 증권회사보다 경쟁에 있어서
우위를 갖는다고 비판하였다. 그러나 이러한 주장 역시 타당성을 결여한 것이었

---

  3) 자본시장법이 제정된 이후 종래의 증권회사는 법문상 투자매매업자·투자중개업자 또는 금
     융투자업자로 바뀌었다. 그렇지만 독자들의 이해를 돕고 과거 은행과 대비되는 증권회사의
     특징을 차별화하기 위해 이 책에서는 증권회사라는 용어를 혼용하기로 한다.
  4) 예금자보호법 제32조 제 2 항 및 예금자보호법시행령 제18조 제 6 항.

다. 왜냐하면 역사적으로 볼 때 예금보험제도는 은행의 안정성을 담보하기 위하여 도입된 공적 안전망의 하나로서, 현재도 예금보험공사의 실질적인 운영은 은행이 납부하는 보험료에 전적으로 의존하기 때문이다. 따라서 규제상의 차이가 존재하는 것이 당연한 것임에도 불구하고, 이러한 자연스러움을 타파한 채 은행과 증권회사에 대한 규제를 동등하게 하자는 주장은 억지와 다름 없었다. 왜냐하면 이는 결국 공적 안전망의 수혜자로서 증권회사를 전면에 배치시키자는 논리로 연결되기 때문이다. 원금이 보장된 주가연계증권은 주식시장으로 투자자들을 유인하기 위하여 설계된 예외적인 상품이라고 할 수 있다. 왜냐하면 증권회사가 취급하는 상품에 대해 원금상환을 보장한다는 것은 극히 이례적인 일이기 때문이다.

    금융법센터의 주장에 대한 대안으로서 증권관련법에 대한 기능별 통합이 제시되었고, 정부는 이를 수용하여 통합금융법이 아닌 자본시장법을 제정하게 된 것이다.

---

### 📝 참고    영국금융법제

    최근까지 미국과 마찬가지로 영국도 기관별 분리규제주의를 취하였다. 그러나 그 內面을 보면, 양국체제를 결코 동일시할 수 없다. 미국이 1930년대와 1980년대에 각각 예금수취기관이 연이어 파산되는 시스템상의 위기를 경험한 것과 달리, 영국은 개별 금융기관의 파산이나 금융스캔들로 고통받았지만 전체 금융산업이 붕괴될 수 있는 극심한 시스템상의 위기에 노출되지 않았다. 이는 소수의 대규모 금융기관들이 영국의 금융산업을 지배함으로써, 상대적으로 불안정하고 취약한 소규모의 금융기관들이 뿌리를 내릴 수 없었던 寡占型 금융시장체제와도 관련된다.[5] 한편 영국의 예금자보험체계는 미국보다 거의 반세기가 늦은 1979년에 비로소 시행되었다. 그런데 영국의 예금자보험기금은 납세자의 공적 자금과 관계없이 은행들이 부담하는 보험료에 전적으로 의존한다. 또한 보험사고 발생시 개별 예금자는 보험금의 25%에 대해 공동부보(co-insurance)하여야 한다.[6] 보험기금이 소액

---

[5] "For the United Kingdom, the story involves few characters: essentially, the Bank of England and <u>a concentrated industry dominated by a few elite forms</u>. (중략) While U.S. bank regulators are commonly viewed as successful in their jobs, <u>the United States' unique experience with bank failure plays an important role in the tale</u>." [밑줄부분은 강조].   Heidi Mandanis Schooner & Michael Taylor, *Convergence and Competition: The Case of Bank Regulation in Britain and the United States*, 20 Mich. J. Int'l L. 595, 605-606 (1999) [이하 *Convergence and Competition*이라고 함].

[6] 이와 대조적으로 우리나라에서는 예금보험기금의 재원으로서 부보금융기관의 출연금 외에 정부의 출연금과 예금보험기금채권의 발행으로 조성한 자금(납세자의 공적 자금에 해당) 등

이므로 보험금도 소액일 수밖에 없다는 점을 감안할 때, 영국정부의 금융위기발생
에 대한 우려는 상대적으로 크지 않다는 점을 짐작할 수 있다. 그럼에도 불구하고
영국의 舊규제체제는 항상 잠재적인 위기상황에 노출되어 있었다는 점에서 상당
히 아이러닉하다. 우선, 기존의 신뢰를 바탕으로 한 비공식적인 규제에 의존하던
독특한 규제문화는 금융기관과 감독당국 양자에게 모두 도덕적 해이를 유발할 수
있는 잠재적인 불안요인을 안고 있었다. 다음으로, 종래 증권산업은 자율규제기관
들(self-regulatory organizations)에 의한 자율규제체제에 의존하였는데, 타 산업부
문의 타율규제체제와 조화롭지 못한 문제점을 안고 있었다. 즉 기관별 규제권자
상호간에 긴밀한 협조체제가 구축되지 못하였던 것이다. 그런데 1980년대 말부터
상업은행의 투자은행 인수와 은행·보험회사간 제휴가 허용되기 시작하면서 영국
체제의 취약점이 전면적으로 부상하기 시작하였다. 1995년 Barings Merchant
Bank의 파산사건은 영국의 舊규제체제가 갖고 있었던 모든 문제가 동시다발적으
로 드러난 가장 대표적인 사건이다.

　영국은 1980년대와 1990년대 중반까지도 금융시장에서 발생한 메가톤급 스캔
들에 대해 응급처방에만 매달리는 정책상의 오류를 반복하다가, 1995년 Barings
Merchant Bank사건을 계기로 기존 체제로부터 180도 방향을 급선회하는 과감한
모험을 시도하였다. 즉 영국은 "유럽연합域內 완전통합금융시장의 실현"이라는
목표를 달성하기 위한 일환으로서, 1997년 10월 통합금융감독청(Financial
Supevisory Authority, FSA)을 발족하였다. 이에 그치지 않고 영국의회는 2000년
'6월 금융서비스 및 시장법 2000'(the Financial Services and Markets Act 2000,
FSMA)을 제정하였다. 물론 FSMA는 새로운 체제의 골격만을 규정하고, 구체적이
고 세부적인 규제사항은 재무성과 FSA의 하위규정들에서 규정하도록 委任하고
있으므로, 종래의 舊체제와 본질적으로 어떻게 다른가 하는 의문도 제기할 수 있
다. 그러나 영국정부가 FSMA를 제정한 裏面에는, 국내·외적으로 발생한 연이은
금융스캔들로 급격히 실추된 규제체제에 대한 신뢰를 한꺼번에 만회해 보려는 의
도가 있었다고 짐작된다. 더욱이 과거의 화려했던 런던국제금융시장의 영광을 되
찾아보겠다는 영국정부의 의지에, 금융기관과 금융소비자가 적극적으로 힘을 실
어준 것도 FSMA의 제정을 가능케 한 요인이다.

　이는 동일한 시기에 금융위기를 경험하였던 미국의 연방의회와 금융감독당국이
중·장기적으로 미국 금융산업 전반의 건전성과 안전성을 달성하기 위한 묘책을
개발하는 데 전력을 쏟아부었던 자세와는 매우 대비된다.[7] 즉 미국은 기존 체제

---

　이 포함된다. 예금자보호법 제24조 제 2 항.

　7) 예를 들어 BCCI 스캔들이 터진 이후 미국이 외국은행지점 등의 감독에 대한 특별법(*the
　Foreign Bank Supervision Enhancement Act of 1991*)을 제정한 것과는 대조적으로, 영국은 가
　시적으로 법령 제·개정 등의 조치를 전혀 취하지 않았다. *Convergence and Competition*, pp.

를 존중하면서 시스템상의 문제점을 발본색원하려는 진지함을 보인 데 반하여, 영국은 舊체제의 위기가 정부와 감독당국 및 금융기관의 귀책사유(無對應)로 비롯된 것임에도 舊체제에 내재되었던 문제로만 치부하며 체제를 변혁시키는 무모함을 연출한 것이다. 새로운 체제의 성공가능성에 대해서는 아직 평가를 내릴 시기가 아니다. 다만 유럽연합域內 회원국들에게 통합금융법체제를 선택가능한 카드로 제시할 수 있다는 점에서, 영국이 타 회원국보다 전략적인 우위를 점하게 된 것은 확실하다. 이 카드가 수용되지 않을 경우, 아무도 FSMA의 운명에 대해 확신할 수 없을 것이다.

실례로서 2007년 서브프라임 영업을 공격적으로 수행하던 영국의 Northern Rock 은행이 붕괴되었다. 영국정부는 과감하게 은행을 국유화하겠다는 야심찬 계획을 발표한다. 문제는 이렇게 국유화된 은행의 부실채권이 추가적으로 얼마나 발생할 것인지에 대해 알 수 없었다는 점이다. 영국이 2008년 국가부채가 GDP의 147%로 증가하면서 국가부도위험이 점증되었다는 사실은 FSA나 FSMA가 그리 성공적이지 못하였다는 반증으로도 작용할 수 있을 것이다.[8] 영국은 2010년 6월부터 FSA를 폐지하고 영란은행 산하에 금융정책위원회(Financial Policy Committee, FPC), 건전성감독원(Prudential Regulation Authority, PRA) 및 금융규제원(Financial Conduct Authority, FCA)을 두어 금융감독기능을 수행하도록 하고 있다. FPC는 거시건전성 정책을 담당하고 PRA가 미시건전성 감독을 담당하며 FCA는 소비자보호와 시장감독을 담당하고 있다.

## Ⅲ. 목적별 분류

### 1. 총    설

금융규제는 원칙적으로 금융소비자를 보호하기 위한 목적을 갖는다.[9] 금

---

638-639.

8) 그렇다면 2000년대 이후 왜 영국 런던의 the City가 미국 뉴욕의 Wall Street를 능가하는 금융의 허브로서 각광받는 것인가? 이는 미국에서 2002년 7월 제정된 Sarbanes-Oxley법과 관련된다. 즉 Enron, Worldcom 등 유수기업들의 회계부정사건으로 인하여 미국 기업에 대한 신뢰가 실추되었다. 그리고 상장심사와 회계심사를 엄격히 하고 이사 및 회계법인의 책임을 강화하는 동법의 제정으로 인하여 많은 기업들은 뉴욕에서의 상장보다는 런던에서의 상장을 선호하게 된다. 즉 이는 *FSMA*의 제정과는 전혀 무관한 것이다.

9) 예를 들어 은행법 제1조에서는 예금자보호, 자본시장법 제1조에서는 투자자보호, 보험업법 제1조에서는 보험계약자·피보험자·기타 이해관계인의 보호를 목적으로 한다는 점을 분명히 밝히고 있다.

융소비자의 이익이 저해될 수 있는 경우는 다음의 두 가지로 대분류할 수 있다. 첫째, 고객들의 자금을 예치하는 금융기관이 파산할 경우, 둘째, 금융기관이 부당하게 고객들의 이익과 상충되는 행위를 할 경우. 여기서 前者의 위험성을 예방하기 위한 규제가 시스템규제(systemic regulation) 및 건전성규제(prudential regulation)이고, 後者의 행위를 금지하려는 규제가 업무행위규제(conduct of business regulation)이다. 개별 금융기관의 파산은 시스템상의 안정성에 심각한 타격을 미칠 뿐만 아니라, 자신의 이익을 돌볼 수 없는 소액의 개인 금융소비자들에게 不測의 손해를 줄 수 있다. 여기서 시스템상의 안정성을 유지하기 위한 규제가 시스템규제이고 금융소비자들의 손해를 예방하기 위한 규제가 건전성규제이므로, 양 규제가 추구하는 목적은 차원을 달리 한다. 즉 시스템규제는 순전히 시스템상의 이유(예: 개별금융기관의 파산에 따른 사회전체비용이 사적 비용을 훨씬 초과함) 때문에 개별 금융기관들의 安全性에 치우친 규제를 의미한다(따라서 safety and soundness regulation이라고도 함). 이에 비하여 건전성규제는 개별 금융기관의 파산이 시스템상의 안정성에 타격을 주지 않더라도 금융소비자의 재산이 상실된다는 점 때문에, 개별 금융기관의 안정성과 고객보호간의 상관관계에 역점을 둔 규제인 것이다.[10] 그러나 파산예방을 위하여 개별 금융기관의 유동성, 지급여력, 위험도, 금융산업·금융시장의 전반적인 건실성과 같은 "건전성 지표"에 초점을 맞춘다는 점에서, 양 규제는 유사성을 갖는다. 여기서 유념하여야 할 사항은 양 규제는 금융기관이 수행하는 기능보다는 "개별 금융기관과 금융시장 자체"에 초점을 맞춘다는 점이다.

금융기관의 안정성 보장과는 거리가 먼 업무행위규제는 고객과 거래함에 있어서의 적절한 행위규범과 영업관행에 대한 규칙 및 지침 등을 통칭한다. 업무행위규제는 금융기관의 개별적 특성보다 오히려 그 수행기능 자체에 초점을 맞춘 규제란 점에서 시스템규제 및 건전성규제와 크게 대조된다. 업무행위규제로서는 ① 금융기관의 對 顧客관련 업무수행방식에 관한 사항들, ② 본인과 대리인간의 이해상충을 완화할 목적으로 사용되는 많은 기법들, ③ 고객보호와 관련되는 사항들 등을 들 수 있다. 업종을 불문하고 금융기관의 임·직원들이 고

---

10) Charles Goodhart *et al.*, *Financial Regulation: Why, how and where now?*, 1998, p. 5에서는 시스템상으로 타격을 미치지 않더라도 건전성규제를 하여야 할 가장 대표적인 금융업으로서 보험업을 들고 있다.

객자금을 유용할 위험성과 이해가 충돌되는 행위를 할 가능성은 常存하므로, 고객보호에 관련된 업무행위규제가 기관별로 다를 이유는 없다. 따라서 굳이 금융법을 통합하려면 업무행위규제 부문에서의 통합은 가능하다고 본다(예: 금융소비자보호법의 제정). 그런데 업무행위규제를 반드시 타율규제 영역에 존치시킬 필요성이 있는지도 의문이다. 왜냐하면 금융규제에 있어서 시스템규제와 건전성규제는 강화하되, 업무행위규제는 가급적 자율규제영역에 맡기는 것이 전세계적인 추세이기 때문이다.

## 2. 금융기관별 시스템 위기 발생가능성 분석 : 모든 금융기관에게 시스템 규제가 필요한가?

### (1) 은행과 시스템상의 위험

은행업은 본질적으로 시스템상의 위험에 취약하므로, 동 위험의 발생을 예방하기 위하여 시스템규제가 정당시된다. 전통적으로 은행업에 있어서 시스템규제를 정당화하였던 논거들은 다음의 네 가지로 압축할 수 있다. ① 요구불예금의 과다로 인한 은행업 고유위험의 상존, ② 특정 은행으로부터의 대규모 동시다발적 예금인출이 타 은행에게까지 확산됨으로써 초래될 시스템 붕괴위험, ③ 금융시스템, 특히 지급결제체제와 관련한 은행의 중추적 위치, ④ 차별적으로 정부로부터 공적 보조(예: 최종대부와 예금보험)의 혜택을 받을 수 있는 수혜자이기 때문에 발생하는 도덕적 해이의 문제.

> 종래부터 은행에 대한 과도한 정부개입의 정당화 근거로서, 개별 은행이 파산할 경우 다른 부문으로 위험이 전이되어 경제체제가 붕괴될 수 있다(systemic risk)는 가설이 주장되어 왔다. 그런데 이러한 가설이 힘을 발휘하여 금융당국의 긴급조치들이 행해진 전례도 있다. 예를 들어 1930년대의 대공황시기에 은행의 연쇄도산에 대한 공포감이 Roosebelt 행정부로 하여금 전국적인 은행휴일(bank holiday)조치를 취하게 만든 사례를 들 수 있다.[11] 우리나라에서도 1999년 말 일부 금융기관 전산망의 날짜 인식프로그램에 오류가 발견됨에 따라(이른바 Y2K 문제), 최악의 경우 금융기관간의 지급결제체제가 붕괴되고 이를 우려한 예금자들의 예금인출사태로 금융체제마저 붕괴될 수 있다는 공포감으로 인하여, 한국은행과

---

11) Jonathan R. Macey & Geoffrey P. Miller, *Banking Law and Regulation*, 21 (2nd ed. 1997) [이하 Macey & Miller라고 함].

금융감독원 주도로 1999년 12월 31일과 2000년 1월 3일을 은행휴일로 지정하였던
경험이 있다.

　　우선 개별 은행이 전체 금융시스템에 위험을 미칠 수 있는 요인으로서, 은
행계약의 특수성을 들 수 있다. 지급결제체제에서 주된 역할을 수행하는 은행
은 예금자들에게 유동성을 지원할 책무가 있다. 예금자들의 유동성을 지원하는
가장 직접적인 수단은 바로 은행의 요구불예금이다. 요구불예금의 가장 핵심적
인 특징은 예금자가 언제든지 필요한 경우 원금과 이자를 인출할 수 있는 권리
가 있다는 점이다. 즉 요구불예금의 상환가액은 은행의 실적 및 은행이 보유한
자산가치의 현재가치와는 전혀 무관하다. 요구불계좌는 은행을 다른 금융기관
들과 확연히 구분짓는 잣대로서 기능하지만, 은행의 대차대조표를 불안정하게
만드는 요인이기도 한다. 왜냐하면 은행들은 전통적으로 예금자들에게 언제든
지 상환하겠다는 약정하에 단기로 자금을 차입하여, 장기의 비유동적인 대출에
동 자금을 재투자하여 왔기 때문이다(예금과 대출간 滿期의 不一致 발생). 이러한
만기의 불일치로 인하여 예금자들이 요구불예금을 동시다발적으로 인출할 경
우, 설령 지급여력 있는 은행이라도 손실을 감수한 채 보유자산을 강제매각하
여야 할 상황에 직면한다. 그런데 대출상품과 같은 은행자산에 대해서는 유통
시장이 존재하지 않으므로, 은행보유자산을 매각하기도 용이하지 않다. 즉 대
출을 받은 차입자에 관한 정보를 은행이 독점하고 있을 뿐만 아니라 이를 적시
에 공시할 수 있는 유통시장이 존재하지 않으므로, 매수를 희망하는 후보자가
나타나더라도 은행대출자산에 대한 정확한 가액을 산정할 수 없는 것이다. 이
러한 정보의 비대칭문제, 즉 금융시장이 매각자산의 가치를 평가할 수 없다는
문제로 인하여, 유동성위기에 봉착한 은행은 보유자산을 出血投賣(distress sell-
ing)할 수밖에 없다. 이는 지급여력이 충분한 은행이라도 예외가 아니다. 平常
時 은행보유자산에 대해서는 원칙적으로 繼續企業價値에 의하여 가액을 산정
하지만, 유동성위기상황에서는 예외적으로 淸算價値에 의할 수밖에 없다는 공
감대가 확산되기 시작한다. 결국 동 은행의 파산위험에 대해 전혀 이해관계가
없는 局外者(outsider)들도 자신이 거래하는 건전한 은행의 지급여력과 청산가
치에 대해 의구심을 갖게 된다. 결국 이들은 자신의 거래은행계좌를 가장 우선
적으로 폐쇄하고 예금을 인출하려는 심리적 공황상태에 빠진다. 계속기업가치

가 높은 자산을 보유하였던 다른 은행마저도 연쇄적으로 유동성위기에 노출되기 마련이고, 이들은 청산가치기준에 의해 폭락한 가액으로 자산을 投賣할 수밖에 없는 최악의 상황으로 빠져드는 것이다.

---

📝 **참고　파산위험과 죄수의 딜레마**

　　은행시장에서 이자율의 급등이 없다고 한다면 통상적인 만기의 불일치는 그리 문제되지 않는다. 왜냐하면 은행들은 특정일에 예금자들의 인출요구에 응할 수 있는 충분한 현금을 보유하고 있기 때문이다. 일반적으로 은행은 예대마진에 의한 수익을 얻기 위하여 자산운용을 하여야 하기 때문에, 오직 예금의 일정액만이 요구불예금의 상환을 위해 은행사내에 유보될 뿐이다. 예를 들어 우리나라의 은행들이 한국은행에 비치하여야 할 예금지급준비금의 최저보유비율은 보통예금의 경우 7%에 불과하다.[12] 이러한 예금지급준비율의 산정은 실제의 통계수치를 적용한 결과로서, 각 은행들로 하여금 예금자들에 의한 요구불예금의 일별 평균인출금액을 예측하도록 하여 준다. 동 수치에 기하여 은행들은 충분한 현금을 은행 내에 유보한 채, 나머지 자금을 투자하여 비유동자산을 보유하게 되는 것이다.

　　만일 중앙은행으로부터의 긴급유동성지원이나 예금자보호제도와 같은 공적 안전망이 구비되지 않은 상태에서, 상기의 예측치가 잘못되어 실제로 예금자들이 예금지급준비금을 훨씬 상회하는 액수의 예금인출을 하려고 할 경우, 채무와 자산간 만기의 불일치로 인하여 은행은 파산의 위험에 노출된다. 예를 들어 어떠한 루머로 인하여 은행이 전체예금자의 예금액을 상환하지 못할 것이라는 공포감이 예금자들에게 만연할 경우 이러한 문제는 현실화된다. 이때에는 은행이 긴급유동성을 지원하여 줄 외부의 지원세력을 확보하지 못할 경우, 요구불예금의 상환에 대처할 수 있는 유동성을 마련하기 위하여 보유자산을 경매로라도 처분하여야 하는 상황에 직면하게 된다. 경매가액과 자기자본액이 예금액에 미치지 못할 경우, 예금자들의 공포는 자신의 채권만을 만족하려는 이기심으로 발전할 것이고 은행은 예금자들의 요구를 전액 충족시키지 못하는 상황으로 이어지게 된다.

　　예금자들은 인출요구금액이 은행으로서는 당장 확보할 수 있는 현금을 초과할 경우 자신의 자금을 우선적으로 인출하는 것만이 최선의 방책임을 알고 있다. 특히 예금자보호제도가 정비되어 있지 않을 경우, 은행의 가용자금이 고갈되기 전에 예금을 인출하지 못한 예금자들은 자신의 자금을 상실하게 된다. 따라서 일단 은행의 지급여력에 대하여 의구심이 생길 경우, 예금자들은 자신의 계좌를 가장 우

---

12) 한국은행법 제56조 제1항 및 금융기관지급준비규정 제2조 제1항.

선적으로 폐쇄하고 예금을 인출할 동기를 갖게 되는 것이다. 이러한 측면에서 동
시다발적인 예금인출은 죄수의 딜레마의 전형적인 예가 된다. 죄수의 딜레마에 있
어서 개인들은 상호 협력함으로써 개인의 富와 공통의 富를 극대화할 수 있음에
도 불구하고, 전체 부를 감소시키는 독립된 행위를 취한다. 이러한 행위를 하게
되는 이유는 모든 개인들이 협력하지 않을 경우 개인으로서는 막대한 손실을 입
는 상황에 처해있고 완전한 협력이란 것도 보장되지 않기 때문이다. 마찬가지로
예금자들이 동시다발적으로 막대한 예금을 인출하려고 할 경우, 은행으로서는 보
유자산을 손실을 감수하면서 처분하여야 하기 때문에 결국은 모든 예금자들에게
상환하지 못할 것이란 사실을 예금자들은 너무도 잘 알고 있다. 더욱이 개별 예금
자는 요구불예금의 본질을 잘 알고 있기 때문에, 동료 예금자들이 은행창구로 달
려가지 않을 것이라고 신뢰하지도 않는다. 따라서 논리적으로 취하여야 할 유일한
행동규범은 타 예금자들보다 앞서 은행창구로 달려가는 것만이 최선책이다. 비록
타 유형의 상사회사들도 단기의 채권자들로 인하여 동시다발적인 채무상환에 직
면할 수 있지만, 예금의 동시다발적인 인출이 더욱 심각하다. 왜냐하면 은행채무
의 대부분은 요구불예금이고 동 예금을 만족시킬 수 있는 자산의 대부분은 비유
동자산이기 때문이다.

　　한편 은행은 다음의 두 가지 주된 이유로 금융시스템의 중심에 위치한다.
첫째, 은행은 경제전체에 있어서 다수의 자금수요자에 대한 유일한 자금원천,
즉 신용공여의 제공자로서 중요한 의미를 갖는다. 만일 은행파산이 경제 곳곳
에 파급될 경우, 경제전체적으로 통화공급의 감소를 초래하고 신용경색으로 이
어지게 된다.13) 결과적으로 신용공여의 원천이 고갈되고 은행으로부터의 신용
획득비용(대출이자)도 대폭적으로 증대됨에 따라, 기타 산업부문의 가동이 단축
내지 중단되는 사태가 발생한다. 노동자들의 해고가 줄을 잇게 될 것임은 명백
하고, 일국의 경제전체가 나락의 길로 빠져들게 되는 것이다. 둘째, 은행은 지
급결제체제의 중심에서 경제전체에 원활한 유동성을 제공한다. 사실 경제전체
의 참여자들에게 전반적으로 후생을 증대시키려면 신뢰할 만한 대금결제인프

---

13) 은행은 통화조절의 매개체로서 신용창조의 수단이 되기도 하지만 신용경색의 근인이 되기
　　도 한다. 통화정책 수단으로 M1과 M2가 있는데, M1이란 현금·여행자 수표·요구불 예금
　　등과 같이 즉시 현금화할 수 있는 것을 지칭하고 M2란 정기적금·정기예금·상호부금과 같
　　이 즉시 현금화할 수 없는 것을 지칭한다. 종래 한국은행의 통화조절 대상은 M1이었으나, 이
　　제는 M1 이외에도 M2까지 그 대상이 확대되었다. 여기서 중앙은행이 개별 은행을 상대로
　　지급준비율의 인상이나 환매조건부 증권의 매각 등을 통하여 통화공급을 축소할 경우, 국가
　　전체적으로 신용경색의 위험이 발생할 수도 있다.

라, 즉 지급결제체제가 완비되어야 한다. 예를 들어 도매상들이 대량 상품매도의 대가로 타 은행이 발생한 거액의 당좌수표를 수령한 때에는, 결제를 담당하는 타 은행의 지급여력과 종국적인 지급의 확실성에 대해 신뢰할 만한 체제가 구축되어야 하는 것이다. 따라서 은행은 고객에 대한 지급의 확실성을 담보하기 위하여 중앙은행이 운영하는 지급결제체제에 적극적으로 참여할 수밖에 없는 것이다. 참가은행의 파산은 지급결제체제의 마비 더 나아가 지급결제체제의 붕괴위험까지 초래할 수 있다. 왜냐하면 지급결제체제에 있어서 참가은행 전체간의 多者間 差減決濟方式이나 참가은행 상호간의 연계예금방식 등으로 인하여, 모든 은행들은 전체적으로 매우 밀접한 연계상태에 있기 때문이다.[14] 따라서 어떠한 은행의 파산은 직·간접적으로 상호연계된 타 은행들에게 즉각적인 손실을 야기할 수 있다.

　　마지막으로 은행업은 타 금융업에 비하여 자기자본 대비 부채비율이 지나치게 높기 때문에 주주들의 도덕적 해이를 유발할 가능성이 매우 높다. 이는 은행의 파산으로 직결됨으로써, 최종대부자기능과 예금보험체제에 위협을 가할 수 있다.[15] 자기자본 대비 부채비율이 높은 재무구조에서 은행주주들은 위험한 사업에 뛰어들어 성공할 경우 발생하는 이익은 매우 높은 반면, 실패하더라도 유한책임의 원칙상 추가출자의무를 부담할 필요가 없다는 점을 잘 알

---

14) 중앙은행은 각 은행간의 송금 등에 대해 차감결제할 수 있는 가상의 장부를 보유하고 있다. 이러한 가상의 장부가 존재함으로써, 개별적인 거래에 있어 현금결제비용의 위험성과 결제시까지의 대기시간을 감소시키는 등의 장점이 발현되어 사회전체적으로 효율성이 증대되는 효과가 발생한다. 고객이 자신의 거래은행(예: 국민은행)을 통하여 물품을 판매한 상인 (예: 신한은행에 계좌보유)에게 10만원을 송금하려고 한다면, 당해 거래의 결제는 한국은행의 지급결제망상 국민은행계좌에서 10만원의 (−)기재를 하고 신한은행계좌로 10만원의 (+) 기재를 하는 것으로 족한 것이다. 代替기재로 대변되는 지급결제체제는 궁극적으로 물류비용과 시간을 단축시키는 순기능을 발휘한다. 그런데 만일 어떠한 은행이 파산하여 거액 결제를 하지 못할 경우, 지급결제망의 다른 가입은행에게로 미결제위험이 확산되어 연쇄적으로 다른 은행도 파산하는 최악의 사태가 발생할 수도 있다. 왜냐하면 어떠한 은행이 지급하지 못할 경우 연쇄적으로 타 은행도 지급할 수 없는 도미노효과가 발생하기 때문이다. 이때에는 한국은행의 지급결제 시스템이 붕괴되는 데 그치지 않고 은행제도 자체에 대한 신뢰가 붕괴되어 국가전체 경제시스템이 무너지는 상황으로 치달을 수 있다(reputation risk, contagion effect, system risk).

15) 은행에 유동성 위기가 발생한 경우, 은행은 최종대부자인 한국은행(the lender of the last resort)으로부터 저렴한 이자로 대출받을 수 있지만 그 가용자원에는 한계가 있다. 즉 모든 은행들이 동시에 한국은행에게 긴급자금지원을 요청할 경우, 가용자원의 부족으로 인하여 파산할 수밖에 없는 것이다. 은행은 본질적으로 재무구조가 채무과다의 상태이므로 파산위험에 쉽게 노출된다.

고 있다. 더욱이 주주들의 사업실패로 인하여 투자원금을 전액 상실할 위험도
높지 않다. 왜냐하면 이들 공적 안전망(public safety net)에게 손실을 전가할 수
있기 때문이다. 아이러닉하게도 은행의 파산을 예방하기 위하여 도입한 시스템
상의 안전망 때문에, 은행주주들은 인수위험에 대하여 지나치게 낙관하는 도덕
적 해이의 상태에 빠져드는 것이다. 은행주주들의 과도한 위험인수를 차단하고
공적 안전망으로 대변되는 시스템을 보존하기 위하여, 자기자본비율을 강화하
고 주주의 이해상충행위를 배제하는 등의 시스템규제가 필요하게 되는 것이다.

---

📝 **참고   은행 부채/자기자본 비율의 과다와 도덕적 해이의 증대위험성**

(1) 은행 자본구조의 특징

일반적으로 자본은 손실을 흡수할 수 있는 완충제(cushion)로서, 채권자들을 보
호하는 역할을 수행한다. 그러나 은행에서는 자본대비 채무비율이 막대하므로, 이
러한 자본의 역할이 감소될 수밖에 없다. 따라서 자본대비 부채비율의 과다
(leveraging)는 은행의 대차대조표를 불안정하게 만드는 두 번째 요인이 된다. 예
를 들어 미국에서는 평균적으로 일반상사회사의 부채/자기자본 비율이 150~200%
정도인 반면, 은행의 부채/자기자본 비율은 900%를 상회한다고 한다.[16]

자본에 대한 주주의 권리는 채권자의 권리보다 항상 후순위에 있다. 즉 지급여
력이 있는 동안, 주주들에 대한 이익배당에 앞서 예금자들에게 이자가 우선적으로
지급된다. 더욱이 淸算時 채권자에게 우선적인 변제를 한 이후, 잔여재산이 있는
경우에 한하여 주주들에게 주식수에 따라 비율적으로 분배가 이루어진다. 따라서
자기자본은 그 한도가 고갈될 때까지 은행이 지탱하여야 할 손실을 흡수하는 역
할을 수행한다. 자기자본이 고갈된 이후의 차후의 손실은 예금자에게로 전가된다.
은행의 자기자본비율이 낮을수록 예금자를 보호해 줄 수 있는 완충제는 엷어지는
셈이다.

(2) 부채/자기자본 비율 vs. 자기자본순이익률

부채/자기자본 비율은 주주들의 이익과 직접적인 상관관계에 있다. 은행재산에
대한 후순위청구권자로서 주주는 은행이 거두어들이는 수익의 직접적 수혜자이
다. 부채/자기자본 비율이 상승할수록 주주는 높은 자기자본순이익률을 향유한다.
예를 들어 자산이 100원이고 자기자본이 100원이며 부채가 전혀 없는 은행을 가

---

16) Randall S. Kroszner, *Bank Regulation: Will Regulators Catch Up with the Market?*, Cato
    Inst. Briefing Paper No. 45 (1999) [http://www.cato.org/pubs/briefs/bp-045es.html (검색일:
    2018. 12. 20)], p. 8.

정하자. 만일 은행이 100원의 자산에 대하여 5원의 수익을 올린다면, 자기자본순
이익률은 5/100, 즉 5%이다. 이제 은행의 자산은 100원으로 동일한데 차변항목에
서의 자기자본이 10원에 불과하고 나머지 90원이 이자율 0%의 보통예금으로 구
성되어 있다고 하자. 만일 은행이 100원의 자산에 대하여 앞의 예와 동일한 5원의
수익을 올린다고 하더라도, 자기자본순이익률은 5/10, 즉 50%에 달하게 된다. 이
렇게 자본이 미약한 은행에 있어서는 부채비율이 높아질수록 주주의 수익은 증대
되는 반면, 자본의 본질적인 존재의의 즉 손실에 대한 충격완화제로서의 기능은
박약해지는 셈이다.

(3) 주주에 의한 도덕적 해이행위의 증대가능성

자기자본대비 부채비율의 과다현상은 주주의 위험선호도를 증대시키고 결과적
으로 도덕적 해이의 상태를 야기할 수 있다. 지나치게 부채비율이 높은 회사에서
주주들은 위험한 사업에 뛰어들수록 발생하는 이익도 매우 높다는 사실을 잘 알
고 있다. 한편 이러한 위험이 현실화함으로써 회사에 손실이 발생한다고 하더라
도, 주주들은 유한책임의 이익을 향유하기 때문에 추가출자의무를 부담하지 않는
다. 일단 자본이 고갈된다면 주주들은 잔여손실을 예금자들에게 전가시킬 수 있
다. 따라서 자본액이 적을수록 주주 전체그룹의 손실이 극소화되는 반면, 도박에
비견할 정도로 위험한 사업이 종국적으로 성공할 경우 수익은 극대화되는 것이다.
대부분의 예금자들이 이러한 위험을 사전에 예견할 수 있는 위치에 있지 못하므
로, 주주들의 도덕적 해이행위에 대한 유혹은 매우 높아지게 된다.

은행이 과도한 위험의 인수로부터 발생하는 危害를 제 3 자에게 전가시킬 수 있
는 경우, 주주들에 의한 도덕적 해이의 문제는 더욱 심각해진다. 여기서 제 3 자란
예금보험공사를 의미한다. 예금자보호제도가 없는 국가에서라면 시장규율체제가
작동하여 예금자들이 은행을 상대로 高利의 이자지급을 요구한다든가 은행으로부
터 거액의 예금을 즉각적으로 인출함으로써 높은 위험을 인수한 주주들을 제재할
수 있을 것이다. 그러나 일단 예금자보호제도가 도입되면 위험 인수로 인한 손실
이 예금보험기금으로 전가될 것이기 때문에, 예금자들이 주주들을 감시할 만한 유
인이 감소하게 된다. 사실상 이렇게 위험을 인수하려는 동기의식이 너무도 강력하
고 만연되어 있기 때문에, 주주들은 예금보험에 따른 공적 보조금을 최대한 활용
하기 위하여 많은 무리수를 둔다고 한다.

(2) 증권회사와 시스템상의 위험

증권매매를 위해 예치한 투자자의 자금과 증권은 증권회사의 고유계정과
는 별도의 계정과 계좌에서 관리되므로(예: 증권의 고객계좌부에 대한 대체기재),
증권회사가 파산하더라도 투자자의 재산이 상실될 염려는 거의 없다. 따라서

증권회사는 건전성규제의 대상이 되지 않는다. 또한 증권업에 대해서는 다음과
같은 이유로 시스템규제가 적용되지 않는다. ① 시스템상의 위험이 발생할 가
능성은 거의 없다. ② 파산위험이 전이될 가능성도 매우 낮다(물론 서브프라임에
대해서는 예외이다. 즉 2008년부터 Bear Sterns, Lehman Brothers, Goldman Sachs,
Merril Lynch로 파산위험이 전이되었다). ③ 지급결제체제의 붕괴위험성은 나타나
지 않는다. ④ 증권회사를 위한 최종대부자와 예금보험제도가 존재하지 않으
므로, 도덕적 해이의 문제가 발생하지 않는다. ⑤ 증권회사들은 유통시장에서
신속히 처분할 수 있는 유동성자산을 보유하고 있으므로, 만기의 불일치라는
문제로부터 자유롭다. ⑥ 증권회사는 은행보다 훨씬 신속하게 대차대조표상의
포지션을 조정할 수 있다. 즉 증권회사들은 시장조성업무, 인수업무 및 정규거
래업무 등을 통하여 상당히 높은 자산회전율을 기록하고 있다. 또한 투자전략
에 있어서도 비교적 단기투자를 선호하는 경향이 있다. ⑦ 은행들은 대규모의
자금원천으로서 수시로 입출금이 되는 초단기의 요구불예금에 의존하지만, 증
권회사들의 자금원은 그렇지 않다. ⑧ 은행은 주로 유동성위험과 신용위험에
노출되는 데 반하여, 증권회사는 시장위험(보유자산의 급격한 가격변동위험)에 노
출된다. ⑨ 증권회사의 자산 대부분은 시장성이 있는 증권으로 구성된다. 평상
시에 있어서 증권회사의 계속기업가치는 청산가치와 거의 차이가 없으므로, 보
유자산에 대한 가격폭락의 위험도 없다. ⑩ 증권회사의 보유자산에 대한 가액
산정은 계속기업가치를 토대로 하므로, 회계절차도 시가주의를 따른다(은행은
청산가치를 토대로 한 원가주의). 더욱이 유통시장이 존재하므로 증권회사의 보유
자산에 대해 정확한 가액산정이 가능하다.[17]

　　증권회사들에게도 자본적정성요건이 부과되지만, 이는 은행에게 요구되는
위험가중자산 대비 자기자본비율과는 그 본질을 달리한다. 왜냐하면 앞에서 고
찰한 바와 같이 은행과 증권회사간에는 보유자산의 속성 및 수행업무의 유형
이 너무도 相異하므로, 충격에 대비할 수 있는 지급여력의 확보방안도 달리 취
급하기 때문이다. 예를 들어 자기자본이 침해된 증권회사는 법정자본요건에 순

---

17) *Financial Regulation*, pp. 11-12. 증권회사가 어떠한 경우에는 시스템상의 위험을 야기할 수
　　도 있다고 본다. 경제협력개발기구(OECD)도 증권시장에서의 심각한 오작동이 발생한다면 이
　　는 전체 금융시스템을 붕괴시킬 수도 있기 때문에 시스템상의 위험이 있다는 분석을 행한 바
　　있다. Organization for Economic Co-Operation and Development, *Systemic Risks in Securities
　　Market* (1993). 2007년부터 시작된 글로벌 금융위기가 유수의 금융투자업자로부터 비롯되었
　　다는 점도 유념하여야 할 것이다.

응하기 위하여 즉시 대차대조표상의 자본을 보완하는 작업에 착수할 수 있다.
왜냐하면 증권회사는 보유자산을 쉽게 처분할 수 있는 유통시장이 존재하기
때문이다. 더욱이 증권회사의 자기자본이 침해되더라도 공적 안전망에 부정적
인 영향을 미치지 않는다. 따라서 감독당국은 증권회사가 업무수행을 위하여
필요한 유동자본(영업용순자본)을 150% 이상 확보하고 있는지를 점검할 뿐, 파
산위험에 대비한 적정자산을 보유하고 있는지에 대해서는 관심이 소홀하다. 따
라서 증권회사의 영업용순자본비율확보라는 지급여력과 관련한 규제도 그 본
질은 업무행위규제에 해당하는 것이다.

### (3) 보험회사와 시스템상의 위험

보험회사, 그 중에서도 특히 생명보험회사에 대한 건전성규제는 외형상
은행에 대한 시스템규제와 매우 흡사하다. 그러나 보험회사는 다음과 같은 이
유로 시스템상의 위험을 야기하지 않는다. ① 보험회사의 채무는 기본적으로
長期로서, 동시다발적인 자금이탈에 따른 파산위험이 크지 않다. ② 보험회사
들은 시장(유가증권시장이나 코스닥시장)에서의 거래나 지급결제체제를 통한 거래
와 같이, 동일 금융기관간 밀접한 연계체제를 갖고 있지 않다. 따라서 보험회
사간 위험이 전이될 가능성이 없다. ③ 보험회사는 보유자산을 쉽게 시장에서
처분하여 유동성을 확보할 수 있다. ④ 은행의 요구불예금과는 달리, 보험회사
의 계약상 채무에 대한 상환액은 종국적으로 보유자산의 운용실적에 의하여
결정된다. ⑤ 보험회사들은 지급결제체제에 직접적으로 관여하지 않는다.[18]

보험업의 경우 은행업과 달리 시스템규제를 정당화할 만큼 보험계약이 특
수하지 않다. 오히려 보험회사는 은행과 逆方向의 자산전환업무를 영위하므로,
그 영업이 본질적으로 매우 안정적이다. 즉 보험회사는 비유동성채무를 유동성자
산으로 전환하는 데 반하여, 은행은 유동성채무를 비유동성자산으로 전환하는 것
이다. 따라서 개별 보험회사의 파산이 보험계약자들에게 불측의 손해를 줄 수 있
다는 측면에서 건전성규제가 정당화되지만, 이는 시스템규제와는 거리가 멀다.

만일 보험회사를 시스템규제로 편입시킬 경우, 공적 안전망의 수혜자가 부
당히 확대되는 결과를 야기한다. 즉 고객들은 한국은행을 상대로 지급여력이
여의치 않은 보험회사에게 긴급여신을 지원하라는 압력을 행사할 수 있는 것

---

18) *Financial Regulation*, p. 14.

[표 1-2]  규제상의 매트릭스

| | 시스템규제 | 건전성규제 | 업무행위규제 도매 | 소매 | 거래소규제 |
|---|---|---|---|---|---|
| 은행 | ○ | | ○ | ○ | |
| 상호저축은행 | ○ | | ○ | ○ | |
| 종합금융회사 | ○ | | ○ | ○ | |
| 손해보험회사 | | ○ | | ○ | |
| 생명보험회사 | | ○ | | ○ | |
| 펀드매니저 | | ○ | ○ | ○ | ○ |
| 연기금 | | ○ | | | |
| 금융자문업 | | | ○ | ○ | ○ |
| 머니마켓브로커 | | | ○ | | ○ |
| 유가증권브로커 | | | ○ | ○ | ○ |

이다. 한편 보험회사가 공적 안전망과 연계되어 있다는 인식이 금융시장에 만연할 경우, 고객들은 보험상품의 구매시 도덕적 해이의 상태에 빠질 수 있다. 혹자는 2003년 9월부터 국내에서도 방카슈랑스가 허용되었으므로, 시스템규제와 건전성규제를 통합할 필요성은 더욱 커졌다고 주장할 수 있다. 그러나 이는 사실과 다르다. 왜냐하면 현재 은행에게 허용된 보험업무는 "보험업법에 의한 대리점업무"에 불과하기 때문이다.[19] 공적 안전망에 대한 위해를 우려하여 은행업과 보험사업이 통합된 완전한 형태의 방카슈랑스를 상상조차 할 수 없는 상황에서, 시스템규제와 건전성규제를 수평통합한다는 것은 결코 있을 수 없는 일이다. 참고로 영국에서는 오직 보험회사만이 보험사업을 영위할 수 있고, 보험회사가 은행의 지배를 받게 되는 경우에도 은행과는 전적으로 독립하여 경영되고 자본이 유지되어야 한다.[20] 이는 형식적으로 통합금융법이 제정되었다는 영국에서조차, 실질적으로 시스템규제와 건전성규제를 분리·운영한다는 사실을 강력히 시사하고 있는 것이다.

---

19) 은행법시행령 제18조의2 제 2 항.
20) *Financial Regulation*, p. 163.

# 제 3 절 사적 부문에서의 은행에 대한 감시기능의 부존재와 은행규 제의 정당성
## ― Who Monitors Banks? ―

회사의 이해관계자들(stakeholders)에 의한 사적 감시체제의 구축(소위 mar-ket discipline)이 주주나 경영진에 의한 과도한 위험의 인수를 제어하는 하나의 수단으로 인식되어 왔고, 최근에는 시장에서의 효율적인 감시체제의 구축이 회사의 지배구조개선에 있어서 가장 핵심적인 과제로 부각되고 있다. 그러나 은행에게만 특유한 요구불예금과 부채/자본비율의 과다라는 문제점으로 인하여 은행산업에서 사적 감시체제의 구축이 그리 용이하지 않다는 점을 발견하게 된다. 따라서 이해관계자들이 은행에 대하여 적절한 감시기능을 수행할 수 없기 때문에, 정부가 은행을 규제할 수밖에 없다는 논리로 귀결되는 것이다.

## Ⅰ. 감시자로서의 은행내부기관

사실 은행 이사회가 이해관계자들에게 선량한 관리자로서의 주의의무를 지고, 자산운용결정에 대한 최종책임을 진다는 점에서 1차적인 감시기능을 수행한다고 할 수 있다. 더욱이 자기자본비율이 높은 우량은행의 이사들은 현행 5천만원을 상한선으로 하는 預金部分保障制度하에서 예금부보를 받지 못하는 거액의 예금자들이 존재하기 때문에 건전하게 자산운용을 하여야 한다는 심리적 압박감을 갖고 있고, 만일 현재의 지위에서 불명예 퇴직시 자신의 평판에 치명적인 손실이 발생한다는 두려움 때문에 과도한 위험의 인수를 자제하려고 할 것이다. 그럼에도 불구하고 이는 우량은행에만 국한된 설명이다. 왜냐하면 미국의 1980년대 경험에 의하면 경기침체나 내부적인 불량거래 혹은 경영판단의 오류 등으로 금융기관의 자본이 위험할 정도로 낮은 수준으로 떨어질 경우에는, 이사회의 구성원들도 더 이상 잃을 것이 없기 때문에 도박에 비견할 정도로 위험한 사업에 뛰어들어 수익을 극대화하고자 하는 경향이 있음이 판명되었기 때문이다.[21] 글로벌 금융위기 와중에 파산위기에 몰려 정부로부터 공

---

21) Robert E. Litan, *Evaluating and Controlling the Risks of Financial Product Deregulation*, 3

적 자금의 지원을 받은 미국의 AIG 임직원들에 대한 성과급 보수 문제도 이와
관련된다고 본다.[22]

## II. 감시자로서의 주주

　주주들은 자신의 투자원금이 상실되고 주가가 급락할 수 있는 위험에 대
해서는 되도록 회피하려고 한다. 따라서 이사회의 부당한 자산운용결정으로 인
하여 회사에 손실이 발생하고 주가가 급락할 경우 원론적으로 주주가 이사들
을 상대로 대표소송을 제기할 수도 있을 것이다(상법 제403조). 그러나 실제에
있어서 은행주주들은 경영진에 대한 감시자로서 적절한 위치에 있지 못하다.
왜냐하면 주주가 實時間으로 경영진의 투자결정에 대하여 충분한 정보를 제공
받지 못하는 한, 경영진을 감시하여 자신들의 이익을 보호하는 데 한계가 있기
때문이다. 더욱이 다른 주주들과 이해관계자들이 은행경영진을 감시함으로써
발생하는 이익에 편승하여 무임승차(free-rider)하려는 의도를 가진 주주들이 상
대적으로 다수를 점할 경우, 이러한 주주들에게 적정수준의 감시를 기대하기는
곤란한 것이다.

　주주들이 충분한 정보를 실시간으로 제공받고 경영진을 감시하려는 동기
의식이 큰 때에도, 주주들은 내재적으로 채권자들의 이익을 害하면서 위험을
수용하려는 반대동기의식을 갖고 있다는 점도 주주의 감시자로서의 적격성을
의심케 만드는 대목이다. 유한책임의 원칙에 의하여 필요비용을 공제한 회사의
총순이익을 주주가 모두 차지할 수 있는 반면, 주주들이 잃을 수 있는 최대의
상한선은 자신들의 투자액으로 한정되기 마련이다. 따라서 재무경영학에서는
특별한 사업전략으로 기대되는 수익이 위험을 조정한 이후에 負(−)가 될 때까

---

Yale J. on Reg. 1, 21-22 (1985).

22) AIG는 2008년 9월부터 미국 정부로부터 네 차례에 걸쳐 1,800억달러에 달하는 공적 자금
　을 지원받았는데, AIG는 금융위기가 터지기 직전 연봉 계약을 맺었다는 이유만으로 금융 파
　생상품 사업부 임직원들을 대상으로 총 4억 5,000만달러의 보너스를 지급하기로 결정하였다.
　문제는 보너스를 받는 부서가 바로 신용디폴트스와프 등 파생상품을 만들어 팔아 AIG에 막
　대한 손실을 끼친 사업부였다는 점이다. 버락 오바마 미국 대통령은 "AIG의 보너스 지급 결
　정은 무모하고 탐욕스러운 행동"이라고 즉각 비판하였고, 미국 의회는 공적 자금이 투입된
　금융기관의 경영진에게 지급된 보너스를 회수하는 법안을 마련할 계획임을 밝혔다. 이미아,
　"[Global Issue] 회사 망쳐놓고 두둑한 보너스? … 양심에 털난 AIG 임직원들," 한국경제신문,
　2009. 3. 20.

지 주주들은 계속적으로 위험을 추구하여야 한다는 원칙을 제시하고 있는 것이다. 더욱이 주주들은 보유주식의 종류를 다각화함으로써 위험을 회피할 수 있기 때문에, 일부 투자종목(은행)에서의 고위험을 오히려 선호하기도 한다. 따라서 주주들은 회사채보유자와 예금자 및 기타의 채권자들과 같이 은행에 수익이 발생하더라도 계약에서 약정한 고정액만을 수령하는 자들에 비하여 위험을 선호하게 된다. 결국 단기 수익에 집착하는 주주들의 본질적 성향으로 인하여, 은행사업의 수익구조는 불안정해진다. 은행업에 있어서 부채 / 자기자본 비율의 과다가 주주들의 위험선호경향을 더욱 심화시킨다는 점은 이미 적시하였다.

## III. 감시자로서의 예금자 : 소액예금자 vs. 거액예금자

일반적으로 예금자들은 위험한 사업의 영위로부터 발생하는 수익과 무관하기 때문에 주주들보다 훨씬 위험을 회피하려는 성향을 띠고 있으므로, 경영진과 주주의 위험선호전략에 대하여 적절한 감시를 할 위치에 있다. 따라서 완전한 정보를 취득한 예금자라면 은행이 고위험의 사업을 영위하려는 경우, 경영진에 대하여 수신금리를 상향조정할 것을 요구하게 될 것이다. 그러나 현실적으로 대부분의 일반 예금자들은 금융지식이 박약하고 은행에 대한 정보가 부족하며 예금액도 소액에 불과하므로, 이들이 감시기능을 수행한다는 것은 너무도 비용이 많이 들고 비현실적임을 알 수 있다.

소액예금자들에 비해 거액의 기관예금자들은 경영진을 감시하려는 동기도 크고 감시할 수 있는 효율적인 수단도 보유하고 있다. 그들의 지속적인 감시노력이 소기의 성과를 거두는 경우, 거액의 예금자와 소액의 일반예금자 모두 감시에 따른 이익을 향유할 수 있다. 그러나 거액의 요구불예금을 보유한 예금자들의 자율규제란 종종 대규모의 동시다발적인 예금인출로 가시화되기 때문에, 은행과 소액예금자에게 최악의 결과를 야기할 수도 있다는 문제점을 안고 있다. 또한 동시다발적인 예금인출은 너무도 급박하게 이루어지므로, 은행의 경영진들이 어떠한 시정조치를 강구할 시간적 여유도 없게 만드는 것이 보통이다. 특히 대규모의 동시다발적인 예금인출이 은행의 잘못된 자금운용의 결과 손실로 야기된 것이 아니라 지급여력이 있는 은행임에도 불구하고 일시적인 유동성부족으로 야기되었을 경우에는, 그 가혹한 결과가 전체 경제에 심각한

타격을 줄 수도 있다.23)

더욱이 대규모의 동시다발적인 예금인출은 자원배분에 있어서의 왜곡을 초래할 수도 있다. 즉 은행을 감시할 수 있는 충분한 수단과 정보를 보유한 거액의 예금자들은 예금인출에 있어서 가장 선순위자가 될 것임에 반하여, 자원과 정보보유에 있어서 열악한 소액의 예금자들은 일정한 손실을 감내하여야만 하는 것이다.24) 물론 이러한 자원배분의 왜곡을 방지하기 위하여 일반 파산법제에서는 채권자취소권이나 부인권 등의 대비책을 마련해 두고 있다. 그러나 은행에서는 요구불예금의 비중이 막대하기 때문에 인출이 너무도 급박하게 행해지고 이미 인출된 예금을 다시 회수할 방법이 없기 때문에, 거액예금자가 초래하는 자원배분의 왜곡 문제는 매우 중대한 쟁점으로 부각되는 것이다.

## 제 4 절 우리 은행법의 역사

어느 국가에서나 금융법의 근간은 은행법이다. 그만큼 은행의 역사는 오래되었고 전체 경제, 그 중에서도 금융에서 차지하는 역할과 중요성이 매우 큰 것이다. 따라서 은행소유 규제, 은행지배구조 규제와 같은 일부 조항들을 제외하고 대부분의 은행법 규정들은 오랜 기간 정당성을 인정받아 왔으며 현재에도 안정적으로 운영되고 있다. 이와 대조적으로 자본시장은 최근에 비로소 비약적인 발전이 이루어지기 시작하였으므로, 관련법제도 이러한 움직임과 맞물려 계속 정비중에 있고 일부 조항에 대해서는 아직 면밀한 검증도 이루어지지 않은 상황이다.

우리 은행법의 역사를 간략히 살펴보면 다음과 같다.

(1) 일제 강점기인 20세기 초반, 당시의 중앙은행인 조선은행은 소위 중앙집권식 시스템에 의하여 신용배분을 포함한 모든 은행관련정책 결정을 독점적으로 행사하였다. 이러한 중앙집권식 시스템은 당시 대륙법 은행체계의 특징이

---

23) Stephen G. Cecchetti, *The Future of Financial Intermediation and Regulation: An Overview,* 5 Curr. Issues in Econ. & Fin. (Fed. Res. Bank of N.Y. 1999), p. 3.
24) 은행업감독규정 제37조에서는 거액예금자들의 갑작스러운 예금인출로 유동성이 급격하게 악화된 경우 금융위원회는 예금전부의 지급정지와 같은 긴급조치를 취할 수 있는바, 이로 인하여 일정기간 예금을 인출하지 못하는 소액예금자들의 피해를 예로 들 수 있다.

기도 하였다.

　(2) 1945년 일본으로부터 해방된 이후, 조선은행은 기존 시스템을 근간으로 하되 독립국의 신용경색 상황 등을 고려한 발전방안을 제출하였다. 그러나 동 개편안은 일본식 금융제도의 틀을 고수하였기 때문에 수용할 것인지 여부를 둘러싸고 논란이 많았다. 한편 군정을 실시한 Douglas MacArthur 사령관도 정경유착의 고리를 제공하는 일본식 금융제도에 문제가 있음을 간파하고, 조선은행의 개편안에 반대하였다.

　(3) 代案으로 Federal Reserve Bank of New York으로부터 2명의 연방은행 감독권자인 Arthur I. Bloomfield와 John P. Jensen을 파견받아, 이들이 ‘일반금융개편에 관한 건의서’를 작성하게 된다. 이는 미국의 연방은행감독체계를 근간으로 한 것으로서, 연방준비이사회(Federal Reserve Board)를 모델로 한 금융통화위원회의 발족을 제안하고 있으며 1933년 Glass-Steagall법을 기반으로 한 상업은행업과 투자은행업의 분리 및 金産分離를 핵심으로 하고 있다. 제 1 공화국 정부는 기존 제도와의 연착륙을 도모하기 위하여 조선은행의 개편안 중 일부를 수용하되, ‘일반금융개편에 관한 건의서’를 전적으로 채택하게 되었다. 1950년 5월 5일 한국은행법과 은행법이 공포되었지만 즉각적으로 시행에 들어가지 못하였다. 즉 동법은 한국전쟁으로 인하여 계속 지체되다가 1954년에 비로소 시행되기에 이르렀다.

　(4) 이와 같이 20세기 이후 은행법제의 경과과정을 보면, 우리나라 전체 법제의 근간은 대륙법계이지만, 한국은행법과 은행법 등을 포함한 전반적인 금융법체계는 미국법을 근간으로 하고 있음을 알 수 있다.

> 　　✎ 참고   일반 상업은행과 중앙은행 중 어느 은행이 먼저 설립되었다고
> 　　　　　　　보아야 하는가?[25]
> 　　　　　— 미국 제 1 차연방은행의 역사적인 고찰 —
>
> 　미국은 1781년 Yorktown에서의 승리 이후 금융의 무질서에 대처하기 위하여 Bank of North America를 설립하였는데, 동 은행은 1782년 펜실베니아주의 인가를 얻은 주은행이었다. 독립전쟁 이후 수년간 여러 주에서 주은행이 설립되었다.

25) Macey & Miller, pp. 2-6.

문제는 1787년 미국연방헌법이 주의 금속화폐·지폐발행권한을 인정하지 않고,
연방에게 금속화폐 발행권한을 부여하였다는 점이다. 즉 주은행에게는 화폐발행
권한이 없었기 때문에 이러한 권한을 가진 연방은행의 설립 필요성이 주장되었다.

1790년 재무장관 Alexander Hamilton은 '연방은행에 대한 보고서'를 의회에 제
출하였는데, Hamilton은 Adam Smith의 Bank of England에 대한 서술을 그대로 옮
겨 미국에서 연방은행을 설립하면 사회의 생산력 있는 자본을 증대시킬 수 있고
강력하고 번영하는 국가창출에 기여할 수 있다고 주장하였다. 더욱이 연방은행을
설립하면 세금징수를 용이하게 할 수 있고 재무성에 대부기능도 있으므로 공공재
정집행도 원활하게 할 수 있다고 하였다. 여러 장점 중에서도 가장 중요한 것은
연방은행이 통일된 규격의 지폐를 공급할 수 있는 것이었는데, 정부가 그 지급의
확실성을 보장하는 형식이었다. 1천만불의 초기자본을 필요로 하였는데(2백만불:
정부가 주식인수, 8백만불: 민간이 주식인수), 은행의 경영은 사인에게 맡기고 정
부는 감독만 하는 안이 제시되었다.

Republican인 James Madison은 Hamilton안을 극렬히 반대하였다. Madison은 헌
법상으로 연방정부에게 은행을 설립한 권한을 부여하지 않았으므로 연방은행설립
은 위헌이고 더욱이 주정부의 은행설립여부에 관한 주권을 침해하는 것이라고 주
장하였다. 남부의 영농지역에 근거를 둔 자들도 모든 기업들은 소수 elite들의 치
부를 위한 사악한 도구에 불과하다는 근거 없는 주장으로 Madison을 옹호하였다.

종국적으로 북부 및 연방론자의 압도적 지지를 받아 양원에서 2/3 다수결에 의
한  Hamilton안이 통과되었다. 연방은행을 인가하면서 상품매매금지와 채무불이
행에 따른 담보물처분 이외의 부동산소유금지 등의 엄격조건이 부과되었고(은산
분리), 20년간 한시적으로 업무를 영위하는 것으로 정하여졌다.

Washington 행정부중 국무장관이었던 Thomas Jefferson은 연방은행이 편리하기
는 하나 반드시 필요한 것도 아니고 헌법에 위반됨을 재차 강조하였지만, Hamilton
은 헌법의 목적이 효율적인 정부수립에 있으므로 이러한 목적을 최선으로 뒷받침
하는(fairly applicable) 수단으로서 연방은행이 사용될 수 있음을 주장하였다. 사실
상 Jefferson은 연방정부의 중앙집권에 회의적이었던 반면(인민이 그들 자신에 가
장 적합한 도구를 선택할 수 있도록 약한 정부가 되어야 함), Hamilton은 연방정부
의 중앙집중적 권한의 행사가 필요하다는 입장(강한 정부만이 신생국가를 번영으
로 이끌 수 있음)이었다. 1791년 Washington은 Hamilton의 법안에 서명을 하였다.

1791년 12월 Bank of the United States가 Philadelphia에서 설립되고 미국전역에
8개의 지점을 설립하였다. Georgia주는 Savannah 지점에 대해 tax를 부과하고 세
금징수를 위해 동 지점에 강제난입을 하는 해프닝도 있었다.[26]

---

26) *Bank of the United States v. Deveaux*, 9 U.S. (5 Cranch) 61 (1809).

  상업은행으로 간주된 the Bank of the United States는 시초에 매우 보수적으로 운영되었다. 이는 정부가 필요시 즉각적인 대부를 할 수 있도록 하기 위하여 거액의 준비금을 유보하여야 할 필요성이 있었을 뿐만 아니라 주의 금융업에 대한 개입을 최소화함으로써 주은행들의 적개심을 완화할 필요가 있었기 때문이었다. 그러나 얼마 지나지 않아 방대한 자본액으로 인하여 연방은행은 상업대출분야를 지배하기 시작하였고 상대적으로 주은행의 금융업기반은 위축되었다. 연방은행은 세금징수, 정부의 분배정책 시행, 외환업무 영위, 유통되는 은행권의 20% 장악, 정부에 대한 대출에 있어서의 독점적인 지위 향유 등으로 성공을 거두나, 미국연방정부가 1800년 이후 채무를 상환하기 시작하면서 동 은행의 정부에 대한 채권은 점점 감소하였고 이후 정부는 동 은행의 최고거액 순예금자로서 전환되었다 (은행설립시 정부신용을 증대시키는 기능은 불필요하게 됨).

  연방은행의 가장 큰 성공요인은 연방은행이 중앙은행으로 발전되었다는 점인데, 사실 이는 1791년 인가 당시 예상되지 않았던 기능이었다. 주은행들이 난립함으로써 주은행권이 연방은행으로 집적되는 한편, 연방은행이 대규모 자본을 보유하여 거액의 통화를 통제(1811년경 전체통화의 50% 집중)함으로써 연방은행은 자연스럽게 중앙은행으로서의 기능을 수행하게 되었다. 그러나 이러한 연방은행의 기능확장은 주은행들로부터 시기를 받게 되었다.

  20년의 세월이 흐르는 동안 정치무대는 연방주의자들로부터 Republican에게로 이양되었으나, 연방은행은 계속 번성하였다. 이후 집권한 Jefferson은 재무장관 Albert Gallatin에게 연방은행의 와해작업 착수를 지시하였다. 1811년 집권한 Madison은 20년간 연방은행이 위기관리조직 이상의 기능을 수행하여 왔고 그 필요성이 거의 인정된다(near necessity)고 함으로써 그 합헌성을 주장하였지만, 반대론자들의 격렬한 증오를 촉발시켰다. 연방은행의 가장 큰 문제점은 동 은행의 다수주주가 외국인(특히 영국인)이었다는 사실이었다. 1811년 연방은행의 재인가 여부는 상·하양원 공히 1표차로 아깝게 부결되고 연방은행은 역사 속으로 사라졌다.

# 제 2 장

## 은행법의 목적과
## 은행규제의 본질

# 제 2 장

## 은행법의 목적과 은행규제의 본질(건전성규제)

## 제 1 절  은행법의 목적

> 제 1 조 (목적) 이 법은 은행의 건전한 운영을 도모하고 자금중개기능의 효율성을 높이며 예금자를 보호하고 신용질서를 유지함으로써 금융시장의 안정과 국민경제의 발전에 이바지함을 목적으로 한다.

은행법 제 1 조를 보면 은행법이 종국적으로 금융시장의 안정과 국민경제의 발전에 이바지하려는 목적, 즉 금융체제와 경제체제 전반을 정당하게 질서 지우려는 목적을 가진 산업규제법에 해당함을 알 수 있다. 이러한 종국적인 목적을 달성하기 위하여 은행법상 대부분의 조항들은 금융관련당국의 개입을 정당화하고 있으므로, 은행법은 경제법의 가장 대표적인 법역 중 하나라고 할 수 있는 것이다. 다음은 이러한 종국적인 목적을 달성하기 위한 직접적인 목적들을 은행의 건전성 제고와 예금자보호 및 신용질서유지로 나누어 상술하고자 한다.

## Ⅰ. 은행의 건전성 제고

은행의 건전성을 제고할 경우 은행의 공공성과 안전성이 담보되고, 그 결과 은행 이용자의 궁극적인 이익이 보호된다. 금융관련법은 은행의 건전성을 제고하기 위한 특별법('금융위원회의 설치 등에 관한 법률'과 '금융산업의 구조개선에 관한 법률' 등)을 제정하고 있다. 한편 어느 국가에서나 금융감독체계는 다단계로 이루어지고 있는바, 이는 은행의 건전성을 담보하기 위한 수단이라고 할 수 있다. 즉 어떠한 감독기구가 중대한 부주의로 간과한 건전성 저해 사실을 다른 감독기구로 하여금 간파할 수 있도록 하는 중첩적인 감독체제를 구축하는 것이다.

## 1. 일상적인 경우의 건전성 감독

평상시에는 정부조직법과 '금융위원회의 설치 등에 관한 법률'(이하 '금융위설치법')에 의하여, 금융제도의 골격이 짜이고 금융감독기구(금융위원회, 증권선물위원회, 금융감독원)에 의한 감독, 검사, 제재가 이루어진다.

### (1) 기획재정부(Ministry of Strategy and Finance)

정부조직법 제23조 제 1 항에 의하면 기획재정부장관은 경제 · 재정정책의 수립 · 총괄 · 조정권 및 화폐 · 외환 · 국제금융에 관한 사무를 관장한다. 금융정책은 광의의 경제정책에 포함되므로 기획재정부는 금융정책에 직 · 간접적으로 영향을 미칠 수 있는 하부조직으로서 경제정책국(자금시장과)과 국제금융국을 두고 있다. 특히 국제금융의 자유화와 맞물려 외환의 중요성이 강조되고, 1997년 말 IMF 경제위기 이후 금융부문에 있어서는 외환에 대한 고려가 금융정책의 최우선 순위로 되었으므로 기획재정부의 영향력은 막강하다고 할 수 있다.

### (2) 금융위원회(Financial Services Commission)

금융위설치법 제17조에 의하면 금융위원회의 소관사무는 다음에 관한 사항들을 망라한다. ① 금융정책 및 제도, ② 금융기관 감독 및 검사 · 제재, ③ 금융기관의 설립, 합병, 전환, 영업 양수 · 도 및 경영 등의 인 · 허가, ④ 자본시장의 관리 · 감독 및 감시, ⑤ 금융중심지의 조성 · 발전, ⑥ 금융관련법령과 규정의 제 · 개정 및 폐지, ⑦ 금융 및 외국환업무취급기관의 건전성 감독에 관한 양자 · 다자간 협상 및 국제협력, ⑧ 외국환업무취급기관의 건전성 감독에 관한 사항. 금융위원회는 국무총리 직속기관으로 기획재정부와 별개의 기관이며 위원회의 의결로 소관업무를 처리한다. 금융위원회는 위원장 · 부위원장 1인과 기획재정부 차관, 금융감독원 원장, 예금보험공사 사장, 한국은행 부총재, 금융위원장이 추천하는 금융전문가 2인, 대한상공회의소 회장이 추천하는 경제계대표 1인 등 총 9명으로 구성된 의결기구이다. 이러한 의결기구의 사무를 처리할

목적으로 금융위원회에 사무처를 두게 되어 있는데, 대통령령인 "금융위원회
와 그 소속기관 직제" 제 7 조에 의하면 사무처에 혁신행정과 · 금융정책국 및
금융서비스국을 두도록 되어 있다.

### (3) 증권선물위원회

금융위설치법 제19조에 의하여 ① 자본시장의 불공정거래 조사, ② 기업
회계의 기준 및 회계감리에 관한 업무, ③ 금융위원회 소관사무 중 자본시장의
관리 · 감독 및 감시 등과 관련된 주요사항에 대한 사전심의, ④ 자본시장의 관
리 · 감독 및 감시 등을 위하여 금융위원회로부터 위임받은 업무, ⑤ 기타 다른
법령에서 증권선물위원회에 부여된 업무 등을 처리하는 증권선물위원회를 두
고 있는데, 증권선물위원회는 위원장(금융위원회 부위원장 당연직) 1명을 포함한
5명의 위원으로 구성된다.

### (4) 금융감독원(Financial Supervisory Service)

금융위설치법 제24조에 의하여 금융감독원은 금융위원회 또는 증권선물위
원회의 지도 · 감독을 받아 금융기관에 대한 검사 · 감독업무 등을 수행하는 무자
본특수법인으로서, 앞의 공적 사무를 위탁받아 처리하는 민간기구라고 할 수 있다.

### (5) 한국은행(Bank of Korea)

통화정책이나 지급결제업무와 관련된 제한적인 영역에서 은행을 감독한
다. 일반은행들이 중앙은행으로부터 긴급유동성지원을 받을 경우, 한국은행은
당해 은행들에 대한 대출기관으로서 감시역할을 수행한다.

## 2. 파산시 건전성 감독

금융기관이 파산한 경우 '금융산업의 구조개선에 관한 법률'과 예금자보
호법이 적용되는바, 이에 대해서는 제 6 장 제 1 절에서 후술하기로 한다.

## II. 예금자보호

### 1. 개    관

은행에서 예금자의 지위는 법적으로 무담보 채권자라고 할 수 있다. 일반
적으로 파산법리에 의하면 파산시 변제에 있어서의 priority는 담보채권자, 무

담보채권자, 후순위채권자, 주주의 순서로 이루어지므로, 다른 일반채권자에 우선하여 예금자를 보호한다는 것은 현실적으로 어렵다. 그러나 예금자의 예금 이 산업 자금의 원천, 즉 산업자금의 젖줄로 쓰여진다는 점을 감안할 때, 은행 파산시 예금자들을 일반 채권자와 동등하게 취급하는 원칙을 고수할 경우, 예 금의 위축을 가져올 것이고 결국 산업에 대한 지원자금이 고갈되는 상황으로 치달을 수 있다. 따라서 어느 나라에서나 정책적으로 예금자들을 보호하는 제 도를 실시하는 것이다.

## 2. 예금자를 보호하기 위한 방법들

### (1) '예금자보호법'의 제정

은행 파산시 각 예금자에게 5,000만원의 한도에서 예금을 보호해 준다. 이 렇다 보니 안전성을 중시하는 예금자에게는 예금을 분산해서 예치하는 struc- turing(예: 2억원을 4개의 은행에 5,000만원씩 분산예치)이 권장된다. 참고로 구 판례 를 보면 다음의 2005다17877 판결과 같이 structuring 기법을 전면적으로 부정 하고 배후의 출연자를 넓게 인정하는 입장이었다. 그러나 이러한 입장은 대법 원 2009. 3. 19. 선고 2008다45828 판결(전원합의체)로 180도 변경되었다. 따라 서 향후 '금융실명거래 및 비밀보장에 관한 법률'(이하 '금융실명제법')의 취지에 따른 객관설(표시주의)이 원칙으로서, 배후의 출연주에게 예금이 귀속되는 경우 는 거의 없게 될 것이다(대표적인 예: 대법원 2011. 5. 13. 선고 2009도5386 판결). 그 리고 structuring에 의해 분산예치된 예금이라도 실명확인을 받은 예금주별로 5,000만원의 한도에서 각각 예금보호를 받게 될 것이다.

【대법원 2005. 6. 24. 선고 2005다17877 판결요지】

[1] '금융실명거래 및 비밀보장에 관한 법률' 제 3 조 제 1 항에 따라 금융기관은 거래자의 실지 명의에 의하여 금융거래를 하여야 하므로, 원칙적으로 예금명의자 를 예금주로 보아야 하지만, 특별한 사정으로 예금의 출연자와 금융기관 사이에 예금명의인이 아닌 출연자에게 예금반환채권을 귀속시키기로 하는 명시적 또는 묵 시적 약정이 있는 경우에는 그 출연자를 예금주로 하는 금융거래계약이 성립된다.

[2] 가족의 명의로 금융기관에 예탁금계좌를 개설할 당시 예금거래신청서는 자

신의 정기예금에 관한 예금거래신청서를 작성하면서 일괄하여 작성하였고, 거래
인감으로 자신의 인장을 등록하였으며, 그 비밀번호도 자신의 정기예탁금계좌와
같은 비밀번호를 사용하였을뿐더러 예탁금에 대하여 매월 지급되는 이자와 만기
시의 해지금을 자신 명의로 개설된 은행 예금계좌에 자동이체하도록 신청하였다
면 위 예탁금은 세금혜택 내지는 예금자보호법의 보호를 받기 위한 목적으로 가
족들의 명의로 개설·관리하여 오던 것으로서 예탁금의 출연자와 그 금융기관 사
이에는 예탁금 명의자들이 아닌 출연자에게 예탁금반환채권을 귀속시키기로 하는
명시적 또는 묵시적 약정이 있었다고 보아 출연자를 예금주라고 한 사례.

**【대법원 2009. 3. 19. 선고 2008다45828 판결요지】**

[1] [다수의견] '금융실명거래 및 비밀보장에 관한 법률'에 따라 실명확인 절차
를 거쳐 예금계약을 체결하고 그 실명확인 사실이 예금계약서 등에 명확히 기재
되어 있는 경우에는, 일반적으로 그 예금계약서에 예금주로 기재된 예금명의자나
그를 대리한 행위자 및 금융기관의 의사는 예금명의자를 예금계약의 당사자로 보
려는 것이라고 해석하는 것이 경험법칙에 합당하고, 예금계약의 당사자에 관한 법
률관계를 명확히 할 수 있어 합리적이다. 그리고 이와 같은 예금계약 당사자의 해
석에 관한 법리는, 예금명의자 본인이 금융기관에 출석하여 예금계약을 체결한 경
우나 예금명의자의 위임에 의하여 자금 출연자 등의 제3자(이하 '출연자 등'이라
한다)가 대리인으로서 예금계약을 체결한 경우 모두 마찬가지로 적용된다고 보아
야 한다. 따라서 본인인 예금명의자의 의사에 따라 예금명의자의 실명확인 절차가
이루어지고 예금명의자를 예금주로 하여 예금 계약서를 작성하였음에도 불구하
고, 예금명의자가 아닌 출연자 등을 예금계약의 당사자라고 볼 수 있으려면, 금융
기관과 출연자 등과 사이에서 실명확인 절차를 거쳐 서면으로 이루어진 예금명의
자와의 예금계약을 부정하여 예금명의자의 예금반환청구권을 배제하고 출연자 등
과 예금계약을 체결하여 출연자 등에게 예금반환청구권을 귀속시키겠다는 명확한
의사의 합치가 있는 극히 예외적인 경우로 제한되어야 한다. 그리고 이러한 의사
의 합치는 '금융실명거래 및 비밀보장에 관한 법률'에 따라 실명확인 절차를 거쳐
작성된 예금계약서 등의 증명력을 번복하기에 충분할 정도의 명확한 증명력을 가
진 구체적이고 객관적인 증거에 의하여 매우 엄격하게 인정하여야 한다.

[대법관 박시환의 별개의견] '금융실명거래 및 비밀보장에 관한 법률' 제3조 제
1항은 실명확인 절차를 거칠 것을 예금계약의 효력요건으로 규정한 것이고, 위
규정의 취지에 반하는 예금계약의 효력을 부정하는 강행규정이라고 보아야 한다.
따라서 출연자 등이 예금명의자 명의로 실명확인 절차를 거쳐 예금계약을 하면서,

금융기관과의 합의하에 출연자 등을 예금계약상의 예금반환청구권을 갖는 예금계
약의 당사자로 하기로 별도로 약정한 경우 등에는, 그 별도의 약정에 관하여 당사
자들이 명확한 증명력을 가진 구체적이고 객관적인 증거를 남겨 두었는지 여부와
관계없이, 그러한 별도의 약정 자체는 강행규정인 '금융실명거래 및 비밀보장에
관한 법률' 제 3 조 제 1 항에 위반되어 효력이 없는 것으로 보아야 한다. 결국 이
러한 경우에는 금융기관과 예금명의자 사이의 예금계약만이 유효하게 성립할 뿐
이어서, 예금반환청구권을 갖는 예금계약의 당사자는 예금명의자이다.

 [2] 甲이 배우자인 乙을 대리하여 금융기관과 乙의 실명확인 절차를 거쳐 乙 명
의의 예금계약을 체결한 사안에서, 甲과 乙의 내부적 법률관계에 불과한 자금 출
연경위, 거래인감 및 비밀번호의 등록·관리, 예금의 인출 상황 등의 사정만으로,
금융기관과 甲 사이에 예금명의자 乙이 아닌 출연자 甲을 예금계약의 당사자로
하기로 하는 묵시적 약정이 체결되었다고 보아 甲을 예금계약의 당사자라고 판단
한 원심판결을 파기한 사례.

【대법원 2011. 5. 13. 선고 2009도5386 판결요지】

 갑이 금융기관에 피고인 명의로 예금을 하면서 자신만이 이를 인출할 수 있게
해달라고 요청하여 금융기관 직원이 예금관련 전산시스템에 '갑이 예금, 인출 예
정'이라고 입력하였고 피고인도 이의를 제기하지 않았는데, 그 후 피고인이 금융
기관을 상대로 예금 지급을 구하는 소를 제기하였다가 금융기관의 변제공탁으로
패소한 사안에서, 제반 사정에 비추어 금융기관과 갑 사이에 실명확인 절차를 거
쳐 서면으로 이루어진 피고인 명의의 예금계약을 부정하여 예금명의자인 피고인
의 예금반환청구권을 배제하고, 갑에게 이를 귀속시키겠다는 명확한 의사의 합치
가 있었다고 인정할 수 없어 예금주는 여전히 피고인이라는 이유로, 이와 달리 예
금주가 갑이라는 전제하에 피고인에게 사기미수죄를 인정한 원심판단에 예금계약
의 당사자 확정 방법에 관한 법리오해의 위법이 있다고 한 사례.

## (2) Too‐Big‐To‐Fail(大馬不死) 원칙

 실제에 있어서 예금자보호법의 규정은 유명무실하다. 왜냐하면 경제학적
인 논리만으로 은행을 파산시키고 예금자들에게 예금을 대지급해 주는 국가는
존재하지 않기 때문이다. 어느 국가에서나 정책당국은 대마불사의 기조하에 가
급적 은행을 파산시키지 않으려는 방향(현상유지방향)으로 정책을 입안하려고
한다. 이는 정치적인 부담으로부터 자유롭고자 하는 정치인의 성향과도 관련된

다. 우리나라에서도 예를 들어 1990년대 후반 IMF 위기 이후 강원은행이 경영
부실로 사실상 파산하였음에도 불구하고 이를 파산시키지 않고 조흥은행(지금
의 신한은행)으로 하여금 인수·합병하게 하는 정치적인 결단을 단행하였다. 그
결과 강원은행의 예금주들은 예금가액을 불문하고 전액을 보전받는 결과를 가
져왔다.

## Ⅲ. 신용질서 유지

은행의 대출자산에 대해 채무자들이 원리금의 상환을 하지 못할 경우, 은
행은 부실해진다. 이렇게 부실상황으로 빠지기 전, 은행이 사전예방적으로 채
무자를 적극적으로 관리하는 방안이 필요한데, 상시 신용관리시스템을 구축하
는 것이 가장 최적의 방안이라고 할 수 있다. 신용관리시스템의 구축을 위해
개인의 신용정보를 집적하고 정당하게 평가하는 제도가 정착되어야 할 것이고
이때에는 은행을 중심으로 한 건전한 신용질서가 마련될 것이다. 이렇게 신용
질서를 구축할 목적으로 제정된 특별법으로는 '신용정보의 이용 및 보호에 관
한 법률'과 금융실명제법이 있다.

'신용정보의 이용 및 보호에 관한 법률'은 경제전반의 신용질서유지를 위한
법이라고 할 수 있다. 자유주의 시장경제질서하에서 신용정보는 privacy에 해당
하므로, 헌법상 보호되는 사적 재산권으로서 침해하거나 유용할 수 없는 것이
원칙이다. 그러나 동법에서는 신용질서의 구축 및 유지를 위해, 예외적으로 신용
정보를 공유할 수 있도록 허용한다. 왜냐하면 이를 허용하지 않을 경우 잠재적
인 대출후보자나 기 대출받은 자에 대한 신용위험(대출원리금 미상환의 위험)이
높아지고 신용질서가 붕괴될 개연성마저 발생하기 때문이다.

한편 금융실명제법에서는 은행연합회에 의한 신용정보의 공유뿐만 아니
라, 법관이 발부한 영장에 의한 신용정보 추적(소위 계좌추적)도 허용하고 있다.
그런데 동법 제4조 제1항 단서에 의하면 국세청·금융위원회·금융감독원
장·예금보험공사사장·한국거래소 등은 각각 조세포탈·불공정거래·내부자
거래·이상거래 등의 혐의가 있는 자에 대해 법관으로부터 영장을 발급받지 않
고도 신용정보를 집적할 수 있도록 하고 있다. 이 때문에 우리나라에서는 신용
정보를 무단으로 이용하는 경우가 많다는 지적이 있다.

## 제 2 절   은행규제의 본질(1) : 자본건전성 규제(Prudential Regulation)

### Ⅰ. 개    관

은행규제의 대부분은 은행의 건전성을 담보하기 위한 규제로서, 이러한 건
전성규제를 증권·보험회사의 규제와 차별화한다는 측면에서 시스템규제라고
하기도 한다. 은행에 대한 건전성규제는 은행자본에 대한 건전성규제와 은행자
산에 대한 건전성규제가 가장 핵심을 이루게 된다. 이를 상설하면, 은행법 제
34조 제 1 항은 은행으로 하여금 자기자본을 충실히 하고 적정한 유동성을 유
지하는 등 경영의 건전성을 확보할 의무를 부과하고 있다. 그리고 동조 제 2 항
은 대통령령이 정하는 바에 따라 금융위원회가 정하는 '자본의 적정성, 자산의
건전성, 유동성 및 그 밖에 경영의 건전성 확보를 위하여 필요한 사항'(경영지
도기준)을 준수하여야 한다. 은행법시행령 제20조는 ① 국제결제은행의 기준에
따른 위험가중자산에 대한 자기자본비율 등 은행의 신용위험에 대응하는 자기
자본의 보유기준에 관한 사항, ② 대출채권 등 은행이 보유하는 자산의 건전성
분류기준에 관한 사항, ③ 신용공여를 통합하여 관리할 필요가 있다고 인정하
여 금융위원회가 정하여 고시하는 자에 대한 신용공여 관리기준에 관한 사항,
④ 유동성부채에 대한 유동성자산의 보유기준에 관한 사항, ⑤ 그 밖에 은행
경영의 건전성 확보를 위하여 금융위원회가 정하여 고시하는 사항을 경영지도
기준으로 포함시키고 있다. 여기서 가장 중요한 것이 ①과 ②의 기준이므로,
자본건전성규제와 자산건전성규제가 은행건전성규제의 핵심을 이루는 것이다.

국제결제은행의 바젤위원회(Basel Committee on Banking Supervision)는 원래
G-10 국가(미, 영, 독, 불, 伊, 日, 加, 네, 벨, 스웨덴)의 재무장관과 중앙은행 총재
가 상임위원으로 참석(단 스웨덴은 중앙은행 총재만 참석)하여 은행의 건전성에
대한 감독사항을 결의하는 기구로서, 여기서의 결의(gentlemen agreement)는 단
지 권고적인 효력밖에 없으나, 전세계 모든 중앙은행의 비상임회원으로의 가입
이 강제된다는 점에서 사실상 구속력을 갖고 있었다. 2009년 3월 11일 호주,
중국, 인도, 우리나라, 멕시코, 러시아가 바젤위원회의 정식위원국이 되면서 위
원국은 G-20 국가로 확대되었다.

자기자본규제를 고찰하려면 선행적으로 자본의 개념 및 기능에 대한 이해를 하여야 할 것이다. 대차대조표상 차변에는 자산, 우변에는 부채·자본의 항목이 있는바, 자산(은행의 대출)에서 부채(요구불 예금)를 공제한 것이 자본이다. 은행이 신용위험(대출금에 대해 원리금 상환이 이루어지지 않을 미상환의 위험)에 노출될 경우, 자본은 이러한 위험을 완화시키기 위한 일종의 완충제(cushion) 역할을 한다.

일반 주식회사의 경우 정부가 주식회사의 자본에 대해 직접 규제하지 않는다. 즉 시장규율체제에 구속되도록 함으로써, 어떠한 주식회사의 신뢰가 상실되면 주가가 급락하여 자본이 감소되고 반대의 경우에는 자본이 증가되는 등으로 시장에서 결정되는 주가에 의하여 자본이 자동적으로 조절되는 것이다. 이와 대조적으로 주식회사 중 유일하게 은행에 대해서는 금융규제당국이 자본수준에 대해 직접규제를 하고 있다(정부규율체제).

정부규율체제는 다음과 같은 세 가지를 생각해 볼 수 있다.

① 시장규율체제에서 요구되는 자본액만큼의 수준을 정부가 정확하게 요구하는 경우. 그러나 이는 이론적으로만 가능할 뿐, 정부가 현실적으로 이렇게 하기란 불가능하다.

② 시장규율체제에서 요구되는 자본액보다 적은 수준으로 정부가 규제를 하는 경우. 그러나 이때에는 규제 자체의 실효성이 없으므로 정부가 규제를 하는 것 자체가 무용하다는 비판이 생긴다. 최악의 경우 수범자들은 규제를 전적으로 무시하는 사태가 발생한다.

③ 시장규율체제의 수준보다 항상 정부규제의 수준을 높게 하는 경우. 국제결제은행이 요구하는 자본규제는 바로 이러한 범주에 속한다.

정부규율체제는 본질적으로 다음과 같은 문제점이 있다. 정부의 자본규제가 없다면, 은행은 수신이자율을 높여 예금자들에게 보다 많은 이자를 지급하고 대출이자율을 낮추어 금융소비자들에게 보다 많은 편익을 제공할 수 있을 것이다. 그러나 강제적인 정부규제가 존재함으로써 은행은 이러한 편익을 제공할 수 없게 되는 것이다. 따라서 자기자본규제는 일종의 필요악이라고 할 수 있다. 그럼에도 불구하고 정부규율체제는 사전적으로 은행파산과 Bank Run을 방지할 수 있다는 장점을 갖는다. 즉 조기경보체제에 따라 금융감독당국이 요구하는 자본수준에 미치지 못할 경우 적기시정조치(자본의 보충)가 발동됨으로써, 종국적인 은행의 파산을 예방한다. 또한 납세자들의 막대한 세금(공적 자금의 투입)으로 은행을 구제하는 데 소요되는 비용을 절감할 수 있고, 이는 궁극적으로 구제금융을 통한 납세자들의 손실을 감소시킨다.

## II. Basel I

### 1. 도입경과

1980년대 중반 미국의 연방준비이사회는 미국 은행들에게만 자본기준을 부과하려고 시도하였으나, 미국 은행들만을 상대로 한 자본기준이 본질적으로 한계가 있다는 점이 드러났다. 첫째, 많은 미국인들이 자본규제의 적용을 받지 않는 외국은행들에게 예금을 예치하고 있었다. 둘째, 시스템상의 위험은 국제적으로도 발발가능하므로, 자본기준을 미국은행들에게 부과하더라도 다른 나라 소속 대형 금융기관의 도산이 미국은행들을 도산시킬 수 있다는 사실을 알게 되었다. 셋째, 당시 예금보험체계가 국제적으로 정립되지 않았으므로, 미국 납세자들이 타국에서의 외국은행 파산 때문에 발생한 미국은행의 파산을 구제하여야 한다는 문제에 직면할 수 있었다. 넷째, 미국만이 일방적으로 자본규제를 할 경우, 미국 은행들은 자본규제가 심하지 않은 다른 나라로 설립준거지를 옮길 수 없음에 반하여 규제를 받지 않는 외국은행들이 미국 은행에 비하여 경쟁적으로 우위에 서게 된다는 점은 너무도 명백하였다. 이들 외국은행들은 자본을 덜 보유해도 되므로 예금자에게 고이자를 지급하고 차주에게는 저리의 이자를 징구함으로써 시장점유율의 상대적 우위를 점할 수 있었던 것이다.

미국의 연방준비이사회(Federal Reserve Board)는 영국의 영란은행(Bank of England)과 접촉하여 은행업이 이미 국제화되어 있는 상황에서 하나의 국가만을 적용대상으로 하는 규제체계가 시대적인 조류에 맞지 않는다는 점을 강조하였다. 즉 자본적정성 규제가 효과적인 법률체제로 작동되려면, 동 규제의 적용범위를 국제적으로 확장하여야 한다고 설득한 것이다. 그 당시 영국의 영란은행도 자본적정성 규제를 조속히 시행하여야 한다는 점에 동의하였다. 왜냐하면 1987년 7월 전세계 10대 은행 중 7개를 일본은행이 차지하였는데, 일본은행들의 보유자산 중 대부분을 차지하였던 담보부대출에서 담보물 자체에 거품이 존재하고 동 거품이 붕괴될 경우 세계경제에 심각한 악영향을 미칠 수 있다는 점을 발견하였기 때문이다. 즉 국제결제체제의 긴밀한 연계성으로 인하여, 만일 일본은행들이 파산할 경우 일본은행들과 거래하는 영국의 국제은행들에게도 도미노효과가 발생할 수 있는 상황이었다. 한편 경성국제법(hard international law)이 본질적으로 그 적용범위는 광범위하지만 발효되기까지 많은 시행착오를 겪어야 하고 장기간의 시일이 소요된다는 점에 주목하였다. 그리고 많은 국가들이 소속 은행들의 경쟁력이 취약해지는 것을 두려워하여, 엄격한 자본기준을 제정하기 위한 협약을 신속하게 체결하려고 하지 않을 것이라는 점도 고려하였다. 이러한 제반 사정을 고려하여 양국 중앙은행이 우선 자기자본규제 협약을 발효시키는 선제적인 조치를 취한 것이다.

    1988년 Basel Committee의 G-10 국가에 양국의 협약(안)이 상정되어 만장일치로 통과되었고 1989년 이후 비상임국가에 대해서도 동 협약(소위 Basel I)의 수용을 권장하였다. 바젤위원회가 동 협약을 전세계 국가들로 하여금 채택하도록 권장한 이유는, 각국간 자기자본규제에 있어서 통일을 기하지 못할 경우 Race to the Bottom의 문제, 즉 자기자본규제의 수준이 매우 느슨한 국가로 G-10 국가의 금융소비자들이 이탈하는 사태가 발생할 수 있었기 때문이다. 국제간 규제의 형평성을 달성하는 것만이 국제간 시스템 위기를 예방할 수 있는 최소한의 담보장치로 여겨졌다.

---

### 참고  바젤위원회의 역할 및 권한

**1. 총    설**

  현행 자본적정성 규제는 독특한 형태의 입법절차에 의한 산물이라고 할 수 있다. 은행자본은 내국법의 규제대상이므로, 은행에 대한 자본적정성 규제도 그 은행이 소속된 국가에 의하여 제정되는 것이 원칙이다. 어떠한 국제조약도 相異한 국가에 소재한 은행들로 하여금 특정 수준의 자본을 유지하게끔 강제할 수 없다. 국제연합도 은행의 대차대조표에 대해 어떠한 제한도 한 적이 없다. 그럼에도 불구하고 자본적정성 규제는 전세계적으로 통일적인 모습을 띠고 있다. 이렇게 통일적인 자본적정성 규제가 출현하는 데 있어서 산파역할을 한 것은 바로 바젤은행감독위원회(the Basel Committee on Banking Supervision)이고, 그 회원 중에서도 배후에서 가장 주도적인 역할을 하였던 기관은 미국의 연방준비이사회(the Board of Governors of the

U.S. Federal Reserve)와 영국의 영란은행(the Bank of England)이라고 할 수 있다.

## 2. 바젤위원회의 구성 및 성격

바젤위원회는 원래 스위스 바젤에 있는 국제결제은행(the Bank for International Settlement)에서 회합을 갖는 G-10 국가소속 중앙은행장들의 상설위원회로 출발한 것인데, 2009년 3월 G-20로 멤버가 확대되었다. 바젤위원회의 목적은 국제은행체제와 일국의 은행규제간 존재하는 심각한 분열을 봉합하는 데 있다. 바젤위원회 회원들은 모두 중앙은행 및 감독당국으로 구성되는데, 각국 정부는 이들의 전문성을 고려하여 규제상의 권한을 포괄적으로 위임하고 있다.[1] 위임되는 권한의 예로서 자본적정성기준을 제정할 수 있는 권한을 들 수 있다. 1988년 바젤위원회는 "자본측정과 자본기준에 대한 국제적인 동질화"에 관한 연구보고서를 발간하였는데, 여기서 일련의 구체적인 위험가중치 자본적정성 기준에 대해 제시하고 있다.[2] 이 기준들은 바젤위원회에 참석한 각국의 중앙은행장들과 감독당국을 통하여 각국에서 채택되어졌다. 바젤위원회는 어떠한 국가의 국내조직이 아닐뿐더러 국제연합위원회나 조약에 의하여 창설된 위원회와 같은 공식적인 국제규제기관이 아니다. 그렇지만 바젤위원회는 국제법영역을 再정의하고 있다. 바젤위원회를 국제금융규제기관(international financial regulatory organization)으로 분류하는 법학자들도 있다.[3] 그러나 많은 국제기구들이 이익을 대변하고자 하는 국가들을 가급적 회원으로서 포섭하려는 데 반하여, 바젤위원회는 출범 당시와 마찬가지로 여전히 매우 제한적인 회원으로만 이루어져 있다.

## 3. 바젤위원회의 협약 : 연성국제법(Soft International Law)

바젤위원회는 실제로 법을 제정할 권한이 없다. 그러나 바젤위원회의 선언은 거의 예외 없이 G-10국가와 기타 여러 국가의 내국법으로 수용된다. 자본적정성 기준이 창안되어 법이 된 과정은 다음의 4단계를 거쳤다. 첫째, 바젤위원회는 자본적정성 규제의 긴급한 현안과 규제초안에 대해 회원들에게 주의를 촉구하였다. 둘째, 바젤위원회는 규제초안을 상세히 설명하는 consultative paper(협의보고서)를 발간하고 정부, 은행, 학계 및 기타 이해당사자들의 논평을 구하였다. 셋째, 바젤위원회는 논평을 수합하여 평가한 후 필요할 경우 협의보고서를 수정하였다. 넷째, 회원들은 만장일치로 각 소속국에서 자본적정성 기준을 시행하는 작업에 착수할 것을 동의하였다.[4]

---

1) Hal S. Scott & Philip A. Wellons, *International Finance; Transactions, Policy and Regulation* 217 (6th ed. 1999).

2) Bank for International Settlements: Basel Committee on Banking Supervision, *International Convergence of Capital Measurement and Capital Standards* (July 1988).

3) David Zaring, *International Law by Other Means: The Twilight Existence of International Financial Regulatory Organizations*, 33 Tex. Int'l L.J. 281, 285 (1998).

4) *Ibid.*, pp. 289-290.

　　공식적인 법률제정권한이 없음에도 불구하고, 바젤위원회는 사실상 국제자본적
정성 기준의 창안자이다. 소속국가에서의 법 제정은 단순한 형식에 불과하다. 일
부 법학자들은 이러한 유형의 법률을 클럽법이라고 칭한다. 그런데 국제금융계에
서 회원들의 신망과 기관으로서의 권한이 막강하므로, 바젤위원회에서 창안한 규
제기준은 그 법적 성격이 모호함에도 불구하고 사실상 정당성과 합법성의 저변을
확대하면서 실제로 국제금융계에서 막강한 영향력을 행사하게 되고 다른 국가들
도 어쩔 수 없이 동 규범을 추종하는 형국으로 이어지는 것이다.[5]

　　앞의 4단계가 아주 명목적일 수밖에 없는 이유는 첫째, 중앙은행장들은 상당히
포괄적인 규제를 시행할 수 있는 재량권한을 갖는다. 둘째, 비공식성을 표방하지
만 바젤위원회는 회원들로 하여금 위원회의 회의가 종료한 후 각국으로 돌아가
바젤위원회의 선언을 규제로 입안하여 소속국가의 은행들에게 시행할 것을 촉구
하고 있으며, 각 회원국은 이에 사실상 구속된다. 바젤위원회 회원국들이 국제금
융계에서 차지하는 위상이 높으므로, 회원들간의 화합은 일종의 강력한 시너지를
창출한다. 이러한 시너지가 각국 국내법의 제정과 맞물릴 경우, 내국규제가 전세
계적으로 동질화되는 현상마저 야기하는 것이다. 일부 학자들은 바젤위원회가 장
래 규제개혁의 모델이 될 것이라는 점을 강조하면서 바젤위원회의 법적 산출물을
연성법(soft law)으로 분류한다. 연성법이란 공식조약 혹은 비공식조약이나 다자
간 협상에서 채택된 비공식적인 의무를 일컫는 법률용어이다. 연성법의 출현은 경
성법의 결함, 즉 경제·정치적 차이로부터 발생하는 국제관계에서의 교착상태를
극복할 수 없다는 단점에 기인한다. 연성법에 대한 확약은 구속력이 없다. 바젤위
원회가 발간하는 문서들도 협약(Accords 혹은 Concordats)이라 불리는데, 이는 정
치적으로 중요하기는 하지만 법적 구속력이 없다는 점을 시사하는 것이다. 그러나
이러한 연성법은 경성국제법의 치명적인 단점, 즉 국가간의 협력이 결여되고 국제
법을 제도화하려는 노력이 없으면 발효될 수 없다는 점을 보완할 수 있다. 또한
회원이 아니라고 하더라도 자발적으로 그 취지에 동감하는 중앙은행 소속국가가
늘어날 경우, 부지불식중 그 저변이 대폭적으로 확대될 수 있는 것이다.

　　바젤위원회는 규제초안의 세부사항에 이견이 있는 경우 각국의 사정을 고려하
여 국제기준과 다른 내국규제를 입안할 기회를 제공함으로써 자본적정성 기준에
대한 공론의 장을 확대시켜 왔다. 이러한 연성법에 의하여 바젤위원회의 역할을
확대함으로써 국내주권에 대한 간섭 없이 전세계적으로 국제금융업에 대하여 통
일된 감독을 할 수 있는 계기가 마련되었다는 점에서 긍정적이다. 이렇게 바젤위

---

5) Christos D. Hadjiemmanuil, *Central Bankers' "Club" Law and Transitional Economies: Banking Reform and the Reception of the Basel Standards of Prudential Supervision in Eastern Europe and the Former Soviet Union*, 179, 184 in Joseph J. Norton & Mads Andenas ed., *Emerging Financial Markets and the Role of International Financial Organizations* (1996).

원회의 규칙입안과정이 국제금융규제의 통일화에 기여할 수 있는 계기가 마련되었지만, 문제는 바젤위원회가 입안한 규칙 자체의 내용이 완전할 수는 없다는 점이다.

## 2. 내     용

Basel I의 산정식은 다음과 같다.

$$\frac{자기자본\{(\text{Tier } 1:\ 기본자본) + (\text{Tier } 2:\ 보완자본)\}}{\Sigma\ 위험\ 가중치\ \times\ 개별자산} \times 100 \ \sqsupseteq\ 8\%$$

① Tier 1(기본자본, 주식으로 대변되는 자본)은 자본금, 자본잉여금, 이익잉여금, 신종자본증권으로 구성된다.

② Tier 2(보완자본, 지분증권이라기보다 채무증권으로서의 성격이 짙은 자본)는 재평가적립금, 대손충당금, 만기 5년 이상의 후순위채무(subordinate debt, 이자율은 높지만 배당순위에 있어서는 거의 자본과 유사), 상환 우선주(부채성 자본)로 구성된다. 종래에는 자본의 개념이 Tier 1으로 한정되었으나, Basel I에서는 Tier 2도 자본에 포함시켰다. 그렇다 보니 1990년대 초반 이후 세계 각국은행은 막대한 규모의 후순위채무를 발행하였다.[6] 우리나라에서는 후순위채무의 보완자본성을 망각하고 만기 이전에 채권자가 상환을 청구한 것에 대하여 금융감독당국의 검사부서가 이러한 청구에 동조함으로써 자기자본규제의 근간을 무너뜨릴 뻔한 사례도 발견되고 있다(다음의 대법원 2007. 6. 14. 선고 2005다12339 판결 참조).

③ 분모에서의 위험가중치 산정

ⅰ) 0% 위험자산은 은행보유 현금·금, OECD 국가의 정부에 대한 대출과 같이 신용위험이 전혀 없는 자산을 의미한다.

ⅱ) 20% 위험자산은 OECD 국가에 소속된 은행·증권사에 대한 대출, 국제기구(예: IBRD)에 대한 채권 등을 의미한다.

---

6) Tier 1과 Tier 2의 인위적인 구분에 대해서는 비판도 있다. 왜냐하면 각국의 회계관행이 다르므로 어떠한 증권을 Tier 1의 신종자본증권으로 취급할 것인지 또는 Tier 2의 상환우선주로 취급할 것인지 불분명한 경우도 상정할 수 있기 때문이다.

[표 2-1]  후순위채와 예금의 비교

|  | 후순위채 | 예금 |
|---|---|---|
| 최저가액 | 보통 1,000만원 | 제한 없음 |
| 세금우대 | 없음 | 있음 |
| 만기 | 5년 이상 | 없음 |
| 대출시 담보활용 | 불가능 | 가능 |
| 자본인정 | 보완자본으로서 인정 | 인정 안 됨 |

iii) 50% 위험자산에는 가장 대표적으로 주택담보대출(mortgage loan)이 있다.

iv) 100% 위험자산에는 기타 일반 민간 Sector(가계·회사)에 대한 대출이 포함된다.

[표 2-2]  Basel Ⅰ에서의 대차대조표 자산의 위험가중치

| 위험가중치 | 자산내용 예시 |
|---|---|
| 0% | 보유 또는 수송중인 현금, OECD 국가 중앙정부 및 중앙은행에 대한 채권 |
| 20% | OECD 국가의 은행에 대한 채권, 국제개발은행에 대한 채권, 추심과정에 있는 현금 항목 |
| 50% | 주거용주택에 대한 저당권 설정으로 전액 담보된 대출 |
| 100% | 그 외의 채권(무담보채권) |

📝 참고  후순위채의 보완자본성과 관련된 판결

대        법        원
제    1    부
판        결

사        건    2005다12339  파산채권확정
원고, 피상고인    주식회사 부산은행
피고, 상고인    파산자 미래신용금고 주식회사의 파산관재인
원 심 판 결    부산고등법원 2004. 12. 23. 선고 2004나16419 판결
판 결 선 고    2007. 6. 14.

주        문
원심판결을 파기하고, 사건을 부산고등법원에 환송한다.

이        유

상고이유(기간이 지난 후 제출된 보충서의 기재는 이를 보충하는 범위에서)를 판단한다.

1. 이 사건 약정으로 이 사건 후순위예금의 만기가 2000. 12. 31.로 변경되었는지 여부에 대하여

법률행위의 해석은 당사자가 그 표시행위에 부여한 객관적인 의미를 명백하게 확정하는 것으로서, 사용된 문언에만 구애받는 것은 아니지만 어디까지나 당사자의 내심의 의사가 어떤지에 관계없이 그 문언의 내용에 의하여 당사자가 그 표시행위에 부여한 객관적 의미를 합리적으로 해석하여야 하는 것이고, 당사자가 표시한 문언에 의하여 그 객관적인 의미가 명확하게 드러나지 않는 경우에는 그 문언의 형식과 내용, 그 법률행위가 이루어진 동기 및 경위, 당사자가 그 법률행위에 의하여 달성하려는 목적과 진정한 의사, 거래의 관행 등을 종합적으로 고려하여 사회정의와 형평의 이념에 맞도록 논리와 경험의 법칙, 그리고 사회 일반의 상식과 거래의 통념에 따라 합리적으로 해석하여야 한다(대법원 2006. 3. 9. 선고 2004재다372 판결 등 참조).

원심판결 이유에 의하면, 이 사건 약정은 주식회사 미래신용금고(이하 '미래금고'라고만 한다)가 2000. 12. 31. 이전에 금융감독원의 승인을 얻어 이 사건 후순위예금 62억 5,000만원을 원고에게 지급하기로 한 것인데, 그 문언의 내용상 금융감독원의 승인이 없더라도 이에 관계없이 2000. 12. 31.이 되면 만기가 도래한 것으로 보아 이 사건 후순위예금을 지급하기로 하였다고는 해석될 수 없을 뿐만 아니라, 달리 원심이 적법하게 채택하여 조사한 증거들을 살펴보더라도 그와 같은 해석을 뒷받침할 만한 내용은 찾을 수 없다. 오히려 기록에 비추어 살펴보면, ① 이 사건 후순위예금 당시 시행되던 상호신용금고 감독업무 시행세칙(이하 '시행세칙')상 '만기가 5년 이상인 주주(당해 신용금고의 의결권 있는 주식 발행 총수의 100분의 2 이상 소유자)의 후순위예금'은 보완자본으로서 자기자본비율 산출시 자본에 산입할 수 있었고, 이에 미래금고의 발행주식 74.1%를 보유하고 있던 대주주인 원고와 미래금고가 금융감독당국이 요구하는 자기자본비율의 제고를 위하여 그 특약 내용에 있어서 만기를 5년으로 하고 중도상환을 허용하지 아니하는 등 시행세칙에 정해진 요건을 준수하여 이 사건 후순위예금계약을 체결하였던 사실, ② 이 사건 후순위예금계약의 특약에는 선순위 채권자에게 불리하도록 그 특약조항이 변경되어서는 아니 되고 중도상환이 허용되지 않는다고 규정하고 있는 사실, ③ 그리고 시행세칙에서는 기한부 후순위 예금은 기한이 도래하기 이전에 상환 또는 지급할 수 없으나 다만 일정한 경우에 금융감독원이 당해 금고의 자기자본비율 수준을 고려하여 필요하다고 인정하는 때에는 예외적으로 상환 또는 지

급할 수 있도록 정하고 있는 사실, ④ 이 사건 약정은 원고의 지배주식을 제 3 자
에게 양도함에 있어서 그 주식매매계약 내용의 이행을 위한 후속약정으로서 원고
와 미래금고 사이에 체결된 합의서의 계약조항인데, 주식매매를 위한 자산평가결
과 미래금고는 자본이 약 300억원 잠식된 상태이므로 이 부분은 매도인(원고)이
보충하고 매수인은 200억 원의 증자에 참여하는 내용을 주식매매계약에 담음과
동시에 이러한 조치가 모두 이루어지면 금융감독당국이 요구하는 자기자본비율의
최소한도인 4%를 충분히 맞출 것으로 기대하고서 자기자본비율을 맞추기 위하여
앞서 매도인이 제공하였던 이 사건 후순위예금을 양측의 이행상황에 맞추어 금융
감독원의 승인을 얻어 반환하기로 한 것이고, 이 사건 약정은 사실상 위 주식거래
당사자간의 약정 내용을 반복하는 것으로서 이 사건 약정 내용에 대응하는 주식
거래 당사자간의 약정 내용은 "갑(원고)이 대상회사에 예치하고 있는 후순위 예금
62억 5000만원을 2000년 말까지 금융감독원의 승인을 받아 해지하기로 하며, 예
치기간에 대해서는 약정이자 지급을 보장한다"라고 하여 '해지'라는 용어를 사용
하고 있는 사실 등을 엿볼 수 있는바, 이 사건 후순위예금과 그에 뒤이어 이 사건
약정이 체결되기에 이른 동기와 경위가 이와 같다면, 이 사건 약정에 담긴 '금융
감독원의 승인을 얻어'라는 문구는 시행세칙의 내용을 잘 알고 있던 원고와 미래
금고가 시행세칙의 내용을 준수하기 위하여 삽입한 것이어서 당사자들의 진정한
의도는 만기의 변경이 아니라 금감원의 승인을 정지조건으로 하는 정지조건부 중
도상환약정이었다고 볼 여지가 있을 뿐이다.

그렇다면 원심으로서는 이 사건 후순위예금과 그에 뒤이어 이 사건 약정에 이
르게 된 동기와 경위, 시행세칙의 내용, 미래금고가 금융감독원의 승인을 얻기로
한 이유 그리고 이 사건 약정 당시 및 그 이후의 미래금고의 자기자본비율의 수준
등에 대해서 자세히 심리를 한 다음 이를 전제로 원고의 이 사건 청구의 당부를
판단하였어야 함에도 불구하고, 그 판시와 같은 이유만으로 이 사건 후순위예금의
만기가 이 사건 약정에 의하여 2000. 12. 31.로 변경되었다고 단정하였으니, 이러
한 원심판결에는 필요한 심리를 다하지 아니하였거나 당사자의 의사표시 해석에
관한 법리를 오해한 위법이 있다. 이 점을 지적하는 상고이유의 주장은 이유 있다.

2. 금융감독원의 승인이 있었는지 여부에 대하여

기록에 비추어 살펴보면, 원심이 들고 있는 지시서라는 것은 '금융기관검사 및
제재에 관한 규정 시행세칙' 제37조에 따라서 금융기관이 제출한 조치요구사항정
리보고서의 정리내용이 부적정 또는 미흡하거나 미정리된 사항 등에 대하여 정리
에 필요한 적절한 기한을 정하여 재정리하도록 요구하는 것으로 보이는데, 원심이
적법하게 인정한 사실에 의하더라도 그 지시서의 내용은 금융감독원이 2001. 2.
24. 원고에게 위 주식매매계약서에 정하여진 대로 이 사건 후순위예금을 2001. 6.

30.까지 조속히 회수하라는 내용뿐이어서 미래금고가 원고에 대하여 이 사건 후
순위예금을 지급하는 것에 대한 금융감독원의 승인에 관한 직접적인 언급은 보이
지 않고, 이러한 지시는 원고에 대해서 행하여진 것일 뿐 미래금고에 대해서 행해
진 것도 아니어서, 원고로 하여금 미래금고에게 시행세칙상의 요건에 맞게 자기자
본비율을 높이는 노력을 하여 금융감독원의 승인을 받음으로써 이 사건 후순위예
금의 반환의무를 이행하도록 독촉하라는 취지의 명령에 불과한 것이지 그 자체가
미래금고가 시행세칙 소정의 요건을 갖춘 후 받아야 할 금융감독원의 승인에 갈
음하는 것으로 보기는 어렵다. 따라서 설사 그러한 지시서가 원고에 의하여 미래
금고에 제시되었다 하더라도, 위 지시서만으로 이 사건 후순위예금의 지급에 대한
금융감독원의 승인이 있었다고 단정할 수는 없다.

그럼에도 불구하고, 원심은 금융감독원의 원고에 대한 이 사건 후순위예금의
회수지시와 그 지시서를 첨부한 원고의 미래금고에 대한 상환독촉이 있었다는 사
정만으로 이 사건 약정에서 정한 금융감독원의 승인이 있었다고 판단하였으니, 원
심판결에는 필요한 심리를 다하지 아니하였거나 채증법칙을 위배한 위법이 있다.
이 점을 지적하는 상고이유의 주장도 이유 있다.

3. 결   론

그러므로 나머지 상고이유에 대한 판단을 생략한 채 원심판결을 파기하고, 사
건을 다시 심리·판단하게 하기 위해 원심법원에 환송하기로 하여 관여 대법관의
일치된 의견으로 주문과 같이 판결한다.

## 3. Basel I의 문제점

### (1) 개   관

우리나라는 1997년 말 IMF로부터 긴급자금지원을 받으면서 Basel I을 전
면적으로 시행하였다. 자기자본비율을 높이려면 분모를 감소시키거나(↓), 분
자를 증대시켜야(↑) 하는데, 금융위기 당시 은행이 증자를 통하여 분자항목을
증대시키는 데 한계가 있었다. 따라서 우리나라의 은행들은 분모를 감소시키는
조치, 그 중에서도 일반 민간 Sector에 대한 대출을 회수하는 조치(100% 위험자
산의 감소조치)를 취하게 되었다. 우리나라와 마찬가지로 다른 나라들도 민간
Sector의 대출을 회수하고 추가대출을 하지 않음으로써, 전세계적으로 특히
가계와 중소기업에 대한 대출 부문에서 신용경색(credit crunch)이 발생하였다
[☞Basel I의 기계적인 수치 산정에 심각한 문제점이 있음을 발견한 후, 1999년 BIS 신

자기자본규제안, 소위 Basel II가 나오게 된 것이다].

## (2) Basel I의 산정식에 대한 구체적인 비판

Basel I에 대해서는 비판이 많았는데, 분모의 자산항목과 분자의 자본항목 및 전체적인 내용 자체에 대한 비판은 다음과 같다.

① 분    모

ⅰ) 어떻게 위험이라는 것을 네 가지로 유형화할 수 있나?

ⅱ) 우량업체에 대한 무담보 대출과 위험한 업체에 대한 무담보 대출이 왜 똑같이 100%인가?

ⅲ) OECD 국가에 대한 대출이 왜 0%인가? 한국도 금융위기 당시 이미 OECD에 가입하였는데, New York의 투자은행이 한국에 대해 긴급여신을 하더라도 수치상으로는 단순히 0%의 위험가중치를 적용할 수밖에 없는 비현실적인 결과가 발생하였다. 한편 분모를 줄여 자기자본비율을 높이기 위하여 100%의 위험가중자산을 0% 혹은 20%의 위험가중자산으로 대체하는 현상이 일반화되었고, 선진국의 금융기관들은 자기자본비율을 인위적으로 끌어올리기 위하여 개발도상국에 대한 채권을 회수하면서 당해 개발도상국에게 불의의 신용경색이 발생하는 혼란이 가중되었다.

② 분자 항목에 대해서도 비판이 많았다. 즉 자기자본에 대한 각국의 회계기준이 다른데 과연 신종자본증권이 무엇을 의미하는 것인지 의문시되었고, 보완자본 중 가장 중시되었던 후순위채에 대해서도 후순위채 자체를 증권으로 법제화하지 않은 국가들이 많았다(예: 우리나라의 과거 증권거래법). 그렇다 보니 선진국의 기준을 후진국에 일방적으로 강요하는 것이라는 비판이 설득력을 얻었다.

③ 왜 자기자본비율의 수치를 8%로 하였는가? 너무 자의적인 기준 아닌가?

④ 자기자본비율 산정식은 Tier 1(주식) ⊇ Tier 2(사채)라는 입장이다. 따라서 기본자본이 4% 이상이어야 한다는 원칙이 제시된 것이다. 그런데 은행의 자본이 주식 위주로 구성된 것이 과연 바람직한 것인가? 은행 주주가 본질적으로 도덕적 해이의 상태에 빠져 있어 적절한 감시자로서 역할하지 못한다는 점을 너무 무시한 것은 아닌가? 그렇다면 오히려 Tier 2를 더 높이는 것이 바람직하지 않을까?

⑤ 각국의 역사, 금융환경 및 금융시장의 모습은 나름대로의 특성이 있다. 또한 자율규제 중심의 국가가 있고 타율규제에 편향된 국가도 있다. 이런 상황에서 전세계의 규제를 통일한다는 것은 공염불에 불과하다. 어떠한 제도에 있어서 출발은 동일하더라도 구체적인 상황에 적합한 운영을 하다 보면 그 모습은 달라지는 것이 오히려 자연스러운 것 아닌가?

⑥ 은행이 보유자산을 다각화하여 위험을 중화(neutralize)시키는 것이 투자의 기본원칙인 portfolio 투자에 적합한 것이다. 그런데 Basel I은 이러한 투자원칙을 무시하고 투자를 안전자산에 집중하라고 강요하는 셈이 된다.

⑦ Basel I은 분모 항목, 그 중에서도 신용위험에만 너무 치우치고 있다. 그러나 은행영업중 발생하는 위험은 신용위험으로만 국한되지 않는다. 은행은 본래 외환업을 영위하여 왔는데 최근에는 증권업으로의 진출도 활발해지면서, Market Risk에 대한 노출도 점차 증대되고 있다. 즉 은행은 외국화폐를 보유함에 따라 환율변동의 위험에 노출되고 보유증권에 있어서 자산가치가 급락될 위험성이 있는 것이다. 또한 파생금융상품거래가 활발해지면서 대차대조표상 나타나지 않는 '부외거래'에 대한 위험도 증대되고 있다. 이러한 위험들을 반영하지 못하는 Basel I은 은행의 자기자본건전성 측정기준으로서 많은 한계가 있었고, 결국 1999년의 수정바젤 I(신BIS Rule)이 제정되기에 이르렀다.

⑧ 규제상의 차익거래(regulatory arbitrage)가 빈발하였는데, 실제로 자산유동화증권(asset backed securities, ABS)도 BIS 비율의 인위적인 조작을 가하려는 시도에서 나온 신종금융상품이다.

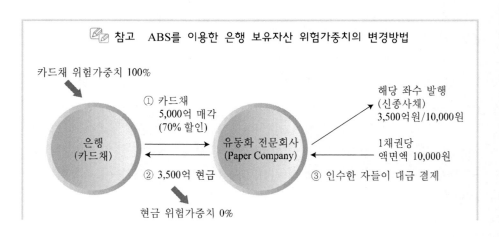

참고    ABS를 이용한 은행 보유자산 위험가중치의 변경방법

ⅰ) 은행의 100%위험가중치가 투자자들에게 완전히 전가되어, 장부상으로 은행은 0%의 안전자산을 보유하는 외양을 보이게 된다.

ⅱ) 채권회수가 의문시될 경우 은행은 유동화채권에 대해 우회적으로 지급보증하게 된다. 그렇지만 파생금융기법을 이용하여 은행 대차대조표상으로 당해 지급보증이 나타나지 않도록 할 수 있으므로, 실제로 은행이 주채무자임에도 불구하고 형식적으로는 채무자가 교체되어 Basel I의 수치계산상 은행의 자기자본건전성이 증대되는 것과 같은 조작이 가능해진다. 따라서 ABS의 발행은 전적으로 Basel I의 위험가중자산을 arbitrage하기 위한 측면에서 도입된 것이라고 말하여도 지나치지 않다.

### 4. 수정 Basel I 혹은 Basel 1.5(1996년)

① 종래의 Basel I을 보완하고 있는데, 위험가중치로서 150% 기준을 추가하였다. 또한 비록 OECD 국가라도 금융위기에 직면하여 국제금융기구로부터 대출을 받은 경우 예외를 인정하였다.

② 국제적으로 명망 있는 전문신용평가기관(S&P 또는 Moody's)으로부터 신용평가를 높게 받은 우량기업의 경우, 무담보 대출을 받더라도 위험가중치를 낮춰 주었다. 그러나 이들 신용평가기관이 파악하지 못하는 기업의 경우에는 150%의 위험가중치를 적용하게 되었다. 그렇다 보니 Basel 1.5에 의하더라도 중소규모의 알짜기업으로서 상대적으로 지명도가 없어 신용평가기구로부터 어떠한 평가도 받지 못한다면, 이들 기업에게는 기계적으로 150%의 위험가중치를 적용하여야 한다는 점에서, Basel I보다 크게 개선되었다고 보기에는 무리가 있다.

③ 분모의 항목에 market risk를 반영하여 시장위험 가중자산을 추가하였다. 그렇다 보니 분모항목은 {시장위험 가중자산 + 신용위험 가중자산}으로 변경되었다.

## Ⅲ. Basel Ⅱ

### 1. 총    설

1988년부터 10년 이상 존재해 온 자본적정성 기준이 규제상의 차익거래를 증대시키고 국제적인 신용경색을 유발하는 등 많은 문제점을 노정함에 따라, 대부분의 감독당국과 중앙은행들은 1988년 협약(Basel I)의 수정을 요구하게 되었다. 가장 큰 문제점은 앞에서도 지적한 바와 같이 신용위험의 가중치에 대한 차별화가 미흡하여 자기자본비율을 높이기 위한 자본차익거래(capital arbitrage)가 빈발하였다는 점이다. 여기서 자본차익거래란 은행이 실제로 부담하는 위험수준을 변화시키지 않으면서 감독기준상의 자기자본비율을 높이는 규제회피 행위(규제상의 차익거래라고도 함)를 말하는데, 앞에서 살핀 ABS를 가장 대표적인 예로 들 수 있다.

　　그 외에도 Basel I 제정시 고려하지 않았던 새로운 상황들이 발생하였다. 예를 들어 은행들의 운영위험(operational risk), 즉 "부적절한 내부통제절차와 직원에 대한 관리미흡 및 시스템의 문제 등 운영위험"에 따른 손실가능성이 점차 높아졌지만 기존 협약에서는 이에 대한 언급이 全無한 상황에서 결국 베어링스그룹의 파산(ING에 1파운드에 매각됨)이라는 초유의 사태마저 발생하였다. 베어링스그룹의 파산은 싱가폴 지점의 직원이었던 Nicholas Leeson이 내부규정

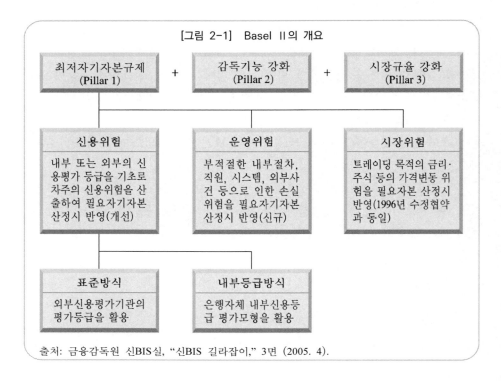

출처: 금융감독원 신BIS실, "신BIS 길라잡이," 3면 (2005. 4).

을 무시한 채 무리한 파생상품거래를 한 결과로 발생한 사건이다. 그렇지만 Basel I에서는 측정방법의 미흡 등으로 운영위험을 배제하였었다.[7] 바젤위원 회도 Basel I이 많은 취약점을 내포하고 있다는 사실을 인정하고, 1999년 6월 협의보고서(consultative paper)인 "신자본적정성체계(A New Capital Adequacy Framework)"를 발간하였는데, 이것이 2004년 6월 Basel Ⅱ의 기본틀로서 작용하 였다.[8]

[표 2-3]  Basel Ⅱ의 도입경과

|  | 주요 내용 | G-10 국가 | 한국 |
|---|---|---|---|
| Basel Ⅰ (1988) | 신용위험 반영 | 1992년 말 | 1995년 말 |
| 수정 Basel Ⅰ (1996) | 시장위험 반영 | 1997년 말 | 2002년 1월 |
| Basel Ⅱ (2004) | 신용위험 측정의 정교화 및 운영위험리스크 반영 | 2006년 말 * 고급내부등급방식은 2007년 말 | 2007년 말 |

Basel Ⅱ는 ① 최저자기자본규제, ② 자본적정성에 대한 감독당국의 점검 및 ③ 시장에 의한 규율이라는 삼각추(three pillars)로 이루어져 있다. 기존의 최 저자기자본규제(Pillar 1) 이외에 ②와 ③이 Pillar 2와 Pillar 3로서 추가된 것인 데, Pillar 2는 감독당국으로 하여금 은행들의 위험 평가상황과 최저자기자본규 제기준 준수여부를 점검하도록 하는 것이고, Pillar 3는 은행들로 하여금 위험 수준 및 자본적정성에 대해 의무적으로 공시하도록 함으로써 시장에 의한 규 율을 강화하는 것이다.

## 2. 최저자기자본규제

Basel Ⅱ의 자기자본비율은 Basel Ⅰ과 마찬가지로 자기자본을 분자, 총위 험가중자산을 분모로 하여 산정되며, 최저수준을 8%로 규정하고 있다. 자기자 본은 자본금, 잉여금 등의 기본자본과 후순위채무 등의 보완자본으로 구성된 다. 위험가중자산은 신용, 시장 및 운영위험을 각각 감안한 위험가중자산을 합 산하여 구하는데 시장위험과 운영위험은 각각의 필요자본에 12.5(최저자기자본

---

7) Peter G. Zhang, *Barings Bankruptcy and Financial Derivatives*, pp. 3-9 (1995).

8) *Basel Ⅱ: International Convergence of Capital Measurement and Capital Standards: A Revised Framework* (June 2004).

8%의 역수)를 곱해 산정한다. Basel Ⅱ의 자기자본비율 산출식은 다음과 같다.

[표 2-4]  Basel Ⅱ의 자기자본비율 산식

분자: 자기자본
분모: (시장위험필요자본 × 12.5) + (운영위험필요자본 × 12.5) + (신용위험가중자산)
비율: 분자/분모 × 100 ⊇ 8%

최저자기자본규제의 자기자본 및 시장위험 관련 사항은 1988년 Basel Ⅰ 및 1996년 수정 Basel Ⅰ과 차이가 없으므로, 다음에서는 Basel Ⅱ의 핵심이라고 할 수 있는 신용위험과 운영위험의 측정방법을 주로 살펴보고자 한다.

### (1) 신용위험

Basel Ⅱ의 신용위험 측정방식은 크게 표준방식(standardised approach)과 내부등급방식(internal ratings-based approach)으로 구분되는데, 시행 초기 우리나라 대부분의 지방은행들은 표준방식을 적용하였고, 시중은행과 일부 특수은행이 내부등급방식을 적용하였다. 그 중에서도 재무건전성이 우수한 시중은행들은 고급내부등급방식을, 그렇지 못한 시중은행들은 기본내부등급방식을 선택하였다.[9] 두 방식의 근본적인 차이점은 차주의 신용도를 평가할 때 표준방식은 감독당국이 인정한 외부신용평가기관의 신용등급을, 내부등급방식은 은행 자체의 신용등급을 이용하였다는 점이다.

### (가) 표준방식

먼저 표준방식에 의한 신용위험 측정방법을 살펴보면 기업 · 국가 · 은행에 대한 대출과 자산유동화증권의 노출위험(이하 익스포저라고 함)에 대해서는 적격 외부신용평가기관(eligible external credit assessment institution)이 평가한 신용등급에 따라 [표 2-5]의 바젤위원회가 정한 최저 0%, 최고 1,250%의 위험가중치를 차등적용하였다. 따라서 스탠다드앤푸어스(Standard & Poor's)와 같은 신용평가기관이 차입자의 재무안정성과 원리금 상환능력에 대해 등급을 매겼던 것이다. 기업대출의 경우 Basel Ⅰ에서는 신용등급에 관계없이 일률적으로 100%의 위험가중치가 적용되었으나, Basel Ⅱ의 표준방법에서는 신용등급이 BBB+ ~ BB-일 경우에만 위험가중치가 100%로 되었다. 만일 신용등급이 이보다 높을 경

---

9) 김우진, "신BIS협약의 영향 및 시사점," 8면, 「주간 금융브리프 13권 38호」(2004. 10. 23 ~ 10. 29).

우에는 위험가중치는 100%보다 작아지고, 신용등급이 이보다 낮을 경우에는 위험가중치는 150%로 커지게 된다.

중앙정부에 대한 대출과 관련하여, 바젤위원회는 OECD 회원국에 대한 대출에 대해 0%의 위험가중치를 부여하였던 1988년 바젤협약을 개폐하는 대신, OECD 회원국인지 여부를 불문하고 외부신용평가기관의 신용등급에 따라 0%로부터 150%까지의 위험가중치를 적용하였다.[10] 민영은행들은 통상적으로 중앙정부보다 지급여력이 떨어지므로, 은행들은 중앙정부에 대한 신용등급보다 한 단계 떨어지는 신용등급을 부여받았다. 예를 들어 캐나다가 외부신용평가기관으로부터 최상위의 신용등급을 받아 0%의 위험가중치가 적용된다면, 무등급의 캐나다은행에 대해 20%의 위험가중치가 적용되었던 것이다. 그렇지만 국제결제은행, 국제통화기금, 유럽중앙은행 및 유럽공동체에 대한 채권은 여전히 0%의 위험가중치를 적용하였다.

자산유동화를 이용한 자본차익거래(regulatory arbitrage)를 방지하기 위하여 유동화익스포저에 대해서는 보다 엄격한 기준을 적용하였다. 즉 신용등급이 일정수준(B+) 이하이거나 무등급인 경우에는 자기자본에서 직접 차감하도록 하고(1,250%의 위험가중치에 해당), 그 밖의 익스포저에 대해서는 고정 위험가중치를 적용하였다(주택담보대출 35%, 개인 또는 중소기업에 대한 익스포저 75%, 상업용 부동산담보대출 100% 등).

### (나) 내부등급방식

내부등급방식은 은행 자체의 내부신용등급평가모형에 기초하여 익스포저별 위험을 측정하는 방식으로서, 이를 적용하기 위해서는 은행의 신용등급평가모형이 감독당국에서 인정하는 요건[11]을 갖춰야 했다. 내부등급방식은 선진은행들이 내부적으로 사용하고 있는 신용위험 관리시스템을 대폭적으로 수용한 방식으로서 Basel I의 문제점을 해결하는 방안이었다. 차입자의 경제적 위험을 산정하는 내부절차를 구비하고 있는 은행들은 외부의 신용평가기관에 의존

---

10) *Basel II*, pp. 15-16.

11) 은행의 신용등급평가모형이 감독당국의 승인을 받기 위해서는 ① 은행 신용등급평가시스템이 변별력을 구비하고 있어야 하며, ② 5년 이상의 기초자료를 토대로 부도확률 등 위험요소가 추정되어야 하고, ③ 독립적인 내부감사를 통해 신용등급평가과정이 매년 점검되어야 하는 등의 최소요건을 갖추어야 한다. 그런데 ②의 최소 5년 요건은 우리나라의 실정을 감안하여 국가재량권에 의하여 2년으로 완화되었다. 금융감독원 신BIS실, "신BIS 길라잡이," 19면 (2005. 4).

하지 않아도 되었다.

　　바젤위원회는 내부등급방식을 채택하는 은행들이 많아질 경우, Basel Ⅰ에 의한 통일적인 자본적정성 체제가 다시 1988년 이전의 불통일적인 체제로 회귀될 가능성을 인식하였다. 상이한 은행들에서 평가시스템의 동질성이 결여되고 내부등급산정시에도 위험에 대한 주관적 평가와 경영상의 판단도 달라질 수 있었던 것이다. 그럼에도 불구하고 바젤위원회는 은행이 노출되어 있는 위험을 좀 더 정확히 반영하는 탄력적인 체제를 수립할 필요가 있음을 강조하였다. 이는 Basel Ⅰ과 비교할 때 180도 선회한 입장이었다.

　　내부등급방식은 신용위험을 산출하는 데 필요한 위험요소인 부도율(Probability of Default, PD), 부도시 손실률(Loss Given Default, LGD), 유효만기(Maturity, M)를 각 익스포저별로 추정하고 이를 제시된 필요자기자본율 함수에 대입하여 필요자기자본율을 산출한 후, 여기에 부도시 익스포저(Exposure at Default, EAD)를 곱하여 필요자기자본을 구한 다음 8%의 역수인 12.5를 곱하여 위험가중자산을 산출하는 것이다.12) 내부등급방식은 은행이 자체 추정할 수 있는 위험요소의 범위에 따라 기본내부등급방식(Foundation IRB)과 고급내부등급방식(Advanced IRB)으로 구분된다.13) 내부등급방식에 의하면 차주의 신용도가 낮을수록 즉 예상부도율이 높을수록 위험가중치가 상승하여 표준방식과의 격차도 커지는 것으로 나타나고 있다.

　　내부등급방식은 위험가중치 산정의 정확성을 제고시킬 수 있다. 은행이 스스로 등급을 매기는 고객과 직접적으로 거래하므로, 당해 등급 부여시 외부신용평가기관이 도저히 알아낼 수 없는 고객에 대한 보충정보(예: 고객계좌의 상세한 점검과 인적 보증, 물적 담보에 대한 정확한 이해)까지 편입시킬 수 있다. 차입자에 관한 정보가 많으면 많을수록 객관적인 당사자에 의한 더욱 정확한 평가가 가능해진다. 보통 신용을 공여하는 자가 제3자보다는 차입자에 대해 훨씬 많은 정보를 가지므로, 이렇게 대출을 행하는 은행이 좀 더 정확한 신용평가를 할 수 있는 지위에 있는 것이다.

---

　12) 상게서, 7면.

　13) 기본내부등급방식은 위험 요소 중 차주의 부도확률(PD)만 은행 자체 측정치를 활용하고 부도시 손실률(LGD), 부도시 익스포저(EAD) 및 만기(M) 등은 바젤위원회에서 제시한 기준에 의거하여 위험가중치를 산정한다. 이에 비해 고급내부등급방식은 부도확률(PD)뿐만 아니라 모든 위험 요소에 대해 은행 자체 측정치를 활용한다. *Basel Ⅱ*, p. 56.

### (다) 신용위험감경(Credit Risk Mitigation)

Basel II는 신용위험 감경수단의 인정범위를 크게 확대하였다. 신용위험 경감을 인정하는 담보 및 보증의 제공 주체를 국가, 은행 등에서 일반기업까지 확대하고 담보대상도 채권(예금 포함)에서 주식, 금 등으로 확대하였다. 또한 보증의 경우에는 信用派生商品을 활용한 신용위험 경감효과를 인정하여 이를 신용위험 산출시 반영할 수 있도록 허용하였다.[14]

### (2) 운영위험

Basel II에 새로 추가된 운영위험은 부적절하거나 잘못된 내부절차, 직원, 시스템 또는 외부사건으로 인해 발생하는 손실위험으로 정의된다. 운영위험에는 법적 위험(legal risk)이 포함되나, 전략적인 평판의 위험(strategic and reputational risk)은 제외된다.[15] 사실 이러한 운영위험은 신용위험 및 시장위험과 달리 명시적인 익스포저가 없고 데이터도 절대적으로 부족하여 계량화가 곤란하므로, 바젤위원회는 계량화기준을 구체적으로 명시하는 대신 리스크관리·통제절차 구축, 경영진의 역할과 같은 질적 기준을 보다 강조하였다.[16]

신용위험의 경우와 마찬가지로 운영위험에 대해서도 세 가지 방식을 제시하여 은행의 능력과 실정에 맞는 방법을 선택할 수 있도록 하였다. 첫째, 기초지표방식(basic indicator approach)은 과거 3년간 평균 총수익(gross income)의 15%를 운영위험으로 산출하는 방식이다. 둘째, 표준방식(standardized approach)은 은행업무를 기업금융, 거래와 매매, 소매금융, 상업금융, 지급과 결제, 대행서비스, 자산운용, 소매중개의 여덟 가지 사업부문으로 구분한 후, 사업부문별 총수익의 일정비율(12~18%)을 운영위험으로 산출하여 이를 합산하는 방식이다. 셋째, 고급측정방식(advanced measurement approach)은 은행 자체적인 내부손실자료와 위험측정시스템을 활용하여 운영위험을 산출하는 방식이다.

---

14) *Basel II*, p. 26ff. 이러한 신용위험감경 기법의 도입이 2008년 금융위기를 가속화한 하나의 계기가 되었다.

15) *Basel II*, p. 137.

16) 금융감독원 신BIS실, 9-10면.

## 3. 감독당국의 점검 및 시장규율 강화

### (1) 감독당국의 점검 강화

Basel Ⅱ의 Pillar 2는 Pillar 1인 최소자기자본규제의 시행과 관련하여 은행에 대한 감독당국의 감독을 증대시키는 것으로서, Pillar 1을 보완하는 역할을 하였다. Pillar 2는 은행이 스스로 위험을 인식·측정·관리하는 시스템을 갖추도록 한 후, 감독당국은 그 시스템의 적정성 여부를 점검하고 필요한 경우 적절한 감독조치를 취하는 것이다. Pillar 2는 은행별 업무 특성 및 규모 등을 감안한 차별적인 맞춤감독(institution-specific supervision)의 일환이었다고 평가된다.[17]

### (2) 시장규율의 강화

Basel Ⅱ의 Pillar 3는 은행의 위험수준 및 자본적정성에 대한 공시를 강화하여 시장참가자들로 하여금 은행에 대한 감시·평가능력을 제고시킴으로써 최저자기자본규제(Pillar 1) 및 감독당국의 점검(Pillar 2)을 보완하는 역할을 하였다. 즉 Pillar 3는 Pillar 1과 Pillar 2를 통해서도 관리할 수 없는 위험을 시장의 견제를 통해 통제하는 것이 주목적으로서, 효율적인 시장의 견제를 위해 정보의 비대칭성을 완화하도록 금융기관의 공시의무를 강화하였다. 예를 들어 공시 주기는 원칙적으로 반년단위로 하고, 국제금융업무 수행은행은 자본구조 및 자본적정성 등에 대해 분기단위로 공시하도록 하였다. 이러한 시장규율의 강화는 은행으로 하여금 건전하게 영업활동을 수행하도록 하는 유인을 제공하였다.

## 4. Basel Ⅱ에 대한 평가

Basel Ⅱ는 1988년 협약에서 제기되었던 비판들을 대폭적으로 수용하였다.

그러나 Basel Ⅱ는 1990년대 초반부터 제기되어 온 자본적정성 기준의 본질적인 의문점을  완전히 해소하지 못하였다[다음의 (1)~(4)]. 또한 Basel Ⅱ는 새로운 문제점들을 야기하였다[다음의 (5)~(7)]. 이 때문에 다시 Basel Ⅲ가 등장하게 된 것이다. Basel Ⅱ의 구체적인 문제점은 다음과 같다.

---

17) 상게서, 10면.

[표 2-5]  Basel I과 Basel II의 주요 내용 비교

| 항목 | 1988년 Basel I | 2004년 Basel II |
|---|---|---|
| 적 용 대 상 | - 국제업무를 영위하는 은행 | - 국제업무를 영위하는 은행<br>- 주요 은행 |
| 자기자본비율<br>산출시<br>반영되는 위험 | - 신용위험<br>- 시장위험 | - 신용위험<br>- 시장위험<br>- 운영위험 |
| 신용위험 | - 표준모형: 소속 국가 및<br>기관에 따라 일률적인<br>위험가중치* 적용<br>* 0%, 20%, 50%, 100%<br><br>구분　OECD국가　기타국가<br>국가　　0%　　100%<br>은행　　20%　　100%<br>기업　　100%　　100%<br>주택담보　50%　　50% | - 표준방식: 외부신용평가등급에 따라<br>위험가중치 차등화*<br>* 20%, 50%, 100%, 150%<br>- 내부등급방식: 부도확률, 부도시손실<br>률, 만기 등에 의해 차주별 위험가중<br>치 산정<br>○기초방식: 차주의 부도율은 은행이 자<br>체평가, 기타 위험 요소는 바젤위원회<br>가 결정<br>○고급방식: 부도율, 부도시손실률 및 만<br>기 등 모든 위험 요소를 은행이 자체<br>평가 |
| 시장위험 | - 표준방법<br>- 내부모형법 | (과거와 동일) |
| 운영위험 | ( 없 음 ) | - 기본지표방식: 과거 3년간 총수입의<br>15%를 필요자본으로 부과<br>- 표준방식: 기업, 소매, 자산관리 등 8개<br>영업부문별 총수입의 12-18%를 필요<br>자본으로 산출하고 이를 단순합산<br>- 고급측정방식: 사업부문별 손실자료<br>등을 감안하여 은행 자체적으로 운영<br>위험을 측정 |
| 감독당국의<br>점검 | ( 없 음 ) | - 위험관리체계 및 자기자본의 적정성<br>점검<br>- 은행계정의 금리위험 산정, 스트레스<br>테스팅 등의 적정성 점검 등 |
| 시장규율 | ( 없 음 ) | - 자본적정성, 위험 수준 등 공시 강화 |

출처: 한국은행, "[보도자료] 신바젤자기자본협약 도입이 국내 은행산업에 미치는 영향과 대응
방안," 4면 (2003. 7. 25).

### (1) 규제자본(regulatory capital) 정의에 있어서의 문제점

자본적정성 기준(Basel Ⅰ과 Basel Ⅱ)은 규제자본을 정의함에 있어서 국가 간에 존재하는 불일치를 해소하지 못하였다. 사실 규제자본을 자본증권으로 한 정하려는 국가와 잔여재산분배의 성격을 전혀 갖지 않는 채무증권도 폭넓게 포함시키려는 국가간에 합일점을 찾기란 용이하지 않았다.[18] 따라서 절충적인 묘안으로 등장한 기본자본(Tier 1)과 보완자본(Tier 2)의 구체적인 외연도 확정 하기 어려웠던 것이다. 예를 들어 바젤위원회의 보완자본에 대한 정의를 보면, 개별국가의 금융감독당국으로 하여금 다양한 형태의 準주식(quasi-equity)을 은 행자본으로 편입시킬 수 있도록 허용하고 있다. 기본자본에 있어서도 보통주 외에 '비참가적 영구우선주식'(non-cumulative perpetual preferred stock)을 포함시 킬 수 있도록 허용함으로써, 바젤협약의 자본에 대한 정의를 지나치게 확대시 키고 있다. 1990년대 초반부터 전세계 대부분의 은행들은 기본자본의 범주에 들 수 있는 20~30년 만기의 상환주식을 발행하기 시작하였다. 그런데 독일 도 이체은행(Deutsche Bank)의 시도는 더욱 파격적이었다. 즉 도이체은행은 장기채 와 매우 흡사한 새로운 유형의 우선주를 발행하기 시작하였는데, 동 주식은 콜 옵션이 없는 단지 10년의 만기를 가진 상환주식이었다. 독일정부는 이를 기본 자본으로 인정함으로써 영구주식을 발행함에 있어서 독일은행들로 하여금 다 른 나라의 은행들보다 우위에 설 수 있는 전기를 마련하였다. 여기서 10년이란 기간은 '영구성'의 범주에 들지 않는다. 그럼에도 불구하고 도이체은행의 시도 는 전세계의 은행들이 얼마나 끈질기게 기본자본의 외연을 시험하였는지를 보 여주는 대표적인 예이다.[19]

### (2) 비율책정에 있어서의 문제점

Basel Ⅱ도 8%의 자본비율이 전혀 근거가 없다는 비판에서 자유롭지 못했 다. 사실상 미국을 포함한 많은 국가들이 특정사안에서 혹은 공통적으로 동 8% 비율을 끌어올리기 위한 특별규정을 마련하여 왔다. 감독당국에 의한 자본 계산이 은행의 예상치 못한 손실을 흡수할 수 있는 진정한 능력에 대한 잣대를 제공하지는 않기 때문에, 8%라는 수치 자체가 신빙성이 없다. 불행하게도 바

---

18) U.S. Shadow Fin. Regulatory Comm., *Statement No. 160: Reforming Bank Capital Regulation* (March 2, 2000).

19) *Deutsche Reopens Tier 1 Capital Issue.* Int'l Banking Reg., Feb. 9, 1998.

젤위원회는 어떠한 정당화사유도 마련하지 않은 채 나머지 국가들에 대해 8% 비율을 선택하도록 강요한 셈이 되었다. 왜 동 비율은 6%나 10%가 아닌 8%이어야 하는가?

### (3) 주식을 사채보다 중시하는 인식의 문제점

자본적정성 기준은 주식이 채무보다 본질적으로 우월한 충격완화제(cushion)라는 전제에 입각하고 있다. 가장 대표적인 예로서 기본자본을 보완자본보다 중시하는 것을 들 수 있다. 사실 채무는 대차대조표상으로 부채에 해당하기 때문에 주식이 훨씬 우월한 완충제라는 생각이 뿌리 깊게 깔려 있다. 은행자산에 대해 영구적이고 후순위적인 이익을 표창하는 기본자본인 보통주와 달리, 보완자본인 만기 10년 이상의 후순위채권은 종국적으로 상환되어야 한다. 장기채의 경우에도 일정 기간 자본완충제로서의 역할을 수행하기는 하지만 만기가 가까워짐에 따라 부채가 된다는 점에서 주식보다 못하다. 그러나 이는 단지 이론에 불과하다.

자본적정성 규제는 은행 임·직원들로 하여금 건전한 판단에 따라 행동하고 은행에 대하여 불건전하게 위험을 증대시키지 못하도록 하려는 목적을 갖고 있다. 그런데 주주보다는 사채권자가 은행경영진에게 위험한 대출을 하지 못하도록 견제하는 역할을 더 잘 수행할 수 있다. 사채권자들은 만기시에 은행으로부터 채권가액만을 지급받는다. 반면 주주들은 이익배당금과 주가의 급등에 따라 자본이득을 챙길 수 있다. 은행이 고위험의 대출로 인하여 도산상태에 이를 경우, 사채권자와 주주 모두 투자금을 잃게 될 것이다. 그러나 은행이 고위험의 대출을 행하고 성공적으로 고수익을 취득할 경우, 주주들은 동 수익에 대한 직접적인 혜택을 향유하게 된다. 이에 비하여 사채권자들은 원리금의 상환 이외 추가적으로 얻는 것이 하나도 없다. 따라서 사채권자가 주주에 비하여 은행이 능력에 걸맞게 위험 인수인으로서 건전한 자산운용을 하는지를 감시하려는 동기의식을 갖는 것이다.

### (4) Portfolio 이론에 반함

자본적정성 기준은 보유자산의 다각화(diversification)에 따른 위험분산의 이익을 도외시한 채, 위험가중치만을 곱하여 단순 합계하는 우를 범하고 있다. 자산다각화란 여러 개의 상이한 자산에 투자하는 것을 의미한다. 실무상으로 다각화는 포트폴리오에 따른 위험의 노출을 감소하므로 위험이 높은 개별증권에 대한 투자도 가능하게 하여 준다. 이러한 방식에 의하여 단일위험자산에 투자함으로써 발생하는 위험을 초래하지 않고 고수익을 획득할 수 있는 길이 열리는 것이다. 그런데 현행의 자본적정성 기준은 전체적인 위험가중자산을 조정하기 위하여 다각화를 이용하기보다는, 자산을 획일적인 위험과 결부시켜 단순합계하는 방식을 취함으로써 오히려 다각화를 제한하고 있다. 즉 자본적정성 기준은 일반적으로 승인된 포트폴리오 이론과 정면으로 배치되는 자산운용방식을 권장하고 있는 것이다. 그렇다보니 은행은 위험가중치가 높은 기업여신을 축소하고 상대적으로 안정적인 소매여신의 비중을 확대하려고 하였다. 기업의 자금줄이 봉쇄됨에 따른 신용경색이 발생할 뿐만 아니라, 중·장기적으로 안정적인 자산운용을 모색한 은행의 수익은 급감한 것이다.

### (5) 표준방식에서의 외부신용평가기관에 대한 지나친 신뢰

한편 Basel Ⅱ에 의하면 외부신용평가기관의 영향력이 높아졌다. 즉 신용위험 측정에 있어 표준방식에 의할 경우 전적으로 외부신용평가기관의 평가에 의존하게 된 것이다. 그런데 외부신용평가기관이 신용위험을 산정할 수 있는 기관은 브랜드 가치를 가진 기업에 한정되므로, 무등급의 기업이 다수를 이루게 되어 오히려 비용만 가중시키는 체제로 변질되는 것이다. 더욱이 국제적으로 유수한 외부신용평가기관들마저 1990년대 후반 아시아의 경제위기때나 2008년 이후 글로벌 금융위기때 뒤늦은 신용등급조정으로 위기를 오히려 악화시켰다는 비난을 받고 있기 때문에, 외부신용평가기관의 평가가 항상 절대적으로 신뢰할 수 있는 것은 아니다.

### (6) 자산유동화시장의 위축

Basel Ⅱ의 표준방식에서는 은행의 자산유동화증권 익스포저에 대한 위험가중치가 Basel Ⅰ의 100%에 비하여 크게 증가하였다. 그런데 이로 인하여 전 세계적으로 자산유동화시장이 위축되는 상황을 야기하였다. Basel Ⅱ에서는 유동화증권 발행을 통한 자본회피거래를 방지하기 위해 투자부적격등급 이하 증권에 대해서는 250%~1,250%의 높은 위험가중치를 적용하고 있다. 특히 후순위증권 등 무등급증권의 경우 1,250%의 위험가중치가 적용된다. 이 때문에 Basel Ⅰ 이후 은행들이 규제상의 차익을 실현하고 부실채권을 정리하면서 자

기자본비율을 높이는 수단으로 활용한 자산유동화기법은 대폭 축소되었다.[20]

#### (7) 기타 : 수치조작에 불과?

일부 사례이기는 하지만 어떤 금융기관의 경우 BIS 자기자본비율의 산정이 단순한 숫자 조작에 불과한 것 아닌가 하는 의심을 받기도 한다. 대표적으로 2011년부터 시작된 저축은행의 퇴출 과정에서도 BIS 비율의 조작이 많은 논란을 야기한 바 있다.[21]

### Ⅳ. Basel Ⅲ

### 1. 총　설

Basel Ⅱ가 발효되어 많은 금융기관들에게 표준등급방식이 적용되었다. 그렇지만 전세계 금융시장에서는 과연 외부 신용평가기관이 적절하게 위험가중치를 결정할 수 있는지에 대해 본질적으로 회의하는 학자들과 실무가들이 많았다. 이 때문에 2010년 7월 제정된 '도드 – 프랑크 월스트리트 개혁 및 소비자보호법'(the Dodd-Frank Wall Street Reform and Consumer Protection Act, 이하 도드 – 프랑크법)은 금융감독당국으로 하여금 어떠한 규제를 함에 있어서 신용등급에 의존하지 못하도록 하였다. 도드 – 프랑크법은 자산유동화증권의 위험가중치를 상향조정하려고 하였던 Basel Ⅱ를 무력화시켰다. 한편 Basel Ⅱ가 주거용 담보대출을 35%로 축소한 것에 대해서도 말이 많았다. 과연 일본의 자산버블이 정상화되면 모든 문제는 일소되는가? 2007년 미국의 서브프라임 금융위기와 2011년부터 진행된 유로존의 금융위기는 전세계적으로 자산버블의 먹구름에서 헤어나지 못하고 있다는 점을 보여주는 대표적인 사례라고 할 수 있다. 2009년 발표된 수정 Basel Ⅱ(소위 Basel 2.5)는 은행보유 유가증권계정에 대해 '시장변수의 변동으로 인하여 보유포지션에서 발생할 수 있는 최대 손실액'(stressed value at risk, 이하 stressed VaR)을 반드시 반영하도록 하였다. 그렇지만 금융시장에서 어떠한 문제점이 발견될 때마다 땜질식 처방을 하는 것은 한계가

20) 2007년 이후 미국 ABS 시장의 부실이 금융위기의 주된 원인으로 작용함에 따라 전세계 ABS 시장은 크게 위축되었다. 이현진, "미국 ABS시장의 현황과 규제의 변화방향,"「자본시장 Weekly」2009-36호 (2009. 9).
21) 김재홍·서필웅, "못 믿을 저축은행 뻥튀기 BIS 비율," 세계일보, 2012. 5. 8.

있다는 자성 하에, 바젤위원회는 근본적인 해결책으로서 Basel III를 성안하였다.

　　바젤위원회가 2009년 12월 제안하고 2010년 7월 수정한 자본 및 유동성 기준은 2010년 9월 바젤위원회 회동과 동년 11월 G20 서울 정상회의에서 일부 조정을 거치게 되었다. 그리고 바젤위원회는 2010년 12월 16일 *"Basel III: A Global Regulatory Framework for More Resilient Banks and Banking Systems"* 및 *"Basel III: International Framework for Liquidity Risk Measurement, Standards and Monitoring"* 을 확정적으로 발표하였다. 전자는 은행부문의 복원력을 강화하기 위한 자본기준에 관한 것이고, 후자는 국제유동성기준에 관한 것이다. Basel III 제정의 가장 큰 목적은 금융위기와 경제위기가 발생할 경우 은행 부문의 충격흡수력을 대폭적으로 개선하고 금융부문의 위기가 실물경제로 파급되는 것을 줄이려는 데 있다. 그 때문에 Basel III는 Basel I, Basel II보다 훨씬 완성된 형태의 위기 극복수단이라고 평가받고 있다.

## 2. 자   본

[표 2-6]  Basel II와 Basel III 비교

| Basel II | Basel III |
|---|---|
| 자기자본비율 ⊇ 8%<br>Tier 1 비율 ⊇ 4%<br>보통주자본비율 ⊇ 2% | 총자본비율 ⊇ 8%＋2.5%(보전자본)＋$\alpha$＋$\beta$<br>Tier 1 비율 ⊇ 6%＋2.5%＋$\alpha$＋$\beta$<br>보통주자본비율 ⊇ 4.5%＋2.5%＋$\alpha$＋$\beta$<br>($\alpha$: 경기대응, $\beta$: 대형은행) |
| 자본의 인정요건이 명시되지 않아 자본의 과대계상 소지가 있음 | 자본 종류별 인정요건 설정: 영구성, 손실흡수능력, 후순위성 등 필요시 보통주 전환 의무화 자본제공 항목을 엄격히 규제 |
| 최저자본비율만 규제 | 완충자본제도 추가 도입: 자본보전 버퍼(2.5%), 경기대응버퍼($\alpha$) |
| 동일비율 규제 | 대형은행에 대한 차등규제($\beta$): 추가자본, 감독강화 |

　　첫째, Basel I, Basel II가 분모 항목에 집중하였던 것과 대조적으로, Basel III는 분자 항목에 집중하고 있다. 그리고 Basel III는 자본의 복원력을 증대시키기 위하여 기본자본(Tier 1)의 정의를 보통주 중심으로 좁혔다. 기본자본이란 계속기업(going-concern)의 손실흡수력으로 정의되는데, 기타 자본(additional

Tier 1)[22])과 다음의 핵심기본자본(core Tier 1)으로 구성된다. ① 적격 보통주, ② 보통주 발행시 발생하는 자본잉여금, ③ 이익잉여금, ④ 기타 포괄손익누계액 (accumulated other comprehensive income)과 기타 적립금(other disclosed reserves), ⑤ 은행의 연결자회사가 발행한 적격 보통주 중 제 3 자(소수주주) 보유분, ⑥ 보통주자본 산정시 적용되는 공제항목. Basel Ⅲ에서 core Tier 1을 제외한 모든 자본증권, 즉 기타 Tier 1과 Tier 2는 은행이 독자적인 생존불가능 상황(trigger event)에 처해질 경우 공적자금의 투입 이전에 상각 또는 보통주로 전환되는 '생존불가능시점(point of non-viability, PONV)의 조건'이 부가되어야만 자기자본으로 인정받을 수 있다고 제한하고 있다. Basel Ⅱ에서 인정되었던 신종자본증권이 기타 Tier 1으로 인정받으려면 위기 발생의 초기 시점, 예를 들어 보통주자본비율이 일정 수준 이하로 낮아지는 시점에 보통주로 전환되거나 상각되는 '계속기업시점의 조건'도 충족하여야 한다. 한편 보완자본(Tier 2)이란 청산시(gone-concern) 손실흡수력으로 정의되며, Basel Ⅲ에서도 기본자본과 보완자본의 합은 위험가중자산의 8% 이상이어야 한다.

[표 2-7] Basel Ⅲ 자기자본 및 구성항목

| 자기자본(Tier 1 + Tier 2) | Basel Ⅱ 구성항목 | Basel Ⅲ 구성항목 |
|---|---|---|
| Core Tier 1 보통주자본 | 보통주, 자본잉여금, 이익잉여금 등 | |
| 기타 Tier 1 자본 | 신종자본증권 등 | 조건부자본증권 등 |
| Tier 2 보완자본 | 후순위채권 등 | |

둘째, Basel Ⅲ는 '거래상대방 신용위험'을 Basel Ⅱ보다 더욱 세분화하였다.[23]) 이는 주요 난내·외 위험과 파생상품 관련 익스포저를 제대로 파악하지 못한 것이 글로벌 금융위기를 심화시켰다는 자성의 결과이다. 따라서 은행의 파생거래, 환매약정 및 증권금융 거래의 경우 발생하는 거래상대방 신용익스포

---

22) 기타 Tier 1 자본은 후순위여야 하고 배당이나 이자는 비누적적이고 재량적인 지급이 가능하며 만기나 중도상환유인이 없어야 하는 영구적인 자본증권이어야 한다. 따라서 이와 다른 변종의 신종자본증권(Basel Ⅱ에서 Tier 1 자본의 15%로 제한)은 아예 Basel Ⅲ의 Tier 1 산정에서 제외되게 되었다(구체적인 내용은 Ⅴ에서 후술).

23) 한편 바젤위원회는 거래상대방 신용위험 관리기준을 강화하면서 상관위험(correlation risk)에 대한 조치방안을 정비하였다. 상관위험이란 거래상대방의 신용도가 악화될 때 이러한 거래상대방에 대한 익스포저가 증가하는 위험을 의미한다.

저에 대해 자본요구 수준을 대폭 강화하였다. 그리고 동 조치는 장외파생상품 거래를 중앙청산소로 이전시키는 유인을 제공할 것이다. 참고로 바젤위원회는 장외파생상품을 중앙청산소에서 결제하는지 여부에 따라 위험가중치를 달리함으로써 사실상 중앙청산소의 결제를 강제하고 있다.[24]

셋째, Basel III는 국제적인 레버리지 비율의 도입을 제안하고 있다. 2007년부터 시작된 글로벌 금융위기의 특징은 은행 난내·외 레버리지의 과도한 축적에 있었다. 즉 대부분의 은행들이 위험 기반 자기자본비율이 양호하였음에도 불구하고 과도한 레버리지 때문에 위기가 가장 심각한 시기에 시장으로부터 레버리지 축소, 즉 디레버리징의 압박을 받은 것이다. 이로 인해 자산가격의 급락현상이 발생하고 손실증가 - 자본감소 - 신용가용성(대출여력) 축소의 악순환이 계속되어 다시 자산가격이 급락하는 상태가 이어졌다. 바젤위원회는 '위험에 기반한 자기자본규제'의 보완수단으로서 단순하고 투명하며 '위험에 기반하지 않은 레버리지 비율'을 도입하기로 합의하였다. 레버리지 비율은 자본 (Tier 1) / 총자산으로 정의되며 3% 이상 유지되어야 한다. 레버리지 비율규제 도입의 목적은 평상시에 은행부문의 레버리지 증가를 제한함으로써 금융시스템과 실물경제를 불안정하게 만들어 손실을 초래하는 디레버리징 위험을 완화하고, 단순·투명하며 독립적인 위험 측정수단으로서 위험을 기반으로 한 기존의 수단들을 보완함으로써 추가적인 안전장치를 마련하는 데 있다(향후 Pillar 1 규제로 전환).

넷째, 바젤위원회는 두 가지의 완충자본 개념을 도입하였다. ① 자본보완완충자본(capital conservation buffer)을 위험가중자산의 2.5% 이상 유지하여야 하는데, 이는 보통주자본으로 최저규제자본에 추가적으로 적립된다. 은행들은 스트레스 기간을 제외하고 항상 완충자본을 보유하여야 한다. 이는 은행들로 하여금 호황시 최저규제자본 이상을 보유하도록 하고, 자본보전완충자본이 사용되어 2.5% 기준을 밑돌 때에는 배당금 및 임직원 성과급 등 이익금의 재량적인 배분을 제한하는 것이다. 따라서 향후 완충자본이 소진된 은행들은 미래의 자본회복을 예상하면서 주주나 투자자 또는 종업원에게 이익을 관대히 배분할 수 없게 된다. ② 경기대응완충자본(countercyclical buffer)을 각 국가별로 신용팽창기에 0~2.5%의 범위 내에서 보통주로 적립하여야 한다. 경기대응완충자본은

---

24) 자본시장법 제166조의3도 장외거래의 청산의무를 중앙청산소에 부과하고 있다.

신용위축기에 사용할 수 있다.

**[표 2-8]  새로운 자본규제 비율(Calibration of the capital framework)**

|  | 보통주 자본 | Tier 1 자본 | 총자본 |
|---|---|---|---|
| 최저규제자본비율(a) | 4.5% | 6.0% | 8.0% |
| 자본보전완충자본(b) | 2.5% | | |
| 계(a+b) | 7.0% | 8.5% | 10.5% |
| 경기대응완충자본 | 0~2.5% | | |

## 3. 유 동 성

### (1) 내    용

2007년 글로벌 금융위기 초반 유동성 경색 국면에서 많은 은행들이 충분한 자본을 보유하고 있었음에도 불구하고 유동성을 제대로 관리하지 못하여 은행시스템이 전체적으로 심각한 스트레스 상황에 처하는 문제점이 발견되었다. 이에 대한 대응책으로 바젤위원회는 2008년 "건전한 유동성위험 관리 및 감독원칙"(*Principles for Sound Liquidity Risk Management and Supervision*)을 공표하였다. 여기에는 위험관리와 자금조달 유동성위험 감독과 관련한 세부 원칙들이 포함되어 있어 은행들이 동 원칙만 제대로 준수하더라도 유동성부문의 위험관리체계를 대폭 개선할 수 있게 되었다. 그리고 바젤위원회의 2009년 제안에서는 국제적으로 업무를 영위하는 은행들(internationally active banks)을 상대로 한 최저 유동성 기준이 제시되었는데, 이것이 소위 유동성커버리지비율(Liquidity Coverage Ratio, 이하 LCR)과[25] 순안정자금조달비율(Net Stable Funding Ratio, 이하 NSFR)로서 양자는 상호 보완적인 기능을 수행한다. 우선 LCR은 은행들로 하여금 1개월간 지속되는 심각한 스트레스 상황을 견뎌내기에 충분한 고유동성자산(high quality liquidity assets)을 보유하게 함으로써 유동성위험 관리에 있어서 단기 복원력을 제고하려는 것이다. 다음으로 NSFR은 은행들로 하여금 은행

---

25) LCR은 고유동성 자산규모가 향후 30일간 순현금유출액(net cash outflows)의 100% 이상이어야 함을 요구하고 있다. 고유동성자산이란 가치 하락이 없거나 경미한 수준에서 즉시 현금화될 수 있는 자산을 말하는데, 특히 스트레스 상황에서도 헐값 매각으로 인한 대규모 손실 없이 쉽게 현금화될 수 있는 자산들이 여기에 해당한다.

영업에 필요한 자금을 보다 구조적인 차원에서 안정적으로 확보하도록 유도함으로써 유동성위험 관리에 있어서 장기 복원력을 제고하려는 것으로서, 1년 동안 안정적 자산·부채 만기구조를 유지할 수 있는지를 중점적으로 점검하게 된다.

> LCR = 고유동성자산 보유규모 / 향후 30일간 순현금유출액 ≧ 100%
> NSFR = 가용안정적 자금조달액 / 필요안정적 자금조달액 ≧ 100%

　　개정 은행법 제34조 제 4 항도 은행의 건전성 유지를 위해 필요한 경우 고유동성 자산에 대한 확보를 요구하는 근거 규정을 마련하였다.

### (2) 문 제 점

　　LCR과 NSFR과 같은 정량적 기준들의 실효성이 아직 점검되지 않은 상황에서, 금융위기가 과연 종전의 최저자기자본규제 기준이 미흡하여 발생한 것인지에 대해서도 이견이 있을 수 있다. 그런데 가사 기존의 최저자기자본규제가 미흡하였음이 인정된다면 바젤위원회가 채택한 유동성 규제 역시 미흡할 수 있는 것 아닌가? 더욱이 종래부터 중앙은행은 최종대부자로서 기능하는 은행의 은행이라고 인정되어 왔는데, Basel Ⅲ의 유동성규제는 이러한 중앙은행의 고유한 기능과 역할에 대해 아무런 언급이 없는 듯하다. 한편 유동성 규제의 핵심인 LCR이나 NSFR은 단지 은행에만 초점이 맞추어져 있는데 이것도 다소 문제이다. 왜냐하면 2007년부터 시작된 글로벌 금융위기의 사례에서 보았지만 유동성 위기를 촉발할 수 있는 기관이나 희생자는 단지 은행만이 아니었기 때문이다. 이러한 문제점들을 감안할 때 Basel Ⅲ도 조만간 다시 수술대에 오르지 않을까 하는 전망을 조심스럽게 하는 바이다.

## V. Basel Ⅲ에서의 조건부 자본증권

### 1. 총　　설

　　Basel Ⅲ에서 도입한 조건부 자본증권(contingent convertible bond)이란 특정 전환사건(trigger event)과 같은 예정 사유의 발생시 자동으로 상각되거나 보통주로 전환되는 증권을 의미하는데, 우리나라 은행법 제33조 제 1 항 제 2 호 내지 제 4 호는 금융채로서 동 증권의 발행을 허용하고 있다. 조건부 자본증권은 Basel Ⅱ에서의 신종자본증권 및 후순위사채에 비하여 훨씬 자본성이 강한 증권이다. 은행은 위기 발생으로 인해 외부 투자자들로부터 증자나 채권의 발행 등 정상적인 자본 수혈을 받기 어려운 상황에서도, 이미 발행된 조건부 자본증권의 전환을 통하여 보통주 자본을 자동적으로 확충함으로써 은행의 생존 가능성과 복원력을 증대시킬 수 있다.

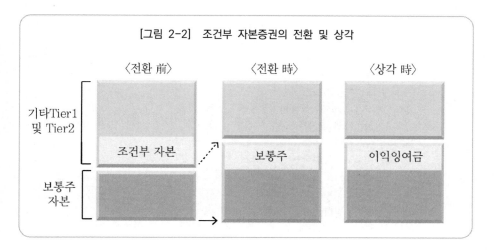

[그림 2-2] 조건부 자본증권의 전환 및 상각

조건부 자본증권에 투자한 채권자들은 은행의 건전성에 대해 항상 주의를 기울이게 되므로, 조건부 자본증권의 발행이 시장 규율을 강화하는 기폭제로 작용하기도 한다.

[표 2-9] Basel Ⅲ에서의 은행자본증권별 최초 손실 시점과 내역

| 증권 | 최초 손실시점 | 손실 내역 | 손실 발생 |
|---|---|---|---|
| Tier1 | 보통주 자본비율이 이자지급제한 기준비율(4.5%)* 보다 낮을 때<br>* 2019년부터 7.0% | 이자지급 제한 | 정상적인 영업상황에서도 발생 |
| Tier2 | 경영개선명령 또는 부실금융기관 지정 | 보통주 전환 또는 원금 상각 | 은행 자생력에 문제가 있을 경우 발생 |

## 2. 상각형 조건부 자본증권

조건부 자본증권을 상각형으로 발행할 때에는 Tier 1과 Tier 2의 형태가 모두 가능한데, 양자의 차이는 다음과 같다.[26]

[표 2-10]  상각형 조건부 자본증권의 형태

| 종류 | Tier 1 | Tier 2 |
|---|---|---|
| 만기연장 가능 여부 | 가능 | 불가능 |
| 만기상환 | 만기일에 양질 또는 동질의 자본으로 대체되거나, 상환후에도 자본이 관련 규정에서 정하는 비율을 상회하는 경우로서 미리 금감원장의 승인을 받은 경우에 일시 상환 가능 | 만기일 일시 상환 |
| 중도상환 | 발행은행의 선택에 의하여 발행일로부터 5년이 경과한 이후 양질 또는 동질의 자본으로 대체되거나, 상환후에도 자본이 관련 규정에서 정하는 비율을 상회하는 경우로서 미리 금감원장의 승인을 받은 경우에 한하여 발행일의 조건과 동일한 조건으로 상환될 수 있음 | 허용 안됨 |
| 사채 순위 | 본 사채와 동일하거나 열악한 후순위 특약이 부가된 채권 및 주주의 권리를 제외하고, 발행은행에 대한 모든 채권자보다 후순위이며 보통주보다는 선순위 | 일반 선순위 채권자 및 예금자보다 후순위 |
| 상각 사유 | 다음의 ①-④ 중 하나<br>① 금융위원회로부터 세 가지 적기시정조치 중 하나의 적기시정조치를 받은 경우<br>② 금융위원회나 금융위원장이 발행은행과 관련하여 긴급조치를 취한 경우<br>③ 금산법 제 2 조 제 2 항에 따라 부실금융기관으로 지정된 경우<br>④ 발행은행 고유의 재량에 따른 경우 | 금산법 제 2 조 제 2 항에 따라 부실금융기관으로 지정된 경우 |
| 이자 지급 정지 사유 | 위의 상각 사유와 동일 | 이자지급을 임의로 정지 또는 취소할 수 없음 |

우리나라에서 지금까지 발행된 상각형 조건부 자본증권은 Tier 2가 압도적

---

26) 황지석, "Special Report: 바젤Ⅲ 도입과 조건부자본증권 성장 배경," NICE Fixed Income Review, 2014. 12. 5., 7-8면 참조.

으로 많다고 하는데, 그 이유는 다음과 같다. 첫째, Tier 2는 이자지급 제한 조건이 없다. 둘째, Tier 2는 만기상환 조건이 유리하다. 셋째, Tier 1, Tier 2 모두 자본비율의 계산에 있어서 자본으로 인정되지만, 세무·회계상 Tier 1은 지분증권, Tier 2는 채무증권으로 인식되므로 Tier 2가 훨씬 선호된다.

### 3. 전환형 조건부 자본증권

#### (1) 총　설

2016년 은행법 개정 이전에 조건부 자본증권의 발행에 대한 법적 근거는 자본시장법에서 찾을 수 있었다. 그런데 자본시장법은 상장법인을 대상으로 하고 있으므로 금융지주회사의 자회사인 비상장법인 은행의 경우 동법을 근거로 조건부 자본증권을 발행할 수 없었다. 구 은행법시행령 제19조는 금융채 발행을 규정한 조항이었는데, 금융감독당국은 동 조항에 대해 비상장법인인 은행의 경우 원금이 전액 손실처리되는 상각형 조건부 자본증권의 발행만을 승인하는 형태로 매우 제한적인 유권해석을 하여 왔다. 외국의 경우 주식으로 전환되어 장래의 주가 동향에 따라 일정 부분 손실이 회복될 수 있는 주식전환형 조건부 자본증권의 발행이 상당한 비중을 차지한 것과 비교하면, 국내에서 상각형 조건부 자본증권의 발행이 대부분이었다는 것은 매우 이례적이었다. 그 때문에 2014년 10월 은행법 개정안이 상정되어 비상장법인인 은행의 조건부 자본증권 발행에 대해 명시적으로 근거 조항을 신설하고 향후 외국과 같이 전환형 조건부 자본증권의 발행을 활성화할 수 있는 기반을 조성하고자 하였다. 2016년 개정 은행법 제33조에 따라 발행가능한 조건부 자본증권은 다음 [그림 2-3]과 같은데, 동 조항에 근거하여 국내 은행들은 향후 기존의 상각형 조건부 자본증권보다 은행주식 전환형이나 은행지주회사 주식 전환형의 조건부 자본증권을 많이 발행할 것으로 기대된다.

#### (2) 2016년 개정법의 주요 내용

##### 가. 비상장법인인 은행의 조건부 자본증권 발행근거 명확화

은행법 제33조의2는 은행이 이사회의 결의를 거쳐 상각형과 은행주식 전환형 조건부 자본증권을 발행할 수 있도록 명시하고 있다. 상각형은 예정사유가 발생하는 경우 조건부 자본증권의 상환·이자지급 의무를 감면하는데 비하

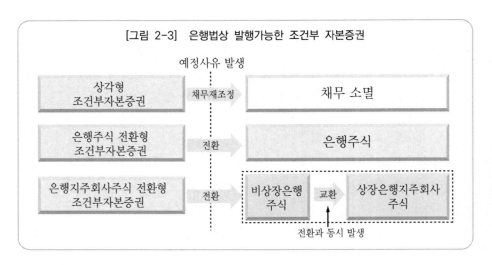

[그림 2-3]   은행법상 발행가능한 조건부 자본증권

여, 전환형은 예정사유가 발생하는 경우 조건부 자본증권이 은행 주식으로 전환할 수 있도록 하는 것이다. 동 조항이 마련됨으로써 은행은 상장 여부를 불문하고 그때 그때의 상황에 따라 상각형과 전환형 중 택일하여 조건부 자본증권을 발행할 수 있게 되었다.

### 나. 은행지주회사 주식 전환형 조건부 자본증권 발행근거 마련

은행법 제33조의3은 예정사유가 발생하는 경우 1차적으로 조건부 자본증권이 은행 주식으로 전환되고 2차적으로 이렇게 전환된 은행 주식이 다시 은행지주회사 주식과 교환될 수 있는 증권을 발행할 수 있도록 허용하고 있다. 은행법 제33조 제1항 제4호에 의하면 비상장법인인 은행이 상장법인인 은행지주회사에 의해 100% 완전 지배되는 경우에만 은행지주회사 주식으로 전환할 수 있는 조건부 자본증권의 발행을 허용하고 있다. 이는 조건부 자본증권이 은행지주회사의 주식으로 전환될 경우, 은행지주회사 주주들의 지분이 희석될 가능성이 있다는 점을 고려하여 완전자회사만 발행토록 제한한 것이다. 은행법 제33조의3 제1항은 은행지주회사의 주식으로 전환할 수 있는 조건부 자본증권을 발행하는 시점에 주식 교환을 위한 은행 이사회의 결의 및 은행지주회사 이사회와 주주총회의 결의를 미리 받도록 규정하고 있다. 이러한 조건부 자본증권이 발행된 이후 은행지주회사가 은행자회사를 지배하지 못하는 사정의 변경이 발생한 경우 조건부 자본증권의 투자자들을 보호하기 위한 특례 규정도

마련되었다. 즉 동조 제 8 항은 "비상장은행이 은행지주회사주식 전환형 조건
부 자본증권을 발행한 이후 상장은행지주회사가 비상장은행을 지배하지 아니
하게 된 때에는 그 때까지 발행된 예정사유가 발생하지 아니한 은행지주회사
주식 전환형 조건부 자본증권은 예정사유 및 전환의 조건이 동일한 은행주식
전환형 조건부 자본증권으로 변경되는 것으로 본다"고 규정하고 있다.

### 다. 조건부 자본증권 전환으로 인한 주식 보유한도 초과시 특례 마련

은행 또는 지주회사의 주식을 이미 보유하고 있는 주주가 조건부 자본증
권에 투자할 경우 예기치 못하게 은행법상 주식 보유한도(10%, 25%, 33%)를 초
과할 가능성이 있다는 점을 유념하여 은행법 제16조 제 2 항은 이에 대비한 규
정을 마련하였다. 조건부 자본증권은 특성상 사전적으로 주식으로 전환되는 시
점을 예상하기 어려우므로, 그러한 사정이 발생된 이후 적절히 대처할 수 있는
조항을 입안할 필요가 컸다. 따라서 원칙적으로 주식 보유한도 초과 즉시 초과
분의 의결권을 제한하되, 일정기간 내에 금융위 승인을 받으면 의결권을 부활
(승인을 받지 못하는 경우 처분)하는 규정을 마련하게 된 것이다. 은행지주회사
주식으로 전환할 수 있는 조건부 자본증권의 경우에 대해서는 금융지주회사법
제10조 제 2 항도 동일한 내용을 규정하고 있다.

### (3) 은행주식 전환형 조건부 자본증권의 발행 절차

은행법 제33조의2 제 2 항은 은행주식 전환형 조건부 자본증권의 발행 등
에 대해 일반사채와 같이 이사회의 결의로 발행하고, 자본시장법상 주식의 발
행 및 배정에 관한 특례규정인 제165조의6 제 1 항(신주배정방식), 제 2 항(실권주
에 대한 발행철회 원칙) 및 제 4 항(일반공모 등)을 준용한다. 이는 전환형 조건부
자본증권이 사채이지만 주식으로 전환될 수 있으므로 주식으로 전환시 기존주
주의 지분권 희석의 문제가 발생할 수 있다는 점을 감안하여 전환사채, 신주인
수권부사채 등과 같은 주권 관련 사채권 발행과 동일한 방식을 취하도록 한 것
이다.

전환형 조건부 자본증권을 발행하는 경우, 그 조건부 자본증권의 주식 전
환사유는 적정한 방법에 의하여 산출 또는 관찰이 가능한 가격, 지표, 단위, 지
수로 표시되는 것이거나 금융산업의 구조개선에 관한 법률 제10조 제 1 항에
따른 적기시정조치 등의 사건으로서 다음의 기준을 모두 충족하여야 한다(자본

시장법 시행령 제176조의12 제 2 항): ① 발행인, 그 발행인의 주주 및 투자자 등 전환형 조건부 자본증권의 발행과 관련하여 이해관계를 가지는 자의 통상적인 노력으로 변동되거나 발생할 가능성이 현저히 낮은 사유 등으로서 금융위원회가 정하여 공시하는 요건에 부합할 것, ② 사유 등이 금융위원회가 정하여 고시하는 기준과 방법에 따라 증권시장 등을 통하여 충분히 공시, 공표될 수 있을 것.27)

전환의 효력이 발생되면, 사채는 소멸하고 주식으로 전환하여 회사의 자본이 증가하는데, 전환형 조건부 자본증권의 주식전환은 전환사유가 발생한 날부터 제 3 영업일이 되는 날에 그 효력이 발생한다(자본시장법 시행령 제176조의12 제 5 항). 이는 전환사유 발생사실이 사유발생의 익일까지 주요사항 보고서를 통해 시장에 공시되고, 채권의 결제시기는 일반적으로 거래일의 다음 영업일인 점 등을 감안한 것이다. 한편, 전환형 조건부 자본증권의 주식으로의 전환에 관하여는 상법 제339조(질권의 물상대위), 제346조 제 4 항(전환청구 또는 전환기간 내에 발행주식수의 유보), 제348조(전환으로 인하여 발행하는 주식의 발행가액) 및 제350조 제 2 항(주주총회 의결권)·제 3 항(이익배당 관련 전환시점 간주)이 준용된다(자본시장법 시행령 제176조의12 제 7 항).


## VI. 餘   論

Basel I의 시행 당시부터 위험가중자산 대비 8%의 규제자본 책정이 과연 적정한가에 대해 많은 논란이 있었다. 왜냐하면 근본적으로 자본의 적정액을 산출한 후 금융기관이 그에 합당한 자본을 보유하고 있는지를 보는 것은 규제의 영역이라기보다는 시장의 영역에 해당하기 때문이다. 이는 마치 재화와 서비스의 가격을 수요와 공급의 자유로운 접점에서 구하지 않고 일방적이고 사전적인 규제로 책정하는 것에 비견할 만하다. 2007년부터 시작된 금융위기에

---

27) 여기서 금융위원회가 정하여 고시하는 요건은 다음 중 하나에 해당하는 경우를 말한다(증권의 발행 및 공시 등에 관한 규정 제5-25조 제 2 항): ① 조건부 자본증권을 발행한 발행인이 금융산업의 구조개선에 관한 법률 제 2 조 제 2 호에 따른 부실금융기관으로 지정된 경우, ② 조건부 자본증권을 발행한 발행인이 기업구조조정 촉진법 제 4 조에 따라 주채권은행으로부터 부실징후기업에 해당한다는 사실을 통보받은 경우, ③ 그 밖에 발행인의 경영성과 또는 재무구조의 개선 등 조건부 자본증권을 발행할 당시 미리 정한 일정시점에서 목표수준에 관한 사항이 달성되는 경우. 따라서 전환형 조건부 자본증권의 경우 전환사유는 재무건전성이 악화된 경우에 국한되지 않고 매우 폭넓게 확대되었다.

서 기존의 자본규제가 제대로 기능하지 못하였다는 점은 바로 이러한 자본규 제가 갖는 본질적인 한계가 잘 드러났기 때문인 것으로 분석된다. 따라서 향후 Basel Ⅲ가 채택되어 시행되더라도 각국 정부는 시장의 힘(market forces)을 보충 적으로 잘 활용하여야 할 것이다. 시장이 금융기관들의 위험성에 대해 보다 우 월한 정보를 보유하고 있다는 점에 대해서는 아무도 이견을 제시할 수 없는 것 이다.

향후에도 바젤위원회가 금융활동에 과도한 제한을 과하지 않으면서 장래 의 위험으로부터 금융시스템을 완전하게 보호할 수 있는 형태의 자본규제를 시행하리라고는 기대하지 않는다. 왜냐하면 이러한 규제의 설계는 사람의 능력 범위를 벗어나는 神의 영역이기 때문이다. 기존의 관료들이 재화의 가격 책정 에 섣불리 개입할 수 없었듯이, 금융감독당국도 은행과 '시스템적으로 중요한 금융기관'(systemically important financial institution)의 최저자본비율 책정을 임의 로 할 수는 없는 것이다. 1988년부터 그 짧은 기간에 Basel Ⅰ, Basel 1.5, Basel Ⅱ, Basel 2.5에 이어 Basel Ⅲ까지 채택되었다는 것은 이 부문의 규제가 너무도 어렵다는 점을 반증하는 것이기도 하다.


# 제 3 절   은행규제의 본질(2) : 자산건전성 규제 등

## Ⅰ. 총   설

은행은 예금자들로부터 예금을 제공받아 자금을 필요로 하는 사회 각 부 문에 적절히 중개해주는 공공적 기능을 수행한다. 그렇다보니 은행의 보유자산 은 대부분 대출로 구성되는데, 대출은 다시 '차주의 현재 상환능력 + 미래의 현금흐름(cash-flow)'을 기준으로 5단계로 세분화된다. 분기별로 은행보유자산 의 현황에 대해 금감원이 조사하는데, 이는 대손충당금과 지급보증 충당금을 쌓도록 함으로써, 향후 은행의 경영악화에 대비하도록 하려는 측면이 강하다. 이들 충당금은 손실로 처리되므로 법인세를 감면받는 추가적인 장점이 있다.

## II. 은행자산의 구분

은행의 보유자산은 다음과 같이 5단계로 구분할 수 있다.[28]

① 정상자산은 정상거래처, 즉 우량기업에 대한 대출로서 정상대출이라고 하며, 단지 0.85%의 대손충당금만을 쌓도록 요구한다.

② 요주의(거래처) 자산은 차주의 현재 상환능력에는 문제가 없으나 미래의 현금흐름에 있어서 잠재적 위험성이 있는 거래처에 대한 대출로서, 보통 1개월 이상 3개월 미만의 원리금을 연체한 기업에 대한 자산이 이에 해당하며, 은행은 7%의 대손충당금을 쌓도록 되어 있다.

③ 고정자산이란 차주의 현재 상황능력에도 문제가 있고 미래의 현금흐름도 안 좋아서 원리금 미상환의 위험성이 상당하다(높다)고 인정되는 거래처에 대한 대출로서, 3개월 이상 원리금을 연체한 기업에 대한 자산 중 회수예상가액 부분이 이에 해당하며, 은행은 20%의 대손충당금을 쌓도록 되어 있다.

④ 회수의문 자산은 차주의 현재 상환능력에도 문제가 있고 미래의 현금흐름에도 심각한 위험성이 있는 거래처에 대한 대출로서, 3개월 이상 12개월 미만 원리금을 연체한 기업에 대한 자산 중 회수예상가액을 초과하는 부분이 이에 해당하며, 은행은 50%의 대손충당금을 쌓아야만 한다.

⑤ 추정손실 자산은 차주의 현재 상환능력이 전혀 없고 미래의 현금흐름의 회수 가능성도 전혀 없는 거래처에 대한 대출로서, 12개월 이상 원리금을 연체한 기업에 대한 자산이 이에 해당하며, 은행은 100%의 대손충당금을 쌓도록 되어 있다.

## III. 경영평가 및 적기시정조치

### 1. CAMELS

금감원은 다음의 CAMELS 기준에 의하여 은행 경영의 전반적인 건전성에 대한 평가를 하고 기준에 미달하면 적기시정조치를 한다. 여기서 CAMELS란, Capital Adequacy(자본의 적정성), Asset Quality(보유자산의 위험도), Management(경영능력), Earnings(수익성), Liquidity(유동성), Sensitivity to Market Risk(보

---

28) 은행업감독규정 제27조 제 1 항 및 제29조 제 1 항 제 1 호.

유자산의 시장위험에 대한 민감도)의 첫 글자를 딴 것이다. 경영평가에 있어서 C와 A 및 E가 가장 객관적이고 중요한 계량적인 지표인데 반하여, M과 S는 다소 추상적이고 비계량적인 지표라고 할 수 있다. L은 중앙은행이 가장 적절히 평가할 수 있는 지표이므로, 금감원은 한국은행의 조력을 받아야 한다. CAMELS Rating은 1등급(우수)에서 5등급(위험)까지 있는데, 만일 대상은행이 3등급 이하의 평가를 받게 되면 '금융산업의 구조개선에 관한 법률'(이하 '금산법')에 따라 적기시정조치의 적용대상이 된다.

다음 [표 2-11]은 은행업감독규정 제33조 제 4 항에 의한 [별표 5]의 금융기관 본점과 금융기관 현지법인에 대한 CAMELS 평가항목을 구체적으로 나열한 것이다.

## 2. 적기시정조치(Prompt Corrective Action)

적기시정조치란 금융감독당국이 은행의 건전성을 상시평가하여, 은행이 일정 기준 이하의 경영성과를 보일 경우 금융감독당국으로 하여금 당해 은행의 경영에 즉각적으로 개입할 수 있도록 하는 감독수단을 의미한다. 미국의 1980년대 저축대부조합과 은행들의 연이은 대규모 파산을 경험한 후 1989년 *FIRREA*에서 처음 도입된 제도로서, 은행의 파산을 사전적으로 예방할 수 있는 가장 중요한 감독조치로 간주되고 있다. 금산법 제10조 제 2 항에 따라 은행업감독규정 제34조 내지 제36조에는 다음과 같은 3단계의 적기시정조치가 마련되어 있는데, 가장 대표적으로 어떠한 금융기관의 자본건전성이 일정 수준의 자기자본비율에 미달될 경우 발동된다.

1단계는 가장 완화된 형태의 경영개선권고가 발동될 수 있는데, 총자본비율이 8% 미만, 기본자본비율이 6% 미만, 또는 보통주자본비율이 4.5% 미만일 경우와 CAMELS 평가에서 1등급 내지 3등급으로서 자산건전성이나 자본적정성 부문의 평가등급을 4등급 또는 5등급으로 받은 경우 금융위원회가 발동하도록 되어 있다. 단지 권고에 불과하므로 법적 구속력은 없다고 생각할 수 있지만 금융기관과 금융시장은 동 권고의 사실상 구속력을 인정하고 있다. 경영개선권고의 예로서는, 신규영업의 진출불가 즉 기존 영업의 현상유지·불합리한 조직개선 및 인력개선의 권고 등을 들 수 있다.

2단계는 중간 단계의 경영개선요구이다. 이는 총자본비율 6% 미만, 기본자본비율 4.5% , 또는 보통주자본비율 3,5% 미만인 경우와 CAMELS 평가에서

[표 2-11] [별표 5] 경영실태평가 부문별 평가항목

| 평가부문 | 계량지표 | 비계량평가항목 |
|---|---|---|
| 자본적정성 | ·BIS기준자기자본비율<br>·BIS기준기본자본비율<br>·단순자기자본비율 | ·위험의 성격 및 규모 등을 감안한 자본규모의 적정성<br>·향후 자본증식 가능성<br>·경영진의 자본적정성 유지정책의 타당성<br>·경영지도기준 충족 여부 |
| 자산건전성 | ·손실위험도가중여신비율<br>·고정이하여신비율<br>·연체대출채권비율ª*<br>·대손충당금적립률<br><br>a*: 계절조정연체율 | ·신용위험 및 국별위험 관리의 적정성<br>·자본규모를 감안한 위험자산 보유수준의 적정성<br>·자산건전성 분류의 적정성<br>·충당금 적립의 적정성<br>·여신관리의 적정성*<br>·문제여신 판별 및 관리실태<br>·연결기준 자산건전성 |
| 경영관리의 적정성 | | ·전반적인 재무상태 및 영업실적<br>·경영지배구조 및 경영정책수립·집행기능의 적정성<br>·경영효율성 및 경영개선추진실태<br>·자회사관리실태 및 운영실적<br>·위험관리체제 및 운영실태<br>·내부통제제도 및 운영실태<br>·법규, 정책 및 검사지적사항의 이행실태 |
| 수 익 성 | ·총자산순이익률<br>(자산 10조원 이상)<br>(자산 10조원 미만)<br>·총자산경비율<br>(자산 10조원 이상)<br>(자산 10조원 미만)<br>·순이자마진율<br>·경비보상비율 | ·수익의 규모 및 내용에 영향을 미치는 위험의 수준 등<br>·수익구조의 적정성<br>·비용구조의 적정성<br>·연결기준 수익성<br>·경영합리화 노력 |
| 유 동 성 | ·원화유동성비율<br>·단기대출비율<br>·외화유동성비율** | ·유동성위험 관리의 적정성<br>·유동성 변동요인의 적정성<br>·자금조달 및 운용구조의 합리성 |
| 시장위험에 대한 민감도 | | ·시장가격 변수의 변동에 따른 위험 보유수준 측정·분석 및 대응책의 적정성<br>·시장위험에 대한 경영진의 확인, 측정, 감시 및 통제실태<br>·시장위험 관리시스템 구축 및 운영의 적정성 |

\* "차주기업의 외환위험 관리적정성" 포함.<br>
\*\* 외화자산이 은행계정 총자산 대비 5% 이하인 은행은 적용배제.

4등급 이하의 평가를 받은 경우가 대표적인 예인데, 금융위원회는 필요한 조치를 이행하도록 요구하여야 한다. 금융위원회가 은행의 지점축소·은행이 보유한 자회사의 정리(매각)·임원진 교체·타 금융기관과의 합병(일반적으로 흡수합병) 등을 요구할 수 있다는 측면에서, 은행은 사실상 경영권을 상실하였다고 보아도 무방하다.

3단계는 가장 무거운 경영개선명령이다. 이는 은행의 자기자본이 완전히 잠식된 경우로서 공적 자금에 의한 구제금융으로 당해 은행을 도저히 갱생시킬 수 없는 회복불능의 상태에 빠졌을 때 발동되는 조치라고 할 수 있다. 총자본비율 2% 미만, 기본자본비율 1.5% 미만 또는 보통주자본비율 1.2% 미만인 경우와 경영개선요구를 받은 상태에서 경영개선계획의 주요사항을 이행하지 않은 경우에 경영개선명령이 발동되며, 원칙적으로 도산절차를 진행하여야 하므로 법원에서 관리인이 선임된다. 극히 예외적으로 금융감독당국이 당해 은행에 공적 자금을 투입한다는 결정을 할 경우, 사전적으로 감자(자본감소) 등의 조치를 선행하여 기존 주주의 지분가치를 감소시킨다.

## Ⅳ. 기타 건전성규제 : 종합위험관리체제의 구축

은행의 건전성규제는 신용위험(credit risk)이나 시장위험(market risk) 외에도 기타의 위험을 종합적으로 관리하는 체제로 전환되고 있다.[29] Basel Ⅱ와 Basel Ⅲ도 이러한 동향을 반영한 것이라고 할 수 있는데, 금융감독당국과 중앙은행 및 예금보험공사간의 긴밀한 상호협조를 통한 통합감독체제의 구축이 필요한 이유도 위험의 종합적 관리에 있다. 신용위험과 시장위험 외에 은행이 영업수행중 직면하는 위험에는 다음과 같은 것이 있는데, 특히 첫 번째 유동성위험의 중요성을 전면적으로 인정한 것이 바로 Basel Ⅲ이다.

### 1. Liquidity Risk(유동성위험)

은행은 단기의 요구불 예금을 재원으로 하여 장기로 대출자산을 운용한다. 따라서 만기의 불일치(miss match)에 의하여 은행이 예상하였던 것보다 훨씬 많

---

29) 우리나라도 그 필요성을 절감하고 은행업감독규정 제30조에 종합적인 위험관리체제를 구축할 것을 규정하고 있다.

은 예금인출이 발생할 수도 있다. 이때를 대비하여 ① 중앙은행의 최종 대부자 기능에 기대어 긴급여신을 받을 수 있고, ② 은행간 콜금리에 의한 대부를 받을 수도 있는 것이다. 사전적으로 ③ 중앙은행은 지급준비금제도에 따라 일정 한도의 예금만을 대출재원으로 활용할 수 있도록 제한하기도 한다. 예를 들어 예금에 대한 총량규제로서 전체 예금액의 50/100 미만을 대출재원으로 활용할 것과 같은 규제를 들 수 있다. 그렇지만 은행도 영리를 목적으로 하는 기업이므로 이러한 제한이 너무 과중할 경우 예대마진차에 따른 수익을 올리기는 어렵다. 따라서 실제 규정상으로 그러한 제한은 예금별로 차이를 두고 그 한도도 최소한에 그치고 있는 실정이다.

## 2. Interest Risk(금리위험)

예를 들어 수신이자율이 4%이고 여신이자율이 8%일 때 그 차액인 4%는 은행의 안정적인 수익이 된다. 그런데 만일 신용경색이 발생하여 중앙은행이 금리를 전격적으로 인상하면, 단기적으로 예금이자를 10%까지 지급하여야 하는 극단적인 상황도 예상할 수 있다. 이때에는 오히려 2%의 역마진이 발생하는데 만일 이러한 상황이 지속된다면 은행의 파산위험성도 증대되는 것이다. 미국의 1980년대 금융위기는 연방준비이사회의 급격한 금리인상으로 비롯되었다는 점을 감안할 때, 은행은 본질적으로 금리위험에 취약함을 알 수 있다.

## 3. Management Risk(경영위험)

은행 임·직원은 고객의 예금으로 집적된 자금을 마치 고유의 자금인 것처럼 착각하는 일이 비일비재하다. 또한 거액의 자금을 취급함에 따른 자금유용의 유혹에도 빠지기 쉽다. 이러한 경영위험을 방지하기 위해 상시적으로 교육이 필요한 것이다. 1990년대 중반 영국 Barings사의 붕괴와 2008년 프랑스 2위 은행인 Societe Generale의 막대한 손실은 한 직원의 불법선물거래로 인한 것이라는 점에서, 은행이 경영위험에도 매우 취약함을 알 수 있다.

## 4. Reputation Risk(평판위험)

어떠한 은행(A)이 파산될 경우 다른 은행(B)과 거래하는 고객들도 자신과 거래하는 은행(B)의 안전성에 대해 확신하지 못하여 예금을 동시다발적으로 인출하는 사태(Bank run)가 발생할 수 있다. 이때에는 정당한 이유도 없이 다른 건전한 은행(B)의 평판과 신뢰마저 악영향을 받아 위험이 전염되어 파산될 수 있는 위기의 상황이 초래되는 것이다. 이와 같이 은행은 고객의 불신을 받을 경우 언제든지 파산할 수 있는 평판위험에 취약하다.

# 제 3 장

## 은행규제의 기능별 분류

## 제 1 절  진입규제

| 은행의 종류 | 물적 요건(설립시 최초자본금 요건) | 인적 요건 |
|---|---|---|
| 시중은행(nationwide bank): 서울에 본점을 두고 지방에 광활한 지점망을 설치한 은행 | 1,000억원 | 발기인과 임원의 성실성과 공익성: 금융위 인가사항 중 주관적인 기준 |
| 지방은행(regional bank): 지방에 본점을 두고 그 밖의 지역에서는 원칙적으로 서울에만 지점을 설치한 은행1) | 250억원 | |

　　금융위원회의 인가를 받지 않고 은행의 명칭을 사용하거나 은행업무를 영위한다면, 은행법 제14조를 위반하게 되어 엄격한 행정제재와 형사처벌을 받게 된다.2) 그렇지만 객관적이고 합리적으로 판단할 때, 은행의 명칭이 도저히 여·수신업무를 영위하는 금융기관에 해당한다고 볼 수 없는 경우에는 금융위원회의 인가를 받지 않고 은행이라는 명칭을 사용할 수 있다(예: 정자은행, Oil Bank 등).

　　은행은 은행법상 반드시 주식회사로 설립·운영되어야 하므로, 주식회사

---

1) 은행법 제13조에 의하면 시중은행과 지방은행 모두 해외지점을 설립할 수 있다.
2) 은행법 제14조는 "한국은행과 은행이 아닌 자는 그 상호 중에 은행이라는 문자를 사용하거나 그 업무를 표시할 때 은행업 또는 은행업무라는 문자를 사용할 수 없으며, 은행·은행업 또는 은행업무와 같은 의미를 가지는 외국어 문자로서 대통령령으로 정하는 문자를 사용할 수 없다"고 규정하고, 동법 제66조 제 2 항은 인가를 받지 않고 은행업을 영위한 경우 5년 이하의 징역 또는 2억원 이하의 벌금에 처하도록 하고 있으며, 동법 제69조 제 1 항 제 2 호는 제14조를 위반하여 유사상호를 사용한 자에게 1억원 이하의 과태료를 부과한다.

의 요건인 물적 기초가 튼튼하다면 언제든지 인가를 내주어야 한다는 견해(free banking론자)가 있을 수 있다. 그러나 앞의 제 2 장에서 언급하였던 경영위험의 예에서 볼 수 있듯이, 은행은 다른 주식회사와 달리 주주나 임직원의 공익성과 성실성이라는 인적 요건이 중시된다. 따라서 은행 설립시에도 금융감독당국은 발기인의 면면을 까다롭게 심사하는 것이다. 금융사기의 전력이 있는 자가 해당 범죄지에서 다시 금융기관을 설립하기란 거의 불가능에 가까운 것도 이러한 가중된 인적 요건의 구속을 받기 때문이다. 따라서 은행을 설립하려면 은행법상의 강력한 진입규제(entry barrier)로 인하여, ⅰ) 물적 요건 + ⅱ) 인적 요건 + ⅲ) 인가 + ⅳ) 상호로 반드시 '은행' 명칭 사용이라는 까다로운 설립요건을 갖추어야 한다. 그 외에도 은행법 제 8 조 제 4 항에 의하면 금융위원회가 인가를 할 때 금융시장의 안정, 은행의 건전성 확보 및 예금자 보호를 위하여 필요한 조건을 붙일 수 있도록 되어 있는데, 동 조항에 따라 금융위원회가 추가적인 조건을 요구한다면 인가를 받으려는 자는 반드시 그 조건도 성취하여야 한다. 그리고 은행법 제 9 조는 은행에게 설립시의 자본금을 계속 유지하여야 할 자본충실의무를 부과하고 있으며, 은행법 제10조는 주식수의 감소 등과 같이 자본금의 감소에 해당하는 행위를 하려는 은행에게 금융위의 승인을 받도록 하고 있다.

원래 자금중개시장의 주축으로 활약하는 은행은 brand value를 갖지 못한 중소기업들에게 여신을 제공하여야 한다. 그러나 1960년대 국민소득이 낮고 저축액도 많지 않은 상황에서, 정부가 수출기업에게 자금을 몰아주도록 유도하였던 정책금융(export-oriented policy loan)의 잔재로 인하여, 우리나라 은행들의 여신은 대기업으로 편중되게 되었다. 그렇다 보니 은행의 자원재분배역할을 대신할 다른 종류의 금융기관이 필요하게 되었는데, 이러한 틈새시장을 목표로 태동한 기관이 바로 상호저축은행이다. 상호저축은행도 여·수신 업무를 영위한다는 점에서 기능적으로는 은행이라고 할 수 있지만, 일반 은행에 비하여 '규모·범위의 불경제'로 인하여 이자율이 높은 특징이 발견된다. 상호저축은행은 은행이 원칙적으로 담당했어야 할 서민(가계)·중소기업에 대한 대출전문기관으로서 틈새시장(niche market)에 끼어들어 성공한 사례라고 할 수 있다. 다만 은행과 달리 시초자본금이 소규모이므로(본점이 특별시에 있는 경우: 120억원, 본점이 광역시에 있는 경우: 80억원, 본점이 도 또는 특별자치도에 있는 경우: 40억원),

지역적으로 광범위한 영업을 할 수 없는 한계가 있다. 그렇다보니 상호저축은
행은 원칙적으로 지점을 설치할 수 없지만, 다음과 같은 세가지 요건을 충족하
면 예외가 인정된다. 첫째, 해당 상호저축은행의 최근 분기 말 현재 대차대조
표상 자기자본이 앞에서 말한 시초자본금(즉, 120억원, 80억원, 40억원)의 2배 이
상일 것, 둘째, 최근 1년 동안 금융위원회로부터 경고 또는 6개월 이내 영업의
일부정지에 해당하는 조치를 받은 사실이 없을 것, 셋째, 금융위원회가 정하는
자기자본비율과 자산 건전성 분류 단계 및 그 기준을 충족할 것.[3]


# 제 2 절  소유규제

## I. 총    설

은행의 대주주에 대해서는 진입시 부과되는 정성적인 규제(공익성, 성실성 요
건) 이외에도 정량적인 규제가 존재한다. 즉 은행법 제15조에 의하면 어떠한 시중
은행에 있어서 단일 주주가 당해 은행의 의결권 있는 발행주식총수의 10/100 이
상을 보유할 수 없게 되어 있는 것이다. 물론 이에 대해서는 몇 가지의 예외가 인
정된다. 예를 들어 도산위기에 직면한 은행에 대해 예금보험공사를 통하여 공적
자금이 투입될 경우는 지분보유한도에 있어서 총량적인 제한이 전혀 없고, 지방은
행에 대해서는 단일 주주의 최고보유 상한선이 은행의 의결권 있는 발행주식총수
의 15/100까지로 확대되는 것이다. 특히 후자의 지방은행에 대한 예외조항은 종래
재벌기업들이 지방은행에 대해 최대주주로 존재하였던 상태(status quo)를 인정한
것이라고 볼 수 있다(grandfather 조항). 그런데 단일 주주가 산업자본이라면 다소
차별화된 기준이 적용된다. 즉 산업자본인 단일 주주가 은행의 주식을 보유하려면
그 최대상한선은 의결권 있는 발행주식총수의 4/100에 불과한 것이다.

본 절에서는 이 책의 다른 부분과는 달리 은행법의 관련 조항을 그대로 인용한
후 동 조항의 내용을 상세히 점검하는 서술방식을 취하였다. 종래부터 우리나라에
서는 은행소유규제가 은행법의 가장 핵심적인 위치를 차지하여 왔으므로 관련 조
항의 철저한 분석이 필요하였기 때문이다(이 점은 본장 제 4 절의 이해상충규제에
있어서도 마찬가지이다).

---

3) 상호저축은행법시행령 제 6 조의3 제 1 항.

## 1. 은행주식 보유한도 규제의 존재의의

은행법은 시중은행 및 지방은행과 같은 일반은행의 경우 동일인의 주식보유한도를 엄격히 규제하고 있다. 이는 은행이 특정주주에 의해 私金庫化되는 것을 방지하기 위한 것이다. 우리나라는 1980년대 초반 국영은행의 민영화과정이 진행되면서부터 금융자본과 산업자본의 분리(소위 金産分離)라는 정책기조를 유지하기 위하여 1982년 동일인의 은행주식 보유한도를 최초로 규제하기 시작하였다. 특히 은행산업에 있어서 동 정책기조는 매우 엄격히 유지되어 왔다(소위 銀産分離). 외국사례를 보면 독일과 일본이 금융자본과 산업자본의 융합을 허용하는 정책기조를 채택하고 있음에 반하여, 미국은 우리나라와 마찬가지로 금융자본과 산업자본의 분리정책을 계속 유지하고 있다. 이는 1999년 제정된 금융서비스현대화법(the Financial Services Modernization Act of 1999, 소위 Gramm-Leach-Bliley Act)상 금융지주회사의 업무영역에 대한 제한에서도 발견되고 있다.

## 2. 은행주식 보유한도 규제의 변경 추이

### (1) 1980년대

우리나라는 1980년대 초 시중은행의 민영화 과정에서 은행이 대기업의 사금고화되는 것을 방지하기 위하여 동일인의 은행주식 보유한도를 설정하였다. 1982년 12월에 은행법을 개정하기 이전까지는 금융기관에 대한 임시조치법에 의해 은행 주식에 대한 대주주의 의결권 행사범위만 10%로 제한하고 있었다. 1982년 12월 은행법 개정에 의해 시중은행에 대한 동일인의 보유한도가 8%로 정해졌다. 당시 지방은행에 대해서는 지역경제 개발자금의 원활한 지원 등을 위하여 보유한도 적용을 배제하였다.[4]

### (2) 1990년대

그 후 10여 년간 은행주식 보유에 대한 규제는 별다른 변화가 없었다. 그러다가 1990년대에 들어 금융산업의 효율성과 경쟁력을 제고하는 한편 선진국의 개방압력에 대응할 필요성이 높아졌다. 이에 따라 은행의 책임경영체제를 확립하고 은행경영에 대한 산업자본의 관여를 방지하기 위해 은행 소유구조에

---

4) 한국은행, 「우리나라의 금융제도」, 75면 (1999. 12).

관한 제도를 변경하였다. 1992년 5월 종전까지 친인척 위주로 되어 있던 동일인의 포괄범위를 확대하여 주주 1인이 '독점규제 및 공정거래에 관한 법률'에 의해 지정된 대규모기업집단을 지배하는 자인 경우에는 그가 지배하는 대규모기업집단 소속 기업체를 동일인의 범주에 추가하였다. 그리고 적용이 배제되었던 지방은행에 대해서도 주식의 동일인 소유한도를 15%로 설정하였다.

1994년 12월에는 산업자본의 은행지배를 방지하면서 은행의 책임경영체제를 확립하기 위해 금융전업기업가제도를 도입하였다. 금융전업기업가에 대해서는 은행주식을 12%까지 보유할 수 있도록 허용하였다. 그러나 금융전업기업가 이외의 동일인 주식보유한도는 8%에서 4%로 하향조정하였다. 1997년 1월에는 금융전업기업가에 대한 은행주식 보유제한을 완화하여 은행감독원장이 승인하는 한도까지 보유할 수 있도록 하는 등 금융전업기업가를 육성하기 위해 제도적 개선을 도모하였다.

금융전업기업가는 당초 산업자본과 연계되지 않고 금융업만을 영위하는 순수 금융자본의 경우 은행의 안정적인 경영주체가 될 수 있도록 하기 위해 도입된 제도였으나, 동 자격요건이 지나치게 엄격하여 實效를 거두지 못하였다. 한편 1997년 말 금융위기 이후 대규모의 공적 자금을 투입한 은행 지분을 매각함에 있어서 외국자본 이외에 적절한 매수주체를 찾을 수 없었기 때문에 외국인에 대한 주식보유 상한선을 완화시킬 필요성이 컸다. 따라서 1998년 1월 금융전업기업가제도를 폐지하고 원칙적으로 동일인 보유한도를 4%로 하되(정부와 예금보험공사는 적용제외, 외국인은 10%), 예외적으로 외국인은 금융위원회의 승인을 얻을 경우 10%, 25% 또는 33%를 초과하여 주식을 취득할 수 있도록 허용하였다.[5)]

### (3) 2000년대 초반 ~ 현재

2002년 4월 은행주식 보유한도 규제를 국제기준에 맞게 사전적인 소유제한을 완화하되 금융감독을 강화하는 방향으로 개선하였다. 이는 건전한 금융자본의 출현을 유도하고 은행의 자율책임경영을 촉진하는 전기를 마련한 것으로 평가된다. 2005년 말부터 현재까지 유지되는 소유규제의 기본 골격은 다음과 같다. ① 동일인의 은행주식 보유한도를 10%로 상향조정함으로써 은행에 대한

---

5) 상게서, 75-76면.

사전적인 소유제한을 완화하고, 내국인도 외국인과 마찬가지로 금융위원회의 승인을 받는다면 10%, 25% 또는 33%를 초과하여 주식을 보유할 수 있도록 하였다(은행법 15조 3항). ② 비금융주력자(산업자본)의 은행지배를 방지하기 위하여 비금융주력자는 4%를 초과하여 은행주식을 보유할 수 없도록 하되, 4%를 초과하는 주식의 의결권을 행사하지 아니하는 조건으로 재무건전성 등 일정한 요건을 충족하여 금융위원회의 승인을 얻은 경우에는 예외적으로 10%까지 은행주식을 보유할 수 있도록 하였다(은행법 16조의2). ③ 10%를 초과하여 은행주식을 보유한 주주에 대하여는 금융위원회가 그 적격성을 심사할 수 있도록 하고, 심사결과 부적격자에 대하여는 초과보유한 은행주식의 처분을 명할 수 있도록 하였다(은행법 16조의4). ④ 은행이 다양한 방식으로 대형화·겸업화할 수 있도록 하기 위하여 은행(母銀行)이 다른 은행(子銀行)의 주식을 취득하는 것을 허용하였다(은행법 37조 5항).

2009년 6월 이명박 행정부 시절에는 과거의 은산분리 정책기조를 180도 뒤엎는 은행법 개정안이 통과되어 산업자본의 은행주식 보유한도를 은행의 의결권 있는 발행주식총수의 9%로까지 확대하기도 하였지만 2013년 다시 4%로 정상화되었다. 한편 2010년 5월에는 국내은행에게 적용되는 엄격한 소유규제의 적용을 국내 금융시장에 진입해 있는 외국은행등에게는 다소 완화하는 내용의 특례조항도 신설되었다(은행법 16조의5).

## 3. 논의의 방향

저자는 다음의 제Ⅱ에서 2009년 6월의 은행법 개정에 의한 은행주식 보유한도 규제를 제15조부터 제17조까지 조항별로 검토한 후, 제Ⅲ에서 핀테크 혁명과 함께 은산분리정책이 변화되어야 하는지에 대한 논의를 하고자 한다(2019년 1월부터 시행된 '인터넷전문은행 설립 및 운영에 관한 특례법'에서의 은산분리 완화에 관한 논의는 제5장에서 별도로 다룰 것임). 제Ⅳ는 은산융화에 관한 금융정책상의 쟁점 사항을 분석할 것이다. 저자는 우선 해당 조항을 나열한 후, 관련 조항들의 문리적 해석 이외에도 당해 조항이 국제정합적이고 은행법의 타 조항 및 타 법률과의 관계에서 체계정합적인지에 대한 분석을 하고자 한다. 여기서 해당 조항은 법문 그대로를 인용하였다.

## II. 은행주식 보유한도 규제

### 1. 제15조 : 동일인의 주식보유한도 등

제15조 (동일인의 주식보유한도 등) ① 동일인은 은행의 의결권 있는 발행주식 총수의 100분의 10을 초과하여 은행의 주식을 보유할 수 없다. 다만, 다음 각 호의 어느 하나에 해당하는 경우와 제 3 항 및 제16조의2 제 3 항의 경우에는 그러하지 아니하다.

1. 정부 또는 '예금자보호법'에 따른 예금보험공사가 은행의 주식을 보유하는 경우
2. 지방은행의 의결권 있는 발행주식 총수의 100분의 15 이내에서 보유하는 경우

② 동일인(대통령령으로 정하는 자를 제외한다)은 다음 각 호의 어느 하나에 해당하게 된 경우에는 은행 주식보유상황 또는 주식보유비율의 변동상황 확인을 위하여 필요한 사항으로서 대통령령으로 정하는 사항을 금융위원회에 보고하여야 한다.

1. 은행(지방은행은 제외한다. 이하 이 항에서 같다)의 의결권 있는 발행주식 총수의 100분의 4를 초과하여 주식을 보유하게 되었을 때
2. 제 1 호에 해당하는 동일인이 해당 은행의 최대주주가 되었을 때
3. 제 1 호에 해당하는 동일인의 주식보유비율이 해당 은행의 의결권 있는 발행주식 총수의 100분의 1 이상 변동되었을 때
4. 은행의 의결권 있는 발행주식총수의 100분의 4를 초과하여 보유한 사모투자전문회사의 경우 그 사원의 변동이 있을 때
5. 은행의 의결권 있는 발행주식총수의 100분의 4를 초과하여 보유한 투자목적회사의 경우 그 주주 또는 사원의 변동이 있을 때(해당 투자목적회사의 주주 또는 사원인 사모투자전문회사의 사원의 변동이 있을 때를 포함한다)

③ 제 1 항 각 호 외의 부분 본문에도 불구하고 동일인은 다음 각 호의 구분에 따른 한도를 각각 초과할 때마다 금융위원회의 승인을 받아 은행의 주식을 보유할 수 있다. 다만, 금융위원회는 은행업의 효율성과 건전성에 기여할 가능성, 해당 은행 주주의 보유지분 분포 등을 고려하여 필요하다고 인정되는 경우에만 각 호에서 정한 한도 외에 따로 구체적인 보유한도를 정하여 승인할 수 있으며, 동일인이 그 승인받은 한도를 초과하여 주식을 보유하려는 경우에는 다시 금융위원회의 승인을 받아야 한다.

1. 제 1 항 각 호 외의 부분 본문에서 정한 한도(지방은행의 경우에는 제 1 항 제 2 호에서 정한 한도)

  2. 해당 은행의 의결권 있는 발행주식 총수의 100분의 25
  3. 해당 은행의 의결권 있는 발행주식 총수의 100분의 33
④ 금융위원회는 제 3 항에 따른 승인을 하지 아니하는 경우에는 대통령령으로 정하는 기간 이내에 신청인에게 그 사유를 명시하여 알려야 한다.
⑤ 제 2 항을 적용할 때 보고의 절차·방법·세부기준과 제 3 항을 적용할 때 은행의 주식을 보유할 수 있는 자의 자격, 주식보유와 관련한 승인의 요건·절차, 그 밖에 필요한 사항은 다음 각 호의 사항 등을 고려하여 대통령령으로 정한다.
  1. 해당 은행의 건전성을 해칠 위험성
  2. 자산규모 및 재무상태의 적정성
  3. 해당 은행으로부터 받은 신용공여의 규모
  4. 은행업의 효율성과 건전성에 기여할 가능성
⑥ 투자회사가 제 3 항에 따른 승인을 받아 은행의 주식을 보유하는 경우 그 투자회사에 대하여는 '자본시장과 금융투자업에 관한 법률' 제81조 제 1 항 제 1 호 가목부터 다목까지를 적용하지 아니한다.
⑦ 금융위원회는 해당 은행이 다음 각 호의 어느 하나에 해당하는 경우에는 제 5 항에 따른 승인의 요건을 갖추지 아니한 경우에도 승인을 할 수 있다.
  1. '금융산업의 구조개선에 관한 법률' 제 2 조 제 2 호에 따른 부실금융기관인 경우
  2. '예금자보호법' 제 2 조 제 5 호에 따른 부실금융회사인 경우
  3. '예금자보호법' 제 2 조 제 6 호에 따른 부실우려금융회사인 경우
  4. 제34조 제 2 항에 따른 경영지도기준을 준수하지 못하는 등 금융위원회가 정하여 고시하는 경우
⑧ 금융위원회 또는 은행은 그 은행의 주식을 보유하고 있는 동일인과 그 동일인이 보유하는 주식의 범위를 확인하기 위하여 그 은행의 주주에게 필요한 자료의 제출을 요구할 수 있다.
⑨ 제 8 항에 따른 자료 제출 요구와 관련하여 필요한 사항은 대통령령으로 정한다.

### (1) 동일인의 의의

  은행주식 소유규제를 논의함에 있어서 가장 선결적으로 확립되어야 할 개념은 바로 동일인이다. 동 개념은 은행법 제35조의 편중여신규제의 적용에 있어서도 가장 중요하다. 일반적으로 동일인이라 함은 은행의 의결권 있는 주식을 취득할 목적으로 수평적인 병행행위(parallel action)를 통하여 비공식적인 연대행위를 하는 2인 이상의 자를 의미한다.[6]

---

6) 48 Fed. Reg. 2350 (1983).

은행법에서는 동일인을 본인 및 그와 대통령령이 정하는 특수관계에 있는 자라고 규정한다.[7] 여기서 "그와 대통령령이 정하는 특수관계에 있는 자"란 '독점규제 및 공정거래에 관한 법률'상 규정하는 동일인관련자와 유사한 개념이다.[8] 그렇지만 형식적인 기준에 의하면 동일인에 포함되더라도 ① 사회간접자본(Social Overhead Capital, SOC)에 투자하는 법인, ② 관련 법률에 따라 기업구조조정을 촉진하기 위하여 종래의 채권자로서의 지위를 주주로서의 지위로 변경한 출자전환(debt-to-equity swap) 법인, ③ 은행자회사이거나 은행지주회사의 자회사인 경영참여형 사모집합투자기구가 그 목적에 따라 투자한 대상법인들의 경우 동일인에서 제외된다.[9]

은행법 제15조 제8항은 금융위원회나 은행이 위의 동일인 여부를 확정하고 그 동일인이 보유한 은행주식의 범위를 확인하기 위하여 그 은행 주주에게 필요한 자료의 제출을 요구할 수 있도록 하면서, 동조 제9항은 자료 제출 요구와 관련하여 필요한 사항은 은행법시행령으로 정할 수 있도록 위임하고 있다.

### (2) 동일인 등의 은행주식보유한도 규제

#### (가) 원    칙

동일인 등의 은행주식보유한도에 대한 규제는 1982년 12월 처음 도입되어, 현재는 2013년 8월 개정된 은행법에 따라 원칙적으로 동일인은 의결권 있는 발행주식총수의 10% 이내로, 비금융주력자(2조 1항 9호)는 4% 이내로 제한되어 있다. 따라서 동일인은 시중은행의 의결권 있는 발행주식총수의 10%를 초과하여 은행주식을 보유할 수 없는 것이 원칙이다. 지방은행에 대해서는 그 주식보유한도가 15%로 확대되어 있다.

#### (나) 정부 또는 예금보험공사에 대한 예외 인정

정부와 예금보험공사의 경우 은행주식보유한도에 제한이 없다. 특히 부실은행에 공적 자금을 투입한 예금보험공사에 대해서는 보유한도의 제한을 받지 않음을 명시하고 있다. 그런데 은행법 제15조 제7항에 의하면 이러한 경우에도 예금보험공사는 금융위원회로부터 사전승인을 받도록 되어 있다. 이는 은행주식을 보유하는 주체가 私人이든 公人(공공기관 포함)이든 금융위원회로부터

---

7) 은행법 제2조 제1항 제8호.
8) 은행법시행령 제1조의4 제1항.
9) 은행법시행령 제1조의4 제2항.

모두 사전승인을 받도록 함으로써, 법 집행의 일관성을 유지하려는 취지의 규정임을 알 수 있다. 물론 동 조항에 의할 때 승인 요건의 엄격성이 완화되어 있으므로, 금융위원회는 부실은행이나 부실우려은행들의 '부실' 징후만 확실하다면 자동적으로 사전승인을 할 것이라고 기대된다. 그렇지만 예금보험공사의 은행주식취득에 대해 금융위원회로부터 사전승인을 받도록 할 경우 금융감독당국 간의 불필요한 마찰이 생길 여지는 없는 것인지 또한 공적 자금을 신속히 투입하여 부실은행을 정상화하여야 한다는 금융소비자들의 기대를 저버리지는 않는 것인지 추가적인 분석이 필요하다고 본다.

참고로 미국에서는 연방예금보험공사가 연방준비이사회에 대해 사전승인을 받지 않고 부실우려금융기관에 대해 공적 자금을 지원한 대가로 신주인수권증서를 취득한 행위가 관련법(the Change in Bank Control Act)을 위반한 것인지 여부가 문제된 사건이 있다. 여기서 연방예금보험공사가 신주인수권을 행사하였더라면 당해 금융기관 총 발행주식의 45%에 해당하는 신주를 취득할 수 있었던 사안이었다. 동 사건에서 미국 연방 1 심법원은 연방준비이사회의 법무실 의견을 존중하여 "연방예금보험공사에 의한 의결권 있는 주식의 취득이 아닌 신주인수권증서의 취득"은 관련법이 적용되지 않는다고 판시한 바 있다.[10] 그러나 이 판결은 큰 오해를 불러일으킬 소지가 있었다. 즉 연방예금보험공사가 은행의 신주인수권증서가 아니라 의결권 있는 주식을 대량으로 취득할 경우에는 연방준비이사회의 사전승인을 받아야 한다는 반대해석도 가능하였던 것이다. 우리나라에서는 관련 금융감독당국 간의 마찰을 조정한다는 차원에서, 은행법 제15조 제 1 항 제 1 호에 의하여 정부나 예금보험공사의 은행주식취득에 대해 상한선을 설정하지 않았으나 은행법 제15조 제 7 항에 의하여 항상 금융위원회의 사전승인을 받도록 하고 있다.

### (3) 동일인의 보고의무

#### (가) 관련규정

은행법 제15조 제 2 항에서는 동일인의 금융위원회에 대한 보고의무를 규정하고 있다. 종래에는 은행의 최대주주가 되고자 하는 자 또는 최대주주로서 최대주주가 아닌 자로 되고자 하는 자는 그 변경내용에 대하여 금융위원회의

---

10) *Zinman v. Federal Deposit Insurance Corp.*, 567 F. Supp. 243, 252-253 (E.D. Pa. 1983).

승인을 받도록 하였으나, 동 규정은 정부의 규제완화방침에 따라 1999년 2월
폐지되었다. 한편 2015년 7월 은행법의 개정으로 제15조 제 2 항에 제 4 호와
제 5 호를 추가하여 은행의 의결권 있는 발행주식총수의 4% 이상을 보유한 경
영참여형 사모집합투자기구나 투자목적회사의 지분보유자에 대한 변동이 있는
때에도 보고의무를 부과하였다. 이는 경영참여형 사모집합투자기구나 투자목
적회사를 활용하여 간접적으로 은행의 건전성 및 안전성에 위해를 야기할 수
있는 배후의 지분보유자들을 철저히 감시하겠다는 정책당국의 의지가 반영된
것이다. 은행법시행령 제 4 조의2 제 3 항에 의하면 은행법 제15조 제 2 항 각호
의 어느 하나에 해당하게 된 동일인은 그 사유에 해당하게 된 날(해당 동일인이
은행의 주식을 취득하거나 매각하지 아니하였음에도 불구하고 보고사유에 해당하게 된
경우에는 그 사유에 해당하게 된 사실을 안 날)부터 5일 이내에 그 주식보유상황 또
는 주식보유비율의 변동상황을 금융위원회에 보고하도록 하고 있다. 이는 은행
주식 취득 후 5일 내의 사후보고의무를 규정한 것이다. 은행법은 동일인이
이러한 보고의무를 이행하지 않을 경우 1억원 이하의 과태료에 처한다고 규
정한다.11)

   (나) 존재의의

   은행법 제15조 제 2 항은 금융위원회로 하여금 지분권 변동에 의하여 사실
상의 영향력을 행사할 수 있는 은행 주주의 실체를 적시에 파악하도록 하기 위
한 규정이다. 그렇다면 이는 소수주주들을 보호하기 위한 것인가? 만일 은행법
상으로 소수주주들이 보고의무를 소홀히 한 동일인을 상대로 책임을 추궁할
수 있는 근거규정을 마련한다면 이러한 해석도 가능할 것이다. 그러나 은행법
은 이에 대해 아무런 규정이 없다.

   판단건대 은행법 제15조의 규정은 일반적인 은행 주주를 보호하기보다는
은행예금자들을 보호하려는 목적을 갖고 있다. 또한 동 규정은 은행이 산업자
본의 사금고로 전락됨으로써 이익이 침해될 수 있는 일반 공중을 보호하려는
목적도 갖는다. 따라서 은행의 소수주주들은 동 규정에 의거하여 보고의무를
이행하지 않은 주주를 상대로 당해 은행에 회복할 수 없는 피해가 발생하였음
을 들어 책임을 추궁할 수는 없다고 본다.12)

---

11) 은행법 제69조 제 1 항 제 3 호.
12) Patricia A. McCoy, *Banking Law Manual Second Edition: Federal Regulation of Financial*

## (다) 자본시장법 제147조의 5% Rule과의 관계

은행법 제15조 제 2 항과 관련하여 자본시장법 제147조에서 규정하는 5% Rule과의 관계가 문제된다. 자본시장법 제147조 제 1 항의 규정은 다음과 같다.

> "주권상장법인의 주식등을 대량보유(본인과 그 특별관계자가 보유하게 되는 주식 등의 수의 합계가 당해 주식 등의 총수의 100분의 5 이상인 경우를 말한다)하게 된 자는 그날부터 5일(대통령령이 정하는 날은 산입하지 아니한다. 이하 이 절에서 같다) 이내에 그 보유상황, 보유목적(발행인의 경영권에 영향을 주기 위한 목적 여부를 말한다), 그 보유주식 등에 관한 주요 계약내용, 그 밖에 대통령령으로 정하는 사항을 대통령령이 정하는 바에 따라 금융위원회와 거래소에 보고하여야 하며, 그 보유주식 등의 수의 합계가 그 주식 등의 총수의 100분의 1 이상 변동된 경우(그 보유주식 등의 수가 변동되지 아니한 경우, 그 밖에 대통령령이 정하는 경우를 제외한다)에는 그 변동된 날부터 5일 이내에 그 변동내용을 대통령령으로 정하는 방법에 따라 금융위원회와 거래소에 보고하여야 한다. 이 경우 그 보유목적이 발행인의 경영권에 영향을 주기 위한 것(임원의 선임·해임 또는 직무의 정지, 이사회 등 회사의 기관과 관련된 정관의 변경 등 대통령령이 정하는 것을 말한다)이 아닌 경우와 전문투자자 중 대통령령으로 정하는 자의 경우에는 그 보고내용 및 보고시기 등을 대통령령으로 달리 정할 수 있다."

우리나라의 일부 은행들은 주권상장법인에 해당하므로 자본시장법 제147조의 규정을 적용받게 된다. 따라서 은행법과 자본시장법을 조화롭게 해석하자면, 중복규제의 문제에 직면할 수 있다. 예를 들어 비금융주력자인 甲이 X은행의 주식을 4.1% 취득하고 0.9%의 주식을 추가취득한 후 계속하여 1%의 주식을 매수하게 되었다고 가정하자(전체 6%). 또한 甲이 주주가 되기 전까지 동 은행의 최대주주는 乙이었고 乙의 지분비율은 6.1%였는데, 甲이 이후 0.2%를 초과취득하여 전체 발행주식의 6.2%를 보유하게 되었다고 가정하자. 이때에는 은행법 제15조 제 2 항과 자본시장법 제147조에 의하여 甲은 금융위원회에 총 4회의 보고를 하여야 한다. 첫 번째의 4.1% 취득과 세 번째의 1% 취득에 대해 보고하도록 하는 것은 합리적이지만, 두 번째의 0.9% 취득과 네 번째의 0.2% 취득 부분에 대해서까지 보고하여야 하는 것인지는 의문이다.

---

*Holding Companies, Banks and Thrifts* § 4.34 ~ § 4.34-1 (2003).

한편 은행법 제15조 제 2 항에 의하면 은행주식의 취득·보유비율의 변동
사항에 대해 금융위원회에 事後報告하도록 되어 있다. 이는 은행주식의 취득이
공개매수의 요건을 충족하더라도 자본시장법 제134조에서 규정하는 공고의무
및 공시의무의 적용을 배제할 수 있다는 해석마저 가능하게 하는 것이다.[13]

이는 은행에서의 주식보유 변동사항은 어느 정도 비밀스럽게 진행되어야
한다고 판단한 타국의 경험을 참조한 것이라고 짐작된다.[14] 그러나 문제는 은
행법상 자본시장법의 적용을 전면적으로 배제하는지 혹은 일부 요건만을 제한
적으로 유예하는지 여부에 대해 명백히 밝히지 않고 있다는 점이다. 逆으로 자
본시장법도 마찬가지이다. 참고로 자본시장법 제133조 제 3 항에 의하면 의결권
있는 주식을 6개월 동안 유가증권시장 밖에서 10인 이상의 자로부터 매수·교
환·입찰 기타 유상양수하고자 하는 자는 당해 매수 등을 한 후 동일인이 보유
하게 되는 주식의 합계가 총 발행주식총수의 5% 이상이 되는 경우 반드시 공개
매수하도록 규정하고 동조 단서에서는 대통령령이 정하는 매수 등에 관하여는
공개매수하지 않아도 된다고 규정한다. 그러나 동법시행령의 단서 규정에서는
은행주식 취득에 있어서 자본시장법 제133조 제 3 항의 적용을 배제하지 않고
있다.[15]

---

13) 자본시장법 제134조 제 1 항에서는 공개매수를 하고자 하는 자는 대통령령이 정하는 바에
   따라 다음 각호의 사항을 공고하도록 규정하고 있다. 1. 공개매수를 하고자 하는 자, 2. 공개
   매수할 주식 등의 발행인, 3. 공개매수의 목적, 4. 공개매수할 주식 등의 종류 및 수, 5. 공개
   매수기간·가격·결제일 등 공개매수조건, 6. 매수자금의 명세, 그 밖에 투자자 보호를 위하
   여 필요한 사항으로서 대통령령이 정하는 사항. 또한 동조 제 2 항에서는 공개매수자는 대통
   령령이 정하는 바에 따라 다음 각호의 사항을 기재한 공개매수신고서를 당해 공개매수공고
   를 한 날에 금융위원회와 거래소에 제출하도록 하고 있다. 1. 공개매수자 및 그 특별관계자에
   관한 사항, 2. 공개매수할 주식 등의 발행인, 3. 공개매수의 목적, 4. 공개매수할 주식 등의 종
   류 및 수, 5. 공개매수기간·가격·결제일 등 공개매수조건, 6. 공개매수공고일 이후에 공개매
   수에 의하지 아니하고 주식 등의 매수 등을 하는 계약이 있는 경우에는 당해 계약의 내용, 7.
   매수자금의 명세, 그 밖에 투자자 보호를 위하여 필요한 사항으로서 대통령령이 정하는 사항.
14) "The confidentiality of the CBCA notice-filing with the appropriate federal regulatory agency …"
   Patricia A. McCoy, *Banking Law Manual Second Edition: Federal Regulation of Financial
   Holding Companies, Banks and Thrifts* § 4.49 (2003).
15) 자본시장법시행령 제143조에서는 자본시장법 제133조 제 3 항 단서에서 "대통령령이 정하
   는 매수 등"을 다음과 같이 규정한다. 1. 소각을 목적으로 하는 주식 등의 매수 등, 2. 주식매
   수청구에 응한 주식의 매수, 3. 신주인수권이 표시된 것, 전환사채권, 신주인수권부사채권 또
   는 교환사채권의 권리행사에 따른 주식 등의 매수 등, 4. 파생결합증권의 권리행사에 따른 주
   식 등의 매수 등, 5. 특수관계인으로부터의 주식 등의 매수 등, 6. 법 제78조 제 1 항에 따라
   증권의 매매를 중개하는 방법에 의한 주식의 매수, 7. 그 밖에 다른 투자자의 이익을 해칠 염
   려가 없는 경우로서 금융위원회가 정하여 고시하는 주식 등의 매수 등.

외국 사례를 보면 이러한 은행법과 증권관련법간의 상충문제에 대해 고민
하였음이 완연하다. 즉 미국 연방예금보험공사는 은행주식을 취득하려는 자가
증권거래법상의 諸 의무에 구속된다는 점을 명백히 밝히고 있지만,16) 은행법
상 은행주식의 취득이 증권거래법상의 공개매수요건에도 해당하여 은행주식
취득자가 증권거래법상의 엄격한 공고·공시의무를 준수하여야 할 경우, 예금
보험공사는 예측하지 못하였던 부작용이 발생할 수도 있음을 우려하여 왔다.
예를 들어 우리나라의 자본시장법 제134조와 동법시행령 제145조 제 1 항에서
규정하는 공개매수자의 일반적인 공고의무를 엄격히 준수하도록 할 경우 은행
주식을 취득하려는 자의 공익성과 성실성을 의심하는 예금자들이 동시다발적
으로 예금을 인출함으로써 당해 공개매수가 행해지기도 전에 은행의 건전성이
침해되는 최악의 상황이 발생할 수도 있는 것이다. 그럼에도 불구하고 자본시
장법에 따라 일간지에 은행주식의 공개매수를 즉시 공고하도록 요구하는 것은
당해 은행의 주주들에게 이익으로 작용하겠지만, 사회전체적으로 공공의 이익
을 해칠 수도 있는 것이다. 미국의 연방예금보험공사는 은행주식의 공개매수자
에 대해 "일간지에의 즉시 공고의무"를 다소 완화시켜 주고 있다. 즉 ① 실제
공개매수행위를 개시한 시점, ② 일간지가 아닌 다른 매체에 공개매수를 공고
한 시점, ③ 연방예금보험공사가 지배권 취득의 통지를 받은 후 34일이 경과한
시점 중, 가장 빠른 시기에 일간지에 공고하면 되도록 부담을 완화시켜 주고
있는 것이다.17)

현재 우리나라의 일부 은행들이 상장법인이므로 은행법과 자본시장법의
조화로운 해석 문제에 대해 좀더 주의를 기울일 필요가 있다고 본다.

### (4) 금융위원회 승인에 의한 은행주식의 3단계 초과취득

### (가) 연    혁

은행법 제15조 제 3 항은 금융위원회의 사전승인이 있을 경우 내·외국인
을 不問하고 동법 동조 제 1 항에서 규정한 한도인 10%를 초과하여 은행주식
을 보유할 수 있는 근거규정을 마련하였는데, 구체적으로 10%, 25%, 33%라는
3단계의 기준을 제시하고 있다.18)

---

16) 12 C.F.R. § 303.4(b)(5).
17) 12 C.F.R. § 303.4(b)(2)(iii)(A)-(C).
18) 다른 나라에서의 은행주식 소유규제를 자세히 소개한 논문으로서 이원기, "주요국 은행의

1999년 2월 최초로 도입된 10%, 25%, 33%의 3단계 지분취득에 대한 금융위원회 승인규정은 원래 내국인보다는 외국인을 염두에 둔 규정이었다. 왜냐하면 그때까지 내국인은 단지 4%의 주식만을 보유할 수 있었기 때문이다. 내국인과는 차별적으로 일정 요건을 갖춘 외국인은 금융위원회에 지분취득의사를 사전 신고하여 금융위원회가 이를 수리할 경우, 은행의 의결권 있는 발행주식총수 10%의 주식을 보유할 수 있었다.[19] 더욱이 보다 강화된 株主適格性 요건을 충족하는 외국인이 금융위원회로부터 승인만 받는다면, 은행의 의결권 있는 발행주식 총수의 33% 이상도 보유할 수 있었다.[20] 이렇게 신고가 수리되거나 승인을 받아 외국인 최대주주가 존재하는 은행에 한하여, 내국인도 외국인 보유지분만큼의 주식을 취득할 수 있는 길이 열려 있었을 뿐이다.[21] 그런데 이는 외국인을 지나치게 우대하면서 내국인을 逆差別하는 조항으로서, 외자유치에 전력을 기울이는 일부 금융후진국을 제외한다면 전세계적으로도 그 類例가 흔치 않았던 입법이었다.[22]

이렇게 내국인 역차별의 문제점이 부각되고 국내 금융시장도 급속히 정상을 회복하게 되면서, 은행법 제15조 제 3 항의 3단계 승인조항은 내국인에게도 동일하게 적용되는 방식으로 개정된 것이다.

### (나) 한도초과보유주주의 적격성

은행법 제15조 제 5 항은 금융위원회가 주주의 적격성을 판단한 후 은행주식의 초과취득을 승인함에 있어서, 해당 은행의 건전성을 저해할 위험성, 자산규모 및 재무상태의 적정성, 해당 은행으로부터 받은 신용공여의 규모, 은행업의 효율성과 건전성에 기여할 가능성 등을 종합적으로 고려할 것을 주문하고 있다. 본 조항에서의 주주에 대한 적격성 판단은 은행법 제 8 조 제 2 항의 은행 설립 인가시 발기인의 성실성과 공익성 및 주식인수자금의 적정성을 확인하는

산업자본과의 관계," 한국은행 「조사연구자료」 99-9 (1999. 4) 참조.

19) 1999년 개정 은행법 제15조 제 2 항 및 동법시행령 제 5 조 제 1 항 참조.

20) 1999년 개정 은행법 제15조 제 3 항 및 동법시행령 제 5 조 제 2 항 참조.

21) 1999년 개정 은행법 제15조 제 4 항은 "외국인투자촉진법 제 2 조 제 2 호 및 제 3 호의 규정에 의한 대한민국 국민 또는 법인은 제 1 항 본문의 규정(4% 상한선)에 불구하고 외국인이 제 2 항의 규정에 의한 신고를 하였거나 제 3 항 제 3 호의 규정에 의한 승인을 얻은 범위 내에서 동일한 절차를 거쳐 당해 금융기관의 주식을 보유할 수 있다"고 규정하였다.

22) 물론 은행법 제15조가 1997년 금융위기 당시 국제금융시장에서 우리나라 은행들의 신뢰회복을 위한 불가피한 선택이었고 어느 정도 외자유치를 촉진하는 수단이었다. 이진우 · 박태준, "금융社 회생기운 완연 —은행권 대규모 영업익에 충당금부담 덜어, 보험 · 종금등 적자 벗어나 흑자반전 성공—," 「서울경제신문」 1면 (2001. 6. 19).

것과 그 취지를 같이한다.

### 1) 한도초과보유주주의 초과보유요건

은행법시행령 제 5 조 [별표 1]에서는 한도초과보유주주가 ① 은행을 포함한 금융기관, ② 자본시장법의 적용을 받는 투자회사 등, ③ 연기금, ④ 기타 내국법인, ⑤ 내국인, ⑥ 외국인, ⑦ 경영참여형 사모집합투자기구인 경우의 일곱 가지로 세분하여 각각의 초과보유요건을 규정하고 있다.

[별표 1] 제 6 호에 의할 경우 의문이 제기될 수 있다. LSF(소위 론스타펀드)는 어떻게 위의 요건을 충족하여 외환은행의 대주주로 등장할 수 있었던 것인가? LSF가 외환은행 주식을 취득할 당시, 제 6 호의 라목을 충족하지 못하였음에 대해서는 이견이 없는 듯하다. 그렇다면 어떻게 그러한 취득이 가능하였던 것인가? 구 은행법시행령은 위와 같이 엄격한 요건에 대해 숨통을 터주고 있다. 즉 구 은행법시행령 제 8 조 제 2 항은 "금융위원회는 '금융산업의 구조개선에 관한 법률' 제 2 조 제 3 호의 규정에 의한 부실금융기관의 정리 등 특별한 사유가 있다고 인정되는 경우에는 (은행법시행령) 제 5 조의 요건을 갖추지 아니한 경우에도 그 승인을 할 수 있다"고 규정하였는데, 동 조항에 따라 LSF와 같은 외국인 주주들에게 위의 엄격한 요건을 피해 갈 수 있는 길을 마련해 주었던 것이다. 2010년 11월 구 은행법시행령 제 8 조 제 2 항은 폐지되어 이제 더이상 해외의 적격 금융기관이 아닌 LSF와 같은 외국인이 국내 은행의 대주주가 될 수 있는 가능성은 사라졌다. 즉 외국인 중에서도 은행법시행령 [별표 1]의 6에 해당하는 외국금융회사나 외국금융회사지주회사만이 국내 은행의 대주주가 될 수 있게 된 것이다.

### 2) 자본시장법에 대한 특칙

은행법 제15조 제 6 항은 투자회사 등에 대해 자본시장법에 대한 특칙을 마련하고 있다. 자본시장법 제81조 제 1 항 제 1 호에서 집합투자업자는 집합투자재산을 증권이나 파생상품에 운용함에 있어서, ① 각 집합투자기구 자산총액의 10% 이내에서 대통령령이 정하는 비율을 초과하여 동일종목의 증권에 투자하는 행위, ② 각 집합투자업자가 운용하는 전체 집합투자기구 자산총액으로 동일법인 등이 발행한 지분증권 총수의 20%를 초과하여 투자하는 행위, 그리고 ③ 각 집합투자기구 자산총액으로 동일법인 등이 발행한 지분증권 총

[표 3-1]  [별표 1]   한도초과보유주주의 초과보유요건(은행법시행령 제 5 조 관련)

| 구   분 | 요   건 |
|---|---|
| 1. 한도초과보유주주가 '금융위원회의 설치 등에 관한 법률' 제38조에 따라 금융감독원으로부터 검사를 받는 기관(제 2 호, 제 3 호 및 제 7 호에 해당하는 내국법인은 제외한다)인 경우 | 가. 해당 기관에 적용되는 재무건전성에 관한 기준으로서 금융위원회가 정하는 기준을 충족하고 해당 기관이 속하는 업종의 재무건전성에 관한 기준 평균치 이상일 것<br>나. 금융거래 등 상거래를 할 때 약정한 기일 내에 채무를 변제하지 아니한 자로서 금융위원회가 정하는 자가 아닐 것<br>다. 승인신청하는 내용이 법 제35조의2 제 1 항에 적합할 것<br>라. 승인신청 시 제출한 서류에 따라 은행의 지배주주로서 적합하고 그 은행의 건전성과 금융산업의 효율화에 기여할 수 있음을 확인할 수 있을 것<br>마. 다음의 요건을 충족할 것. 다만, 그 위반 등의 정도가 경미하다고 금융위원회가 인정하는 경우는 제외한다.<br>　1) 최근 5년간 '금융산업의 구조개선에 관한 법률'에 따라 부실금융기관으로 지정되었거나 법 또는 금융관련법령에 따라 영업의 허가·인가 등이 취소된 기관의 최대주주·주요주주(의결권 있는 발행주식총수의 100분의 10을 초과하여 보유한 주주를 말한다) 또는 그 특수관계인이 아닐 것. 다만, 법원의 판결로 부실책임이 없다고 인정된 자 또는 부실에 따른 경제적 책임을 부담하는 등 금융위원회가 정하는 기준에 해당하는 자는 제외한다.<br>　2) 최근 5년간 '독점규제 및 공정거래에 관한 법률'에 따라 불공정거래 금지규정을 위반하거나 법, 이 영, 금융관련법령을 위반하여 처벌받은 사실이 없을 것 |
| 2. 한도초과보유주주가 '자본시장과 금융투자업에 관한 법률'에 따른 투자회사·투자유한회사·투자합자회사 및 투자조합인 경우 | 가. 비금융주력자인 동일인에 속하는 집합투자업자('자본시장과 금융투자업에 관한 법률' 제 8 조 제 4 항에 따른 집합투자업자를 말한다)에 자산운용을 위탁하지 아니할 것<br>나. 제 1 호 나목부터 마목까지의 요건을 충족할 것 |
| 3. 한도초과보유주주가 기금등인 경우 | 제 1 호 나목부터 마목까지의 요건을 충족할 것 |
| 4. 한도초과보유주주가 제1호, 제2호, 제3호 및 제7호 외의 내국법인인 경우 | 가. 부채비율(최근 사업연도 말 현재 대차대조표상 부채총액을 자본총액으로 나눈 비율을 말한다. 이하 같다)이 100분의 200 이하로서 금융위원회가 정하는 기준을 충족할 것<br>나. 해당 법인이 '독점규제 및 공정거래에 관한 법률'에 따른 기업 |

|  | 집단에 속하는 회사인 경우에는 해당 기업집단(법 제 2 조 제 1 항 제 9 호 가목에 따른 비금융회사로 한정한다)의 부채비율이 100분의 200 이하로서 금융위원회가 정하는 기준을 충족할 것<br>다. 주식취득 자금이 해당 법인이 최근 1년 이내에 유상증자 또는 보유자산의 처분을 통하여 조달한 자금 등 차입금이 아닌 자금으로서 해당 법인의 자본총액 이내의 자금일 것<br>라. 제 1 호 나목부터 마목까지의 요건을 충족할 것 |
|---|---|
| 5. 한도초과보유주주가 내국인으로서 개인인 경우 | 가. 주식취득 자금이 제 1 호에 따른 기관으로부터의 차입금이 아닐 것<br>나. 제 1 호 나목부터 마목까지의 요건을 충족할 것 |
| 6. 한도초과보유주주가 외국인인 경우 | 가. 외국에서 은행업, 투자매매업·투자중개업, 보험업 또는 이에 준하는 업으로서 금융위원회가 정하는 금융업을 영위하는 회사(이하 '외국금융회사'라 한다)이거나 해당 외국금융회사의 지주회사일 것<br>나. 자산총액, 영업규모 등에 비추어 국제적 영업활동에 적합하고 국제적 신인도가 높을 것<br>다. 해당 외국인이 속한 국가의 금융감독기관으로부터 최근 3년간 영업정지 조치를 받은 사실이 없다는 확인이 있을 것<br>라. 최근 3년간 계속하여 국제결제은행의 기준에 따른 위험가중자산에 대한 자기자본비율이 100분의 8 이상이거나 이에 준하는 것으로서 금융위원회가 정하는 기준에 적합할 것<br>마. 제 1 호 나목부터 마목까지의 요건을 충족할 것 |
| 7. 한도초과보유주주가 경영참여형 사모집합투자기구 등인 경우 | 경영참여형 사모집합투자기구의 업무집행사원과 그 출자지분이 100분의 30 이상인 유한책임사원 및 경영참여형 사모집합투자기구를 사실상 지배하고 있는 유한책임사원이 다음 각목의 어느 하나에 해당하거나 투자목적회사의 주주나 사원인 경영참여형 사모집합투자기구의 업무집행사원과 그 출자지분이 100분의 30 이상인 주주나 사원 및 투자목적회사를 사실상 지배하고 있는 주주나 사원이 다음 각목의 어느 하나에 해당하는 경우에는 각각 다음 각목의 구분에 따른 요건을 충족할 것<br>가. 제 1 호의 기관인 경우: 제 1 호의 요건을 충족할 것<br>나. 제 2 호의 투자회사·투자유한회사·투자합자회사 및 투자조합인 경우: 제 2 호의 요건을 충족할 것<br>다. 제 3 호의 기금 등인 경우: 제 3 호의 요건을 충족할 것<br>라. 제 4 호의 내국법인인 경우: 제 4 호의 요건을 충족할 것<br>마. 제 5 호의 내국인으로서 개인인 경우: 제 5 호의 요건을 충족할 것<br>바. 제 6 호의 외국인인 경우: 제 4 호 가목(외국금융회사는 제외한다)·다목(외국금융회사는 제외한다)·라목 및 제 6 호 나목부터 라목까지의 요건을 충족할 것 |

수의 10%를 초과하여 투자하는 행위를 할 수 없다고 규정한다. 이는 집합투자기구의 집합투자재산 운용은 포트폴리오의 원칙에 적합하게 보유자산을 다각화함으로써 위험을 분산하여야 하기 때문이다. 그러나 은행법 제15조 제 3 항 및 동법시행령 제 5 조 [별표 1]의 제 2 호에 의하여 집합투자기구가 금융위원회의 승인을 얻어 은행주식을 초과보유한 경우에는, 자본시장법상의 자산운용제한규정이 적용되지 않음을 명문으로 밝히고 있다. 본 조항의 이면에는 대량의 은행주식을 장기적으로 보유하면서 은행의 소유지배구조에 깊이 관여하지 않는 양질의 국내자본(기관투자자)을 육성하기 위한 배려가 숨어 있다고 판단된다.

(다) 불승인시 서면에 의한 통지의무

은행법 제15조 제 4 항은 한도초과보유를 승인하지 않을 경우 금융위원회로 하여금 일정한 기간 내에 신청인에게 사유를 명시하여 통지할 의무를 부과한다. 여기서 일정한 기간이라 함은 승인신청을 받은 날부터 60일을 말한다. 다만, 승인신청서의 흠결을 보완하는 기간 등 금융위원회가 정하여 고시하는 기간은 처리기간에 산입하지 아니한다.[23] 법문상으로 口頭로 불승인의 통지를 할 수 있다는 해석도 가능하지만, 명확성을 담보하기 위하여 불승인의 통지는 반드시 서면으로 하여야 한다.[24] 또한 금융위원회의 결정으로 인하여 권리, 이익의 침해를 받은 자는 국무총리에게 행정심판을 제기할 수 있다.[25]

(라) 승인을 요건으로 하지 않는 예외사항

2002년도 4월 27일 구 은행법 부칙 제 3 조에 따른 경과조치에 의하여, 동법 시행 당시 舊法 규정에 의하여 10%의 한도를 초과하여 은행주식을 보유하고 있던 동일인은 제15조 제 3 항에 의하여 금융위원회 승인을 받아 당해 주식을 보유한 것으로 보았다.

그러나 그 외에도 해석에 의하여 인정할 수 있는 예외사항은 다음과 같다. ① 기존에 금융위원회 승인을 받아 33% 이상의 주식을 취득한 자의 추가 주식취득, ② 동일인으로 인정된 자간의 주식이전, ③ 선의로 기존에 체결된 채무를 이행받을 목적으로 한 주식의 취득, ④ 1회의 위임장권유에 의한 의결권 취득, ⑤ 외국은행의 주식취득(은행법 59조 1항 단서), ⑥ 은행주식 공모시 인수인

---

23) 은행법시행령 제 4 조의3.
24) 12 U.S.C. § 1817(j)(3).
25) 금융위원회의 설치 등에 관한 법률 제70조.

으로 참여하는 금융기관의 은행발행주식 인수 등.26) 그런데 ④와 관련하여 미
국에서는 위임장경쟁이 금융감독당국의 사전승인대상이 아닌지 여부가 실제로
문제된 사건이 있다. 동 사건에서 원고는 위임장경쟁이 지배권의 변동을 초래
하는 행위이므로, 반드시 금융감독당국의 사전승인을 받아야 한다고 주장하였
다. 해당 법원은 은행에 대한 지배력은 주식매수, 양수, 담보권의 실행 기타 처
분행위를 통한 취득에만 한정되며, 위임장경쟁에 의한 의결권의 취득은 금융감
독당국의 사전승인대상이 아니라는 점을 분명히 하고 있다.27) 이는 우리나라
에서도 마찬가지라고 판단된다.

## 2. 제15조의3~제15조의5 : 경영참여형 사모집합투자기구 등에 대한 특칙

제15조의3 (경영참여형 사모집합투자기구등의 주식보유에 대한 승인 등) ① 삭제
    <2013.8.13.>
② 경영참여형 사모집합투자기구 또는 투자목적회사(이하 "경영참여형 사모집합
    투자기구등"이라 한다)가 제15조 제 3 항에 따른 승인을 받고자 하는 경우에는
    다음 각 호의 요건을 모두 갖추어야 한다.
  1. 경영참여형 사모집합투자기구의 업무집행사원에 관한 요건
    가. 법인으로서 자신이 업무집행사원으로 있거나 그 재산운용을 위탁받은
        경영참여형 사모집합투자기구등의 다른 사원 또는 주주의 특수관계인
        이 아닐 것
    나. 자신이 업무집행사원으로 있거나 그 재산운용을 위탁받은 경영참여형
        사모집합투자기구등의 다른 사원 또는 주주가 해당 경영참여형 사모집
        합투자기구등의 재산인 주식 또는 지분에 대하여 영향력을 행사하는 것
        을 배제할 수 있을 정도의 자산운용 능력·경험 및 사회적 신용을 갖출 것
  2. 그 밖에 경영참여형 사모집합투자기구등의 주식보유가 해당 은행의 건전성
    에 미치는 영향 등을 고려하여 대통령령으로 정하는 요건
③ 금융위원회는 제15조 제 3 항에 따른 승인을 위한 심사를 함에 있어서 제 2 항
    의 요건에 해당하는지 여부를 확인하기 위하여 필요한 경우에는 해당 경영참
    여형 사모집합투자기구등 또는 그 재산운용 등을 담당하는 업무집행사원에게
    해당 경영참여형 사모집합투자기구등의 정관, 그 밖에 그 주주 또는 사원 사이

---

26) 미국의 통화감독청은 100% 사모인수에 대해서는 승인을 받아야 한다고 해석하고 있다.
    OCC Investment Securities Letter No. 42, Oct. 16, 1989, *reprinted in* 3 OCC Interpretations
    and Actions (July 1990).
27) *Citizens First Bancorp. v. Harreld*, 559 F. Supp. 867, 873 (W.D. Ky. 1982).

에 체결된 계약내용 등 대통령령으로 정하는 정보 또는 자료의 제공을 요구할 수 있다.

④ 금융위원회는 제15조 제 3 항에 따른 승인을 하지 아니하는 경우에는 대통령령으로 정하는 기간 이내에 신청인에게 그 사유를 명시하여 통지하여야 한다.

⑤ 삭제 <2013.8.13.>

⑥ 금융위원회는 제15조 제 3 항에 따른 승인을 함에 있어서 해당 은행 주주의 보유지분분포·구성내역, 해당 경영참여형 사모집합투자기구등의 사원 또는 주주의 구성내역 등을 고려하여 해당 경영참여형 사모집합투자기구등이 은행의 주요 경영사항에 대하여 사실상 영향력 행사의 가능성이 높은 경우에는 경영관여 등과 관련하여 필요한 조건을 붙일 수 있다.

⑦ 제15조 제 3 항에 따른 승인의 절차·심사방법, 제 2 항의 요건의 세부기준, 그 밖에 필요한 사항은 대통령령으로 정한다.

제15조의4 (경영참여형 사모집합투자기구등의 보고사항) 제15조 제 3 항에 따른 승인을 받아 은행의 주식을 보유한 경영참여형 사모집합투자기구등이 제15조의3 제 3 항에 따라 금융위원회에 제출한 정보 또는 자료의 내용에 변경이 있는 경우에는 지체 없이 그 사실을 금융위원회에 보고하여야 한다.

제15조의5 (경영참여형 사모집합투자기구등의 의무) 경영참여형 사모집합투자기구등 또는 그 주주·사원은 제15조 제 3 항에 따른 승인을 받아 은행의 주식을 보유한 경우 다음 각 호의 어느 하나에 해당하는 행위를 하여서는 아니 된다.

1. 경영참여형 사모집합투자기구의 유한책임사원 또는 투자목적회사로부터 재산운용을 위탁받은 경영참여형 사모집합투자기구의 업무집행사원 이외의 자가 경영참여형 사모집합투자기구등이 보유한 은행의 주식의 의결권 행사에 영향을 미치는 행위

2. 비금융회사의 주식 또는 지분에 투자함으로써 「자본시장과 금융투자업에 관한 법률」 제249조의12 제 1 항 제 1 호 또는 제 2 호의 요건을 충족하게 되는 행위

3. 이 법 또는 이 법에 따른 명령을 위반하는 행위

4. 주주 또는 사원 사이에 이 법 또는 다른 금융 관련 법령을 위반하는 계약을 체결하는 행위 등 대통령령으로 정하는 행위


## (1) 제도의 취지

경영참여형 사모집합투자기구(private equity fund, 이하 PEF)나 투자목적회사(special purpose company, 이하 SPC)를 일종의 투자매개체로 삼아 투자대상 은행

을 사금고화하려는 야욕을 가진 산업자본이 있을 수 있으므로 이에 대한 대비책으로 마련된 것이 은행법 제15조의3 내지 제15조의5라고 분석된다.

### (2) 규제의 개관

은행법 제15조의3 내지 제15조의5는 구 자본시장법 제275조상으로 산업자본과 제휴된 PEF의 경우 은행주식을 4% 이상 취득할 수 없도록 금지하였던 제도의 잔재가 남아 있는 조항이라고 평가된다(참고로 구 자본시장법 제275조는 폐지되었다). 즉 동 조항들은 은행법 제 2 조 제 1 항 제 9 호 라목의 산업자본에 해당하지 않는 PEF가 은행주식을 제한없이 소유할 수 있도록 허용할 경우 발생할 수 있는 부작용을 방지하려는 목적을 갖고 있다.[28]

### (3) 은행법 제15조의3에 의한 경영참여형 사모집합투자기구의 특칙

### (가) 자본시장법상의 경영참여형 사모집합투자기구와 투자목적회사

자본시장법 제 7 장 제 2 절(제249조의10 내지 제249조의22)은 PEF에 대한 특례규정을 마련하고 있다. PEF는 투자대상회사에 대한 경영권 참여, 사업구조 개선 등의 방법으로 투자기업의 가치를 제고하고 그 수익을 사원에게 배분하는 것을 목적으로 설립된 합자회사이다. PEF는 무한책임사원 1인 이상과 유한책임사원 1인 이상으로 구성되는데, 총 사원 수는 49명 이하로 제한된다(자본시장법 제249조의11 제 1 항). PEF에서 유한책임사원은 PEF 투자대상기업(경영참여형 사모집합투자기구재산이라고 함)의 주식이나 지분의 의결권 행사에 영향을 미쳐서는 안된다(동조 제 4 항). 왜냐하면 이는 무한책임사원들 중 선임되는 1인의 업무집행사원의 고유권한에 속하기 때문이다.[29] 자본시장법상 PEF의 업무집행사원이 반드시 법인이어야 한다는 제한규정은 존재하지 않고, 업무집행사원이 법인인 경우를 예정한 조항만이 존재할 뿐이다(자본시장법 제249조의14 제 6 항). 그에 비하여 자본시장법상 투자합자회사는 업무집행사원 1인 외의 무한책임사원을 둘 수 없고 여기서의 업무집행사원은 법인(집합투자업자)이어야 한다는 제약이 있다(자본시장법 제214조 제 1 항).[30] 은행법 제15조의3 제 2 항은 PEF

---

28) 은행법 제 2 조 제 1 항 제 9 호 라목은 산업자본으로 간주되는 경영참여형 사모집합투자기구를 규정하고 있다. 상세한 내용은 제16조를 참조하기 바란다.
29) PEF는 정관으로 무한책임사원 중 1인 이상을 업무집행사원으로 정하여야 한다. 이 경우 그 업무집행사원이 PEF의 업무를 집행할 권리와 의무를 갖는다(자본시장법 제272조 제 1 항).
30) 자본시장법 제214조 제 1 항은 "투자합자회사는 업무집행사원 1인 외의 무한책임사원을 둘 수 없다. 이 경우 업무집행사원은 상법 제173조에 불구하고 집합투자업자이어야 한다"고 규

에 대한 특별 조항이면서도, 자본시장법 제214조 제 1 항과 마찬가지로 법인인 업무집행사원을 예정하였다는 점에서 매우 특기할 만하다. 물론 업무집행사원 이외의 무한책임사원을 둘 수 있는지에 대해서는 아무런 언급이 없으므로, PEF의 본질상 무한책임사원의 존재도 당연히 예정되어 있다고 할 수 있다.

과거에 PEF의 재산운용에 있어서는 일정한 제약이 있었는데, 2015년 개정 자본시장법은 PEF에 대해 바이아웃(Buy-out)투자라는 주목적 투자 규제를 유지 하되 다른 운용규제는 합리적으로 개선하였다. 현행 자본시장법 제249조의12 에 의한 PEF의 투자대상은 다음과 같다.

1. 다른 회사(투자회사, 투자유한회사, 투자합자회사, 투자유한책임회사, 그 밖에 대통령령으로 정하는 회사는 제외한다. 이하 이 조에서 같다)의 의결권 있는 발행주식총수 또는 출자총액의 100분의 10 이상이 되도록 하는 투자
2. 제 1 호에도 불구하고 임원의 임면 등 투자하는 회사의 주요 경영사항에 대하여 사실상의 지배력 행사가 가능하도록 하는 투자
3. 증권(지분증권은 제외한다)에 대한 투자(제 1 호 또는 제 2 호의 목적을 달성하 기 위한 대통령령으로 정하는 투자로 한정한다)
4. 다음 각 목의 어느 하나에 해당하는 투자로서 대통령령으로 정하는 장내파생상 품 또는 장외파생상품에 대한 투자
   가. 투자대상기업[경영참여형 사모집합투자기구 또는 제249조의13에 따른 투자 목적회사(이하 "투자목적회사"라 한다)가 제 1 호부터 제 3 호까지의 방법으 로 투자한 기업을 말한다. 이하 이 장에서 같다]이 발행한 증권에 대한 투 자위험을 회피하기 위한 투자
   나. 경영참여형 사모집합투자기구의 집합투자재산에 대한 환율 변동에 따른 위 험을 회피하기 위한 투자
5. 「사회기반시설에 대한 민간투자법」에 따른 사회기반시설투융자회사가 발행한 증권에 대한 투자
6. 투자목적회사의 지분증권에 대한 투자
7. 그 밖에 제 1 호부터 제 6 호까지의 투자에 준하는 것으로서 대통령령으로 정하 는 투자

과거 PEF는 위의 1, 2호에 추가적으로 6개월 이상 투자대상기업이 발행한

_____

정하고 있다.

지분증권을 소유하여야 하고 그 전에 이를 처분해서는 안된다는 제약을 받았
으나, 개정 자본시장법은 이러한 규제를 철폐하였다.

한편 자본시장법 제249조의13 제 1 항에 의하면 SPC는 주식회사 또는 유

| 2015년 개정 이전 | 2015년 개정 이후 |
|---|---|
| ① 파생상품을 활용한 헤지 방법 제한<br>- 투자대상기업이 발행한 주권기초파생상<br>  품만을 활용해야 함 | - 위험 헤지를 위한 목적이면 제한 없이<br>  허용 |
| ② 투자대상기업이 보유한 부동산·금전채<br>  권 투자 제한<br>- 구조조정 목적인 경우에만 허용 | - 구조조정 여부와 관계 없이 투자대상기<br>  업의 부동산·금전채권 투자 허용 |
| ③ 외국회사에 대한 투자 제한<br>- 국내자산에 5% 이상 투자한 외국회사에<br>  대한 PEF의 투자 금지 | - 국내자산에 30% 이상 투자한 외국회사<br>  에 대한 PEF의 투자 금지 |
| ④ 경영참여형 사모펀드의 6개월 이내 투<br>  자 개시 의무 | - 사적계약의 성격이 강한 사모펀드의 특<br>  성을 감안하여 폐지 |

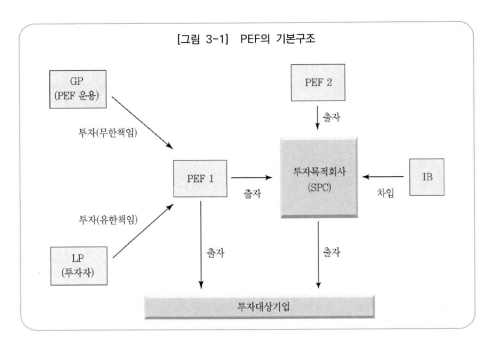

[그림 3-1]   PEF의 기본구조

한회사의 형태로 설립되는데, 주주 또는 사원의 출자비율에 대하여 다음과 같
은 제한이 있다. 우선 PEF의 SPC에 대한 출자비율은 50% 이상이어야 한다. 그
리고 SPC가 투자한 투자대상기업의 임원이나 대주주, 그 밖에 SPC의 효율적
운영을 위하여 SPC의 주주나 사원이 될 필요가 있는 자로서 대통령령으로 정
하는 자(SPC에 대하여 신용공여를 한 금융기관으로서 출자전환을 한 자)가 주주나
사원으로 될 수 있다는 점이 특기할 만하다.

### (나) 은행법 제15조의3의 특칙

은행법 제 2 조 제 9 호 라목에서는 비금융주력자에 해당하는 PEF기준을
규정하고 있으며, 제16조의2는 이러한 PEF가 은행의 의결권있는 발행주식총수
의 4%를 초과하여 보유할 수 없음을 규정하고 있다. 그런데 비금융주력자가
법률상으로 비금융주력자에 해당하지 않는 PEF를 매개체로 이용하여 은행주
식을 10/25/33% 이상 보유함으로써 우회적으로 은행을 지배할 가능성에 대해
서도 미리 대비하여야 한다. 이러한 우회지배가능성을 차단하고자 하는 조항이
바로 은행법 제15조의3이다.

은행법 제15조의3 제 2 항에 의하면 제15조 제 3 항에 따라 10% 이상의 은
행 주식 취득을 승인받고자 하는 PEF나 SPC는 다음과 같은 요건을 아울러 겸
비하여야 한다. ① 우선 PEF의 업무집행사원은 법인이어야 하고,[31] ② 자신이
업무집행사원으로 있는 PEF의 다른 사원들과 특수관계인이어서는 안된다. 만
일 SPC를 설립한다면 위 업무집행사원은 SPC의 주주들과도 특수관계인이어
서도 안된다. 그리고 ③ 자신이 업무집행사원으로 있는 PEF의 다른 사원이 해
당 PEF의 재산(투자대상)인 주식이나 지분에 대하여 영향력을 행사하는 것을
배제할 수 있을 정도의 자산운용 능력과 경험 및 사회적 신용을 갖추어야 한
다. 만일 SPC를 설립한다면 그 SPC의 다른 주주가 해당 SPC의 재산(투자대상)
인 주식이나 지분에 대하여 영향력을 행사하는 것을 배제할 수 있을 정도의 자
산운용 능력과 경험 및 사회적 신용도 갖추어야 한다. 추가적으로 은행법시행
령 제10조 제 2 항은 PEF나 SPC의 업무집행사원 또는 그 업무집행사원의 임원
이 충족하여야 할 기준을 규정하고 있다.[32]

---

31) 상법 제173조에 의하면 상법상의 회사는 다른 회사의 무한책임사원이 되지 못하는 것이 원
   칙이다.

32) 금융위원회의 승인을 받으려면 경영참여형 사모집합투자기구나 투자목적회사의 무한책임
   사원인 업무집행사원이 설립 후 3년이 지난 법인으로서 상당한 규모의 출자가액으로 운영된

금융위원회는 위의 3가지 요건이 충족되었는지를 확인하기 위하여 해당 PEF, SPC나 업무집행사원에게 PEF, SPC의 여러 가지 정보와 자료, 즉 정관, 그 밖에 주주나 사원 사이에 체결된 계약내용, 주주 및 사원 내역, 주주 및 사원의 특수관계인 내역 등의 제공을 요구할 수 있다(은행법 제15조의3 제 3 항 및 동법시행령 제10조 제 3 항). 금융위원회가 본조의 승인을 하지 아니할 때에는 승인신청을 받은 날로부터 30일 이내에 신청인에게 그 사유를 명시하여 통지하여야 한다(은행법 제15조의3 제 4 항 및 동법시행령 제10조 제 4 항).

금융위원회는 은행의 주주 보유지분분포, 구성내역, PEF의 사원 구성내역, SPC의 주주 구성내역 등을 고려할 때, 해당 PEF나 SPC가 은행의 주요 경영사항에 대하여 사실상 영향력을 행사할 가능성이 높을 때에는 경영관여 등과 관련하여 필요한 조건을 붙일 수 있다.

### (4) 경영참여형 사모집합투자기구 등의 의무

은행법 제15조의4를 보면 승인을 받은 이후 PEF나 SPC의 정관, 계약내용 기타 내역 등의 변경이 있는 경우 지체없이 그 사실을 금융위원회에 보고하도록 하고 있다. 은행법 제15조의5는 승인을 받아 은행주식을 보유하게 된 PEF나 SPC 또는 그 주주 및 사원에게 위법행위나 금융관련법령을 위반하는 계약체결을 금지하는 등의 부작위의무를 부과하고 있는데, 이러한 부작위의무들은 다른 법률이나 은행법의 다른 조항과 균형을 맞춘 것이다. 예를 들어 동조 제 1 호에 의하면 PEF의 유한책임사원은 PEF가 보유한 은행주식의 의결권행사에 영향을 미쳐서는 아니 된다고 규정하고 있는데, 이러한 의무는 자본시장법 제249조의11 제 4 항에서 유래된 것이다.[33] 한편 동조 제 2 호는 금융위원회의 사전승인을 받아 은행에 사실상의 영향력을 행사하는 PEF의 경우, 자본시장법 제249조의12 제 1 항에 의하여 동시에 비금융회사의 지분에 10% 이상 투자하거나 주요 경영사항에 대하여 사실상의 영향력을 행사할 수 없도록 하고 있다.

---

전례와 능력 및 사회적 신용 등이 축적되어 있고, 업무집행사원의 임원이 금융회사지배구조법 제 5 조 제 1 항의 임원결격사유에 해당하지 않으며, 최근 5년간 금융관련법령이나 '독점규제 및 공정거래에 관한 법률' 또는 조세범처벌법을 위반하여 벌금형 이상에 해당하는 형사처벌을 받은 사실도 없고 금융관련법령에 따라 부실금융기관으로 지정되거나 영업의 허가 · 인가 등이 취소된 기관의 최대주주 등이 아니었어야 한다.

33) 자본시장법 제249조의11 제 4 항은 "유한책임사원은 경영참여형 사모집합투자기구의 집합투자 재산인 주식 또는 지분의 의결권 행사 및 대통령령으로 정하는 업무집행사원의 업무에 관여해서는 아니 된다"고 규정한다.

이는 PEF가 은행과 비금융회사를 상대로 동시에 경영권 참여를 할 수 없도록
하려는 것으로서 은산분리의 잔재를 엿볼 수 있는 조항이라고 평가된다.

### 3. 제16조 : 한도초과주식의 의결권 제한 등

제16조 (한도초과주식의 의결권 제한 등) ① 동일인이 제15조 제 1 항·제 3 항 또는
제16조의2 제 1 항·제 2 항에 따른 주식의 보유한도를 초과하여 은행의 주식을
보유하는 경우 제15조 제 1 항·제 3 항 또는 제16조의2 제 1 항·제 2 항에 따른
한도를 초과하는 주식에 대하여는 그 의결권을 행사할 수 없으며, 지체 없이
그 한도에 적합하도록 하여야 한다.

② 제 1 항에도 불구하고 제33조 제 1 항 제 3 호에 따라 발행된 은행주식 전환형
조건부자본증권이 은행의 주식으로 전환됨에 따라 동일인이 다음 각 호의 어
느 하나에 해당하게 되는 경우에는 해당 각 호의 구분에 따른다.

1. 제15조 제 1 항·제 3 항에 따른 주식의 보유한도를 초과하여 은행의 주식을
보유하게 되는 경우: 다음 각 목의 절차를 모두 완료하여야 하며, 그 완료
전까지는 보유한도를 초과하여 보유하는 주식에 대하여 그 의결권을 행사
할 수 없다.

가. 대통령령으로 정하는 기간 이내에 제15조 제 1 항·제 3 항에 따른 한도
를 초과하는 은행 주식의 보유사실을 금융위원회에 보고할 것

나. 대통령령으로 정하는 기간 이내에 다음의 어느 하나에 해당하는 조치를
완료할 것. 다만, 불가피한 사유가 있는 경우에는 금융위원회의 승인을
받아 6개월 이내의 범위에서 그 기간을 연장할 수 있다.

1) 제15조 제 3 항에 따른 금융위원회의 승인을 받는 조치

2) 제15조 제 1 항·제 3 항에 따른 한도를 초과하지 아니하도록 하는 조치

2. 제16조의2 제 1 항에 따른 주식의 보유한도(지방은행의 경우는 제외한다)를
초과하고, 같은 조 제 2 항에 따른 주식의 보유한도 이내에서 은행의 주식을
보유하게 되는 경우: 보유한도를 초과하여 보유하는 주식에 대해서는 그 의
결권을 행사할 수 없으며, 다음 각 목의 절차를 모두 완료하여야 한다.

가. 대통령령으로 정하는 기간 이내에 제16조의2 제 1 항에 따른 한도를 초
과하는 은행 주식의 보유사실을 금융위원회에 보고할 것

나. 대통령령으로 정하는 기간 이내에 다음의 어느 하나에 해당하는 조치를
완료할 것. 다만, 불가피한 사유가 있는 경우에는 금융위원회의 승인을
받아 6개월 이내의 범위에서 그 기간을 연장할 수 있다.

1) 제16조의2 제 2 항에 따른 금융위원회의 승인을 받는 조치

2) 제16조의2 제 1 항에 따른 한도를 초과하지 아니하도록 하는 조치

　　3. 제16조의2 제 1 항에 따른 주식의 보유한도(지방은행의 경우만 해당한다) 또
　　　는 같은 조 제 2 항에 따른 주식의 보유한도를 초과하여 은행의 주식을 보유
　　　하게 되는 경우: 보유한도를 초과하여 보유하는 주식에 대해서는 그 의결권
　　　을 행사할 수 없으며, 지체 없이 그 한도에 적합하도록 하여야 한다.
　③ 금융위원회는 동일인이 제 1 항 또는 제 2 항을 준수하지 아니하는 경우에는 6
　　개월 이내의 기간을 정하여 그 한도를 초과하는 주식을 처분할 것을 명할 수
　　있다.
　④ 제 2 항 제 1 호 가목 및 제 2 호 가목에 따른 보고의 절차 및 방법 등은 금융위
　　원회가 정하여 고시한다.

### (1) 위법한 한도초과주식 보유에 대한 시정조치

　　동일인이 은행법 제15조 제 1 항(10% 이내 주식보유), 제 3 항(10%, 25%, 33%
초과시 승인) 또는 은행법 제16조의2 제 1 항(비금융주력자의 4% 이내 주식보유),
제 2 항(비금융주력자의 의결권 불행사를 조건으로 금융위원회의 승인을 받아 4% 이상
10%까지 주식보유) 규정에 의한 주식보유한도를 초과할 경우, 당해 주식의 의
결권행사의 범위는 각각의 제한한도로 제한되며 지체 없이 그 한도에 적합하
도록 조치하여야 한다. 여기서 한도에 적합한 조치란 금융위원회의 승인절차
를 밟거나 비금융주력자가 아닌 자로 전환하기 위한 전환계획을 금융위원회
에 제출하여 승인받는 것 등을 의미한다. 만일 동일인이 이러한 조치를 취하
지 않은 채 법에서 규정한 한도를 초과하는 주식을 보유하는 경우, 금융위원회
는 초과하는 주식보유분에 대해 주식처분명령을 내릴 수 있다. 은행법 제16조
제 2 항의 조건부 자본증권 도입에 따른 특례 규정에 대해서는 앞의 Basel Ⅲ에
서의 전환형 조건부 자본증권 부분에서 소개하였으므로 여기서는 재론을 피하기
로 한다.

　　은행법 제65조의9는 제16조 제 3 항에 의하여 주식처분명령을 받은 자에
대해 그 이행시기까지 이행강제금을 부과하는 조항을 마련하고 있다. 본 조항
은 2002년 4월 은행법 개정으로 처음 도입된 것인데, '독점규제 및 공정거래에
관한 법률' 제17조의3을 모델로 한 것이다. '독점규제 및 공정거래에 관한 법
률' 제17조의3에서는 공정거래위원회가 경쟁제한적인 기업결합을 한 사업자들
을 상대로 행한 시정조치(예: 동법 제16조 제 1 항 제 2 호, 주식의 전부 또는 일부의
처분)가 이행되지 않을 경우, 당해 사업자들을 상대로 시정이 이루어지는 시점

까지 이행강제금을 부과하는 간접강제제도를 규정하고 있다. 대량의 주식처분
과 같은 시정행위가 증권시장에서 쉽게 이루어질 수 없음을 감안할 때, 이행강
제금제도의 존재는 위법행위를 사전에 효과적으로 억제하는 기능을 수행한다.
은행법 제65조의9에 의하면 금융위원회는 주식처분명령을 받은 자가 그 정한
기간 이내에 당해 명령을 이행하지 아니하는 때에는 매 1일당 그 처분하여야
하는 주식의 장부가액에 3/10,000을 곱한 금액을 초과하지 아니하는 범위 안에
서 이행강제금을 부과할 수 있다(제1항). 이행강제금은 주식처분명령에서 정
한 이행기간의 종료일의 다음날부터 실제로 주식처분을 이행하는 날(주권지급
일)까지의 기간에 대하여 이를 부과한다(제2항). 금융위원회는 이행강제금을
징수함에 있어서 주식처분명령에서 정한 이행기간의 종료일부터 90일을 경과
하고서도 이행이 이루어지지 아니하는 경우에는 그 종료일부터 기산하여 매
90일이 경과하는 날을 기준으로 하여 이행강제금을 징수한다(제3항). 과징금
에 관한 은행법 제65조의4 내지 제65조의8의 규정은 이행강제금의 부과 및 징
수에 관하여 이를 준용한다(제4항).

### (2) 문 제 점

  사실 동일인이 은행법에서 정한 한도를 위반하여 주식을 초과보유하는 경
우 은행이나 금융위원회가 동 사실을 인지하기란 매우 어렵다. 따라서 은행법
제15조 제2항의 지분비율 변동상황에 대한 보고의무가 제16조의 실효성을 확
보할 수 있는 매우 의미 있는 조항인 것이다. 그런데 은행법 제16조에서는 한
도초과 보유자에 대한 제재조항만을 규정할 뿐, 보고의무를 위반한 자에 대한
제재조항을 마련하지 않고 있다. 판단건대 이때에는 자본시장법 제150조 제1
항 및 동법시행령 제158조를 준용하여 의결권을 제한하는 조치를 취하여야 할
것이다.[34] 그래야만 은행법 제16조의 실효성이 확보되기 때문이다.

---

34) 자본시장법 제150조 제1항에서는 5% Rule에 위반하여 주식 등의 보유상황과 보유목적 및
   그 변동내용을 보고하지 아니한 자 또는 중요한 사항을 허위로 보고하거나 기재를 누락한 자
   는 대통령령이 정하는 기간 동안 5%를 초과하는 부분 중 위반분에 대하여 그 의결권을 행사
   할 수 없으며, 금융위원회는 당해 위반분의 처분을 명할 수 있다고 규정한다. 자본시장법 제
   150조 제1항을 준용함에 있어서 은행법상으로는 대통령이 정하는 기간이 아니라 위반사항
   이 해소될 때까지 의결권을 행사할 수 없다고 해석하여야 할 것이다.

## 4. 제16조의2 : 비금융주력자의 주식보유제한 등

제16조의2 (비금융주력자의 주식보유제한 등) ① 비금융주력자(「독점규제 및 공정거
　래에 관한 법률」제14조의2에 따라 상호출자제한기업집단등에서 제외되어 비
　금융주력자에 해당하지 아니하게 된 자로서 그 제외된 날부터 대통령령으로
　정하는 기간이 지나지 아니한 자를 포함한다. 이하 제 2 항에서 같다)는 제15조
　제 1 항에도 불구하고 은행의 의결권 있는 발행주식 총수의 100분의 4(지방은
　행의 경우에는 100분의 15)를 초과하여 은행의 주식을 보유할 수 없다.
② 제 1 항에도 불구하고 비금융주력자가 제 1 항에서 정한 한도(지방은행인 경우
　는 제외한다)를 초과하여 보유하려는 은행의 주식에 대한 의결권을 행사하지
　아니하는 조건으로 재무건전성 등 대통령령으로 정하는 요건을 충족하여 금융
　위원회의 승인을 받은 경우에는 제15조 제 1 항 각 호 외의 부분 본문에서 정
　한 한도까지 주식을 보유할 수 있다.
③ 다음 각 호의 어느 하나에 해당하는 비금융주력자에 대하여는 제 1 항·제 2 항
　에도 불구하고 제15조 제 1 항 각 호 외의 부분 본문 및 같은 조 제 3 항을 적용
　한다.
　1. 2년 이내에 비금융주력자가 아닌 자로 전환하기 위한 계획(이하 "전환계획"
　　이라 한다)을 금융위원회에 제출하여 승인을 받은 비금융주력자
　2. 「외국인투자 촉진법」에 따른 외국인(이하 "외국인"이라 한다)의 은행에 대
　　한 주식보유비율 이내에서 주식을 보유하는 비금융주력자
　3. 「국가재정법」제 5 조에 따른 기금 또는 그 기금을 관리·운용하는 법인(법
　　률에 따라 기금의 관리·운용을 위탁받은 법인을 포함하며, 이하 이 호에서
　　"기금등"이라 한다)으로서 다음 각 목의 요건을 모두 갖추어 금융위원회의
　　승인을 받은 비금융주력자
　　가. 은행의 주식을 보유한 기금등과 은행의 예금자, 다른 주주 등 이해관계
　　　자 사이에 발생할 수 있는 이해상충을 방지하기 위하여 대통령령으로
　　　정하는 체계를 갖출 것
　　나. 가목의 이해상충의 방지를 위하여 금융위원회가 정하여 고시하는 기관
　　　으로부터 필요한 범위 내에서 감독 및 검사를 받을 것
　　다. 그 밖에 기금등의 주식보유가 은행의 건전성에 미치는 영향 등을 고려
　　　하여 대통령령으로 정하는 요건
④ 비금융주력자가 제 3 항 제 2 호에 따라 은행의 주식을 보유한 후 외국인의 주
　식보유비율을 초과하게 된 경우에는 그 초과 보유한 주식에 대하여는 의결권
　을 행사할 수 없다.

⑤ 금융위원회는 1년 이내의 기간을 정하여 제 4 항에 따라 비금융주력자가 초과 보유한 주식을 처분할 것을 명할 수 있다. 다만, 금융위원회는 비금융주력자가 초과 보유한 주식의 규모, 증권시장의 상황 등에 비추어 부득이하다고 인정되는 경우에는 그 기간을 정하여 주식의 처분기한을 연장할 수 있다.

⑥ 비금융주력자가 제 3 항 제 2 호에 따라 주식을 보유할 수 있는 은행의 수는 1 개로 제한한다.

⑦ 제 3 항 제 1 호에 따른 전환계획의 승인 요건 및 제 3 항 제 3 호의 승인의 절차 · 방법, 그 밖에 승인 심사에 필요한 사항은 대통령령으로 정한다.

## (1) 원 칙

종래부터 은행법상의 은행주식소유 규제에서 가장 의미 있던 조항은 바로 제16조의2 제 1 항이었다. 동조는 산업자본이 은행의 의결권 있는 발행주식총수의 4%를 초과하여 취득할 수 없도록 함으로써 은행소유를 금지하는 역할을 수행하였다. 그리고 우리나라 은행산업에 있어서 동 조항은 소위 은산분리의 이념을 구현하는 중추적인 기능을 담당해 왔다. 2008년 이후 전세계적인 금융위기 속에서 부실은행에 대하여 추가적인 공적 자금을 투입할 여력이 없었던 정부가 한때 산업자본이 은행을 소유할 수 있게끔 하는 방향으로 정책기조를 급선회하기도 했었으나(소위 은산융화), 2013년 은행법 개정으로 종래와 같이 4% Rule로 회복되었다.

## (2) 비금융주력자

### (가) 현행법령상 비금융주력자의 개념

은행법 제 2 조 제 1 항 제 9 호에 의하면 금융업에 전념하지 않는 비금융주력자(이하 산업자본)란 다음 중 하나에 해당하는 자를 말한다. ① 동일인 중 비금융회사(대통령령이 정하는 금융업이 아닌 업종을 영위하는 회사)인 자의 자본총액의 합계액이 그 동일인 중 회사인 자의 자본총액 합계액의 25% 이상인 경우의 그 동일인, ② 동일인 중 비금융회사인 자의 자산총액의 합계액이 2조원 이상인 경우의 그 동일인, ③ 자본시장법에 따른 투자회사로서, 앞의 ① 또는 ②의 자가 그 발행주식총수의 4%를 초과하여 주식을 보유(동일인이 자기 또는 타인의 명의로 주식을 소유하거나 계약 등에 의하여 의결권을 가지는 것)하는 경우의 해당 투자회사, ④ 자본시장법에 따른 경영참여형 사모집합투자기구로서, 앞의 ①~

③의 자가 경영참여형 사모집합투자기구의 출자총액 10% 이상 지분을 보유한 유한책임사원이거나 무한책임사원인 경우 또는 다른 상호출자제한기업집단에 속하는 2개 이상의 계열회사의 지분합계액이 경영참여형 사모집합투자기구의 출자총액 30% 이상인 경우의 해당 경영참여형 사모집합투자기구, ⑤ 위의 경영참여형 사모집합투자기구가 투자목적회사의 지분 4% 이상을 초과하여 보유하거나 경영사항에 대하여 사실상의 영향력을 행사할 경우 해당 투자목적회사.

### (나) 비금융주력자에 대한 판단기준 검토

과거에는 산업자본을 판단함에 있어서 ①~③ 기준만이 존재하였는데, ①은 자본기준, ②는 자산기준, ③은 산업자본과 동일시되는 투자회사기준이었다. 일단 우리나라의 금융산업과 비금융산업의 자본규모와 자산규모 등을 전반적으로 고려할 때, ①과 ②의 기준은 합리적이라고 판단된다.[35] 다음으로 ③의 투자회사기준은 산업자본이 발행주식총수 4% 이상의 의결권 있는 주식을 소유하고 있는 투자회사를 말하는데, 여기서 산업자본이 4% 이상의 주식을 보유하고 있는 투자회사를 산업자본으로 간주하는 것은 다소 합리성과 타당성을 결여하고 다른 법률들과도 균형이 맞지 않다. 왜냐하면 어떠한 산업자본이 4% 이상의 주식을 보유하는 투자회사를 당해 산업자본의 계열회사라고 쉽게 단정할 수 없기 때문이다. '독점규제 및 공정거래에 관한 법률' 제 2 조 제 2 호 및 동법시행령의 기업집단에 관한 정의를 보더라도 동일인의 단순한 지분보유 이외에 사실상 지배력을 행사하여야 한다는 추가적인 요건을 규정하고 있다. 따라서 산업자본이 투자회사에 대해 사실상의 지배력을 획득하여야만 당해 투자회사를 산업자본과 동일시할 수 있는 것이다. 한편 투자회사를 포함한 기관투자자들은 자금을 위탁한 투자자의 이익에 전념하여야 한다. 예를 들어 산업자본이 4% 이상의 주식을 보유하는 투자회사가 포트폴리오 관리의 측면에서 X 은행 주식에 투자한다고 가정하자. 여기서 투자회사는 주주(산업자본)의 이익보다 자금운용을 위탁한 다른 투자자들의 이익을 중시하여야 한다. 따라서 단지

---

35) 저자는 과거에 ①과 ②의 기준이 다소 비합리적이라는 의구심을 갖고 동 기준이 완화되어야 한다는 주장을 하였었다. 김용재, "은행주식 소유규제에 관한 일고,"「기업법연구」제20권 제 1 호, 2006, 190-191면. 그렇지만 이는 저자가 우리나라 전체산업구조에 대하여 정확히 파악하지 못한 상태에서 나온 섣부른 주장이었다. 한편 외국에서 은행업을 주로 영위하는 회사나 은행지주회사 등에게 이러한 자본기준과 자산기준을 기계적으로 적용할 때에는 항상 비금융주력자가 될 위험성도 있고 그 결과가 구체적인 타당성에 반할 수도 있다. 따라서 이들에 대해서는 은행법 제16조의5가 신설되어 특례규정이 마련되었다.

4%의 지분을 보유하고 있는 재무적 투자자(financial investor)인 산업자본주주가 투자회사로 하여금 X은행의 중대한 의사결정에 영향을 주는 방식으로 의결권 행사를 종용하더라도, 산업자본주주로부터 사실상의 영향력을 받지 않는 투자회사는 이를 무시하고 전체 투자자의 이익에 합치되는 방식으로 의결권 행사를 하기 마련인 것이다. 따라서 ③의 기준은 경영사항에 대한 사실상의 영향력을 행사하여야 한다는 요건이 추가되어야 하지 않을까 하는 의문이 든다.

　　은행법 제 2 조 제 1 항 제 9 호는 ④, ⑤와 같이 PEF와 SPC를 비금융주력자로서 추가하였는데, 비금융주력자에 해당하는 PEF와 SPC의 판단기준은 [표 3-2]와 같다.

[표 3-2]　PEF 및 SPC에 대한 비금융주력자 판단기준

|  | 현행 제도 |
|---|---|
| PEF | □ 비금융주력자가 PEF의 유한책임사원인 경우로서<br>- PEF 출자총액의 10% 이상으로 지분을 보유한 경우<br><br>□ 비금융주력자가 PEF의 무한책임사원인 경우(단, 무한책임사원이 은행에 투자한 PEF 이외에 다른 PEF를 통하여 비금융회사를 지배함으로써, 비금융주력자에 해당하게 된 경우로서, 각 PEF의 유한책임사원이 서로 다른 경우에는 제외)<br><br>□ 서로 다른 상호출자제한기업집단에 속하는 각각의 계열회사가 취득한 PEF 지분의 합계액이 출자총액의 30% 이상인 경우 |
| SPC | □ 비금융주력자인 PEF가 SPC의 주식 또는 지분총액의 4%를 초과하여 취득하거나 사실상의 영향력을 행사하는 경우 |

### (3) 예　　　외

### (가) 의결권의 불행사를 조건으로 한 한도초과주식보유

　　은행법 제16조의2 제 2 항은 은행주식을 4% 이상 보유하려는 산업자본이 의결권을 행사하지 않는 조건으로 금융위원회 승인을 받을 경우 한도를 초과하여 10%까지 주식을 보유할 수 있다고 규정한다. 산업자본이 의결권을 행사하지 않는다면 은행에 대해 사실상의 영향력을 발휘할 수 없을 것이므로 은행의 중요한 의사결정과정에 관여하지 못할 것이라는 점을 중시한 것이다. 본조에 의하여 4% 이상의 주식을 보유할 가능성이 높은 후보군으로서, 투자대상회

사인 은행의 소유지배구조에 대해 상대적으로 무관심한 산업자본, 즉 산업자본
이 단순히 4% 이상의 주식을 소유하고 있을 뿐 사실상의 영향력을 행사할 수
없음에도 불구하고 현행법상 산업자본으로 간주되는 투자회사(은행법 제 2 조 제
1 항 제 9 호 다목)를 들 수 있다.

　　은행법시행령 제11조 제 2 항에서는 의결권을 행사하지 않는 조건으로 4%
의 한도를 초과하여 은행주식을 보유할 수 있는 산업자본의 자격을 규정하고
있다. 이에 해당하려면 재무건전성이 우수한 산업자본이어야 할 것인데, ① 해
당 기관에 적용되는 재무건전성에 관한 기준으로서 금융위원회가 정하는 기준
을 충족할 것, ② 부채비율이 100분의 200 이하로서 금융위원회가 정하는 기준
을 충족할 것, ③ 해당 법인이「독점규제 및 공정거래에 관한 법률」에 따른 기
업집단에 속하는 회사인 경우에는 해당 기업집단(법 제 2 조 제 1 항 제 9 호 가목
에 따른 비금융회사로 한정한다)의 부채비율이 100분의 200 이하로서 금융위원회
가 정하는 기준을 충족할 것, ④ 주식취득 자금이 해당 법인이 최근 1년 이내
에 유상증자 또는 보유자산의 처분을 통하여 조달한 자금 등 차입금이 아닌 자
금으로서 해당 법인의 자본총액 이내의 자금일 것이 요구된다.

### (나) 금융자본으로의 전환계획을 제출하여 승인받은 비금융주력자

　　산업자본이 비금융부문을 매각하여 금융자본으로 전환하려는 계획을 갖는
경우 조만간 당해 산업자본은 금융주력자로 변모할 것이 확실시된다. 이러한
상황에서 이들에게 엄격한 주식보유한도를 적용하는 것은 과도한 규제이므로,
은행법 제16조의2 제 3 항 제 1 호와 같이 완화된 주식보유한도 규정을 적용하
는 것이다. 동조 제 7 항에 따라 은행법시행령 제11조의2 제 1 항에서는 전환계
획이 갖추어야 할 세 가지 요건을 규정하고 제 3 항에서는 금융위원회로 하여
금 구체적인 기준을 정할 수 있도록 하였는데, ① 시장상황에 대한 전망 등 전
환계획의 전제가 된 가정이 합리적이어야 하고, ② 처분대상인 비금융회사의
발행주식규모, 자산규모 등에 비추어 전환계획이 제시된 이행기간 내에 실현될
수 있어야 하며, ③ 분기별 이행계획이 포함되어야 한다.

### (다) 외국인의 주식보유비율 범위 내에서의 주식보유

　　은행법 제16조의2 제 3 항 제 2 호 및 제 6 항과 같이 산업자본으로 하여금
1개 국내은행에 한하여 발행주식총수의 4%를 초과하여 외국인의 주식보유한

도까지 주식을 취득할 수 있도록 허용한 규정은 1999년 처음 도입되었다. 즉 1999년 개정 은행법에 의하면 주주적격성 요건을 충족하는 외국인은 금융위원회로부터 승인받을 경우 은행 발행주식총수의 33% 이상도 보유할 수 있었고,[36] 이렇게 신고가 수리되거나 승인을 받아 외국인 최대주주가 존재하는 은행에 한하여, 산업자본인 내국인도 외국인 보유지분만큼의 주식을 취득할 수 있는 길이 열려 있었던 것이다.[37]

그런데 외국인 X가 금융위원회 승인을 얻어 어떠한 국내은행 발행주식의 20%를 보유하고 있다고 가정하자. 이때에는 금융위원회 승인을 얻은 국내 산업자본 Y의 경우 4%의 한도를 훨씬 상회하는 19.9%의 주식보유도 법에 의하여 허용되는 것이다. 그런데 20%의 지분을 보유하던 외국인 X가 보유하던 은행주식 중 2%의 주식을 Z에게 매각할 경우, Y는 X보다 1.9%의 주식을 더 많이 보유하는 결과가 발생한다. 즉 산업자본의 4%를 초과하는 은행주식 보유를 예외적으로 인정하는 법의 취지에 反하는 것이다. 따라서 이때에는 은행법 제16조의2 제 4 항이 적용되므로 Y의 의결권이 X의 주식보유한도인 18%까지로 제한될 것이고, 동조 제 5 항에 의하여 금융위원회의 주식처분명령이 있을 경우 Y는 초과보유주식 1.9%를 처분하여야 할 것이다. Y가 일정 기간 내에 1.9%의 초과보유주식을 처분하지 못할 경우, 금융위원회는 매 1일당 그 처분하여야 하는 주식의 장부가액에 3/10,000을 곱한 금액을 초과하지 아니하는 범위 안에서 이행강제금을 부과할 수 있다.[38]

### (라) 기금 또는 기금관리·운용법인에 대한 특례

은행법 제16조의2 제 3 항 제 3 호는 기금 또는 기금을 관리·운용하는 법인(이하 기금등)으로서 금융위원회의 승인을 받은 경우 산업자본의 판단에서 제외시켜 주므로 동조 제 1 항의 4% 제한을 받지 않게 된다. 기금등에 대한 특례규정은 2009년 6월 은행법 개정에 의하여 신설된 것인데, 구 은행법에서는 이러한 특례규정이 없었으므로 관련 법률(국가재정법)에 따라 설치되고 국정감사 등 국회의 통제를 받는 공적 기금등이라도 일반적인 산업자본으로 간주되었다.

---

36) 1999년 개정 은행법 제15조 제 3 항 및 동법시행령 제 5 조 제 2 항 참조.
37) 1999년 개정 은행법 제15조 제 4 항. 구체적인 실례로서 2004년 한미은행이 시티은행에 인수되기 전까지 한미은행의 국내 최대주주는 삼성이었다.
38) 은행법 제65조의9.

즉 전통적으로 공공성의 제고라는 측면에서 사회간접자본시설의 확충을 도모하기 위하여 기금등이 투자한 대상 사업들은 비금융업에 대한 투자로 간주되었으므로, 은행법 제 2 조 제 1 항 제 9 호 가목에 의할 때 기금등의 비금융부분에 대한 자본총액의 규모가 상당하여 산업자본으로 분류될 수밖에 없었던 것이다. 이러한 구법의 규정은 '독점규제 및 공정거래에 관한 법률'이나 금융지주회사법과 같은 다른 법률에서 사회간접자본시설에 대한 투자를 목적으로 하는 비금융회사에 대한 주식소유를 지배로 보지 않았던 입장과는 너무도 동떨어진 것이었다. 이 때문에 ① 기금등과 은행의 예금자, 다른 주주 등 이해관계자 사이에 발생가능한 이해상충 방지장치를 갖추고,[39] ② 이해상충방지를 위하여 필요시 금융감독당국의 감독 및 검사를 받으며, ③ 기금등의 주식보유가 국가재정법 제79조에 따라 정한 자산운용지침을 준수한다[40]는 3가지의 요건을 갖출 경우, 개정 은행법은 연기금의 은행주식 보유한도를 대폭적으로 완화시켜 준 것이다.

## 5. 제16조의3 : 전환계획에 대한 평가 및 점검 등

제16조의3 (전환계획에 대한 평가 및 점검 등) ① 제16조의2 제 3 항 제 1 호에 따른 승인을 신청하고자 하는 비금융주력자는 전환계획을 금융위원회에 제출하여야 하며, 금융위원회는 전환계획에 대한 전문기관의 평가가 필요하다고 인정하는 경우에는 금융위원회가 정하는 바에 따라 그 평가를 할 수 있다.

② 금융위원회는 제16조의2 제 3 항 제 1 호에 따라 전환계획에 대한 승인을 받아 같은 조 제 1 항에서 정한 한도를 초과하여 은행의 주식을 보유하는 비금융주력자(이하 '전환대상자'라 한다)의 전환계획 이행상황을 대통령령으로 정하는

---

39) 은행법시행령 제11조의3 제 1 항에 의하면 여기서의 이해상충 방지장치란 다음의 3가지 요건을 모두 갖춘 경우를 의미한다. 첫째, 이해상충을 방지할 수 있는 의결권 행사기준을 마련할 것. 이 경우 해당 기준에는 의결권 행사기준에 마련되어 있지 아니한 사안에 대하여 의결권을 행사하는 경우로서 기금등이 보유한 은행의 주식 수가 법 제16조의2 제 1 항에서 정한 한도에 해당하는 주식 수를 초과하는 경우에는 기금등이 보유한 주식을 발행한 은행의 주주총회에 참석한 주주가 보유한 주식 수에서 기금등이 보유한 주식 수 중 법 제16조의2 제 1 항에서 정한 한도를 초과하는 주식 수를 뺀 주식 수의 결의 내용에 영향을 미치지 아니하도록 의결권을 행사한다는 내용이 포함되어야 한다. 둘째, 주식을 보유한 은행의 주주로서 취득한 정보는 주주권 행사 목적 외로 활용되지 아니하도록 관리하는 등 이해상충이 발생할 가능성을 파악·평가·관리할 수 있는 내부통제기준을 갖출 것, 셋째, 그 밖에 이해상충을 방지하기 위하여 필요한 사항으로 금융위원회가 정하여 고시하는 사항.
40) 은행법시행령 제11조의3 제 2 항.

바에 따라 정기적으로 점검하고 그 결과를 인터넷 홈페이지 등을 이용하여 공
시하여야 한다.

③ 금융위원회는 제 2 항에 따른 점검결과 전환대상자가 전환계획을 이행하지 아
　니하고 있다고 인정되는 경우에는 6개월 이내의 기간을 정하여 그 이행을 명
　할 수 있다.

④ 다음 각호의 어느 하나에 해당하는 전환대상자는 제16조의2 제 1 항에서 정한
　한도를 초과하여 보유하는 은행의 주식에 대하여는 의결권을 행사할 수 없다.
　1. 금융위원회로부터 제 3 항에 따른 이행명령을 받은 전환대상자
　2. 제48조의2 제 1 항 제 1 호 나목의 사유에 따라 금융감독원장의 검사결과 은
　　행과의 불법거래사실이 확인된 전환대상자

⑤ 금융위원회는 전환대상자가 다음 각호의 어느 하나에 해당하는 경우에는 6개
　월 이내의 기간을 정하여 제16조의2 제 1 항에서 정한 한도를 초과하여 보유하
　는 은행의 주식을 처분할 것을 명할 수 있다.
　1. 제 3 항에 따른 이행명령을 이행하지 아니하는 경우
　2. 제 4 항 제 2 호에 해당하는 경우

### (1) 비금융주력자의 전환계획에 대한 평가

　　은행법 제16조의2 제 3 항에 따라 산업자본이 금융자본(혹은 금융주력자)으
로 전환계획을 제출할 경우 예외적으로 발행주식총수 4%의 한도를 초과하여
은행주식을 보유할 수 있으므로, 금융위원회는 당해 전환계획을 전문적으로 평
가하여 그 타당성을 심사하고 사후적으로 계획의 구체적인 이행여부를 세밀하
게 점검할 필요가 있게 되었다. 은행법 제16조의3은 바로 이러한 필요성을 법
문에 반영한 조항으로서, 동법 제16조의2를 보완하는 규정이라고 할 수 있다.

　　여기서 산업자본의 전환계획이 타당성과 실현가능성을 갖추었는지에 대한
전문기관의 평가는 금융위원회 승인에 있어서 가장 중요하다. 따라서 금융위원
회는 전문기관의 적격성 판단에 있어서 신중을 기하고 있고, 평가도 두 개 이상
의 전문기관으로 하여금 수행하도록 하고 있다.[41] 원칙적으로 전환계획을 평
가하는 전문기관은 공인회계사법에 의한 회계법인과 '신용정보의 이용 및 보
호에 관한 법률'에 의한 신용평가업무를 영위하는 신용정보업자로 한정되는데,
다음의 경우에는 적격성을 결한 것으로 판단한다. ① 공인회계사법에 의하여
업무정지처분을 받은 회계법인으로서 그 정지기간중에 있는 자, ② '주식회사

---

[41] 은행법 제16조의3 제 1 항.

의 외부감사에 관한 법률'에 의하여 특정회사에 대한 감사업무의 제한조치를
받은 회계법인으로서 그 제한기간중에 있는 자. 다만, 해당 특정회사가 전환계
획을 평가받고자 하는 비금융주력자가 아닌 경우에는 그러하지 아니하다, ③
신용평가업무와 관련하여 금융위원회로부터 신용평가업무의 정지처분을 받은
신용정보업자로서 그 정지기간중에 있는 자, ④ 해당 비금융주력자에 대하여
용역을 제공하고 있거나 최근 2년 이내에 용역을 제공한 사실이 있는 자, ⑤
해당 비금융주력자와 특수관계에 있는 자.[42] 여기서 ①~③은 시정조치를 받고
있는 자라는 점에서, 그리고 ④와 ⑤는 은행과 사실상의 이해상충관계에 있는
자라는 점에서 평가전문기관으로서의 적격성을 결하는 것이다.

### (2) 전환계획의 이행상황 점검과 시행조치

은행법 제16조의3 제 2 항의 규정에 의하여 금융위원회는 전환계획 이행상
황을 분기별로 점검하여야 한다.[43] 이렇게 금융위원회로 하여금 자주 점검하
도록 한 이유는 금융자본으로의 전환에 대한 이행의지가 전혀 없으면서 형식
적으로 전환계획만을 제출한 후 은행을 私金庫로 전락시키려는 산업자본을 배
제시키기 위한 것이다. 한편 은행법 제48조의2 제 1 항에 의하면, ① 전환계획
이행상황의 분기별 점검결과를 확인하기 위하여 필요한 경우 그리고 ② 전환
대상자가 차입금의 급격한 증가, 거액의 손실발생 등 재무상황의 부실화로 인
하여 은행과 불법거래를 할 가능성이 크다고 인정되는 경우, 금융위원회는 금
감원장으로 하여금 그 목적에 필요한 최소한의 범위 안에서 전환대상자의 업
무 및 재산상황을 검사하게 할 수 있다고 규정한다.

은행법 제16조의3 제 3 항 내지 제 5 항은 전환계획을 이행하지 아니하는
산업자본에 대해 금융위원회로 하여금 우선 그 이행을 독려하고, 이를 이행하
지 않거나 은행법 제48조의2에 의한 불법거래사실이 적발된 산업자본에 대해
의결권을 정지시키며, 한도초과분에 대해 주식처분명령을 발할 수 있는 근거조
항을 마련하고 있다. 일정한 기간 내에 한도초과분의 주식을 처분하지 못할 경
우, 금융위원회는 매 1일당 그 처분하여야 하는 주식의 장부가액에 3/10,000을
곱한 금액을 초과하지 아니하는 범위 안에서 이행강제금을 부과할 수 있다.[44]

---

42) 은행업감독규정 제15조의5 제 2 항 및 제 3 항.
43) 은행법시행령 제11조의2 제 2 항.
44) 은행법 제65조의9.

## 6. 제16조의4 : 한도초과보유주주 등에 대한 적격성심사 등

> 제16조의4 (한도초과보유주주 등에 대한 적격성심사 등) ① 금융위원회는 제15조 제
> 3 항 및 제16조의2 제 3 항에 따라 은행의 주식을 보유하는 자(이하 이 조에서
> "한도초과보유주주등"이라 한다)가 그 주식을 보유한 후에도 각각 제15조 제 5
> 항 및 제15조의3 제 7 항에 따른 자격 및 승인의 요건(이하 이 조에서 "초과보
> 유요건등"이라 한다)을 충족하는지 여부를 대통령령으로 정하는 바에 따라 심
> 사하여야 한다.
> ② 금융위원회는 제 1 항에 따른 심사를 위하여 필요한 때에는 은행 또는 한도초
> 과보유주주 등에 대하여 필요한 자료 또는 정보의 제공을 요구할 수 있다.
> ③ 금융위원회는 제 1 항에 따른 심사결과 한도초과보유주주 등이 초과보유요건
> 등을 충족하지 못하고 있다고 인정되는 경우에는 6개월 이내의 기간을 정하여
> 초과보유요건 등을 충족하도록 명할 수 있다.
> ④ 제 3 항에 따른 명령을 받은 한도초과보유주주등은 그 명령을 이행할 때까지
> 제15조 제 3 항 제 1 호에서 정한 한도(한도초과보유주주등이 비금융주력자인
> 경우에는 제16조의2 제 1 항에서 정한 한도를 말한다. 이하 제 5 항에서 같다)
> 를 초과하여 보유하는 은행의 주식에 대하여는 의결권을 행사할 수 없다.
> ⑤ 금융위원회는 제 3 항에 따른 명령을 받은 한도초과보유주주 등이 그 명령을
> 이행하지 아니하는 때에는 6개월 이내의 기간을 정하여 그 한도초과보유주주
> 등이 제15조 제 3 항 제 1 호에서 정한 한도를 초과하여 보유하는 은행의 주식
> 을 처분할 것을 명할 수 있다.
> ⑥ 금융위원회는 제 1 항의 초과보유요건 등의 충족 여부를 심사할 경우 제16조의
> 2 제 3 항 제 3 호에 해당하는 자에 대하여 같은 호 각목의 요건을 충족하고 있
> 는지 여부를 심사하여야 한다.

### (1) 개    관

동일인이 금융위원회의 승인을 얻어 한도를 초과하는 은행주식을 보유하
게 된 이후, 금융위원회 승인시 필요하였던 적격성과 승인요건(은행법시행령 제
5 조 [별표 1])을 缺할 수 있다. 따라서 금융위원회는 한도초과보유주주가 초과
보유요건을 충족하는지 여부를 6개월마다 정기적으로 심사하여야 한다. 그리
고 연기금의 경우에는 초과보유할 수 있는 적격요건을 충족하고 유지하는지도
심사하여야 할 것이다. 심사를 위하여 필요한 경우 금융위원회는 은행이나 한

도초과보유주주를 상대로 필요한 자료 또는 정보의 제공을 요구할 수 있는데,
이에 응하지 않는 은행이나 한도초과보유주주는 5천만원 이하의 과태료에 처
한다.[45] 한편 한도초과보유주주와 은행간에 불법거래 징후가 있는 등 특별한
사유가 있는 경우 금융위원회는 수시심사를 실시할 수도 있다.[46] 만일 당해 주
주가 적격성과 승인요건을 충족하지 못하고 있다는 판단이 들 경우, 금융위원
회는 당해 주주의 초과주식보유를 위법한 것으로 간주하고 후속 조치를 취할
수 있다. 즉 금융위원회는 6개월의 기간을 정하여 위법성을 해소하는 이행명령
을 발할 수 있고 한도초과분에 대한 의결권행사를 정지시킬 수 있다. 그럼에도
불구하고 시정되지 않을 경우 금융위원회는 일정 기간을 정하여 주식처분명령
을 발할 수 있고, 동 기간 내에 시정이 이루어지지 않을 때에는 매 1일당 그
처분하여야 하는 주식의 장부가액에 3/10,000을 곱한 금액을 초과하지 아니하
는 범위 안에서 이행강제금을 부과할 수 있다.[47]

### (2) 론스타펀드 사건

은행법 제16조의4가 실제로 문제된 대표적인 사례가 LSF(소위 론스타펀드)
사건이다. 론스타펀드 사건이란 외환은행과 그 대주주인 론스타펀드 및 론스타
펀드가 추천한 사외이사 등이 외환은행의 자회사로서 유동성 위기에 빠진 외
환카드사와 외환은행 간의 합병을 추진하면서, 보도자료 배포 및 기자간담회를
통해 '외환카드사의 감자계획이 검토될 것이다'라고 발표하고 그 직후 '외환카
드사의 순자산가치를 정확하게 평가해 봐야 감자 여부를 결정할 수 있을 것이
나 현재로서는 감자할 가능성이 크다'고 발언하였던 사안이었다. 대법원은 론
스타 펀드 등이 제반 사정에 비추어 감자를 추진할 객관적 여건을 갖추지 못하
였고 감자를 성실하게 검토·추진할 의사가 없음에도 투자자들이 오인·착각
을 하여 주식투매에 나섬에 따라 외환카드사의 주가하락이 초래될 것이라고
인식하면서, 합병에 반대하는 외환카드사의 주주들에 대한 주식매수청구권 가
격을 낮추고 합병신주의 발행으로 인한 론스타펀드의 외환은행에 대한 지분율
감소를 방지하는 등 론스타펀드 등에게 이득을 취하게 할 목적으로 위 발표를
공모하였다고 보아, 론스타펀드의 이러한 행위를 구 증권거래법에서 정한 '사

---

45) 은행법 제69조 제 1 항 제 2 호.
46) 은행법시행령 제11조의4 제 1 항.
47) 은행법 제65조의9.

기적 부정거래'에 해당한다고 판시하였다.[48]

외환카드사 주가조작을 이유로 론스타펀드에게 벌금 250억원을 선고한 형사판결(서울고등법원 2011. 10. 6. 선고 2011노806 사건)이 확정됨에 따라, 외환은행의 대주주였던 론스타펀드는 은행법시행령 제 9 조 제 6 항 및 [별표 2]에서 규정한 "최근 5년간 금융관련 법령 등 위반으로 처벌받은 사실이 없을 것"이라는 요건을 충족하지 못하게 되어 동일인 주식보유한도 초과보유를 할 수 없게 되었다. 결국 금융위원회는 2011. 10. 25. 은행법 제16조의4 제 3 항의 규정에 따라 론스타펀드에게 2011. 10. 28.까지 한도초과보유요건을 충족할 것을 명하는 충족명령을 하였고, 론스타펀드는 동법 동조 제 4 항의 규정에 따라 충족명령 이행시까지 외환은행의 의결권있는 발행주식 총수의 10%를 초과하여 보유하는 주식에 대하여 의결권을 행사할 수 없게 하였다.

당시 외환은행에 대해 51.02%인 329,042,672주를 보유하였던 론스타펀드가 금융위원회의 충족명령을 이행하지 않자, 금융위원회는 2011. 11. 18. 임시회의를 개최하여, 은행법 제16조의4 제 5 항에 기하여 론스타펀드에게 2012. 5. 18.까지 6개월의 기간 동안 의결권있는 발행주식 총수의 100분의 10을 초과하여 보유하는 외환은행 주식의 처분을 명하는 조치안을 의결하였고 이에 입각한 처분명령을 하였다.

### (3) 주식처분명령에 따른 주식처분의 방법

은행법 제16조의4 제 5 항은 "6개월 이내 기간을 정하여 한도초과보유 주식의 처분을 명할 수 있다"고만 규정하고 있을 뿐, 주식의 처분방법에 대해서는 구체적으로 언급하지 않고 있다. 그런데 론스타펀드 사건과 관련하여 주식처분의 방법에 대해 실무적으로 많은 논란이 있었다. 법문만을 본다면 금융위원회가 지분매각방식을 제한하여 명령할 수 없게 되지만, 일부 시민단체들은 형사처벌로 인하여 론스타펀드의 신용에 결격이 생겼으므로 징벌적 매각명령을 하여야 한다고 주장하였던 것이다. 이 때문에 은행법 제16조의4 제 5 항의 처분명령이 ① 단순히 은행소유규제를 준수하기 위한 이행명령에 불과한 것으로서 어떠한 방식으로든 주식을 처분하면 된다는 명령인지, 아니면 ② 징벌적 제재의 일환이므로 형사처벌로 주식을 처분할 수밖에 없는 범법자에게 경영권

---

48) 대법원 2011. 3. 10. 선고 2008도6335 판결.

프리미엄을 수취할 수 없도록 공개시장에서 시가에 따라 주식을 분산매각하라는 명령인지가 문제된 바 있다.[49] 사실 ②에 의할 때에는 론스타펀드와 하나금융지주사 간의 외환은행 매매계약도 취소될 수밖에 없는 상황이었다.

　　은행주식을 장외에서 공개경쟁입찰이나 수의계약방식으로 일시에 매각하는 방법이 장내에서 수요·공급의 원리에 따라 시장가격으로 매각하는 방법보다 매도자에게 유리한 것은 사실이다. 경영권프리미엄까지 포함되다 보니 장외시장에서의 매도가가 시장에서의 매도가보다 높고, 주식시장에 대량의 매도물량이 나올 경우 주가는 급락할 수 밖에 없기 때문이다. 그렇지만 은행 대주주를 상대로 징벌적 제재를 하기 위해 장내에서의 매각을 강제할 경우 그 불이익은 은행의 소수주주들에게도 가기 마련이다. 왜냐하면 장내에서의 주가급락의 위험을 모든 주주가 감수하여야 하기 때문이다. 이러한 이유로 금융위원회가 론스타펀드를 상대로 주식매각 처분명령을 내릴 때 징벌적 매각명령 방식을 강요하지 않은 것은 나름대로의 정당성이 있었다고 보인다.

　　향후 우리 금융시장에서 론스타펀드와 같은 논란이 다시 발생하지 않도록 하려면, 은행법을 개정하여 주식처분의 방법과 효력에 대한 세부 내용을 구체화하여야 할 것이다. 즉 대주주의 적격성이 문제된 원인을 유형화하여 주식처분의 방식을 차별화하는 것이다. 이러한 후속 조치도 없는 상황에서 시민단체들이 금융위원회로 하여금 자의적으로 징벌적 처분명령을 내릴 것을 요구하는 것은 너무도 위헌적이고 위법적인 발상이다.

## 7. 제16조의5 : 외국은행등에 대한 특례

제16조의5 (외국은행등에 대한 특례) ① 금융위원회는 외국에서 은행업을 주로 경영하는 회사 또는 해당 법인의 지주회사(이하 이 조에서 "외국은행등"이라 한다)를 포함하는 동일인이 제 2 조 제 1 항 제 9 호 가목 및 나목에 해당하는지 여부를 판단할 때 외국은행등이 다음 각 호의 요건을 모두 충족하는 경우로서 그 외국은행등의 신청이 있는 경우에는 제 2 조 제 1 항 제 8 호에도 불구하고 그 외국은행등이 직접적·간접적으로 주식 또는 출자지분을 보유하는 외국 법인으로서 외국법에 따라 설립된 법인(또는 이에 준하는 것으로서 금융위원회가 인정하는 단체·조합 등을 포함한다)을 동일인의 범위에서 제외할 수 있다. 다

---

49) 김효연, "론스타의 징벌적 매각과 산업자본 논란," 국회입법조사처 「이슈와 논점」 제325호 (2011. 11. 17) [www.nars.go.kr (검색일: 2011. 12. 1)].

만, 그 외국 법인이 그 외국은행등이 주식을 보유하는 은행의 주식을 직접적·
간접적으로 보유하는 경우에는 그러하지 아니하다.

1. 자산총액, 영업규모 등에 비추어 국제적 영업활동에 적합하고 국제적 신인
   도가 높을 것
2. 해당 외국의 금융감독기관으로부터 해당 외국은행등의 건전성 등과 관련한
   감독을 충분히 받을 것
3. 금융위원회가 해당 외국의 금융감독당국과 정보교환 등 업무협조 관계에 있
   을 것

② 금융위원회는 제1항에 따른 요건의 세부기준, 해당 외국은행등의 신청의 절
   차 및 방법 등에 관하여 필요한 사항을 정하여 고시할 수 있다.

### (1) 취     지

2010년 5월 은행법 제16조의5는 외국은행등에 대한 특례규정을 전면 개정
하여 외국은행의 대주주에 대한 비금융주력자 기준을 대폭 완화하였다. 동 조
항이 신설된 이면에는 외국인에 대해 국내 산업자본과 마찬가지로 비금융주력
자 기준을 동일하게 적용할 수 없다는 철학이 내재되어 있다. 즉 2002년 은행
법 제16조의2에 의한 비금융주력자의 개념은 원래 국내 산업자본만을 예정한
것이고 국내 은행의 주식을 취득한 외국인을 포함하지 않았었다. 그런데 동 조
항이 외국인에 대해 명시적인 적용제외 규정이나 경과규정을 두지 않았으므로,
형식적으로는 외국인에 대해서도 동일하게 적용되는 모양새를 나타내었다. 그렇
다보니 비금융주력자의 기준을 엄격히 적용할 때에는 국내 은행의 대주주로 등
장한 외국인이 모두 비금융주력자로 간주될 수밖에 없는 비정상적인 상황으로
되었다. 이 때문에 제16조의5를 신설하여 외국인에 대한 특례규정을 둔 것이다.

### (2) 은행법 제16조의5 제정 이전 금융감독당국의 관행

과거부터 금융감독당국은 외국인 본인과 국내은행의 주식취득에 직·간접
적으로 관련된 외국인의 외국 소재 계열회사 및 국내 소재 계열회사만을 동일
인으로 파악하여 비금융주력자 여부를 판단하여 왔다. 이는 금융감독당국이 외
국 법인의 해외 계열회사를 모두 확인한다는 것이 현실적으로 불가능하다는
점을 감안한 것이다. 참고로 금융감독원 2011. 12. 26.자 국회 정무위원회 제출
자료인 "론스타의 비금융주력자 확인 진행경과 보고"에 의하면, 2003년 론스
타펀드의 외환은행 인수 전에 이루어졌던 JP Morgan과 뉴브리지캐피탈의 한

미은행, 제일은행에 대한 대주주 적격성 심사 그리고 Citi와 SCB의 한미은행, 제일은행 인수 및 대주주 적격성 심사에서도 국내 은행 주식취득과 직·간접적으로 관련된 계열회사(해외 법인 포함) 및 국내 소재 계열회사 만을 대상으로 동일인의 범위에 포섭하여 비금융주력자에 해당하는지 여부를 심사하였음을 알 수 있다. 따라서 은행법 제16조의5는 외국인들의 국내 은행 주식취득과 관련한 기존 금융감독당국의 유권해석을 조문화한 것이다.

### (3) 내     용

은행법 제16조의5의 법문은 매우 장황하게 되어 있지만, 그 핵심 내용은 외국인의 경우 국내 은행 주식취득과 전혀 관련없는 해외 계열회사들을 동일인의 범위에서 배제한다는 것이다. 즉 ① 외국인이 직·간접적으로 주식 또는 출자지분을 보유하는 외국 법인으로서 외국법에 따라 설립된 법인(또는 이에 준하는 것으로서 금융위원회가 인정하는 단체·조합 등을 포함한다)을 동일인의 범위에서 제외하되, ② 이러한 외국법인이나 단체·조합이 국내 은행의 주식을 직·간접적으로 보유할 경우에는 동일인의 범위에 포함시키는 것이다.50)

## Ⅲ. 현행법상 소유규제 위반시 사법적 효력 검토51)

### 1. 현행법상 은행소유규제의 문제점

현행법상 은행소유규제가 매우 정밀하게 구성된 듯 하지만, 명문의 규정이 없어서 해석상으로 논란이 발생할 수 있는 몇 가지 의문점들이 있다. 첫째, 금융위원회가 은행법 제15조 제 3 항과 제15조 제 5 항 및 동법시행령 제 5 조 [별표 1]의 "한도초과보유주주의 초과보유요건"을 충족한 것으로 보아 동일인에게 10%, 25%, 33%를 초과하는 은행 주식을 보유할 수 있도록 승인하였는데

---

50) 은행법 제16조의5는 외국인에 대한 동일인 산정의 특례규정을 마련할 때 외국금융회사나 외국금융지주회사만을 염두에 두었었는데, 그렇다보니 동 조항 제정 당시 외환은행의 대주주였던 론스타펀드를 어떻게 취급할 것인가 하는 실무상의 난점이 발생하였다. 왜냐하면 피상적으로 볼 때 론스타펀드는 동 조항의 적용대상이 아니었으므로 론스타펀드의 해외계열사를 모두 동일인으로 산정할 경우 론스타펀드를 비금융주력자로 판정할 수밖에 없었기 때문이다. 이는 새로운 조항을 신설할 때, 관련법령 상으로 모든 사정을 감안하여 적절한 경과규정을 두어야 한다는 교훈을 남겼다. 이러한 법의 흠결 때문에 은행법 제16조의5의 법문에도 불구하고, 금융위원회는 실무상으로 론스타펀드를 마치 동 조항의 적용을 받는 외국은행등과 마찬가지로 취급하였다.

51) 다음은 김용재, "인터넷전문은행의 도입에 즈음한 은산분리 정책의 재검토 : 은행법상 소유규제 위반시 사법적 효력," 「금융법연구」 제12권 제 3 호(2015)를 내용에 맞게 수정한 것이다.

그 요건이 허위였음이 밝혀졌다고 가정하자. 이때에는 은행법 제16조가 발동하여 금융위원회가 당해 동일인을 상대로 한도초과 주식에 대해 의결권 행사를 정지시키고 주식처분명령을 내리게 될 것이다. 그런데 이렇게 제재를 받는 기간 중 동일인이 다른 매수자를 물색하여 자신의 보유주식을 매도한다면 그 사법상의 효력은 어떻게 되겠는가? 마찬가지로 은행법 제16조의4에 의하여 금융위원회가 대주주로서의 동태적인 적격성을 충족하지 못한 대주주에게 충족명령과 의결권 행사 정지명령을 내린 상태에서 이러한 대주주가 다른 매수인에게 주식을 매도해 버린다면 그 사법상의 효력은 어떻게 되겠는가? 이 문제는 은행법이 은행소유규제를 위반(또는 은산분리 정책을 위반)하여 한도를 초과한 보유주식의 사법상 효력에 대해 별도의 규정을 두지 않았기 때문에 발생할 수 있는 쟁점이다. 둘째, 위의 사례와 같은 문제가 발생하는 것은 은행법시행령 제5조 [별표 1]이 매수인의 적격성에 대해서만 명문의 규정을 두고 매도인에 대해서는 아무런 언급을 하지 않은 데서 비롯된다. 그렇다면 금융위원회로부터 충족명령, 의결권 행사 정지명령, 처분명령을 받게 될 운명의 대주주는 금융감독당국의 제재에 불구하고 언제든지 매도인으로서 자신이 보유한 주식을 적격성을 갖춘 매수인에게 매도할 수 있는 것인가? 셋째, 은행법 제16조와 제16조의4에 따라 금융위원회가 한도초과주주를 상대로 내리게 되는 처분명령의 실질은 무엇인가?

현재까지 우리나라의 학설과 판례가 이러한 의문점들을 정면으로 다루지 않았으므로 혼란은 더욱 가중될 수 있다. 이 세 가지 의문점들에 공통되는 핵심사항, 즉 은행의 대주주가 우리나라의 은산분리 정책 또는 엄격한 은행소유규제를 위반하여 한도를 초과한 주식을 보유하였음이 판명된 경우 그 한도 초과주식의 사법상의 효력은 유효한가?

## 2. 비교법적인 검토

### (1) 총    설

비교법적으로 미국은 우리나라와 동일하게 은산분리를 은행산업 정책의 기조로서 확고하게 유지하고 있다. 그런데 미국에서는 금융감독당국의 승인을 받지 않은 은행주식 초과보유의 사법상 효력을 다룬 사례를 전혀 찾을 수 없다. 그 때문에 비록 성문화된 법률은 아니지만 전세계 은행감독권자에게 강력한 모델 권고안으로 작용하는 Basel Core Principle을 참고하고자 한다.

## (2) 미국의 은산분리 제도와 그 위반에 대한 사법상 효력

미국의 은행지주회사법은 산업자본으로 하여금 연방예금보험공사의 부보
를 받는 은행을 소유할 수 없도록 함으로써 은산분리의 원칙을 선언하고 있으
며,52) 예외적으로 산업대부회사(industrial loan company)에 대해서만 엄격한 은산
분리의 원칙을 완화하고 있다.53) 미국에서는 역사적으로 은행자본과 산업자본
의 엄격한 분리를 요구하여 왔지만, 초창기에는 은행의 산업자본에 대한 참여
를 제한하는 데 보다 중점을 두어 왔다. 예를 들어 1933년법 제5 (c)조와 제16
조는 연방은행과 연방준비시스템의 회원인 주은행들이 비은행 회사들에 주식
투자하는 것을 원칙적으로 금지하고 있다[12 U.S.C. §§ 24(seventh) & 335]. 그런
데 은행지주회사법의 제정을 계기로 은산분리는 산업자본의 은행소유를 제한
하는 쪽으로 무게의 중심이 옮겨가게 되었다.

1956년 제정된 은행지주회사법과 '은행에 대한 지배적 영향력 행사'의 구
체적인 기준을 제시하는 Regulation Y는 산업자본의 은행에 대한 최대 지분보
유한도를 25%로 제한하고 있다. 미국에서는 인터넷전문은행이 출현하였음에
도 불구하고 은행지주회사법과 Regulation Y가 개정되지 않았다. 따라서 지금
도 산업자본은 인터넷전문은행을 설립할 수 없다. 산업자본이 은행과 유사한
금융기관을 보유하는 방법은 은행지주회사법상 유일한 예외로 허용되는 인터
넷산업대부회사(internet industrial loan company)를 설립하는 길밖에 없다. 즉 미
국에서는 인터넷전문은행의 시대가 도래하였지만, 은산분리 정책이 완화되거
나 폐지되지 않은 것이다.

미국의 연방준비이사회는 실무적으로 은행지주회사법과 Regulation Y의
운영과정에서 발생할 수 있는 기술적이고 절차적인 세부쟁점들에 대해 유권해
석을 행하여 왔다. 그런데 정책선언이라는 형식으로 발표되는 유권해석은 모두
지배적인 영향력 행사에 관한 것일 뿐, 은행지주회사법상 25%의 한도를 초과
할 경우 그 사법상 효력에 관한 것이 아니다. 따라서 미국에서 금융감독당국의
승인을 받지 않고 산업자본이 한도를 초과하여 은행 주식을 보유한 사례가 있
는지 여부를 알 수 없을 뿐만 아니라 위반시 사법상 효력을 다루고 있는 사례

---

52) 12 U.S.C. §§1841(c)(1), 1843(a), (c) & (k).
53) 12 U.S.C. §1841(c)(2)(H), §1841(c)(2).

나 문헌을 발견할 수 없다. 이는 금융감독당국의 승인을 받지 않고 한도를 초과하여 은행주식을 보유하는 사례가 없다는 반증일 수도 있다.

### (3) 바젤위원회의 효과적인 은행감독을 위한 핵심원칙 6

#### 1) 주요 내용

Basel 위원회의 '효과적인 은행감독을 위한 핵심원칙'(Core Principles for Effective Banking Supervision, 이하 Basel Core Principles)[54]이란, Basel 위원회 모든 회원국들의 금융감독기관 대표들이 그 제정 작업에 참여하였고 그 외 수많은 비회원국의 금융감독기관 대표들로부터 추인을 받아 제정된 원칙이다. 이 원칙은 보편성과 정당성을 갖춘 '국제적인 금융감독기준의 모델'이라 할 수 있다.[55] 이 원칙의 세부적인 방법론을 정하고 있는 Core Principles Methodology 의 Essential criteria에 의하면, 감독당국에 대한 통지나 감독당국의 승인을 받지 않은 채(승인의 사후적 취소 역시 이에 포함될 것으로 보이는데, 우리나라의 은행법 제16조 제 1 항도 이와 유사) 발생한 경영권 변동(change of control)에 대하여 취할 수 있는 적절한 조치(appropriate action)로서 계약의 수정(modify) 또는 원상회복 (reverse)을 언급하고 있다. Basel Core Principles는 1997년 9월에 처음 제정되었으며 2006년 10월 및 2012년 9월에 개정되었다. 현재 시점에서 시행되고 있는 버전은 2012년 Basel Core Principles(September 2012)이다. 한국은 2009년 3월 Basel 위원회의 정식 회원국이 되었는데, 그 이전인 1997년 9월 Basel Core Principles 제정 당시부터 줄곧 제·개정 작업에 적극적으로 참여하여 왔다.

이 원칙 6은 대주주 지분 양도라는 제목 하에 금융감독권자는 기존의 은행에서 직·간접적으로 보유하고 있는 대주주의 지분(significant ownership)이나 지배력 있는 지분의 양도에 관한 신청을 심사하고 거절하며 건전성 조건들을 부과할 권한이 있다고 규정한다. 그리고 그 핵심원칙에서는 ① 법률이나 하위 법규는 대주주 지분 및 지배력 있는 지분에 대해 명확한 정의를 두어야 한다. ② 소유권의 변동(실질적인 수익권자나 특정한도를 초과하거나 지배력의 변화를 가져오는 의결권의 행사를 포함)을 가져올 수 있는 신청에 대해 금융감독당국의 사전

---

54) Basel Core Principles에서는 각국 은행감독법규의 제·개정시 토대가 되는 최소한의 기준을 제시하고 있는데, 한국 역시 Basel Core Principles가 제정된 1997년부터 현재까지 줄곧 Basel Core Principles의 제·개정 작업에 적극적으로 참여하여 왔다.

55) Duncan E. Alford, Core Principles for Effective Banking Supervision : An Enforceable International Financial Standard?, 28 B.C. Int'l & Comp. L. Rev. 237 (2005), pp. 260, 264.

승인을 얻거나 즉각적인 사후통지를 할 수 있는 요건들을 규정하여야 한다. ③ 금융감독권자들은 대주주의 지분 변동(실질적인 수익권자나 지배력 있는 지분의 변동을 포함)에 대한 신청을 거절할 수 있는 권한이나 그러한 투자와 관련한 의결권 행사를 금지할 수 있는 권한을 보유하여야 하는데, 여기서의 대주주의 지분 변동시 적용되는 기준은 신설 은행의 인가에 사용되는 기준에 상응할 정도의 수준이어야 한다. 대주주의 지분 변동이 허위의 사실을 토대로 한 것이라고 금융감독당국이 결정할 경우, 금융감독당국은 대주주의 지분 변동을 거절하거나 수정하거나 또는 무효화할 수 있는 권한을 가져야 한다. ④ 금융감독당국은 은행으로부터 정기보고나 임점검사를 통해 모든 대주주나 지배력을 행사하는 자(명목주주, 예탁자 또는 실질 소유권자를 숨기기 위한 기타의 자들이 보유한 지분에 대한 실질 소유권자)의 성명 및 보유지분수와 같은 중요 정보를 획득할 수 있어야 한다. ⑤ 금융감독당국은 감독권자에 대한 통지나 감독당국의 승인을 받지 않고 행한 지배권의 변동을 수정, 무효화, 기타 치유할 수 있는 적절한 조치를 취할 수 있는 권한을 보유하여야 한다. ⑥ 법률이나 하위법규 또는 감독당국은 은행으로 하여금 대주주 또는 지배력을 갖는 자의 적격성에 부정적인 영향을 줄 수 있는 중대한 정보를 알게 된 때에는 즉시 통지할 것을 요구하여야 한다.

### 2) 평　　가

　　바젤위원회는 전세계적으로 은행의 건전성과 은행산업의 안전성을 확보하기 위해서는 선결적으로 은행 대주주의 적격성 요건(fit and proper requirements)이 매우 중요하다는 판단을 하고 있다. 그렇다보니 바젤위원회는 '은행을 최초 인가할 당시 대주주의 적격성'뿐만 아니라, '사후적으로 대주주의 지분 양도시 매도인과 매수인 양자의 적격성'에 대해서도 엄격히 심사하는 시스템을 갖출 것을 권고하는 것이다. 그리고 대주주의 지분 변동시 적용되는 기준이 은행 인가시 적용되는 기준과 동일한 수준이어야 한다는 점을 강조하고 있다. 한편 엄격하게 심사하여야 할 대상인 대주주 또는 지배력 있는 지분에 대한 명확한 정의가 필요하고, 지배권의 변동시 금융감독당국에게 사전적으로 승인을 받거나 사후적으로 즉시 통지할 것을 요구하고 있다. 미국, 영국, 일본, 우리나라 등은 사전승인을 받도록 법률에 명확히 규정하고 있는데, 아무래도 사전승인 시스템이 사후통지 시스템보다 비적격자의 은행에 대한 지배력 획득을 방지하는 데 우월하다는 인식이 작용하였다고 본다.

바젤위원회의 핵심원칙 6 중 가장 주목하여야 할 것은 금융감독당국의 승인을 받지 않은 채 은행주식을 초과 보유하여 지배권의 변동을 발생시키는 상황이다. 즉 승인 없이 한도를 초과하여 대주주가 되는 경우이다. 이때에는 금융감독당국이 계약의 주요 내용을 수정할 수도 있지만, 아예 그 효력을 무효화시킬 수도 있다는 점이 중요하다. 그리고 후자의 경우 매도인과 매수인 간 체결된 주식매매계약의 사법상의 효력이 부정되므로 계약 당사자는 원상회복 (reverse)의 조치를 취하여야 한다.

## 3. 우리나라에서 은행법상 소유규제 위반시 사법적 효력의 검토

### (1) 은행법상 은행소유 규제의 강행규정성

#### 1) 은행법 제15조와 제16조의2에 따른 금융위원회의 승인 필요성

어떤 법규정이 강행규정(또는 효력규정)인지 단속규정인지에 대해 일의적 기준이나 확립된 판례가 없어 자주 논란이 되기는 하지만, 한국에서의 은산분리 원칙은 양보할 수 없는 국가의 정책이자 의지이므로 이를 실현하는 은행소유규제는 강행규정으로 보는 것이 타당하다. 따라서 은행법상 금융위원회의 승인 없는 주식 한도초과보유는 원칙적으로 효력이 없고, 금융위원회의 승인은 무효인 한도초과보유에 대하여 "예외적으로 효력을 부여하는 허가"(또는 예외적 승인)에 해당하는 것이다.

이는 은행법 문언 자체만 보더라도 분명히 드러난다. 은행법 제15조와 제16조의2를 보면, 동일인과 비금융주력자는 원칙적으로 은행법이 정한 한도를 초과하여 은행의 주식을 보유할 수 없으며, 한도초과 보유를 하려면 반드시 금융위원회로부터 예외적 승인을 얻어야 한다. 즉 금융위원회로부터 예외적 승인을 얻지 않으면 은행 주식을 한도를 초과하여 보유할 수 없는 것이다.[56]

#### 2) 은행법 제16조의 정확한 이해

혹자는 한도초과 보유 승인이 거래의 효력을 좌우하는 인가가 아니라 순전히 단속 목적으로 이루어지는 것이라고 주장하면서 그 근거로 은행법 제16

---

56) 취득자가 주식에 대하여 법적으로 유효한 권리를 보유하기 위하여 반드시 금융위원회의 승인이 필요한 것은 아니라는 반론이 있을 수도 있다. 그러나 이러한 주장은 "금융위원회의 승인을 얻어 주식을 보유할 수 있다"는 은행법 제15조 제 3 항의 법문과 부합하지 않으므로 전혀 근거가 없다.

조를 거론할 수도 있다. 사실 은행법 제16조를 문리적으로 협소하게 해석할 경우 이러한 주장도 나올 수 있다고 본다. 왜냐하면 은행법 제16조는 금융위원회의 승인 없이 취득한 주식에 대해서는 의결권 행사를 제한하고 주주에 대하여 주식처분명령을 내리도록 규정하고 있는데, 주식취득 자체가 강행법규 위반으로서 무효라면 의결권 제한이나 처분명령이 필요가 없을 것이라는 단순논리가 도출될 수 있기 때문이다. 이때에는 은행법 제16조가 금융위원회의 승인 없이 은행 주식의 한도를 초과하여 보유하는 것 자체를 사법상으로 유효하다고 전제하였다는 다소 억지의 주장도 가능하게 된다. 그러나 이러한 주장은 은행소유규제의 본질과 실제를 모두 오해한 데서 비롯된 것이다. 오히려 은행법 제16조는 이례적으로 원상회복 의무 등을 부과하고 있어 한도초과보유주주 및 비금융주력자의 주식보유한도 초과는 무효라는 것을 보여주고 있다. 은행법상 금융위원회는 은행의 설립인가부터 인가취소까지(소위 "요람에서 무덤까지") 인가권자로서 은행감독에 있어서 광범위한 감독권한을 행사하고 있어, 금융위원회의 예외적 승인이 요구되는 특정 단계에서 예외적 승인을 받지 않고 그 행위가 이루어지는 상황은 상정하지 않고 있다. 즉, 은행법은 금융위원회의 예외적 승인을 받지 않고 동일인이 한도를 초과하여 은행주식을 보유하는 경우를 전혀 예상하지 않았고, 따라서 금융위원회의 예외적 승인 없는 한도초과보유에 대하여 무효라는 규정을 특별히 두지 않았을 뿐이다.

　　실제로 은행법 제15조 제 1 항에 따라 은행의 의결권 있는 발행주식총수의 10% 보유한도에 다다르지 않더라도, 동일인은 은행의 의결권 있는 발행주식총수의 4%를 초과하여 주식을 보유하게 된 때 반드시 금융위원회에 보고해야 하고, 이러한 동일인이 최대주주가 된 때와 주식보유비율이 의결권 있는 발행주식총수의 1% 이상 변동된 때에도 반드시 금융위원회에 보고하도록 되어 있다(은행법 제15조 제 2 항). 이러한 감독체제하에서 동일인이 금융위원회로부터 사전의 예외적 승인을 받지 않고 의결권 있는 발행주식총수의 10%를 초과하여 취득한다는 것은 상상하기 어렵다. 이렇게 금융감독당국이 은행 주주의 주식보유에 대해 엄격한 규제를 운영하는 법제에서, 금융위원회의 승인을 받지 않고 한도를 초과하여 주식을 소유할 수 있는 경우는 발생하기 어렵다. 이 때문에 우리나라의 은행법은 승인을 얻지 않은 한도초과주식 거래는 당연히 발생할 가능성이 없다고 보아 사법상의 효력을 무효라고 선언하는 규정을 굳이 두지 않은 것이다.

이처럼 한도초과보유상황이 일반적인 주식취득 경로에서는 사실상 발생하기 어려운데, 은행법 제16조가 의결권 제한 및 처분명령규정을 둔 것은 ① 주식매매계약을 모두 이행하였으나 금융위원회가 종국적으로 한도초과보유 승인을 거부한 경우, ② 착오로 금융위원회의 승인을 받지 않은 채 한도를 초과하여 주식을 보유하게 된 경우, ③ 승인을 받아 주식을 보유하였으나 승인이 무효 또는 취소된 경우 등, 동일인이 주식 한도초과보유의 외형을 갖춘 경우를 대비한 것이라고 보아야 한다. 이와 같은 경우 승인 없이 취득한 한도초과분은 원래 무효라고 보아야 하므로, 은행법 제16조 제 1 항은 이 경우 지체 없이 한도초과분을 없애도록(법정 한도로 즉시 원상회복하도록) 요구하고, 그 원상회복 과정에서 주식을 보유하고 있는 외형으로 인해 발생할 수 있는 금융질서 교란 위험을 방지하기 위해 한도초과 즉시 그 초과분의 의결권을 행사할 수 없도록 하며, 제 2 항에서는 필요한 경우 처분명령까지 할 수 있도록 규정한 것이다. 은행법 제16조 제 1 항의 "지체 없이 그 한도 등에 적합하도록 하여야" 한다는 조항이 '원상회복 의무'를 선언한 것이라는 점은 바젤의 핵심원칙 6과 핵심기준에서도 드러난다. 즉 "지체 없이 그 한도 등에 적합하도록"이라는 문구는 바로 Basel Core Principles 6의 "reverse"라는 개념과 같은 취지의 문구인 것이다. Basel Core Principles와 은행법 제16조 제 1 항을 조화롭게 해석하면, 제15조 제 3 항의 승인이 없는 거래는 무효로서 원상회복의무를 발생시킨다. 따라서 은행법 제16조 제 1 항은 제15조 제 3 항이 강행규정이자 효력규정임을 뒷받침하는 규정으로 기능하는 것이다.

참고로 우리나라 은행법의 Basel Core Principles 반영 현황을 검토한 2014년 10월 IMF의 Financial Sector Assessment Program(이하 FSAP) 보고서에서도, 우리나라 은행법은 대주주의 지분권 양도 항목에서 요구되는 제반의 기준을 충족("Largely Compliant")하였다고 평가하였다.[57] 여기서 특히 주목하여야 할 항목은 Essential criteria 제 3 번과 제 5 번에 대한 평가이다. 우선 FSAP는 Essential criteria 제 3 번에 대한 평가에서 우리나라의 은행법이 "reverse"를 명

---

57) IMF, Republic of Korea Financial Sector Assessment Program : Detailed Assessment of Compliance on the Basel Core Principles for Effective Banking Supervision, IMF Country Report No. 14/310 (October 2014), p. 51.

문으로 규정하지 않았음을 인정하고 있다. 그럼에도 불구하고 Essential criteria 제 5 번은 다시 "reverse"를 언급하면서, 우리나라에서 실제로 정부의 승인을 받지 않고 대주주 변경을 하여 금융위원회로부터 원상회복의 조치를 당한 사례는 없다고 밝혔다. 이는 비록 명문의 규정은 없지만 은행법 제16조 제 1 항이 금융위원회에게 원상회복 등의 권한을 행사할 권한을 부여하였다는 것을 전제로, 우리나라에서 금융위원회가 실제로 "reverse"권한을 적용한 사례가 있는지 여부를 구체적으로 살펴본 것이다.

자본시장법 제23조(대주주 변경승인 등) 등 다른 금융관련 법령에서는 금융위원회의 승인을 받지 않고 주식을 취득한 경우 의결권 행사 제한과 필요시 처분명령을 할 수 있다는 점을 규정하고 있을 뿐 은행법 제16조 제 1 항과 같은 지체없이 한도에 적합하도록 하여야 할 원상회복 의무를 규정하고 있지 않음을 유의할 필요가 있다.[58] 간단히 무시해버리기에는 이 두 경우 간에 분명 차이점이 존재한다. 즉, 처분명령 제도가 있다고 해서 그것이 곧 승인 없는 한도 초과보유가 사법적으로는 유효하다는 것을 전제로 하는 것이라고 일률적으로 말하기 어렵다. 그와는 반대로, 한도초과보유분을 무효라고 보더라도 처분명령 제도는 필요할 수 있다. 예컨대, 동일인이 은행법 제15조 제 3 항의 예외적 승인을 받지 않고, 더 완화된 규제인 제15조 제 2 항의 보고도 하지 않은 채, 오랜 기간에 걸쳐 증권시장에서 주식을 매수함으로써 한도를 초과하여 주식을 보유하게 된 경우, 그 상황을 바로잡기 위하여 처분명령규정은 꼭 필요하다. 동일인이 일정한 기간에 걸쳐 증권시장에서 주식을 매집하여 금융위원회의 승인 없이 한도를 초과하여 보유하게 되는 경우에는 매도인을 알아내는 것이 사실상 불가능하여 보유자가 은행법 제16조 제 1 항에 따라 은행주식을 매도인에게 즉시 원상회복할 수가 없다. 따라서, 은행법 제16조 제 2 항의 처분명령은 이러한 상황에서 일정 기간 내에 한도초과분을 처분하도록 한 것이고, 한도초과분의 양이 상당하다면 처분으로 인해 증권시장에 미치는 충격을 줄이기 위하여 최장 6개월의 처분기간을 인정한 것으로 볼 수 있다.

---

58) 자본시장법 제23조 제 2 항은 금융투자업자의 대주주가 되려는 자가 금융위원회로부터 사전 승인을 받지 않고 주식을 취득한 경우 금융위원회는 취득한 주식에 대하여 6개월 이내의 기간을 정하여 처분을 명할 수 있고, 동조 제 3 항은 승인 없이 주식을 취득한 자는 그 주식의 취득분에 대하여 의결권을 행사할 수 없다고 규정한다.

### 3) 기존의 판례 분석에 따른 은행소유규제의 강행규정성

기존의 판례에 의하면 강행규정(효력규정)과 단속규정은 구체적으로 첫째, 법 전체의 입법취지(제 1 조에 기재된 입법목적), 둘째, 당해 규정 및 관련 규정의 취지, 셋째, 위반행위의 반사회성, 반도덕성 등을 감안하여 결정된다고 하였다.[59] 이러한 기준에 입각하여 볼 때에도 은행법상 소유규제는 강행규정에 해당한다.

첫째로, 은행법 제 1 조는 "은행의 건전성을 보호"하여 금융시장을 안정시키고 국민경제를 발전시킨다는 목적을 규정하고 있다. 그런데 은행법 제15조 제 3 항에 의하여 예외적으로 동일인의 은행 주식에 대한 한도초과보유를 인정하면서 금융위원회의 심사 및 승인 절차가 생략된다면, 이는 결국 해당 은행의 "건전성"과 금융시장 전체의 "안정성"을 저해하는 결과를 초래할 수 있다. 특히 제15조 제 3 항의 예외적 승인이 적용되는 사안이라면, 이러한 위험성은 더욱 커질 것이다. 따라서 금융위원회의 승인이 없는 경우 대상 거래의 효력을 원천적으로 무효화할 필요가 있다.

둘째로, 당해 규정인 은행법 제15조 제 3 항(단서) 및 관련 규정인 제 5 항 역시 "은행업의 효율성 및 건전성에의 기여 가능성", "은행 주주의 보유지분 분포 등"을 고려하여야 한다고 함으로써 금융위원회에게 폭넓은 심사 재량을 부여하고 있다. 개별 은행은 국민경제 및 금융시장 전체의 시스템에 악영향을 줄 수 있는 중차대한 공공재적 속성을 가지므로, 금융위원회는 단순히 당해 은행에 국한하지 않고 '은행업계' 전체의 관점에서 대상 거래의 승인 여부를 심사하여야 한다. 또한 금융위원회가 은행 주주의 보유지분 분포 등을 고려한다는 것은 거래 당사자인 매도인과 매수인 외에 다른 소수주주들의 이익이 침해되는 상황도 심사하여야 한다는 것이다. 물론 금융위원회는 소수주주 이외의

---

59) 참고로 대법원 2004. 6. 11 선고 2003다1601 판결은 "구 상호신용금고법(2001. 3. 28. 법률 제6429호 상호저축은행법으로 개정되기 전의 것) 제18조의2 제 4 호는 상호신용금고가 대통령령이 정하는 특수한 경우를 제외하고 "채무의 보증 또는 담보의 제공"을 하는 행위를 금지하고 있는바, 이는 서민과 소규모기업의 금융편의를 도모하고 거래자를 보호하며 신용질서를 유지함으로써 국민경제의 발전에 이바지함을 목적으로 하는(구 상호신용금고법 제 1 조) 상호신용금고가 경영자의 무분별하고 방만한 채무부담행위로 인한 자본구조의 악화로 부실화됨으로써 그 업무수행에 차질을 초래하고 신용질서를 어지럽게 하여 서민과 소규모기업 거래자의 이익을 침해하는 사태가 발생함을 미리 방지하려는 데에 그 입법취지가 있다고 할 것이어서 위 규정은 단순한 단속규정이 아닌 효력규정이라고 할 것"이라고 하였다.

다른 이해관계자들(예컨대, 예금자, 채권자, 중앙은행과 은행감독기구, 예금보험공사 등)도 고려하여야 한다.[60] 이렇게 은행법 제15조 제 3 항은 금융위원회에게 매우 폭넓은 재량을 인정하면서 여러 사정들을 감안할 것을 요구한다. 그럼에도 불구하고 만약 금융위원회의 승인 없이 은행 주식을 대량으로 취득하는 거래가 이루어졌다면 이 거래는 은행업계 전반과 소수주주, 예금자 등 기타 이해관계자들의 이익을 완전히 도외시하는 것이므로 그 효력을 부인하는 것이 가장 최선일 것이다.

마지막으로, 우리나라에서의 은행소유규제는 은행의 사금고화 방지 및 은산분리를 위해 사회 전체적으로 매우 중요하다. 더욱이 제15조 제 3 항은 은행업 전체의 효율성과 건전성 및 당해 은행의 소수주주들과 기타 이해관계자 그리고 공공의 이익에 미치는 영향까지 고려하도록 하고 있다. 따라서 만일 한도를 초과한 주식거래가 금융감독당국의 승인 없이 발생했다면, 그것은 미시적으로 거래당사자뿐만 아니라 거시적으로 당해 은행, 은행업계 전반, 일반 소액주주, 기타 이해관계자, 일반 대중, 궁극적으로는 국민경제 전반에 큰 영향을 줄 수 있다. 따라서 이는 당연히 반사회적인 행위로 볼 수 있는 것이다.

### (2) 금융산업의구조개선에관한법률(금산법) 제24조 제 1 항 판례와의 구분

주식의 한도초과보유에 대해 금융위원회의 승인을 받도록 하는 조항은 금융산업의구조개선에관한법률(이하 "금산법") 제24조에서도 발견할 수 있다. 그런데 판례는 동 조항이 문제된 사건에서 한도초과보유 승인 조항을 단속규정이라고 판시한 바 있다. 그렇다면 이를 은행소유규제의 한도초과보유 승인에도 그대로 적용할 수 있는지에 대해 심도 있는 분석이 필요하다.

대법원 2003. 11. 27 선고 2003다5337 판결은 "금융산업의구조개선에관한법률 제24조 제 1 항 제 1 호 및 제 3 항과 같은법 시행령 제 6 조 제 1 항의 규정 취지는 금융기관이 일정 규모 이상의 다른 회사의 주식을 소유하게 되는 경우 금융기관의 공공성에 반하여 금융기관이 아닌 다른 회사를 사실상 지배하고 관련 시장에서의 경쟁을 실질적으로 제한할 수 있으며, 또한 그 회사의 부실을

---

60) Banks must take into account a stakeholder other than the owner/shareholder. For banks, this other interest is the "public interest." Thomas C. Baxter, Jr., *Governing the Financial or Bank Holding Company : How Legal Infrastructure Can Facilitate Consolidated Risk Management*, Federal Reserve Bank of New York Vol. 9, No. 3 (March 2003), p. 3.

통하여 금융기관 자체가 부실화될 우려가 있으므로 이에 관하여 금융감독위원회의 사전승인을 거치게 함으로써 금융기관의 사기업에 대한 지배를 제한함과 동시에 관련 시장에서의 경쟁을 보장하고 금융기관의 부실화를 예방하여 자본의 충실화를 기하기 위한 것으로서, 위 규정에 위반하여 사전승인을 받지 아니한 금융기관의 주식소유행위 자체가 그 사법상의 효력까지도 부인하지 않으면 안 될 정도로 현저히 반사회성, 반도덕성을 지닌 것이라고 할 수 없을 뿐만 아니라 그 행위의 사법상의 효력을 부인하여야만 비로소 입법목적을 달성할 수 있다고 볼 수 없고, 위 규정을 효력규정으로 보아 이에 위반한 금융기관의 주식소유행위를 일률적으로 무효라고 할 경우 승인기준에 해당하여 결과적으로 위 규정에 의하여 규제될 필요가 없는 행위나 담보권 실행으로 인한 주식취득 등 불가피한 사정이 있는 행위도 단지 사전승인을 받지 않았다는 이유로 그 효력이 부인되어 주식거래의 안전을 해칠 우려가 있을 뿐만 아니라 금융기관간의 건전한 경쟁을 촉진하고 금융업무의 효율성을 높임으로써 금융산업의 균형 있는 발전에 이바지함을 목적으로 입법된 법의 취지에 반하는 결과가 될 수 있으므로, 위 규정은 효력규정이 아니라 단속규정이라고 보아야 한다"고 판시하였다.

여기서 문제된 금산법의 해당 조항은 다음과 같다.

---

금산법 제24조 (다른 회사의 주식소유한도) ① 금융기관(제 2 조 제 1 호 나목에 따른 중소기업은행은 제외한다. 이하 이 장에서 같다) 및 그 금융기관과 같은 기업집단에 속하는 금융기관(이하 "동일계열 금융기관"이라 한다)은 다음 각 호의 어느 하나에 해당하는 행위를 하려면 대통령령으로 정하는 기준에 따라 미리 금융위원회의 승인을 받아야 한다. 다만, 그 금융기관의 설립근거가 되는 법률에 따라 인가·승인 등을 받은 경우에는 그러하지 아니하다.
1. 다른 회사의 의결권 있는 발행주식 총수의 100분의 20 이상을 소유하게 되는 경우
③ 금융위원회는 제 1 항에 따른 승인을 할 때에는 해당 주식소유가 관련 시장에서의 경쟁을 실질적으로 제한하는지에 대하여 미리 공정거래위원회와 협의하여야 한다. 제 1 항 단서에 따라 인가·승인 등을 하는 경우에도 또한 같다.
금산법시행령 제 6 조 (다른 회사의 주식소유승인기준등) ① 금융위원회가 법 제24조 제 1 항에 따라 동일계열 금융기관에 대하여 승인을 할 수 있는 기준은 법 제24조 제 6 항 각 호의 기준으로 한다.

그러나 금산법에 관한 위 판결을 은행소유규제에도 그대로 원용할 수는 없다. 위 판결에서 문제가 된 것은 여신전문업체(캐피탈사)가 담보권 실행으로 부득이하게 다른 비금융회사의 주식을 취득한 예외적인 사례였다. 이 사건에서 대법원은 위와 같이 사전승인을 받지 아니한 여신전문업체의 주식소유행위가 정당한 채권자로서의 행위로서 "현저히 반사회질서성, 반도덕성을 지닌 것이라고 할 수 없"다는 점에서(즉, 강행규정이 아니라 단속규정 위반이기 때문에) 사법상의 효력을 인정한 것이다.

무엇보다도, 금산법상 한도초과보유 승인과 은행법상 한도초과보유 승인은 그 적용 국면이 전혀 다르다. ① 금산법의 경우 주식보유 주체는 금융기관들(은행, 증권사, 보험사, 기타 금융사)인데, 은행법의 경우 주식보유 주체는 금융기관으로 한정되지 않는다. ② 금산법의 경우 대상 주식과 달리 은행법의 경우 대상 주식은 일반기업의 주식과는 그 성격이 다른 은행의 주식이다. ③ 금산법 제24조는 주로 재벌이 자신의 계열사인 비은행금융기관(예: 생명보험사)을 도구로서 악용하여 산하 여러 계열회사들의 주식을 취득하게 함으로써 결과적으로 자신의 지배력을 유지/확장하는 것을 방지하려는 목적을 갖지만, 은행법은 산업자본(특히 재벌)이 직접 은행을 지배하는 것을 방지하려는 목적을 갖는다.

이처럼 금산법과 은행법이 '한도초과보유'에 대한 금융위원회의 승인을 규정하고 있는 점은 같지만, 그 규제대상이 전혀 다르기 때문에 금산법에 관한 판결을 은행법 해석에 그대로 적용할 수는 없다. 은행법은 금융위원회로부터 예외적 승인을 받지 않은 한도초과보유 자체를 원천적으로 금지함으로써 은행의 건전성을 저해하는 요소를 강력하게 차단하려는 목적을 갖는다. 다른 금융 관련 법령들이 증권, 보험사 등의 금융기관에서 비금융회사인 대주주의 존재를 당연히 예정하고 있지만, 이와 반대로 은행법은 은산분리라는 핵심적인 정책기조하에 비금융회사인 대주주의 존재를 원칙적으로 엄격히 부정하여 왔다. 은행법이 이와 같이 은산분리를 주된 정책기조로 운영해 왔고 이를 위해 강력한 소유규제를 규정한 것을 보면 은행법상의 한도초과보유 승인은 강행법규이자 효력규정에 해당한다. 따라서 금산법상의 판결을 원용하면서 은행법상의 한도초과보유 승인을 단속규정으로 보고 승인 없는 한도초과보유를 유효하다고 주장하는 것은 타당하지 않다.

## 4. 결    론

　　인터넷전문은행의 도입과 은산분리 정책의 완화 내지 폐지는 전혀 관련이 없다. 왜냐하면 인터넷전문은행 설립 및 운영에 관한 특례법상의 인터넷전문은행과 은행법상의 은행은 그 본질이 전혀 다르기 때문이다. 우리나라 은행법의 모델을 제공한 미국에서도 상당수의 인터넷전문은행이 설립되었지만, 미국의 금융감독당국이 인터넷전문은행을 인가해 주기 위해 은산분리 정책을 완화하지도 않았고 관련법규인 은행지주회사법과 Regulation Y를 개정하지도 않았다. 미국에서 지금도 산업자본이 인터넷금융에 진출할 수 있는 유일한 방법은 인터넷산업대부회사의 설립뿐이다.

　　우리나라에서 금융위원회로부터 사전승인을 받지 않은 상태로 은행법 제15조와 제16조의2에서 규정된 한도를 초과하여 주식을 취득할 수는 없다. 그리고 가사 동 조항들을 위반한 경우 그 사법상의 효력은 무효인데, 이는 바젤위원회 핵심원칙 6의 reverse와 동일한 것이다. 저자는 은행법 제 1 조의 목적과 은산분리 정책의 역사 및 은행소유규제의 전반적인 취지 등을 종합적으로 고찰한 후 은행법상 소유규제는 강행법규에 해당한다고 보았고, 금융위원회의 승인을 받지 않은 법정한도 초과의 주식거래는 반사회적인 행위에 해당한다는 점을 논증하였다. 그리고 금산법상 금융위원회의 한도초과보유 승인 조항과 은행법상 금융위원회의 한도초과보유 승인 조항은 전혀 성격을 달리하는 것이므로, 금산법상의 승인을 단속조항이라고 한 판례가 은행법상의 승인에 대해서는 그대로 적용할 수 없음을 주장하였다. 따라서 가사 금융위원회의 승인 없이 한도를 초과하여 주식을 보유하게 된 산업자본이 그 보유의 사법적 효력을 주장하며 매수인을 물색한 후 동 주식의 매각을 감행할 수는 없다. 극히 예외적으로 금융위원회로부터 승인을 받지 않은 상태로 한도초과주식을 보유함으로써 충족명령, 의결권 행사 정지명령과 처분명령을 받게 될 대주주는 비록 매수인의 자격에 하자가 없더라도 자신의 보유주식을 매각할 수 없다. 그리고 금융위원회의 처분명령은 본질적으로는 원상회복명령에 해당한다.

## Ⅳ. 향후 은산융화를 허용할 경우 금융정책상의 쟁점사항[61]

### 1. 은산융화의 정당화 논거

#### (1) 책임경영체제의 확립

일반적으로 은행고객들은 경영상태가 좋고 유동자금이 풍부한 은행과 거래하려고 한다. 왜냐하면 양호한 경영상태와 충분한 지급여력의 확보란 당해 은행의 파산위험성이 매우 낮은 징표로 작용하기 때문이다. 더욱이 자금력이 풍부하고 신뢰성이 있는 최대주주가 존재하면서 은행경영진에 대해 적절한 감독을 행한다면, 국내 예금자나 일반채권자들의 신뢰는 더욱 견고해질 것이다. 2019년 현재, 우리나라에서 안정적인 대주주가 존재함으로써 책임경영체제가 구축된 은행은 외국계 은행(SC제일은행, 시티은행)으로만 제한된다. 다른 국내 은행들은 모두 은행지주회사에 편제되어 있는데, 은행지주회사도 금융지주회사법상 은행과 마찬가지의 소유제한 규제를 받고 있으므로 대주주가 존재하지 않는다는 점에서 금산분리의 정책에 갇혀있는 셈이다. 한편 인터넷전문은행은 은행법상의 은행이 아니고 별도의 특별법에 따른 금융기관으로 34%의 최대소유 상한규제를 받으므로 여기서 논하는 은행과는 차별화된다.

종래 은행산업에 있어서 책임 있는 최대주주가 존재하지 않음으로써, 경영진들은 주주들에게 은행 영업중 발생한 중요한 정보를 정확하게 공시하지 않는 상황이 비일비재하였고, 이러한 정보의 비대칭문제는 대리인비용을 증가시켜 왔다. 따라서 은행지주회사나 은행이 대리인비용을 줄이고 경영진의 책임경영체제를 확립할 수 있는 대안으로써, 내국인에 대한 동일인의 지분보유한도를 완화함으로써 산업자본의 은행지주회사나 은행의 지분 보유비율을 확대하여야 한다는 논의도 일응 정당화될 수 있다고 본다.

#### (2) 내국인에 대한 逆差別의 해소

과거 상장 은행지주회사나 상장 은행에 있어서 외국인 지분율을 보면, 외국인이 은행지주회사나 은행의 주식을 소유함에 있어서 내국인보다 차별적으로 우대받아 오지 않았나 하는 느낌이 든다. 물론 IMF 금융위기 직후의 상황

---

61) 다음은 김용재, "산업자본의 은행소유와 관련한 법적 쟁점,"「증권법연구」제 2 권 제 2 호, 2001, 203-243면의 내용을 수정·보완한 것이다.

과 비교하면, 외국인의 지분율은 많이 축소된 편이다. 다음의 [표 3-3]은 2001
년부터 최근까지 우리나라 주요 은행지주회사의 외국인 지분율 추이를 나타낸
것인데, 모든 은행지주회사들의 외국인 지분율이 상당히 높다는 점을 확인할
수 있다.

[표 3-3] 주요 상장 은행지주회사의 외국인 지분율 추이

| 은행 | 2001년 5월 | 2005년 8월 | 2017년 12월 |
|---|---|---|---|
| KB금융 | 58.15% | 85.09% | 69.39% |
| 하나지주 | 32.17% | 75.74% | 74.03% |
| 신한지주 | - * | 64.73% | 68.87% |
| 우리은행* | 0% | 12.32% | 27.25% |

* 우리은행은 2018년 우리금융지주사로 다시 전환하였는데, 2019년 3월말 현재 우리금융지
  주의 1대주주는 예금보험공사(18.32%), 2대주주는 국민연금(8.37%), 3대주주는 우리사주
  조합(6.45%)으로서 내국인의 지분율이 높기 때문에 외국인의 지분율이 낮음을 알 수 있다.

   IMF 금융위기 이후 외국인 지분율이 증대된 이유는 외국인 자본을 유치함
으로써 국제금융시장에서 은행들의 신뢰를 회복하기 위하여 1998년 은행법 개
정으로 외국인들에게 매우 우호적인 규제환경을 조성하였기 때문이다. 그러나
2003년부터 2011년까지 외환은행의 대주주였던 론스타펀드에게 거액의 이익
배당이 이루어지고 외국인 최고 경영진들에게 stock option 등 고액연봉이 지급
됨에 따라 과연 이렇게 편면적인 우대의 결과 발생하는 자본유출을 국민정서
적으로 용인할 수 있는가에 대해 지속적인 의문이 제기되어 왔다.

## 2. 은산융화를 허용할 경우 발생가능한 장점

### (1) 비용과 수익에 있어서의 시너지효과 실현

### (가) 규모의 경제

   산업자본이 은행지주회사나 은행을 인수함으로써 규모가 증대되고 서비스
의 평균산출비용이 감소한다면 규모의 경제가 발생할 수 있다. 이러한 비용절
약의 결과 금융소비자에게 이익이 전가된다면, 종국적으로 은행지주회사나 은
행과 고객 兩者는 이익을 향유하는 셈이 되는 것이다.[62] 또한 산업자본이 인수

---

62) 이를 수익에 있어서의 시너지효과 실현이라고 한다. Anthony Saunders, *Banking and
   Commerce: An Overview of the Public Policy Issues*, 18 Journal of Banking and Finance 231,

한 은행지주회사나 은행에 대하여 추가적인 자본의 증가를 가져오는 조치를
취함으로써 거대한 은행지주회사나 은행을 유지할 수 있다면, 은행산업에 있어
서 효율적인 생산을 가져온다고 할 수 있다.[63] 외국의 실증분석을 보더라도,
대주주가 지배하는 은행이 다수의 소수지분으로 분산되어 상호소유의 형태로
되어 있는(즉, 지배주주가 없는) 은행보다 비용의 측면에서 더욱 큰 규모의 경제
를 실현하였다고 한다.[64]

### (나) 범위의 경제

범위의 경제란 은행이 혼합된 상품을 제공할 경우 비용에 미치는 영향에
대해 분석하는 것이다. 즉 어떠한 은행이 적정하고 효율적인 배합으로 종래 상
호 독립된 2개 이상의 회사가 산출하던 복수의 상품을 費用節約的으로 산출할
수만 있다면, 동 은행이 제공하는 복수의 상품간에는 범위의 경제가 실현되었
다고 할 수 있는 것이다.[65] 여기서 가장 중요한 비용절감의 원천은 다양한 산
출물에 대한 효율적인 투입물의 共有로부터 생성된다. 그런데 은행산업에서 과
연 이러한 비용측면에서의 범위의 경제가 실현될 수 있는지에 대해 부정적인
견해도 있다. 즉 은행산출물의 범주를 확대함으로 인하여 실현되는 범위의 경
제란 비용적 측면에서 대출 상품과 수수료 수입 상품간에는 존재하지 않고, 설
령 범위의 경제가 존재한다고 하더라도 업무연계와 업무의 다각화에 대한 규
제상의 제약 때문에 은행의 경영진들이 적정수준의 비용절약조치들을 취하지
못한다는 것이다.[66] 그러나 비록 공급측면에서 범위의 경제가 실현되지 못한
다고 하더라도, 은행 임·직원의 상시교육체제와 신규기술투자를 통하여 수익
이 증대될 경우에는 수입측면에서 상당한 범위의 경제가 실현될 수도 있기 때

---

232-233 (1994) [이하 Saunders라고 함].

63) 은산융화의 문제는 은행지주회사나 은행 모두에게 공통된 것이지만, 이하에서는 편의상 은
행으로만 논의를 축소하기로 한다.

64) Loretta J. Mester, *Testing for Expense Preference Behavior: Mutual versus Stock Savings and
Loans*, Rand Journal of Economics Vol. 20 No. 4, 483, 496 fn. 24 (winter 1989)에서는
"[w]hile stock S&Ls are operating at efficient output levels and combinations, mutual S&Ls are
operating with significant diseconomies of scope … this effect would lead to mutual S&Ls
operating at inefficient scale rather than scope"라는 결과를 보고한 바 있다.

65) Jordi Canals, *Universal Banking − International Comparisons and Theoretical Perspectives*,
103 (1997) [이하 Canals라고 함].

66) Loretta J. Mester, *Traditional and Nontraditional Banking: An Information − Theretic
Approach*, 16 Journal of Banking and Finance 562 (1992).

문에 상기의 反論이 반드시 적절하지는 않다고 생각한다.

### (다) 교차판매를 통한 추가 수익원의 창출

산업자본이 은행을 소유할 경우, 은행과 산업제휴회사간 交叉販賣能力으로 인하여 추가 수익원이 창출된다. 예를 들어 은행은 산업자본주가 소유한 TV 네트워크를 통하여 당해 은행상품을 광고·판매함으로써 수익을 극대화할 수 있는 것이다. 마찬가지로 상사회사도 제휴은행이 제공하는 금융서비스를 교차판매함으로써, 추가수익원의 창출 등 효율성 증대효과를 향유할 수 있다. 따라서 효율적으로 산출된 금융서비스를 교차판매할 수만 있다면, '산업자본과 금융자본이 혼합된 그룹'(commercial firm-bank conglomerates, 이하 '복합그룹')의 전체소득은 증대될 것이다. 실례로서 독일과 영국에서는 복합그룹의 교차판매 행위나 판매촉진행위 등을 엄격하게 금지하지 않기 때문에, 양국의 은행들은 자회사를 통하여 보험상품을 교차판매함으로써 수입측면에서의 시너지 효과를 최대한 실현하였다고 한다.[67]

한편 고객의 입장에서 당해 복합그룹과 거래를 개시하기 전에는 은행자회사가 제공하는 서비스의 가격과 종류에 대하여 전혀 알지 못하였을 수도 있다. 더욱이 상당수의 고객들은 금융거래처에 대한 모색비용과 거래비용을 최소화하기를 원할 것이다. 이때에는 복합그룹과 거래를 개시함으로써, 고객도 이익을 향유하게 된다. 왜냐하면 고객으로서는 단일복합그룹이 판매하는 재화 및 금융서비스에 대하여 대가로 지급하는 최종가액(예: 자동차구입비, 자동차에 대한 대출비용 및 자동차보험료)이, 복수의 독립된 판매상에 대하여 지급하는 대가의 합계액에 비하여 모색비용과 거래비용을 줄일 수 있으므로, 그 差額 상당의 이익을 얻을 수 있기 때문이다.

일반적으로 일반 상사회사가 금융서비스를 교차판매하는 형태가 은행이 일반 상사회사의 제품을 교차판매하는 형태보다는 훨씬 시장에서의 적응력이 높다고 한다.[68] 왜냐하면 은행의 광범위한 지점망이 도·소매상에게는 이상적인 제품판매망으로 활용될 수도 있으나, 일단 상사제품을 판매한 이후 은행이 적절한 사후서비스를 제공할 수 있을지는 극히 불투명하기 때문이다. 물론 사후 서비스를 제공할 필요가 전혀 없는 상사제품의 경우, 은행이 교차판매

---

67) Saunders, p. 235.

68) *Ibid.*

를 통하여 시너지효과를 얻을 수 있겠지만 이러한 상품의 종류는 매우 한정되어 있다.

### (2) 제품·판매지역의 다각화

복합그룹이 산출하는 복수의 제품간에는 純利益·費用간에 상호 영향을 미치지 않으므로, 하나의 제품만에 特化하는 경우보다 안정적인 收益을 얻을 수 있다(이를 非關聯多角化에 따른 이익이라고 한다). 즉, 자동차산업에 상당한 투자를 한 일반 상사회사는 경기침체의 여파로 자동차 판매가 급속히 감소한다고 하더라도, 만일 은행을 자회사로 갖기만 한다면 은행의 금융상품과 서비스는 경제침체에 영향을 덜 받기 때문에 은행을 자회사로 보유하지 못한 타 경쟁업체에 비하여 상대적으로 우월할 것이다. 또한 명목이자율이 상승할 경우 은행부문에 대한 투자에서 잠재적인 손실이 발생할 수도 있지만, 자동차산업이 이자율변동에는 영향을 덜 받기 때문에 일반 상사부문에 대한 투자수익으로 은행부문의 손실을 상쇄시킬 수도 있다. 한편 점차적으로 산업경기가 쇠퇴하는 지역에서 주된 영업을 하는 상사회사의 경우, 금융수요가 급증하는 신규시장(예: 신설도시)의 은행을 인수함으로써 지역다각화에 의한 막대한 이익을 얻을 수도 있다. 미국에서는 은행지주회사가 번성한 이유 중의 하나로 이러한 지역다각화에 의한 이익을 들고 있기도 하다.[69]

제품·판매지역의 다각화로 인하여 복합그룹의 순이익이 증대되었다는 사실은 불완전한 자본시장의 투자자들로부터 매우 긍정적인 평가를 받을 요소이다. 왜냐하면 이러한 불완전시장에서는 '투자자들 자신의 위험다각화전략'(homemade diversification strategy)만으로 적절한 위험의 분산관리를 하여 완전한 다각화의 이익을 기대할 수 없기 때문이다. 여기서 자본시장이 좀 더 완전하고 결함이 없다고 한다면, 복합그룹의 다각화전략으로 인하여 투자자들이 얻는 이익은 매우 미소할 것이다. 그러나 오늘날 어느 국가에서이건 완전경쟁의 결함 없는 자본시장이란 존재할 수 없기 때문에, 결국 兩 資本의 결합으로 인한 다각화의 이익은 개별 투자자의 이익증대로 직결될 것이다. 더욱이 다각화의 결과로서 이전보다 훨씬 안정적인 금융시스템이 구축된다고 한다면, 금융감독당국은 兩 資本의 結合을 복지의 증대요인으로 간주할 것인바,

---

69) Robert A. Eisenbeis *et al.*, *Benefits of Bank Diversification: The Evidence from Shareholder Returns*, The Journal of Finance Vol. 39 No. 3, 881, 891-892 (July 1984).

이는 사회전체적으로 이익이 증대된다는 것을 의미한다.[70]

### (3) 신규자본의 유입에 따른 공공부담의 해소

1990년대 중반 이후 우리나라의 은행들은 거액의 기업대출금 未償還에 따른 대규모 대손충당금의 적립으로 인하여, 국제결제은행이 요구하는 최소자기자본금요건도 충족하지 못하는 사태가 발생하기도 하였다.[71] 그런데 금융자본의 위축을 해소하는 가장 손쉬운 방법 중의 하나가 산업자본의 은행소유를 전면적으로 허용함으로써 은행에 대한 신규자본의 원천이 되게 하는 방안이다. 이렇게 규제를 완화할 경우 공공재정 및 사회복지적 측면에서 긍정적 영향을 가져올 수 있다. 즉 산업자본으로 하여금 은행지분을 소유하게 함으로써, "不實銀行들에 대한 공적 자금의 투입 – 경영진의 도덕적 해이로 인한 재무구조의 악화 – 공적 자금의 재투입"이라는 악순환을 단절시킬 수 있는 것이다. 그 결과 정부의 재정적인 압박이 완화될 뿐만 아니라, 대규모의 공적 자금을 조성하기 위하여 사적 부문의 채권시장에서 자금을 조성함에 따른 이자비용의 부담을 털어버릴 수 있다.[72] 더욱이 장래의 조세부담자로부터 현재의 예금자에게로 '世代間 富의 移轉'(intergenerational wealth transfer)이 이루어지는 것을 미연에 방지할 수 있다. 사실 이러한 부의 이전은 형평의 견지에서도 부적절한 것인바, 장래의 조세부담자로 하여금 현재 은행산업의 구조적인 문제점에 대해 책임을 지라고 하는 것은 불합리하기 때문이다.

### (4) 회사지배시장의 활성화와 대리비용의 절감

금융자본과 산업자본의 분리는 자본시장의 양극화(dichotomy)를 초래할 수 있는바, 各 産業部門에 있어서 현존하는 경영진의 비효율성을 묵과한 채로 첨단경영기법의 이전을 제약하는 결과를 야기한다.[73] 즉, 현존하는 경영진이 회사를 비효율적으로 운영할 경우, 同社는 종국적으로 좀 더 효율적인 소유자나 경영진으로부터 기업인수의 대상으로 부각될 것이다. 그러나 산업자본과 금융

70) Saunders, p. 236.
71) 박수진, "부실銀에 5조 6천억원 29일 투입 … 예보, 주식매수대금 포함," 한국경제신문 (2000. 12. 29).
72) 우리나라에서는 예금보험공사가 발행한 예금보험기금채권을 부실은행들이 7년 만기 변동금리부 사채로서 公衆에게 매각한 후, 그 매각대금을 다시 부실은행들에 출자하는 형식을 취하고 있다. 상게 기사 참조.
73) Saunders, p. 237.

자본 상호간 인수를 할 수 없게 하는 규제가 존재한다면, 이러한 규제는 결국 무능력하고 비효율적인 경영진을 보호하는 셈이 되고 대리비용을 증대시키는 결과를 초래할 것이다. 이에 반하여 兩 資本間 상호인수가 허용되는 시장에서는, 현존하는 경영진으로 하여금 회사를 효율적으로 운영하도록 촉구하는 유인책이 존재하게 된다. 왜냐하면 비효율적인 경영의 징조가 보일 경우 언제든지 인수대상이 될 수 있고, 그 결과 경영진은 사실상 해임되는 것과 마찬가지의 효과가 나타날 것이기 때문이다.

혹자는 제2차 세계대전 이후 독일과 일본경제가 급속히 성장한 주요 원인으로, 금융자본과 산업자본의 직접적인 연계에 따른 은행의 대리비용절감(정보취득비용의 절감)과 신용배분결정의 정확·신속성을 들고 있기도 하다.74) 정보의 불완전성과 비대칭으로 대변되는 현대경제사회에 있어서 은행은 일종의 대리인으로서 감시기능을 수행하면서 자금을 필요로 하는 회사에게 신용공여를 하는 본연의 역할을 수행하여 왔다. 사실 신용공여과정중 은행은 準內部者(quasi-insider)로서 특권을 부여받게 되고 동 회사에 대하여 많은 정보를 知得하게 된다. 그런데 은행이 어떠한 회사에 대하여 채권뿐만 아니라 주식까지 소유할 경우에는, 단순히 특권을 부여받은 채권자보다 정보보유의 측면에서 더욱 회사사정을 잘 아는 내부자가 될 것임은 이론의 여지가 없다. 이때에는 회사가 수행하려는 사업에 대해 더욱 막강한 감시기능과 지배력을 행사할 수 있다. 이렇게 완전한 內部者로서의 지위를 취득함으로써 정보유입을 내부화(internalize)하여 완전한 정보취득이 가능케 된 은행은, 더욱 효율적이고 시기적절한 신용공여의 결정을 내릴 수 있는 것이다. 한편 은행과 연계된 회사는 극심한 신용경색기에도 유동성의 위기를 상대적으로 덜 받을 수 있고, 투자결정에 있어서 좀 더 자유로울 것이다.

## 3. 은산융화를 허용할 경우 발생가능한 폐해

### (1) 경제력집중과 독점의 폐해

산업자본의 은행인수를 허용할 경우 소수의 재벌들에게 경제력이 더욱 집중됨에 따라 독점의 폐해가 나타날 수 있다. 즉 이러한 복합그룹들이 독점적 지위를 악용하여 경쟁업체에 대한 신용공여의 제공을 거절하는 한편, 금융소비

---

74) Canals, pp. 62-72.

자들에게는 낮은 수신이자율과 높은 여신이자율을 적용함으로써 독점적 이윤
만을 추구할 가능성이 높은 것이다. 이러한 이유로 '독점규제 및 공정거래에
관한 법률'과 금융지주회사법에서는 은행과 일반 상사회사간의 합병에 대하여
은행과 은행 혹은 상사회사와 상사회사간 합병보다 훨씬 엄격한 제한을 가하
고 있는 것이다.75)

### (2) 이해상충행위의 증대 위험성

산업자본이 은행을 소유할 경우 다음 네 가지 형태로 이해의 상충문제가
발생할 수 있다. ① 은행은 자신과 연계되는 제휴회사와 경쟁관계에 있는 업체
에 대하여 신용공여의 제공을 거절하는 한편, 제휴회사에 대하여는 우대조건부
신용공여를 제공할 수 있다. ② 은행이 고객에게 신용공여를 하는 조건으로 제
휴회사의 상품에 대한 매입을 강요할 수 있다. ③ 은행은 도산의 위기에 처한
상사제휴회사에 대하여 정상적인 영업으로 복귀할 수 있도록 무차별 신용공여
를 할 수 있다. ④ 은행이 은행업 영위중 취득한 고객에 관한 귀중한 비밀정보
를 제휴회사에게 제공할 수 있다.76)

### (3) 은행에 대한 우회적인 건전성 침해위험

산업자본이 은행을 소유할 경우 건전성이 침해될 수 있는 태양은 다음의
네 가지인바, 직접적으로 은행을 소유하기보다는 간접적으로 은행지주회사를
소유하면서 우회적으로 은행의 건전성을 침해할 가능성이 있다. ① 자회사인
은행은 모회사인 지주회사가 제공한 역무에 대하여 지나치게 높은 대가를 지
급하도록 요구받을 수 있다. 이렇게 과도하게 지급된 대가는 최종적으로 은행
지주회사의 소유주인 산업자본주에게로 이전될 것이다. 또한 은행은 지주회사
로부터 과도한 이익배당의 요구를 받을 수도 있다. 마찬가지로 동 이익배당금
은 최종적으로 산업자본주에게 귀속될 것이다. ② 不良資産이 지주회사나 제휴
회사로부터 은행에게로 이전될 수도 있다. ③ 제휴 상사회사나 지주회사에서
발생한 惡材가 은행예금주들과 대출고객들에게 부정적인 영향을 미칠 수 있다

---

75) 예를 들어 '독점규제 및 공정거래에 관한 법률' 제 8 조의2 제 2 항 제 4 호·제 5 호에서는
    일반지주회사와 금융지주회사를 구분한 후 상호간의 업무영역확대를 금지하고 있으며, 금융
    지주회사법 제 2 조 제 1 항 제 1 호에서는 금융지주회사가 금융업과 밀접한 관련이 없는 회사
    에 대하여 주식을 소유할 수 없음을 규정하고 있다.
76) Canals, p. 130; E. Gerald Corrigan, *The Banking-Commerce Controversy Revisited*, Quarterly
    Review Federal Reserve Bank of New York 1-13 (Spring, 1991).

(소위 contagional effect, 전염효과).  ④ 지주회사체제를 통한 상사회사와 은행간의
연계로 인하여 은행의 법인격 독립에 대한 의구심이 심화될 수도 있다.[77]

## 4. 은산융화시 보완하여야 할 법규개정사항

### (1) 산업자본주에 대한 '힘의 원천의 원칙'의 강화

전통적인 회사법상의 유한책임원칙에 의할 경우, 주주(개인주주와 법인주주
를 망라)는 자신의 투자액을 초과하여 회사의 채무에 대한 추가적인 책임을 분
담할 이유가 없다. 더욱이 자신이 투자한 회사의 지급여력을 보증할 의무도 없
다. 그러나 은행산업에 있어서는 예금부보체제로 인하여 이러한 유한책임법리
를 고수할 수 없는 상황이 발생할 수 있다. 왜냐하면 은행의 주주들은 유한책
임의 이익을 향유하면서 높은 투자수익을 얻기 위하여 은행으로 하여금 위험
한 사업에 뛰어들게 하려는 동기를 갖는 반면, 동 사업의 결과 은행이 도산한
다고 하더라도 추가적인 손실에 대해서는 예금보험공사로 전가하려는 동기를
갖기 때문이다.[78] 이러한 우려로 인하여 미국의 금융관련법규와 금융감독당국
은 1987년 은행자회사의 재정적인 건전성을 책임지는 지주회사로 하여금 특수
한 경우에는 유한책임의 법리에서 일탈하여 추가적인 부담을 지우도록 힘의
원천의 원칙을 도입하게 된 것이다.[79] 미국에서는 힘의 원천의 원칙을 도입한
이후 동 원칙의 파장이 너무도 중대하였기 때문에, 종래 그 적법성에 관한 논
란이 끊임없이 제기되어 왔다.[80]

미국은 1999년 금융서비스현대화법의 제정으로 그 적법성을 둘러싼 논란
에 종지부를 찍었는바, 동법 제730조에서는 힘의 원천의 원칙에 관한 정의규정

---

77) United States Department of Treasury, *Modernizing the Financial System − Recommendations
   for Safer, More Competitive Banks*, 56-61 (February 1991) [이하 *Modernizing the Financial
   System*].

78) 지주회사의 고양된 책임에 대한 정당화기준으로 ① Hungry Wolf 가설과 ② 규제당국의 역
   할감소가설이 있다. ①설에 의하면 금융지주회사는 본질적으로 과다한 배당금의 인출, 불량
   자산의 강제인도 등의 형태로 은행자회사를 희생양으로 만들고자 하는 동기를 갖고 있다고
   한다. ②설은 금융지주회사가 은행자회사의 일상적인 경영에 대하여 지배력을 행사하기 때문
   에, 규제당국보다 감시의 측면에서 우월한 지위에 서 있음을 강조한다. Howell E. Jackson,
   *The Expanding Obligation of Financial Holding Companies*, 107 Harv. L. Rev. 507, 584-599
   (1994).

79) Patricia A. McCoy, *Banking Law Manual* § 4.05 (2nd ed., 2000. 3).

80) 참고로 1990년의 MCorp 사건은 가장 대표적인 예라고 할 수 있다. *MCorp Fin., Inc. v.
   Board of Governors*, 900 F.2d 852 (5th Cir. 1990), *rev'd on other grounds*, 502 U.S. 32 (1991).

을 둠으로써 동 원칙의 적법성을 선언하고 있다. 즉, 적법한 절차에 의하여 은행자회사가 자본잠식상태임이 판명되고 적기시정조치의 대상이 된다면, 금융감독당국이나 법정관리인이 금융지주회사를 상대로 자산이전명령을 발할 수 있는바, 아무도 그러한 명령의 적법성에 대하여 법원에 소송을 제기할 수 없음을 명시하고 있는 것이다.[81] 한편 금융서비스현대화법 제112조는 업무영역이 다각화된 금융지주회사의 경우 연방준비이사회(FRB)가 동 금융지주회사로 하여금 재정적으로 곤경에 처한 은행자회사를 구제하기 위하여 증권자회사나 보험자회사로부터 자금의 이전을 요구할 수 있는지에 대하여 부정적인 입장을 견지하고 있다. 즉 제112조에서는 (a) 이전대상이 되는 자금이나 자산이 제휴보험사나 제휴증권사 혹은 제휴투자회사로부터 제공되는 것이고, (b) 연방준비이사회로부터 통지를 받은 후 각 제휴회사의 관련감독기관(각 주의 보험감독청이나 SEC)이 서면으로 동 자금이나 자산의 투입으로 인하여 제휴회사의 자산건전성이 중대한 침해를 받을 가능성이 있다는 점을 권고한 경우에는, 연방준비이사회는 금융지주회사에게 자본증대조치를 취하도록 요구할 수 없음을 명시하고 있다. 이러한 권고를 받은 경우, 연방준비이사회는 금융지주회사로 하여금 180일 내에 동 은행자회사를 매각할 것을 명할 수 있고, 매각이 완료될 때까지 경영에 관한 제약을 과할 수 있다.[82]

우리나라에서도 2000년 6월 금융지주회사법 제정을 위한 공청회에서 모든 참석자들이 금융그룹차원의 건전성을 감독한다는 견지에서 미국에서 시행하는 힘의 원천의 원칙을 전면적으로 도입하여야 한다는 주장에 이의를 제기하지 않았다.[83] 이러한 취지에서 금융지주회사가 은행자회사로부터 받아들이는 배당금이 지나치게 커서 자회사의 건전성을 위협하지 않도록 배당금에 관한 규제가 명시되었고,[84] 금융그룹의 특정 기업에 불리한 내부거래를 막기 위해서 시장가격에 의한 내부거래여부를 사전에 확인하는 내부감사시스템의 작동을 의무화하도록 관련법규의 개정이 제안되었다. 힘의 원천의 원칙을 규정한 금융

---

81) Gramm-Leach-Bliley Act of 1999, 106th Cong., 1st Sess. § 730 (amending 12 U.S.C. § 1828).

82) Gramm-Leach-Bliley Act of 1999, 106th Cong., 1st Sess., § 112(a) (to be codified at 12 U.S.C. § 1844(g)(a)), § 112(b) (amending the Federal Deposit Insurance Act to add new Sections 45(a), (c)).

83) 지동현, 「공청회 자료 ─ 금융지주회사 제도 개선 방향」, 한국금융연구원 14면 (2000. 6. 15) [이하 지동현].

84) 금융지주회사법 제50조 제 2 항.

지주회사법 제50조의 법문은 다음과 같다.

---

제50조 (경영지도기준)  ① 금융지주회사는 자기자본을 충실히 하고 부채와 현금흐름 등을 적절히 관리하며, 자회사 등에 대한 경영관리를 통하여 금융지주회사 등 전체의 경영건전성을 확보하여야 한다.

② 금융지주회사는 경영의 건전성을 유지하기 위하여 다음 각호의 사항에 관하여 대통령령으로 정하는 바에 따라 금융위원회가 정하는 경영지도기준을 준수하여야 한다.

1. 금융지주회사와 그 자회사 등의 재무상태에 관한 사항
2. 금융지주회사와 그 자회사 등의 경영관리상태에 관한 사항
3. 그 밖에 경영의 건전성 확보를 위하여 필요한 사항

③ 금융위원회는 금융지주회사가 제 1 항에 따른 경영지도기준을 준수하지 아니하는 등 경영의 건전성을 크게 해할 우려가 있다고 인정되는 때에는 경영개선계획의 제출, 자본금의 증액, 이익배당의 제한, 자회사 주식의 처분, 상각형 조건부자본증권 또는 전환형 조건부자본증권의 발행·보유 등 경영개선을 위하여 필요한 조치를 명할 수 있다.

---

금융지주회사법 제50조를 입법취지에 맞추어 조화롭게 해석한다면, 예를 들어 제 3 항에서 규정하는 금융지주회사의 자본금증액 의무는 금융지주회사의 자본결손뿐만 아니라 자회사의 자본결손의 경우에도 직접 적용됨을 알 수 있다. 왜냐하면 제 2 항의 1호에서는 금융지주회사가 자신의 재무상태뿐만 아니라 자회사의 재무상태에 대해서도 경영지도기준에 맞추어야 함을 명시하고 있기 때문이다. 이에 따라 금융지주회사감독규정 제25조는 연결기준에 의한 금융지주회사의 자기자본비율을 Basel Ⅲ에서 요구하는 비율 이상 유지하도록 규정하고 있다.[85] 만일 산업자본주가 금융지주회사를 이용하여 과다한 배당금의 인출이나 불량자산의 강제인도 등의 형태로 은행자회사를 희생양으로 삼는다면 즉각 힘의 원천의 원칙이 발동될 것이다.

---

[85] 2000년도 입법 당시 도입에 이견이 없었던 힘의 원천의 원칙은 그 본질이 잠시나마 왜곡되어 운영되기도 하였다. 즉 舊금융지주회사감독규정 제25조에서는 필요자본에 대한 자기자본비율 100분의 100 이상 등을 유지하여야 할 대상으로서 금융지주회사만을 규정하고 있을 뿐, 자회사나 연결기준에 대한 언급이 전혀 없었던 것이다. 만일 이와 같은 규정이 존속하였다면 자회사가 자본잠식 등 위험에 빠진다고 하더라도 금융지주회사는 유한책임의 법리를 벗어나는 추가출자의무를 전혀 부담할 필요가 없다는 이상한 결론에 도달하게 된다. 이렇게 입법취지를 오해하였던 舊감독규정은 저자의 지적에 따라 현재의 규정과 같이 변경되었다.

## (2) 예금보험제도의 정비

개별국가가 법규로 운영하는 예금보험체제의 본질적인 존재의의는 예금자의 동시다발적인 대량의 예금이탈을 방지함으로써 금융체제의 유동성위기를 극복하려는 데 있다. 그런데 산업자본의 은행 소유를 허용할 경우, 은행에 대한 법규상의 예금부보('명시적인 예금부보')의 혜택이 일반 상사부문에까지 확대될 위험성이 있다.[86] 즉 예금부보를 받는 은행이 시장이자율보다 低利로 제휴상사회사에게 대출을 감행한다면, 사실상으로 안전망의 혜택이 제휴회사에게로 이전되는 결과가 야기될 수 있는 것이다. 더욱이 모든 은행에 대한 保險料率이 동일한 기준에 의하여 산정되는 것이라면, 예금부보의 확대위험성은 더욱 증폭된다.[87] 왜냐하면 동일한 보험요율을 부과하는 체제에서, 상대적으로 도산의 위험이 낮은 건전한 은행들로부터 징수된 보험료가 산업자본주의 私金庫로 전락되어 도산의 위험이 높은 은행을 지원하는 결과를 야기하기 때문이다. 이때 산업자본주가 지배하는 은행은, 비록 도산된다고 하더라도 명시적으로 예금부보의 혜택을 받는다는 점과 높은 도산의 위험에도 불구하고 저율의 보험료만 지급하면 된다는 점에서, 경영을 방만히 하는 도덕적 해이의 상태에 빠질 위험성이 크다.[88]

한편 예금부보의 이전 및 확대가능성은 예금의 일부만을 보장하는 법체계에서도 발생할 수 있다.[89] 왜냐하면 법규에 예금부보의 상한선이 명시되어 있더라도, 만일 금융감독당국이 大馬不死(too-big-to-fail)의 정책기조를 유지하려고 한다면, 상한선을 무시한 채 예금전액을 부보하려고 할 것이기 때문이다('묵시적인 예금부보'). 이때에는 대마불사를 토대로 한 공적 보조의 수혜자가 복합그룹의 産業資本主일 수 있다. 그 결과 법에 의하여 명시적으로 보호되는 소액예금자들과 마찬가지로, 은행의 거액 예금주들뿐만 아니라 상사회사의 채권자들과 회사채보유자들도 동일한 수준의 사실상의 보호를 받게 된다. 결국 시장에 의한 자율규제체계가 붕괴되어, 예금자와 채권자는 당해 그룹의 채무를 인

---

86) *Modernizing the Financial System*, p. 58.
87) 우리나라는 2008년 예금자보호법 개정 이전까지 보험요율의 산정에 있어서 이러한 방식을 취하였다.
88) *Modernizing the Financial System*, p. 32.
89) 우리나라에서도 5천만원의 한도 내에서 예금부분보장제도를 시행하고 있다. 2000년 10월 31일 개정된 예금자보호법시행령 제18조 제6항 참조.

수하는 데 있어서 기존의 신용평가등급에 전혀 구애를 받지 않게 될 것이다.

　　산업자본주의 은행소유를 허용하려면 그 전제조건으로서 개별 은행별로 위험에 따라 상이한 보험료를 지급하는 체제를 구축할 필요가 있다. 2008년도 개정 예금자보호법은 금융기관별로 위험이 상이할 수 있음을 인정하고 차등화된 보험료를 징구할 수 있는 근거규정을 미리 마련하였다. 즉 동법 제30조 제1항은 각 부보금융회사가 "매년 예금 등의 잔액에 1천분의 5를 초과하지 아니하는 범위 안에서 대통령령으로 정하는 비율을 곱한 금액(해당 금액이 10만원보다 적은 경우에는 10만원)을 연간 보험료로 공사에 내야 한다. 이 경우 부보금융회사별로 경영상황 및 재무상황, 제24조의3 제2항에 따른 각 계정별 적립금액 등을 고려하여 대통령령으로 정하는 바에 따라 그 비율을 다르게 한다"고 하여 금융기관의 위험도에 따라 보험료를 차별화함으로써 실질적인 형평성을 기하고 보험의 본래 취지에 부합하는 규정을 마련하게 된 것이다. 참고로 예금자보호법시행령 제1조 [별표 1]은 [표 3-4]와 같이 보험료 산정에 관한 기준을 제시하고 있다.

[표 3-4]  [별표 1]  보험료의 산식(예금자보호법 제16조 제1항 관련)

| 부보금융기관 | 산식 |
| --- | --- |
| 1. 은행 | 분기별 보험료 = 예금 등의 분기별 평균잔액 × $\dfrac{8}{1만}$ × $\dfrac{1}{4}$ |
| 2. 투자매매(중개)업자 | 연간보험료 = 예금 등의 연평균잔액 × $\dfrac{15}{1만}$ |
| 3. 보험회사 | 연간보험료 = 제16조 제3항에 따른 금액 × $\dfrac{15}{1만}$ |
| 4. 종합금융회사 | 연간보험료 = 예금 등의 연평균잔액 × $\dfrac{15}{1만}$ |
| 5. 상호저축은행 | 연간보험료 = 예금 등의 연평균잔액 × $\dfrac{40}{1만}$ |

## (3) 지급결제체계의 정비

### (가) 문제의 제기

산업자본이 금융자본을 지배할 경우 발생하는 위험으로서 지급결제체계가

불완전하여질 수 있음이 지적되기도 한다.[90] 현재 한국은행이 운영하는 한은
금융망에 참가하는 은행들은 한국은행과 당좌예금계좌 및 결제전용예금계좌를
개설하고 한은금융망 가입약정을 체결함으로써 참가은행간 대규모로 발생하는
총액결제업무와 차액결제업무를 간이·신속하게 처리하고 있다.[91] 그런데 산
업자본이 이러한 지급결제체계에 관여할 때에는, 상사회사가 제휴은행에 의뢰
하여 지급지시전문을 송신하도록 한 이후 당일 결제시점까지 중앙은행에 개설
된 당좌예금계정에 결제자금을 메꾸지 못하는 경우, 타 은행들도 연쇄적으로
지급결제자금의 부족이 발생할 수 있다(결제망에 대한 붕괴위험이 발생). 타 은행
들은 제휴은행의 결제자금 송신전문에 기하여 당연히 그에 상당하는 거액의
자금을 수신할 것이라고 신뢰하기 때문이다.

이러한 결제망의 붕괴를 예방하기 위하여 중앙은행이 지급지시의 송신에
해당되는 거액의 결제자금을 代支給한다는 보증을 하거나 혹은 제휴은행에게
긴급여신을 제공함으로써 모회사의 결제확약을 보완할 수도 있다.[92] 그러나
이때에는 중앙은행이 은행업 이외의 영역에까지 안전망의 지원을 확대한다는
비난이 야기될 것이다. 따라서 이러한 문제점을 극복하기 위하여 현행법규를
보완하는 다음의 제 수단이 강구될 수 있다.

### (나) 지급결제체계의 안전성 확보방안
#### 1) 차단벽조항의 확대적용
資金未決濟의 危險이란 것이 본질적으로 이체의뢰기관의 당좌예금잔액이
부족함(미결제 순채무액: daylight overdraft)으로 인하여 발생하는 신용위험인바,
상사회사에 대하여 직접적인 규제를 행함으로써 제휴은행이 지급결제위험에
노출되지 않도록 하는 방법을 강구할 수 있다. 즉 은행법 제35조의2에 의하면
은행이 제휴회사에게 신용공여를 함에 있어서 그 최고한도가 설정되어 있는바,

---

90) *Ibid.*, Discussion Chapter III-31.
91) 한국은행 지급결제제도 운영·관리규정 제4조 및 제5조.
92) 그러나 현재 한국은행은 지급결제체제에서 발생하는 손해에 대하여 책임을 지지 않는 것을
원칙으로 하고 있다. 즉, 지급결제제도 운영·관리규정 제15조에서는 "한국은행은 ① 고의 또
는 중대한 과실이 없는 한 전문송수신의 장애, 업무처리의 지연 및 참가기관이나 이용기관의
허위 또는 오류전문의 송신 등으로 인하여 발생한 손해에 대하여 책임을 지지 아니한다. ②
참가기관 및 이용기관이 이 규정, 이의 시행을 위한 세칙 및 그 밖에 한국은행의 관련규정이
나 지시를 위반한 경우에는 이로 인하여 발생한 손해에 대하여 책임을 지지 아니한다"고 규
정하고 있다.

이와 동일한 방식으로 제휴회사간 자금이체의뢰 송신의 한도를 설정하는 것이다. 사실 이러한 차단벽규정을 한은금융망에 대한 미결제 순채무액에까지 확대 적용할 수 있는지는 불명확하다. 그러나 본 위험의 발생가능성을 사전에 차단하려면, 산업자본주에 대한 이러한 방식의 직접적인 규제가 반드시 필요할 것이다.

### 2) 순채무한도(caps)의 축소

중앙은행은 差額決濟에 참여하는 한은금융망의 참가은행들에 대하여 지급지시가 실시각으로 송·수신되는 차액결제 대상거래 중 총재가 정하는 거래에 대하여 미결제 순이체액의 상한선(순이체한도)을 지정하고 있다.[93] 참가은행의 자본이 거액일수록 과거 순채무액이나 향후 전망액의 규모가 방대할 것이므로 순이체한도가 높게 설정될 것이다.[94]

이러한 순이체한도가 거래의 미결제 위험을 사전적으로 차단하는 효과가 있다는 점은 부인할 수 없지만, 전혀 규제의 영역 밖에 존재하는 산업자본주가 차단벽도 제대로 갖추어지지 않은 상태에서 미결제위험을 창출할 수 있다는 점은 계속적으로 잔존할 것이다. 따라서 산업자본과 연계된 은행의 경우 신용평가기관에 의한 정성적 평가기준 등을 도입하여 순이체한도를 축소하는 것이 바람직하다고 본다.

### 3) 담보증권액의 상향조정과 제재의 강화

미결제 순이체액의 발생위험에 대한 방어수단으로서 참가은행 중 한 은행이 결제자금을 메꾸지 못할 경우 다른 차액결제 참가은행들이 그 부족자금을 공동으로 분담할 수도 있다(결제부족자금의 공동분담).[95] 한편 중앙은행은 차액결제 참가은행이 차액결제를 불이행할 경우를 대비하여 순이체한도의 일정액이 표창된 증권을 담보(collateral)로서 제출하도록 하는 사전대비책을 갖추고 있다.[96] 따라서 타 은행들의 공동분담부분은 당해 은행이 제출한 담보증권으로도 충당할 수 없는 부족한 결제자금에 한정되는 것이다.

그런데 이러한 공동분담제도가 은행간에만 존재하는 일종의 공적 보조제

---

93) 지급결제제도 운영·관리규정 제19조 제 1 항.
94) 지급결제제도 운영·관리세칙 제61조 제 1 항에서는 차액결제 참가기관은 과거 순이체액 규모 및 향후 전망 등을 감안하여 순이체한도를 자율적으로 설정한다고 규정하고 있다.
95) 지급결제제도 운영·관리규정 제23조.
96) 지급결제제도 운영·관리규정 제21조

도란 점을 감안할 경우, 동 제도의 수혜자는 은행만으로 한정하여야 할 것임은
이론의 여지가 없다. 따라서 우선 관련법규에 은행 이외의 기타 회사가 우회적
으로도 이러한 혜택을 향유할 수 없다는 점을 명확히 선언하여야 할 것이다.
다음으로 산업자본주의 지배하에 있는 은행의 경우 담보증권액을 상향조정함
으로써, 자금미결제의 발생위험을 사전적으로 차단하는 현행 제도를 더욱 공고
히 하여야 할 것이다.

　　한편, 상사회사의 귀책사유로 참가은행의 미결제 순이체액이 발생할 경우,
사후적으로 차액결제를 불이행한 은행으로 하여금 부족자금을 공동부담한 타
은행들에게 당일의 최고여신이자율을 적용하여 이자를 지급하도록 하는 것이,
단순하면서도 경제적으로 가장 효율적인 제재수단일 수 있다.[97] 이렇게 이자
를 징구할 경우 공적 보조의 혜택은 제거될 수 있고, 참가은행들로서도 자금이
체의뢰 송·수신電文을 주의깊게 처리(예: 은행과 제휴한 회사의 송신의뢰를 가장
후순위로 배정)함으로써, 거액의 선순위 자금이체신청의 대기로 인해 결제가능
한 후순위 대기까지 미결제상태가 되지 않도록 유의하게 될 것이기 때문이다.
그러나 이자액이 미결제금액에 비하여 상대적으로 소액일 것이므로, 이자의 징
구만으로 참가은행의 금융결제망에 대한 과도한 위험의 인수(예: 상사회사의 과
도한 결제자금의 지급송신)를 효과적으로 억제할 수 있을지는 여전히 불확실하
다.[98] 따라서 상사회사의 歸責으로 인하여 제휴은행이 자금을 결제하지 못하
는 사고가 발생할 경우, 제휴은행을 지급결제체제에서 영구적으로 배제하는 강
력한 제재조치를 취할 수도 있을 것이다.[99]

### (다) 중앙은행의 긴급여신 대상의 확대가능성

　은행들이 최종대부(the lender of last resort)의 혜택을 받는다는 의미는 중앙

---

97) 지급결제제도 운영·관리규정 제24조 (분담금의 상환) 차액결제를 이행하지 아니한 차액결
　　제참가기관은 제23조에 따라 분담금을 납입한 다른 차액결제참가기관에 대하여 그 분담금에
　　한국은행의 금융기관에 대한 여신업무이율 중 최고이율을 적용한 이자를 가산한 금액을 상
　　환하여야 한다.
98) Saunders, pp. 249-250 참조.
99) 지급결제제도 운영·관리규정 제43조 (제재 등) 총재는 참가기관 또는 이용기관이 다음 각
　　호의 어느 하나에 해당하는 경우에는 주의환기, 시정요구, 한은금융망 이용의 제한 또는 중
　　지, 관련약정의 해지 등의 조치를 취할 수 있다.
　1. 이 규정, 이의 시행을 위한 세칙 및 그 밖에 한국은행의 관련 규정이나 지시를 위반한 경우
　2. 영업정지, 인·허가 취소, 해산, 파산, 폐업 등으로 지급결제 관련업무의 정상적인 수행이
　　곤란하거나 불가능하다고 인정되는 경우

은행의 재할인창구로부터 다양한 형태의 긴급여신을 받을 수 있음을 의미한
다.100) 이러한 최종대부의 기능으로 인하여 중앙은행을 "은행에 대한 은행"이
라고 통칭한다. 그런데 산업자본이 지배하는 은행이 중앙은행의 재할인창구로
부터 얼마나 많은 공적 보조의 혜택을 향유할 것인지에 대해서는 심도있는 고
찰이 필요하다고 본다.

　　재할인율은 통상적으로 시장이자율보다 低利이기는 하나 재할인창구로부
터의 여신이라는 것이 긴급한 필요에 의한 경우에만 부득이 이용될 뿐이므로,
어떠한 이익창출의 원천은 아니다. 더욱이 비록 산업자본주가 차익실현을 목적
으로 은행으로 하여금 이러한 여신을 받도록 강요할 수 있지만, 산업자본주와
은행간의 여신거래에 대해서는 강력한 차단벽이 존재하므로 그러한 시도에 대
해서도 일정한 한계가 있다. 더욱이 중앙은행으로부터의 긴급여신이라는 것이
일반대중에게 공지되는 사항은 아니라고 할지라도, 금융감독당국으로부터 당
해 은행의 영업기반과 수익이 부실화될 것이라는 의심을 받게 되어 적기시정
조치의 대상이 될 수도 있다. 그러므로 금융감독당국에 의한 경영의 자율성이
침해될 우려가 있다는 측면에서, 산업자본주는 긴급여신의 필요성이 상대적으
로 절실한 시기라고 하더라도 오히려 은행으로 하여금 중앙은행의 문을 두들
기지 말 것을 권유할 수 있는 것이다. 한편 긴급여신에 대해서는 즉각적으로
상환을 하여야 하고 일반적인 어음을 재할인할 경우 당해 은행의 배서까지 요
구되는 상황에서,101) 중앙은행은 자신의 여신에 대하여 은행이 상환을 불이행
할지도 모른다는 걱정을 할 필요가 없다. 이렇게 불이행의 위험이 全無함에도
불구하고 단지 중앙은행의 재할인창구를 이용할 혜택이 부여되었다는 이유만
으로, 개별 은행은 예금지급준비금이라는 규제상의 비용을 중앙은행에 예치하
여야 한다.102) 더욱이 이러한 지급준비금에 대해서는 전혀 이자가 지급되지도
않는다. 따라서 재할인율에 의한 이자부담 이외에도 상환의 압박과 예금지급준
비금이라는 추가적인 비용 때문에, 산업자본주가 은행을 이용하여 중앙은행에

---

100) 한국은행법 제64조(금융기관에 대한 여신업무) 및 제65조(금융기관에 대한 긴급여신).
101) 한국은행법 제65조 제 2 항(긴급여신을 받은 금융기관에 대해서는 이를 상환할 때까지 금융
　　통화위원회가 대출과 투자를 제한할 수 있다) 및 제64조 제 2 항(재할인·할인 또는 매입하거
　　나 담보로서 취득한 신용증권에는 그 증권을 제공한 금융기관의 배서가 있거나 양도증서가
　　첨부되어야 한다) 참조.
102) 한국은행법 제55조(지급준비금의 예치 등).

대하여 긴급여신을 받으려는 욕구는 사라진다. 극단적으로는 중앙은행이 배후에 있는 산업자본주의 남용행위가 현저하다고 판단할 경우, 당해 은행의 긴급여신요청을 거절할 수도 있을 것이다.[103]


# 제 3 절  업무규제(Business Regulation)[104]

## I. 서    설

우리나라에서 은행업은 유럽에서의 사내겸영 모델과는 달리 매우 좁게 인정되는데, 이는 연혁적으로 미국의 입법례, 즉 은행업과 증권업을 분리하는 1933년 글래스-스티걸법(the Glass-Steagall Act)을 모델로 따른 결과이기도 하다. 그에 반하여 유럽에서 겸영은행들은 상업은행업 이외에도 증권업, 보험업과 하이브리드 투자업 등 다양한 금융업을 은행 자체적으로 직접 겸영하여 왔다.

1980년대 이후 규제완화의 물결에 편승하여, 미국과 우리나라의 은행들은 금융감독당국 및 입법부에 겸업모델을 수용할 것을 적극적으로 주장하였다. 그 결과 미국의 1999년 그램-리치-브라일리법(the Gramm-Leach-Bliley Act)과 우리나라의 2000년 금융지주회사법이 제정되었는데, 두 가지 법률 모두 금융지주회사의 설립을 통한 은행의 간접적인 겸업체제를 도입하였다. 그러나 두 나라의 산업기조가 사내겸영을 원칙적으로 금지하므로 이 법률들은 은행의 사내겸영을 허용하지 않는다는 공통점을 갖고 있다. 그렇다보니 은행이 업무범위를 직접적으로 확대하는 최선의 방법은 부수업무를 넓게 인정받는 것이었다. 즉 은행의 부수업무를 매우 융통성 있게 인정받아 결과적으로 은행업을 대폭 확대시키는 효과를 누린 것이다. 그렇지만 은행의 전체 금융산업에서의 시장지배력이나 점유율이 워낙 높다보니, 이러한 업무범위의 확대 움직임에 대해서는

---

103) 한국은행법 제66조 (한국은행의 융자거부 등) ① 한국은행에 융자를 신청한 금융기관이 다른 금융기관에 비하여 한국은행의 여신에 과도하게 의존하여 왔거나 불건전한 대출방침 또는 투자방침을 지속하여 왔다고 금융통화위원회가 인정하는 경우 한국은행은 당해 금융기관에 대한 융자를 거부할 수 있다.

104) 다음은 김용재, "은행의 업무규제 분석 및 미국법을 모델로 한 향후 개정방향," 「증권법연구」 제13권 제 1 호, 2012. 4., 265-304면의 내용을 수정한 것이다.

다른 금융업으로부터 견제를 받게 되었다. 우리나라에서 2007년 제정된 자본
시장법도 금융상품의 개념을 포괄적으로 규정하고 금융투자업자의 고유업무를
확대함으로써 은행의 부수업무 범위를 축소시키고자 하는 숨은 의도를 가졌던
것으로 평가된다. 왜냐하면 이후 개정된 2010년 5월 은행법은 은행의 부수업무
범위를 대폭 줄이는 대신 '은행업이 아닌 겸영업무'를 대폭 늘리는 식으로 기
존의 틀을 변혁하여 은행업을 축소시켰기 때문이다.

       저자는 개정 은행법이 업무범위를 재편함에 있어서 어떠한 기준이나 철학
도 없었고 결과적으로 너무 正道를 벗어났음을 규명하고자 한다. 겸영업을 확
대한 것은 전통적인 사내겸영 금지의 원칙과 모순되고 은행의 경쟁력 제고와
도 전혀 무관함을 입증할 것이다. 우리나라 금융시장의 역사나 실무상의 관례
를 무시한 채 은행의 고유업무에 속하여야 할 일부 업무들을 겸영업무에 포함
시킨 것도 문제지만, 기존의 금융제도와 어울리지 않는 겸영업무를 법률에 규
정하면서까지 '(구) 은행업무 중 부수업무의 범위에 관한 지침'을 폐지한 것은
너무도 잘못된 일이다. 제 3 절의 구성은 다음과 같다. Ⅱ는 은행법 개정 이전과
이후를 비교·고찰하면서 문제점을 발굴하고자 하였다. Ⅲ은 우리나라 은행제
도의 모델인 미국에서의 은행 업무범위에 대한 논의를 비교법적으로 고찰함으
로써 우리나라에 대한 시사점을 강구하고자 하였다. Ⅳ는 현행 제도상 고유업,
겸영업, 부수업별로 개선되어야 할 과제를 제안하였는데, 개정법상 겸영업에
포함된 업무들을 부수업으로 재분류하고 겸영업 조항을 폐지하자는 것이 주요
골자이다. Ⅴ는 이상의 논의를 정리한 결론 부분이다.

## Ⅱ. 2010년 5월 은행법 개정에 따른 은행의 업무범위 고찰

### 1. 2010년 은행법 개정 이전

#### (1) 고유업, 겸영업, 부수업

       구 은행법은 은행의 고유업무와 겸영업무 및 부수업무를 명확하게 구분하
여 규정하지 않았다. 구법 제27조 제 1 항은 은행이 은행업에 관한 모든 업무를
영위할 수 있다고 규정하고 제 2 조 제 1 호는 은행업을 "예금의 수입, 유가증권
기타 채무증서의 발행에 의하여 불특정다수인으로부터 채무를 부담함으로써
조달한 자금을 대출하는 것을 업으로 행하는 것"이라고 하여 수신과 여신을 가

장 대표적인 고유업무라고 규정하였다. 구법시행령 제18조의2는 은행업무의 범위를 좀 더 구체화하여, ① 예금·적금의 수입 또는 유가증권 기타 채무증서의 발행, ② 자금의 대출 또는 어음의 할인, ③ 내·외국환, ④ 앞의 ①내지 ③에 부수되는 업무로서 금융위원회가 정하여 고시하는 업무라고 규정하였는데, 이는 수신, 여신, 환, 부수업을 차례대로 규정한 것이다. 한편 겸영업에 대해서는 구법 제28조 제1항이 은행업이 아닌 업무로서 '대통령령이 정하는 겸영업무'를 은행이 직접 영위하려면 금융위원회의 인가를 받도록 하고, 제29조는 가장 대표적인 겸영업무로서 신탁업을 규정하였다. 또한 구법시행령 제18조의3은 ① 자본시장법에 따른 신탁업무, ② 여신전문금융업법에 의한 신용카드업무, ③ 자본시장법에 따른 집합투자업 및 집합투자증권에 대한 투자매매업 또는 투자중개업, ④ 기타 은행업무와 관련이 있는 업무로서 총리령이 정하는 업무를 겸영업무라고 규정하였다.

은행이 영위할 수 있는 부수업의 경우 은행법 제37조 제2항의 자회사에 대한 출자 및 제38조 제1호에 의한 "주식 기타 상환기간 3년을 초과하는 유가증권에 대한 투자로서 은행 자기자본의 60/100 이내에서의 투자"와 동조 제2호·제3호에 의한 "업무용부동산 소유"가 허용되었다. 금융위원회는 '(구) 은행업무 중 부수업무의 범위에 관한 지침'[105]에서 상세한 부수업무의 범위를 고시하였는데, 다음의 [표 3-5]에서 보는 바와 같았다.

---

[표 3-5]  (구) 은행업무 중 부수업무의 범위에 관한 지침상 부수업무의 범위

가. 채무의 보증 또는 어음인수
나. 상호부금
다. 유가증권의 투자 및 대여·차입·매출. 다만 매출대상 유가증권은 상업어음 및 무역어음에 한한다.
라. 자본시장법에서 정하는 업무중 증권의 인수·매출, 증권의 모집 또는 매출의 주선, 국공채 및 회사채의 매매
마. 환매조건부 채권매매
바. 국공채 창구매매
사. 팩토링

---

105) 제정 1998. 4. 1.  재정경제부고시 제1998-18호, 개정 2009. 6. 24  금융위원회고시 제2009-35호.

아. 보호예수

자. 수납 및 지급대행

차. 지방자치단체 금고 대행

카. 기업합병 및 매수(M&A)의 중개·주선 또는 대리

타. 지금형주화(금화 및 금화모양 메달)의 수탁판매, 금지금의 판매대행, 금지금의 매매·대여, 금 적립계좌등 관련 금융상품의 개발 및 판매

파. 신용정보 서비스, 기업의 경영·구조조정 및 금융에 대한 상담 및 조력

하. 부동산 임대

거. 수입인지, 복권, 상품권 등의 판매대행 및 금융기관 인터넷 홈페이지등 전산시스템, 설비 및 도서·간행물 등을 활용한 광고대행

너. 파생상품거래

더. 전자상거래와 관련한 지급대행, 전자세금계산서 교부대행 및 인증 등 관련서비스

러. 은행업과 관련된 전산시스템 및 소프트웨어의 판매·대여

머. 보험업법에 의한 보험대리점 업무

버. 은행법 시행령 제13조 제1항에 정하는 법률에 의해 금융업을 영위하는 자의 금융상품 및 수출보험법에 따른 수출보험 판매대행

서. 전자화폐등 선불·직불 전자지급수단의 발행·판매 및 대금의 결제

어. 집합투자기구와 관련된 일반 사무의 수탁

저. 자본시장법에 따른 증권 명의개서 대행

처. 자산유동화에관한법률 및 주택저당채권유동화회사법에 의한 유동화 전문회사 등의 유동화자산의 관리 및 채권추심 업무의 수탁

커. 근로자퇴직급여보장법에 따른 퇴직연금사업자의 업무, 담보부사채신탁법에 따른 담보부사채에 관한 신탁업무

터. 금융업 관련 연수, 도서 및 간행물 출판업무

퍼. 금융·경제 관련 조사 및 연구업무

## (2) 문 제 점

구 은행법은 다음과 같은 문제점이 있었다. 첫째, 수신과 여신 이외에 내·외국환업무를 어떻게 취급할 것인가에 대한 명확한 지침이 없었다. 즉 내·외국환업무가 고유업인지 부수업인지에 대한 입장이 불명확하였던 것이다. 둘째, 법률은 은행의 고유업무인 수신과 여신만을 은행업이라고 협소하게 정의한 데 반하여, 시행령은 은행업에 부수업을 포함시켰다. 이로 인하여 마치 은행의 고

유업에 부수업이 포함되는 듯한 오해를 불러일으켰다. 셋째, 구법은 은행업이 아닌 겸영업에 대하여 명확한 기준을 제시하지 않았다. 구법은 겸영업을 신탁업과 기타 대통령령이 정하는 업무라고 하면서, 대통령령에서는 그 범위를 매우 제한적으로 열거하였다(신용카드업, 집합투자업, 집합투자증권에 대한 투자매매·중개업). 겸영업무를 수행하려면 반드시 사전 인가를 받아야 하였으므로, 겸영업무를 협소하게 열거한 것이라고 선해할 수도 있었다. 그러나 반대해석에 의하면 열거되지 아니한 금융업이나 은행관련업무들이 모두 은행업, 즉 고유업이나 부수업에 해당하는 결과가 되어 은행업 범위의 적정성에 대한 논란이 발생할 수 있었다. 넷째, 구법 체제상 가장 심각한 문제였던 것은 부수업의 범위가 너무도 방대하였다는 것이다. 앞의 겸영업과 조화적으로 해석할 때에는 겸영업에 해당하지 않는 모든 금융업이 부수업에 해당한다고 광의로 해석할 수 있었고, 그 때문에 '(구) 은행업무 중 부수업무의 범위에 관한 지침'에는 증권업의 가장 핵심이라고 할 수 있는 증권의 인수·매출까지 부수업으로서 열거되었던 것이다. 한편 위의 [표 3-5]를 보면, 은행의 고유업무에 해당한다고 볼 수 있는 업무들이 부수업에 포함되기도 하였다.106)

　　결론적으로 구법 체제에서 은행의 고유업과 겸영업 및 부수업에 대해 전혀 개념도 정립되지 않았고 경계선도 없었음을 알 수 있다.

## 2. 2010년 은행법 개정 이후

### (1) 고유업, 겸영업, 부수업

　　2010년 5월 은행법이 개정되었는데, 그 취지는 "은행의 경쟁력을 강화하기 위해 규제 완화를 통해 은행의 업무 영역 및 자산운용상의 자율성을 확대한다"는 것이었다. 주요 내용을 간략히 보면, 다음의 네 가지로 정리할 수 있다. 첫째, 은행의 고유업무를 시행령이 아닌 은행법에서 직접 규정하였다. 둘째, 자본시장법과 보험업법 등 각종 금융관련법률에서 규정하고 있는 금융업무들을 모두 '은행업이 아닌 겸영업무'에 포함하는 방식으로 겸영업무의 범위를 대폭 확대하였다. 일부 겸영업무에 대해서는 사전 인가를 받을 필요가 없고 단지 사전 신고만 하면 되는 방식으로 규제를 완화하였다. 셋째, 부수업무의 범위를 대폭 축소하면서 향후 은행이 필요로 하는 업무를 추가하고자 할 때 금융위

---

106) 채무의 보증 또는 어음의 인수, 환매조건부채권매매 등이 이에 해당하였다.

원회에 사전신고가 있으면 '포괄적으로' 부수업무를 허용하기로 하였다. 그
렇지만 실무적으로 보면 이는 사실이 아닌 듯하다. 넷째, 겸영업무와 부수업
무를 허용하지 않는 경우로서 '은행 건전성과 금융시장의 안정성' 기준을 채
택하였다.

개정 은행법 제27조는 구법에 비하여 은행의 고유업무를 매우 명확하게
규정하고 있다. 즉 동조 제 2 항에서는 은행업무의 범위를 ① 예금·적금의 수
입 또는 유가증권, 그 밖의 채무증서의 발행, ② 자금의 대출 또는 어음의 할
인, ③ 내국환·외국환이라고 명시함으로써, 수신과 여신 및 환업무가 은행의
고유업무에 속한다는 점을 분명히 하고 있다. 따라서 구법에서의 불명확성,
즉 환업무를 고유업무, 겸영업무, 부수업무 중 어디에 배치시킬 것인지에 대한
의문을 일거에 해소하고, 부수업무는 고유업무에 포함되지 않음을 명확히 하
였다.

개정 은행법 제28조는 겸영업무를 규정한 것인데, 금융관련법률에서 다른
금융업종의 핵심업무로 간주되는 업무, 예를 들어 증권인수업이나 보험인수업
등을 겸영업무에서 배제하였다. 동조 제 1 항은 '은행업이 아닌 겸영업무'가 무
엇인지를 짐작할 수 있는 구체적인 기준을 제시하고 있다. 즉 ① 대통령령으로
정하는 금융 관련 법령에서 인가·허가 및 등록 등을 받아야 하는 업무 중 대
통령령으로 정하는 금융업무,[107] ② 대통령령으로 정하는 법령에서 정하는 금
융 관련 업무로서 해당 법령에서 은행이 운영할 수 있도록 한 업무, ③ 그 밖에
그 업무를 운영하여도 제27조의2 제 4 항 각호의 어느 하나에 해당할 우려가

---

[107) 은행법시행령 제18조의2 제 2 항은 이에 해당하는 업무를 해당 법률 별로 규정하고 있다. 우
선 자본시장법의 각 근거 조항에 따른 다음의 업무가 겸영업무에 해당한다. 즉 파생상품의 매
매·중개 업무; 파생결합증권(금융위원회가 정하여 고시하는 파생결합증권으로 한정)의 매매
업무; 국채증권, 지방채증권 및 특수채증권의 인수·매출 업무; 국채증권, 지방채증권, 특수채
증권 및 사채권의 매매업무; 국채증권, 지방채증권 및 특수채증권의 모집·매출 주선업무; 집
합투자업(같은 법 제 9 조 제18항 제 1 호에 따른 투자신탁을 통한 경우로 한정); 투자자문업;
신탁업; 집합투자증권에 대한 투자매매업; 집합투자증권에 대한 투자중개업; 일반사무관리회
사의 업무; 명의개서대행회사의 업무 등이다. 그리고 자본시장법시행령 제81조 제 1 항 제 1
호에 따른 환매조건부매도 및 같은 법 시행령 제85조 제 3 호 나목에 따른 환매조건부매수의
업무도 마찬가지이다. 한편 동 조항은 그 외의 겸영업무로서 '보험업법' 제91조에 따른 보험
대리점의 업무, '근로자퇴직급여보장법' 제 2 조 제12호에 따른 퇴직연금사업자의 업무, '여신
전문금융업법' 제 2 조 제 2 호에 따른 신용카드업, '담보부사채신탁법' 제 5 조에 따른 담보부
사채에 관한 신탁업, 자본시장법 제98조 제 2 항에 따른 자산구성형 개인종합자산관리계약에
관한 자본시장법 제 6 조 제 7 항에 따른 투자일임업을 열거한 후, 그 밖에 금융관련법령에 따
라 인가·허가 및 등록 등을 받은 금융업무를 추가하고 있다.

없는 업무로서 대통령령으로 정하는 금융업무(은행의 경영건전성을 저해하지 않고 예금자등 은행 이용자의 보호에 지장을 가져오지 않으며 금융시장의 안전성을 해치지 않는 금융업무) 등이 그것이다. 그리고 은행법 제28조 제 2 항은 이러한 겸영업무를 다시 세분화하여 은행이 수행하려면, ①의 경우 관련법령에 따라 인가·허가 및 등록을 신청할 때 신고(인가 등에 준하는 신고)하게 하고, ②와 ③의 경우 업무를 운영하려는 날의 7일 전까지 신고(단순신고)하도록 하였다. 개정 은행법은 구법과 비교할 때 겸영업무의 범위를 대폭 확대함으로써, 겸영업과 부수업 간의 혼란을 정리한 의미가 있다. 즉 겸영업이란 '은행업이 아닌 금융업'으로서, 은행법이 아닌 다른 금융관련법률에서 규제하는 업무 중 핵심업무를 제외한 대부분의 업무를 말하는 것이다.

개정 은행법 제27조의2는 부수업무에 관한 규정인데, 제 1 항은 부수업무를 은행업무에 부수하는 업무라고 매우 포괄적으로 규정하고 있다. 또한 구법과 비교해볼 때, 자회사 출자에 관한 제37조 제 2 항과 업무용부동산 소유에 관한 제38조 제 2 호·제 3 호를 유지하고 있으며, 증권 투자에 관한 제38조 제 1 호를 좀 더 명확히 하고 있다. 그렇지만 구법과 비교해볼 때, 겸영업의 범위가 대폭 확대되었으므로 부수업은 당연히 대폭 축소되었다는 점을 알 수 있다. '(구) 은행업무 중 부수업무의 범위에 관한 지침' 상 규정되었던 부수업무 중, 겸영업무로 옮겨가면서 남아있는 것은 다음의 [표 3-6]에 불과하다.

[표 3-6]  잔존 부수업무

가. 채무의 보증 또는 어음인수
나. 상호부금
바. 국공채 창구매매
사. 팩토링
아. 보호예수
자. 수납 및 지급대행
차. 지방자치단체 금고 대행
타. 지금형주화(금화 및 금화모양 메달)의 수탁판매, 금지금의 판매대행, 금지금의 매매·대여, 금 적립계좌등 관련 금융상품의 개발 및 판매
하. 부동산 임대
거. 수입인지, 복권, 상품권 등의 판매대행  및 금융기관 인터넷 홈페이지등 전산

시스템, 설비 및 도서·간행물 등을 활용한 광고대행
더. 전자상거래와 관련한 지급대행, 전자세금계산서 교부대행 및 인증 등 관련서
   비스
러. 은행업과 관련된 전산시스템 및 소프트웨어의 판매·대여
터. 금융업 관련 연수, 도서 및 간행물 출판업무
퍼. 금융·경제 관련 조사 및 연구업무

그런데 [표 3-6]의 잔존 부수업무들은 개정 은행법 제27조의2에서 규정한 '금융위원회에 신고할 필요가 없는 부수업무'에 대부분 포함되었고,[108] 유일하게 남아있는 업무인 '지금형주화(금화 및 금화모양 메달)의 수탁판매, 금지금의 판매대행, 금지금의 매매·대여, 금 적립계좌등 관련 금융상품의 개발 및 판매'도 은행법시행령 제18조 제 4 항 제 1 호가 규정하는 금융위원회가 추가적으로 고시할 수 있는 업무에 해당한다고 본다. 따라서 '(구) 은행업무 중 부수업무의 범위에 관한 지침'에서 백화점 식으로 나열되었던 대부분의 중요한 금융관련 업무들은 모두 겸영업무로 편입되었고, 나머지 중 금융위원회에 사전 신고할 필요도 없는 사소한 업무 만이 부수업무로 정리된 것이다. 2010년 11월 18일 '(구) 은행업무 중 부수업무의 범위에 관한 지침'은 폐지되었다.

## (2) 평가 및 문제점

2010년 5월 은행법 개정으로 은행의 고유업, 겸영업, 부수업을 둘러싼 구제도상의 혼란은 확실히 정비되었다. 즉 은행의 고유업은 여신, 수신, 환으로 한정되고, 다른 금융관련법률에서 규정하는 업무는 '은행업이 아닌 겸영업무'에 해당하며, 그 어디에도 해당하지 않는 나머지 업무들이 부수업무라고 정비된 것이다.

그런데 이러한 조문상의 정비가 적절하지 못한 사례도 발견된다. 예를 들

---

108) 즉 은행법 제27조의2 제 2 항은 다음의 부수업무들을 신고를 필요로 하지 않고 은행이 운영할 수 있는 업무(① 채무의 보증 또는 어음의 인수, ② 상호부금, ③ 팩토링, ④ 보호예수, ⑤ 수납 및 지급대행, ⑥ 지방자치단체의 금고대행, ⑦ 전자상거래와 관련한 지급대행, ⑧ 은행업과 관련된 전산시스템 및 소프트웨어의 판매 및 대여, ⑨ 금융 관련 연수, 도서 및 간행물 출판업무, ⑩ 금융 관련 조사 및 연구업무, ⑪ 그 밖에 은행업무에 부수하는 업무로서 대통령령으로 정하는 업무)라고 규정하는데, 마지막의 경우 동법시행령 제18조 제 1 항은 ① 금융위원회가 정하여 고시하는 기준에 따라 행하는 업무용 부동산의 임대, ② 수입인지, 복권, 상품권 등의 판매 대행, ③ 은행의 인터넷 홈페이지, 서적, 간행물 및 전산 설비 등 물적 설비를 활용한 광고 대행, ④ 그 밖에 금융위원회가 정하여 고시하는 업무 등을 망라하고 있다.

어 2007년 제정된 자본시장법은 은행업과 보험업의 고유업무를 제외하고 투자
색채를 일부라도 띠는 금융상품을 매매하거나 중개하는 업무를 모두 금융투자
업자의 고유업무로서 간주하였는데, 그렇다보니 환매조건부 채권매매업과 신
탁업 같이 종래부터 은행의 고유업 또는 부수업에 해당한다고 여겨졌던 영역
마저 겸영업으로 떠넘기는 오류가 발생하였다.

    한편 은행의 부수업을 과거의 열거주의에서 포괄주의로 개선하였다거나,
겸영업을 영위할 때에는 사전 인가가 아닌 사전 신고만 하면 된다는 식으로 개
정을 합리화하는 태도는 문제가 있다고 본다.[109] 왜냐하면 부수업을 포괄주의
화 하였더라도 겸영업의 범위가 워낙 넓어졌기 때문에 향후 부수업무로 간주
될 수 있는 업무 영역은 그렇게 많지 않을 것이기 때문이다. 또한 다른 법률에
서 인가나 허가 또는 등록을 하여야 하는 겸영업(이것이 겸영업의 대부분을 차지
함)의 경우 어차피 인가 등에 준하는 신고를 하여야 하므로 신고절차가 매우
까다로울 것임을 짐작할 수 있다. 따라서 이러한 겸영업을 수행할 때 사전 신
고만 거치면 가능하다는 식으로 진실을 호도하는 것은 '눈 가리고 아웅'하는
것과 진배없다.

    개정법은 그 개정 취지("은행의 경쟁력을 강화하기 위해 규제 완화를 통해 은행
의 업무 영역 및 자산운용상의 자율성을 확대한다")와 달리, 사실상 은행의 업무범
위를 대폭 축소한 결과를 초래하였다. 종래 은행의 고유업이라고 간주되던 업
무가 '은행업이 아닌 겸영업'으로 흡수되었다. 겸영업의 범위가 너무 넓어졌고,
대부분의 겸영업을 수행함에 있어서 관련 법률에 따라 사전 인가 등에 준하는
신고를 하여야 하므로 업무에 대한 진입장벽도 높아졌다. 한편 부수업은 유명
무실해질 정도로 그 범위가 대폭 축소되었다. 이제 법령상의 제한 때문에 은행
이 고객의 편의를 위하여 업무를 확대한다는 것은 불가능해졌다. 부수업무의
범위가 너무 넓기 때문에 발생한 혼란을 해소한다는 차원에서 정비된 현행법
이 향후 은행의 업무영역을 대폭 축소시켜 은행의 경쟁력을 약화시키는 방향
으로 작용하게 된 것이다.

    개정 은행법이 발효된 지 꽤 되었지만, 아직도 실무계에서는 은행의 업무
범위를 둘러싸고 많은 혼란을 겪고 있는 듯하다. 이 때문에 우리나라 금융제도

---

109) 법제처 홈페이지의 은행법(2010. 11. 18. 시행, 법률 제10303호) 제 · 개정문 말미를 참고하
    기 바란다.

의 모델이 되었던 미국법제를 비교법적으로 꼼꼼히 분석한 후 관련 조항에 대한 해석·운영에 있어서 시사점이나 개선방안을 강구할 필요성은 더욱 높아진 것이다.

## Ⅲ. 미국에서의 은행의 업무범위에 대한 비교법적인 고찰

### 1. 총    설

미국의 연방은행법(the National Bank Act)은 연방인가은행에 대해 '은행업' 및 '은행업과 관련한 부수업무'만을 영위할 수 있다고 규정하고 있으며, 겸영업에 대해서는 아무런 언급이 없다. 그렇다보니 은행의 보험업과 증권업에 대한 전면적인 사내겸영은 엄격하게 제한되어 왔다. 이 때문에 미국의 은행시스템은 유럽식 겸영은행(universal bank) 모델과는 상당한 차이가 있다.

1960년대까지 은행들은 단지 예대업무만을 취급하는 기관에 불과하였다. 그러나 1970년대 접어들어 인플레이션이 극심해지고 경쟁상품이 출시되면서 은행고객들의 이탈도 가속화되었다. 그렇다보니 은행의 건전성이 취약해지면서 은행의 경쟁력과 재무건전성을 제고하기 위하여 은행업무 규제를 완화하여야 한다는 목소리가 높아졌다. 그리고 그러한 목소리의 총합은 1999년의 그램－리치－브라일리법의 제정으로 이어졌다. 그램－리치－브라일리법은 미국식 겸업주의, 즉 금융지주회사의 설립과 자회사인 이종 금융기관의 금융지주회사 편입을 통한 우회적인 겸업의 실현이었다.

사실 1999년법 제정 이전에도 연방은행을 감독하는 통화감독청장에 의한 적극적인 규제완화책은 계속 모색되어 왔으며, 그 결과 연방인가은행들은 자산유동화, 리스, 정보처리, 보험상품 대리판매, 신용연계증권(credit linked note, CLN) 및 신용연계보험(예: 신용디폴트스왑)의 인수 등 다양한 업무를 영위할 수 있었다. 그램－리치－브라일리법은 기존 통화감독청장의 조치들을 대체로 인정하였다.

### 2. 은행의 업무범위 개관

#### (1) 연방법 규정: 12 U.S.C. § 24(7)

연방인가은행은 일반 법인과 마찬가지의 능력뿐만 아니라 수권 법률에 의한 특별한 능력도 보유한다. 12 U.S.C. § 24(7)은 은행의 고유권한과 부수권한을 규정하고 있는데, 여기서 열거하는 다섯 가지의 고유권한은 다음과 같다.
① 수신, ② 내국환과 외국환, ③ 통화의 유통, ④ 어음할인과 유통, ⑤ 여신.
§ 24(7)은 별도의 법령상 승인이 없는 한 이러한 고유업무와 부수업무 만을 영
위할 수 있도록 제한하고 있다. 따라서 연방인가은행들은 금융서비스 영역을
벗어난 부문에서 업무를 영위할 수 없다. 마찬가지로 특별한 예외사항이 아닌
한, 연방인가은행들은 비은행사업체를 소유하거나 운영할 수 없다.

### (2) 은행업의 범위에 대한 학설의 변천: 협의설 → 광의설

종래부터 은행업의 범위를 어떻게 볼 것인지에 대해 상반된 견해, 즉 광의
설과 협의설이 대립하여 왔다.[110] 광의설에 의하면 은행업이란 금융서비스에
대한 사회의 변화되는 욕구를 수용할 수 있을 만큼 매우 유연하여야 한다는 것
인데, 그와 대조적으로 협의설에 의하면 은행업은 입법 당시 의회가 명시적으
로 의도하였던 권한만으로 제한되어야 한다는 것이다.[111] § 24(7)은 1863년 입
법된 것인데, 당시 연방의회는 고유업무나 부수업무에 대해 명시적으로 정의하
지 않았었다. 당시 의회는 남북전쟁을 수행하는 데 있어서의 자금조달에 온통
신경을 썼기 때문에 연방인가은행의 권한에 대해서는 그리 심도있는 생각을
하지 못하였던 것이다. 그리고 당시에는 은행 이외의 다른 금융기관이 존재하
지 않았으므로 지금의 금융환경과도 많은 차이가 있었다.[112]

변화하는 금융환경에 맞추어 고유업무와 부수업무의 개념도 점차 진화하
는 것이 당연하므로, 지금은 협의설을 주장하는 것 자체가 시대착오적이다. 사
실 미국에서 자본시장과 연기금, 펀드 등이 등장하기 전까지는 은행의 업무범
위를 협의로 인정하더라도 은행은 금융중개자로서 독점적인 지위를 갖고 경제
력을 남용하는 지위에 있었다. 더욱이 종래의 법(글래스-스티걸법)이 증권업자
들에게 상업은행업으로의 진입을 막았고, 연방예금보험제도는 은행에게 예금
을 모집함에 있어서 훨씬 우월한 지위를 부여하기까지 하였다. 그렇다보니 협

---

110) 그 외에도 은행의 묵시적인 권한은 법령으로 열거된 것에 한정되지 않고 인가 당시의 제반
　　사정을 고려하여 합리적으로 인가당국에 의해 정해질 수 있다는 절충설이 있다. Patricia A.
　　McCoy, *Banking Law Manual* 2d. ed., LEXIS, 2001, § 5.02[3][e]. 그렇지만 절충설은 궁극적
　　으로 광의설로 포섭될 수 있을 것이다.

111) Edward L. Symons, Jr., *The "Business of Banking" in Historical Perspective*, 51 Geo. Wash.
　　L. Rev. 676, 678-670 (1983).

112) Patricia A. McCoy, *op. cit.*, § 5.02[2][b].

의설을 취한다고 하더라도 은행에게 불리할 것이 없었던 것이다. 그러나 이제
는 은행의 핵심업무인 예금과 대출업무조차 증권업과 보험업으로부터 침해당
하는 상황이 되어 은행의 금융시장에서의 입지는 너무도 좁아졌다. 그렇다보니
은행으로 하여금 업무영역을 다른 금융업종으로 대폭 확대할 수 있게 하여야
한다는 광의설이 제 목소리를 높일 수 있게 된 것이다.

물론 광의설이 대세임을 인정하더라도 본질적인 제약은 있다. 미국에서는
은산분리 원칙이 엄격하게 유지되어 왔으므로, 은행들은 제조나 일반 상거래
분야로 업무를 확대할 수 없다. 은행이 지배력을 행사할 수 있는 지분을 보유
하여 이러한 업종에 진입할 수도 없다.[113] 이는 극소수의 부유계층에게 모든
경제력이 집중되는 것을 막고자 하는 배려에 기한 것이다. 이렇게 은산분리가
될 때, 은행은 공정한 신용공급자로서의 역할을 불편부당하게 수행할 수 있다.

광의설을 지지하는 논거 중 하나는 은행의 건전성과 금융시장의 안전성에
도움이 된다는 것이다. 과거에는 은행이 대출 이외의 자산운용 부문에서 전문
성이 결여되므로 은행이 이들 영역으로 업무를 확대할 때에는 심각한 위험에
직면할 것이라고 생각했었다. 이 때문에 1933년 글래스－스티걸법은 은행의
증권인수업 사내겸영을 전면적으로 금지하였던 것이다. 은행의 부동산에 대한
직접 투자나 일반 보험인수도 마찬가지였다. 그러나 1980년대 금융위기로 인
하여 중대한 국면의 전환이 있게 된다. 즉 동 시기 은행이 대출로 인하여 막대
한 손실을 입고 부실화되자, 대출로 은행의 업무 영역을 제한했을 때 발생하는
고유위험이 너무도 크다는 사실이 입증되었다. 급변하는 환경에 적응하지 못
하고 협의의 예금·대출업무만을 영위하는 은행은 더 이상 생존할 수 없게 되
었다. 은행의 건전성과 금융시장의 안전성을 제고하려면 포트폴리오를 확대하
여 위험을 중화하여야 하는 것이다. 1995년 *Nationsbank of North Carolina,
N.A. v. Variable Annuity Life Insurance Co.* 사건은 광의설에 더욱 힘을 실어주
었다.

### (3) 부수업무에 대한 감독당국과 법원의 입장 및 부수업무의 한계

*Texas & Pac. Ry. v. Pottorff,* 291 U.S. 245 (1934) 사건에서 연방대법관이
었던 Banders는 "어떠한 사무가 단지 명시적인 권한을 수행함에 있어서 편리하

---

113) Mark J. Roe, Strong Managers, Weak Owners: The Political Roots of American Finance
54-55, 58 (1994).

다는 이유만으로 회사의 부수업무라고 속단해서는 안 된다"고 경고한 바 있다.[114] 그러나 Banders의 견해와 달리 은행의 부수업무는 편의성 기준(test of convenience)에 따라 계속 확대되어 왔다. 1960년대 당시 통화감독청장이었던 James J. Saxon은 연방은행에게 보험업, 여행대리점업, 정보처리업, 행랑업 및 차량리스업까지 허용하여 주었다.[115] 물론 이러한 금융감독당국의 조치를 부정한 사례도 있다.[116] *Arnold Tours, Inc. v. Camp*, 472 F.2d 427 (1st Cir. 1972) 사건에서 제 1 연방고등법원은 부수업무에 해당하려면 고유업무의 수행에 편리하거나 유용하면 되지만, 일반적인 여행대리점서비스는 은행의 고유업무와 너무 동떨어져 있어서 도저히 부수업무로 볼 수 없다고 판시하였다.[117]

*Nationsbank of North Carolina, N.A. v. Variable Annuity Life Ins. Co.*, 115 S. Ct. 810 (1995) 사건에서, 연방대법원은 통화감독청장의 유권해석을 좇아 은행업을 "금융투자증서의 중개업(brokering financial investment instruments)"이라고 한 후 은행의 정액연금 및 변액연금의 판매를 승인한 바 있다. 연방대법원은 금융중개상품에는 은행계정뿐만 아니라 뮤추얼펀드와 연금도 포함될 수 있음을 암시하였다.[118] 그렇지만 은행이 연금계약을 중개하는 것에 그치는 것이 아니라 연금계약의 당사자가 된다면 이는 은행의 고유업무와 너무 동떨어진 것이라고 하였다. 한편 연방대법원은 은행업이 금융투자증서의 거래가 아닌 업무를 어느 정도까지 포괄하는지에 대해서는 명확히 선을 긋지 않았다. 또한 동 기준이 반드시 절대적인 것도 아니다. 왜냐하면 보호예수서비스는 금융투자증서와는 전혀 어울리지 않는 업무임에도 불구하고 역사적으로 은행업의 범주에 당연히 속한다고 해석되어 왔기 때문이다.

그렇다면 금융감독당국이나 법원이 승인한다면 은행이 수행할 수 있는 부수업무의 범위는 무한히 확대되는가? 반드시 그렇지는 않다. 왜냐하면 그램 - 리치 - 브

---

114) Patricia A. McCoy, § 5.02[2][b][i].

115) *Ibid.*

116) *Investment Company Institute v. Camp*, 401 U.S. 617, 626-628 (1971) 사건에서 연방대법원은 통화감독청장의 결정을 파기하였는데, 통화감독청장이 법령에 의한 근거를 충분히 제시하지 못하였다는 이유를 들고 있다. Jonathan R. Macey & Geoffrey P. Miller, *Banking Law and Regulation* (2d ed.), 1997, p. 500.

117) *Ibid.* pp. 133-138.

118) 은행계좌를 통하여 채무증서 · 뮤추얼펀드의 판매를 중개하는 것은 금융중개업의 핵심이라고 할 수 있다. "Offering bank accounts and acting as agent in the sale of debt instruments and mutual funds are familiar parts of the business of banking." *Ibid.* p. 154.

라일리법과 Regulation Y에서는 부수업무의 범위를 한정적으로 규정하기 때문이다. 즉 그램 - 리치 - 브라일리법에 따라 제정된 Regulation Y는 은행지주회사와 비은행자회사가 수행할 수 있는 업무들을 구체적으로 열거하고 있다([표 3-7] 참조). 그런데 Regulation Y에서 열거하고 있는 업무들이 바로 지금까지 통화감독청장과 법원에서 허용 여부를 고민하였던 은행의 모든 부수업무들을 망라한 것이다.

---

### [표 3-7]   Regulation Y - Sec. 225.28: 부수업무의 유형

1. 팩토링, 신용장, 환어음 인수 등 대출과 기타 유형의 신용공여·인수·주선행위[119]
2. 신용공여와 관련한 업무
       a. 부동산·동산 감정  b. 상업용부동산 지분금융(equity financing)의 알선
       c. 수표 지급보증 서비스  d. 채권추심 및 회수업  e. 신용조회서비스
       f. 자산관리, 이자수령, 회수업  g. 연체중인 채무인수  h. 부동산결제서비스
3. 동산, 부동산의 금융리스
4. 비은행예금수취기관의 운영
       a. 산업대부회사(industrial loan company)  b. 저축조합의 운영
5. 신탁회사의 기능 수행
6. 금융투자자문업
7. 고객자금의 투자를 위한 대리인으로서의 거래서비스 제공
       a. 증권중개
       b. 위험이 전혀 없는 상태에서의 본인으로서의 거래(riskless principal trans-actions)[120]
       c. 사모서비스  d. 선물중개상(futures commission merchant)  e. 기타의 거래서비스
8. 본인으로서 참여하는 투자거래
       a. 정부채와 단기금융상품의 인수 및 자기거래
       b. 외국환이나 파생상품에 대한 투자 및 거래
       c. 금의 매수, 매도 및 이와 관련된 업무

---

119) Bank holding companies and their non-bank subsidiaries may make, acquire. broker or service loans and other extensions of credit (including factoring, issuing letters of credit, and accepting draft). 12 C.F.R. § 225.28(b)(1).

120) 유통시장에서 고객의 지시에 응하여 위험이 전혀 수반되지 않는 상태에서 본인으로서 거래, 즉 고객의 매수·매도 주문을 받은 후 고객에게 동시의 반대매매를 하기 위하여 본인의 계산으로 증권을 매수하거나 매도하는 행위를 말한다.

9. 경영컨설팅과 자문업
   a. 경영컨설팅 b. 근로자복지컨설팅 c. 경력자문
10. 지원서비스
   a. 택배서비스
   b. 자기잉크문자인식(MICR) 판독 물품의 인쇄와 판매
11. 보험대리 및 인수
   a. 신용보험 b. 금융회사(finance company) 자회사 c. 소도시에서의 보험업 영위
   d. 1982년 5월 1일 당시 영위하였던 보험대리업 e. 소매보험모집인들의 감독
   f. 소규모은행지주회사 g. 1971년 이전에 행하였던 보험대리업
12. 지역개발업
13. 송금수표(money order), 정부발행 저축채권, 여행자수표의 발행
14. 정보처리업

### (4) 부수업무의 허용 기준

통화감독청의 법률고문을 지낸 Julie L. Williams는 기존 판례들이 다음의 세 가지 기준에 의하여 부수업무를 허용해 왔다고 분석하였다. ① 어떠한 업무가 전통적으로 인정되어 온 고유업무와 기능적으로 동일하거나 논리적인 연장선상에 있는가?, ② 동 업무가 고객들에게 이익을 주고 은행의 건전성을 제고시키는가?, ③ 동 업무의 위험은 은행들이 기존에 인수하였던 위험유형과 유사한가?[121]

우선 첫째 기준과 관련하여, 어떠한 업무가 전통적으로 은행에 의하여 수행되었거나 금전이나 그 대체물에 관한 금융거래와 기능적으로 동일한지를 보아야 한다. 전자의 예는 보호예수업무이고, 후자의 예는 동산리스와 연금판매이다.

다음으로 둘째 기준과 관련하여, Williams는 다음의 기준을 충족할 경우 고객에게 이익이 되어 허용될 가능성이 높다고 하였다. ① 은행고객에 대한 서비스, 편의성, 선택권 등을 증진시키는 행위, ② 신규고객의 니즈와 수요를 충족시키는 행위, ③ 상품이나 서비스를 제공하는 데 소요되는 은행비용을 대폭 감축시키는 행위, ④ 은행의 건전성을 제고하는 행위.[122] 사실 ③과 ④에 대해

---

121) Julie L. Williams & Mark P. Jacobsen, *The Business of Banking: Looking to the Future*, 50 BUS. LAW. pp. 783, 784-785, 798-813 (1995).

122) *Ibid.* p. 815.

이견을 제기하는 자는 없을 것이나, ①과 ②는 지나치게 범위가 넓어질 수 있다. 왜냐하면 여행대리점 서비스도 은행고객의 이익을 증진시킬 수 있기 때문이다. 따라서 은행 고유상품과의 관련성이 필요한 것이다.

　　마지막으로 셋째 기준의 운영에 있어서 가장 중요한 것은 은행의 건전성과 금융시장의 안전성이다. 어떠한 신규업무가 은행의 재정적인 건전성에 도움이 될 뿐만 아니라 운영에 있어서의 무결성을 훼손하지 말아야 한다는 것이다. 따라서 은행을 낯선 재정적 위험이나 운영상의 위험에 빠뜨리는 업무들은 허용되지 않을 것이다. 대표적으로 고객과의 이해상충을 일으킬 수 있는 업무나 은행의 경쟁력에 해를 미칠 수 있는 업무 등을 들 수 있다. 물론 이 기준에 너무 집착한다면 은행의 혁신을 방해할 수도 있는 문제점이 있기는 하다. 은행이 관련된 위험을 잘 감시할 수 있는 능력이 있는지가 중요해진다. 따라서 은행의 업무권한 확대는 본질적으로 점진적으로 이루어질 수밖에 없는 것이다.

## 3. 은행의 부수업무에 대한 구체적인 고찰

　　은행업을 확대하는 주요 도구는 부수업무 조항이라고 할 수 있다. Williams의 첫째 기준에 의하면, 은행의 전통적인 고유업무와 기능적으로 동등한 것으로 인정되는 업무들이 부수업무라고 할 수 있는데, 예를 들면 전통적인 대출상품과 기능적으로 동등한 팩토링, 환어음 인수 등의 신용제공, 신용주선 및 신용인수 업무들을 들 수 있다. 최근에는 둘째 기준과 셋째 기준에 의하여 부수업무의 범위가 금융투자업, 보험업과 같은 영역으로까지 확대되고 있다. 은행의 경쟁력을 강화하기 위한 후선서비스도 부수업에 해당하는데, 정보처리업, 인쇄업 또는 행랑업 등을 들 수 있다.

### (1) 여신업무와 기능적으로 유사한 업무

### (가) 리　　스

　　자동차, 항공기, 선박과 같은 동산의 장기리스는 은행업과 밀접하게 관련되는데, 이러한 리스업무 역시 담보부대출과 흡사하기 때문이다. *M&M Leasing Corp. v. Seattle First National Bank*, 563 F.2d 1377 (9th Cir. 1977), *cert. denied*, 436 U.S. 956 (1978) 사건에서 제9 연방고등법원은 리스를 대출의 부수업

무로 판시하였다.[123] 물론 리스종료시 은행이 동산의 취득가액과 이자를 전액
회수할 수 있는 경우로만 한정된다. 대출과 리스 간에는 누가 소유권자가 되는
지에 있어서 차이가 있다. 예를 들어 자동차를 은행으로부터 금융을 받아 매수
할 경우, 매수자가 자동차를 보유하게 되고 은행은 담보권을 취득한다. 이와
대조적으로 자동차리스에 있어서 소유자는 은행이 된다. 그러나 어떠한 형태든
채무자가 자동차를 물리적으로 점유하고, 자동차 취득비용이 은행에 대한 채무
지급을 통하여 상각된다는 점에서 아무런 차이가 없다. 리스 종료후에는 리스
하였던 자동차를 매각할 수도 있다. 그렇지만 은행은 할부금융부 자동차판매
업, 단기 렌트업, 정비업을 할 수 없고, 비록 소비자에 대한 서비스차원이더라
도 자신의 시장지배력을 이용하여 판매자로부터 염가로 물건을 구입하여 고객
들에게 할인된 가격으로 동 물건을 판매(buyer's cooperative)하는 행위도 할 수
없다고 하였다.[124] M&M리스사 사건 이후, 12 U.S.C. § 24가 개정되어 리스업
이 § 24(10)에 추가되었다. 그리고 여기서 리스는 운영리스가 아닌 금융리스
(net lease)만을 의미한다.

### (나) 대출신디케이션, 대출채권분할매각(loan participation),[125] 대출증권화

은행들은 위험을 다각화하고 법정대출한도를 준수하면서 단기 예금과 장
기 대출 간의 만기 불일치를 개선하기 위하여 이러한 기법들을 활용하여 왔다.
이러한 권한들은 § 24의 약속어음의 할인 및 유통권한으로부터 파생된 것인데,
부동산대출에 대해서는 §371(a)에서 별도로 "부동산 수익담보로 담보된 대출
이나 신용공여를 발생, 주선, 매수, 매도할 수 있다"고 규정한다.

*Securities Industry Ass'n v. Clarke*, 885 F.2d 1034 (2d Cir. 1989), *cert. de-
nied*, 493 U.S. 1070 (1990) 사건에서, 미국의 제 2 연방고등법원은 주택저당채
권지분이전증권(mortgage pass-through certificates, 저당대출채권의 소유권이 자산보유

---

123) Jonathan R. Macey & Geoffrey P. Miller, *op. cit.*, pp. 142-143.
124) *Ibid.* pp. 144-145. 은행이 대출보다도 더 중대한 위험에 처할 수 있는 리스, 즉 회수가치와
    이익발생의 극대화를 위해 기간을 갱신하거나 연장하여야 하는 의무가 있는 금융업무는 은행
    업이 아니라고 보았는데, 이는 사실상 렌트업에 해당하기 때문이다.
125) 대출채권 유동화방법의 하나로서 대출을 취급한 후 금융기관이 대출채권의 전부 또는 일부
    를 타인(참가자)에게 매각하면서 차주와의 채권채무관계를 유지하고 참가자에게 원리금 수취
    권만을 양도하는 것으로서, 참가자는 대출채권에 대한 위험을 부담하게 되므로 대출금융기관
    이 채무자로부터 원리금을 회수하는 경우에 한하여 대출금융기관으로부터 원리금을 수취할
    수 있게 된다. 이러한 거래는 채권을 처분한 대출금융기관이 여전히 계약상의 채권자로 남아
    있어, 채무자에게 대출채권 분할매각 사실을 통지하지 않아도 되는 장점이 있다.

자로부터 투자자에게 이전되고 차입자가 상환하는 현금흐름도 투자자에게 그대로 이전
되는 형식의 증권)의 형태로 대출채권을 증권화할 수 있는지 검토하였다. 동 법
원은 이러한 업무가 글래스-스티걸법 § 16에 의하여 금지되는 증권인수업에
해당하지 않으며, 이러한 증권의 발행은 대출업무를 수행함에 있어서 편리하고
유용하다고 판시하였다.126) 법원은 대출신디케이션과 대출증권화 업무들이 대
출채권에 대한 중요한 위험관리수단으로 활용된다고 보았던 것이다. 특정 유형
의 증권인수가 은행의 부수권한에 속하는 것으로 인정될 경우, 은행은 이러한
업무를 직접 영위할 수 있으며 글래스-스티걸법을 위반하였다는 비난을 받지
않는다.

### (다) 신 용 장

신용장이 발급될 경우 수출업자는 상품 대금이 신뢰할 만한 은행으로부터
지급될 것이라고 안심하게 되므로, 신용장은 수출거래를 촉진하는 셈이다. 신
용장에는 전통적인 신용장(화환신용장)과 보증신용장이 있다. 화환신용장은 신
용장 발행은행이 수입업자의 의뢰로 수출업자가 발행한 어음을 수송화물의 담
보가 되는 선적서류 첨부를 조건으로 하여 인수 또는 지불할 것을 확약하는 신
용장으로서, 수출업자는 대금을 지급받기 위해 수입업자보다 은행에게 우선 지
급청구를 한다. 보증신용장은 수출업자가 우선 수입업자에게 지급을 구하고 지
급거절이 되었을 경우에만 은행이 지급하기로 합의한 신용장이다.127)

### (라) 신용카드

신용카드는 한편으로는 매수자를 위한 신용장의 현대적인 변형으로 볼 수
있다. 다른 한편으로 신용카드는 미수채권을 담보로 한 매도자에 대한 대출이
기도 하다. 따라서 신용카드업 역시 전통적인 고유의 은행업이 발전된 것으로
볼 수 있다.

### (2) 보      증

우리나라 상호저축은행법 제18조의2 제 1 항 제 3 호는 상호저축은행으로
하여금 "채무의 보증이나 담보의 제공(보증이나 담보의 제공에 따른 신용위험이 현
저하게 낮은 경우로서 대통령령으로 정하는 보증이나 담보의 제공은 제외)"을 못하도

---

126) Patricia A. McCoy, *op. cit.*, § 5.02[4][a][i].
127) Jonathan R. Macey & Geoffrey P. Miller, *op. cit.*, pp. 163-164.

록 금지하고 있다.128) 그런데 은행법 제38조는 채무의 보증이나 담보의 제공을 명문으로 금지하지 않으므로, 은행은 상호저축은행과 달리 전면적인 보증을 할 수 있는가 하는 의문이 제기될 수 있다. 비교법적으로 미국에서의 논의를 보면, 은행이 보증을 할 경우 막대한 책임에 노출되어 건전성이 저해될 수 있으므로 원칙적으로 은행 보증이 금지된다. 특히 증권에 대한 보증은 시장 상황에 따라 주가가 급변할 수 있으므로 엄격히 금지된다. 보험인수, 고객의 사업계좌에 대한 보증, 제3자의 채무에 대한 보증 등도 마찬가지이다. 또한 은행은 고객에게 매각한 증권의 환매도 보증하지 않는다.

물론 예외는 있는데 신용장 발행, 지급보증수표의 발행, 독립적 은행보증 등을 들 수 있다. 그리고 고객이 은행의 장래 책임을 모두 부보할 수 있을 정도로 충분한 예금을 갖고 있는 경우에도 보증이 허용된다.129) 이러한 예외사항들은 모두 통상적인 여신에 수반되는 위험을 초과하지 않는 경우로 설명될 수 있는데, 예를 들어 보증신용장도 수입업자에 대한 직접적인 대출보다 더 큰 위험을 수반하지는 않는 것이다.130) 지급보증수표도 은행이 미리 발행인의 계좌에서 자금을 회수할 수 있는 한 전혀 위험이 없는 것이다.

---

128) 대법원 2004. 6. 11. 선고 2003다1601 판결을 보면 구 상호신용금고법이 대통령령상 특수한 경우를 제외하고 채무의 보증 또는 담보의 제공을 금지하는 것에 대해, "이는 서민과 소규모 기업의 금융편의를 도모하고 거래자를 보호하며 신용질서를 유지함으로써 국민경제의 발전에 이바지함을 목적으로 하는(구 상호신용금고법 제1조) 상호신용금고가 경영자의 무분별하고 방만한 채무부담행위로 인한 자본구조의 악화로 부실화됨으로써 그 업무수행에 차질을 초래하고 신용질서를 어지럽게 하여 서민과 소규모기업 거래자의 이익을 침해하는 사태가 발생함을 미리 방지하려는 데에 그 입법 취지가 있다고 할 것이어서 위 규정은 단순한 단속규정이 아닌 효력규정"이라고 하였다.

129) 우리나라 상호저축은행법시행령 제12조의2 제1항도 ① 예금등의 금액의 범위에서 담보권을 설정한 후 해당 예금자를 위하여 하는 보증과 ② 다른 상호저축은행이 중앙회, 예금보험공사 또는 금융기관으로부터 차입을 하는 경우 그에 대한 보증 또는 담보의 제공을 예외적으로 허용하고 있다.

130) 보증신용장과 관련하여 주목할 만한 판결은 *Republic National Bank of Dallas v. Northwest National Bank of Fort Worth*, 578 S.W.2d 109 (Tex, 1978)이다. 동 사건에서 피고은행은 약속어음의 주채무자가 발행한 채무에 대한 담보로 원고은행에 대하여 취소불능신용장을 발행하였다. 주채무자가 상환을 지체하자 원고은행은 피고은행을 상대로 신용장에 기하여 독립된 채무상환을 주장하였는데, 피고은행은 자신이 발행한 신용장이 자신의 능력을 벗어나는 보증협약이라고 주장하면서 채무이행을 거절하였다. 법원은 피고은행이 원고은행에 대해 독립된 책임을 지고 보증신용장에 의한 신용공여는 기능적으로 대출과 동일시된다고 판시하였다[12 C.F.R. §§ 7.1160(b), 208.8(d)(2), 337.2(b)]. 이러한 판시의 기조에는 신용장발행 은행은 원인계약(underlying contract)과는 독립된 주채무를 부담한다는 인식이 있었다. Jonathan R. Macey & Geoffrey P. Miller, *op. cit.*, pp. 161-165.

　　참고로 우리나라에서도 신용장 발행, 지급보증수표의 발행, 독립적 은행보증을 예외적으로 인정하고 있는데, 대법원 2014. 8. 26. 선고 2013다53700 판결을 보면 대표적으로 독립적 은행보증의 의의와 특성을 다음과 같이 설시하고 있다. "은행이 보증을 하면서 보증금 지급조건과 일치하는 청구서 및 보증서에서 명시적으로 요구하고 있는 서류가 제시되는 경우에는 그 보증이 기초하고 있는 계약이나 이행제공의 조건과 상관없이 그에 의하여 어떠한 구속도 받지 않고 즉시 수익자가 청구하는 보증금을 지급하겠다고 약정하였다면, 이는 주채무에 대한 관계에서 부종성을 지니는 통상의 보증이 아니라, 주채무자인 보증의뢰인과 채권자인 수익자 사이의 원인관계와는 독립되어 원인관계에 기한 사유로는 수익자에게 대항하지 못하고 수익자의 청구가 있기만 하면 은행의 무조건적인 지급의무가 발생하게 되는 이른바 독립적 은행보증(first demand bank guarantee)이다. 이러한 독립적 은행보증의 보증인으로서는 수익자의 청구가 있기만 하면 보증의뢰인이 수익자에 대한 관계에서 채무불이행책임을 부담하게 되는지를 불문하고 보증서에 기재된 금액을 지급할 의무가 있으며, 이 점에서 독립적 은행보증에서는 수익자와 보증의뢰인 사이의 원인관계와는 단절되는 추상성 및 무인성이 있다."131)

### (3) 정보처리, 전자금융서비스 및 후선서비스

　　1979년 *National Retailers Corp. of Arizona v. Valley National Bank*, 411 F.Supp. 308 (D. Ariz. 1976), *aff'd*, 604 F.2d 32 (9th Cir. 1979) 사건은 통화감독청장의 감독매뉴얼 상 정보처리업의 범위가 어디까지인지가 문제되었다. 당시 12 C.F.R. § 7.3500은 "(a) 연방은행은 은행자체 및 제 3 자를 위해 금융 · 재정 및 기타 경제와 관련된 정보처리장치를 사용하고 정보처리서비스를 제공할 수 있으며, 이와 관련한 부수물 및 잉여시간과 노동력을 시장에 제공할 수 있

---

131) 그리고 동 판결에서는 독립적 은행보증에서 보증인에 대한 수익자의 청구가 권리남용에 해당한다고 인정하기 위한 요건으로서 "독립적 은행보증의 경우에도 신의성실 원칙이나 권리남용금지 원칙의 적용까지 완전히 배제되는 것은 아니므로, 수익자가 실제로는 보증의뢰인에게 아무런 권리를 가지고 있지 못함에도 불구하고 은행보증의 추상성과 무인성을 악용하여 보증인에게 청구를 하는 것임이 객관적으로 명백할 때에는 권리남용에 해당하여 허용될 수 없고, 이와 같은 경우에는 보증인으로서도 수익자의 청구에 따른 보증금의 지급을 거절할 수 있으나, 원인관계와 단절된 추상성 및 무인성이라는 독립적 은행보증의 본질적 특성을 고려하면, 수익자가 보증금을 청구할 당시 보증의뢰인에게 아무런 권리가 없음이 객관적으로 명백하여 수익자의 형식적인 법적 지위의 남용이 별다른 의심 없이 인정될 수 있는 경우가 아닌 한 권리남용을 쉽게 인정하여서는 아니 된다"고 하였다.

다"고 규정하였다. 제 9 연방고등법원은 은행의 정보처리장치 및 정보처리서비스가 금융소비자의 미수금계정을 담보로 한 대출이나 운영자본의 신청을 심사하여 처리하는 데 매우 편리하고 유용할 수 있지만, 그러한 범위를 벗어난 정보처리업까지 인정한 것은 아니라는 매우 제한적인 해석을 하였다. 동 판결에 대해서는 많은 비판이 있었다. 은행업은 고도의 정보집중산업으로서, 은행은 금융고객계좌, 대출, 이자율 및 기타의 정보에 대해 쉽게 접근하여 정보를 가공할 수 있는 능력이 있어야 하는데, 정보처리업의 범위를 제한하는 것은 문제가 많다는 것이었다.

사실 인터넷뱅킹이 일반화된 지금 *National Retailers Corp. of Arizona v. Valley National Bank*의 법리는 더 이상 유지될 수 없게 되었다. 오늘날 은행들은 컴퓨터 하드웨어와 후선시설에 대해 막대한 투자를 하지 않고는 제대로 된 은행업을 영위할 수 없다. 이제 인터넷뱅킹을 포함하는 전자금융업이 은행업의 한 부분으로 되었다. ATM을 통한 전자자금이체, 체크카드를 통한 실시간 차감 서비스, 기업고객에 대한 전자계산서 발행과 추심서비스, 전자화폐 발행 역시 중요한 업무로 부각되고 있다. 내국환과 외국환 서비스를 제공함에 있어서도 換은행에게 정보를 제공하고 전자적인 매개체가 되기도 한다. 종래는 이러한 서비스를 아웃소싱하기도 하였지만 지금은 초기 설비투자가 상당히 들더라도 은행 자체적으로 시설을 구축하고 있다. 은행이 가장 고도의 기술력을 가지고 상당한 투자를 하다 보니, 사회 전체적으로 가장 효율적인 자원 배분에 대해서도 고민하게 되는 것은 당연하다. 즉 은행은 컴퓨터 하드웨어나 소프트웨어와 같은 잉여시설을 공공에게 매각하거나 임대할 수도 있는 것이다.

### (4) 여행대리점업

미국의 은행들은 여행대리점업을 하려고 부단히 노력해 왔지만, 미국 연방대법원은 1995년 *Nationsbank of North Carolina, N.A. v. Variable Annuity Life Insurance Co.* 사건에서 전반적인 여행대리점업을 수행하는 것은 은행의 부수업에 속하지 않는다고 확정적으로 판시하였다.

은행의 여행대리점업 참여가 문제된 가장 대표적인 사건은 *Arnold Tours, Inc. v. Camp*, 472 F.2d 427 (1st Cir. 1972)이다. 여기서 매사추세츠주의 여행대리점주들은 집단소송을 제기하였는데 연방인가은행의 매뉴얼을 직접적으로 문제삼았다. 당시 통화감독청장의 1963년 매뉴얼 § 7.7475는 "법 §24(7)에 의거, 연방은행은 고객들을 위하여 여행업을 영위하고 그에 대한 대가를 받을 수 있는바, 여기서 여행업에는 여행자보험상품의 판매 및 지역차량렌트업자의 대리인으로서의 차량 렌트를 포함한다"고 규정하였다. 1심법원은 §24(7)의 "필요한"이란 "절대적으로 필요한(*sine qua non*)"을 의미하는바, 여행업은 은행업을 영위하는 데 절대적으로 필요한 부수업무가 아니고 금융거래의 이행과도 거리가 멀다고 하였다. 제 1 고등법원은 부수업무라 함은 은행에게 연방은행법에서 명시적으로 인정된 고유업무를 수행함에 편리하고 유용한(covenient and useful) 보조적·부수적 업무라고 해석하여야 하고, 여기서 고유업무라 함은 이미 은행에게 제도적으로 확립된 업무를 의미한다고 하면서 전반적인 여행대리점업(full-scale travel agency)은 해당하지 않는다고 하였다. 그러나 제한적으로 여행자들을 위한 금융편의의 제공(예: 여행자수표발행 및 외국환업무, 여행자대부업무, L/C발행업무, 고객의 편의를 위해 대가없이 여행정보의 제공 등)을 할 수 있다고 하였다.[132]

### (5) 신 탁 업

20세기 초반부터 이미 은행은 부수업무로서 신탁업을 할 수 있다고 인정받아 왔다. *Miller v. King*, 223 U.S. 505 (1912) 사건에서 은행이 신탁계약의 수탁자로 될 수 있는지가 문제되었다. 신탁계약에 의하면 은행은 위탁자의 지시에 따라 추심한 금전을 보유하여야 했다. 연방대법원은 은행이 기업어음과 기타 채무증서를 추심하는 데 있어서 필요한 수탁자의 지위를 갖게 된다고 판시하여, 연방은행에게 광범위한 신탁권한을 인정하였다.[133] 그리고 1962년 개정된 12 U.S.C. § 92a(a)는 연방인가은행 소재지에서 경쟁 관계에 있는 주은행이 주법에 따라 수탁자로서의 권한을 행사한다면 통화감독청장은 연방인가은행에게도 수탁자의 권한을 인정할 수 있다고 규정하였는데, 2001년도에는 지역적인 제한을 완전히 없애 연방인가은행이 여러 주에서 동시에 신탁업무를 할 수 있게 되었다. 물론 다양한 신탁권한을 행사함에 있어서 때로는 통화감독청장으로부터 별도의 승인이나 특별한 허가가 필요하기도 하다.

---

132) 동 판시에 대해서는 1865년 이후 일부의 연방은행이 여행업을 수행하여 왔다면 "이미 제도적으로 확립된" 고유업무라고 보아도 무방하지 않았는가, 왜 법원이 은행분야의 전문가인 통화감독청의 결정을 존중하지 않았는가와 같은 비판도 많았다. *Ibid.*, pp. 138-139.

133) Patricia A. McCoy, *op. cit.*, § 5.02[4][e].

### (6) 보호예수서비스

보호예수업무는 전통적으로 은행의 업무영역에 속한다고 간주되었다. § 24(7)
은 연방은행이 자회사를 통하여 보호예수서비스를 제공할 수 있다고 규정하지
만, *Colorado Nat'l Bank v. Bedford*, 310 U.S. 41, 49 (1940) 사건 이후 연방대
법원은 연방은행이 직접적으로도 보호예수업무를 수행할 수 있다고 해석하여
왔다.[134]

### (7) 은행 간 차입

오늘날 '신용획득을 위한 은행 간 시장'(interbank market for credit)이 제대로
작동하지 않을 경우 은행산업이 어떻게 될 것인지는 상상할 수도 없다. 대부분
의 은행들이 요구불예금의 상당한 부분을 즉시 현금화할 수 없는 대출이나 기
타의 상품에 투자하므로, 은행 간 시장이 존재한다. 지급준비금 제도에 의해
어느 정도 안전망은 확보되어 있지만, 예측하지 못하였던 거액의 예금인출요구
가 있는 경우 은행은 유동성위험에 빠지게 된다. 은행 간 대출시장은 이러한
일시적 유동성 부족의 간극을 메우기 위한 것이다. 보통 유동성이 부족한 은행
이 유동성이 풍부한 은행으로부터 초단기, 보통은 1일의 기한으로 단기자금(콜
자금)을 제공받게 된다. 이러한 콜자금에 대한 금리가 콜금리인데, 은행간 차입
도 대표적인 부수업무의 하나이다.

### (8) 자산 – 부채이전협정

오늘날 예금보험공사와의 자산 – 부채이전협정(purchase and assumption trans-
actions)은 파산은행의 정리를 위한 여러 가지 방법 중 하나이다. 이 제도의 역
사는 대공황까지 갈 수 있는데, 그 전에도 양수은행이 채무인수를 한 것에 대
한 담보로서 파산은행의 자산을 이전해 가는 사적 거래가 허용되었다. 그러한
사적 자산 – 부채이전계약 역시 § 24(7)에 포함되는 부수업무라고 할 수 있다.

### (9) 부동산 보유 및 임대

연방은행법 § 29는 은행의 부동산보유에 대해 엄격한 제한을 하고 있다.
이는 부동산에 대한 직접투자를 금지하는 것이다. 그렇다보니 업무용부동산의
취득이나 담보권의 실행에 의한 취득, 공공시설에 대한 임대를 목적으로 한 취

---

134) *Ibid.,* § 5.02[4][f].

득과 같이 예외적인 경우에만 부동산 보유가 인정된다. 이는 부동산투자로 인하여 은행 고객들과 주주들을 위험에 빠뜨리지 않도록 하려는 배려이다. 규제완화의 목소리도 있었지만, 1980년대 저축대부산업에서의 부동산투자에 따른 엄청난 손실은 이러한 목소리를 잠잠하게 만들었다.

은행은 업무용으로 취득한 부동산의 일부를 임대하고 임대료를 받을 수도 있는데 이는 어디까지나 부수적인 것에 한한다. 즉 은행이 부동산을 취득한 주된 목적이 임대나 투기를 목적으로 한 것이라면, 통화감독청장은 즉시 부동산을 매각할 것을 명할 수 있다. 만일 은행이 어떠한 부동산을 업무용으로 취득하여 사용하다가 사용을 중지한다면 조속한 시일 내에 동 부동산을 매각하여야 하는데, 매각의 최장기간은 5년이다.[135]

### (10) 보험·연금상품의 판매

1999년 그램-리치-브라일리법 제정 이후 연방은행의 보험업에 대한 참여는 급속하게 확대되었다. 그렇지만 과거에는 은행의 보험업 진입이 매우 어려웠으며, 1990년대 일부 대법원 판결들이 보험업에 대한 문호를 개방해주었다고 할 수 있는데, 그 중 가장 대표적인 사례는 앞에서 살펴본 *NationsBank of North Carolina v. Variable Annuity Life Insurance Co.* 사건이다. 법원은 원고가 고객들에게 여러 종류의 연금 중 투자할 수 있는 선택권한을 부여하였다는 측면에서, 의회가 명시적으로 승인한 금융투자증권을 중개한 것이라고 보았다. 게다가 법원은 전통적으로 연금을 보험회사가 판매하여 왔다는 사실만으로 연금이 보험상품이라고 단정해서는 안 된다고 하였다.[136] 이러한 과거의 논쟁은 이제 역사의 뒤안길로 사라지게 되었다. 왜냐하면 그램-리치-브라일리법의 제정으로 은행이 인수할 수 있는 보험상품이 명문화되었기 때문이다.[137] 그리고 동법에 의하여 금융지주회사 산하 보험제휴회사를 통하여 은행은 이제 지정학적인 제약을 받지 않고 보험대리점판매도 할 수 있게 되었다.

### (11) 제한적인 증권업

글래스-스티걸법의 가장 핵심조항이라고 할 수 있는 § 16에 의하면 은행은 자기계산으로 증권과 주식을 자기매매할 수 없다. 따라서 은행은 증권인수

---

135) 12 C.F.R. § 34.82(a)-(b).

136) Jonathan R. Macey & Geoffrey P. Miller, *op. cit.*, p. 155.

137) Gramm-Leach-Bliley Act, Pub. L. No. 106-102, § 302(b), 113 Stat. 1338, 1407 (1999).

업(securities underwriting)과 자기매매업(dealing)을 영위할 수 없는 것이 원칙이다. 그렇지만 은행이 인수할 수 있는 적격증권이 일부 있다. 그리고 기업어음(CP)이 적격증권에 해당하지 않음에도 불구하고, 기업어음의 사모를 은행에게 허용하였던 전례가 있다.[138] 한편 글래스-스티걸법 § 16은 은행업과 연계되는 사업들에 대한 투자의 경우 주식취득을 허용하므로, 은행은 자회사에 투자할 수 있다. 그리고 파생상품거래가 빈번해지면서 은행은 주식파생상품거래에 따른 위험을 회피할 목적으로 기초자산인 주식을 취득하기도 한다.

글래스-스티걸법 § 16은 고객의 주문에 따라 고객의 계산으로 증권을 매수하거나 매도할 수 있다고 규정함으로써 은행의 증권중개업을 허용하고 있다. 따라서 투자자문을 수반하지 않는 단순 증권중개업은 당연히 허용되고, 투자자문을 수반하는 종합자산관리업은 제한적으로 허용된다.[139] 그러나 은행은 여전히 펀드설립과 뮤추얼펀드 지분의 분매를 할 수 없다.

은행은 M&A의 탐색자(finder) 기능을 수행할 수 있다. *Norwest Bank Minnesota, N.A. v. Sween Corp.*, 118 F.3d 1255, 1259-1260 (8th Cir. 1997) 사건에서 제8 연방고등법원은 연방인가은행이 M&A 협상을 개시하는 데 있어서 독점적인 자문업자로서 행위할 수 있다고 판시하였다.[140] 이 사건에서 은행이 M&A의 매수인과 매도인을 소개하는 중개자로서 업무를 수행할 수 있는지가 문제되었다. 통화감독청장은 Norwest Bank가 법인고객에 대한 후보매수자를 탐색할 수 있다고 하였는데, 은행이 이렇게 매수자를 탐색해주면 종국적으로 매수인과 매도인이 M&A협상을 체결한다는 것이 전제되었다. 통화감독청장은 Norwest Bank가 중개자로서 행위할 수 있는 세 가지 근거를 제시하였다. 첫째, 은행은 중개업무(intermediation)의 연장선상에서 복수의 당사자 간 거래를 발효시키기 위한 금융중개자로서의 전문성을 보유하고 있다. 둘째, 거래를 성공적으로 발효시키면 당사자인 고객의 이익을 증진하고 전체 경제에 대해 자금과 신용의 유입을

---

138) *Securities Industry Ass'n v. Board of Governors of the Federal Reserve System (Bankers Trust Ⅰ)*, 468 U.S. 137 (1984).

139) 종합자산관리업을 영위하려면 일정한 조건을 준수하여야 한다. 여기서 조건이란 증권을 매수하거나 매도한다는 종국적인 결정권한과 증권의 선택권한은 은행이 아닌 고객에게 부여되어야 하고, 고객들은 동 증권에 대한 완전한 수익자로서의 소유권을 보유하여야 한다는 것이다. Patricia A. McCoy, § 7.03[2].

140) 이는 우리나라의 '(구) 은행업무 중 부수업무의 범위에 관한 지침'상 카목에 규정되었던 "M&A의 중개·주선 또는 대리" 업무 수행 중 필요한 자문에 해당될 것이다.

촉진하게 될 것이다. 셋째, 통화감독청장은 과거에도 이와 같은 서비스를 승인하는 행정규칙을 제정한 바 있다. 항소심에서 제 8 연방고등법원은 통화감독청장의 동 조항에 대한 해석이 합리적이라고 판시하면서 통화감독청장의 결정을 지지하였다.141)

우리나라에서도 은행의 M&A 탐색자 기능이 문제된 사례가 있다. 서울고등법원 2010. 2. 10. 선고 2009노1507 사건에서 원심이 인정한 범죄사실과 1심, 2심의 판결이 다음과 같이 상이하였는데, 대법원은 심리불속행으로 상고 기각함으로써 원심을 확정하였다.

### 1. 공소사실
#### (1) 피고인들의 지위
피고인 Y1은 X은행 서울지점에서 기업금융부 상무로 근무하면서 기업합병 및 매수(M&A), 프로젝트 파이낸싱(Project Financing) 등에 관한 사업발굴 및 금융자문 업무를 담당하다가 현재 주식회사 Y3사의 대표이사로 근무하는 자이고, 피고인 Y2는 X은행 서울지점에서 기업금융부 부장으로 근무하면서 피고인 Y1과 같은 업무를 담당하다가 현재 Y3사에서 근무하는 자이다. 병은 2005. 9. 1.경부터 2008. 5. 27.경까지 국민연금공단 기금운용본부 대체투자실 선임운용역으로 근무하면서 국민연금공단의 사회간접자본(SOC) 및 자원개발사업 투자부문을 담당하였던 자이다.
#### (2) 피고인들의 금융자문업무
피고인들은 2007. 12. 10.경 K그룹의 금융자문사인 S금융자문 주식회사로부터 위 그룹이 보유하고 있던 서울고속도로 주식회사 및 일산대교 주식회사 지분 등 사회간접자본(SOC) 자산의 인수자를 알아봐 달라는 제안을 받고 병에게 위 사회간접자본 (SOC) 지분과 관련된 민간투자사업 여부를 타진하였고, 병은 국민연금공단의 대체투자실장인 정에게 내부보고를 마친 다음 X은행으로 하여금 금융자문업무를 수행하게 하였다.

X은행은 그때부터 2008. 2. 26.경까지 국민연금공단, K그룹 및 S금융자문과의 회의 주선, 지분매각자인 K그룹과의 양해각서 체결, 투자전략 수립, 회계 및 법률자문사 선정 및 실사 자문, 사업성 분석을 위한 재무모델 및 가치(Valuation)평가 자문, 자금운용방법 결정 및 자산운용사 선정, 지분인수 관련 계약서 작성 등 금융자문업무를 사실상 종료하였다.

피고인들은 M자산운용(주)로 하여금 인프라펀드를 설립하게 하여 국민연금공단에서 위 자산 인수에 투자하는 형식으로 자금을 운용하기로 하였고, 정은 2008.

141) Patricia A. McCoy, § 7.03[3][c].

2. 26.경 국민연금공단이 K그룹 계열사인 주식회사 K1이 보유하고 있는 서울고속
도로 주식회사 주식 9,200,000주(총 발행주식수의 10%)를 주당 거래단가 19,000
원에, 주식회사 K1 및 K2주식회사가 보유하고 있는 I주식회사 주식 5,068,444주
(총 발행주식수의 48.5%)를 주당 거래단가 12,600원에 각 인수하는 등 K그룹 계
열사 보유의 위 사회간접자본(SOC) 자산을 총 250,000,000,000원의 범위 내에서
인수한다는 내용의 품의서를 작성하여 기금운용본부 대체투자위원회로부터 승인
을 받았다.

(3) 피고인들의 업무상 임무 위배

피고인들은 X은행으로부터 대외적 활동과 관련하여 상무 및 부장이라는 직함
을 부여받고 각종 금융자문 의뢰인으로부터 금융자문업무를 위임받아 자문할 수
있도록 X은행을 대리하여 영업을 하는 X은행의 직원으로서 퇴직하게 되는 경우
피고인들이 재직중 담당하였거나 퇴직 당시 수행하고 있는 제반 자문업무를 모든
관련자료와 함께 X은행에 인수인계하여야 할 업무상의 임무가 있었으므로, 사실
상 금융자문업무를 수행한 대가는 X은행에 귀속되도록 하여야 할 뿐만 아니라 피
고인들의 독자적인 계산 아래 금융자문업무를 추진하여서도 아니되었다.

그럼에도 국민연금공단의 사회간접자본(SOC)에 대한 투자의 경우 일반적으로
금융자문이 마무리되는 단계에서 기금운용본부 대체투자위원회 승인을 거쳐 투자
계약 및 자문계약을 체결함과 동시에 자문수수료를 지급함을 기화로, 피고인들은
2008. 2. 26.경 X은행에 위와 같이 금융자문을 하고 있다는 사실을 전혀 보고하지
아니한 채 Y3사를 설립한 후 X은행을 퇴사하여 Y3사 명의로 위 K그룹 사회간접
자본 자산 인수관련 금융자문계약을 체결하고 금융자문수수료를 수령하기로 공모
하였다.

이에 따라 피고인들은 2008. 2. 26. Y3사를 설립한 후 2008. 3. 7. X은행을 퇴사하
였고, 2008. 3. 12. 국민연금공단에서 펀드의 판매사인 H증권에 M자산운용 'NPS인프
라사모증권 투자신탁 1 호'의 설정금액으로 회계, 법률, 금융자문비용 2,625,286,338원
을 포함하여 총 241,286,994,400원을 입금하자마자, 피고인 Y1이 설립한 Y3사는
M자산운용과 금융자문계약을 체결하고, 금융자문수수료 명목으로 2,404,600,000
원을 지급받았다.

결국, 피고인들은 X은행의 직원으로서 사실상 금융자문업무를 수행한 금융자문
수수료는 X은행에 귀속되도록 하여야 할 뿐만 아니라 자신들의 독자적인 계산 아
래 금융자문업무를 추진하여서도 아니 될 업무상 임무에 위배하여, Y3사가 독자
적인 계산으로 위와 같이 금융자문업무를 수행한 것처럼 금융자문계약을 체결하
여 X은행에 귀속시켜야 할 금액 불상의 자문수수료를 Y3사 명의로 지급받았다.

(4) 결    론

따라서 피고인들은 공모하여 위와 같은 업무상 임무에 위배하여, 피해자 X은행에 귀속되어야 할 금액 불상의 자문수수료가 Y3사의 법인계좌로 지급되게 함으로써 Y3사로 하여금 위 금액 상당의 재산상 이익을 취득하게 하고, X은행에게 위 금액 상당의 재산상 손해를 가하였다.

2. 소송의 경과

(1) 제 1 심 : 무죄

피고인들이 수행한 이 사건 자문업무는 은행부수업무지침상 은행업무에 해당한다고 볼 수 없고, 그 자문의 실질적 내용이 주식매매의 중개업무라 할 것인바, X은행은 2008. 3.경 금융위원회에 증권업 허가를 신청하여 2008. 7. 내지 8.경 그 허가를 취득한 사실이 인정되므로 피고인들이 이 사건 자문업무를 수행할 당시 주식매매의 중개업무는 증권거래법상 증권업 허가를 취득하지 않은 X은행의 업무범위에 속하는 사무라고 볼 수 없다. 또한 피고인들은 이 사건 자문업무를 X은행에 보고한 적도 없고, X은행의 업무로서 자문을 하는 경우 거쳐야 할 X은행 서울지점 Structured Finance 본부장과 아시아 지역 Structured Finance 본부장에게 보고하고, 본부장들이 아시아 지역의 위원회에 보고하여 승인을 얻어야 하는 일련의 보고 및 승인절차를 거친 바도 없는 점 등에 비추어, 피고인들이 수행한 이 사건 자문업무가 X은행의 업무가 되었다고 볼 수도 없다. 따라서 피고인들의 이 사건 자문업무수행이 X은행의 사무처리자의 지위에서 한 것이라고 볼 수 없다.

가사 이 사건 자문업무가 X은행의 업무범위에 포함되고 X은행의 사무로서 개시되었다고 하더라도, 이 사건 자문업무는 그 업무가 종료되기 전에 Y3사로 이전되어 Y3사가 그 업무를 수행하고 이 사건 자문계약을 체결하여 그 수수료를 지급받은 것이므로, X은행으로서는 M사나 국민연금공단에 대하여 자문수수료를 청구할 어떠한 권리도 없다고 할 것이다. 따라서 X은행에 자문료 상당의 손해가 발생하였거나 손해 발생의 위험이 있다고 볼 수 없다. 또한 피고인들이 이 사건 자문수수료를 수령할 당시 이 사건 자문업무를 X은행에서 수행할 수 없는 업무라고 인식하고 이를 수령한 것으로 보이므로, 피고인들의 X은행에 대한 업무상 배임의 범의 또한 인정되지 않는다.

(2) 원심 : 유죄, 이유무죄(금융자문수수료 2,404,600,000원 재산상 손해 부분)

은행이 부수업무를 영위함에 있어서 반드시 예금·적금의 수입이나 자금의 대출 등 은행의 고유업무에 부수되거나 관련되어야만 수행할 수 있는 것은 아니라고 하면서 피고인들의 이 사건 자문업무는 부수업무지침에서 정하는 '기업의 금융에 대한 상담 및 조력'에 해당한다. 피고인들을 비롯한 이 사건 거래의 관련자들 역시 주관적으로 이 사건 자문업무를 X은행의 업무로 인식하였으므로 비록 이

사건 자문업무에 주식매매의 중개의 요소가 포함되어 있더라도 이 사건 자문업무는 X은행의 업무에 해당한다.

그리고 피고인들의 X은행에 대한 업무상배임의 범의도 인정할 수 있다. 피고인들은 이 사건 자문업무를 수행한 금융자문수수료를 X은행에 귀속되도록 하여야 할 뿐만 아니라 자신들의 독자적인 계산 아래 금융자문업무를 추진하여서도 아니될 업무상 임무에 위배하여 Y3사가 독자적인 계산으로 위와 같이 금융자문업무를 수행한 것처럼 금융자문계약을 체결하는 방법으로 X은행에 귀속시켜야 할 금액 불상의 자문수수료를 Y3사 명의로 지급받았다.

피고인 Y1 등이 이 사건 범행으로 얻은 이득액과 관련하여서는, ① 특정경제가중처벌법 제 3 조 위반죄에 해당하는 경우 피고인 Y1 등이 배임행위로 Y3사로 하여금 취득하게 한 재산상 이득액을 엄격하고 신중하게 산정하여야 하는 점, ② 이 사건 금융자문계약은 도급계약에 해당하여 피고인 Y1 등이 최종적으로 매매계약의 체결이라는 일의 완성을 하여야만 그 보수를 지급받을 수 있는데, 피고인 Y1 등이 이 사건 거래를 완성한 시기가 X은행에서 퇴사한 이후인 점, ③ 이 사건 거래의 진행 일정에 비추어 금융자문업무의 많은 부분이 피고인 Y1 등의 X은행 재직기간 동안 이루어진 것은 사실이나, 거래일정상의 매매계약체결일인 2008. 3. 3.에 이르러 K1이 내부승인 등의 이유로 계약을 체결하지 아니함에 따라, 피고인 Y1 등이 퇴사한 이후 K1에게 회계문제의 대안을 제시하는 등으로 노력하여 결국 이 사건 금융자문의 완성인 계약체결을 이끌어 낸 점, ④ 이 사건 거래의 경우 금융시장에 나온 매물을 경쟁을 통하여 매입한 것이 아니라 피고인 Y1이 국민연금공단으로 하여금 K그룹과 일대일로 협상할 수 있는 좋은 투자처를 발굴해 준 것이고, 기본보수 없이 거래가 성공할 때에만 수수료를 지급받기로 하였기에 일반 자문수수료보다 다소 높은 금액을 받게 된 점 등을 종합하여 보면, 이 부분 공소사실과 같이 피고인 Y1 등이 업무상 배임행위를 통하여 Y3사로 하여금 취득하게 한 2,404,600,000원 상당의 자문수수료 전액이 피고인 Y1 등의 배임행위로 인한 이득액이 된다고 단정할 수 없다. 나아가 검사가 제출한 증거만으로는 피고인 Y1 등의 배임행위로 인한 Y3사의 이득액 또는 X은행의 재산상 손해액이 얼마인지 구체적으로 특정할 수가 없고, 달리 그 액수를 특정할 만한 아무런 자료도 없다.

## (12) 기      타

연말정산지원서비스, 소득증명서 발행, 고객의 편의를 위한 지점 간 행랑서비스, 은행발행 송금수표나 여행자수표를 매도하기 위하여 전문매장을 전속 대리인으로 지정하는 행위 등이 포함된다.

## 4. 미국제도 정리

미국의 연방은행법은 은행의 고유업과 부수업에 대해 규정하지만 겸영업에 대해서는 아무런 언급이 없다. 왜냐하면 미국의 은행시스템은 사내겸영을 허용하지 않기 때문이다. 은행의 전면적인 증권업 영위를 금지하는 1933년 글래스-스티걸법이 사내겸영을 제한하는 가장 대표적인 법률이라고 할 수 있다. 1999년 그램-리치-브라일리법이 제정되어 이제 미국에서도 겸업주의가 허용되었지만, 은행이 증권업이나 보험업의 핵심업무에 직접적으로 참여할 수는 없고 금융지주회사를 설립하여 간접적으로 참여할 수 있을 뿐이다. 따라서 은행이 증권업이나 보험업의 일부 업무를 수행할 경우 이는 부수업의 일환일 뿐 겸영업으로 간주되지 않는다.

미국의 연방은행법[12 U.S.C. § 24(7)]은 은행의 고유권한을 규정하고 있는데, 여기서 열거하는 다섯 가지의 고유권한은 ① 수신, ② 내국환과 외국환, ③ 통화의 유통, ④ 어음할인과 유통, ⑤ 여신을 포함한다. 이렇게 은행의 고유업무가 협소하다 보니, 연방은행을 감독하는 통화감독청은 부수업무를 허용하여 은행의 경쟁력을 향상시키고 은행의 건전성과 금융시장의 안전성을 도모하고자 하였다. 그 때문에 은행업의 범위에 대해서 과거 협의설이 대세를 이루었던 시절도 있었지만, 지금은 은행의 업무영역을 넓게 인정하려는 광의설이 대세인 것이다. 미국에서 광의설을 선도한 것은 통화감독청이었고, 법원들은 통화감독청장의 결정에 대해 합법성을 부여하였다. 1995년 *Nationsbank of North Carolina, N.A. v. Variable Annuity Life Ins. Co.* 사건에서, 연방대법원은 통화감독청장의 유권해석을 좇아 은행업을 "금융투자증서의 중개업"이라고 한 후 은행의 정액연금 및 변액연금의 판매를 승인한 바 있다. 동 판결을 계기로, 은행은 뮤추얼펀드와 연금도 판매할 수 있게 되었다. Regulation Y에서 열거하고 있는 업무들이 지금까지 미국에서 허용된 은행의 모든 부수업무들을 망라한 것이다.

미국 법원들이 판시하여 온 부수업무에 대한 허용기준은 다음과 같이 세 가지로 유형화할 수 있다. 첫째, 어떠한 부수업무가 전통적으로 인정되어 온 은행의 고유업무와 기능적으로 동일하거나 논리적인 연장선상에 있어야 한다. 둘째, 동 업무가 고객들에게 이익을 주고 은행의 건전성을 제고시켜야 한다.

셋째, 동 업무를 수행한 결과 발생하는 위험은 은행들이 고유업무로부터 발생하는 위험에서 너무 동떨어져서는 안 된다. 따라서 은행을 낯선 재정적 위험이나 운영상의 위험에 빠뜨리는 업무들은 허용되지 않는 것이다. 과거에는 첫째 기준에 의하여 허용되는 부수업무인지 여부를 판단하였다. 예를 들어 전통적인 대출상품과 기능적으로 동등한 신용제공, 신용주선 및 신용인수 행위들이 허용되었던 것이다. 그렇지만 최근에는 둘째, 셋째 기준을 좇아 은행들에게 다양한 업무영역으로 확대할 수 있는 길을 열어주고 있다. 그렇다보니 은행들은 증권업(예: M&A의 당사자 물색), 보험업(예: 연금) 영역까지 업무를 확대하고 있으며, 은행의 경쟁력을 강화하기 위한 다양한 후선서비스(예: 정보처리업, 인쇄업 또는 행랑업)도 제공하고 있다. 인터넷뱅킹 시대가 도래하면서 미국에서 부수업무의 범위는 계속 확대일로에 있다고 평가된다.

## IV. 각 업무별 규제에 대한 시사점 및 개선방안

### 1. 고 유 업

구 은행법은 고유업의 범위에 대해 매우 모호하였지만, 2010년 개정 은행법은 내·외국환 업무를 포함한 고유업의 범위를 명확하게 규정하였다는 점에서 진일보한 것이다. 그러나 개정 은행법령이나 하위법규에서 수신, 여신, 환에 대해 뚜렷한 정의규정을 두지 않음으로써 실무상 혼란이 발생할 개연성은 여전히 남아 있다고 본다.

첫째, 수신과 관련하여 은행법 제 2 조 제 1 호는 "예금을 받거나 유가증권 또는 그 밖의 채무증서를 발행하여 불특정 다수인으로부터 채무를 부담"한다고 함으로써 기존의 규정을 답습하였다. 자본시장법상 금융투자상품을 지나치게 포괄적으로 정의하다 보니, 은행의 전통적인 예금상품이라도 투자성이 일부 가미되었다면 배타적으로 자본시장법의 적용대상이라고 할 위험성도 높다. 예를 들어 자본시장법 제정 당시 입법에 관여하였던 일부 학자는 원화표시 양도성예금증서의 경우 투자손실의 위험, 즉 당해 예금증서의 발행기관에게 적용될 시장이자율이 예금이자율의 표면이자율보다 높은 상태라면 시장 평가액이 액면가액보다 낮아지므로 예금증서를 만기전 시장에서 매각할 때 투자손실의 위험이 있다고 보았다. 따라서 투자성이라는 매우 막연한 개념을 활용하여 원화표시 양도성예금증서를 금융투자상품에 포함시키려는 시도가 있었던 것이다.[142] 궁극적으로 이러한 시도는 좌절되었고 자본시장법 제 3 조 제 1 항 제 1 호는 원화표시 양도성예금증서를 명시적으로 금융투자상품에서 제외하였다. 왜냐하면 양도성예금증서의 발행은 은행의 전통적인 고유업무인 수신에 정확히 포섭되기 때문이다. 그렇지만 향후에도 은행이 새로운 예금상품을 취급할 경우 이와 유사한 문제가 발생할 가능성은 높다. 그 때에는 법적 안정성과 예측가능성이 침해될 뿐만 아니라 은행의 경쟁력에도 중대한 장애를 초래하게 될 것이다. 이 때문에 은행법 상으로 정의 규정을 보완하여야 하는 것이다 한편 전자상거래와 인터넷뱅킹이 활발해지면서 은행이 전자화폐를 직접 발행할 개연성도 높은데, 전자화폐의 발행 역시 수신에 포함시켜야 할 것이다.

둘째, 현행법은 여신을 지나치게 광의로 정의하고 있어서, 어떠한 여신행위가 은행의 고유업무인지 또는 부수업무인지를 둘러싸고 혼란이 발생할 수 있다. 즉 은행법 제 2 조 제 7 호는 신용공여(여신)라는 광의의 개념을 사용하여 대출, 지급보증, 자금지원적 성격의 유가증권 매입, 그 밖에 금융거래상의 신용위험이 따르는 은행의 직·간접적 거래를 모두 포함시키고 있다. 그렇다보니 은행법 제27조에서 규정한 고유업무(자금대출, 어음의 할인)가 아님에도 불구하고, 은행의 지급보증, 신용장 발행, 신용연계증권의 발행 등이 모두 고유업에 해당하는 것 아니냐는 의문이 발생하는 것이다. 만일 어떠한 여신행위가 고유업무에 해당한다면 은행은 은행업 인가를 받은 즉시 별도의 절차를 거치지 않고 당연히 업무를 수행할 수 있는 데 반하여, 부수업무에 해당한다면 동 여신행위를 하기 전 금융위원회에 사전적으로 신고를 하여야 한다. 미국의 연방은행법에서 여신과 관련한 은행의 고유업무를 대출과 어음할인으로 제한하고, 그 밖의 여신행위들을 부수업무로 규정하고 있는 점을 참조할 때에는 절충적인 개선방안의 도출도 가능하다. 즉 은행법 제 2 조 제 7 호의 신용공여에는 대출과 어음할인(자금지원적 성격의 유가증권 매입)과 같은 고유업무와 지급보증, 신용장 발행, 신용연계증권의 발행, 기타 새로운 유형의 여신행위 등을 포괄하는 부수업무가 포함된다고 규정하는 것이다.

셋째, '환'에 대해서도 명확한 정의규정이 필요하다. '환'이란 격지자 간에 현금거래를 수반하지 않고 채권·채무 기타 자금을 은행 기타 제 3 자를 통하여

---

142) 한국증권법학회 편, 「자본시장법 [주석서 I ]」, 박영사, 2009, 15-17면(고창현 집필).

결제하는 제도를 말한다.[143] 현재 내국환이 업무상의 자금이체 등 전금과 역환, 대금추심, 타행환공동망으로 구분되는 점에 대해서는 이견이 없지만, 외국환에 대해서는 다소 논란의 여지도 있다. 왜냐하면 외국환거래법 제 3 조 제 1 항에 의하면 외국환이란 "대외지급수단, 외화증권, 외화파생상품 및 외화채권"을 말하는데, 외화증권과 외화파생상품 및 외화채권은 은행법상의 외국환일 뿐만 아니라 자본시장법 상의 금융투자상품에도 해당하기 때문이다.[144] 이러한 혼란을 방지하기 위해서는 은행법이나 시행령 또는 금융위원회 규정에 내국환과 외국환의 범위를 명확히 규정할 필요가 있다.

## 2. 겸 영 업

겸업주의를 실현함에 있어서 우리나라도 미국과 같이 전면적인 사내겸영 방식을 취하지는 않고 있다. 따라서 은행이 다른 금융업의 핵심업무에 참여하고자 한다면, 동 업무를 직접적으로 사내겸영할 수 없고 금융지주회사나 자회사를 설립하여 간접적으로 수행할 수 있을 뿐이다. 은행 자회사의 설립 근거가 되는 은행법 제37조 제 2 항이나 금융지주회사의 설립 근거가 되는 금융지주회사법도 이러한 취지를 성문화한 것이다.

구 은행법과 달리 개정 은행법 제28조가 증권인수업과 같은 다른 금융분야의 핵심업무를 명확히 배제하여, 은행법 제37조 제 2 항 및 금융지주회사법과 체계적인 정합성을 유지하였다는 점은 칭찬할 만하다. 그런데 문제는 은행이 법정 절차를 좇아 '다른 금융관련법률의 핵심업무를 제외한 업무'들을 직접 수행한다고 할 때, 이러한 업무들을 굳이 겸영업이라고 유형화할 필요가 있는지이다. 왜냐하면 겸영업이란 은행이 다른 금융업종의 핵심업무를 사내겸영 방식이나 금융지주회사 방식 또는 자회사 방식으로 영위할 경우를 지칭하는 용어이기 때문이다. 따라서 제28조는 은행의 업무규제를 둘러싸고 오히려 혼란을 가중시킬 수 있는 조항이라고 판단된다. 비교법적으로 미국의 은행제도를 보더라도 은행업에는 고유업무와 부수업무만이 있을 뿐, 겸영업무란 용어 자체가 존재하지 않는다. 미국이 이종 금융업의 핵심업무를 사내겸영할 수 없는 법제를 취하고 있음을 감안할 때, 이는 너무도 당연한 것이다. 그렇다보니 은행

---

143) 산업은행 법무실 편, 「한국산업은행법 해설」, 2009, 159면.
144) 상게서, 161-162면.

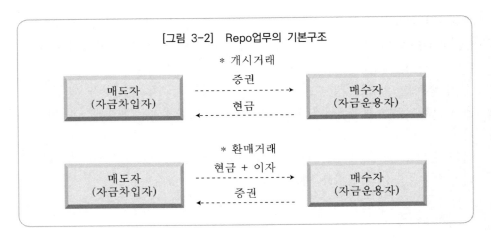

[그림 3-2]   Repo업무의 기본구조

* 개시거래

매도자
(자금차입자)  ──증권──▶  매수자
(자금운용자)
         ◀──현금──

* 환매거래

매도자
(자금차입자)  ──현금 + 이자──▶  매수자
(자금운용자)
         ◀──증권──

이 증권중개업이나 보험상품 판매업 등 증권업·보험업의 일부 업무에 제한적
으로 참여할 때, 은행은 동 업무들을 부수업무로서 영위하는 것일 뿐 겸영업무
를 전면적으로 사내겸영하는 것은 아니다. 이 때문에 현행법상 겸영업이란 표
현이 정확한 用例가 될 수 없고, 현재의 겸영업으로 규정되어 있는 업무들 중
일부(환매조건부채권매매업무와 신탁업무)를 제외하면 나머지는 모두 부수업무에
불과한 것이다.

    한편 현재 겸영업으로 편제되어 있는 업무 중 환매조건부채권매매업무와
신탁업무는 신설은행이 은행업 인가를 받는 즉시 별도의 신고절차를 밟지 않
고 영위할 수 있는 고유업무로 보아야 한다. 환매조건부 채권매매는 과거부터
그 본질 및 실무 관행상 은행의 고유업무 영역에 속한다고 인식되어 왔다. 환
매조건부 채권매매는 ① 채권을 일정기간 후에 일정가액으로 환매수할 것을
조건으로 매도하는 것(환매조건부 채권매도)과 ② 채권을 일정기간 후에 일정가
액으로 환매도할 것을 조건으로 매수하는 것(환매조건부 채권매수)으로 구성되
는데, ①은 실질적으로 채권매매대금으로 입금된 금원에 대하여 일정비율의
수익을 보장해주는 예금계약과 같은 성격을 가지므로 채권을 매개로 하는 수
신으로 볼 수 있고, ②는 채권을 매개로 하는 여신으로 볼 수 있다. 회계처리기
준에서도 이러한 실질을 중시하여 환매조건부채권매매를 '담보부 소비대차거
래'로 취급하고 있다. 더욱이 은행은 동 업무를 상당히 오랜 기간 능숙하게 취
급하여 왔다. 즉 환매조건부 채권매매업무는 재정적자 보전을 위하여 대량 발

행된 국채를 대부분 은행이 인수하게 됨에 따라 은행의 자금부담을 완화하고 은행업무의 다양화를 도모하기 위하여 1982년 9월부터 허용된 것이다.[145) 이러한 업무를 단지 자본시장법상 금융투자상품에 편입되었다는 이유만으로 은행의 고유업이 아닌 겸영업무라고 하는 것은 지극히 형식논리적이다.[146)

신탁업도 마찬가지이다. 1976년 서울은행과 신탁은행의 합병을 계기로, 모든 은행들에게 형평성의 견지에서 신탁업이 허용되었다. 그런데 신탁업이 자본시장법에 편입되었다는 이유 만으로 '은행업이 아닌 겸영업'에 해당한다고 단정하는 것은 우리나라의 금융시장 역사와 실무 관행을 다소 무시하는 태도가 아닐 수 없다. 물론 실무상으로 특정금전신탁이 예금과 차별화된다는 점에 대해서는 이론이 있을 수 없다. 예를 들어 대법원 2007. 11. 29. 선고 2005다64552 판결에 의하면 "금전신탁은 신탁행위에 의하여 위탁자로부터 금전을 수탁받은 신탁회사가 이를 대출, 유가증권, 기타 유동성 자산 등에 운용한 후 신탁기간 종료시 수익자에게 금전의 형태로 교부하는 신탁의 일종으로서, 신탁된 금전은 금융기관의 고유재산이 아닌 신탁재산에 속하게 되고 신탁행위 또는 관계 법령에서 정한 바에 따라 자금운용이 이루어져야 하며, 실적배당주의가 적용되어 원칙적으로 원본과 이익이 보장되지 아니할 수 있다는 점 등에서, 예금된 금원이 금융기관의 고유재산에 속하게 되고 예금에 관한 금융기관의 자금운용 방법에 원칙적으로 제한이 없으며 원금 및 약정이율에 따른 이자의 지급이 보장되는 금전의 소비임치계약인 예금과 차이가 있다"고 한다.[147) 그리고

---

145) 정찬형·도제문, 「은행법」, 박영사, 2005, 302면.

146) 파생상품거래도 마찬가지이다. 은행은 종래부터 파생상품거래의 가장 대표적인 외국환업무를 영위하여 왔다. 일반적으로 외국환매매거래에는 매매계약과 동시에 외국환의 受渡가 일어나는 '현물환거래', 매매계약후 일정기간이 지난 후 외국환의 수도가 이루어지는 '선물환거래' 및 결제일이 서로 다른 외환거래를 반대방향으로 동시에 체결하는 '스왑거래'가 있는데, 선물환거래가 장내파생금융상품거래에 해당하고 스왑거래가 장외파생금융상품거래에 해당한다. 따라서 자본시장법상 금융투자상품에 파생상품이 포함되었다는 이유만으로, 파생상품거래가 곧 금융투자업자의 고유업무라는 등식은 성립하지 않는다.

147) 한편 위 판결은 "특정금전신탁은 위탁자가 신탁재산의 운용방법을 특정하는 금전신탁으로서 수탁자는 위탁자가 지정한 방법대로 자산을 운용하여야 하고 다른 신탁상품과는 합동운용할 수 없으며 원본 보전과 이익 보족이 금지되어 있는 반면, 불특정금전신탁은 위탁자가 신탁재산의 운용방법을 특정하지 않고 수탁자에게 일임하는 금전신탁으로서 수탁자는 관계 법령에서 정하고 있는 방법과 대상의 제한 범위 내에서 자유롭게 자산운용을 하고 다른 신탁상품과도 합동운용할 수 있으며 관계 법령이 정하는 바에 따라 원본 보전과 이익 보족이 허용된다는 점 등에서 특정금전신탁과 차이가 있다"고 판시함으로써, 특정금전신탁과 불특정금전신탁을 구분하고 있다. 참고로 우리나라 은행들은 현재 특정금전신탁 업무만을 제한적으로 영

위 판결은 특정금전신탁의 경우 원본 보전의 이면 약정을 무효라고 판시하고
있다. "특정금전신탁은 위탁자가 지정한 운용방법에 따른 자산운용에 의하여
그 수익률이 변동함으로써 항상 위험이 따르고, 그 위험은 신탁회사가 신탁재
산에 대하여 선량한 관리자로서의 주의의무를 다하지 아니하였다는 등의 특별
한 사정이 없는 한 수익자가 부담하여야 하므로, 그 신탁재산의 운용 결과에
대한 손익은 모두 수익자에게 귀속되는 자기책임주의와 실적배당주의를 그 본
질로 하고, 만일 지정된 운영방법에 따른 자산운용에 의하여 손실이 발생하였
음에도 불구하고 원본의 보전이나 일정한 이익이 보족된다면, 수익자는 항상
지정된 운용방법에 따른 자산운용에 수반하는 위험은 회피하고 이익만을 취득
하게 되어 위와 같은 자기책임주의 및 실적배당주의에 반하는 것은 물론 개별
수익보장을 위하여 신탁회사의 고유재산이나 영업이익에서 손실을 보전하는
것을 강요하게 되므로 신탁회사의 재정을 불실하게 만들고 다른 거래 상대방
을 불이익하게 한다. 따라서 특정금전신탁에 관한 원본 보전이나 이익 보족의
약정은 모두 특정금전신탁의 본질과 기능에 반하고 건전한 신탁거래질서를 해
치는 것으로서 강행법규에 반하여 무효"라고 하였다. 그렇지만 역사적으로 우
리나라에서 신탁업무를 가장 활발하게 수행하여 온 금융기관이 은행으로서, 금
융소비자들의 대다수는 거래 실제상 신탁업무를 은행의 고유업무로 신뢰하면
서 신탁 거래에 참여하여 왔다는 점을 존중하여야 한다. 즉 이 때에는 은행의
신탁업 영위를 부수업무로서 허용하였던 구법 체계가 자본시장법의 신설 조항
보다 우선적으로 적용될 수 있는 것이다(소위 grandfather clause).

　　따라서 현재의 은행법에서 겸영업무로 유형화한 업무들 중 환매조건부채
권매매업과 신탁업은 은행의 고유업무로 편입시키고, 나머지 업무들은 모두 부
수업무로 복귀시켜야 한다. 그리고 업무 개시 이후 특정 기간 내에 단순 신고
만으로도 업무를 영위할 수 있도록 하는 획기적인 규제개선이 이루어져야 한
다. 그렇지 않고 은행으로 하여금 인가 등에 준하는 엄격한 신고를 거칠 것을
요구하는 것은 은행의 업무를 확대하고자 하는 동기를 말살할 뿐만 아니라 은
행의 경쟁력을 심각하게 저해하는 처사가 될 것이다.

---

위할 수 있을 뿐이다.

## 3. 부 수 업

1980년대 이후 전세계적으로 금융분야에서의 규제완화가 가속화되면서, 다른 금융기관들에게 고객을 뺏겨 경쟁력이 취약해진 각국의 은행들은 부수업무를 확대하고자 노력하여 왔다. 이러한 경향을 도외시하고 현행법이 종래 은행의 부수업으로 간주되었던 많은 업무들을 겸영업에 편입시켰다는 점을 보면, 우리나라의 금융감독당국이 각 업무를 유형화하는 기준이나 철학을 갖고 있지 않았음이 확실해진다. 그렇다보니 종래부터 은행이 영위해왔던 업무들이나 은행업과 밀접하게 관련된다고 간주되는 사소한 업무들 만을 은행법 제27조의2에 남겨 놓고, 나머지 업무들을 모두 겸영업으로 편제시키는 惡手를 둔 것이다. 만시지탄의 감이 없지 않으나 지금은 부수업에 대한 명확한 기준을 선결적으로 정립하여야 할 시점이다.

미국과 우리나라의 은행제도가 동일한 정책기조 및 규제철학을 바탕으로 하고 있다는 점을 감안할 때, 저자는 부수업무에 관한 Williams의 분석이 매우 유용하며 다음의 기준들을 법령에 규정하여야 한다고 생각한다. 즉 부수업무란, ① 은행의 고유업무와 기능적으로 동일하거나 논리적으로 연장선상에 있는 업무, ② 은행 고객들에게 이익을 주고 은행의 건전성을 제고시킬 수 있는 업무, ③ 다른 금융업의 핵심업무에 속하지 않아, 이를 수행하더라도 은행의 고유위험과 무관한 이질적인 위험에 빠뜨릴 개연성이 없는 업무를 말한다. 대부분의 부수업무는 여기에 포함되는데, 대표적으로 대출의 중개·주선·대리의 경우로서 은행이 신디케이트론을 주선하면서 해당 신디케이트에는 참여하지 않고 수수료 만을 획득하는 행위를 들 수 있다. 그 외에도 인터넷뱅킹이 대세를 이루면서 ④ 은행설비의 사용을 최적화하고 은행 능력의 가치를 극대화할 수 있는 업무를 추가할 수 있을 것이다. 이러한 ①내지 ④의 기준에 의하면 그간 은행이 수행하여 온 업무 중 고유업무를 제외한 모든 업무들이 부수업무에 포섭될 수 있게 된다.

부수업무의 범위가 확대되다 보면 고유업무와 부수업무를 포괄하는 은행업의 개념 역시 수정되어야 할 것이다. 은행법 제2조 제1호는 은행업을 수신과 여신을 매개체로 한 자금중개업으로 보고 있는데, 이는 협의의 은행업 만을 정의한 것으로서 부수업을 전혀 반영하지 못하고 있는 점에서 시대착오적이다.

미국의 1995년 *Nationsbank of North Carolina, N.A. v. Variable Annuity Life Ins. Co.* 사건에서 통화감독청이 은행의 부수업무가 확대되고 있는 점을 감안하여 은행업을 "금융투자증서의 중개업"이라고 정의한 후, 은행의 채무증서, 보험상품, 변액연금, 뮤추얼펀드 등 판매를 정당화하였다는 사실을 주목하여야 한다. 은행의 전문화된 금융중개기능을 반영한 은행업 개념이 정립되어야 광의의 부수업무를 인정할 수 있는 기반도 마련된다는 점에서, 은행업과 부수업 개념은 相互不可分的인 기능을 수행하는 것이다.

　　물론 부수업무의 범위에 있어서 아무런 제약이 없는 것은 아니다. 은산분리의 정책기조와 사내겸영 금지의 제도적인 한계가 부수업무의 외연을 획정해 줄 것이다. 과거 금융위원회의 "(구) 은행업무 중 부수업무의 범위에 관한 지침"은 증권인수업과 같은 일부 항목을 제외하면 은행이 역사적으로 수행하여 온 모든 부수업무들을 망라하였다는 점에서 그 존재의의가 매우 컸었다. 미국에서도 Regulation Y가 구 지침과 동일한 기능을 수행하여 왔는데, 지금도 법원, 금융감독당국, 실무계에 의미있는 기준으로 작용하고 있음을 주목하여야 한다. 따라서 우리나라의 2010년 은행법이 법률개정을 통하여 겸영업을 확대하고 부수업을 축소하는 데 치중하였던 것은 매우 잘못된 처사였다. 오히려 구 지침상 사내겸영 금지의 원칙과 모순된 증권인수업 등을 삭제하고 인터넷뱅킹 시대에 맞추어 확대된 업무들을 추가하는 식으로 금융위원회의 고시를 대폭 정비했어야 하는 것이다. 이 때문에 저자는 '(구) 은행업무 중 부수업무의 범위에 관한 지침'을 정비하여 다시 복원할 것을 촉구하는 바이다.


## V. 맺 는 말

　　개정 은행법은 고유업무인 수신, 여신, 환을 뚜렷하게 정의하지 않음으로써, 실무적으로 많은 혼란을 초래하고 있다. 예측가능성과 법적 안정성을 제고한다는 측면에서, 개정법은 가장 선결적으로 수신, 여신, 환에 대한 정의를 명확히 하였어야 했다.

　　사내겸영방식을 금지하는 현행 법제 하에서, 은행이 다른 금융분야의 핵심업무를 영위할 수 없다는 점은 너무도 자명하다. 핵심영역이 아닌 부문에서 은행과 다른 금융분야 간 일부 기능이 중첩될 수는 있다. 왜냐하면 자금의 순환 또는 융통과정에서 간접금융과 직접금융의 경계가 뚜렷하게 구분되지 않는 회색지대가 존재할 수 있기 때문이다. 어떠한 금융기관이 이러한 회색지대에 걸쳐있는 업무를 영위하더라도, 누군가 동 금융기관을 상대로 하여 다른 금융업의 핵심업무를 침해하였다고 시비걸 수 없으며 인가 등에 준하는 신고를 할 것을 요구할 수 없다. 왜냐하면 사내겸영을 금지하는 법제에서 이러한 업무들은 겸영업무가 아닌 부수업무에 불과하기 때문이다. 한편 현행법상 겸영업으로 분류된 환매조건부채권매매업무와 신탁업무는 오히려 고유업무로 간주하는 것이 우리나라의 금융관행 및 전통에 합치된다.

결국 부수업무의 기준을 정립하여야 할 것인데, 은행의 고유업무와 기능적으로 동일하거나 논리적으로 연장선상에 있는 업무, 은행 고객들에게 이익을 주고 은행의 건전성을 제고시킬 수 있는 업무, 다른 금융업의 핵심업무에 속하지 않아 이를 수행하더라도 은행의 고유위험과 무관한 이질적인 위험에 빠뜨릴 개연성이 없는 업무, 은행설비의 사용을 최적화하고 은행 능력의 가치를 극대화할 수 있는 업무들을 부수업무로 간주하여야 할 것이다. 개정 은행법이 '(구) 은행업무 중 부수업무의 범위에 관한 지침' 중 일부 내용만을 정비하였어야 했는데 기존의 틀을 완전히 뒤엎고 대부분의 부수업무를 겸영업무에 끼워맞춘 것은 너무도 잘못된 改惡이었다고 평가된다.

# 제4절 이해상충규제

## Ⅰ. 총 설

### 1. 규제의 존재의의 및 연원

은행에서 이해상충이 발생할 수 있는 상황은 여러 가지를 생각할 수 있다. ① 은행과 고객 간의 이해상충, ② 우량고객과 일반고객 간의 이해상충, ③ 은행과 이해관계자(stakeholder) 간의 이해상충 등이 가장 대표적인 예이다. 은행법 제28조의2는 업무규제 영역에서 ①과 ②에 대한 이해상충을 예상하고 적절한 관리방안을 제시하고 있다. 업무규제 영역에서 이해상충 관리방안을 제시하고 있는 이유는 은행이 특히 겸영업을 영위하면서 ①과 ②의 이해상충이 빈발할 가능성이 높으므로 적절한 방지체계를 구축하여야 하기 때문이다. 그런데 은행법 제28조의2는 사실 자본시장법 제44조와 제45조를 그대로 옮겨온 조항이라고 할 수 있다. 자본시장법은 금융투자업자에게 겸업을 허용하면서 고객의 정보가 부지불식간에 전이되고 고객의 이익을 심각하게 저해할 수 있는 이해상충이 발생할 수 있음을 인식하여 이러한 이해상충 상황에서는 고객의 이익을 우선시한다는 점을 천명할 필요성을 느꼈다. 그렇다보니 자본시장법은 제45조에 정보교류 차단장치를 설정한 것 이외에도, 제44조에 금융투자업자로 하여금 이해상충행위를 관리하기 위하여 내부통제기준이 정하는 방법 및 절차를 객관적이고 투명하게 마련할 것을 요구하고 만일 금융투자업자가 부득이하게 당해 절차를 따를 수 없는 경우에는 고객으로부터 승인을 받도록 하고 있으며 이해상충의 가능성을 낮추는 것이 곤란하다고 판단되는 경우에는 금융투자업자로 하여금 아예 금융서비스의 제공을 단념하도록 규정하고 있는 것이다(소위 '거래단념의무'). 은행법 제28조의2는 이러한 자본시장법상의 제 장치들을 모두 수용하였다.

　　①·②가 고객의 이익보다 은행의 이익 또는 은행이 편애하는 우량고객을 우선시함으로써 일반고객의 이익이 침해되는 상황을 전제한 것임에 반하여, ③은 오히려 은행의 이익이 침해될 수 있는 상황을 염두에 둔 것이다. 은행이 일방 당사자로서 타방 당사자인 모회사, 제휴회사와 같이 특수 이해관계에 있는 자와 행하는 거래에 대해서는 ③의 이해상충이 발생할 가능성은 매우 높아진다. 더욱이 은행 경영진이 영업상의 중요한 결정을 함에 있어서 이러한 이해관계자의 영향력 행사에 좌지우지될 수밖에 없는 경우 은행의 건전성이 중대하게 침해되는 상황이 발생할 수도 있다. 여기서 이해관계자의 영향력 행사에 좌지우지될 수밖에 없는 경우의 대표적인 예로서, 은행 경영진의 선임과 해임에 절대적인 영향력을 행사할 수 있는 대주주(예: 은행지주회사)와의 거래행위를 들 수 있다. 이러한 이해상충을 적절히 방지함으로써 은행의 건전성을 유지하기 위해 각국은 ③의 이해상충이 발생할 수 있는 행위유형을 나열하고 적절한 차단장치(firewall)를 마련하고 있다. 우리 은행법 제35조의2 내지 제35조의5는 이러한 이해관계자 중 대주주에 초점을 맞추어 대주주의 이해상충행위를 규제하기 위한 것인데, 동 조항은 미국의 연방지준법(the Federal Reserve Act) § 23A와

§ 23B에서 연원한 것이라고 판단된다. 이하에서는 ③의 이해상충을 방지하기
위한 제반의 장치를 심도있게 분석하고자 한다.

은행의 이해상충규제를 통상적으로 차단장치(firewall)라고도 하는데, 이는 은행
과 내부자 혹은 이해관계인간의 자기거래(self-dealing)를 규제하기 위한 것이다.
여기서 내부자 혹은 이해관계인의 가장 대표적인 예로서는 은행의 임·직원과 주
요주주를 들 수 있다. 은행의 주요 업무는 여·수신행위인데, 그 중에서도 내부자
에게 우호적인 거래행태는 여신에서 발생할 수 있다. 은행법은 내부자에 대한 신
용공여는 외부인(독립거래당사자)에 대한 신용공여와 동일한 조건으로 해야 한다
는 점을 명확히 하고 있다. 규제형태는 신용공여액을 불문하고 원천적으로 금지하
는 절대적 금지유형과 일정액의 한도를 정해놓고 이를 초과하는 신용공여만을 금
지하는 상대적 금지유형이 있는데, 현재 대부분의 입법례는 후자의 형태를 취하고
있다. 좀 더 구체적으로 보면,
첫째, 은행법은 대주주에 대한 신용공여(대출 + 지급보증)의 경우 상대적 금지
주의를 채택하고 있다. 즉 대주주에 대하여 은행 자기자본의 25/100(은행법 제35
조의2)를 곱한 액수까지 신용공여를 허용하고, 이러한 한도를 초과하는 신용공여
만을 금지하고 있는 것이다. 두 개 이상의 은행간에 각 은행의 대주주를 상대로
교차적으로 신용공여를 하는 우회적인 잠탈행위, 소위 '교차신용공여 행위'도 금
지된다. 한편 허용한도 내에서 은행이 대주주에 대한 신용공여를 행하기 전 미리
이사회의 의결을 거치고, 금융위원회에 보고하도록 하며 당해 신용공여 사실 자체
를 공시하도록 하고 있다. 대주주에 대한 신용공여는 BIS 기준에 미달하여 금융
감독당국으로부터 적기시정조치를 받을 위험성이 있는 은행들이 변칙적으로 증자
(일종의 預合)를 하는 수단으로도 활용될 수 있고, 이때에는 실질적으로 은행의
자본이 증가되지 않은 채 장부상으로만 자본이 증가된 듯한 외양을 갖게 되므로
은행의 건전성에 심각한 위협이 될 수 있다. 또한 다른 소수주주들의 주식가치를
희석시켜 주가의 급락을 가져올 수도 있다. 따라서 이를 보고하고 공시하도록 하
는 것이다.
둘째, 은행법은 임·직원 대출의 경우 절대적 금지주의를 원칙으로 한다. 다만
은행의 건전성에 위협을 주지 않는 소액대출에 대해서는 예외가 인정된다. 그렇지
만 소액대출의 경우에도 '독립당사자간의 거래원칙'(arm's length principle)을 준
수하여, 임·직원에게도 독립된 외부당사자에게 행하는 것과 동일한 신용공여 조
건(이자율+담보청구)을 부과하도록 하고 있다.

## 2. 선결개념으로서의 대주주

우리 은행법상 대주주의 판단기준은 두 가지로 세분된다. 즉 은행법상 대주주라 함은 다음 중 하나에 해당하는 자를 말한다. ① 은행주주 1인을 포함한 동일인이 시중은행의 의결권 있는 발행주식총수의 10%(지방은행의 경우 15%)를 초과하여 주식을 보유하는 경우의 그 주주 1인, 또는 ② 은행주주 1인을 포함한 동일인이 시중은행(지방은행 제외)의 의결권 있는 발행주식총수의 4%를 초과하여 주식을 보유하는 경우로서 그 동일인이 최대주주이거나 대통령령으로 정하는 바에 따라 임원을 임면하는 등의 방법으로 은행의 주요 경영사항에 대하여 사실상 영향력을 행사하거나 비금융주력자로서 대통령령으로 정하는 바에 따라 임원을 임면하는 등의 방법으로 그 은행의 경영에 관여하는 자인 경우의 그 주주 1인.[148] 여기서 ①의 시중은행의 의결권 있는 발행주식총수의 10%(지방은행은 15%) 이상을 소유한 주주는 지분보유사실 자체만으로 대주주로 간주된다. ②의 시중은행의 의결권 있는 발행주식총수의 4% 이상을 소유한 주주는 지분보유사실만으로 대주주로 간주되지 않고, 그 외 최대주주이거나 은행에 대해 사실상의 영향력을 행사하여야 한다는 추가적인 요건을 갖추어야 한다. 그런데 여기서 사실상의 영향력을 행사한다는 요건을 입증하기란 그렇게 수월하지 않다. 따라서 은행법시행령은 ① 단독으로 또는 다른 주주와의 합의·계약 등으로 은행장 또는 이사의 과반수를 선임한 주주와 ② 경영전략·조직변경 등 주요 의사결정이나 업무집행에 지배적인 영향력을 행사한다고 인정되는 자로서 금융위원회가 지정한 자를 대주주라고 규정한다.[149] 다만 후자의 금융위원회가 지정한 자로서 자신의 지분을 처분하여 의결권 있는 발행주식총수의 4% 이하를 보유하고 있으나 여전히 최대주주인 경우와 여전히 사실상의 영향력을 행사하는 경우, 금융위원회가 이들을 대주주로 볼 것인지와 어떠한 절차에 의하여 대주주의 지정을 철회할 것인지 여부 등에 대해 보다 명확한 규정을 하는 것이 바람직할 것이라고 판단된다.

---

148) 은행법 제 2 조 제 1 항 제10호.
149) 은행법시행령 제 1 조의6 제 1 항.

## II.  이해상충행위 규제의 모델법 : 미국연방지준법 § 23A, § 23B

### 1.  미국연방지준법 § 23A, § 23B의 제정이유

은행법 제35조의2 내지 제35조의5는 2002년 4월 27일의 법률개정시 도입된 것으로 미국의 연방지준법 § 23A와 § 23B를 모델로 한 것이다. 은행법 제35조의2 내지 제35조의5의 모델이 된 미국연방지준법 § 23A와 § 23B는 연방예금보험체제 아래에서 은행지주회사(은행의 대주주)가 은행으로부터 예금부보를 받는 자금을 빼돌려 비은행 자회사의 이익을 증진하는 데 악용하는 것을 방지할 목적으로 제정되었다. 은행지주회사가 자회사인 은행으로 하여금 제휴회사로부터 '고정 이하의 자산'을 매수하도록 종용하는 것을 예로 들 수 있다. 미국의회도 모회사인 지주회사가 은행으로 하여금 자금경색에 빠진 비은행 자회사에게 연방법상으로 부보이익을 받는 자금(예금)을 투입하도록 강요할 수 있다는 점을 유의하였다. 이러한 자금의 투입은 사실상 비은행 자회사들의 주주들이 감수하여야 할 손실을 연방예금보험공사로 이전하는 결과를 초래한다. 더욱이 비은행 제휴회사들이 부보된 예금의 형태로 저비용의 자금조달을 받을 수 있고 우대조건부 신용공여를 받을 수 있으므로, 경쟁사업자들보다 불공정한 경쟁상의 이점을 향유할 뿐만 아니라 자원배분의 왜곡을 초래한다는 점도 지적되었다.[150)]

### 2.  구체적인 내용

미국의 연방지준법 § 23A는 본질적으로 은행자산이 지나치게 모회사(대주주)나 제휴회사에게 편중되는 것을 방지하기 위한 포트폴리오 규정의 하나로서, 우리 은행법 제35조의2 제정에 직접적으로 영향을 미쳤다. § 23B는 은행과 제휴회사와의 거래시 여신조건을 우대하는 것을 위법하다고 함으로써, 공정한 신용배분이 이루어지도록 담보하는 기능을 한다. § 23B는 신용공여은행과 제휴회사간의 거래에 대한 일반적인 금지조항을 규정한다.[151)] 즉 제휴관계에 있는 자간의 거래는 독립당사자간의 거래(on an arm's-length basis)와 동등하게 이

---

150) Patricia A. McCoy, *Banking Law Manual Second Edition: Federal Regulation of Financial Holding Companies*, Banks and Thrifts § 6.05 (2003).

151) Section 23B of the Federal Reserve Act, 12 U.S.C. § 371c-1.

루어져야 한다고 규정하는데, 은행과 전혀 제휴관계에 있지 않은 자(독립당사자)와의 거래에 적용되는 조건이나 조항과 동일한 조건으로 거래가 체결되어야 한다는 의미이다. § 23B는 이러한 일반적인 금지사항 외에도 세 가지의 구체적인 금지사항을 규정한다. 첫째, 은행이 타인의 자금을 운용하는 지위에 있을 경우 은행은 제휴회사로부터 증권이나 기타의 자산을 취득하여서는 안 된다. 둘째, 은행은 발행증권의 주간사인수인이 제휴회사인 것을 알면서, 공모기간 중 당해 증권을 취득해서는 안 된다. 다만 이러한 금지사항은 은행과 제휴관계에 있는 회사가 주간사인수인인지 여부를 불문하고 당해 은행 이사의 다수가 동 증권의 취득이 건전한 투자라고 결정할 때에는 적용되지 아니한다. 셋째, 은행은 제휴회사의 채무에 대해 책임진다는 취지의 광고를 하거나 계약을 체결해서는 안 된다. 1999년 제정된 금융서비스현대화법(the Financial Services Modernization Act of 1999)은 § 23A와 § 23B를 은행과 은행자회사간의 거래로까지 그 적용을 확대하였다.

## Ⅲ. 은행법상의 이해상충조항 분석

### 1. 은행법 제35조의2 : 은행의 대주주에 대한 신용공여한도 등

제35조의2 (은행의 대주주에 대한 신용공여한도 등)  ① 은행이 그 은행의 대주주(국외현지법인을 제외한 특수관계인을 포함한다. 이하 이 조에서 같다)에게 할 수 있는 신용공여는 그 은행 자기자본의 100분의 25의 범위에서 대통령령으로 정하는 비율에 해당하는 금액과 그 대주주의 그 은행에 대한 출자비율에 해당하는 금액 중 적은 금액을 초과할 수 없다.

② 은행이 그 은행의 전체 대주주에게 할 수 있는 신용공여는 그 은행 자기자본의 100분의 25의 범위에서 대통령령으로 정하는 비율에 해당하는 금액을 초과할 수 없다.

③ 은행은 제 1 항 및 제 2 항에 따른 신용공여한도를 회피하기 위한 목적으로 다른 은행과 교차하여 신용공여를 하여서는 아니 된다.

④ 은행은 그 은행의 대주주에 대하여 대통령령으로 정하는 금액 이상의 신용공여(대통령령으로 정하는 거래를 포함한다. 이하 이 조에서 같다)를 하려는 경우에는 미리 이사회의 의결을 거쳐야 한다. 이 경우 이사회는 재적이사 전원의 찬성으로 의결한다.

⑤ 은행은 그 은행의 대주주에 대하여 대통령령으로 정하는 금액 이상의 신용공
   여를 한 경우에는 지체없이 그 사실을 금융위원회에 보고하고 인터넷 홈페이
   지 등을 이용하여 공시하여야 한다.

⑥ 은행은 그 은행의 대주주에 대한 신용공여에 관한 사항을 대통령령으로 정하
   는 바에 따라 분기별로 인터넷 홈페이지 등을 이용하여 공시하여야 한다.

⑦ 은행은 그 은행의 대주주의 다른 회사에 대한 출자를 지원하기 위한 신용공여
   를 하여서는 아니 된다.

⑧ 은행은 그 은행의 대주주에게 자산을 무상으로 양도하거나 통상의 거래조건에
   비추어 그 은행에게 현저하게 불리한 조건으로 매매 또는 교환하거나 신용공
   여를 하여서는 아니 된다.

### (1) 내부자로서 대주주에 대한 신용공여한도의 규제 필요성

　　현행 은행법 제35조의2에서는 대주주에 대한 신용공여 자체를 금지하지는
않지만, 대주주에 대한 신용공여의 한도와 절차를 별도로 규정하고 있다. 왜냐
하면 대주주는 사실상 내부자로 취급되므로, 지나친 우대조건부 편중여신이 행
해질 가능성이 높기 때문이다. 비교법적으로 미국의 관련법규에서는 대주주를
내부자로 규정하고 있는데, 여기서 대주주란 은행의 의결권 있는 발행주식총수
의 10% 이상을 보유하고 있는 주주를 지칭한다(은행지주회사는 제외함).[152] 외국
에서 주주의 내부자 요건 충족여부가 중요한 이유는 내부자에 해당할 경우 충
성의무(duty of loyalty)를 부담하기 때문이다.

　　우리 은행법에서는 내부자의 개념에 대해 명백히 규정하지 않으나, 이것이
법의 흠결이라고 단정할 수 없다. 왜냐하면 자본시장법상으로 내부자에 대한
개념이 명백히 규정되어 있으므로 은행법이 동 개념을 차용할 수 있기 때문이
다. 자본시장법 제174조 제1항에서는 상장법인의 임원·직원 또는 주요주주(동
법 제9조 제1항 제2호에 의하면 누구의 명의로 하든지 자기의 계산으로 법인의 의결
권 있는 발행주식총수의 10% 이상의 주식을 소유한 자와 임원의 임면 등의 방법으로 법
인의 중요한 경영사항에 대하여 사실상의 영향력을 행사하는 주주로서 대통령령이 정하
는 자)를 내부자라고 규정한다. 이에 추가하여 은행법에서는 의결권 있는 발행
주식총수의 4% 이상을 보유하면서 사실상의 영향력을 행사하는 주주를 의결권
있는 발행주식총수의 10%를 초과하여 보유하는 대주주와 마찬가지로 취급하므

---

152) 12 U.S.C. § 375b(9)(F).

로,153) 이렇게 사실상의 영향력을 행사하는 주주도 내부자에 해당하는 것이다.

### (2) 규제의 세부내용

### (가) 규제의 성격

은행법 제35조의2의 대주주에 대한 신용공여한도 규제는 은행의 대주주가 특수한 관계를 이용하여 과다한 신용공여를 제공받는 것을 억제함으로써, 은행이 부당한 내부거래에 의해 부실화되거나 대주주의 사금고가 되는 것을 미연에 방지하기 위한 규제이다.154) 대주주에 대한 신용공여한도 규제는 은행의 자산운용규제 중 하나이다. 일반적으로 자산운용규제는 첫째, 은행으로 하여금 분산투자를 하도록 유도함으로써 은행의 자산건전성을 제고하여 은행소비자를 보호하고 금융시스템의 안정성을 유지함, 둘째, 특정인에 대한 자산운용을 제한함으로써 경제력집중 및 불공정거래를 제한하여 자원분배의 형평성을 제고함이라는 두 가지의 목적을 갖고 있다.155) 여기서 대주주에 대한 신용공여한도 규제는 자산운용규제 중 두 번째 목적인 자원배분의 형평성을 달성하기 위한 규제의 대표적인 예라고 할 수 있다.156) 그런데 본 조항과 관련하여 자산건전성 제고에 주된 목적을 두지 않고 자원배분의 형평성을 달성하려는 규제들은 공정거래질서 확립 또는 경제력 집중 억제를 위해 더욱 중요하므로 은행법보다는 '독점규제 및 공정거래에 관한 법률'에서 규정하는 것이 바람직하다는 주장도 있다.157) 그러나 은산분리의 정책기조를 최소한이나마 유지하고자 한다면 오히려 산업자본을 주된 규제대상으로 하는 '독점규제 및 공정거래에 관한 법률'보다 금융자본을 주된 규제대상으로 하는 은행법에 편제시키는 현행법의 태도가 타당하다고 할 것이다.

### (나) 대주주에 대한 신용공여한도 비율의 적정성 및 대안의 제시

은행법 제35조의2 제 1 항은 은행 대주주에 대한 신용공여한도를 자기자본

---

153) 은행법 제 2 조 제 1 항 제10호.
154) 미국의 연방지준법 § 23A를 도입한 것이다. 동조는 제휴회사가 불량자산을 은행으로 이전하는 것을 금지한다. 또한 동조는 제휴회사에 대한 여신이 양질의 담보물에 의하여 완전히 담보될 것을 요구한다.
155) 이재연, 「금융규제의 운영실태분석과 개선방안: 은행산업을 중심으로」, 91-92면 (2004. 12).
156) 그 외 자원배분의 형평성을 달성하기 위한 규제의 예로서 금융기관 관계인 및 관계회사(임직원 및 자회사)에 대한 신용공여 및 출자제한을 들 수 있다.
157) 이재연, 전게 연구보고서, 97면.

의 25%에 해당하는 금액과 대주주 출자비율에 해당하는 금액 중 적은 금액 이
내로 제한하고 있다. 그런데 동조의 25% 비율설정은 지나치게 완화된 기준이
라고 판단된다. 왜냐하면 은행법 제37조 제 3 항 제 1 호 및 은행법시행령 제21
조 제 5 항에 의하면, 은행은 은행자회사에 대한 신용공여한도를 자회사 각각
에 대하여는 은행자기자본의 10%, 자회사 전체에 대하여는 은행자기자본의
20%로 제한하고 있기 때문이다. 은행 대주주와 은행자회사 모두 은행과 특수
한 이해관계에 있으므로 이해상충을 방지하기 위하여 신용공여한도를 설정하
여야 한다는 점에서 차이가 없다. 즉 兩者를 구분하여 기준을 달리할 이유는
전혀 없는 것이다. 따라서 본 조항은 은행법 제37조 제 3 항 제 1 호와 마찬가지
로 자기자본의 20%의 범위로 제한하는 것이 옳다고 판단된다.

은행법 제35조의2 제 2 항은 은행이 전체 대주주에게 할 수 있는 신용공여
는 은행자기자본의 25%를 초과할 수 없다고 규정한다. 본 조항은 은행의 대주
주가 2인 이상 존재하는 경우를 상정한 규정이다. 즉 비록 대주주가 2인 이상
존재하더라도 전체 대주주에 대한 신용공여의 합계액은 은행자기자본의 25%
를 초과할 수 없다는 신용공여의 총액한도를 규정한 것이다. 그렇지만 현행법
상의 기준은 너무 이완되어 있다. 왜냐하면 은행과 이해상충이 발생할 수 있
는 특수관계에 있는 자의 범주에는 대주주 이외에도 임 · 직원과 같은 기타의
내부자, 제휴회사 및 은행자회사 등이 포함되기 때문이다. 입법론적으로 은행
이 이들을 모두 포함하여 전체 이해관계자에게 할 수 있는 신용공여의 한도를
규정하는 것이 옳다고 본다. 이때에는 이해관계자에 대한 우대조건부 편중여
신의 의혹도 해소되고 신용분배의 적절성 확보라는 이념도 달성할 수 있게 될
것이다.[158]

### (다) 교차신용공여의 금지

은행법 제35조의2 제 3 항은 대주주에 대한 신용공여한도를 잠탈할 목적으
로 2개 이상의 은행이 각각의 대주주에게 상호간 교차적으로 신용공여하는 것
을 예방하려는 규정이다. 예를 들어 A은행이 대주주인 甲에게 법에서 규정한

---

158) 참고로 미국에서는 은행이 각각의 이해관계인과 법에서 열거하는 거래를 할 때에는 은행자
기자본의 10%를 초과할 수 없고 전체 이해관계인과의 거래한도는 20%를 초과할 수 없다는
규정을 두고 있다. 여기서 열거된 거래에는 여신 외에도 자산의 매수 등이 포함된다. 12 U.S.C.
§ 371c(a)(1). 다만 미국에서는 동 한도의 계산시 은행자회사와의 거래를 제외하고 있다. 12
C.F.R. 223.11.

신용한도까지 대출을 해준 후 법상으로 추가적인 자금지원을 할 수 없기 때문
에 B은행을 상대로 甲에게 신용공여해 줄 것을 주선할 수 있다. 이후 A은행도
동일한 사유로 추가대출을 할 수 없는 B은행의 요청에 의하여 B은행의 대주주
인 乙에게 교차신용공여할 경우, 법상으로 규정된 대주주에 대한 신용공여한도
는 무의미하게 된다. 따라서 이러한 우회적인 탈법행위를 예방할 목적으로 본
조항이 제정된 것이다.

### (라) 대규모 신용공여시 이사회의 사전승인의무

은행법 제35조의2 제 4 항은 은행이 대주주에 대하여 대통령령으로 정하는
금액 이상의 신용공여(대통령령으로 정하는 거래 포함)를 하려는 경우에는 미리
재적이사 전원의 찬성에 의한 이사회 의결을 거치도록 규정하고 있다. 여기서
대통령령으로 정하는 금액이란 각각의 대주주에 대한 단일 신용공여액이 은행
자기자본의 10/10,000 또는 50억원 중 적은 금액에 해당할 경우를 말하고,[159]
대통령령이 정하는 거래란 자본시장법 제 9 조 제 7 항 및 제 9 항의 규정에 의
한 모집 또는 매출의 방법으로 발행되는 사채권을 취득하는 거래를 말한다.[160]
만일 이사회의 의결을 거치지 아니한 채 상기의 대규모 신용공여를 행한 은행
은 5천만원 이하의 과태료에 처한다.[161]

이렇게 대주주에 대하여 일정 금액을 초과하는 여신에 대해 은행 이사회
의 사전승인을 받도록 한 이유는 장차 원리금이 미상환될 경우 동 거래의 결의
에 찬성한 이사로 하여금 연대하여 책임을 지도록 하려는 이유가 있지 않은가
짐작된다.[162] 그렇다면 승인결의에 찬성한 이사의 책임범위는 어느 정도로 광
범위한 것인가? 은행의 건전성이 침해되었기 때문에 은행의 손해를 극소화시
키기 위하여 이사에 대한 손해배상의 범위가 가혹하리만큼 광범위할 수도 있
다. 예를 들어 특정 대주주에게 기존의 여신액에 추가하여 한도를 초과하는 여
신을 제공하기로 하는 은행 이사회의 승인결의가 있었다고 가정하자. 대주주가
이렇게 한도를 초과한 신용공여액을 일부 상환함으로써 다시 한도 범위 내로

---

159) 은행법시행령 제20조의7 제 5 항.
160) 은행법시행령 제20조의7 제 6 항.
161) 은행법 제69조 제 1 항 제 6 호.
162) 미국의 12 U.S.C. §93(a)에서는 은행이사가 일반인에게 한도를 초과한 신용공여를 임의적
    으로 집행하거나 이사회 의결에서 찬성한 경우 개인적으로 책임을 진다는 규정을 두고 있다; *Del
    Junco v. Conover*, 682 F.2d 1338, 1341-1342 (9th Cir. 1982), *cert. denied*, 459 U.S. 1146 (1983).

여신액이 축소된 상황에서 종국적으로 파산할 경우, 한도를 초과하는 신용공여에 대해 승인결의를 하였던 이사들의 책임은 어떻게 되는가? 채무자인 대주주가 원리금을 일부 상환함으로써 여신액이 한도 범위 내로 축소되었기 때문에 이사들은 더 이상 책임을 지지 않는다는 소극적인 해석도 있을 수 있다. 그러나 은행이사의 신인의무(fiduciary duty)나 선관의무에 대한 해석을 엄격히 함으로써 한도 범위 내로 여신액이 축소되었다고 하더라도 전체 여신액의 상환이 완전히 이루어지기 전까지 이사의 책임은 소멸하지 않는다는 적극적인 해석도 가능하다. 후자의 견해가 타당하다고 본다. 왜냐하면 당해 이사에게 가혹한 연대책임을 묻는 체제가 갖추어져야 은행 이사회는 대주주에 대한 신용공여에 있어서 극도의 신중을 기할 것이기 때문이다.163)

### (마) 보고 · 공시의무 등

은행법 제35조의2 제 5 항과 제 6 항에서는 대주주에게 대규모의 신용공여를 한 은행에 대하여 금융위원회에 대한 즉시 보고의무 및 인터넷 홈페이지 등을 통한 공시의무를 부과하고, 대주주에 대한 신용공여사항을 분기별로 공시하도록 규정하고 있다. 본 조항들은 은행과 대주주간의 이해상충거래에 대해 상시적으로 그 부당성과 불공정성을 감시할 수 있도록 하는 순기능을 부여한다. 은행법 제35조의2 제 4 항이 이사 전원의 찬성에 의한 사전승인을 하도록 규정하고 있으므로, 본 의무는 은행의 의무임과 동시에 "은행 이사 전체의 의무"라고 할 수 있다. 즉 보고 · 공시의무의 주체는 은행을 대표하는 대표이사로만 한정되지 않음을 유의하여야 한다. 은행법시행령 제20조의7 제 7 항에 의하면 은행은 매 분기말 현재 대주주에 대한 신용공여규모, 분기중 신용공여의 증감액, 신용공여의 거래조건, 그 밖에 금융위원회가 정하는 사항을 매 분기가 지난 후 1개월 이내에 공시하도록 규정한다. 이렇게 보고 · 공시의무를 이행하지 아니한 은행은 5천만원 이하의 과태료에 처한다.164)

대주주에 대한 대규모의 신용공여와 관련하여 보고 · 공시의무 외에도 은행이사들은 다음과 같은 선관의무를 진다고 해석된다.165) 우선 은행이사들은 대주주에 대한 신용공여한도 규정을 준수하고 있다는 것을 입증할 수 있는 관련 서

---

163) Patricia A. McCoy, *op. cit.*, § 6.04[1].
164) 은행법 제69조 제 1 항 제 7 호.
165) 상법 제382조 제 2 항.

류들을 비치하여야 한다. 다음으로 이사들은 담당임원으로 하여금 이사회에 신
용공여한도를 초과하는 여신이 있음을 보고하도록 내규를 제정하여야 한다. 금
융위원회는 은행 또는 대주주가 본조의 규정을 위반한 혐의가 있다고 인정할 때
에는 은행 또는 그 대주주에 대하여 필요한 자료의 제출을 요구할 수 있다.[166]

### (바) 대주주에 대한 신용공여의 질적 제한 등

은행법 제35조의2 제 7 항과 제 8 항은 2009년 6월 은행법 개정으로 신설된
조항들이다. 우선 제 7 항은 은행의 대주주에 대한 신용공여가 다른 회사에 대
한 출자 확대의 목적, 즉 대주주의 기존 회사에 대한 지분의 확대 혹은 대주주
의 신설 회사에 대한 자본 참가를 목적으로 하여서는 안 된다고 규정한다. 본
조 제 1 항과 제 2 항이 대주주에 대한 신용공여에 있어서의 양적 제한이라고
한다면, 제 7 항은 대주주의 다른 회사에 대한 출자지원 목적을 제한한다는 측
면에서 질적 또는 내용적 제한이라고 할 수 있다. 그렇지만 실제 운영에 있어
서 실효성을 어떻게 확보할 것인지는 다소 의문이다.

다음으로 제 8 항은 미국의 연방지준법 § 23B를 법문화한 것이라고 볼 수
있다. 왜냐하면 은행은 매매, 교환 또는 신용공여 등에 있어서 외부의 독립당
사자에 비하여 현저하게 불리한 조건으로 대주주와 거래해서는 안 된다는 점
을 명시하였기 때문이다. 따라서 제 8 항은 대주주에 대한 신용공여가 우대조
건부로 행해질 가능성이 높다는 점을 감안한 事前의 대비책을 마련한 것으로
평가할 만하다. 따라서 대주주에 대한 신용공여시, ① 금리 및 담보물 징구와
같은 모든 조건에 있어서 일반인과 완전히 동일하게 이루어져야 하고, ② 통상
적인 미상환의 위험보다 대주주의 미상환위험이 훨씬 높아서도 안 되며, ③ 일
반적인 대출신청시에 적용되는 엄격한 여신심사절차를 대주주도 반드시 거쳐
야만 할 것이다.[167]

### 2. 은행법 제35조의3 : 대주주가 발행한 지분증권의 취득한도 등

> 제35조의3 (대주주가 발행한 지분증권의 취득한도 등)  ① 은행은 자기자본의 100분
> 의 1의 범위에서 대통령령으로 정하는 비율에 해당하는 금액을 초과하여 그
> 은행의 대주주(제37조 제 2 항에 따른 자회사 등을 제외한 특수관계인을 포함

---

166) 은행법 제35조의5 제 1 항.
167) 미국의 12 U.S.C. § 375(b)(2)(A); 12 C.F.R. § 215.4(a)(1) 참조.

한다. 이하 같다)가 발행한 지분증권('자본시장과 금융투자업에 관한 법률' 제
4 조 제 4 항에 따른 지분증권을 말한다. 이하 같다)을 취득(대통령령으로 정하
는 바에 따라 신탁업무를 운영함으로써 취득하는 것을 포함한다. 이하 이 조에
서 같다)하여서는 아니 된다. 다만, '금융지주회사법' 제 2 조 제 1 항 제 5 호에
따른 은행지주회사의 자회사등('금융지주회사법' 제 4 조 제 1 항 제 2 호에 따
른 자회사등을 말한다. 이하 이 항에서 같다)인 은행이 그 은행지주회사의 다
른 자회사등이 업무집행사원인 경영참여형 사모집합투자기구에 출자하는 경우
에는 그러하지 아니하다.
② 금융위원회는 제 1 항 본문에 따른 취득한도 내에서 지분증권의 종류별로 취득
   한도를 따로 정할 수 있다.
③ 은행의 대주주가 아닌 자가 새로 대주주가 됨에 따라 은행이 제 1 항에 따른
   한도를 초과하게 되는 경우 그 은행은 대통령령으로 정하는 기간 이내에 그 한
   도를 초과한 지분증권을 처분하여야 한다.
④ 은행이 그 은행의 대주주가 발행한 지분증권을 대통령령으로 정하는 금액 이
   상으로 취득하려는 경우에는 미리 이사회의 의결을 거쳐야 한다. 이 경우 이사
   회는 재적이사 전원의 찬성으로 의결한다.
⑤ 은행이 그 은행의 대주주가 발행한 지분증권을 대통령령으로 정하는 금액 이
   상으로 취득한 경우에는 지체 없이 그 사실을 금융위원회에 보고하고 인터넷
   홈페이지 등을 이용하여 공시하여야 한다.
⑥ 은행은 그 은행의 대주주가 발행한 지분증권의 취득에 관한 사항을 대통령령으
   로 정하는 바에 따라 분기별로 인터넷 홈페이지 등을 이용하여 공시하여야 한다.
⑦ 은행은 그 은행의 대주주가 발행한 지분증권의 의결권을 행사할 때 그 대주주
   주주총회에 참석한 주주의 지분증권수에서 그 은행이 소유한 지분증권수를 뺀
   지분증권수의 의결 내용에 영향을 미치지 아니하도록 의결권을 행사하여야 한
   다. 다만, 대주주의 합병, 영업의 양도·양수, 임원의 선임, 그 밖에 이에 준하
   는 사항으로서 그 은행에 손실을 입히게 될 것이 명백하게 예상되는 경우에는
   그러하지 아니하다.

## (1) 대주주가 발행한 지분증권의 취득에 대한 규제 필요성

은행법 제35조의3은 은행이 대주주가 발행한 지분증권을 취득할 수 있는
상한선(은행자기자본의 1%)을 규정한 것이다. 본조도 은행으로 하여금 대주주가
발행한 지분증권을 전면적으로 취득할 수 없도록 금지하지 않고 취득을 허용
하되 그 한도를 설정하였다는 측면에서 은행법 제35조의2와 유사하다. 즉 은행

과 대주주간의 이해상충행위를 전면적으로 금지하지 않고 허용을 하되 제한을 가하고 있는 것이다. 사실 은행으로 하여금 대주주가 발행한 지분증권의 취득을 제한하는 것은 은행이 대주주로부터 불량자산을 이전받지 않도록 금지하는 것과 동일한 이유에서 비롯된다. 즉 은행은 대주주로부터 사실상의 영향력을 받게 되므로 은행과 대주주간의 자산이전거래가 제한 없이 허용될 경우 은행은 손해를 입을 수 있다. 따라서 법이 동 거래에 개입함으로써 공정성을 회복하는 데 초점이 맞추어진다.

은행법 제35조의3이 대주주로부터 광의의 불량자산취득을 제한하는 규정에서 연원한 것임에도 불구하고 정작 동 조항에는 대주주가 발행한 지분증권을 취득하는 경우 이외, 대주주로부터 불량자산을 취득하는 경우에 관한 언급이 없다. 이에 비하여 은행법 제37조 제 8 항은 어떠한 은행(자은행)의 대주주가 '은행'(母銀行)인 경우 그리고 금융지주회사법 제48조 제 3 항은 은행의 대주주가 '금융지주회사'(은행지주회사)인 경우, 은행과 대주주간 불량자산의 거래를 금지하는 명백한 규정을 두고 있다. 모은행이나 은행지주회사가 은행과 금융그룹 전반의 건전성을 저해할 가능성이 높은 불량자산거래를 하는 경우란 그리 흔치 않을 것이다. 그러나 이에 비하여 은행이나 금융지주회사 어디에도 해당하지 않는 대주주가 은행을 상대로 불량자산을 이전할 가능성은 높다. 그럼에도 불구하고 은행법 제35조의3이 일반적인 대주주의 불량자산 이전을 금지하지 않고 있다는 것은 법의 흠결이라고 판단된다. 따라서 본 조항의 입법취지가 대주주의 이해상충행위를 규제할 의도로 제정된 것이었다면, 대주주의 불량자산거래 시도를 일반적으로 금지하는 방식의 추가적인 입법조치가 필요하다. 참고로 미국의 연방지준법 § 23A는 제휴회사라는 광의의 개념을 사용하여 제휴회사로부터 은행으로의 불량자산이전을 금지시키고 있다.[168]

### (2) 규제의 세부내용

### (가) 은행법 제35조의3 제 1 항, 제 2 항 및 일부 보완이 필요한 사항

은행법 제35조의3 제 1 항에 의하면 은행은 고유계정이나 신탁계정을 통한 자산운용에 있어서 대주주가 발행한 지분증권을 일정 한도(은행자기자본의 1%) 이상 취득하지 못한다. 물론 신탁 중에서도 위탁자가 신탁재산인 금전의 운용방

---

168) 12 U.S.C. § 371c(a)(3); 12 C.F.R. § 223.15.

법을 지정하는 특정금전 신탁의 경우, 은행이 위탁자의 지정에 따라 지분증권을 취득하는 것은 여기서의 한도 제한을 받지 아니한다.[169] 그리고 동조 제 2 항에 의하면 금융위원회가 지분증권의 종류별로 취득한도를 따로 정할 수 있는데, 이에 의하여 제정된 은행업감독규정 제16조의5 제 1 항은 은행이 대주주가 발행한 지분증권 중 유가증권시장에서 거래되지 아니하는 지분증권을 은행 자기자본의 1천분의 5를 초과하여 취득할 수 없도록 제한하고 있다. 제 1 항과 제 2 항을 위반한 은행에 대해 초과취득한 지분증권 장부가액 합계액 이하의 과징금을 부과할 수 있고,[170] 10년 이하의 징역 또는 5억원 이하의 벌금에 처한다.[171]

은행법 제35조의3 제 1 항은 대주주가 '발행'한 지분증권으로 제한하고 있으나, 현행법이 대주주로부터의 불량자산 이전거래에 대해 침묵하고 있으므로, 대주주가 '발행 또는 보유'한 지분증권으로 법문을 개정하는 대안도 고려할 만하다.[172] 그리고 본 조항은 어떠한 증권의 주간사인수인이 은행의 대주주인 경우에 대해서는 규정하지 않고 있다. 미국연방지준법 § 23B와 같이 주간사인수인이 제휴회사인 사실을 알면서 은행 및 은행자회사가 공모기간중 당해 지분증권을 구입하는 행위를 금지하여야 할 것이다.[173] 물론 '신탁계정'의 운용과 관련하여 자본시장법 제250조 제 3 항은 은행에 대해 이러한 행위를 금지시키고 있지만,[174] 이 조항만으로는 대주주의 이해상충행위를 적절히 규제하는 데 한계가 있다.

한편 대주주가 매우 안정적인 수익기반을 갖는 우량회사인 때에는, 은행의 자산운용측면에서 이해상충과 무관하게 대주주의 발행 지분증권을 추가 취득

---

169) 은행법시행령 제20조의8 제 2 항.

170) 은행법 제65조의3 제 3 호.

171) 은행법 제66조 제 4 호.

172) 미국의 연방지준법 § 23B는 은행이 제휴회사로부터 증권이나 기타의 자산을 매수하는 행위를 광범위하게 금지하고 있다. 그러나 신탁약정으로 혹은 기타의 법률에 의하여 동 한도를 초과하는 것에 대해서는 예외를 인정한다. 12 U.S.C. § 371c-1(b)(1)(A); 12 C.F.R. 223.53(a).

173) 12 U.S.C. § 371c-1(b)(1)(B); 12 C.F.R. 223.53(b).

174) 자본시장법 제250조(은행에 대한 특칙) ③ 집합투자업겸영은행은 투자신탁재산의 운용과 관련하여 다음 각호의 어느 하나에 해당하는 행위를 하여서는 아니 된다.

  1. 자기가 발행한 투자신탁의 수익증권을 자기의 고유재산으로 취득하는 행위

  2. 자기가 운용하는 투자신탁의 투자신탁재산에 관한 정보를 다른 집합투자증권의 판매에 이용하는 행위

  3. 자기가 운용하는 투자신탁의 수익증권을 다른 은행을 통하여 판매하는 행위

  4. (자본시장법) 제229조 제 5 호의 단기금융집합투자기구를 설정하는 행위

(대량 보유)하는 것이 훨씬 유리한 경우도 생각할 수 있다. 극히 드물겠지만 그
때에는 불가피하게 은행자기자본의 1%를 초과하여야 하는 경우를 가정할 수
있다. 그럼에도 불구하고 은행법 제35조의3 제 1 항 단서는 "은행지주회사의
자회사인 은행이 그 은행지주회사의 다른 자회사등이 업무집행사원인 경영참
여형 사모집합투자기구에 출자한 경우"에만 제한적으로 예외를 인정하고 있
다. 그러나 그 외 지분증권의 보유에 대해 법이 침묵하는 것은 구체적인 타당
성을 결여한다고 판단된다. 왜냐하면 다음에서 보게 될 은행법 제35조의3 제
3 항에서는 은행이 대주주가 되기 이전의 회사발행 지분증권을 대량으로 보유
한 것에 대해, 시장상황에 따라 신축적으로 예외를 인정하기 때문이다. 따라서
은행법 제35조의3 제 1 항 단서에 은행 이사회가 재적이사의 다수결로 당해 대
주주가 발행한 지분증권을 매수하는 것이 은행의 건전성을 침해하지 않는 자
산운용이라고 승인한 경우 예외적으로 한도초과 지분증권을 취득할 수 있는
방안을 추가하여야 할 것이다.

### (나) 불가피한 사정변경으로 한도를 초과한 경우 한도초과 지분증권의 처분의무

은행법 제35조의3 제 3 항은 기존에 은행의 대주주가 아니었던 자가 새로
대주주가 되는 불가피한 사정변경으로 인하여 동법 동조 제 1 항의 한도를 초
과하게 된 경우, 당해 은행은 대통령령이 정하는 기간 이내에 그 한도를 초과
한 지분증권을 처분할 것을 규정한다. 여기서 "대통령령이 정하는 기간"이란
원칙적으로 1년이지만, 금융위원회는 은행이 초과보유한 지분증권의 규모, 증
권시장의 상황 등에 비추어 부득이한 경우 그 기간을 연장할 수 있다.[175]

본 조항은 은행이 은행법 제37조 제 1 항에 따라 은행과 아무런 관련이 없
는 회사(X)의 의결권 있는 발행주식을 대량으로 보유한 경우를 염두에 둔 규정
이다.[176] 이후 X가 동 은행의 주식을 4% 이상 취득한 후 사실상의 영향력을
행사할 수 있게 되었다면, X는 동 은행의 대주주가 된다. 그런데 이로 인하여
은행이 보유하는 X의 주식합계액이 은행자기자본의 1%를 초과할 때는 은행법
제35조의3 제 1 항에 따라 그 초과분을 처분하여야 하는 것이 원칙이다. 만일
법상으로 처분기간을 단기로 제한한다면 은행은 증시상황과 무관하게 손실을

---

175) 은행법시행령 제20조의8 제 3 항.
176) 은행법 제37조 제 1 항에 의하면 은행은 다른 회사의 의결권 있는 발행주식(출자지분 포함)
   의 15%까지 소유할 수 있다.

감수하더라도 당해 대주주가 발행한 초과보유주식을 처분하여야 할 것이다. 그러나 이는 은행의 건전성을 심각하게 훼손시킬 수 있으므로, 시행령으로 처분기간에 있어서 탄력성을 부여한 것이다.

### (다) 거액의 지분증권 취득시 이사회의 사전승인의무

은행법 제35조의3 제4항과 제5항은 대주주와의 1회성 지분증권 취득거래가 거액인 대규모내부거래에 해당할 경우 은행 내·외부적으로 절차상의 신중을 기하기 위한 규정이다. 즉 이때에는 이사회의 사전승인, 금융위원회에 대한 사후보고 및 공시를 통하여 회사내부의 내부통제기관, 감독당국 및 일반 공중에 대해 이해상충의 주식거래가 있다는 사실을 환기시키는 역할을 한다.

은행법 제35조의3 제4항과 제5항에 규정된 거액의 지분증권 취득거래란 단일거래금액이 은행자기자본의 10/10,000에 해당하는 금액 또는 50억원 중 적은 금액을 말한다.[177] 법문 구성에 있어서 은행법 제35조의3 제4항 내지 제6항은 이미 앞에서 고찰한 은행법 제35조의2 제4항 내지 제6항과 완전히 동일하므로, 추가적인 설명을 생략한다.

### (라) 중립적인 의결권의 행사

은행법 제35조의3 제7항은 은행이 대주주의 지분증권을 보유하고 있는 경우 의결권행사를 제한하고 있다. 본 조항은 대주주가 은행으로 하여금 자신이 발행한 지분증권을 보유하도록 하면서 회사지배에 악용하는 것을 방지하기 위한 규정이다. 즉 이때에는 은행이 원칙적으로 중립적인 의결권행사를 하도록 규정하되, 지분증권을 발행한 대주주 회사의 합병, 영업의 양도·양수, 임원의 선임, 그 밖에 이에 준하는 사항으로서 은행에 손실을 초래할 것이 명백하게 예상되는 경우에는 재량적인 의결권행사가 가능하도록 규정하고 있는 것이다. 그런데 後者 즉 은행이 재량적인 의결권행사를 할 경우 대통령령으로 정하는 방법에 따라 인터넷 홈페이지 등을 이용하여 공시하도록 하는 것이 타 법률과 조화를 이룰 수 있는 방안이라고 판단된다.[178]

---

177) 은행법시행령 제20조의8 제4항.
178) 자본시장법 제112조 제7항 참조.

## 3. 은행법 제35조의4 : 대주주의 부당한 영향력 행사의 금지

제35조의4 (대주주의 부당한 영향력 행사의 금지)  은행의 대주주는 그 은행의 이익
에 반하여 대주주 개인의 이익을 취할 목적으로 다음 각호의 어느 하나에 해당
하는 행위를 하여서는 아니 된다.
1. 부당한 영향력을 행사하기 위하여 그 은행에 대하여 외부에 공개되지 아니
한 자료 또는 정보의 제공을 요구하는 행위. 다만, 「금융회사의 지배구조에
관한 법률」 제33조 제 6 항 및 상법 제466조에 따른 권리의 행사에 해당하
는 경우를 제외한다.
2. 경제적 이익 등 반대급부의 제공을 조건으로 다른 주주와 담합하여 그 은행
의 인사 또는 경영에 부당한 영향력을 행사하는 행위
3. 경쟁사업자의 사업활동을 방해할 목적으로 신용공여를 조기회수하도록 요
구하는 등 은행의 경영에 영향력을 행사하는 행위
3의2. 제35조의2 제 1 항 및 제 2 항에서 정한 비율을 초과하여 은행으로부터
신용공여를 받는 행위
3의3. 은행으로 하여금 제35조의2 제 3 항을 위반하게 하여 다른 은행으로부터
신용공여를 받는 행위
3의4. 은행으로 하여금 제35조의2 제 7 항을 위반하게 하여 신용공여를 받는
행위
3의5. 은행으로 하여금 제35조의2 제 8 항을 위반하게 하여 대주주에게 자산의
무상양도 · 매매 · 교환 및 신용공여를 하게 하는 행위
3의6. 제35조의3 제 1 항에서 정한 비율을 초과하여 은행으로 하여금 대주주의
주식을 소유하게 하는 행위
4. 제 1 호 내지 제 3 호까지의 행위에 준하는 행위로서 대통령령으로 정하는 행위

### (1) 대주주의 충성의무

은행법 제35조의4는 대주주에게 은행의 이익(공익)과 자신의 개인적인 이
익이 충돌할 경우 은행의 이익을 우선시하도록 규정한다. 따라서 법문도 "그
은행의 이익에 반하여 대주주 개인의 이익을 취할 목적"이라고 규정되어 있는
것이다.

사실 상법에서 규정하는 주주의 의무란 주식인수인으로서의 납입의무(상
법 303조)만을 의미할 뿐이므로, 주주가 法人格否認 등 예외적인 상황이 아닌

한 추가적인 의무를 부담하지 않는다. 따라서 충성의무를 은행이사나 상업사용인에게 요구할 수는 있더라도 주주에게까지 요구할 수는 없는 것이다. 그러나 은행법상으로 은행의 공공적인 역할이 강조됨에 따라 본 조항과 같이 은행대주주에게도 제한적인 범위 내에서 공공성을 감안한 법률상의 충성의무를 부과하고 있는 것이다. 이는 대주주가 은행에 대해 부당한 영향력을 행사하여 은행을 私金庫化하려는 의도를 방지하기 위한 규정이다.

### (2) 은행법 제35조의4 각호의 세부내용

제 1 호의 부당하게 미공개의 자료 및 정보를 요구하는 행위는 가장 전형적인 사익추구행위로 연결될 수 있다. 예를 들어 만일 대주주가 은행에게 제 1 호의 정보제공을 요구하고 미공개의 중요한 정보를 이용하여 주식거래를 하는 행위는 자본시장법 제174조 제 1 항에서 규정하는 내부자거래에 해당하여, 대주주는 동법 제175조 및 제443조에 의하여 民·刑事上의 責任을 지게 될 것이다. 그러나 제 1 호는 반드시 주식거래로 연결되지 않더라도 미공개의 자료나 정보를 보유함으로써 다른 주주들보다 정보의 우월성을 갖고 은행의 의사결정에 부당한 영향력을 행사하려는 대주주를 경계하기 위한 규정이다. 물론 금융회사의 지배구조에 관한 법률 제33조 제 6 항에 규정된 소수주주권 중 하나인 주주의 회계장부열람권은 그 행사요건을 충족하는 한 상법 제466조에 의하여 인정되므로, 부당한 영향력의 행사에 해당되지 아니한다.

제 2 호의 반대급부를 조건으로 한 다른 주주와의 담합행위는 법에서 인정된 정당한 주주권의 범주를 벗어난 것이다. 원칙적으로 주주는 법에서 인정하는 共益權(예: 의결권, 소수주주권)의 행사를 통하여 경영진의 업무집행을 감시하게 된다. 그런데 대주주가 제 2 호와 같이 다른 주주와 담합하여 은행의 인사, 경영 등 일상적이고 세부적인 업무집행사항에 대해 간섭한다면, 이는 은행의 효율성을 떨어뜨릴 뿐만 아니라 소유·지배의 분리를 원칙으로 하는 현대 회사법 체제에 정면으로 배치될 것이다. 더욱이 이러한 간섭이 다른 주주로부터의 반대적인 급부를 얻기 위한 것이라면, 이는 회사법상으로 주주에게 허용하는 私益權(예: 이익배당청구권, 잔여재산분배청구권)의 한계를 크게 벗어나는 것이다. 입법론적으로는 대주주가 단독으로 은행의 인사, 경영 등에 부당한 영향력을 행사하는 행위를 규제하는 것이 바람직하다. 왜냐하면 다른 주주와의 담합이란 요건과 반대급부를 받을 목적에 대한 입증이 수월하지 않기 때문이다.

제 3 호 내지 제 3 의6호에 규정한 대주주가 은행을 상대로 경쟁사업자에
대한 신용공여를 조기회수하도록 하는 등의 압박이나 대주주의 은행을 상대로
한 양적·질적 제한을 초과하는 신용공여의 요구, 또는 대주주의 은행에 대한
자기발행주식의 한도초과 취득 요구 등은 부당한 영향력 행사의 가장 전형적
인 예가 될 것이다. 제 4 호도 마찬가지이다. 왜냐하면 제 4 호에서 "대통령령으
로 정하는 행위"란 ①은행이 경쟁사업자에 대해 신용공여를 할 경우 대주주가
정당한 이유 없이 은행에 대해 금리, 담보 등 계약조건을 불리하게 하도록 요
구하는 행위와 ② 은행으로 하여금 은행법시행령 제20조의7 제 8 항에 따른 공
익법인등에게 자산을 무상으로 양도하게 하거나 통상의 거래조건에 비추어 그
은행에게 현저하게 불리한 조건으로 매매·교환 또는 신용공여를 하게 하는 행
위를 말하기 때문이다.[179] 이때에는 자원배분의 효율성과 공정성을 담당하는
은행 본래의 역할도 붕괴될 것이다. 그리고 결과적으로 은행이 私金庫로서 대
주주에게 직접적으로 부당한 거액의 자금지원을 해 주는 것과 마찬가지의 효
과를 야기한다. 따라서 제 3 호와 제 4 호의 부당한 영향력 행사를 엄격하게 규
제하여야 하는 것이다.

### (3) 벌       칙

은행법 제35조의4 제 1 호 내지 제 4 호를 위반하여 은행에 대해 부당한 영
향력을 행사한 대주주는 10년 이하의 징역 또는 5억원 이하의 벌금 및 과징금
에 처한다.[180] 금융위원회는 은행 또는 대주주가 본조의 규정을 위반한 혐의가
있다고 인정할 때에는 은행 또는 그 대주주에 대하여 필요한 자료의 제출을 요
구할 수 있다.[181]  그리고 대주주가 은행법 제35조의4를 위반한 혐의가 있다고
인정되는 경우 금융위원회는 금감원장으로 하여금 그 목적에 필요한 최소한의
범위에서 해당 대주주의 업무 및 재산상황을 검사하게 할 수 있는데, 이는 대
주주가 금융기관이 아니라도 금융감독당국으로 하여금 해당 대주주에 대한 임
점검사를 실시할 수 있도록 한 것이다.[182]

---

179) 은행법시행령 제20조의9.
180) 은행법 제66조 제 4 호 및 제65조의3 제16호-제18호.
181) 은행법 제35조의5 제 1 항.
182) 은행법 제48조의2 제 1 항 제 3 호.

## 4. 은행법 제35조의5 : 대주주에 대한 자료제출요구 등

> 제35조의5 (대주주에 대한 자료제출요구 등) ① 금융위원회는 은행 또는 그 대주주
> 가 제35조의2부터 제35조의4까지를 위반한 혐의가 있다고 인정할 때에는 은행
> 또는 그 대주주에 대하여 필요한 자료의 제출을 요구할 수 있다.
> ② 금융위원회는 은행 대주주(회사만 해당한다)의 부채가 자산을 초과하는 등 재
> 무구조의 부실화로 인하여 은행의 경영건전성을 현저히 저해할 우려가 있는
> 경우로서 대통령령으로 정하는 경우에는 그 은행 또는 그 대주주에 대하여 필
> 요한 자료의 제출을 요구할 수 있으며 그 은행에 대하여 그 대주주에 대한 신
> 용공여의 제한을 명하는 등 대통령령으로 정하는 조치를 할 수 있다.

은행법 제35조의5 제 1 항은 은행과 대주주간의 이해상충행위가 발생한 경
우 금융위원회가 兩者를 상대로 필요한 자료제출요구를 할 수 있음을 규정한
다. 은행법 제35조의5 제 2 항은 대통령령으로 정하는 대주주의 신용이 급속히
악화될 우려가 있는 경우 금융위원회는 양자를 상대로 필요한 자료의 제출을
요구할 수 있을 뿐만 아니라 은행을 상대로 신용공여제한명령 등을 행할 수 있
음을 규정한다. 여기서 대주주의 신용이 급속히 악화될 우려가 있는 경우란 기
존 채무자가 기한의 이익을 상실하는 경우와 유사하다고 판단된다. 구체적으로
"대통령령으로 정하는 경우"라 함은 ① 대주주의 부채가 자산을 초과하는 경
우, ② 대주주에 대한 신용공여가 가장 많은 은행(해당 대주주가 대주주인 은행은
제외한다)이 금융위원회가 정하는 자산건전성 분류기준에 따라 그 대주주의 신
용위험을 평가한 결과 금융위원회가 정하여 고시하는 기준 이하로 분류된 경
우('고정' 이하로 분류된 경우), ③ 자본시장법 제335조의3에 따른 신용평가업무
를 영위하는 신용평가회사 둘 이상이 투자부적격 등급으로 평가한 경우에 해
당되어, 은행과 불법거래할 가능성이 크다고 인정되는 경우를 말한다.[183] 또한
"대통령령으로 정하는 조치"란, ① 대주주에 대한 신규 신용공여의 금지, ②
은행법시행령 제20조의7 제 6 항에 따른 거래의 제한(자본시장법 제 9 조 제 7 항
및 제 9 항의 규정에 의한 모집 또는 매출의 방법에 의하여 발행되는 사채권을 취득하는
거래의 제한), ③ 대주주가 발행한 주식의 신규취득 금지를 말한다.[184] 이러한

---

183) 은행법시행령 제20조의10 제 1 항.
184) 은행법시행령 제20조의10 제 2 항.

제반의 수단들은 대주주의 재무구조가 부실화될 위험성이 있는 경우 금융감독당국이 미리 대주주에게 자료 제출을 요구하여 은행의 경영건전성이 저해되지 않도록 방지하는 효과를 갖게 된다.

## IV. 餘   論

대주주의 이해상충행위를 규제하는 현행법 제35조의2 내지 제35조의5는 제35조에 부속되어 있는 형식을 취하고 있다. 그러나 이러한 조문 배치는 매우 어색하다. 왜냐하면 이들 조항은 특정인에 대한 편중여신을 규제하는 은행법 제35조와는 기본적인 성격이 많이 다르기 때문이다. 물론 은행법 제35조의2가 대주주에 대한 여신규제이므로, 동 조항을 은행법 제35조와 함께 은행의 대출업무에 관한 행태규제로 넓게 포섭시킬 수는 있다. 그렇지만 제35조의3(대주주가 발행한 지분증권의 취득한도 등), 제35조의4(대주주의 부당한 영향력 행사의 금지), 제35조의5(대주주에 대한 자료제출 요구 등)는 은행 대주주가 은행에 대하여 부당하게 영향력을 행사할 위험성을 차단하기 위한 조항들이므로, 은행법 제35조의 편중여신규제와는 그 기본적인 성격을 전혀 달리한다. 오히려 제35조의2의 대주주에 대한 여신규제가 제35조의3 내지 제35조의5와 함께 이해관계자간의 대규모 내부거래규제로 포괄시킬 수 있음을 감안할 때, 이들 조항들을 제35조와 분리시켜 별도의 장에 규정하는 것이 법문편제상 옳다고 생각한다.

이러한 취지에서 보면, 은행법 제37조 제 6 항부터 제 8 항까지의 모은행과 자은행 간 행위규제가 제35조의2 내지 제35조의5의 이해상충규제와 동일시되므로 오히려 같이 편제되어야 옳다. 왜냐하면 모은행이란 다른 은행(자은행)의 의결권 있는 발행주식총수의 100분의 15를 초과하여 주식을 소유하는 은행을 말하므로(은행법 제37조 제 5 항), 사실상 자은행의 대주주이기 때문이다.[185] 자은행은 모은행의 사금고로 전락할 위험도 있고, 모은행의 이익과 충돌될 경우 자신의 이익을 열후화하여야 할 상황으로 몰릴 수도 있다. 이러한 이해상충의 불이익을 감수하지 않도록 하기 위해, 자은행은 '모은행과 그 모은행의 다른 자은행'(이하 '모은행 등')이 발행한 주식을 소유할 수 없고, 대통령령으로 정하

---

185) 현행법상 자은행은 다시 자은행을 보유할 수 없으므로, 모은행은 손자은행을 보유할 수 없게 된다. 은행법 제37조 제 6 항 제 2 호.

는 기준을 초과하여 모은행 등에 신용공여를 할 수 없으며, 자은행의 건전한
경영을 해치거나 예금자 등 은행이용자의 이익을 해칠 우려가 있는 행위로서
대통령령으로 정하는 행위186)를 할 수 없는 규정이 마련되었다(은행법 제37조
제6항 제1, 3, 4호). 그리고 미국 연방지준법 § 23B 및 우리나라 은행법 제35조
의2 제8항과 마찬가지로, 모은행과 자은행과의 거래에 있어서도 독립당사자
간 거래의 원칙을 준수하여야 한다는 규정이 마련되었다. 즉 자은행과 모은행
등 상호간 신용공여를 하는 경우 원칙적으로 신용공여액의 100분의 150의 범
위에서 유가증권, 부동산 등 담보의 종류에 따라 금융위원회가 정하는 비율이
상의 적정담보를 확보하도록 하고(은행법 제37조 제7항 본문 및 은행법시행령 제
21조 제14항), 예외적으로 자은행과 모은행 등의 구조조정에 필요한 경우 담보
확보의무를 면제해주는 것이다(은행법 제37조 제7항 단서).187) 마지막으로 은행
법 제37조 제8항은 자은행과 모은행 간 불량자산 거래를 금지하고 있는데,188)
이에 대해서는 앞의 제35조의3에서 상술하였으므로 여기서는 재론하지 않기로
한다.

---

186) ① 모은행 등이 발행한 주식을 담보로 하거나 이를 매입시키기 위한 신용공여와 ② 모은행
등의 임원 또는 직원에 대한 대출(금융위원회가 정하는 소액대출은 제외)을 말한다. 은행법시
행령 제21조 제13항.

187) 은행법시행령 제21조 제15항은 "그 자은행과 모은행 등의 구조조정에 필요한 신용공여 등
대통령령으로 정하는 요건에 해당하는 경우"를 다음과 같이 열거하고 있다.
  1. 해당 자은행과 모은행등의 구조조정에 필요한 신용공여에 해당하는 경우
  2. 해당 자은행이 모은행의 자은행이 되기 전에 한 신용공여에 해당하는 경우. 다만, 해당 자은
     행이 모은행의 자은행이 된 날부터 2년 이내에 제13항에 적합하게 하는 경우로 한정한다.
  3. 자본시장법에 따른 자금중개회사를 통한 통상적 수준 이내에서의 단기자금거래에 해당하
     는 경우
  4. 추심 중에 있는 자산을 근거로 제공한 일시적 신용공여에 해당하는 경우
  5. 당일 자금 상환을 조건으로 제공한 통상적 수준 이내에서의 당좌대출에 해당하는 경우

188) 여기서 불량자산이란 경영내용, 재무상태 및 미래의 현금흐름 등을 고려할 때 상환에 어려
움이 있거나 있을 것으로 판단되는 채무자 등에 대한 채권 등으로서 금융위원회가 정하여 고
시하는 자산을 말한다. 은행법시행령 제21조 제16항.

# 제5절   경영진규제

　2016년 8월 1일 「금융회사의 지배구조에 관한 법률」(이하 금융·회사지배구조법)이 시행되었다. 금융위원회는 동 법률의 제정 이유로서 "개별 금융·법에 규정되어 있는 금융회사의 지배구조에 관한 사항을 개선하여 금융회사의 투명성과 책임성을 제고하고 건전한 경영을 유도하여 금융이용자 등 금융회사 이해관계자를 보호하고 금융시장의 안정성을 유지"하기 위한 것임을 표명한 바 있다. 이는 은행, 증권회사, 보험회사와 같이 상이한 금융기관에 대해, 향후 지배구조에 있어서 만큼은 동일한 기능별 규제를 적용하겠다는 금융당국의 의지를 선언한 것이다. 저자는 지배구조 영역에서도 상이한 금융기관에 맞는 차별화된 규제들이 분명히 존재한다고 확신하지만, 여기서는 동 법률의 주요 내용만을 간략히 소개하고자 한다

　가. 이사회의 구성 및 권한(제12조 및 제15조)

　(1) 금융회사 이사회를 사외이사 과반수로 구성하도록 하며 주요사항에 대한 이사회의 심의·의결 권한을 명시함.

　(2) 사외이사 중심의 이사회 및 이사회의 권한 강화를 통하여 이사회의 경영진에 대한 감시기능을 강화할 수 있을 것으로 기대됨.

　나. 사외이사의 독립성 및 전문성 강화(제6조 및 제17조)

　(1) 금융회사 상근임직원이 사외이사로 임명될 수 있는 냉각기간을 확대하고(3년), 해당 금융회사 또는 계열회사 상근임직원의 자회사 사외이사 겸직을 금지하는 등 금융회사 사외이사의 결격사유를 확대하며, 사외이사의 적극적 자격요건을 규정함.

　(2) 사외이사의 결격사유 규정을 통하여 사외이사의 독립성을 강화하고, 사외이사의 적극적 자격요건 규정을 통하여 사외이사의 전문성을 강화할 수 있을 것으로 기대됨.

　다. 감사위원회의 경영진 감시기능 강화(제19조)

　(1) 사외이사 아닌 감사위원에게 사외이사 자격요건을 준용하며 감사위원 선임시 다른 이사와 분리선출하고 이때 주주의 의결권을 3%로 제한함.

　(2) 감사위원의 자격요건 및 선임절차를 개선하여 감사위원회의 독립성을 제고함으로써 감사위원회의 경영진 감시기능을 강화할 수 있을 것으로 기대됨.

　라. 업무집행책임자 규율(제2조 제5호 및 제8조)

　(1) 이사·감사와 사실상 동등한 지위에 있는 자는 이사회의 의결을 거쳐 임면하도록 하며 임원과 동일한 자격요건을 적용함.

　(2) 등기임원은 아니지만 사실상 이와 동등한 지위에서 업무를 수행하는 자에 대

하여 필요한 통제가 이루어질 수 있을 것으로 기대됨.

　마. 임원자격제한 제도 개선(제5조 제1항 제7호)

　(1) 임직원에 대한 제재시 향후 임원선임이 제한되는 근거를 법률에 명시적으로 규정함.

　(2) 현행 개별 시행령 및 감독규정에서 규정하고 있는 임원자격제한에 대하여 명시적인 법률적 근거를 마련하고 임원자격제한관련 권역별 규제 차이를 해소할 것으로 기대됨.

　바. 임직원 겸직제도 정비(제10조 및 제11조)

　(1) 금융회사 상근임원의 다른 영리법인 상무 종사를 금지하고, 금융회사 임직원 겸직시 금융위에 보고 또는 승인을 받도록 규정함.

　(2) 금융회사 임직원 겸직에 따른 이해상충의 방지 및 충실한 직무수행을 통한 금융회사의 건전한 경영을 도모할 수 있을 것으로 기대됨.

　사. 지배구조 내부규범 마련 의무화(제14조)

　(1) 금융회사는 이사회 운영, 임원선임 등 지배구조에 관한 원칙과 절차를 마련하여 공시하도록 의무화함.

　(2) 금융회사가 지배구조에 관한 사항을 마련·공시함으로써 외부의 평가를 통한 금융회사의 투명성 및 책임성을 강화할 수 있을 것으로 기대됨.

　아. 내부통제제도 개선(제25조 및 제26조)

　(1) 준법감시인은 임기 2년이 보장되며 사내이사·업무집행책임자 중에서 선임되도록 함.

　(2) 준법감시인의 지위를 향상시킴으로써 준법감시인을 통한 내부통제기능이 충실하게 발휘될 수 있을 것으로 기대됨.

　자. 위험관리 및 보수체계 개선(제21조, 제22조, 제27조 및 제28조)

　(1) 금융회사는 위험관리기준을 마련하고 위험관리위원회와 위험관리책임자를 두도록 하며, 보수위원회와 보수원칙(성과보수 이연지급 등)의 근거를 마련하도록 함.

　(2) 금융회사의 위험관리 및 보수체계 개선을 통하여 금융회사가 과도한 위험에 노출되거나 과도한 위험을 부담하지 않도록 함으로써 금융회사의 건전한 경영을 유도할 수 있을 것으로 기대됨.

　차. 대주주 자격심사 규율(제32조)

　(1) 금융위원회는 금융회사 대주주에 대하여 일정한 요건을 갖추고 있는 지 여부를 주기적으로 심사하고 요건을 충족하지 못하는 경우 요건충족명령 등을 발할 수 있으며 의결권이 제한되도록 규정함.

　(2) 금융회사 대주주에 대해 주기적으로 적격성을 심사함으로써 부적격한 대주주의 경영권을 제한할 수 있어 금융회사의 건전경영을 유도할 수 있을 것으로 기대됨.

# I. 임원의 자격요건 및 임원의 의무

## 1. 전문성과 공익성

금융회사지배구조법 제 5 조는 임원의 자격요건을 명시하고 있는데, 은행
임원들은 금융에 대한 전문성과 공익성을 갖추고 건전성과 신용질서를 저해해
서는 안 된다는 점에서 일반 주식회사의 임원들보다 훨씬 가중된 자격요건의
제한을 받는다.[189] 이 때문에 미성년자가 상법상 주식회사의 임원이 될 수 있
음에 반하여 금융회사지배구조법상 금융기관의 임원은 될 수 없는 것이다.[190]
경험칙 상으로도 미성년자가 금융에 대한 전문성과 공익성을 갖추기란 불가능
할 것이다. 따라서 미성년자가 법정대리인의 동의를 받더라도 금융회사의 임원
이 될 수는 없다. 한편 임원은 타인의 자금을 수탁하여 관리하는 자(fiduciary)라
는 지위를 악용하여 고객의 자금을 유용할 위험성도 크다. 따라서 임원에 대해
은행의 건전성과 신용질서를 저해해서는 안 된다는 자격요건을 추가하여, 형사
벌이나 행정규제를 받은 전력이 있는 자들로 하여금 일정 기간 임원이 될 수
없도록 하는 것이다.[191] 이와 같이 임원의 자격요건을 제한하는 것은 경영위험
(management risk)을 방지하기 위한 사전적인 규제에 해당한다.

## 2. 정력집중의무

금융회사지배구조법 제10조는 임직원의 은행에 대한 정력집중의무를 규정
한다. 즉 동조 제 3 항에 의하면 어떠한 은행의 임직원은 한국은행의 임직원이
나 다른 은행의 임직원 또는 은행지주회사의 임직원을 겸할 수 없다고 규정한
다. 그리고 동조 제 1 항은 은행 상근임원에 대하여 타 영리법인의 겸직금지의

---

189) 금융회사지배구조법 제 5 조 제 1 항 제 8 호는 "해당 금융회사의 공익성 및 건전경영과 신용
　　질서를 해칠 우려가 있는 경우로서 대통령령으로 정하는 사람"을 결격자라고 규정한다.
190) 금융회사지배구조법 제 5 조 제 1 항 제 1 호. 피성년후견인 또는 피한정후견인도 마찬가지
　　이다.
191) 금융회사지배구조법 제 5 조 제 1 항 제 3 호 내지 제 7 호는 임원의 결격요건을 규정하고 있
　　는데, 예를 들어 제 3 호는 금고 이상의 실형을 선고받고 그 집행이 끝나거나(집행이 끝난 것
　　으로 보는 경우를 포함한다) 집행이 면제된 날부터 5년이 지나지 아니한 사람, 그리고 제 7 호
　　는 이 법 또는 금융관계법령에 따라 임직원 제재조치(퇴임 또는 퇴직한 임직원의 경우 해당
　　조치에 상응하는 통보를 포함한다)를 받은 사람으로서 조치의 종류별로 5년을 초과하지 아니
　　하는 범위에서 대통령령으로 정하는 기간이 지나지 아니한 사람을 결격자로 열거하고 있다.

무를 규정하고 있다. 이렇게 동 조항들이 명문으로 겸직만을 금지하지만 해석론상으로는 겸업도 금지된다고 판단된다. 은행 임·직원이 개인적으로 친분관계를 맺게 된 고객에게 은행보다 나은 조건을 제공하는 다른 금융기관(예: 자신이 운용하는 사금융)을 이용하도록 권유하는 경우가 겸업의 가장 대표적인 유형이 될 것이다.

한편 동조 제 3 항이 은행임원뿐만 아니라 직원도 대상으로 한다는 점에서 상법상 주식회사의 이사(상법 제397조 제 1 항 후단) 및 상업사용인(상법 제17조 제 1 항 후단)보다 적용범위가 더욱 확대됨을 알 수 있다. 이는 금융회사지배구조법이 私人간의 고용계약에 대하여 공공성에 따른 특칙을 마련한 것이라고 볼 수 있는데, 은행이 타인의 자금을 최대한 주의를 기울여 관리하고 운용하여야 하는 지위에 있으므로 은행 직원들도 은행에게 요구되는 공공성을 숙지하고 자신의 정력을 집중하여야 한다는 취지이다.

그런데 동조 동항 단서는 모은행과 자은행, 은행지주회사와 자은행, 은행과 제휴금융기관간 임·직원의 겸직을 허용하고 있다. 이는 해당되는 금융기관들이 모, 자관계나 금융지주회사의 편제하에서 일체로서 금융그룹 차원의 공통된 이익을 추구하므로 이들 금융기관간에는 이해상충의 위험성이 없어서 겸직이 문제되지 않을 것이라는 순진한 생각에서 비롯된 것으로 보인다. 그러나 저자는 은행이 정부로부터 편면적으로 예금보험제도와 같은 공적 보조(public subsidy)의 혜택을 받기 때문에, 금융지주회사나 제휴금융기관들이 불량자산을 은행에게 이전하는 등의 법인격남용사례가 많음을 제 4 절의 이해상충규제 부분에서 지적하였다. 따라서 이렇게 이해상충의 위험성이 많은 기관들간에 임직원의 겸직을 허용하는 것은 중대한 문제를 야기할 수 있다.

## 3. 청렴의무

은행 임직원은 직무와 관련하여 직·간접을 불문하고 금품이나 그 밖의 이익을 수수할 수 없는데(특정경제범죄 가중처벌 등에 관한 법률 제 5 조), 이와 관련한 판례는 다음과 같다.

(1) 대법원 2000. 2. 22. 선고 99도4942 판결: 금융기관 임·직원이 직무와 관련하여 금품을 수수한 행위 등을 처벌하는 특정경제범죄 가중처벌 등에 관한 법률

제5조의 입법취지는 금융기관은 특별법령에 의하여 설립되고 그 사업 내지 업무가 공공적 성격을 지니고 있어 국가의 경제정책과 국민경제에 중대한 영향을 미치기 때문에 그 임·직원에 대하여 일반 공무원과 마찬가지로 엄격한 청렴의무를 부과하여 그 직무의 불가매수성을 확보하고자 하는 데 있다.

(2) 대법원 2005. 7. 15. 선고 2003도4293 판결: 특정경제범죄 가중처벌 등에 관한법률 제5조 제1항 소정의 '금융기관 임·직원이 직무에 관하여'라 함은 금융기관의 임·직원이 그 지위에 수반하여 취급하는 일체의 사무를 말하는 것으로서, 그 권한에 속하는 직무행위뿐만 아니라, 그와 밀접한 관계가 있는 사무 및 그와 관련하여 사실상 처리하고 있는 사무도 포함되는 한편, 같은 법 제5조 제1항 소정의 '이익'이란 금전, 물품 기타의 재산적 이익뿐만 아니라, 사람의 수요나 욕망을 충족시키기에 족한 일체의 유형, 무형의 이익을 포함하는 것이고, 투기적 사업에 참여할 기회를 얻는 것도 이에 해당한다고 보아야 할 것이며, 이처럼 투기적 사업에 참여하는 기회를 얻는 이익의 경우에는 그로 말미암아 예상되는 이익의 크기를 확정할 수 없거나 그 후의 경제사정의 변동 등으로 말미암아 처음의 예상과는 달리 그 사업에 참여하여 아무런 이득을 얻지 못한 경우라 할지라도 죄의 성립에는 아무런 영향이 없다.

(3) 한편 대법원 2005. 3. 25. 선고 2004도8257 판결은 특정경제범죄 가중처벌 등에 관한 법률 제5조 제1항 소정의 직무에 금융기관 임·직원이 개인적인 지위에서 취급하는 사무까지 포함되지 않는다고 하였다.

(4) 대법원 2012. 6. 28. 선고 2012도3643 판결: 구 특정경제범죄 가중처벌 등에 관한 법률(2012. 2. 10. 법률 제11304호로 개정되기 전의 것, 이하 '구 특경법'이라 한다) 제5조 제1항에서 정한 특경법 위반(수재등)죄는 금융기관의 임·직원이 그 직무에 관하여 금품 기타 이익을 수수한 때에 적용되는 것으로서, 이와 별도로 특경법 제5조 제2항에서 금융기관의 임·직원이 그 직무에 관하여 부정한 청탁을 받고 제3자에게 금품 기타 이익을 공여하게 한 때에 특경법 위반(수재등)죄로 처벌하도록 규정하고 있는 점에 비추어 보면, 금융기관의 임·직원이 직접 금품 기타 이익을 받지 아니하고 공여자로 하여금 다른 사람에게 금품 기타 이익을 공여하도록 한 경우에는 그 다른 사람이 금융기관의 임·직원의 사자 또는 대리인으로서 금품 기타 이익을 받은 경우나 그 밖에 예컨대 평소 금융기관의 임·직원이 그 다른 사람의 생활비 등을 부담하고 있었다거나 혹은 그 다른 사람에 대하여 채무를 부담하고 있었다는 등의 사정이 있어서 그 다른 사람이 금품 기타 이익을 받음으로써 금융기관의 임·직원이 그만큼 지출을 면하게 되는 경우 등 사회통념상 그 다른 사람이 금품 기타 이익을 받은 것을 금융기관의 임·직원이 직접 받은 것과 같이 평가할 수 있는 관계가 있는 경우에는 구 특경법 제5조 제1항의 특경

법 위반(수재등)죄가 성립한다(대법원 2004. 3. 26. 선고 2003도8077 판결 등 참
조). 또한 공여자가 금융기관의 임·직원이 아닌 다른 사람에게 금품 기타 이익을
공여하였을 때에도 사회통념상 그 다른 사람이 금품 기타 이익을 받은 것을 금융
기관의 임·직원이 직접 받은 것과 같이 평가할 수 있는 관계가 있는 경우에는 구
특경법 제 6 조 제 2 항이 아니라 구 특경법 제 6 조 제 1 항의 특경법 위반(증재등)
죄가 성립한다고 봄이 상당하다. 한편 금융기관의 임·직원이 구 특경법 제 5 조
제 1 항의 금품 기타 이익을 일단 영득의 의사로 수수한 것이라면 후일 이를 반환
하였다 하더라도 특경법 위반(수재등)죄의 성립에는 영향이 없다.

## 4. 비공개정보 누설 등의 금지의무

은행법 제21조의2는 은행 임직원으로 하여금 업무상 알게 된 비공개의 정
보나 자료를 은행 대주주나 대주주의 특수관계인 등 외부에 누설하거나 업무
목적 외로 이용할 수 없도록 금지하고 있다. 본 조항은 2009년 6월 은행법 개
정으로 신설된 것인데, 산업자본의 은행 소유를 사실상 허용함에 따라 산업자
본인 대주주가 은행 임직원에게 사실상의 영향력을 행사하여 은행의 비공개정
보를 제공하도록 한 후 이러한 정보를 유용할 위험성을 사전에 차단하려는 목
적을 갖는다. 은행법 제21조의2는 자본시장법 제174조의 내부자에 대한 미공
개정보의 이용행위 금지와 유사한 목적으로 제정되었다고도 볼 수 있지만, 은
행 임직원의 주식거래에 따른 이익 취득 여부를 묻지 않고 비공개의 정보나 자
료를 누설하는 행위 자체를 금지한다는 점에서 자본시장법 제174조보다 훨씬
규제의 범위가 넓다고 할 수 있다.

## II. 내부통제제도

### 1. 총    설

은행의 내부통제제도 역시 은행의 제 위험 중 경영위험(management risk)에
대처하기 위한 것으로서, 결국은 은행의 고유자금과 고객자금의 혼용을 미연에
방지하려는 데 있다. 내부통제제도의 구축은 결국 선진화된 은행의 지배구조시
스템(corporate governance system)을 수립하는 것이기도 하다.

## 2. 이사회 및 위원회제도

상법상의 이사회는 회사의 업무집행에 관한 의사결정 및 이사의 직무집행을 감독할 권한을 갖는 이사 전원으로 구성되는 주식회사의 필요적 상설기관인데, 은행법상의 이사회 역시 중요한 경영사항에 관한 심의·의결기관으로서 은행장과 상임이사에 대한 경영감독기능을 수행한다는 점에서 상법상의 이사회와 동일하다. 금융회사지배구조법 제15조 제 1 항은 은행 이사회의 기능을 활성화하기 위하여 반드시 심의·의결하여야 할 경영에 관한 주요사항을 주의적으로 규정하고 있지만 이는 단지 예시적일 뿐이다. 그런데 동조 제 3 항은 원칙적으로 상법상 이사회의 고유권한에 속하는 것으로서 정관 등 내규로 하위기관에게 위임할 수 없다고 해석되는 권한임에도 불구하고 은행이사회가 위임할 수 있도록 규정함으로써 상법과 다소 차별화되는 특성이 발견된다.[192]

은행 이사회에서 사외이사의 역할은 매우 강조된다. 사외이사란 은행의 상시적인 업무에 종사하지 아니하는 이사로서 금융회사지배구조법 제17조에 따라 선임되는 이사를 말한다. 동법 제12조에 의하면 사외이사는 전체 이사회 구성원의 과반수로 구성되는데, 이들은 이사회의 권한사항을 심의·의결하고 집행함에 있어서 은행장과 업무집행 상임이사들을 독립적으로 감시하는 역할을 수행한다. 은행법상 이사회는 3명 이상의 사외이사들을 임명하여야 하므로, 국내 은행의 전체 이사 수는 최소한 5명 이상으로 운영되어야 한다. 사외이사후보 추천은 임원후보추천위원회에서 이루어지는데, 동법 제16조 제 3 항에 의하면 임원후보추천위원회는 이사회 산하에 설치되고 과반수가 사외이사로 구성

---

192) 금융회사지배구조법 제15조(이사회의 권한) ① 다음 각 호의 사항은 이사회의 심의·의결을 거쳐야 한다.
   1. 경영목표 및 평가에 관한 사항
   2. 정관의 변경에 관한 사항
   3. 예산 및 결산에 관한 사항
   4. 해산·영업양도 및 합병 등 조직의 중요한 변경에 관한 사항
   5. 제24조에 따른 내부통제기준 및 제27조에 따른 위험관리기준의 제정·개정 및 폐지에 관한 사항
   6. 최고경영자의 경영승계 등 지배구조 정책 수립에 관한 사항
   7. 대주주·임원 등과 회사 간의 이해상충 행위 감독에 관한 사항
   ② 이사회의 심의·의결 사항은 정관으로 정하여야 한다.
   ③ 「상법」 제393조 제 1 항에 따른 이사회의 권한 중 지배인의 선임 또는 해임과 지점의 설치·이전 또는 폐지에 관한 권한은 정관에서 정하는 바에 따라 위임할 수 있다.

된다. 사외이사후보의 적격자는 ① 업무집행기관인 행장, 상임이사들로부터 독립되어 있고(독립성), ② 은행 이사회의 심의·의결사항에 대해 전문성을 가져야 하며(전문성), ③ 사외이사로 선임되기 직전 몇 년간 금융감독당국으로부터 금융법 위반과 관련한 제재조치를 받은 적이 없는 자이어야 한다. 사외이사는 사외이사후보추천위원회의 추천을 받은 자 중에서 주주총회의 결의로 선임한다. 참고로 사외이사가 사내이사와 동일한 정도의 책임을 지는지에 대해서는 논란이 있을 수 있는데, 판례는 양자의 책임을 이원화할 수 있도록 길을 열어주고 있다.193)

현행법에 의하면 은행 이사회의 하부기관으로서 다양한 위원회가 설치될 수 있다. 종래 은행의 지배구조는 대륙법계의 영향을 받아 三權分立을 기반으로 이사회, 주주총회, 감사의 세 개 기관으로 분리되어 있었지만, 현재에는 이사회와 주주총회의 두 개 기관으로 양분되고 이사회 산하에 각종의 위원회(감사위원회, 사외이사후보추천위원회, 감사위원회위원후보추천위원회, 보수위원회 등)가 편제되는 구조이다. 상법은 감사위원회와 감사를 선택적으로 설치할 수 있도록 규정하지만, 금융회사지배구조법 제16조 제 1 항 2호는 사실상 감사위원회의 설치를 적극적으로 유도하고 있다. 감사위원회도 구성에 있어서 제한을 받는 바, 최소위원 3명 이상 중 사외이사가 2/3 이상 포진토록 되어 있고, 위원 중 1명 이상은 대통령령으로 정하는 회계 또는 재무 전문가이어야 한다(보통 상임 감사위원 1인 + 사외감사위원 2인). 여기서 은행의 감사위원회는 종래 주식회사에 있어서 감사의 역할을 완전 대체하므로, 은행의 감사위원들은 업무감사와 회계감사를 성실히 수행할 것이 기대된다. 그런데 사외감사위원들이 은행장과 상임이사들의 업무집행을 밀착감시하려면 은행으로부터 기초자료들을 사전에 제공받고 이를 상세히 숙지하여야 하는데, 어느 정도까지 그 역할을 할 수 있을 것인지 의문시된다. 종래 3권분립 체제에서 이사회가 감사에게 자료를 의도적으

---

193) 대법원 2005. 10. 28. 선고 2003다69638 판결은 "이사가 법령 또는 정관에 위반한 행위를 하거나 그 임무를 해태함으로써 회사에 대하여 손해를 배상할 책임이 있는 경우에 그 손해배상의 범위를 정함에 있어서는, 당해 사업의 내용과 성격, 당해 이사의 임무위반의 경위 및 임무위반행위의 태양, 회사의 손해 발생 및 확대에 관여된 객관적인 사정이나 그 정도, 평소 이사의 회사에 대한 공헌도, 임무위반행위로 인한 당해 이사의 이득 유무, 회사의 조직체계의 흠결 유무나 위험관리체제의 구축 여부 등 제반 사정을 참작하여 손해분담의 공평이라는 손해배상제도의 이념에 비추어 그 손해배상액을 제한할 수 있다"고 함으로써 사외이사의 책임에 대해 다소 유연하게 접근하고 있다.

로 제공하지 않거나 자료 자체를 이해할 수 없게 작성함으로써 감사의 기능을
유명무실하게 했던 것에 대한 자성에서 감사위원회 제도가 도입된 것임을 감
안할 때, 감사위원회를 내실화할 수 있는 방안을 모색하는 것이 상법학자들의
영원한 과제이다. 한편 보수위원회도 금융회사지배구조법상 필수기구로 되었
는데, 상임이사와 은행장의 보수결정권을 갖는다는 점에서 상임이사와 은행장
의 이해상충(self-dealing)을 방지할 수 있는 유효적절한 기구로서 그 중요성이
점증되고 있다.194) 최근 은행의 건전성을 제고하기 위해 영업관련 위험을 선제
적·종합적으로 관리하기 위한 위험관리위원회의 존재감도 급속도로 부각되고
있다.195)

　　금융회사지배구조법 제14조는 이사회와 위원회가 잘 운영되어야만 종국
적으로 주주와 은행 이용자 등의 이익을 보호할 수 있다고 보아, 은행으로 하
여금 이사회와 위원회의 운영 및 임원의 성과 평가 등에 관하여 지켜야 할 구
체적인 원칙과 절차(지배구조내부규범)를 수립할 의무를 부과하고 있다. 그리고

---

194) 금융회사지배구조법 제22조(보수위원회 및 보수체계 등) ① 보수위원회는 대통령령으로 정
　　하는 임직원에 대한 보수와 관련한 다음 각 호에 관한 사항을 심의·의결한다.
　　1. 보수의 결정 및 지급방식에 관한 사항
　　2. 보수지급에 관한 연차보고서의 작성 및 공시에 관한 사항
　　3. 그 밖에 금융위원회가 정하여 고시하는 사항
　　② 금융회사는 임직원이 과도한 위험을 부담하지 아니하도록 보수체계를 마련하여야 한다.
　　③ 금융회사는 대통령령으로 정하는 임직원에 대하여 보수의 일정비율 이상을 성과에 연동
　　(連動)하여 미리 정해진 산정방식에 따른 보수(이하 "성과보수"라 한다)로 일정기간 이상 이
　　연(移延)하여 지급하여야 한다. 이 경우 성과에 연동하는 보수의 비율, 이연 기간 등 세부 사
　　항은 대통령령으로 정한다.
　　④ 금융회사는 대통령령으로 정하는 임직원의 보수지급에 관한 연차보고서를 작성하고 결산
　　후 3개월 이내에 금융위원회가 정하는 바에 따라 인터넷 홈페이지 등에 그 내용을 공시하여
　　야 한다.
　　⑤ 제 4 항의 연차보고서에는 다음 각 호의 사항이 포함되어야 하며, 연차보고서의 작성에 관
　　한 세부 기준은 대통령령으로 정한다.
　　1. 보수위원회의 구성, 권한 및 책임 등
　　2. 임원의 보수총액(기본급, 성과보수, 이연 성과보수 및 이연 성과보수 중 해당 회계연도에
　　　지급된 금액 등)
251) 금융회사지배구조법 제21조(위험관리위원회) 위험관리위원회는 다음 각 호에 관한 사항을
　　심의·의결한다.
　　1. 위험관리의 기본방침 및 전략 수립
　　2. 금융회사가 부담 가능한 위험 수준 결정
　　3. 적정투자한도 및 손실허용한도 승인
　　4. 제27조에 따른 위험관리기준의 제정 및 개정
　　5. 그 밖에 금융위원회가 정하여 고시하는 사항

은행은 이러한 지배구조내부규범을 제정하거나 변경할 경우 그 내용 및 지배
구조내부규범에 따른 운영 현황을 인터넷 홈페이지 등을 통하여 공시하여야
한다.

## 3. 내부통제기준 및 준법감시인제도

은행은 모든 위험들을 종합적으로 관리하기 위해 내규로서 내부통제기준
을 제정할 의무를 부담한다. 내부통제기준은 일반적으로 다음과 같은 목적을
갖는다. 첫째, 은행 내부회계관리제도의 효율적인 운영을 통하여 회계처리의
투명성과 정확성을 확보하기 위한 것이다. 참고로 2000년대 초반 Enron과
Worldcom 등 유수기업들의 대규모 분식회계가 문제되어 2002년 Sarbanes-
Oxley법이 제정되었는데, 동법은 무엇보다도 회계처리에 있어서 내부통제의
중요성을 가장 강조하고 있다. 둘째, 은행영업에 있어서의 자산·자원투입의
적절성과 효율성을 확보하기 위한 것이다. 셋째, 은행업무 영위와 관련한 제반
법령, 하위법규 및 내규를 준수함으로써 위법행위를 미연에 방지하기 위한 것
이다.[196] 이 때문에 금융회사지배구조법 제24조 제 1 항도 가장 협의의 법령 준
수 이외에, 광의로 (회계처리의 투명성과 정확성을 확보하여) 자산운영의 건전성을
담보하고 예금자를 보호한다는 원대한 취지를 밝히게 된 것이다.[197] 넷째, 은
행과 고객 간의 이해가 충돌되거나 특정 고객과 다른 고객 간의 이해가 충돌될
경우 은행의 이익이나 특정 고객의 이익을 우선시함으로써 어떠한 고객의 이
익이 도외시되지 않도록, 미리 이해상충을 관리하는 방법과 절차 등을 마련하
기 위한 것이다.[198]

---

196) 김병연, "증권거래법상 준법감시인의 법적 책임에 관한 연구: 증권거래법상 내부통제시스템
   을 중심으로," 「기업법연구」 제20권 제 4 호 (2006), 276면.
197) 금융회사지배구조법 제24조(내부통제기준) ① 금융회사는 법령을 준수하고, 경영을 건전하
   게 하며, 주주 및 이해관계자 등을 보호하기 위하여 금융회사의 임직원이 직무를 수행할 때
   준수하여야 할 기준 및 절차(이하 "내부통제기준"이라 한다)를 마련하여야 한다.
198) 은행법 제28조의2가 이에 관한 규정인데 그 내용은 다음과 같다.
   ① 은행은 이 법에 따른 업무를 운영할 때 은행과 은행이용자 간, 특정 이용자와 다른 이용
   자 간의 이해상충(利害相衝)을 방지하기 위하여 대통령령으로 정하는 업무 간에는 이해상충
   이 발생할 가능성에 대하여 인식·평가하고 정보교류를 차단하는 등 공정하게 관리하여야 한다.
   ② 은행은 제 1 항에 따른 이해상충을 관리하는 방법 및 절차 등을 대통령령으로 정하는 바에
   따라 「금융회사의 지배구조에 관한 법률」 제24조에 따른 내부통제기준(이하 "내부통제기준"
   이라 한다)에 반영하여야 한다.
   ③ 은행은 이해상충을 공정하게 관리하는 것이 어렵다고 인정되는 경우에는 그 사실을 미리

한편 은행의 지배구조시스템상 매우 독특한 지위를 갖는 자는 준법감시인이다. 준법감시인은 은행 임·직원의 직무수행상 내부통제기준의 준수여부를 점검하고 내규의 적시성을 업데이트하며 감사위원회에 그 결과를 보고하는 자이다.199) 준법감시인은 독립적이고 공정하게 수행되어야 할 내부통제 업무에 전념하는 자이므로, 은행의 자산운용에 관한 업무, 고유업무와 부수업무 및 겸영업무와 관련된 직무를 수행해서는 안 된다. 용어상 준법감시인 또는 compliance officer라고 하므로 협의의 법령, 하위법규, 내규의 준수만을 점검하는 자라고 오해할 수도 있지만, 준법감시인은 자산운용의 건전성과 효율성 등도 점검한다는 점을 유념하여야 한다. 물론 어느 은행이나 자산운용의 건전성과 효율성에 대한 점검 항목을 내규에 마련하고 있으므로 이러한 용어상의 혼란은 실무적으로 그리 큰 문제가 되지 않는다.

준법감시인은 은행장과 상임이사의 준법을 통제한다는 점에서 은행 최고의 법규 통제기관이자 감시자로서의 기능을 수행하지만, 실무계는 이들과 상근 감사위원의 업무를 차별화할 수 없다고 비판한다. 원래 영미법상으로 감사위원회가 회계감사에 특화되고 외부감사법인의 선정을 책임진다는 점에서 준법감시인은 자체적으로 업무감사를 행하는 기관으로 역할이 분담되어야 할 것이다. 한편 준법감시인은 은행 이사회에서 선임되는 데 반하여 내부통제기준의 준수여부에 대한 보고를 감사위원회에 하도록 하는 것도 이상하다. 왜냐하면 일반적으로 선임기관과 보고를 받는 기관을 일치시키는 것이 업무수행의 효율성과 책임성을 확보하는 최선의 방안이기 때문이다. 참고로 외국의 입법례를 보면

---

해당 이용자 등에게 충분히 알려야 하며, 그 이해상충이 발생할 가능성을 내부통제기준이 정하는 방법 및 절차에 따라 은행이용자 보호 등에 문제가 없는 수준으로 낮춘 후 거래를 하여야 한다.

④ 은행은 제 3 항에 따라 그 이해상충이 발생할 가능성을 낮추는 것이 어렵다고 판단되는 경우에는 거래를 하여서는 아니 된다.

⑤ 금융위원회는 은행이용자 보호 등을 위하여 필요하다고 인정되는 경우에는 이해상충에 관한 내부통제기준의 변경을 권고할 수 있다.

⑥ 은행은 대통령령으로 정하는 겸영업무 및 부수업무의 경우에는 대통령령으로 정하는 바에 따라 은행업무와 구별하고 별도의 장부와 기록을 보유하여야 한다.

199) 금융회사지배구조법 제25조 제 1 항은 금융회사가 내부통제기준의 준수 여부를 점검하고 내부통제기준을 위반하는 경우 이를 조사하는 등 내부통제 관련 업무를 총괄하는 준법감시인을 1명 이상 두어야 하며, 준법감시인은 필요하다고 판단하는 경우 조사결과를 감사위원회 또는 감사에게 보고할 수 있다고 규정한다. 그리고 동조 제 3 항은 금융회사(외국금융회사의 국내 지점 제외)가 준법감시인을 임면하려는 경우에는 이사회의 의결을 거쳐야 하며, 해임할 경우에는 이사 총수의 3분의 2 이상의 찬성으로 의결한다고 규정한다.

준법감시인은 감사위원회에서 선임하고 감사위원회에 보고하도록 되어 있다. 따라서 이들은 감사위원회의 산하에 편제되어 감사위원들의 감시기능을 증진할 수 있도록 보좌하는 역할을 수행하는 것이다. 한편 준법감시인이 제대로 업무를 수행하지 않아 제3자에게 손해를 입힌 경우 제3자는 직접 준법감시인을 상대로 책임을 물을 수 있는 것인지에 대해 논란이 있는데, 이는 준법감시인의 법적 지위와 관련된 문제로서 이사의 지위와는 다르다는 점에서 추가적인 검토가 필요할 것이다.

## III. 은행이사의 가중된 주의의무
—대법원 2002. 3. 15. 선고 2000다9086 판결의 평석을 겸함[200]—

은행이사는 일반 주식회사의 이사보다 훨씬 강화된 선관의무 혹은 자금수탁자로서의 신인의무에 구속된다. 대법원도 제일은행의 소수주주들이 전임행장과 부행장 및 상임이사들을 상대로 제기한 대표소송에서 고도의 선관의무를 인정한 바 있다. 다음에서 은행이사의 가중된 주의의무를 상세하게 분석하고자 한다.

### [사실개요]

(1) 원고인 제일은행이 소외 H철강에 대하여 신규여신을 제공할 당시 H철강의 재무구조가 매우 열악하였고, 당시 행장 및 이사들이었던 피고 갑(전임행장), 을(후임행장), 병(전임 전무이사), 정(전임 상무이사) 역시 이러한 사정을 알았으며, 신규대출 당시 여신심사의견서에도 H철강의 재무구조가 동 업계 대비 열악한 상태로서 여신제공이 원칙적으로 금지되는 업체라고 기재되어 있었음에도, 피고들은 소외 H그룹회장 C의 장래 담보제공 약속만을 믿고 아무런 담보를 제공받음이 없이 위의 신규대출을 감행하였다. 여기서 피고 병, 정은 H철강에 대한 대출결정시 결제라인에 있었던 대출담당임원이었다.

(2) 피고들은 ① H철강이 그 후의 추가대출을 받을 때에도 만일의 사태에 대비하여 확실한 담보를 취득하는 등의 대비책을 마련하지 않은 채 신용만으

---

200) 다음의 내용은 김용재, "은행이사의 선관주의의무와 경영판단의 법칙,"「상사판례연구(VI)」, 박영사 (2006), 63-82면을 일부 수정·보완한 것이다.

로 여신을 제공하였고, ② H철강의 재무구조가 계속 악화되어 외부전문신용평
가기관들의 평가서에서 H철강의 제반 문제점과 외부차입금에 의존한 사업성
에 관한 우려가 계속적으로 표명되었음에도, 기존의 여신에 대한 관리대책을
세우지 아니함은 물론 오히려 여신의 규모를 대폭 확대하여 담보 없이 거액의
여신을 지속적으로 제공한다고 결의하였으며, ③ H철강에 대한 사후의 적정한
여신관리를 행하지 않았고, ④ 피고 갑과 을은 미리 여신제공방침을 결정한 후
담당실무자에게 여신적격의견으로 심사의견서를 작성하라고 지시하고, 피고
병과 정은 심사의견서가 위와 같이 작성되었음을 알았음에도 이사회의 결의시
아무런 이의제기 없이 승인결의 하였으며, ⑤ 은행법 제35조에 의하여 은행계
정 대출로 동일인 여신한도에 이르게 되자, H철강에게 그 제약을 받지 않는 다
른 신탁계정을 통하여 여신을 계속 제공하였고, ⑥ 피고 갑이 C의 요청을 받고
H건설이 U건설을 인수하도록 하기 위하여 추가대출하여 준 것은 H철강에 간
접적으로 거액의 여신을 추가제공하기 위한 방편이었음이 밝혀졌으며, ⑦ 피
고 갑, 을은 H철강에 위와 같이 대출을 해 주면서 그 사례로 C로부터 거액의
뇌물을 받았다.

    (3) 원고인 공동소송참가인 제일은행은 상법 제404조 제 1 항에 따라 현재
의 행장을 대표자로 공동소송참가하여 피고 갑, 을, 병, 정을 상대로 선관주의의
무 내지 충실의무를 위반하여 소외 H철강에게 부당한 거액대출을 행함으로써
원고에게 막대한 손해를 입혔음을 이유로 손해배상액의 지급을 청구하였다.[201]

## [대법원 판결요지 : 선관주의의무 위반에 관한 판시에 한정하여]

    (1) 주식회사의 이사는 회사에 대하여 선량한 관리자의 주의의무를 지므로
(상법 제382조 제 2 항, 민법 제681조), 그 의무를 충실히 한 때에야 이사로서의 임
무를 다한 것으로 된다. 다만 금융기관인 주식회사의 이사가 한 대출이 결과적

---

201) 1998년 1월 31일 제일은행의 기존주식을 8.2 대 1의 비율로 병합하여 감자가 이루어진 후,
    예금보험공사는 공적 자금을 투입하여 최대주주가 되었다. 1심소송은 감자조치로 인하여 지
    분이 감소한 일반 소수주주들에 의하여 대표소송의 형태로 제기되었다. 대법원판결에서 제일
    은행이 공동소송참가인으로 참가한 것은 제일은행의 이러한 지분변동 및 관련법의 개정과 관
    련이 있다. 즉 2000년 12월 30일 개정된 현행 예금자보호법 제21조의2에 의하면, 공적 자금을
    지원한 예금보험공사는 당해 은행에게 부실에 책임이 있다고 인정되는 전·현직 임·직원을
    상대로 손해배상청구를 하도록 요구할 수 있다. 따라서 전직 임원이었던 피고들을 상대로 한
    대표소송에 제일은행이 공동으로 소송참가한 것은 동법의 규정을 근거로 한 예금보험공사의
    필요에 따른 것이었음을 미루어 짐작할 수 있다.

으로 회수곤란 또는 회수불능으로 되었다고 할지라도 그것만으로 바로 대출결정을 내린 대표이사 또는 이사의 판단이 선관주의의무 내지 충실의무를 위반한 것이라고 단정할 수는 없다. 그런데, 금융기관인 은행은 이윤추구만을 목표로 하는 영리법인인 일반의 주식회사와는 달리 예금자의 재산을 보호하고 신용질서 유지와 자금중개 기능의 효율성 유지를 통하여 금융시장의 안정 및 국민경제의 발전에 이바지해야 하는 공공적 역할을 담당하는 위치에 있는 것이기에, 은행의 그러한 업무의 집행에 임하는 이사는 일반의 주식회사 이사의 선관의무에서 더 나아가 은행의 그 공공적 성격에 걸맞는 내용의 선관의무까지 다할 것이 요구된다 할 것이다.

　　(2) 금융기관의 이사가 위와 같은 선량한 관리자의 주의의무에 위반하여 자신의 임무를 해태하였는지의 여부는 그 대출결정에 통상의 대출담당임원으로서 간과해서는 안 될 잘못이 있는지의 여부를 금융기관으로서의 공공적 역할의 관점에서 대출의 조건과 내용, 규모, 변제계획, 담보의 유무와 내용, 채무자의 재산 및 경영상황, 성장가능성 등 여러 가지 사항에 비추어 종합적으로 판정해야 할 것이다. 피고들의 이 사건 대출결정에 이른 경위와 규모, 그 당시 대출을 받는 H철강의 제반상황 및 담보확보 여부, H철강의 재무구조 및 수익성에 대한 부정적인 평가결과 등의 제반사정을 종합 고려한 끝에 피고들이 은행 최고경영자 혹은 이사로서 임무를 해태하였으므로 제일은행에 대한 손해배상책임이 있다.

　　(3) 한편 이사인 병, 정이 H철강의 이러한 사정을 알고 있었거나 적어도 충분히 판단할 수 있었음에도 대출관련 상임이사회 결의시 아무런 이의제기 없이 승인결의한 것은 상법 제399조 제 1 항을 위반하여 임무를 해태한 것이 명백하다.


[평　　석]

1. 대상판결의 의의 및 문제의 제기

(1) 의　　의

1998년 7월 24일 서울지방법원 민사17부에서 1심판결이 이루어진 이후,

동 사안은 우리나라 역사상 최초로 소액주주들이 부실경영에 대하여 회사경영
진에게 책임을 추궁하는 대표소송이라는 점에 관심이 집중되었다. 왜냐하면 대
표소송제도 자체가 이전까지는 법문상으로 존재할 뿐 실제로 전혀 활용되지
못하였던 死文化 상태에 있었기 때문이다. 따라서 동 사안에 대한 대법원판결
을 계기로 상법상 보장된 소수주주권 중 회계장부열람권 이외에도 대표소송제
도가 적극적으로 활용됨으로써, 경영진으로 하여금 투명경영과 책임경영을 유
도할 수 있는 선례가 구축되었다고 평가된다. 그런데 저자는 대상판결의 의의
를 다른 각도에서 찾고자 한다. 왜냐하면 동 사안은 1997년 금융위기의 단초를
제공하였던 H그룹에 대한 거액의 부실대출로 인하여 결국 제일은행까지 파탄
상태로 이끈 은행이사들에 대하여 고도의 선관주의의무 위반책임을 명시적으
로 언급한 국내 최초의 판결이기 때문이다.

저자는 본 사건에 있어서의 대법원 판시에 대하여 다음과 같은 이유로 결
론에 적극 찬동하는 바이다. ① 첫째로, 은행이 일반 주식회사와는 달리 전체
경제에 있어서 고도의 공공적인 역할을 수행함을 들어 은행이사도 그에 걸맞
는 고도의 선관주의의무를 진다는 점을 명시적으로 선언하고 있다.202) 이는 한
편으로는 은행이사에게 경영판단의 법칙이 축소적용될 수 있음을 간접적으로
선언하였다는 점에서 매우 주목된다. ② 둘째로, 대상판결은 이사의 선관주의
의무를 위반한 행위유형으로서 상법 제399조 제 1 항의 법령이나 정관을 위반
한 행위와 임무해태행위를 추가하였다.203) 즉 대법원은 피고들의 여신운용원
칙(상관습법) 위반행위, 뇌물수수행위(구 은행법 제21조 위반행위), 동일차주에 대
한 신용공여한도 일탈행위(은행법 제35조 위반행위) 및 임무태만행위(계약위반행
위)들을 모두 "선관주의의무 내지 충실의무 위반행위"로 포섭시킨 것이다.204)

202) 미국에서도 은행이 準공공기관이므로 단지 영리만을 추구하는 일반 주식회사와는 구별되어야
     함을 강조하고 있다. 예를 들어 *Van Reed v. People's National Bank*, 198 U.S. 554, 557 (1905).
203) 국내 문헌상으로는 이사의 선관주의의무에 대한 세부적인 내용으로 대표이사에 대한 감시
     의무 정도만이 소개될 뿐이다. 최기원, 「상법학신론(上)」 제18판」, 931면 (2009) [이하 최기원].
204) 원심판결에서 밝혀진 사실관계에 의하면, 제일은행의 내규인 여신심사 및 운용준칙에서는
     여신심사기준표의 평점 합계 40점 미만인 E급의 경우 원칙상 여신이 금지되나, 이 경우 여신
     을 취급할 때에는 상임이사회의 승인을 받아서 취급할 수 있다는 규정이 있었다. 본건에서 피
     고들은 동 내규조항을 준수하였음을 들어 선관주의의무를 위반한 것이 아니라는 주장을 하였
     다. 이에 대하여 원심판결은 모든 피고들이 "은행의 경영자가 여신을 취급함에 있어서 자금의
     용도가 적절하고 자산신용과 영업상태가 확실하며 거래상황이 양호한 자에게 허용하여야 하
     고 담보취득을 원칙으로 한다"는 여신운용원칙을 위반하였고, 특히 대표이사였던 갑과 을에
     대해서는 H철강에 대출을 하면서 그 사례로 C로부터 거액의 뇌물을 받은 점에 주목하여 선

상법 제399조 제 1 항이 이사의 책임에 관한 규정으로서 이사의 의무와는 밀접하게 관련되기 때문에 논리전개상 당연한 결과라고도 볼 수 있지만, 한편으로는 대법원이 이사의 선관주의의무가 법령, 정관이나 내규, 기타 계약서에 명시된 의무를 포괄하는 상위개념임을 선언하였다는 점에 의의가 있다. ③ 셋째로, 동 판결에 의하여 과거와 같이 은행 대표이사의 지시에 무조건 순응하던 은행이사(임원)들의 소극적인 행태가 전면적으로 시정될 수 있는 계기가 마련되었다. 즉 은행의 건전성과 안전성에 위해를 미칠 수 있는 대표이사의 잘못된 업무지시사항에 대하여 개개의 이사들은 자리에 연연하지 않고 적극적으로 이를 반대할 의무가 있다는 점이 명확해졌다. ④ 넷째로, 은행이사가 정식 결의기구가 아닌 상임이사회에 참석하여 대표이사의 지시를 소극적으로 승인한 것에 불과한데도 불구하고 이사회의 결의에 참석하여 찬성하였던 타 이사들과 책임을 차별화하는 것은 형평에 어긋난다는 피고측 주장에 대해,205) 대법원은 은행이사가 단지 이사회에 참석하여 결의에 찬성하였는지 여부만이 책임을 묻는 유일한 잣대가 될 수 없음을 명확히 함으로써, 은행상임이사들로 하여금 정책결정과 집행과정에 보다 적극적으로 참여할 것을 요구하고 있다. 이는 특히 상임이사의 책임을 추궁함에 있어서 상법 제399조 제 1 항이 제 2 항보다 우선적으로 적용되기 때문에, 이사회에 상정되기 前의 사항이라도 상임이사들이 대표이사의 업무집행에 대한 적극적인 감시의무를 지게 됨을 선언한 것이다.

### (2) 문 제 점

① 우선 대상판결은 이사들이 은행에 대하여 "선관주의의무 내지 충실의무"를 위반하였다고 판시함으로써, 양 의무가 同一한 것인지 異質的인 것인지에 대한 종래의 논란을 완전히 불식시키지 못하고 있다. ② 또한 대상판결 이후, 은행이사의 의무에 대한 구체적인 外延이 어느 범위까지 확대될 것인가에 대한 업계의 불안이 증폭된 것도 사실이다. 왜냐하면 선관주의의무라는 다소 추상적인 개념을 확대 해석할 경우, 법적 안정성이 저해될 위험성마저 존재하

---

관주의의무를 위반하였다고 판시하였다. 또한 원심판결은 H철강에 대한 이례적인 대출결정이 은행 최고경영자 혹은 이사에게 요구되는 본연의 임무를 해태한 것이라는 점을 강조하고 있다. 서울고등법원 2000. 1. 4. 선고 98나45982 판결.

205) 사실 피고측이 이러한 주장을 하게 된 속사정을 들여다 보면, 대출결제라인에 있었던 자신들과 마찬가지로 추후 이사회에서 찬성결의를 하였던 다른 이사(예: 사외이사)들도 손해배상 책임을 부담하는 것이 옳다는 숨은 뜻이 담겨져 있었던 것으로 추정된다.

기 때문이다. 따라서 대상판결 이후 학계가 선관주의의무의 범위와 한계에 대
해 과거보다는 좀 더 정예한 기준을 제시할 책무를 맡게 되었다. ③ 일반적으
로 사외이사는 이사회의 구성원으로서 상법상 이사에게 인정된 의무와 책임을
부담한다고 간주된다. 그러나 대상판결에 의하면, 이사회에 참석하여 찬성결의
를 하였음에도 불구하고 그 지위가 상임이사인지 사외이사인지에 따라 책임이
이원화되는 모순된 결과를 초래하게 된다. 이때에는 상법 제399조 제 2 항의 규
정이 형해화될 위험성마저 존재한다. ④ 마지막으로 대상판결의 사실관계를 분
석한 결과, 저자는 은행이사의 책임을 완화시킬 수 있는 경영판단의 법칙을 좀
더 상황에 맞게 구체적으로 적용하였을 경우 다소 결론이 달라질 수도 있었다
는 문제점을 발견하였다. 동 사건이 은행이사의 선관주의의무를 직접적으로 다
룬 최초의 사건이므로 향후 유사한 사안에서 동일하게 판시될 가능성이 높다는
점을 감안할 때, 법원이 좀 더 개념설정과 책임의 명확화 등에 있어서 적극적이
었으면 하는 아쉬움이 남는다. 물론 변론주의의 한계로 인하여 당사자가 주장하
지 않은 부분에까지 법원이 굳이 판단할 필요는 없었을 것이라는 점을 이해한다.

### (3) 논의의 순서

이하에서 저자는 우선 이사의 선관주의의무와 충실의무의 관계 및 동 의
무를 위반한 경우 발생하게 될 손해배상책임의 본질에 대한 국내에서의 학설
을 정리한 후, 나름대로의 소견을 밝히고자 한다. 다음으로 대상판결이 국내에
서 최초로 은행이사의 선관주의의무를 다룬 사안이지만 그 세부내용과 범위에
대해 국내문헌상으로 구체적인 시사점을 찾기에는 한계가 있다고 판단하여,
100여 년간 동일 쟁점에 대해 치열한 격론을 벌인 미국에서의 논의를 간략히
소개할 것이다.206) 물론 선관주의의무 위반에 대한 항변으로서 은행산업에서
제기가능한 경영판단의 법칙을 끝 부분에 첨부하였다. 저자는 이러한 작업이
은행이사의 선관주의의무의 구체적인 내용을 밝히고 책임범위를 명확히 함으
로써, 업계에서의 불안을 다소라도 진정시키고 예측가능성을 높이는 데 기여하

---

206) 미국의 법원들은 19세기 중반 이후 은행의 이사와 임원들이 기타 산업에서의 이사와 임원
들에 비하여 훨씬 고도의 선관주의의무를 진다고 판시하여 왔다. 은행이사에게 고도의 책임
을 인정하려는 경향은 총체적으로 금융시장이 위기에 봉착할 경우 더욱 두드러지게 나타난다
고 한다. 예를 들어 미국은 1980년대 대량의 연쇄적인 금융기관의 파산을 경험한 후, 1990년
대 초반 특별입법에 의하여 선관주의의무를 위반한 은행이사들을 상대로 매우 엄격한 책임을
묻는 추세이다. Patricia A. McCoy, *op. cit.*, § 14.04[2].

였으면 한다. 마지막으로 저자는 경영판단의 법칙을 좀 더 탄력적으로 적용하여 이사의 손해배상액을 감경하는 방향으로 대상판결에 대한 판시내용을 재구성하여 보았다.

## 2. 이사의 선관주의의무와 책임의 본질에 대한 국내학설의 검토

### (1) 선관주의의무와 충실의무간의 관계

### (가) 동 질 설

1998년 개정에 의하여 신설된 상법 제382조의3은 '이사의 충실의무'란 제목하에 "이사는 법령과 정관의 규정에 따라 회사를 위하여 직무를 충실하게 수행하여야 한다"고 규정하는데, 동질설은 여기서의 충실의무가 선관주의의무와 淵源을 같이하는 것으로서 선관주의의무를 구체화한 표현에 불과한 것이라고 본다.207) 이 설에 의할 경우 상법 제382조의3은 상법 제382조 제 2 항의 "회사와 이사의 관계에 대하여는 위임에 관한 규정이 준용된다"는 규정과 민법 제681조의 "이사는 회사의 업무를 집행함에 있어서 선량한 관리자의 주의의무를 진다"는 규정을 구체적·주의적으로 선언한 것에 지나지 않는다. 동질설에 의하면 대상판결에서의 선관주의의무 내지 충실의무라는 표현은 판결문상으로 선관주의의무나 충실의무 중 어느 한 개념을 사용하였더라도 무방하다는 결론에 이르게 된다.

### (나) 이 질 설

충실의무는 선관주의의무와 그 근본이 다르다고 본다. 이질설에 의하면 상법이 영미법상의 이사회제도를 도입하여 이사회의 권한이 확대되고 현대의 주식회사 자체도 이제는 그 규모 및 업무의 범위가 거대화·국제화되었기 때문에 이사의 의무도 이에 상응하여 확대될 필요성이 높아졌다는 점을 강조한다.208) 따라서 상법 제382조의3은 이러한 현실적 필요성에 입각하여 종래의 선관주의의무와는 별개의 의무를 법문화한 것으로서 훨씬 고도의 주의의무를 규정한 것으로 본다. 이질설에 의하면 대상판결에서 고도의 선관주의의무 내지 충실의무를 병렬적으로 기재한 것은 논리모순으로 귀결되게 된다.

---

207) 최기원, 934면.
208) 송상현, "주식회사이사의 충실의무론," 서울대 「법학」 14권 제 2 호(통권 30호), 119면 이하 (1973. 12).

## (다) 사    견

이질설에 의하면 대상판결에서 대법원은 '고도의 충실의무'를 지는 것으로 개념을 단일화하였어야 한다. 왜냐하면 대상판결과 같이 은행이사가 은행의 공공적 성격 때문에 일반 주식회사의 이사보다 고도의 주의의무를 진다면 이질설에 의할 경우 그것은 충실의무를 뜻하는 것이 될 것인바, 이질설의 논거에 충실할 경우 이미 일반 주식회사의 이사도 충실의무를 지므로 은행이사의 경우에는 "고도의 충실의무"만이 적용가능한 유일한 의무이기 때문이다. 그러나 이질설은 영미법상으로 규정한 이사의 주의의무에 대한 本旨를 다소 오해한 데서 비롯된 것이라고 판단된다.

미국개정모범회사법 Section 8.30(a)에서 "이사는 ① 선의로, ② 통상적으로 동일한 지위에 있는 신중한 자가 유사한 상황에서 행사하여야 할 주의를 갖고, ③ 회사에게 최선의 이익이 된다고 합리적으로 믿는 방식으로, 의무를 이행하여야 한다"고 규정하고 있다. 이는 이사의 지위에 있는 자에게 일반적으로 요구되는 상당한 정도의 주의의무를 이행하여야 한다는 선관주의의무를 법문화한 것이다. 그런데 동 조항에 대한 유권해석(Official Comment)에 의하면 개정모범회사법 제정시 Section 8.30(a)에는 의도적으로 신탁법상으로 사용하는 충실의무(신임인의 의무, fiduciary duty)의 개념을 사용하지 않았다는 점이 명기되어 있다. 왜냐하면 이사의 행위기준으로서 신임인(fiduciary)의 개념을 사용할 경우, 신탁법상 부과되는 신임인의 독특한 특성 및 의무(충실의무)와 일반 주식회사 이사의 의무가 차별화하여야 함에도 불구하고 양자가 혼동되어 적용될 가능성을 염려하였기 때문이다. 더욱이 신임인의 의무 중 일부 사항은 주식회사의 이사에게 적용하기가 전혀 적절치 않다는 점도 강조하고 있다.[209] 그런데 동 유권해석을 본래의 취지에 맞게 재구성한다면 결국 일반 주식회사 이사의 선관의무는 신탁법상의 충실의무로부터 淵源한 것임을 알 수 있으며, 정도의 차이는 있지만 신탁영역 밖에서 이사는 신탁에 있어서의 수탁자와 유사한 지위에 있다는 점을 알 수 있다. 이는 Section 8.30(a)(2)에서 명시적으로 규정한 '신중한 자'(prudent person)가 판례에 의하여 발전한 신탁법상의 '신중인'(prudent man)의 법리와 거의 동일한 用例를 채택하였다는 점에서도 드러난다. 따라서 회사

---

209) Edward S. Adams & John H. Matheson, *Corporations and Other Business Associations Statutes, Rules and Forms*, 86 (WEST 1996).

법 영역에서 이사가 부담하는 선관주의의무(duty of care)와 충실의무(fiduciary duty)는 본질적으로 동일하고, 다만 신탁법 영역에서 수탁자가 부담할 의무는 선관주의의무보다 한층 고차원의 신임인의 의무(충실의무)라고 이원적으로 해석하여야 하는 것이다.

결론적으로 동질설에 찬동하는 바이며, 향후 법원은 유사한 사건에서 오해의 소지를 없애기 위하여 이사의 선관주의의무로 용어를 통일하는 것이 바람직하다는 소견을 밝힌다.

### (2) 이사의 선관주의의무 위반에 따른 책임의 본질

### (가) 문제의 제기

대상판결에 의하면 ① 이사의 법령이나 정관에 위반하는 행위와 ② 임무해태행위가 모두 선관주의의무에 위반한 것으로 된다. 문제는 양자를 어떻게 조화시킬 것인가이다. 왜냐하면 우리나라에서는 임무해태에 의한 손해배상책임을 계약위반행위로서 과실책임이라고 하지만, 이사의 법령 또는 정관의 위반으로 인한 손해배상책임에 대해서는 무과실책임설과 절충설 및 과실책임설 등이 난립하기 때문이다.[210] 물론 후자에 대해 다수설은 과실책임설을 취하고 있으므로, 이사의 선관주의의무 위반에 의한 손해배상책임을 그 유형과 관련 없이 과실책임이라고 간단히 치부할 수도 있다. 그러나 문제는 그리 간단치 않다. 왜냐하면 입증책임에 있어서 법령 또는 정관을 위반한 행위로 인한 손해배상책임에 대하여 과실책임설을 취하는 다수설은 이사가 무과실의 입증을 하여야 한다는 입장인 반면에, 임무해태로 인한 손해배상책임에 대해 다수설은 이사의 책임을 주장하는 자에게 입증책임이 있다고 하기 때문이다.[211] 기존의 판례는 이러한 쟁점을 더욱 복잡하게 만든다. 예를 들어 종래의 대법원 판결에 의하면 "악의 또는 중과실로 임무를 해태한 행위라 함은 이사의 충실의무 또는 선관의무 위반행위로서 위법성이 있는 것을 말한다"는 판시가 있는바,[212] 文面 그대로 이해할 경우 선관주의의무 위반행위는 경과실이 아닌 악의 또는 중과실을 요건으로 한다고 해석할 여지도 있는 것이다.

한편 다수설에 따라 법령 또는 정관에 위반한 행위를 과실책임으로 구성

210) 최기원, 958-959면.
211) 상게서.
212) 대법원 1985. 11. 12. 선고 84다카2490 판결.

하는 것이 현행 금융관련법규와 조화롭지 못하다는 문제점이 발생한다. 은행법
제54조에서는 금융위원회로 하여금 은행이사가 은행법 또는 동법에 의한 규
정·명령 또는 지시를 고의로 위반하거나 은행의 건전한 운영을 크게 해치는 행
위를 하는 경우 금융감독원장의 건의에 따라 해당 이사의 업무집행의 정지를
명하거나 주주총회에 대하여 당해 이사의 해임을 권고할 수 있으며 금융감독원
장에게 경고 등 적절한 조치를 할 수 있게 규정하고 있다. 더욱이 동법 제53조
에서는 그 위반의 정도가 심할 경우 금융위원회로 하여금 해당 은행업무를 6월
이내의 기간을 정하여 전부 정지시킬 수도 있을 뿐만 아니라 은행업의 인가마
저 취소할 수 있는 근거규정을 두고 있다. 따라서 이러한 은행법의 취지에 맞추
어 명문의 근거는 없지만 은행이사에게 개인적으로 손해배상책임을 물으려면
적어도 고의의 법령위반행위가 있어야 한다는 주장이 성립될 수 있다. 왜냐하면
이사의 은행법 위반행위에 대하여 금융감독당국으로부터 실효성 있는 제재가
발동되어야 이해관계자들(주주 및 채권자)도 그 위반사실을 인지하게 되고 손해
배상책임을 물을 수 있기 때문이다.213) 극단적으로 은행법 제54조를 개정하여
고의요건을 존치한 채 은행이사의 개별적인 손해배상책임에 대한 명문의 근거
를 마련할 경우, 은행이사의 선관주의의무 위반 중 법령위반행위는 더 이상 과
실책임으로 구성할 수 없게 될 것이다.

**(나) 미국에서의 은행이사 선관주의의무 위반에 대한 법리구성**

　　미국에서는 은행이사의 선관주의의무 위반이 계약위반행위인지(과실책임)
혹은 은행법상의 특수불법행위(고의책임)인지에 대하여 논란이 많다. 왜냐하면
이는 손해배상청구권의 소멸시효와 직접적으로 관련되기 때문이다. 참고로 미
국연방법규상으로 계약법 위반을 이유로 한 손해배상청구권은 당해 청구권이
발생한 후 6년이 경과할 경우 권리가 소멸되는 반면, 불법행위에 기한 손해배
상청구권은 3년의 단기소멸시효가 적용된다.214) 그런데 미국의 하급심판결이

---

213) 미국법원들도 법령위반에 대한 책임의 본질은 고의설에 입각하고 있었다. 예를 들어 *Yates v. Jones National Bank*, 206 U.S. 158, 177-178 (1906). 그러나 미국법원은 고의를 매우 광범위하게 해석하여 왔다. 즉 이사들이 조사의무를 지고 있음에도 불구하고 자의적으로 조사행위를 하지 않은 경우, 이로 인하여 발생하는 법령위반행위는 "intentional"이라고 판시하여 온 것이다. *Corsicana National Bank v. Johnson*, 251 U.S. 68, 71 (1919) *cited in* Alan E. Grunewald & Bruce P. Golden, *Bank Director Liability Post-FIRA: How to Avoid It*, 98 Banking L.J. 412, 421-424 (1981).

214) 28 U.S.C. § 2415(a)와 (b).

기는 하지만 일부법원에서는 본질적으로 불법행위로 청구되어야 마땅할 일부
선관주의의무 위반행위에 대해 6년의 장기소멸시효가 적용된다는 판시를 하여
왔다.215) 이는 손해배상청구권자의 보호를 두텁게 하기 위하여 법원이 운용의
묘를 살린 것일 뿐, 고의를 요건으로 하는 특수불법행위책임을 과실을 요건으
로 하는 계약책임으로 단일화하려는 데 있지 않음을 유의하여야 한다. 오히려
이사의 선관주의의무 위반행위는 계약위반과 불법행위의 양자를 모두 竝有하
고 있다는 점을 재확인한 것이다.

　　미국에서는 최근 양자의 절충점을 찾으려는 시도가 있었다. 즉 1989년 제
정된 *FIRREA*(The Financial Institutions Reform Recovery and Enforcement Act of
1998)는 은행이사의 임무해태행위에 대한 손해배상책임을 규정하고 있는바, 책
임발생요건으로서 중대한 과실이나 고의를 요구하고 있다.216) 이는 은행이사
의 법령위반행위에 있어서 고의를 요건으로 하는 것과 조화를 강구하려는 의
도가 있었다고 판단된다. 그러나 1997년 *Atherton v. FDIC* 판결에서 미국의 연
방대법원은 관련주법이 은행이사의 책임요건으로서 단순과실을 규정하고 있을
때에는 주법이 *FIRREA*에 우선한다는 판시를 함으로써, 경과실의 경우에도 책
임을 물을 수 있다는 1989년 이전의 상황으로 선회하였다.217) 이는 미국에서도
은행이사가 부담하는 선관주의의무의 본질에 대해 치열한 격론이 벌어지고 있
음을 반증하는 대표적인 예로 볼 수 있다.

　　(다) 사　　견

　　은행이사의 선관주의의무 위반행위를 단순하게 분류하자면 특수불법행위
(법령이나 정관을 위반한 행위)와 계약위반행위(임무를 해태한 행위)로 이원화할 수
있다. 그런데 은행이사가 일반 주식회사의 이사보다 그 공공적 성격으로 인하
여 훨씬 고도의 선관주의의무를 부담하고 어떠한 행위유형은 법령이나 정관을
위반할 뿐만 아니라 계약을 위반한 것으로 구성할 수 있다는 점을 감안할 때,
법령이나 정관 위반행위에 대한 책임요건만은 다소 완화해 줄 필요성이 크다.
즉 법령이나 정관을 위반한 행위에 대해 그것이 경미한 과실이라면 손해배상

---

215) *FDIC v. Former Officers & Directors of Metropolitan Bank*, 884 F.2d 1304, 1306-1307 (9th
　　Cir. 1989); *RTC v. Gladstone*, 895 F. Supp. 356, 374 (D. Mass. 1995); *FSLIC v. Burdette*, 696
　　F. Supp. 1196, 1201-1202 (E.D. Tenn. 1988).
216) 12 U.S.C. § 1821(k).
217) 519 U.S. 213 (1997).

책임을 부담하지 않도록 하는 입법론이 필요한 것이다. 이러한 저자의 주장은 고의요건만으로 한정한 미국의 입법례와도 차이가 난다는 점에서, 우리 법제가 수용할 수 있는 절충점이라고 본다.

한편 우리 법제가 은행이사의 선임시부터 그 자격요건으로서 전문성을 철저히 요구하므로, 타 산업에 비하여 은행이사의 과실여부에 대한 판단기준도 매우 상향될 것이라는 점을 예측할 수 있다. 즉 타 산업에서는 경과실로 판단될 사항이라도 은행이사에 대해서는 중과실로 간주될 가능성이 높은 것이다. 그럼에도 불구하고 은행산업에 있어서도 법령이나 정관을 위반한 행위에 대해 과실요건을 굳이 유지한다면, 은행이사가 부담할 손해배상책임은 거의 무과실책임이라고 보아도 무방하다. 왜냐하면 다수설의 입장에 따라 은행이사로 하여금 면책주장을 위한 무과실을 입증하게 하기란 거의 불가능을 요구하는 것이기 때문이다.

저자의 이와 같은 주장은 은행법 제54조의 입법취지와도 조화를 이룰 뿐만 아니라, 은행이사들이 방대한 금융관련법령을 완전히 소화하여야 할 현실적인 부담에서도 벗어나게 될 것이다. 차선책으로 굳이 현행과 같이 법령이나 정관 위반행위를 과실책임으로 구성하려면, 입증책임은 과실을 주장하는 측에서 부담하여야 한다는 것이 저자의 판단이다.

## 3. 선관주의의무에 대한 구체적인 내용 — 미국에서의 논의를 참고하여 —

### (1) 금융기관 이사에게 편면적으로 인정되는 특별선관주의의무

최근까지 미국 금융감독당국의 결정사항과 법원판결을 정리하면, 금융기관의 이사에게는 금융산업의 특수성으로 인하여 동 업종에 종사하는 자에게만 요구되는 특별한 선관주의의무요건이 존재하게 된다. 다음의 다섯 가지로 세분할 수 있는바, 대상판결과 관련되지 않는 부분은 되도록 상세한 논의를 생략한다.

### (가) 업무숙지의무 및 업무수행시 근면의무

우선 금융기관의 이사는 자신의 업무환경에 대하여 숙지하여야 할 의무가 있다. 단지 하위경영진의 적극적인 업무결정사항에 대하여 수동적으로 결재도장만을 찍는다면, 결코 책임으로부터 자유로울 수 없다. 만일 충분한 실무경험이 없다고 판단될 경우, 당해 이사는 실무를 적극적으로 습득하려는 자세를 견

지하던가 아니면 아예 이사의 취임자체를 스스로 거절하는 것이 옳다. 대상판
결에서 피고 병, 정이 대표이사였던 피고 갑, 을에 대하여 은행의 건전성을 침해
하는 결정에 대해 끝까지 반대하고 만일 이것이 관철되지 않을 경우 사퇴하였어
야 한다는 저자의 판단도 사실 이러한 의무에 기초한 것이다. 한편 미국의 판결
례 중에는 이사가 장식물이 아니고 회사지배에 있어서 본질적인 구성부분이므로
자신이 명목상의 이사에 불과하여 회사업무 전반에 대하여 알 수 없었다고 주장
한 피고의 항변을 배척한 사례도 있다.218) 대상판결에서 만일 사외이사들이 피
고로 추가되어 법원이 선관주의의무를 위반하였다고 판시하였다면, 그 논거는
당연히 업무숙지의무를 위반한 것에 초점을 맞추었으리라고 판단된다.

　　다음으로 금융기관의 이사에게는 업무수행에 있어서 고도의 근면성을 요
구하고 있다. 자신의 시간과 정력을 금융기관에 집중하여야 할 것인데, 이사회
와 위원회에 정기적으로 출석하는 것도 이사로서 정당한 주의를 행사하였다고
간주받는 가장 본질적인 요소이다. 금융기관의 이사가 이사회에 출석하지 않음
에 따라 어떠한 업무에 대하여 알지 못한다면 이는 중대한 의무태만으로 간주
될 수 있다. 단순히 출석요건만을 채우기보다 이사회나 위원회의 심의에 적극
적으로 참여함으로써 경영진과 위원회로부터 정기적으로 정보를 수집하고 報
告받는 체제를 확립하여야 할 것이다. 이렇게 집적된 정보를 기반으로 객관적
이고 독립적인 판단을 행할 의무(exercise independent judgment)도 선관주의의무
로부터 발생한다. 대상판결에서 피고 병, 정이 객관적이고 독립적인 판단을 하
지 않았음은 사실관계로 보아도 명약관화하다.

### (나) 유능한 하급직원의 선임·감독의무

　　은행의 직원채용을 담당하는 이사는 유능한 하급직원을 선발하여야 하고,
하급직원의 소관업무 수행에 대해 담당이사는 이를 철저히 감독할 의무가 있
다. 미국에서는 이사가 통상의 주의를 기울였음에도 불구하고 하급직원의 부당
한 업무집행을 알 수 없었다면 이는 적법한 항변사유로 될 여지가 있으나, 단
순히 하급직원의 업무집행사항을 알지 못하였다는 항변만으로는 오히려 자신
들의 선관주의의무를 放棄하였다는 반증자료가 되어 책임이 가중될 소지도 있
다는 판례가 있다.219) 그런데 대상판결의 사실관계를 보면 유능한 하급직원이

---

218) *Francis v. United Jersey Bank*, 432 A.2d 814, 823 (1981).
219) *Joy v. North*, 692 F.2d 880, 896 (2d Cir. 1982).

심도깊은 조사를 통하여 H철강에 대하여 신규여신을 해서는 안 된다는 평가를 하였으므로, 본 의무의 이행여부에 대해 논의하는 것이 語不成說이라는 주장도 가능하다. 판단컨대 하급직원의 감독의무에는 은행의 상임이사들이 자신의 소관업무와 관련하여 하급직원의 객관적이고 공정한 의견을 진지하게 수용하여야 할 의무를 포함시켜야 한다는 것이 저자의 소견이다. 따라서 대상판결에서 모든 피고들이 하급직원의 진지한 의견을 무시한 채 대출을 감행한 것은 감독의무를 방기한 책임이 있다고 본다.

### (다) 당해 금융기관에 대한 적절한 지시의무

은행 이사회는 경영목표 및 평가에 관한 사항에 대하여 심의·의결할 권한이 있다.[220] 이는 은행의 장·단기 계획 설정 및 그에 따른 세부지침의 수립 책임이 종국적으로 이사회에게 있다는 의미이다. 미국에서는 특히 이사회가 단기 영업계획에 맞추어 반드시 기본지침을 수립하여야 할 영역으로, ① 신용공여 업무, ② 자금관리업무, ③ 투자분산업무(investment portfolio activities)의 세 분야를 들고 있다. 이 부분에 있어서 기본지침이 꼼꼼하게 작성된다면 이사회가 적절한 지시의무를 이행한 것으로 간주된다.[221] 그런데 제일은행 여신심사및운용준칙에 의하면 E등급업체라도 상임이사회의 승인을 받아 취급할 수 있다는 예외조항을 두고 있었는바, 이는 상임이사회의 재량권을 악의적으로 남용할 여지를 두었다는 점에서, 결국 제일은행 이사회가 신용공여업무에 대한 지침수립에 신중하지 못했다는 결론에 도달하게 된다.

### (라) 감시의무

대표이사에 대한 감시의무는 종래부터 인정되어 온 이사의 선관주의의무 중 가장 핵심적인 내용이었다. 일반적으로 이사회가 명망 있는 대표이사를 선임한 후 지침의 형태로 적절한 지시를 전달한 것만으로, 자신의 선관주의의무를 완전히 이행하였다고 주장할 수 없다. 즉 선관주의의무를 충실히 이행하였음을 주장하려면 이사들은 경영진의 업무를 지속적으로 감시할 업무감독의무가 있는 것이다. 본 의무를 이행하기 위해, 우선 이사회는 회계장부에 대하여 정기적인 감사를 요구하여야 하고 감사보고서를 주의깊게 심사하여야 한다. 또한 이사회는 특히 주의를 기울여야 할 분야(relevant areas of concern)에 대해 경

---

220) 금융회사지배구조법 제15조 제 1 항 제 1 호.
221) Patricia A. McCoy, *op. cit.*, § 14.04[2].

영진으로 하여금 정기보고서를 제출토록 요구하여야 한다. 여러 가지 보고서를 여섯 개 분야로 세분한다면, ① 재정보고서, ② 자산의 질, ③ 자산/부채 관리, ④ 내부보고서, ⑤ 외부보고서 및 ⑥ 기타 보고서로 구분할 수 있을 것이다.222) 이들 중 가장 중요한 것은 관할 금융감독당국이 발간한 외부 검사보고서이다. 이사들은 이러한 검사보고서를 금융기관의 내부업무를 감시하여야 할 고유의무에 대한 대체물(즉 내부보고서에 대한 대체물)로서 사용하여서는 안 된다. 왜냐하면 양자는 상호 독립된 별개의 보고서로서, 이사는 당해 기관의 현황에 대하여 숙지하여야 할 의무가 있기 때문이다. 따라서 감독기관이 금융기관에 대한 심각한 문제점을 발견하지 못하였더라도, 이사들이 당해 문제점을 과실로 발견하지 못한 이상, 당해 이사들의 책임이 면제되지는 않는다.223) 대상판결에서 당시의 금융감독당국이었던 한국은행의 은행감독원과 재경부가 제일은행의 부실대출상황에 대해 알지 못하였다고 믿기는 어렵다. 그렇지만 제일은행의 이사회는 외부 감독기관의 검사와는 별개로 대표이사였던 피고 갑, 을에게 H철강에 대한 내부검사보고서를 요구하였어야 한다는 아쉬움이 남는다. 원심판결에서 이 부분에 대한 사실관계가 명확하지 않고 피고인 상임이사들이 굳이 감추려고 하였다면 비상임이사들은 이를 효과적으로 감시할 방법이 없었을 것이라는 판단이 들어 더 이상의 논의를 생략한다.

**(마) 정보체제 구축의무**

감시의무를 적절하게 수행하려면 은행이사회는 내부통제체제의 구축과 함께 내부감사인과 준법감시인을 선임하고 감사위원회를 설치하는 등의 정보체제를 구축하여야 하는데, 이것이 금융기관의 이사에게 마지막으로 요구되는 특별선관주의의무이다. 그런데 제일은행 이사들은 우리나라가 1997년 IMF로부터 긴급원조를 받기 전까지 이러한 정보체제의 구축에 대한 요구가 법문에 없었음을 들어 자신들에게는 과실이 없다고 항변할 수 있다. 물론 우리나라에서 은행이사회에게 이러한 정보체제를 구축할 의무가 발생한 것은 2000년 1월 21일 은행법 제23조의2 규정(감사위원회) 신설과 2002년 4월 27일 은행법 제23조의3 규정(내부통제기준 등) 신설을 통해서이기 때문에 최근의 일로 볼 수 있다. 그러나 법제화의 여부를 떠나 은행 내부적으로 H철강에 대한 여신관리체제를

---

222) Office of Thrift Supervision, *Director Information Guidelines* viii (1989).
223) Patricia A. McCoy, *op. cit.*, § 14.04[2], pp. 14-78.

구축하지 못한 것은 이사들의 중대한 과실이라고 본다.

### (2) 선관주의의무와 경영판단의 법칙(Business Judgement Rule)

### (가) 문제의 제기

경영판단의 법칙에 의하면 이해관계가 없는 이사회의 결정은 비록 결정시 예측되었던 위험들이 결과적으로 잘못된 것으로 판명되더라도 과실책임으로부터 면제된다.[224] 따라서 경영판단의 법칙에 따른 보호를 받고자 한다면, 이사들은 선관주의의무와 충성의무(duty of loyalty), 관련법령, 은행정관 및 내규 등을 준수하면서 이사회의 결정에 참여하고 각자 본연의 업무를 수행하여야 할 것이다. 이러한 전제조건들을 충족함으로써 경영판단의 법칙이 적용될 경우, 순수하였지만 잘못된 이사회의 결정은 과실책임으로부터 보호된다. 경영판단의 법칙이 존재함으로써 주의의무만을 엄격히 적용할 경우 중대한 이사회의 결정사항에 대한 사후의 책임을 회피하기 위하여 이사들이 위험회피적인 의결권을 행사할 것이라는 우려를 불식시키게 된다. 대상판결에서도 결과 자체만으로 책임을 물을 수 없다는 판시가 있는바, 이는 경영판단의 법칙을 선언한 것이다.

본 사안에서 만일 H철강에 대한 대출이 이루어질 경우 대가를 언약받고 피고 갑, 을이 이사회에 참석하여 대출결의를 주도하였다면, 이해관계가 없는 이사회의 결정이었다고 볼 여지는 전혀 없다. 그러나 대출에 대한 대가를 받는 것이 당시의 관행이었고 피고 갑, 을도 대출결정시 전혀 대가를 염두에 둔 것이 아니었다면 순수한 이사회의 결정으로 볼 수도 있다. 짐작컨대 대법원은 후자의 입장에서 경영판단의 법칙에 대한 판단을 한 듯하다. 그렇다면 구체적으로 어떠한 요건을 충족할 경우 경영판단의 법칙에 의한 보호를 받을 수 있는가?

### (나) 구체적인 고찰 : 은행이사의 신용공여결정과 경영판단의 법칙

최근 미국의 법원들은 은행의 신용공여실무에 있어서 매우 놀라울 정도로 경영판단의 법칙을 축소하여 적용하는 경향이 발견된다.[225] 즉 오늘날 다양한

---

224) *FDIC v. Jackson*, 133 F.3d 694, 699-700 (9th Cir. 1998).

225) 이는 우리나라도 마찬가지이다. 예를 들어 대법원 2019. 1. 17. 선고 2016다236131 판결은 "금융기관의 임직원이 채무자에 대한 신용조사, 담보물에 대한 외부감정의 절차를 거치지 않는 등 여신업무에 관한 규정을 위반하여 자금을 대출하면서 충분한 담보를 확보하지 아니함으

대출결정사례들에 있어서 미국법원들은 경영판단의 법칙을 적용하지 않고 단순과실 혹은 중과실을 이유로 은행이사에게 책임을 묻는 추세이다. 가장 대표적인 예로서는 부적절한 담보를 대가로 한 대출에 대하여 은행내규에서는 이사의 재량을 어느 정도 인정하고 있음에도 불구하고 경영판단의 법칙에 의한 보호를 하지 않은 법원들의 결정을 들 수 있다.226) 반면 이사들이 대출결정시 대출액에 상응하는 적절한 담보물을 취득하였다면, 차후 예상치 못하였던 경기침체나 재해 등의 사고가 발생함으로써 담보가액이 급락하더라도 이사들에게 형사벌을 부과하려 하지 않는다.227) 그 외 과거 미국의 일부 법원들이 경영판단의 법칙을 축소적용함으로써 은행이사들의 과실책임을 묻는 분야는 처음 사업을 개시하는 벤처기업에 대한 대출에 관한 것이었다. 이는 검증되지 않은 업체에 대한 대출에 대하여 제동을 가함으로써 은행 자체의 보유자산에 대하여 부당하게 위험이 집중되는 것을 막으려는 의도가 있었다고 판단된다. 그러나 21세기 접어들어 경제성장의 새로운 견인차 역할을 수행할 수 있는 벤처기업에 대하여 대출을 금지하는 조치는 경제위축을 초래할 위험성도 높다. 따라서 대출액에 상응하는 인적 연대보증이나 물적 담보가 확보된 상태에서 신규사업에 대출하는 것은 이제 허용되게 되었다.228)

　　그러면 어떠한 형태의 담보물이든 징구하기만 하면 이사는 항상 경영판단의 법칙에 의하여 보호를 받게 되는가? 왜냐하면 특정 담보물의 경우에는 경기

---

로써 그 임무를 게을리 하여 금융기관이 대출금을 회수하지 못하는 손해를 입은 경우에, 그 임직원은 그 대출로 인하여 금융기관이 입은 손해를 배상할 책임이 있다. 이때 금융기관이 입은 통상의 손해는 위 임직원이 규정을 준수하여 적정한 담보를 취득하였더라면 회수할 수 있었을 미회수 대출원리금이다(대법원 2015. 10. 29. 선고 2012다98850 판결 참조). 한편, 이러한 경우 대출로 인해 임직원이 금융기관에 부담하는 손해배상채무와 대출금채무자가 금융기관에 부담하는 대출금채무는 서로 동일한 내용의 급부에 대하여 각자 독립하여 전부를 급부할 의무를 부담하는 부진정연대의 관계에 있다(대법원 2008. 1. 18. 선고 2005다65579 판결 참조). 금액이 다른 채무가 서로 부진정연대 관계에 있을 때 다액채무자가 일부 변제를 하는 경우 그 변제로 인하여 먼저 소멸하는 부분은 당사자의 의사와 채무 전액의 지급을 확실히 확보하려는 부진정연대채무 제도의 취지에 비추어 볼 때 다액채무자가 단독으로 채무를 부담하는 부분으로 보아야 한다(대법원 2018. 3. 22. 선고 2012다74236 전원합의체 판결 참조)"고 하였다.

226) *FDIC v. Robertson*, No. 87-2623-S, 1989 U.S. Dist. LEXIS 9292, at 13-20 (D. Kan. July 24, 1989). 대상판결에서 피고들이 제일은행의 여신심사 및 운용준칙을 준수하였다는 항변에 대해 법원이 상관습법인 여신운용원칙에 위배되었다고 판단한 부분은 바로 이러한 미국법원의 판결과 궤를 같이하는 것이다.

227) *FDIC v. Stanley*, 770 F. Supp. 1281, 1300-1301 (N.D. Ind. 1991).

228) 12 C.F.R. pt. 34, Subpt. D, Appendix A.

변동에 민감하게 반응함으로써 그 가치가 급락할 위험성이 존재하기 때문이다. 최근 미국의 법원들은 이러한 쟁점에 대하여 문제의식을 갖기 시작하였다. 즉 폐쇄회사의 주식과 신규회사의 재고품 및 未收債權(accounts receivable), 감가상 각이 급속도로 이루어지는 불도저와 같은 중장기 등을 담보물로 징구함으로써 원금이 상환되지 않을 경우에는 이사의 책임을 묻는 추세인 것이다. 그러나 예 금부보를 받는 예금, 금융증서와 金(bullion) 및 은행이 담보권을 행사하여 경매 할 수 있는 가액의 담보물 등을 취득할 경우에는 경영판단의 법칙에 따른 보호 를 받게 된다. 과거에는 후순위저당권을 설정한 사안에서 이를 이사의 과실로 취급한 판례도 존재하지만,229) 지금은 후순위저당권 설정 자체에 대해 문제삼 지는 않고 전체담보가액에서 선순위저당가액을 차감한 잔액이 대출액에 상당 하다면 이사의 주의의무를 이행한 것으로 본다.230) 또한 과거에는 약정이자가 제때 지급되지 않을 경우 은행이 기존의 채무자가 상환한 원금상환액으로 미 지급이자액을 충당한 사안도 과실이 존재하는 것으로 간주하였지만,231) 지금 은 미지급이자의 충당가능성을 협의하고 충당상한액을 한정하는 구체적인 내 규가 존재한다면 과실이 없다는 유연한 입장으로 선회하였다.232)

　　물론 물적 담보가 있는 담보물을 취득하고 있음에도 불구하고 제때 경매 등 적절한 환가조치를 취하지 않는 경우에는 과실책임을 지게 될 것이다. 한편 이행지체의 상태에 있는 채무자를 상대로 대출약정의 갱신(대환)이나 기한의 연장 혹은 추가적인 신용공여를 행하는 것이 과실이라고 단정할 수는 없다. 왜 냐하면 이행지체시 즉각적으로 채권을 회수하는 조치를 취할 경우 오히려 채 무자로부터 원금상환의 가능성을 악화시키는 상황도 발생할 수 있기 때문이 다.233) 여기서 은행이사가 대환 등의 조처를 하려면 구체적인 내부정책이나 지 침이 마련되어야 할 것은 재론할 필요가 없다. 대출을 승인하기 전에 채무자에 대한 정보를 충분히 수집·입증·분석하지 않았을 경우 이사의 책임이 발생할

---

229) *FDIC v. Stanley*, 770 F. Supp. 1281, 1292-1293 (N.D. Ind. 1991).

230) 12 C.F.R. pt. 34, subpt. D, Appendix A.

231) *Federal Savings and Loan Insurance Corporation v. Williams*, 599 F. Supp. 1184, 1191 (D. Md. 1984).

232) 12 C.F.R. pt. 34, subpt. D, Appendix A.

233) 실제로 *Washington Bancorporation v. Said*, 812 F. Supp. 1256 (D.D.C. 1993) 사건에서는 대 출채권을 즉각적으로 회수하는 조치를 취할 경우 오히려 채무회사를 파산의 경지로 몰아갈 수도 있었다는 은행이사의 항변이 성공적으로 받아들여졌다.

뿐만 아니라, 채무인수절차를 내규로 확정하고 이를 준수하지 않을 경우에도 마찬가지의 책임이 발생한다. 미국에서는 대출집행체제가 불명료할 경우에도 이사의 책임을 물은 사례가 있다.234)

(다) 정    리

이상의 논의를 종합하면 미국에서도 은행이사의 책임을 강화하는 추세지만, 은행이사의 신용공여결정에 대해 경영판단의 법칙이 전혀 적용되지 않는다고 단언할 수는 없다. 특히 채무자의 신용상태를 판단하는 것과 같이 본질적으로 이사의 주관적인 판단이 개재되는 영역에 있어서는 경영판단의 법칙이 여전히 그 의의를 갖는다. 또한 대출을 갱신할지 여부가 문제되는 워크아웃결정에 있어서 경영판단의 법칙은 이사가 항변할 수 있는 최후의 수단으로서 여전히 그 의미를 갖게 된다. 담보물에 대하여 수차의 경매를 통하여 환가할 경우 담보가치의 급락에 따른 손실이 발생할 수도 있지만 이를 무릅쓰고 한 채권회수조치 결정에 대해 이사의 책임을 결코 물을 수는 없을 것이다. 마찬가지로 시장상황이 호전될 것이라고 기대하여 즉각적인 환가조치를 취하지 않고 담보물을 보유하는 행위도 비난할 수는 없다.235) 환가할 담보재산이 기업체이고 동 기업체를 유지함으로써 사회에서의 본연의 기능을 수행하도록 하기 위해 추가적인 자금지원이 필요하다는 판단에 따라 은행이사가 신용공여를 증액할 경우, 법원은 이사의 경영판단을 존중해 주어야 할 것이다. 대상판결에서의 사실관계를 보면, 피고들이 H철강에 대한 대환을 행한 이유로서 이러한 여러 가지 정당화요인들을 강조하고 있다.

그러나 그 외의 영역에 있어서 경영판단의 법칙은 특히 은행업의 경우 그 존재의의를 점차 상실하여 왔다. 대출에 대한 은행내부의 기본적인 방침과 엄격한 절차가 마련되었음에도 불구하고 이를 준수하지 않는 사례, 담보확보도 하지 않은 상태에서 신규사업체에 대하여 무리하게 대출을 한 사례, 은행내부의 자체감사나 감독당국의 검사에서 적발된 문제되는 대출에 대하여 이를 즉각적으로 회수하는 등의 조치를 취하지 않은 사례 등에 있어서 경영판단의 법칙은 더 이상 이사들이 안주할 수 있는 피난처가 아닌 것이다. 따라서 H철강의 제일은행에 대한 신규대출요청에 대해 피고들이 유능한 하급직원의 여신심사

234) *FDIC v. Schreiner*, 892 F. Supp. 764, 766 (D. Colo. 1993).
235) *RTC v. Scott*, 929 F. Supp. 1001, 1018-1025 (S.D. Miss. 1996).

의견서를 무시하고 담보도 없이 무리한 대출을 결정한 것은 결코 경영판단의 법칙을 원용할 수 없는 선관주의의무 위반임에 틀림없다.

## 4. 제일은행 판시의 재구성

제일은행 사건에서 피고들은 모두 동일차주에 대한 신용공여한도를 규정한 은행법 제35조 제1항을 위반함으로써 자원배분의 적정성을 기하려는 은행법의 목적 자체를 일탈하였다. 더욱이 사실관계에서는 명확히 기술되지 않았지만 은행법 제47조에 의하여 은행이사들은 금융감독당국이 즉시 이상징후를 감지할 수 있는 보고서를 작성하여야 할 것인바, 피고들은 H철강에 대한 부실여신 사실을 감추려는 목적으로 허위보고서를 작성·제출하였음을 추론할 수 있고 이로 인하여 제일은행과 거래관계에 있는 예금자들 및 제일은행 주주들에게 막대한 손해를 발생시켰다. 이러한 피고들의 일련의 행위는 고의로 은행관련 제 법규 및 은행 자체의 정관과 내규 등을 위반한 것이므로 은행법 제54조에 기한 제재를 받을 요건을 충족하였을 뿐만 아니라 상법 제399조·제401조에 의한 손해배상책임을 지게 된다.

다음으로 이사의 선관주의의무 위반에 관하여 고찰하면, 피고 갑·을은 H철강에 대한 최초의 신용공여 결정 및 추가적인 신용공여 제공에 대하여 여신심사의견서를 무시하거나 혹은 여신심사의견서 자체를 사실과 상이하게 작성할 것을 지시함으로써 제일은행 자체에서 수립한 여신관련 내규 및 절차를 위반하였고, 피고 병·정은 H철강에 대한 부적절한 여신이 이루어진다는 점을 알면서도 상임이사회 및 이사회결의에서 이를 승인함으로써 본연의 주의의무를 위반하였음이 명백하다. 피고들은 최초의 대출시 적절한 담보를 징구하여야 함에도 불구하고 H철강 대표이사의 구두약속만을 믿고 대출을 감행한 중과실이 발견된다. 더욱이 피고 병·정이 신중한 이사였다면 사후 H철강에 대한 대출에 대하여 이상을 감지할 만한 명백한 정황증거로서 외부신용평가전문기관들이 H철강에 대한 경종을 계속 울렸음에도 불구하고 즉시 조사에 착수하여 대출을 회수하는 등의 시정조치를 행할 감시의무를 이행하지 못하였다. 만일 병·정이 이러한 사실을 단순히 알지 못하였다고 항변한다면 오히려 이사의 책임을 방기하였다는 반증자료로서 활용될 수도 있다.

피고들은 H철강에 대한 신용실적에 대해 면밀한 분석이 없었을 뿐만 아니라 법률상 한도를 초과하는 과다한 대출이 있었음에도 불구하고 법의 준수를 감시할 적절한 통제체제를 구축하지 못한 과실이 발견된다. 더욱이 피고 갑·을은 대출결정시 H철강의 현금흐름이나 상환능력이 아닌 담보를 제공하겠다는 구두약속에 지나치게 의존하여 대출담당임원들에게 무리한 대출을 지시함으로써 제일은행에 대한 적절지시의무를 위반하였다. 피고 병·정은 사내이사로서 대표이사인 갑·을의 업무집행에 대하여 이사회 결의사항이었든지 여부를 묻지 않고 지속적으로 정보를 수집, 분석, 평가하거나 외부의 자문가 등과 협의하여야 할 적극적인 감독의무가 존재함에도 불구하고 이를 해태한 과실이 인정된다.

　　마지막으로 H철강에 대한 최초의 대출결정은 대출액에 상응하는 적절한 담보가 수반되지 않았기 때문에 경영판단의 법칙이 전혀 개재될 여지가 없다고 판단된다. 한편 추가적으로 대환이나 만기의 연장 등과 같은 조치를 취할 당시에도 담보를 취득하려는 진지한 노력이 있었는지 여부가 매우 중요한 판단기준이 된다. 다만 H철강에 대하여 기존의 여신을 회수하거나 추가적으로 담보를 징구할 경우, H철강 자체의 도산에 그치는 것이 아니라 사회적으로 중대한 타격을 줄 가능성이 있었던지 여부에 대해서도 원심법원은 면밀한 분석을 하였어야 한다. 왜냐하면 제일은행 이사들이 후자의 판단에 더욱 비중을 두었더라면, 이 부분에 국한해서만큼은 경영판단의 법칙에 따른 보호를 해 주어야 하였기 때문이다. 한편 이사회결의에 참석하여 H철강에 대한 대출을 승인한 비상임이사(사외이사)들도 업무숙지의무, 적절한 지시의무, 감시의무 및 정보체제구축의무 등을 이행하지 못함으로써 본연의 선관주의의무를 해태한 과실이 인정된다. 따라서 피고들이 책임져야 할 손해배상액이 일정 부분 감액될 가능성이 있었음에도 불구하고 경영판단사항 및 기타 이사회구성원들의 책임에 대해 원심법원이 구체적인 판단을 유탈한 책임이 인정된다.

참조판례 대법원 2007. 7. 26. 선고 2006다33609 판결요지

[1] 금융기관의 임원은 소속 금융기관에 대하여 선량한 관리자의 주의의무를 부담하므로 그 의무를 충실히 이행하여야만 임원으로서의 임무를 다한 것이라고 할 것인바, 금융기관의 임원이 위와 같은 선량한 관리자의 주의의무에 위반하여 자신

의 임무를 게을리하였는지 여부는 그 대출결정에 통상의 대출담당임원으로서 간과해서는 안 될 잘못이 있는지 여부를 제반 규정의 준수 여부, 대출의 조건과 내용, 규모, 변제계획, 담보의 유무와 내용, 채무자의 재산 및 경영상황, 성장가능성 등 여러 가지 사항에 비추어 종합적으로 판정해야 한다.

[2] 금융기관의 임원이 임무를 게을리하여 대출을 실행함으로써 금융기관에 회수하기 곤란한 손해가 이미 발생한 경우에는, 금융기관이 화의절차가 진행중인 채무자의 변제자력 등을 감안하여 채무자에게 채무를 일부 감면하여 주었다고 하더라도, 그로써 위 대출 당시 임무위반으로 인하여 회사에 손해를 끼친 이사들에 대하여 위 감면 금액 상당의 손해배상청구권을 포기하였다거나 그 손해배상청구권이 소멸한다고 볼 수도 없고, 위와 같은 약정만을 가지고 원래의 대출금채권의 내용에 따른 변제가 이루어진 것과 동일시하여 금융기관의 손해가 회복되었다고 평가할 수도 없다.

[3] 이사가 법령 또는 정관에 위반한 행위를 하거나 그 임무를 게을리함으로써 회사에 대하여 손해를 배상할 책임이 있는 경우에 그 손해배상의 범위를 정함에 있어서는, 당해 사업의 내용과 성격, 당해 이사의 임무위반의 경위 및 임무위반행위의 태양, 회사의 손해 발생 및 확대에 관여된 객관적인 사정이나 그 정도, 평소 이사의 회사에 대한 공헌도, 임무위반행위로 인한 당해 이사의 이득 유무, 회사의 조직체계의 흠결 유무나 위험관리체제의 구축 여부 등 제반 사정을 참작하여 손해분담의 공평이라는 손해배상제도의 이념에 비추어 그 손해배상액을 제한할 수 있다.

[4] 상법 제399조는 이사가 법령에 위반한 행위를 한 경우에 회사에 대하여 손해배상책임을 지도록 규정하고 있는데, 이사가 임무를 수행함에 있어서 위와 같이 법령에 위반한 행위를 한 때에는 그 행위 자체가 회사에 대하여 채무불이행에 해당하므로, 그로 인하여 회사에 손해가 발생한 이상 특별한 사정이 없는 한 손해배상책임을 면할 수 없다. 한편, 이사가 임무를 수행함에 있어서 선량한 관리자의 주의의무를 위반하여 임무위반으로 인한 손해배상책임이 문제되는 경우에도, 통상의 합리적인 금융기관의 임원이 그 당시의 상황에서 적합한 절차에 따라 회사의 최대이익을 위하여 신의성실에 따라 직무를 수행하였고 그 의사결정과정 및 내용이 현저하게 불합리하지 않다면, 그 임원의 행위는 경영판단이 허용되는 재량 범위 내에 있다고 할 것이나, 위와 같이 이사가 법령에 위반한 행위에 대하여는 원칙적으로 경영판단의 원칙이 적용되지 않는다.

[5] 회사가 제 3 자의 명의로 회사의 주식을 취득하더라도, 그 주식 취득을 위한 자금이 회사의 출연에 의한 것이고 그 주식 취득에 따른 손익이 회사에 귀속되는 경우라면, 상법 기타의 법률에서 규정하는 예외사유에 해당하지 않는 한, 그러한 주식의 취득은 회사의 계산으로 이루어져 회사의 자본적 기초를 위태롭게 할 우

려가 있는 것으로서 상법 제341조, 제625조 제 2 호, 제622조가 금지하는 자기주식의 취득에 해당한다.

　[6] 구 종합금융회사에 관한 법률(1999. 2. 5. 법률 제5750호로 개정되기 전의 것) 제21조에 따라 금융감독위원회가 제정한 종합금융회사 감독규정(1998. 4. 1. 제정) 제23조 제 1 항은 "종금사는 직접, 간접을 불문하고 당해 종금사의 주식을 매입시키기 위한 대출을 하여서는 아니 된다."고 규정하고 있는바, 이는 상법 제341조, 제625조 제 2 호, 제622조의 취지를 잠탈하는 것을 막기 위한 것으로, 종합금융회사의 이사가 상법 제341조, 제625조 제 2 호, 제622조의 규정을 위반하였을 뿐만 아니라, 그와 같은 취지를 규정한 종합금융회사 감독규정 제23조 제 1 항을 위반한 경우에는 경영판단의 원칙이 적용된다고 볼 수 없다.

　[7] 이사의 법령·정관 위반행위 혹은 임무위반행위로 인한 상법 제399조 소정의 손해배상책임과 감사의 임무위반행위로 인한 상법 제414조 소정의 손해배상책임은 그 위반행위와 상당인과관계 있는 손해에 한하여 인정될 뿐이므로, 비록 이사나 감사가 그 직무수행과정에서 법령·정관 위반행위 혹은 임무위반행위를 하였다고 하더라도, 그 결과로서 발생한 손해와의 사이에 상당인과관계가 인정되지 아니하는 경우에는 이사나 감사의 손해배상책임이 성립하지 아니한다.

　[8] 종합금융회사가 자신의 계산 아래 제 3 자의 명의로 자기주식을 취득하기 위한 목적의 대출약정은 무효로서 그 대출금 중 주금으로 납입된 부분은 위 회사에 실제 손해가 발생한 것으로 볼 수 없으나, 주식취득을 위한 비용으로 지출한 나머지 부분은 그 대출에 관여한 이사와 감사의 임무위반으로 인하여 발생한 손해라고 본 사례.


## Ⅳ. 소수주주권의 행사

### 1. 취　　지

　1997년 말의 금융위기가 은행경영진의 부실경영에서 비롯되었다는 자성을 계기로, 소수주주의 경영진에 대한 견제가 필요하다는 인식이 증대되었다. 이렇게 소수주주의 견제기능을 강화함으로써 은행의 건전하고 합리적인 경영을 도모할 목적으로, 2000년 1월 상법상의 소수주주권의 요건을 크게 완화하는 형식으로 은행법 제17조가 신설되었다가 동 조항은 다시 제23조의5로 조문이 이동되었다. 2016년 금융회사지배구조법이 제정되면서 소수주주권에 관한 내용은 위의 [표 3-8]과 같이 동법 제33조로 이관되었다.

[표 3-8]   금융회사지배구조법상의 소수주주권 정리

| 소수주주권 | 금융회사지배구조법 제33조 |
|---|---|
| 주주의 대표소송(상법 403조) | 1/100,000 |
| 이사 등의 해임청구권(상법 385조) | 250/100,000 |
| 이사의 위법행위에 대한 유지청구권(상법 402조) | 250/100,000 |
| 주주제안권(상법 363조의2) | 10/10,000 |
| 회계장부열람권(상법 466조) | 50/100,000 |
| 주주총회의 소집청구 등(상법 366조) | 150/10,000 |

\* 대통령령으로 정하는 금융기관이나 법인의 경우 그 요건이 더욱 완화되어 있음.

　　구 은행법이나 금융회사지배구조법상으로 소수주주권의 행사요건에 있어서 그 지분보유비율을 많이 완화한 것은 다음의 두 가지 이유에 기인한 것이라고 분석된다. 첫째, 국내은행들에게 설립시 요구되는 최저자본금과 은행 운영시 유지되어야 할 자기자본비율이 다른 법인에 비하여 매우 높게 설정되어 있으므로, 은행의 자본액도 상당수준에 달한다. 따라서 그 행사요건을 다소 완화하더라도 은행주주들에게 있어서 소수주주권의 행사는 여전히 큰 부담으로 작용한다. 둘째, 은행법상으로 동일인의 주식보유한도를 설정하고 있으므로 상대적으로 주식분산도가 매우 현저하기 때문에 특정 주주가 주도적으로 다른 소수주주들을 결집하여 소수주주권을 행사하기란 매우 용이하지 않다.

## 2. 소수주주권의 활용사례

　　과거 우리나라에서 소수주주권이 제대로 활용되지 못하였다는 것은 다음의 사례에서도 잘 나타난다. 앞에서도 언급한 바와 같이 1997년 금융위기의 원인을 제공하였던 한보철강의 파산으로 인하여 거액의 신용공여를 하였던 주거래은행인 제일은행도 부실여신으로 인한 동반 파산위기에 직면하였다. 이에 제일은행의 소액주주들은 담보가 충분하지 못하였음에도 불구하고 한보철강에 대하여 과다한 신용공여를 수차례 감행하였던 제일은행의 전직 최고경영진(행장, 부행장)들을 상대로 거액의 손해배상책임을 묻는 대표소송을 제기하였다.

　　1998년 7월 24일 서울지방법원 민사17부에서 1심 판결이 이루어진 이후, 동 사안은 우리나라 역사상 최초로 소액주주들이 부실경영에 대하여 경영진에

게 책임을 추궁하는 대표소송이라는 점에 관심이 집중되었다.236) 왜냐하면 대표소송제도 자체가 이전까지는 법문(상법 및 구 증권거래법)상으로 존재할 뿐 실제로 전혀 활용되지 못하였던 死文化 상태에 있었기 때문이다. 따라서 이 사건의 대법원 판결을 계기로, 법상으로 보장된 소수주주권 중 회계장부열람권 이외에도 대표소송제도가 적극적으로 활용됨으로써, 경영진으로 하여금 투명경영과 책임경영을 유도할 수 있는 선례가 구축되었다고 평가된다.

사실 동 사안은 구 은행법 제23조의5가 신설되기 이전의 것이다. 제일은행사건과 같이 좋은 선례가 있는 상황에서 소수주주권에 대한 특칙조항이 신설되었으므로, 향후 은행경영진을 상대로 한 활발한 소수주주권의 발동을 기대해 본다.

## 제6절 기타 민사규제 : 은행의 부실표시와 손해배상책임237) ― 미국에서의 논의를 기초로 ―

은행의 부실표시 중 가장 대표적인 사례는 은행이 사실과 다르게 특정 고객의 잔고를 잘못 알려주는 경우를 들 수 있다. 이러한 은행의 부실표시는 중대한 이해관계를 갖는 제3자에게 불측의 손해를 줄 수 있다. 그런데 은행의 부실표시와 제3자에 대한 책임은 앞에서 언급하였던 규제들과 매우 성격을 달리 한다. 왜냐하면 동 의무 및 책임은 은행법상의 고유 쟁점이 아니라 전통적인 불법행위법상의 쟁점과 관련되기 때문이다. 따라서 여기서의 규제란 민사규제, 즉 민사법적인 손해배상책임의 추궁이라고 할 수 있다.238)

---

236) 1심 판결 이후 동 사안이 대표소송이라는 점에 큰 비중을 둔 판례평석으로서 김석연, "부실경영과 경영진의 손해배상책임 ―제일은행 소액주주들의 주주대표소송을 중심으로―,"「보험법률」통권 27호, 6-10면 (1999. 6).

237) 제6절은 김용재, "은행의 과실에 기한 부실기재책임에 관한 연구 ―미국의 Restatement of Torts와 판례법을 기초로―,"「안암법학」제34호(2011. 1.), 675-712면을 참조하였다.

238) 참고로 금융감독원이 제정하여 운영하는 '금융기관의 검사 및 제재에 관한 규정시행세칙' <별표 3> I-3에서는 예금잔액증명서 등 부당발급으로 인하여 은행의 부실표시에 책임이 있는 은행 임직원들에게 신분상의 불이익을 줄 수 있는 근거 조항을 마련하고 있는데, 이는 위법·부당행위를 한 은행의 임직원들이 상대방인 금융거래자에게 상당한 손실을 초래하거나 더 나아가 신용질서를 문란시켰다고 인정되므로 그에 상응하는 제재를 부과하기 위한 것이다.

## I. 은행의 제 3 자에 대한 부실표시 개관

우리나라에서도 은행들이 예금자나 채무자를 대신하여 제 3 자에게 고객의 신용정보를 제공하는 일이 많아지고 있다. '신용정보의 이용 및 보호에 관한 법률'(이하 신용정보법) 제32조 제 1 항에 의하면 본인의 서면 등에 의한 개별적인 동의가 있는 경우 은행은 제 3 자에게 본인에 관한 신용정보를 제공할 수 있다.[239] 그러면 은행은 회계법인 등 제 3 자가 고객에 대한 신용정보의 제공을 요청할 때 이를 회신할 의무가 있는가? 신용정보법의 규정만으로는 고객의 동의가 없는 한 회신의무가 없다고 해석된다.

미국에서는 제 3 자로부터 수수료를 받고 신용정보 제공요청을 받은 은행이 고객의 동의를 받지 않은 채 고객에 대한 신용정보를 제공하는 사례가 비일비재하다고 한다. 이는 고객으로부터의 동의가 포괄적인 사전 승인 및 사후 추인을 포함하는 넓은 개념으로 사용될 뿐만 아니라, 고객이 은행과 계좌를 개설할 경우 고객이 향후의 정보제공에 동의하도록 하는 약정 내용을 삽입한 결과라고도 보여진다. 도매 공급상이 회사에게 어떠한 물품을 대량 매도할 때, 도매 공급상은 매수자인 당해 회사의 결제능력이 건전한지를 은행에 조회하려고 할 것이다. 그리고 가계수표를 수령한 상인은 가계수표 발급자인 개인의 신용도를 은행에 조회하고 싶어 할 것이다. 이렇게 은행은 다양한 범주의 조회 요청을 받을 수 있다. 은행은 종종 고객을 보호함으로써 종국적으로 자신을 보호하려는 방향으로 행동하기도 한다. 즉 은행이 대출을 받은 차입자의 신용상태

---

239) 신용정보법 제32조(개인신용정보의 제공·활용에 대한 동의) ① 신용정보제공·이용자가 개인신용정보를 타인에게 제공하려는 경우에는 대통령령으로 정하는 바에 따라 해당 신용정보주체로부터 다음 각 호의 어느 하나에 해당하는 방식으로 개인신용정보를 제공할 때마다 미리 개별적으로 동의를 받아야 한다. 다만, 기존에 동의한 목적 또는 이용 범위에서 개인신용정보의 정확성·최신성을 유지하기 위한 경우에는 그러하지 아니하다.
  1. 서면
  2. 「전자서명법」 제 2 조 제 3 호에 따른 공인전자서명이 있는 전자문서(「전자문서 및 전자거래 기본법」 제 2 조 제 1 호에 따른 전자문서를 말한다)
  3. 개인신용정보의 제공 내용 및 제공 목적 등을 고려하여 정보 제공 동의의 안정성과 신뢰성이 확보될 수 있는 유무선 통신으로 개인비밀번호를 입력하는 방식
  4. 유무선 통신으로 동의 내용을 해당 개인에게 알리고 동의를 받는 방법. 이 경우 본인 여부 및 동의 내용, 그에 대한 해당 개인의 답변을 음성녹음하는 등 증거자료를 확보·유지하여야 하며, 대통령령으로 정하는 바에 따른 사후 고지절차를 거친다.
  5. 그 밖에 대통령령으로 정하는 방식

에 대해 차입자와 계속 거래관계에 있는 잠재적인 채권자들에게 부정확한 언급을 할 수도 있는데, 이는 은행이 동 차입자에 대한 대출회수에 위험이 없도록 하기 위한 조치라고 평가할 수도 있다. 반대로 은행이 고객과 계속적으로 상호간 이익이 되는 관계를 유지하기 위하여 고객의 재무건전성에 대해 제 3 자에게 지나치게 밝은 전망을 제시할 수도 있다. 어떠한 경우에는 은행이 고객계좌가 잔고부족에 빠져있다는 사실이나 압류되었다는 사실을 제 3 자에게 감출 수도 있는 것이다.

　　미국에서 은행고객의 신용상태를 조회하려는 제 3 자에게 부정확한 정보를 제공하는 은행은 '과실에 의한 부실표시법리 또는 사기적인 부실표시법리 (theories of negligent or fraudulent misrepresentation)'에 따라 책임을 질 수 있다. 비록 조회자가 은행 고객이 아니고 은행과 상거래 관계에 있는 당사자가 아니라도, 지금의 부실표시 법리는 이러한 조회자로 하여금 특정요건이 충족된 상황에서 은행을 상대로 손해배상을 청구할 수 있도록 해주는 것이다. 그런데 미국 법원들은 어떠한 상황에서 은행이 구체적으로 책임을 지는지를 판단함에 있어서 어려움을 겪는 듯하다. 이러한 어려움은 다양한 요인에 의하여 발생한다. 첫째, 전통적인 보통법상의 불법행위이론을 고수할 경우 손해배상책임의 인정근거를 찾기가 용이하지 않다. 둘째, 신용조회절차에서 은행의 행위기준이 무엇이라고 단언할 수 있는 법규나 지침이 존재하지 않는다. 셋째, 현대 상거래계에서 은행이 매우 특별한 역할을 수행한다고 말하지만, 그 특별한 역할이 무엇인지를 구체적으로 설명하지 못하고 있다.

　　다음에서는 미국에서 전통적인 불법행위법으로부터 '과실에 의한 부실표시이론'이 전개되고 은행에 대한 신용조회의 맥락에서 1970년대와 1980년대에 걸쳐 동 이론을 적용한 관련 판례들이 각주에서 집중적으로 나오게 된 연혁을 고찰한 후 동 판례들을 분석·정리함으로써, 우리나라 은행들의 은행조회서 발급과 관련한 주의의무에 대한 시사점을 찾고자 한다. 2007년 우리나라에서도 이러한 쟁점을 직접적으로 다룬 대법원 판례가 처음 나왔으므로 그에 대한 분석도 병행할 것이다.

## Ⅱ. 미국에서의 과실에 의한 부실표시법리

### 1. 과실에 의한 부실표시와 Restatement (Second) of Torts § 552

미국에서 부실표시(misrepresentation)는 보통법상의 사기에 뿌리를 둔 불법행위의 하나로서 발전되어 왔는데, 타인의 허위표시를 신뢰하여 자금을 공여하였다가 손해를 본 자들에게 중요한 손해구제 수단으로 기능하여 왔다. 현대 사회에서 부실표시에 의한 불법행위란 일반적으로 사기적(fraudulent)이거나 과실에 의한 것(negligent) 중 하나로 특징지을 수 있다. 사기적인 부실표시(이하 허위표시)와 과실에 의한 부실표시는 이론적으로 확연하게 구분할 수 있지만, 실무 사례로 들어가면 구별이 그렇게 용이하지 않다. 양자의 속성을 겸유한 사례에서는 과실에 의한 부실표시임을 들어 손해배상책임을 추궁하는 것이 보통인데, 그 이유는 원고가 허위표시의 본질적인 구성요건인 고의를 입증하기 어렵기 때문이다.[240]

과실에 의한 부실표시는 상대적으로 새로운 유형의 불법행위에 속하지만. 그 뿌리는 보통법상의 허위표시로부터 연원하였다. 보통법상의 허위표시는 상대방에게 적극적인 의사표시를 함으로써 발생한다. 話者는 자신의 진술이 허위라는 사실을 알거나 진실이 아니라는 사실을 알았어야 하고, 상대방이 이러한 진술에 기망되어 행위할 것을 의도하였어야 한다. 원고인 상대방은 이러한 진술의 허위성을 알지 못하였어야 하고 당해 의사표시를 정당하게 신뢰하였어야 하며 신뢰의 결과 손해를 입었어야 한다. 허위표시의 요건 중 가장 중요한 것은 바로 악의의 존재인데, 이러한 주관적인 요소가 허위표시와 과실에 의한 부실표시를 구분하는 결정적인 요인으로 작용하고 있다.

허위표시와 달리 과실에 의한 부실표시는 고의적인 불법행위가 아니다. 과실에 의한 부실표시의 본질적인 구성요건은 주관적인 내심의 의도가 아닌 의무위반에 있다. 미국의 Restatement (Second) of Torts [불법행위 리스테이트먼트 (제 2 판), 이하 리스테이트먼트], § 552(1)은 금전적인 손실을 야기한 과실에 의한 부실표시에 대하여 다음과 같이 정의하고 있다.

---

240) Note, *Is the Account Good for This Check? Bank Liability for Negligent Responses to Credit Inquiries*, 2 Ann. Rev. Banking L. 165, 168 (1983)

> (1) 영업수행, 직무수행, 고용 중이거나 금전적인 이해관계를 갖는 거래를 수행하
> 는 과정에서 상거래에 있어서의 상대방을 유인할 목적으로 허위의 정보를 제
> 공한 자는, 당해 정보를 획득하거나 이를 전달함에 있어서 상당한 주의나 능
> 력(reasonable care or competence)을 기울이지 않은 경우, 당해 정보를 정당하
> 게 신뢰함으로써 야기된 금전적인 손실에 대해 책임을 지게 된다.

따라서 과실에 의한 부실표시는 "경계와 주의"(caution and diligence)를 기울
이지 않은 것으로 특징지을 수 있으므로, 상당한 주의를 기울였음에도 불구하
고 야기된 오류에 대해서는 책임을 지지 않는 것이 원칙이다. 악의가 구성요건
은 아니지만, 귀책사유가 전적으로 배제되는 것도 아니다. 따라서 리스테이트
먼트 § 552는 과실에 의한 불법행위도 아니고 사기에 의한 불법행위도 아닌 양
자의 특성을 겸유한다고 평가된다.[241]

## 2. 피고은행의 전문가로서의 책임

### (1) 총    설

과실에 의한 부실표시법리를 주장하여 승소하려면, 원고는 ① 피고인 은
행이 자신에게 의무를 부담하고, ② 당해 은행이 상당한 주의를 기울이지 않았
으며, ③ 은행의 부실표시에 대한 자신의 신뢰가 동 상황에서 정당화될 수 있
는 것임을 입증하여야 한다. 우선 피고인 은행이 조회자에게 어떠한 의무를 부
담하는지가 과실이 있는지 여부를 판단하는 데 있어서 가장 결정적인 지표가
된다. 왜냐하면 보통법상의 과실에 대한 정의를 보면 과실이란 손해를 야기한
"의도하지 않은 의무 위반"(unintended breach of duty)을 말하기 때문이다. 과거
의 미국법원들은 어떠한 공식적인 관계이거나 계약상의 관계에 있지 않고, 단
지 정보를 무상으로(gratuitously) 제공받는 관계에 있는 조회자에 대해서는 아무
런 의무가 없다고 판시하여 왔다. 그러나 점차적으로 형평법적인 견지에서 구
체적인 타당성을 중시하는 법원들은 의무가 발생하는 관계(즉 원고의 범위)를
좀 더 확대하고자 하는 경향이 있다.

사실 리스테이트먼트 § 552(1)은 일반적인 불법행위법리로는 원용할 수

---

241) William Powers, Jr. & Margret Nivers, *Negligence, Breach of Contract, and the "Economic Loss" Rule*, 23 Tex. Tech. L. Rev. 477, 497 (1992).

없는 전문가에 대한 의무를 부과하였다는 점에서 일반 불법행위와 차별화된다. 동 조항은 전문가와 원고와의 관계가 계약관계도 아니고 신임의무 관계도 아닌 상황에서의 적용도 예정하였던 것이다.242) 물론 미국의 일부 주에서는 과실에 의한 부실표시책임을 묻기 위해서도 반드시 準 계약 당사자 이상의 관계가 존재하여야 한다는 입장을 취하고 있다(계약 당사자 한정설). 즉 § 552가 법문으로 명백히 당사자 요건을 규정하지 않았음에도 불구하고, 과실의 부실표시에 의한 전문가 책임은 계약 당사자 관계에 있어야 한다는 주(예: 버지니아주)도 있고 준 계약 당사자 관계에 있어야 한다는 주(예: 뉴욕주)도 있다. 이와 극단적인 반대의 입장을 취하는 주도 있다. 즉 전문가들이 자신의 정보에 의존하였을 것이라고 예견할 수 있었던 모든 자들을 청구적격이 있다고 인정하는 미시시피주 같은 곳도 있다(예견가능성설). 리스테이트먼트 § 552는 중간적인 입장을 취하고 있는데, 반드시 계약관계나 준 계약관계를 요구하지는 않으면서 정보를 정당하게 신뢰한 자를 보호하여야 한다고 하여 훨씬 신축적인 예견가능성 기준을 채택하고 있는 것이다(신뢰자보호설).

　　위 세 가지 입장 중 현재는 첫 번째의 준 계약 당사자 관계를 더 이상 요구하지 않는 것이 보편적인 대세이므로, 단지 정보를 무상으로 제공하는 관계라도 법원들은 피고인 은행이 전문가로서 상당한 주의를 다하였는지 여부와 원고가 이를 정당하게 신뢰하였는지 여부에 좀 더 초점을 맞추고 있다. 일부 법원은 원고가 피고은행의 부실표시를 상당히 신뢰하였다면, 조회 자체만으로도 책임을 물을 수 있는 충분조건이 성숙되었다고 판단하고 있다. 요약하자면 현재 원고의 신뢰라는 문제가 가장 결정적인 지표가 되고 있으며, 양 당사자 간에 계약관계가 있고 대가를 지급하였는지 등의 외형적인 사실관계는 그리 중요한 지표가 되지 못하고 있다. 그렇다보니 미국의 법원들은 리스테이트먼트상 과실에 의한 부실표시가 문제된 사건에 있어서도 원고가 당해 부실표시를 신뢰하였는지를 가장 중점적으로 보고 있다. 여기서 신뢰란 피고은행이 원고가 제공된 정보를 사용할 것을 기대하였는지 여부와 관련되므로 결국 예견가능성(foreseeability)이라는 쟁점으로 직결되는 것이다. 다음에서는 각 요건별로 좀 더 상세히 고찰하고자 한다.

---

242) Nanneska N. Hazel, *Depending Upon the Care of Strangers: Professionals' Duty to Third Parties for Negligent Misrepresentations*, 33 Tex. Tech L. Rev. 1073, 1075 (2002).

## (2) 은행고객이 아닌 자에 대한 의무

어떠한 고객의 신용상태에 대해 조회를 받고 회신하는 은행은 통상적으로 당해 정보를 무상으로 제공하게 된다. 과거 미국의 법원들은 이렇게 대가가 결여되어 있는 경우 은행은 조회자에 대해 어떠한 의무도 지지 않는다고 판시하여 왔다. 예를 들어 1897년 연방보통법을 적용함에 있어서 제6 연방고등법원은 호의(courtesy)로 제공한 정보에 대해 은행은 책임이 없다는 판결을 하였는데, 대가를 받지 않고 은행창구직원이 은행과 상거래 관계가 전혀 존재하는 않는 자에 대해 단지 호의적으로 행한 진술로 인하여 은행이 책임진다면 이는 은행재산을 상당한 위험에 노출되도록 만들 것이고 결과적으로 은행에 대한 자본투자를 봉쇄시킬 것이라는 판단을 하였다.243)

그렇지만 부실표시법리가 계약책임의 영역이라기보다 불법행위책임의 영역이라는 인식이 보편화되면서, 미국 법원들은 점차적으로 전통적인 對價(consideration) 요건을 배제하기 시작하였다. 그렇다보니 미국 법원들은 무상으로 정보가 제공되었는지 여부보다는 외관상으로 피고의 사기적인 행위가 있었는지 여부 혹은 원고의 정당한 신뢰가 있었는지 여부 등과 같은 다른 요건들을 책임의 근거로서 원용하고 있다. 이러한 상황에서 네바다주 최고법원은 대가를 받지 않고 행한 부실표시에 대해 은행의 책임을 인정하면서, 책임의 근거로서 '은행이 의당 갖추어야 할 전문성'(bank's presumed expertise)을 표방하기까지 하였다.244)

이러한 판례의 태도는 리스테이트먼트의 입장과 합치된다고 할 수 있는데, 리스테이트먼트에서는 전통적인 계약법상의 對價란 개념을 좀 더 광의의 금전적인 이익(pecuniary interest)이란 개념으로 대체시키고 있다. 즉 리스테이트먼트는 피고의 금전적인 이익을 직접적으로 수령한 대가뿐만 아니라 좀 더 간접적인 특성을 가진 이익으로부터도 발생할 수 있다고 보는 것이다. "피고의 영업, 직무, 고용 중 정보를 제공하였다는 사실 자체만으로도 피고가 당해 정보를 제공함에 따른 금전적인 이익을 갖는다는 점을 충분히 짐작할 수 있게 하여 준

---

243) *First Nat'l Bank v. Marshall & Ilsley Bank*, 83 F. 725, 726-738 (6th Cir. 1897).

244) 물론 이 사건은 명백히 은행임원의 사기적인 행위로 인한 것이었으므로 굳이 전문성을 원용하지 않더라도 피고 은행의 책임을 추궁하는데 있어서 전혀 문제가 없었다. *Nevada Nat'l Bank v. Gold Star Meat Co.*, 89 Nev. 427, 430, 514 P.2d 651, 653-654 (1973). 이 사건은 리스테이트먼트, § 552, illustration 11의 참조판례로 언급되기도 한다.

다. 피고가 정보를 제공하는 바로 그 시점에 정보 제공의 대가를 수령하였는지 여부가 그리 중요한 것이 아니다. 그렇지만 이러한 판단이 항상 옳지 않다는 점을 유념하여야 한다."

　　지금도 미국의 일부 법원들은 은행이 비고객(non-customers)으로부터 대가를 받지 않았다는 사실을 과실에 의한 부실표시가 있었는지를 판단함에 있어서 여전히 고려하고 있기는 하다. 더욱이 구체적인 사실관계를 규명해보더라도 원고의 신뢰가 정당화될 수 있는지를 결정하기 어려운 사건에 있어서 법원들은 대가의 결여에 주목하여 피고 은행이 책임지지 않는다는 판시를 하기도 한다.245) 그렇지만 과실에 의한 부실표시가 성립되는지를 판단함에 있어서 미국의 법원들은 다음의 신뢰 및 예견가능성 요건으로 무게의 중심을 옮겨가고 있다.

### (3) 원고의 신뢰

　　부정확한 신용정보의 제공에 대해 피고 은행의 책임을 물으려면, 원고는 제공된 정보를 신뢰하였고 그러한 신뢰가 정당한 것이었음을 입증하여야 한다. 일반적인 불법행위 사례에서와 마찬가지로 원고는 '합리적으로 신중한 자가 행하였을 주의(the care of a reasonably prudent man)'를 기울였어야 한다. 따라서 소송의 청구원인이 사기이든 과실이든 불문하고, 원고는 피고의 부실표시를 상당한 주의로써 신뢰하였고 당시 상황에서 그러한 신뢰가 합리적이었다는 점을 입증하여야 하는 것이다.

　　과거 미국의 법원들은 은행에 대한 신용조회 사건들에서 원고의 신뢰를 정당하다고 판시하는 데 매우 인색하였다. 이에 비하여 현대 법원들은 은행이 제공한 신용정보를 조회자가 신뢰한 것에 대해 좀 더 적극적으로 정당성을 부여하는 경향이 있다. 신뢰가 정당하다는 판시를 함에 있어서, 법원은 양 당사자 간 고도의 신뢰관계가 존재한다는 점 혹은 은행이 관례적으로 영업수행 중 그러한 정보를 제공한다는 점 등에 초점을 맞추고 있다.

　　고도의 신뢰관계란 "당사자 간 혈연에 기하여 발생하는 관계, 혹은 자신의 사적인 일을 관리함에 있어서 통상적으로 신중한 자라면 타인에게 부여하는 일정한 수준의 신뢰로서, 이러한 신뢰에 기하여 당해 거래에 연루된 중요한 문제들을 자신이 아닌 타인의 뜻대로 처리할 수 있도록 하는 직무·영업·사회적

---

　　245) Standard Sur. & Cas. Co. v. *Plantsville Nat'l Bank*, 158 F.2d 422, 425 (2d Cir. 1946), *cert. denied*, 331 U.S. 812 (1947).

관계"라고 일응 정의할 수 있다. 보통 자신이 선임한 변호사와 고객 간의 관계를 고도의 신뢰관계의 대표적인 예로서 들기도 하는데, 그렇다보니 반대측 변호사가 행한 진술을 고객이 신뢰하였더라도 이는 신뢰할 만한 것이 아니게 된다. 고도의 신뢰관계가 존재할 경우 미국의 법원들은 원고의 신뢰가 정당화될 수 있다고 결론짓는 듯 하다. 즉 법원들은 고도의 신뢰관계로부터 피고의 의무가 발생한다는 점을 은연중에 암시하고 있는 것이다. 과거에는 오직 계약관계나 신인관계(fiduciary relationship)가 존재하여야만 피고 측에 의무를 부과할 수 있고, 이러한 의무가 존재하여야 궁극적으로 과실에 의한 부실표시책임도 추궁할 수 있다고 생각하였다. 그러나 1960년대 중반 이후 법원들은 과거의 계약관계나 신인관계 요건에 집착하기 보다는 '고도의 신뢰관계' 요건만을 충족하더라도 책임추궁할 수 있다는 입장으로 선회한 것이다. 그러나 단순한 조회만으로 고도의 신뢰관계가 창설되지 않는다. 마찬가지로 원고의 피고에 대한 일방적인 신뢰 혹은 신탁의 설정만으로 고도의 신뢰관계가 형성되었다는 것이 입증되지도 않는다. 뉴욕주 법원들은 특별한 신탁관계(special relationship of trust)를 요구하고 있고, 캘리포니아주 법원들은 단순한 법적 관계가 아니라 도덕적, 사회적, 가정적이거나 개인적일 수 있는 고도의 신뢰관계를 요구하고 있다. 예전의 은행 여·수신업의 고객이었다는 사실이 정당한 신뢰를 뒷받침하기에 충분한 고도의 신뢰관계가 형성되었다는 근거로 작용될 수도 있다.

은행이 일상적인 업무수행의 일환으로서 관례적으로 신용정보를 제공하였고 이러한 정보를 제공함에 있어서 과실로 인한 부실표시가 있는 때에는 그로 인한 손해배상책임을 지게 될 것이다. 예를 들어 *Union Bank v. Safanie* 사건에서 아리조나주 고등법원은 피고은행이 관례적으로 조회자들에게 신용정보를 배포하였고 조회자들은 이러한 정보에 기초하여 신용공여 여부를 판단하였으므로 원고의 신뢰는 합리적이었다고 판시한 바 있다. 이 사건에서 은행 임원은 자신이 문제가 되었던 신용정보를 제공하였고 이러한 정보를 원고가 신뢰할 것으로 예견하였다고 증언하였는데, 이러한 증언이 원고의 신뢰가 정당하였다는 점을 입증하는 주요 사실로 간주되었다. 법원은 원고에게 피고은행의 신용정보 제공과 별개로 독자적인 조사에 착수하지 않았던 점을 문제삼지 않았다. 그 이유는 피고은행이 신용정보를 관례적으로 당해 지역의 사업가에게 배포해왔던 상황에서 소송이 제기되고 신뢰성이 문제되자 피고은행이 원고들에게 당해

정보를 신뢰해서는 안 되었다고 항변하는 것은 정당화되지 않기 때문이었다.[246)]

신뢰가 정당하였음을 판단함에 있어서 현재의 업무 관행(current business practices)도 중시된다. 리스테이트먼트를 규정할 때에도 업무관행을 ① 원고신뢰의 합리성과 ② 피고에게 요구되는 주의기준을 결정하는 중요한 요인으로서 다음과 같이 서술하고 있다. "어떠한 정보가 일반인들로서는 미처 알지 못하였던 사실에 관한 것일 때, 정보수령자는 정보제공자가 현재의 업무나 직무에 종사함으로써 관례적으로 갖게 되리라고 짐작되는 주의와 능력을 행사하여 당해 정보를 확인하였을 것이라고 기대한다. 따라서 그러한 조사가 현재의 업무관행상 정확하고 세심하게 행해졌고 정보제공자는 획득한 자료에 근거하여 현명한 판단을 내릴 수 있는 통상적인 업무나 직무상의 능력을 가질 것이라고 기대된다."[247)]

### (4) 예견가능성

과실 여부, 즉 임무해태가 있었는지를 판단함에 있어서 법원은 합리적인 은행가라면 특정 상황에서 원고가 당해 정보를 신뢰하리라고 예견하였을 것인지를 분석하게 된다. 이는 원고의 신뢰를 기대하는 데 있어서 피고의 역할에 초점을 맞추는 작업이기도 하다. 객관적인 예견가능성 기준은 사기 사건에서 사용되는 주관적인 의도 기준에 대응하는 것이다. 일반적으로 과실에 의한 부실표시가 문제되는 사건에서 조회자는 은행에게 자신이 은행고객에 대한 신용상태를 알아보고 있다고 밝힐 것이고, 이 때 법원으로서는 원고의 은행에 대한 신뢰가 예견가능하였다고 쉽게 결론내릴 수 있을 것이다.

## 3. 은행의 주의의무의 본질

은행이 특정 원고에게 정확한 신용정보를 제공할 의무를 부담함에도 불구하고 은행이 상당한 주의를 하지 않음으로써 정확한 신용정보를 제공하지 못한 경우, 은행은 과실에 의한 부실표시로 책임을 지게 된다. 미국의 판례법은 은행의 주의의무의 본질에 대해 아무런 지침도 주지 못하여 왔다. 일반적으로 신용정보를 제공하는 은행가는 통상적으로 신중한 은행가라면 기울였을 정도의 주의를 하였으리라고 기대된다. 그런데 '통상적으로 신중한 은행가라면 기울였을 정도의 주의'란 구체적인 사실관계에 따라 신축적으로 변동하므로, 과

---

246) *Union Bank v. Safanie*, 5 Ariz. App. 342, 347, 427 P.2d 146, 151 (1967).

247) 리스테이트먼트, § 552와 comment e.

실 여부를 판단하는 잣대로서 그리 큰 도움을 주지 못하는 것이다.

## (1) 조회에 대한 은행의 회신의무와 선택적인 공시

은행은 조회자에게 의뢰받은 정보를 반드시 제공할 아무런 의무도 없다. 그러나 일단 은행이 조회에 대한 회신작업에 착수한다면, 은행은 오인할 만한 정보를 제공해서는 안 된다. 은행의 확인서는 진실되어야 하고, 확인서상의 의사표시를 완전히 이해할 수 있을 정도로 완결된 것이어야 한다. 은행의 회신의무를 공개적으로 언급한 대표적인 사례는 *Nevada National Bank v. Gold Star Meat Co.* 사건이다. 동 사건에서 네바다주 최고법원은 일단 은행의 대표자가 회신하기로 결정하였다면, 비록 당해 정보를 무상으로 제공하더라도, 신용조회에 대하여 정확하게 회신할 의무가 있다고 판시하였다.[248] 한편 일반적으로 은행에게 요구되는 주의기준들이 은행의 신용정보 제공시 적절하게 변형되어 적용될 수 있다. 예를 들어 은행의 임원들은 은행의 지급여력(건전성)에 영향을 줄 수 있는 거액 거래들의 존재를 알아야 할 책임이 있다고 인정되어 왔는데, 이러한 거래들은 은행의 자산/부채 기록에 명확히 기재되기 때문이다. 따라서 이러한 거래들에 대해 은행 임원들은 정확한 조회를 할 것이 기대되는데, 이는 은행 임원의 일반적인 선관의무에 따른 것이다.

리스테이트먼트에 의하면, 업무상의 거래시 정보를 공개함에 있어서 상당한 주의를 행사할 의무에는 ① 의사표시에 대해 오인하지 않도록 중요사항을 누락해서는 안 될 의무와 ② 차후에 지득한 정보라도 원래의 정보의 정확성에 영향을 줄 수 있는 정보라면 이를 공개하여야 할 의무를 포함한다. 이 때문에 미국의 법원들은 대부분의 '선택적인 공시(selective disclosure) 사건', 즉 조회자가 오인하지 않도록 반드시 기재되어야 할 사실 중 일부 중요사항이 확인서에서 누락된 상태에서의 공시가 문제된 사건들에서, 이러한 공시는 사기에 해당한다고 보아 은행에게 책임을 묻는 판결을 하여 왔던 것이다. 그러나 조회한 특정 시점의 확인된 금액으로 고객계좌를 사후적으로 계속 유지하지 못한 경우 즉 계좌 금액 상으로 현저한 차이가 발생한 경우, 이를 공시하지 않은 데 대해 은행에게 책임이 있다는 판결은 나오지 않고 있다. 이는 외형으로 보면 선택적인 공시에 해당하는 사건이라도 일률적으로 은행의 주의의무 위반책임을 추궁할

---

248) *Nevada Nat'l Bank v. Gold Star Meat,* 87 Nev. 427, 431, 514 P.2d 651, 654 (1973), *Ibid.* pp. 176-177.

수 없는 경우도 있다는 점을 강력히 시사한다. 더욱이 관련 법령에 명시되지 않는 한, ②의 의무를 강제하기도 현실적으로 어렵다는 점을 알 수 있다.

　　그렇다면 선택적인 공시를 문제삼아 은행의 사기를 인정할 수 있는 경우는 언제인가? 보통법에 의하면 오인의 목적으로 행한 적극적이고 고의적인 행위만이 사기로 인용될 수 있다. 따라서 오인의 목적이 있었더라도 단지 소극적인 의사표시에 그쳤다면 사기에 해당하지 않게 된다. 1952년 플로리다주 최고법원 사건인 *Gartner v. American National Bank* 사건에서, 비록 고객계좌가 압류되어 있고 은행이 과거 고객수표가 지급거절되지 않도록 자금을 신용공여한 전례가 있더라도, 법원은 고객이 발행한 수표가 조회 당시 "금과 같이 양호하다"(as good as gold)고 한 은행의 의사표시가 사기에 해당하지 않는다고 판시하였다. 이 사건에서 법원은 은행이 지급보증한 것이 아니므로, 은행이 고객의 수표를 지급하기에 충분한 자금을 계속적으로 신용공여할 의무가 없다는 점을 근거로 들었다.[249] *Catalina Yachts v. Old Colony Bank & Trust Co.* 사건도 선택적인 공시를 원인으로 한 조회자의 부실표시 소송이 문제된 사건이었다. 동사건에서 원고인 제조상은 요트소매상이 발행한 수표(은행이 지급담당자)를 수령한 후 요트소매상에게 요트를 인도하였는데, 제조상은 과거 요트소매상의 수표를 은행이 지급거절한 적이 없고 은행계좌에는 지급할 여력이 있는 예금이 예치되어 있다는 은행의 의사표시를 신뢰하였다. 이러한 의사표시는 진실된 것이었지만, 은행은 요트소매상의 현재잔고를 밝히는 것을 명백히 거절하였다. 은행은 조회 당시 계좌 잔고가 부족하고, 요트소매상의 재고자산에 대해 은행이 담보물권을 갖고 있으며, 담보협약에 따라 은행의 동 계좌에 대한 상계권이 있고 요트소매상의 채무불이행시 기한의 이익이 상실된다는 점을 원고에게 고지하지 않았다. 동 사건에서 법원은 은행확인서의 문면 상 기재내용이 진실하고 은행이 애초부터 회신할 의무가 없기는 하지만, 고객의 신용상태에 대해 부실표시를 할 의도로 행해진 선택적인 공시는 매사추세츠법에 의하여 사기에 해당한다고 판시하였다.[250]

---

249) *Gartner v. American National Bank*, 58 So.2d 705, 707 (Fla. 1952). Note, *op. cit.*, p. 178.
250) *Catalina Yachts v. Old Colony Bank & Trust Co.* 497 F. Supp. 1227, 1236 (D. Mass. 1980), *Ibid.*, pp. 178-179.

## (2) 1회적인 의무 혹은 계속적인 유지의무

은행이 정확한 정보를 제공할 의무를 진다고는 하지만, 은행이 이러한 정보가 지속되도록 관리·감독하여야 할 보험자가 되어야 하는 것은 아니다. 미국의 법원들은 은행으로 하여금 조회자에게 확인해 준 수준으로 고객계좌를 유지하여야 할 의무가 있는지에 대해 부정적인 입장을 취해 왔다. 더 나아가 법원들은 최초의 정보를 무상으로 제공한 이후 고객계좌에 대해 추후 변동사실이 있을 경우 은행들은 조회자에게 이를 고지할 의무가 없다고 하였다.

*C. & S. National Bank v. Levitz Furniture of the Eastern Region, Inc.* 사건에서, 조지아주 고등법원은 조회가 행해진 시점에 정확한 정보를 제공함으로써 은행은 의무를 이행하였다고 판시하였다. 가구소매상인 원고는 은행에 전화하여 매수인의 2천불짜리 수표(A 수표)를 수령하기 전에 매수인인 은행고객의 신용상태를 조회하였다. 은행은 당해 계좌에 수표금액 이상의 충분한 자금이 있다고 당해 소매상에게 정확히 고지하였지만, 이후 당해 수표의 지급을 제시받았을 때 지급거절하였다. 왜냐하면 조회 시점과 지급제시 시점 사이에 고객이 다른 수표(B 수표)를 발행함으로써 계좌잔고를 고갈시켰기 때문이다. 법원은 은행이 B 수표의 지급을 거절하거나 원고가 지급받을 A 수표 금액 2천불을 지급하였어야 한다는 원고의 주장을 배척하였다.[251] Uniform Commercial Code (이하 UCC) § 3-411에 따른 수표의 지급보증이 없는 한, 은행은 수표금액을 지급할 의무가 없다는 점이 주된 이유였던 것이다. 이 사건의 판시를 보면, 어떠한 상황에서는 계좌잔고가 표시된 대로 유지되지 않을 경우 은행이 책임을 질 수도 있음을 알 수 있다. 예를 들어 은행이 지급보증을 하였다면, 은행은 UCC § 3-411에 의하여 당해 수표금액을 지급할 의무가 있는 것이다. 은행이 단순한 조회에 그치지 않고 적극적인 추천을 함으로써 신용장 발급과 유사한 의사표시를 한 경우 은행은 책임을 질 수 있다. 양 당사자가 계속적인 상거래 관계에 있을 경우, 리스테이트먼트는 최초의 의사표시가 오해를 유발하지 않도록 하기 위해 필요한 범위 내에서 추후 지득한 정보를 공개할 의무를 인정하고 있다.[252]

---

251) *C. & S. Nat'l Bank v. Levitz Furniture, Inc.*, 147 Ga. App. 295, 295, 248 S.E.2d 556, 557 (1978), *Ibid.* pp. 179-180.

252) 리스테이트먼트, § 551(2)(c).

## 4. 은행의 적법한 항변사유 및 원용사례

허위표시나 과실에 의한 부실표시를 청구원인으로 하는 소송에서 원고 측이 피고의 부실표시에 대해 정당한 신뢰를 하였다는 점을 입증한다면 원고의 승소 가능성은 매우 높아진다. 이러한 신용조회사건에 있어서 피고은행의 가장 최선의 항변은 원고의 신뢰가 정당화될 수 없다는 주장일 것이다. 과실에 의한 불법행위소송에서, 원고의 신뢰성에 이의를 제기하는 항변은 기여과실(contributory negligence, 과실상계)을 주장하는 것에 해당한다.

미국의 일부 법원들은 원고가 조사의무를 이행하지 않았다는 점을 이유로, 또는 원고의 전문성 혹은 정보에 대한 접근성이 피고은행의 전문성 혹은 접근성과 대등하다는 점을 이유로, 원고인 조회자의 신뢰를 정당화할 수 없다고 판시하여 왔다. 예를 들어 조회자가 다른 정보원으로부터 조회대상기업의 신용이 열악하다는 별도의 보고서를 얻었다면 원고의 신뢰는 더 이상 정당화될 수 없는 것이다.

또한 의심스러운 정보나 불건전한 신용상태를 암시하는 정보를 애써 외면한 원고는 피고은행으로부터 손해배상을 받아내기 어려울 것이다. *First Trust & Savings Bank v. Fidelity-Philadelphia Trust Co.* 사건에서, 제 3 연방고등법원은 피고은행의 항변을 원용하면서 은행이 1934년 증권거래법을 위반하여 중요한 정보를 기재하지 않았다는 원고의 청구를 기각하였다. 동 사건에서 법원은 신용조회에 대한 피고은행의 서면회신이 원고인 조회자로 하여금 의심을 유발토록 하였음에도 불구하고 원고가 상당한 주의를 기울이지 않은 점을 문제삼았다. 은행의 확인서에서는 고객의 현재잔고가 건전하다는 점만 적시되어 있고 고객이 과거 잔고부족사태를 여러 번 겪었다는 사실이 누락되어 있었지만, 동 확인서에는 고객계정이 "제한을 받고 있고 미지급채무보다 잔고가 상당히 부족하다"는 경고문구가 기재되어 있었다. 법원은 당해 확인서의 경고문구가 진실된 함축적 의미를 담고 있고 원고에게 적절한 경고를 해 주었다고 판단하였다. 당해 경고를 유념하지 않은 원고는 상당한 주의를 이행하지 않은 셈이 되므로, 피고은행은 증권거래법뿐만 아니라 보통법에 의해서도 책임을 지지 않는다고 판시하였다.253)

---

253) *First Trust & Savings Bank v. Fidelity-Philadelphia Trust Co.,* 214 F.2d 320, 325-326 (3d Cir.,

전통적으로 미국법원들은 단순한 주관적 견해(opinion)의 진술만으로 부실표시책임을 지우려고 하지는 않는 듯 하다. 따라서 객관적인 사실의 진술이기보다는 주관적인 견해의 진술에 불과하므로 은행이 책임을 지지 않는다는 사례도 발견되고 있다. 예를 들어 *Albion Milling Co. v. First National Bank* 사건에서, 네브라스카주 최고법원은 "고객이 의무를 잘 이행해 왔고 수년간 은행과 거래관계에 있으며 당해 고객이 정직한 것 같다"는 은행의 확인은 단지 주관적인 견해의 진술에 해당한다고 판단하였다. 또한 "당해 고객이 문제되는 금액의 상환요구를 받는다면 상환할 수 있을 듯 하다"는 은행의 조건부 확인도 주관적 견해의 피력에 지나지 않는다고 판단하였다.254)

## III. 은행의 부실회신과 주의의무에 관한 판례 분석

### —대법원 2007. 7. 26. 선고 2006다20405 판결을 중심으로—

### 1. 사실개요

甲은 주식회사 A의 대표이사이고 원고들은 주식회사 A의 주식을 보유한 개인투자자들이며 피고은행은 주식회사 A의 거래은행이다. 피고은행은 주식회사 A로부터 예치받은 정기예금을 담보로 甲에게 대출을 해주면서 위 예금에 근질권을 설정하였다. 이 사건 회계법인은 주식회사 A의 2001년 말 회계감사에 필요한 금융거래내역을 조회하기 위하여 피고은행에 은행조회서를 보냈는데, 피고은행은 은행조회서에 대한 회신을 하면서 위 정기예금에 근질권이 설정되어 있는 사실을 표시하지 않은 채로 회신하였다. 이 사건 회계법인은 은행의 회신을 토대로 주식회사 A의 재무제표가 2001년 말 당시의 재무상태와 경영성과, 결손금의 변동과 현금흐름의 내용을 기업회계기준에 따라 적정하게 표시하고 있다는 취지의 감사인 의견을 기재한 감사보고서를 작성하였는데, 위 감사보고서에는 위 정기예금에 근질권이 설정되어 있는 사실이 누락됨으로써 언제든지 인출가능한 회사의 예금으로 기재된 채 2002년 4월 1일 공시되었다.

甲은 2002년 10월경 위 정기예금을 인출하여 피고은행에 대한 대출금채무를 변제하였는데, 금융감독원이 주식회사 A에 대한 조사를 진행하여 甲이 회

1954).

254) *Albion Milling Co. v. First National Bank*, 64 Neb. 116, 117, 89 N.W. 638, 640 (1902).

사 예금을 담보로 타인 명의로 금원을 대출받아 이를 유용한 사실, 차명계좌를 통한 주가조작의 사실 등을 밝혀내고 甲을 검찰에 고발하자, 주식회사 A는 2002년 11월 20일 최대주주인 甲을 위하여 위 정기예금채권을 담보로 제공하였다는 사실을 코스닥시장에 공시하였다. 코스닥시장은 '최대주주 등을 위한 담보제공 지연공시'를 이유로 주식회사 A를 불성실공시법인으로 지정하였고 2002년도 회계감사에서 계속기업으로서의 존속능력에 중대한 의문을 불러일으킨다는 등의 이유로 감사인으로부터 의견거절되었으며 2003년 4월 15일 코스닥 등록이 취소되었다.

원고들은 2001. 11. 29.경부터 2002. 12. 20.경까지 주식회사 A의 주식을 매수 또는 매도하였는데, 주식회사 A의 주식가액은 이 사건 부실감사보고서가 공시되기 직전 거래일인 2002. 3. 29.에는 1주당 8,800원이었고, 위 정기예금채권에 관한 담보제공사실이 공시되기 직전 거래일인 2002. 11. 19.에는 1주당 1,560원이었으며, 위 공시 이후 계속 하한가를 기록하여 2002. 12. 2.에 1주당 670원을 기록한 후 등락을 거듭하다가 코스닥 등록이 취소되기 직전 거래일인 2003. 4. 15.에는 1주당 10원이었다.

## 2. 당사자들의 주장 및 소송의 경과

### (1) 원고의 주장

피고 은행이 은행조회서에 정기예금채권에 대한 근질권 설정사실을 고의 또는 과실로 누락한 채 회신함으로써 부실한 감사보고서가 작성·공시되었고, 원고들은 위 감사보고서가 공시된 후 주식회사 A가 재무적으로 탄탄한 회사로 신뢰하여 동 주식을 취득하였다가 그 후 위와 같은 사실이 밝혀져 주식회사 A의 주가가 폭락함으로써 손해를 입었으므로, 피고은행은 원고들에 대해 손해배상책임을 진다.

### (2) 피고 은행의 주장

① 피고은행이나 피고은행 직원들이 甲의 불법행위에 공모하거나 가담한 바가 없고, ② 금융기관은 회계법인이 송부한 은행조회서에 회신할 법률상, 계약상 의무가 없으므로 피고 은행이 이를 면밀하게 확인하지 않고 회신하였다고 하여 피고 은행에게 불법행위책임을 물을 수 있는 과실이나 위법성이 있다

고 할 수 없으며, ③ 원고들은 감사보고서를 믿고 주식을 매수한 건전한 투자자들이 아니라 오히려 甲으로부터 주가조작과 관련된 정보를 듣고 이에 편승하여 이익을 보려는 욕심에서 주식을 매집한 자들이고, ④ 주식회사 A의 주가하락과 중요사항의 부실표시(정기예금채권에 근질권이 설정되어 있다는 사실의 기재누락) 간에는 인과관계가 없으며, ⑤ 가사 피고 은행에게 손해배상책임이 인정되더라도 그 범위는 인과관계있는 범위로 한정되어야 한다.

### (3) 1심 및 원심의 판단
—과실에 의한 불법행위 인정 및 인과관계의 존부에 한정하여—

1심은 원고 청구를 모두 기각하였는데, 특히 피고은행에게 이 사건 예금채권의 담보제공 여부에 관한 적극적인 확인의무가 없다고 판시하였다. 이와 대조적으로 원심은 원고 청구를 모두 인용하였는데 은행조회서 회신에 있어서 고의의 불법행위는 없더라도 과실에 의한 불법행위책임을 인정하였다. 즉 금융기관이 은행조회서로 회신을 하는 경우 적어도 은행조회서상의 해당 내용에 대하여 전산조회화면 등 관련 자료를 제대로 확인하여 정확하게 기재할 사회생활상의 주의의무가 있는데, 피고은행이 이를 위반하여 근질권이 설정된 사실을 누락함으로써 회계법인이 이 사건 감사보고서를 작성, 공시하였고 원고들은 위 감사보고서의 내용이 진실한 것으로 신뢰하고 주식회사 A의 주식을 취득한 후 이 사건 보고서의 부실표시로 인하여 주가가 하락함으로써 손해를 입었다고 할 것이다.

### 3. 대법원 판결요지

(1) 관련 법령에 의하면, 금융기관은 신용정보주체인 고객이 본인에 대한 신용정보의 조회를 요구하는 경우 해당 내용에 관하여 정확하고도 충분한 신용정보를 제공하여야 할 의무가 있다고 해석되고, 나아가 금융기관이 갖추어야 할 공신력 및 전문성에 비추어 금융기관이 고객의 요구에 의하여 제3자인 회계법인이 조회한 은행조회서에 대하여 회신하는 경우에도 고객에게 직접 정보를 제공하는 경우와 마찬가지로 그 회신을 받은 회계법인이 사실을 오인하지 않도록 정확하고도 충분한 신용정보를 제공하여야 할 주의의무가 있다.

(2) 주식거래에 있어서 대상 기업의 재무상태는 주가를 형성하는 가장 중

요한 요인 중의 하나이고, 대상 기업의 재무제표에 대한 외부감사인의 회계감
사를 거쳐 작성된 감사보고서는 대상 기업의 정확한 재무상태를 드러내는 가
장 객관적인 자료로서 일반투자자에게 제공·공표되어 그 주가 형성에 결정적
인 영향을 미치는 것이므로, 주식투자를 하는 일반투자자로서는 그 대상 기업
의 재무상태를 가장 잘 나타내는 감사보고서가 정당하게 작성되어 공표된 것
으로 믿고 주가가 당연히 그에 바탕을 두고 형성되었으리라는 생각 아래 대상
기업의 주식을 거래한 것으로 보아야 한다.

## 4. 분  석

### (1) 기존 선례와의 비교

과거에도 은행의 신용정보 제공이 쟁점화된 판례들이 있었는데 주로 신용
보증기금의 신용보증이 문제된 사례였다. 예를 들어 대법원 1992. 2. 25. 선고
91다38419 판결은 금융기관이 신용보증기금에게 연체가 발생하여 신용보증 제
한 대상이 되는 기업에 대한 거래상황확인서를 발급함에 있어서 아무런 연체
가 없는 것처럼 기재함으로써 위 기금이 신용보증을 하게 된 경우 신용보증행
위의 중요부분에 관한 동기의 착오인지 여부가 쟁점이었는데, 대법원은 이를
동기의 착오에 해당한다고 보았다. 그리고 대법원 1996. 7. 26. 선고 94다25964
판결은 대출 은행이 잘못 작성한 거래상황확인서를 믿고 대상 기업에게 연체
대출금이 없는 것으로 오신하여 기술신용보증기금이 행한 신용보증은 법률행
위의 내용의 중요 부분에 착오가 있는 경우에 해당한다고 보았다. 두 판결 모
두 신용정보를 제공받고 이를 신뢰한 제3자, 즉 (기술)신용보증기금이 직접 은
행을 상대로 신용보증의 의사표시를 취소한 사안으로서, 과실에 의한 불법행위
책임(즉 misrepresentation법리)이 직접적으로 쟁점화되지 않았다는 점에서 분석
대상 판결과 차별화된다.

다음으로 대법원 1989. 6. 27. 선고 88다카9524 판결에서 "은행은 법률에
의해서도 그렇거니와 은행업의 본질에 터잡아서도 은행거래에 의하여 알게 된
거래선에 관한 예금의 비밀은 물론, 거래선의 거래선에 관한 내정과, 인물, 신
용상태 등에 관한 은행자신의 가치판단까지도 비밀로 하고 있는 것이 일반적
인 관례라는 것은 현저한 사실이므로 은행이 자기의 거래선에 대하여 제3자
로부터 직접 신용조회를 받고 은행비밀에 속하는 사항에 관하여 은행종사자가

"신용이 있다"든지 "튼튼하다"든지 "염려 없다"는 등의 대답을 한 경우에도 거래선의 일반적인 이익을 도모하기 위하여 고의로 거짓정보를 제공하는 등의 특별한 사정이 없는 한 그것은 단지 조회에 대한 응답에 불과한 것이라고 볼 것이어서 그것을 어떻게 받아 들이냐의 판단은 조회자의 책임사항인 것이지 은행이 당해 응답에 대하여 바로 어떤 책임이 있다거나 그 신용을 보증한 것이라고 볼 수는 없는 것"이라고 하였다. 위 판결의 사실관계를 보면 제 3 자가 고객의 동의도 얻지 아니한 채 은행에게 신용상태를 문의한 것에 대하여 은행이 고객의 신용정보를 보호할 목적으로 조회자에게 소극적으로 응답한 사안으로 볼 수 있다. 따라서 위 판결은 금융실명제법과 신용정보법에 따라 은행은 적법한 절차를 거치지 않은 불법한 신용정보의 조회에 대해 회신할 의무가 없을 뿐만 아니라 가사 허위의 사실을 표시하더라도 책임이 없다고 하였으므로 분석대상 판결과는 사안을 달리하는 것이다. 대조적으로 분석 대상 판결은 정보에 쉽게 접근할 수 없는 조회자가 적법한 절차에 의하여 고객의 동의를 받은 후 조회를 하였고, 은행도 조회자에게 적극적으로 회신하였다는 점에서 위 판결과는 차별화되는 것이다.

마지막으로 대법원 2006. 2. 24. 선고 2005다38355 판결은 사기에 의한 부실표시(fraudulent misrepresentation)가 문제된 사례로서 피고은행 산하 익산중앙지점 직원이 여관 건물주인에게 '금융거래확인서'를 발급하면서 전산조회를 통해 다섯 건의 대출금채무를 확인하고도 그 중 가계대출 두 건의 내역을 누락하였고, 그 밖에 연대보증채무 두 건의 내역을 기재하지 않은 사안이었다. 제 3 자인 원고는 위 확인서만 믿고 여관 건물주인과 임대차계약을 체결하였다가 그 후의 임의경매절차에서 임대차보증금 중 일부를 배당받지 못함으로써 손해배상을 구한 사건인데, 원고는 피고은행이 고의로 금융거래확인서의 내용을 허위로 기재(누락 포함)하여 자신에게 손해를 입혔다고 주장하였다. 대법원은 금융거래(상황)확인서를 발급하는 금융기관으로서는 그 금융거래(상황)확인서의 발급 및 사용 목적과 문서의 양식이나 '작성상 유의사항' 등에 맞게 '대출금 거래상황', '담보내용', '연체 명세' 등 대출 내역을 사실대로 기재하여야 하고, 만약 고의 또는 과실로 그 내용을 허위로 기재(누락도 포함)하여 발급하는 경우에는, 그 구체적인 용도가 어떠하든 그 자체로 위법한 행위라고 할 것이고, 따라서 다른 불법행위 성립요건(특히 손해와의 상당인과관계나 예견가능성 등)이 갖추

어지면 그로 인해 손해를 입은 자에 대해 손해배상책임을 지게 된다고 판시하
였다. 이 사건은 고의의 불법행위책임이 인정되었을 뿐 과실에 의한 불법행위
책임이 인정된 것이 아니라는 점에서 분석 대상 판결과 차별화되지만, 은행의
제 3 자에 대한 부실표시로 인한 불법행위책임을 정면으로 다룬 전형적인 사례
로서 은행이 고의 또는 과실로 금융거래확인서의 내용을 허위로 기재하거나
중요사항의 기재를 누락한 경우 그 구체적인 용도가 어떠하든 그 자체로 위법
한 행위(per se illegal)라고 판시하였다는 점에서 의의를 갖는다.

### (2) 피고은행 주의의무의 본질

    대상 판결이 피고 은행의 과실을 인정하였으므로 피고 은행이 원고에 대
하여 어떠한 주의의무를 위반하였는지를 규명할 필요가 있다. 그런데 주의의무
의 본질에 대해서는 예금계약에 따른 부수적 의무, 대상 판결과 같은 법령상의
의무, 또는 원심판결과 같은 '사회생활상의 주의의무' 등으로 다양한 견해가
존재할 수 있다. 미리 밝히자면 저자는 원심판결의 태도가 논리적이고 비교법
적인 정합성을 갖는다는 측면에서 매우 타당하다는 생각을 갖고 있다.

    첫째, 예금계약에 따른 부수적 의무라는 견해는 고객의 신용정보제공 요청
에 대한 은행의 회신의무가 여·수신계약의 목적달성에 필요불가결한 것이 아
니라는 점에 착안한 주장일 수 있다. 즉 은행이 회신하지 않더라도 계약의 목
적이 달성되지 아니할 정도의 주된 채무라고 할 수 없으므로, 고객에 대한 은
행의 회신의무는 여·수신계약에 대한 부수적 의무에 해당한다고 주장할 수 있
는 것이다. 참고로 대법원 1994. 12. 22. 선고 93다2766 판결은 "부동산 매매계
약의 일부 특약조항 소정의 이행의무는 매도인이 언제든지 위약금 청구 등 간
접강제 등의 방법으로 그 이행을 강요하여 불이행으로 인한 권리침해상태를
회복할 수 있는 법적 수단이 있는 점 등 제반 사정을 종합하여 보면, 그 특약사
항이 매매계약의 목적달성에 있어 필요불가결하고, 이를 이행하지 아니하면 매
매계약의 목적이 달성되지 아니하여 매도인이 매매계약을 체결하지 아니하였
을 것이라고 여겨질 정도의 주된 채무라고 보기 어렵고, 단지 매매계약의 부수
적 채무라고 봄이 상당하여 이의 불이행을 이유로는 매매계약을 해제할 수 없
다"고 하여 계약의 부수적 의무에 대한 특징을 설시하고 있다. 그러나 대상 사
건과 같이 비록 고객의 동의를 받더라도 은행이 계약당사자가 아닌 제 3 자의

조회요청에 대해 회신할 의무가 있는지(은행의 제3자에 대한 의무)를 분석함에 있어서 은행의 고객에 대한 부수적 의무를 그대로 원용하는 것은 그리 논리적이지 않다고 본다.

둘째, 대법원의 판시와 같이 법령상의 의무로부터 유래하였다고 보는 견해가 있을 수 있다. 우선 '금융실명거래 및 비밀보장에 관한 법률'(금융실명제법) 제4조 제1항은 금융기관이 명의인의 서면동의를 받을 경우 거래정보를 타인에게 제공할 수 있다고 규정하지만, 여기서의 거래정보에는 대출정보가 포함되지 않으므로 동 법률은 대상 사건과 같이 은행조회서 상 조회대상이 되었던 대출정보에 대해 은행의 회신의무를 규정한 근거법으로서 적합하지 않은 것이다. 따라서 이 사건과 같이 은행조회서를 통하여 대출정보를 제공할 주의의무가 금융실명제법으로부터 도출되지 않는다. 이 때문에 대상판결이 주의의무의 근거를 신용정보법에서 찾은 것은 평가할 만하다. 왜냐하면 동법 제2조 제1호에서 규정하는 신용정보는 금융실명제법과 달리 예금계좌정보와 대출정보를 포괄하는 개념이고,[255] 정보로서의 요건에 정보의 진실성을 요구하지 않으므로[256] 허위의 정보도 포함되기 때문이다.[257] 그렇지만 은행이 제3자에게 허위의 신용정보를 제공한 것에 대해서는 "이 판결이 있었던 당시의 구 신용정보법"(이하 구 신용정보법)의 어떠한 조항도 직접적인 근거조항이 될 수 없었다는 점에서 대법원의 판시는 잘못되었다. 왜냐하면 피고은행은 신용정보제공자·이용자에 해당하는데, 구 신용정보법 제2조 제6호에 의하면 피고은행이 신용정보업자나 신용정보집중기관이 아닌 기타의 제3자에게 정보를 제공하는 행위가 정당화되지 않았기 때문이다.[258] 한편 구 신용정보법 제18조에 의하여

---

255) 신용정보법 제2조 1. "신용정보"란 금융거래 등 상거래에 있어서 거래 상대방의 신용을 판단할 때 필요한 다음 각 목의 정보로서 대통령령으로 정하는 정보를 말한다.
　　가. 특정 신용정보주체를 식별할 수 있는 정보
　　나. 신용정보주체의 거래내용을 판단할 수 있는 정보
　　다. 신용정보주체의 신용도를 판단할 수 있는 정보
　　라. 신용정보주체의 신용거래능력을 판단할 수 있는 정보
　　마. 그 밖에 가목부터 라목까지와 유사한 정보

256) 정성구, "신용정보의이용및보호에관한법률의 현황과 문제점,"「증권법연구」제2권 제2호 (2001).

257) 허위의 신용정보도 신용정보에 해당하며 구 신용정보법 제25조(현행 신용정보법 제38조 제1항)에 의하여 정정청구권의 대상이 된다.

258) 구 신용정보법 제2조 제6호는 "신용정보제공·이용자라 함은 고객과의 금융거래등 상거래를 위하여 본인의 영업과 관련하여 얻어지거나 만들어낸 신용정보를 신용정보업자 또는 신

신용정보제공·이용자로서 은행은 고객에 대하여 고객의 신용정보에 대한 정확성과 최신성을 유지하여야 할 의무를 지지만, 은행이 동 의무를 근거로 일반적인 제 3 자에게까지 정확하고 최신의 정보를 직접 제공할 수 있는지에 대해서는 부정적이었다.259) 결론적으로 구 신용정보법에 의하면 은행은 직접적으로 제 3 자에게 신용정보를 제공할 의무가 없었고 그 정확성·최신성을 유지할 의무도 없었다. 즉 신용정보를 제 3 자에게 제공할 주의의무가 대법원의 판결 요지와는 달리 구 신용정보법에 의하여 도출되지 않았던 것이다. 물론 현행 신용정보법이 신용정보제공·이용자의 정보제공 상대방을 제한하지 않고 제43조를 신설하여 손해배상책임을 널리 인정하고 있으므로 지금 시점에서 대법원의 판결은 결론적으로 타당하게 되었다. 그렇지만 이 사건이 있었던 당시의 준거법은 구 신용정보법이었고 현행 신용정보법이 아니었음을 유념하였으면 한다.

셋째, 원심과 같이 은행조회서의 회신의무를 '사회생활상 주의의무'로 구성하는 견해가 있을 수 있다. 그런데 여기서 말하는 사회생활상 주의의무란 과연 무엇인가? 기존 판례는 금융기관에 대하여 사회생활상 주의의무라는 표현 대신 다른 표현을 사용하여 왔다. 즉, 판례에 의하면 금융기관의 일반적인 주의의무로서 '은행업무상 요구되는 통상의 주의'(대법원 2003. 5. 13. 선고 2003다5504 판결, 대법원 1975. 5. 27. 선고 74다2083 판결), '그 직무수행상 필요로 하는 충분한 주의' 혹은 '사무에 숙달된 담당행원이 사회통념상 일반적으로 기대되는 업무상의 상당한 주의'(대법원 1992. 2. 14. 선고 91다9244 판결) 등의 표현을

---

용정보집중기관에게 제공하거나 신용정보업자 또는 신용정보집중기관으로부터 신용정보를 지속적으로 제공받아 본인의 영업에 이용하는 자로서 대통령령이 정하는 자"라고 규정하였으므로 신용정보업자나 신용정보집중기관 이외의 제 3 자에게 정보를 제공하는 행위 자체가 허용되지 않았다. 이와 대조적으로 현행 신용정보법 제 2 조 제 7 호는 "신용정보제공·이용자란 고객과의 금융거래 등 상거래를 위하여 본인의 영업과 관련하여 얻거나 만들어 낸 신용정보를 타인에게 제공하거나 타인으로부터 신용정보를 제공받아 본인의 영업에 이용하는 자와 그 밖에 이에 준하는 자로서 대통령령으로 정하는 자"라고 규정하므로 제 3 자에게 정보를 제공하는 행위가 허용된다.
259) 왜냐하면 구 신용정보법이 이러한 경우까지 예정하지 않았다는 점이 구 신용정보법 제28조에 의하여 명백하였기 때문이다. 즉 구 신용정보법 제28조에는 신용정보제공·이용자인 은행이 의뢰인이나 기타 제 3 자에게 손해를 입힌 경우 책임을 인정하는 명문의 규정을 두고 있지 않았다. 단지 구 신용정보법 제28조 제 1 항은 신용정보주체에게 피해를 입힌 경우만을 규정하였고, 동조 제 2 항은 신용정보제공·이용자가 아닌 신용정보업자가 의뢰인에게 손해를 입힌 경우만을 규정하였던 것이다. 현행 신용정보법은 제28조를 삭제하고 제43조에 손해배상책임을 규정함으로써 은행이 의뢰인이나 기타 제 3 자에게 손해를 입힌 경우 책임을 인정하는 명문의 규정을 두고 있다는 점에서 구 신용정보법과 확연히 다르다.

사용하여 왔는데, 이는 일반적으로 불법행위책임에서 과실의 유무를 고찰함에 있어서 논의되었던 주의의무와 별 차이가 없는 것으로 생각된다.

비교법적인 견지에서도 마지막의 사회생활상 주의의무가 가장 타당하다는 판단이 든다. 이미 Ⅱ에서 다룬 바와 같이, 미국의 1984년 *Central States Stamping Company v. Terminal Equipment Company* 사건에서, 제 6 연방항소법원은 고객 신용의 건전성에 대한 조회를 받은 은행에게 다음과 같은 세 가지의 선택방안이 있다고 하였다. 첫째, 정보제공을 거절할 수 있다. 둘째, 단서를 단 상태에서 회신할 수 있다. 여기서 단서란 당해 정보가 은행이 어떠한 책임없이 수령한 것에 불과하고 당해 정보에 대해 은행은 어떠한 분석도 하지 않았다는 점을 천명하는 것인데, 이는 회신을 하더라도 사후 아무런 법적 책임이 없음을 강조하는 방안이 될 것이다. 셋째, 아무런 단서없이 회신할 수 있다. 만일 은행이 이 방안을 선택한다면, 은행이 주의깊게 회신할 책임을 수락하였거나 조회자와 당해 상황에 적합한 주의의무를 행사할 관계를 수락한 것으로 이론구성할 수 있다. 미국의 판례법상 발전된 법리는 은행이 조회자에게 의뢰받은 정보를 제공할 아무런 법적 의무도 없지만, 일단 은행이 조회에 대해 회신한다면 은행은 조회자에게 오인할 만한 정보를 제공해서는 안 된다는 것이다. 은행의 확인서는 진실되어야 하고, 확인서상의 의사표시를 완전히 이해할 수 있을 정도로 완결된 것이어야 한다. 일부 주법원은 이러한 의무를 법적 의무에 비견할 정도의 의무로 취급하고 있다. 예를 들어 1972년 *Klein v. First Edina National Bank* 사건에서, 해당 법원은 거래의 일방 당사자가 다른 당사자에게 중요한 사실을 공시할 의무는 없다는 일반적인 원칙을 긍정하면서도, 예외적으로 정보보유자가 정보를 적극적으로 제공하여야 하는 세 가지 특별한 상황들을 다음과 같이 설시하였다. 첫째, 일단 정보를 제공하기 시작한 자는 자신의 의사표시가 다른 당사자들을 오인시키지 않도록 충분한 정보를 제공할 의무가 있다. 둘째, 다른 당사자가 획득할 수 없는 중요사항에 대해 특별히 알고 있는 자는 다른 당사자에게 이러한 사실을 공시할 의무가 있을 수 있다. 셋째, 거래에 있어서 다른 당사자와 신뢰관계 혹은 신인관계에 있는 자는 중요사항을 반드시 공시하여야 한다. 한편 미국법원들은 신용정보를 무상으로 취득한 것인지 아니면 대가를 지급하고 취득한 것인지에 따른 구별을 하지 않는다. 예를 들어 *Nevada National Bank v. Gold Star Meat Co.* 사건에서 네바다주 최고법원은 무상으로 제공한 허위의 신용정보에 대해서도 은행은 책임진다고 판시하면서, 은행이 반드시 갖추어야 할 전문성(bank's presumed expertise)에 책임의 근거를 두고 있다.

### (3) 원고 범위

미국에서는 *Glanzer v. Shephard* 사건에서 과실에 의한 부실표시에 대해 불법행위책임을 인정한 이래 원고범위를 점차 확대하여 왔는데, 이를 다음의 세 가지로 압축할 수 있음을 이미 언급하였다. 첫째, 계약당사자 한정설은 원고와 정보제공자와의 사이에 당사자 관계(privity) 또는 그와 유사한 관계가 없다면 부실표시책임을 물을 수 없다는 입장으로서, 계약책임에 가까운 이론구성을 취하고 있다. 둘째, 신뢰자보호설은 리스테이트먼트 § 552에 따라 정보가 정보수령자의 이익을 위하여 제공된 경우 정보를 정당하게 신뢰하여 입은 경제적 손해의 배상을 인정하는 입장이다. 이는 계약당사자가 아니라도 실제로 정보를 정당하게 신뢰한 자의 손해를 배상하여야 한다는 의미에서 계약당사자 한정설보다 원고범위가 넓다. 셋째, 예견가능성설은 예견가능성에 초점을 둔 책임이론을 전개하여 정면으로 과실이론에 의한 부실표시책임을 묻는 입장이다. 이에 의하면 정보수령자가 정보제공자의 부실표시를 신뢰할 것이라고 예견하거나 예견할 수 있는 경우, 정보제공자는 이들 전체 정보수령자에 대하여 주의의무를 부담하게 된다.260)

우리나라의 다수설인 상당인과관계설은 둘째의 신뢰자보호설과 유사하다고 할 수 있다. 따라서 구체적인 사건에서 원고적격을 따질 때에는 정보를 정당하게 신뢰한 자로서 예견가능한 자였던지를 신중히 검토하여야 할 것이다. 그런데 분석 대상 사건은 제 3 자 중에서도 회계법인이 조회한 경우에 해당하여 상당한 특수성이 인정되는데, 고객에 대해 회계감사를 하는 회계법인이 조회하는 것은 법적으로 의무화되어 있는 외부 회계감사의 본질에 비추어 볼 때 고객이 조회하는 것과 마찬가지로 보아야 하기 때문이다. 이 때문에 대법원도 "금융기관이 고객의 요구에 의하여 제 3 자인 회계법인이 조회한 은행조회서에 대하여 회신하는 경우에도 고객에게 직접 정보를 제공하는 경우와 마찬가지로

---

260) 신뢰자보호설에서 좀 더 발전된 형태의 이익형량기준설은 피고의 의도, 손해발생의 예견가능성, 원고가 손해를 입은 확실성, 피고행위와 손해의 밀접성, 피고행위의 윤리성, 장래 손해발생의 회피 등 정책적인 요인들을 비교형량하여 책임 유무의 판단기준으로 하는 입장이다. 日米法學會,「アメリカ法 1995-1」174-176頁 (1995).

그 회신을 받은 회계법인이 사실을 오인하지 않도록 정확하고도 충분한 신용정보를 제공하여야 할 주의의무가 있다"고 판시하기에 이른 것이다. 결국 이 사건은 둘째의 신뢰자보호설이 아닌 첫째의 계약당사자 한정설에 의하더라도 회계법인의 원고적격성을 충분히 인정할 수 있었던 사안으로 분석된다.

### (4) 부실표시와 손해와의 인과관계

대상 사건에서 은행조회서를 토대로 작성된 감사보고서를 신뢰하여 투자한 제 3 자(원고들)에게 피고은행들이 민법 제750조에 따라 손해배상책임을 지는지 여부는, 원고의 감사보고서에 대한 신뢰와 손해 간에 인과관계가 있는지 여부에 의하여 결정된다. 물론 그 이전의 허위의 은행조회서 발급과 감사보고서의 부실작성 간 인과관계가 있는지가 문제될 수 있는데, 외부감사인으로서는 은행조회서 외에 달리 은행고객의 정기적금에 대한 담보 누락사실을 알 수 있는 방법이 없으므로 피고은행들의 부실한 은행조회서 발행으로 인해 이 사건의 감사보고서가 작성된 것으로 보아야 할 것이다. 따라서 남는 것은 부실 감사보고서와 원고들의 손해 간 인과관계인 것이다.

이에 대해서는 확립된 선례가 있다. 즉 대법원 1997. 9. 12. 선고 96다41991 판결은 "주식거래에 있어서 대상 기업의 재무상태는 주가를 형성하는 가장 중요한 요인 중의 하나이고, 대상 기업의 재무제표에 대한 외부감사인의 회계감사를 거쳐 작성된 감사보고서는 대상 기업의 정확한 재무상태를 드러내는 가장 객관적인 자료로서 일반투자자에게 제공·공표되어 그 주가 형성에 결정적인 영향을 미치는 것이므로, 주식투자를 하는 일반투자자로서는 그 대상 기업의 재무상태를 가장 잘 나타내는 감사보고서가 정당하게 작성되어 공표된 것으로 믿고 주가가 당연히 그에 바탕을 두고 형성되었으리라는 생각 아래 대상 기업의 주식을 거래한 것으로 보아야 한다"고 하였다. 위 판례의 취지에 비추어, 특별한 사정이 없는 한 투자자들은 감사보고서를 신뢰하여 투자한 것으로 추정되고, 특별한 사정 즉 투자자 스스로 감사보고서가 허위의 은행조회서에 의한 부실감사에 기하여 작성된 것이라는 점을 알고 매수하였거나 투자자가 부실한 감사보고서를 믿고 이용한 것이 아니라는 점을 인정할 만한 사정을 피고측이 입증하여야 할 것이다.

이러한 은행조회서의 성격과 선례를 기초로 구체적인 검토를 하면, 은행조회서는 기업의 장부상 금융거래 내역이 실제와 같은지 확인할 수 있도록 은행이 회계법인에 제공하는 서류로서, 감사인의 감사보고서에 그대로 인용될 것이라는 점이 예정되어 있다. 따라서 이 사건의 경우 그 발급경위에 관한 구체적인 사정에 비추어 피고 은행의 직원들은 은행조회서가 향후 감사보고서에 사용될 것임을 이 서류의 성격 자체로 충분히 예견할 수 있었다고 판단된다. 또한 피고은행의 직원들은 허위의 은행조회서를 발급할 경우 감사인의 행위를 매개로 제 3 자인 투자자에게 손해가 발생할 수도 있다는 점에 대해 예견하였거나 적어도 예견할 수 있었다고 보아야 한다. 그리고 원심이 적절히 인용한 바와 같이 제 3 자인 원고들은 은행조회서의 허위표시를 기초로 작성된 감사보고서를 신뢰하여 일응 투자하였을 것이라고 판단된다. 따라서 은행조회서의 허위표시, 부실 감사보고서 및 투자자의 손해 간에는 상당인과관계가 인정된다는 분석 대상 판결의 결론에 대해 적극적으로 동의하는 바이다.

## Ⅳ. 맺 는 말

제 6 절은 크게 두 부분으로 구성되어 있다. 첫째는 미국의 과실에 의한 부실표시법리를 선언한 리스테이트먼트와 관련 판례들을 분석한 부분(Ⅱ)이다. 둘째는 이러한 미국의 이론과 판례를 토대로 우리나라에서 2007년 선고된 과실에 의한 부실표시법리를 비교·검토한 부분(Ⅲ)이다.

우선 첫째 부분에서 미국의 과실에 의한 부실표시법리를 공부하면서 저자는 동 법리의 파괴력을 실감할 수 있었다. 즉 과실에 의한 부실표시는 허위표시보다 입증이 용이하므로 많은 사건들에서 원고가 싶게 원용할 수 있는 것이다. 그러나 신용조회 사건에서 과실에 의한 부실표시법리를 채택하면서 미국의 금융기관들은 새로운 시련에 봉착하게 되었다. 예를 들어 미국의 법원들은 선택적인 공시 사례들에 있어서 천편일률적으로 주의의무 위반이라고 판단할 수 없는 경우(예: 선의이지만 사소할 정도의 경과실)를 발견하게 되었는데, 이 때에도 과실에 의한 부실표시법리를 적용하다 보니 결과적으로 은행의 전문가로서의 책임을 문제삼는 경우가 많아진 것이다. 즉 과거에는 소극적인 기재누락의 경우 과실에 의한 부실표시법리를 적용하지 않았었는데, 지금은 중요사항의 기재누락이 과실에 의한 부실표시법리의 범주에 포함되면서 소극적인 기재누락의

유형에 속하는 선택적인 공시도 그 주관적인 의도를 불문하고 법리의 적용을
받게 될 것이다. 과실에 의한 부실표시법리의 발전은 은행과 같은 금융기관에
게는 큰 부담으로 작용할 것임에 틀림없다.

　반면에 은행이 공시사항의 계속적인 정확성을 유지할 의무가 없다고 한
법리는 다소 수정되어야 할 것이다. 미국의 한 사례에서 피고 은행이 원고인
신용조회자에 대하여 피조회자가 발급한 수표의 지급보증을 받아내지 못하였
으므로 피고 은행은 원고에 대하여 계좌금액의 변동을 통보할 지속적인 의무
가 없다고 판시한 것은 다소 오해를 불러일으킬 수 있다. 왜냐하면 은행의 지
급보증이 없는 한 피고 은행은 원고인 조회자에 대하여 추가적으로 아무런 의
무를 지지 않는다는 반대해석이 가능하기 때문이다. 구체적인 타당성에 맞게
동 법리를 변용할 필요가 있다. 즉 은행과 조회자 간 계속적인 거래관계가 있
는 등 '정당한' 신뢰관계가 있고 은행은 자신이 제공한 정보에 대해 원고가 절
대적으로 신뢰할 것임을 잘 알고 있는 경우, 은행은 예외적으로 이러한 조회자
에 대하여 지속적인 의무를 진다는 형식으로 법리를 수정할 필요가 있는 것이
다. 단지 계약관계가 존재하지 않는다는 사실만으로 지속적인 의무가 없다고
단언할 수 없음을 원고적격과 관련하여 이미 검토하였다. 여기서 법리가 설시
한 '고도의' 신뢰관계가 아니라 '정당한' 신뢰관계로 자구를 수정한 이유는 상
식적으로도 조회 자체만으로 고도의 신뢰관계를 충족시킨다는 것이 너무도
어렵기 때문이다. 참고로 리스테이트먼트는 과실에 의한 부실표시에 있어서
고도의 신뢰관계가 존재한다는 사실을 구성요건에서 제외하고 대신 정당한 신
뢰의 존재를 요구하고 있다는 점도 주목할 필요가 있다.

　다음으로 둘째 부분에서 대법원 2007. 7. 26. 선고 2006다20405 판결은 과
실에 의한 부실표시법리를 선언한 최초의 대법원 판례로서 의의를 갖는다고
평가하고 싶다. 그런데 대상판결을 보면 구체적인 손해배상액의 산정 부분을
제외할 경우 법리적으로 오히려 원심이 훨씬 논리정연하다는 인상을 받았다.
특히 원심이 '사회생활상의 주의의무'라는 표현을 사용한 것에 대해서는 아무
리 칭찬을 해도 지나치지 않다는 생각이 든다. 왜냐하면 원심이 이러한 표현을
사용함으로써 동 사안에서 문제된 조회자의 조회에 대하여 은행이 정확하게
회신할 의무를 조리 혹은 사회통념상 요구되는 주의의무에 불과할 뿐이고 당
시의 구 신용정보법상 의무에 해당하지 않음을 명확히 밝혔기 때문이다. 이러

한 원심의 판시는 미국 판례법상의 법리와도 정확히 일치한다. 이와 대조적으로 관련 법령상 명시적으로 은행에게 이러한 주의의무를 부과하고 있다는 대법원의 판시는 당시 시행되었던 구 신용정보법 입법취지와 내용을 오해하였다는 점에서 결함이 있다. 그렇지만 현행 신용정보법에 의하면 대법원 판시의 하자가 치유된다는 사실은 다소 아이러닉하다.

　　대상판결은 비교법적으로 1984년 *Central States Stamping Company v. Terminal Equipment Company* 사건에서 제 6 연방고등법원의 판결을 정면으로 수용하였다는 점에서 긍정적이다. 즉 은행은 관련 법률이 명시적으로 요구하지 않는 한, 제 3 자의 고객에 대한 신용정보의 조회에 대하여 반드시 응할 의무가 없다. 그러나 고객의 신용정보에 대해 제 3 자로부터 조회를 의뢰받은 은행이 일단 회신하기로 하였다면, 사실을 오인시키지 않도록 제 3 자에게 정확하고도 충분한 신용정보를 제공(혹은 공시·확인)하여야 할 사회생활상의 주의의무(통상의 주의의무 혹은 사회통념상의 주의의무)가 있는 것이다. 더욱이 판결에서는 명확히 설시되지 않았으나 은행이 발급하는 은행조회서, 금융거래확인서 및 부채증명원이 공신력 있는 문서라는 점을 감안할 때, 허위의 문서가 발급될 경우 부실표시책임 외에도 전문가로서의 책임이 문제될 수 있음을 유념하여야 할 것이다. 한편 주의의무 위반이 문제된 이상 무상으로 신용정보를 제공하였는지 여부는 은행의 책임성립에 영향을 주지 못한다는 점은 너무도 당연한 전제사실에 불과하다.

# 제 4 장

## 금융업의 융화현상: 겸업주의

# 제4장 ■
## 금융업의 융화현상 : 겸업주의(Universal Banking)

## 제1절 총 설

### Ⅰ. 의 의

일반적으로 어떠한 국가의 금융업무범위에 대한 규제철학을 논함에 있어서 전업주의와 겸업주의가 거론된다. 전업주의(compartmentalism)란 은행, 증권회사 및 보험회사가 소극적으로 은행업, 증권업, 보험업이라는 고유의 업무영역만을 고수하는 것을 말한다. 겸업주의(universal banking)는 전업주의와 대비되는 개념으로서, 광의의 겸업주의와 협의의 겸업주의로 구분할 수 있다. 광의의 겸업주의란 종래의 은행·보험·증권회사가 별개로 영위하던 고유업무 및 부수업무의 영역에서 벗어나, 업무의 성질상 금융행위(financial in nature)라고 판단하는 모든 업무를 '직접적으로' 혹은 제휴회사를 통하여 '간접적으로' 영위하는 것을 의미한다. 광의의 겸업주의는 금융그룹 전체의 업무가 다각화됨으로써 안정적인 수익기반이 확보된다는 점에 초점을 맞춘 개념이다. 따라서 광의의 겸업주의에는 사내겸영 방식과 자회사 방식 및 지주회사 방식이 모두 포함된다. 예를 들어 미국의 1999년 그램−리치−브라일리법(Gramm-Leach-Bliley Act)에서는 지주회사 방식이나 자회사 방식을 통하여 겸업주의를 인정하고 있다. 그러나 협의로 겸업주의라고 할 경우에는 은행·증권·보험업을 하나의 본체에서 수행하는 사내겸영 방식만을 의미한다. 이는 개별 금융기관의 수익다변화에 초점을 맞춘 개념으로서, 독립된 법인이 하나의 영업만을 영위하는 금융지주회사 방식이나 자회사 방식은 여전히 변형된 형태의 전업주의에 불과하다고 보고 있다.

겸업주의란 원래 상업은행업(commercial banking)을 주축으로 한 다른 금융업과의 결합을 지칭하는 개념으로 사용되어 왔다. 따라서 상업은행업과 투자은행업 혹은 상업은행업과 보험업을 금융지주회사 방식이나 자회사 방식 혹은 사내겸영방식을 통하여 혼합적으로 영위할 경우 광의의 겸업주의라는 개념으로 포섭하여 왔던 것이다. 그러나 반드시 이에 한정되지는 않는다. 예를 들어 파생상품금융업이나 집합투자업이 증권업의 고유업무 및 부수업무가 아니라고 한다면, 증권업의 파생상품금융업이나 집합투자업의 영위도 겸업에 해당하는 것이다. 저자는 본서에서 개념상의 혼동을 미연에 방지하기 위하여 금융지주회사 방식이나 자회사 방식은 '겸업주의'라는 단일 개념으로 포섭하되, 이와 대비되는 사내겸영 방식은 그대로 '사내겸영' 방식이라는 개념을 사용하기로 한다. 그러나 이러한 방식들이 모두 광의의 겸업주의를 표방한 조직형태라는 점에 대해서는 이론이 있을 수 없다.

## II. 현황 및 역사

21세기 현대의 고도화된 금융자본주의 시대에 있어서 순수한 전업주의만을 고집하는 국가는 존재하지 않는다. 왜냐하면 겸업주의는 시설·인력·정보·商號聲價(brand image) 등의 공유를 통하여 규모·범위의 경제와 시너지효과가 발현되고, 업무를 다각화할 수 있으므로 안정적이고 추가적인 수익원이 창출되기 때문이다. 물론 겸업을 인정하더라도 각 업무영역간 이해상충행위가 빈발할 수 있고 시스템 위험이 전이되어 파산위험성이 증대될 수 있으므로, 이러한 단점을 차단할 적절한 차단장치가 구비되어야 할 것임은 두말할 나위가 없다. 우리나라에서는 현재 금융기관별 분리규제가 혼선을 겪고 있다. 여기에 자본시장법의 제정은 기름을 붓는 격이 되었다고 할 수 있고, 은행도 이러한 겸업주의의 물결에 동참할 수밖에 없는 실정이다. 현행법상으로 은행이 영위가 능한 겸업의 최대범위를 열거한다면, 고유업무인 여·수신업무 외에 여·수신업과 밀접한 관련을 갖는 부수업무, 자금중개업무와 매우 유사한 성격의 겸영업무들을 들 수 있을 것이다. 2007년 글로벌 금융위기 이후 겸업을 비판하는 목소리도 있지만 향후 금융시장이 안정되어 겸업의 당위성이 다시 부각될 경우, 은행의 업무범위는 더욱 확대될 가능성이 높다.

---

### 참고    Bancassurance와 AssurFinanz

한때 우리나라에서는 은행의 보험업 겸영 허용이 금융시장에서 가장 뜨거운 쟁점이었다. 은행이 보험사를 흡수합병하여 겸업을 영위할 경우 당해 금융회사를 방카슈랑스(Bancassurance)라고 하고, 반대로 보험사가 은행을 흡수합병하여 겸업을 영위할 경우 이러한 금융회사를 AssurFinanz라고 한다. 모든 금융업을 위험순으로 나열한다면, 보통 생명보험, 은행, 증권의 순서라고 한다. 따라서 포트폴리오의 견지에서 보자면 생명보험사가 은행을 흡수합병하는 AssurFinanz가 위험의 분산이라는 측면에서 훨씬 성공 가능성이 높다고 예단할 수 있다. 그렇지만 이는 실제로 그러하지 않다. 오히려 방카슈랑스의 경우에는 성공사례가 많지만, AssurFinanz의 경우에는 대부분 실패한 사례가 많은 것이다. 이는 일면 은행업과 보험업의 업무 방식이 판이하게 차별화되기 때문이기도 하다. 즉 은행업은 소극적인 영업방식을 채택하고 있는 반면, 보험업은 보험설계사들을 통하여 매우 공격적인 영업방식을 채택하여 왔다. 그렇다 보니 은행에 대한 고객의 이미지는 좋은 반면 보험사에 대한 고객의 이미지는 다소 위협적이다. 방카슈랑스의 경우 은행은 전국적으로 깔린 자체 지점망을 이용하여 추가적인 비용의 부담 없이 보험업을 영위할 수 있다. 그러나 AssurFinanz의 경우, 보험회사에 피흡수합병된 은행의 이미지와 평판마저 종래 보험회사의 공격적 이미지에 파묻히기 때문에 은행이용 고객들이 거래를 단절하는 현상마저 감지되는 것이다.

---

전세계적으로 겸업의 역사는 1920년대 이전까지 거슬러 올라갈 수 있다. 제 1 차 세계대전의 戰場이었던 유럽지역에서 전쟁의 여파로 기간산업이 붕괴되자, 승전국 중 하나인 미국은 전후 장기 20년의 경제호황을 예상하고 모든 가용자원을 최대로 투입하여 생산을 증대시킴으로써 유럽국가들에 대한 단일 공급기지로 그 중요성이 부각된다. 그런데 戰後 유럽의 경제회복이 예상 밖으로 빨라지자 미국의 경제는 10년의 단기호황으로 끝나게 된다. 즉 유럽의 자체 생산여력이 증가하면서 수요 자체가 급속히 감소되어, 미국내 在庫가 증대되고 공급이 대폭 축소되는 등 미국산업의 정체와 대규모 실업의 먹구름을 야기한 것이다. 이는 1929년 미국 월스트리트의 붕괴로 이어지면서 미국발 대공황(Great Depression)의 도래를 알리는 중대한 사건이 되었다. 주가의 대폭락과 함

께 그 여파는 미국의 금융기관에게 즉각적으로 전파되었다. 왜냐하면 당시 은행들은 증권업의 겸영이 가능하였기 때문이다. 즉 은행들은 1929년까지 증시의 폭등에 고무되어 대규모의 가용자금을 증권투자에 사용하였는데, 월스트리트의 붕괴와 함께 주가폭락이 은행들의 대규모 파산을 연쇄적으로 가져온 것이다.

1933년 집권한 루즈벨트 대통령은 의회의 조력을 받아 일련의 경제입법을 제정하는데, 그 중 하나가 1933년 은행법(소위 Glass-Steagall Act)이다. 동법은 ① 상업은행과 투자은행을 엄격하게 분리하여 은행업과 증권업(금융투자업)의 겸영을 방지하는 기관별 분리주의를 채택하였다. ② 연방차원에서 연방예금보험공사(the Federal Deposit Insurance Corporation, FDIC)를 발족하여 은행파산에 대비하였다. ③ 연방준비이사회(the Federal Reserve Board, FRB)에게 전적으로 금리결정권을 부여하였다. 1933년 이후 미국 내에서 금융기관의 겸업, 그 중에서도 은행업과 증권업의 겸업을 방지하는 체제는 65년간 지속되었다. 이를 소위 엄격분리주의 체제라고 하는데, 우리나라의 은행법도 Glass-Steagall법의 영향으로 겸업을 허용하지 않는 시스템을 구축하였던 것이다.

그러나 1999년 초 보험업과 투자은행업에서 상당한 시장점유율을 갖고 있었던 미국의 Travelors社가 전세계 최대의 상업은행 중 하나였던 Citi Bank를 합병하여 지주회사 체제로 전환하고 Citi Group을 형성하는 인가안을 내면서, 미국에서는 엄격 분리주의의 철폐와 겸업의 필요성에 대한 격론이 이루어졌다. 결국 기존의 Glass-Steagall법상 제약에도 불구하고 시장의 요구를 도외시할 수 없었던 연방준비이사회는 21세기 금융환경변화와 미국금융기관의 국제경쟁력에 대해 고심한 끝에 당해 합병을 과감히 인가하는 조치를 취하였다. 이는 전세계적으로 법 개정 이전의 상황임에도 불구하고, 금융감독당국이 시장선도적인 감독조치를 행한 모범사례(best practice)로 칭송을 받기까지 하였다. 1999년 10월 Bill Clinton 행정부하에서 미국연방의회는 'Financial Services Modernization Act', 소위 'Gramm-Leach-Bliley Act'를 제정하고 Glass-Steagall법상 겸업금지조항을 폐지하였는데, 이는 기관별 분리주의를 폐지하고 미국식 겸업체제로 전환할 것이라는 점을 명확히 한 것이다. 미국식 겸업체제는 유럽식 겸업체제와는 달리 금융지주회사를 전면에 내세우고 있는데, 이는 금융기관과 고객 간의 이해상충을 방지하기 위한 묘책으로 받아들여진다. 우리나라에서도 미국제도의 패러다임 자체가 바뀐 것에 대해 충격을 받고 금융지주회사 체제의 도입여부를 고민한 끝에, 2000년 10월 금융지주회사법을 제정하였다(신한금융지주회사의 건의를 수용하는 형식). 동법은 2001년 1월부터 시행되었는데, 우리나라도 미국식 겸업체제를 전면적으로 수용한 것이라는 점에서 시대적 요구에 부응한 것이라는 평가가 대세를 이루었다.

그렇지만 현재 겸업주의는 상당한 도전을 받고 있다. Glass-Steagall법의 폐지로 인하여 상업은행들과 금융투자업자들은 마치 하나의 실체(single entity)와 같이 밀접하게 기능하였는데, 2000년대 중반 이후 금융투자업자의 파생상품과 기타 신종금융상품 거래로 인하여 발생한 위험에 미국의 상업은행시스템도 영향을 받게 되자, Gramm-Leach-Bliley법의 제정이 2007년 이후 촉발된 글로벌 금융위기의 주요 원인으로 지목받게 된 것이다. 미국 연방준비이사회 전 의장이자 오바마 대통령의 경제회복자문위원장이었던 Paul Volker(이하 볼커)는 애초 Glass-Steagall법의 완벽한 부활을 제안하였다. 2010년 7월 제정된 "Dodd-Frank Wall Street Reform and Consumer Protection Act"[1](이하 Dodd-Frank법) 제VI장 § 619는 볼커 룰을 일부 수용한 것인데, 사실 원래의 볼커 룰과는 다소 거리가 있다. 즉 원래의 볼커 룰에 의하면, 은행과 예금기관을 지배하는 어떠한 회사들은 헤지펀드와 사모투자펀드(투자회사법에서의 등록의무가 면제된 펀드)의 설립이나 투자가 금지되며 증권의 자기계정에 의한 고유거래(proprietary trading)도 금지된다. 다만 상업은행들은 고객을 대리하여 증권을 인수하고 거래하는 것과 같은 금융투자업 만을 제한적으로 영위할 수 있을 뿐이다. 그런데 Dodd-Frank법은 ① 미국 정부채에 대한 투자, ② 패니메이, 프레드맥, 연방주택대출은행, 연방농업모기지공사(the Federal Agricultural Mortgage Corporation) 등이 발행한 증서에 대한 투자, ③ 주정부나 하부행정단위의 채무에 대한 투자, ④ 고객의 단기 수요를 벗어나지 않는 범위에서의 인수주선업무와 시장조성업무, ⑤ 은행에 발생할 수 있는 특별한 위험을 축소할 목적의 위험완화 헤징업무, ⑥ 소규모사업 투자회사들에 대한 투자, ⑦ 보험회사 일반계정의 투자업무, ⑧ 은행이 선의의 신탁서비스나 투자자문서비스를 제공할 경우 헤지펀드나 사모투자펀드의 설립, ⑨ 외국회사가 미국회사의 직·간접적인 지배를 받지 않고 미국 밖에서 수행하는 업무 등과 같은 광범위한 예외조항을 규정하고 있다(§ 619(d)). 또

---

1) Public Law No. 111-203, Stat. (2010).

한 특정 은행의 기본자본액 최대 3%까지 최소한의 투자업무가 허용되는 예외
도 규정하고 있다(§ 619(d)(4)). 따라서 Dodd-Frank법의 제정이 Glass-Steagall법
의 완벽한 부활은 아니며, 미국에서는 여전히 은행의 겸업을 확장할 수 있는
토대가 유지되는 것이다. 그리고 금융시장이 안정된다면 공격적인 겸업주의를
허용하자는 목소리가 다시 높아질 것이다. 왜냐하면 역사적으로 볼 때 금융부
문은 시대적인 상황에 맞추어 규제의 완화와 강화를 쳇바퀴 돌 듯이 반복하여
왔기 때문이다.


## 제 2 절   겸업주의의 원인

　　20세기 후반부터 전세계적으로 겸업주의가 대세를 이루게 되었고 향후 금
융시장이 안정화된다면 다시 겸업의 목소리가 득세할 수밖에 없는 원인은 여
러 가지가 있다.

　　첫째, 은행 수요자들과 금융기관들로부터의 규제완화(deregulation) 요구이
다. 금융시장은 자유주의 시장경제질서에 가장 적합한 시장으로서 정부규제는
시장상황을 가장 적절하게 반영하여 최소한으로 그쳐야 한다. 어느 국가에서나
은행의 건전성규제를 유지 혹은 강화하되, 업무규제를 완화하여야 한다는 점에
대해 이견이 없어졌다. 수익이 발생할 수 있는 곳으로 업무역량을 확대하는 것
은 은행의 수익성과 건전성을 제고하여 고객의 이익에 기여한다.

　　둘째, 은행고객이탈(disintermediation)의 가속화이다. 종래 자금을 맡길 안정
적인 금융기관이 없었던 상황에서 은행만이 유일한 자금운용처였다. 그러나 자
금운용의 대체시장이 발달되면서 고객들은 은행에게 자금을 맡기지 않고, 타
금융기관의 주력상품을 매입하는 현상이 일반화되었다. 자본시장에서 발행되
어 유통되는 회사채, CP(기업어음), CD(certificate of deposit, 양도성예금증서)가 은
행금리보다 높은 호조건을 제시함에도 불구하고 만기가 짧아 은행의 요구불예
금과 거의 동일시된다는 점도 은행고객들의 이탈을 가속화하는 원인이 된다.
더욱이 신용평가기관의 평가기법이 발달되면서 당해 회사채나 CP를 발행한
기업의 신용도를 고객들이 쉽게 파악할 수 있다는 점도 이들 시장의 전망을 밝
게 한다. 결국 이러한 금융상품을 구입하는 고객이 많아지면서 은행의 예금고

가 급감하고 수익도 급감함에 따라 은행들은 종래의 여·수신업 이외에 다른 금융업무로 영업기반을 확대하여야 할 필요성이 높아지게 되었다.

셋째, 세계화(globalization)이다. 금융업은 현재 가장 대표적인 국경 없는 영업(borderless business)으로 간주된다. 미국에서는 엔론과 월드컴 등 대규모 기업들의 연이은 분식회계사태가 발생한 이후 회계의 투명성을 강조하는 특별입법(Sarbanes-Oxley법)이 제정되었는데, 이후 동법의 엄격성으로 인하여 미국의 증권시장에 상장하는 기업수가 급감하였다. 그리고 대안으로서 런던의 증권시장에 상장하려는 기업들이 많아지면서 영국의 금융규제환경이 주목을 받아 왔는데, 이는 금융업과 금융시장이 세계화되는 가장 대표적인 예라고 할 수 있다. 각국은 세계의 금융기관을 끌어들이기 위하여 경쟁적으로 규제완화조치를 단행하고 있는바, 만일 우리 금융시장이 은행의 겸업을 허용하지 않는다면 세계 유수의 금융기관들을 유치하고 그들의 자본이 투자될 수 있는 환경을 조성하는 데 한계가 있을 것이다. 한편 세계화의 진전에 따라 각국의 규제는 통일화되는 현상마저 발견되는바(예: BIS 자기자본규제), 이러한 환경 속에서 자국의 완고한 규제체제를 일방적으로 고수하기란 어려울 것이다.

넷째, 인터넷 혁명(internet revolution)으로 인하여 은행보다 타 금융기관의 정보처리업무가 빨라지게 되었다. 특히 인터넷혁명의 가장 큰 수혜자는 자본시장이라고 할 수 있다. 왜냐하면 투자대상인 회사의 현재, '미래의 중요 정보'(soft information 포함)를 인터넷상의 공시시스템과 분석기법을 통하여 고객들은 실시간으로 쉽게 접할 수 있으므로 고객의 증권시장에 대한 관심도 증폭되었기 때문이다. 국내시장과 외국시장에 대한 정보획득과 유통속도가 빨라짐에 따라 day trading이 성행하고, 외국증권시장에 대한 포트폴리오투자도 확대되었다. 뿐만 아니라 직접금융시장의 중요성을 간파한 발행기업들은 고객들에 대한 IR(Investor Relation)을 강화하고 있다. 인터넷혁명과 함께 자금중개시장과 자본시장간의 균형추가 자본시장으로 급격히 기울어짐에 따라, 은행의 자금줄이 경색되어 은행 수익이 급감하게 된 것도 은행의 겸업욕구를 자극하는 요인이 되고 있다.

마지막으로 은행과 충분히 경쟁할 수 있는 타 금융기관의 출현을 들 수 있는데, 가장 대표적인 예는 증권투자회사(mutual fund)의 등장이다. 뮤추얼펀드를 이용한 투자기법은 개개의 투자자가 직접 증권투자에 관여하지 않고 다른 투자자의 자금과 집적(pooling)하여 투자전문가(펀드매니저)에게 운용을 맡기는 대신 그에게 운용수수료를 지급하는 방식의 간접투자를 지칭한다. 뮤추얼펀드 산업의 발전은 당해 국가의 자본시장 발전에 직접적으로 영향을 미치는 것으로 조사되었는바, 미국이 1990년부터 2000년까지 10년간 다우존스(Dow Jones) 지수가 10배 증가하는 등 장기 경제호황을 누리는 데 있어서 기폭제로서의 역할을 하였다. 펀드매니저들은 직접 증권투자를 하는 일반 투자자들보다 정보집적·분석·평가에 있어서 상대적으로 매우 우월한 전문가로서, 이들이 이러한 정보력을 바탕으로 일반 투자자들의 지시를 받지 않은 채 자유롭게 집적된 자금을 운용할 수 있는 전적인 재량을 갖는다. 여기서 뮤추얼펀드에는 개방형과 폐쇄형의 두 가지 유형이 존재한다. 우선 개방형은 투자풀에 가입한 투자자가 언제든지 환매요구를 할 수 있고, 펀드모집이 종료하였더라도 다른 투자자의 추가적인 가입과 탈퇴가 자유로운 펀드를 의미한다. 투자자의 환매요구 시점에 펀드매니저가 운용하는 전체 자산의 시가평가가 가능하여야 할 것이므로, 시가평가제도의 발전이 선행되어야 운용할 수 있는 펀드유형이라고 할 수 있다. 우리나라에서는 2000년 7월부터 전면적인 채권의 시가평가제도(mark-to-market)가 시행되면서 개방형 뮤추얼펀드 상품들이 등장하게 되었다. 반대로 폐쇄형은 개방형과 달리 일단 펀드에 가입한 투자자는 만기까지 환매가 절대적으로 금지되는 펀드이다. 펀드가 보통 1년 단위로 운용되므로, 투자자는 당해 기간중 환매요구할 수 없게 된다. 그런데 개방형 뮤추얼펀드는 사실상 은행의 예금과 유사하다(물론 은행은 원금상환이 보장되나, 뮤추얼펀드는 원금상환이 보장되지 않는다). 최근 많은 각광을 받는 CMA(Cash Management Account) 통장 역시 본래의 성격은 개방형 뮤추얼펀드의 하나라고 할 수 있다.2) 이렇게 개방형 뮤추얼펀드가 만연하다 보니 은행의 수신고는 더욱 격감하게 되었다. 결국 이러한 제 요인은 종합적으로 은행의 수익성을 악화시키게 되어, 은행이 겸업으로 나갈 수밖에 없는 원인이 되었다.

---

2) CMA란 어음관리계좌 혹은 종합자산관리계정이라고도 하는데, 투자자가 예치한 자금을 CP, CD, 국공채 등의 채권에 투자하여 발생한 수익을 투자자에게 돌려 주는 금융상품이다.

# 제 3 절   겸업주의의 장·단점과 차단벽의 존재의의

## I. 겸업주의의 장점

### 1. 시너지효과와 범위의 경제

은행업과 타 금융업무를 혼합할 경우, 양자의 업무를 독립적으로 영위할 때 기대할 수 없었던 효율성이 증대될 수 있다. 이러한 효율성의 증대요인으로는 시설·인력·정보·商號聲價(brand image)의 共有 등을 들 수 있다. 겸업을 허용하게 되면 은행은 자신의 고객들에게 보다 효율적으로 타 금융상품·서비스를 판매할 수 있다. 보험상품의 판매를 위해 전국적으로 소재하는 은행의 기존 지점망을 활용하는 것이 대표적인 사례이다.

### 2. 업무의 다각화와 안정성(혹은 포트폴리오)의 제고

만일 신규업무의 결과 은행의 전통적인 은행업 영위로부터 발생하는 수익과는 전혀 관계없는 수익이 발생한다면, 은행업과 신규업무의 결합은 은행업만 단독으로 영위하는 경우보다 안정적인 수익원을 제공하는 셈이 되고 결과적으로 하나의 영업에 치우칠 경우 발생할 수 있는 고유의 위험에서 벗어나게 된다. 따라서 다른 변수가 없다면 전체그룹의 파산위험성도 감소되게 된다. 은행의 파산이 막대한 사회비용을 초래한다는 점을 감안할 때, 겸업은 사회전체적으로 큰 효용을 제공한다고 볼 수 있다.

## II. 겸업주의의 단점

다른 한편으로 겸업의 결과 은행의 파산위험성은 더욱 증대될 수도 있으며, 은행에게 제공되는 공적 보조의 혜택이 부당하게 他업무영역으로까지 확대될 위험성도 존재한다.

## 1. 파산위험의 증대

전통적인 은행업무영역에서 벗어난 신규업무로의 확대는 은행의 파산가능성을 증대시킬 수도 있는바, 다음의 두 가지 요인에서 비롯된다고 할 수 있다.

첫째로, 은행경영진이 非銀行 업무에 대한 전문적 지식도 없이 섣불리 투자결정을 한 후 직접 경영에 뛰어든다고 가정하자. 이때에는 원론적인 차원의 "위험의 분산을 목적으로 하는 자산운용의 다각화(소극적인 분산투자)"와는 달리, 은행은 소유주로서 非銀行業에 적극적으로 참여(투자)하게 된다. 만일 은행경영진이 동 업무를 영위함에 있어서 중대한 판단상의 오류를 犯할 경우, 비은행업에서의 막대한 손실은 은행의 건전성마저 위협할 것이다. 본질적으로 은행의 부채 / 자본비율이 타 산업부문에 비하여 지나치게 높기 때문에, 이러한 손실의 결과 야기되는 파산위험성은 매우 높다고 할 수 있다.

다음으로, 은행소유자나 경영진이 은행의 지급여력만을 믿고 은행자금을 밑천으로 자신의 이익을 극대화하기 위해 非銀行業務에 뛰어들 수도 있다. 이때에는 은행이 소유자나 경영진의 私金庫로 전락되어, 타 업체의 주요 자금조달원으로 유용되는 사태가 발생한다. 한편 은행소유자나 경영진은 은행자금을 간접적으로도 유용할 수 있는바, 非銀行 분야의 상품이나 서비스를 시장가격 이하로 제공함으로써 발생하는 손실을 은행에게 전가시키는 것이 대표적인 예가 될 것이다.

## 2. 공적 보조(public subsidy)의 남용

은행은 "예금자보호, 중앙은행의 재할인에 의한 여신혜택 및 위험 없는 지급결제체제의 참여 등"을 통하여 정부에서 제공하는 다양한 공적 보조와 안전망의 혜택을 누리고 있다.[3] 그런데 겸업주의에서 이러한 보조금의 이익이 非銀行業務영역까지 확대된다면, 은행은 타 경쟁업체에 비하여 부당한 이익을 향유하게 될 것이다. 이렇게 보조금이 남용된다면 非銀行은 자체의 상품이나 서비스를 과대생산함으로써 비효율성을 증가시킬 수도 있다.[4]

---

3) 예금자보호법 제1조, 한국은행법 제64조 제1항 및 제81조 참조.
4) Bernard Shull & Lawrence J. White, *The Right Corporate Structure for Expanded Bank Activities*, 115 Banking L. J. 446, 465-466 (May 1998) [이하 Shull & White라고 함].

## Ⅲ. 겸업주의의 단점을 극복하기 위한 차단벽(firewall)의 중요성

### 1. 의    의

겸업주의에서의 차단벽은 은행과 대주주 간 이해상충규제에서의 차단벽과는 다소 미묘한 차이가 있다. 즉 겸업주의에서의 차단벽이란 은행이 수행하는 전통적인 은행업과 은행의 자회사나 제휴회사가 영위하는 기타의 금융업을 효과적으로 분리할 목적으로 고안된 일련의 제한수단을 지칭하는 것이다. 여기서 차단벽은 보통 금융그룹 내 상이한 금융기관간의 내부 금융거래와 정보의 공유를 제한하는 유형으로 법규에 등장한다. 물론 전세계적으로 차단벽을 최초로 마련한 것은 미국의 1933년 은행법으로서, 연방지준법(the Federal Reserve Act)에 § 23A를 추가하여 제휴회사간의 내부거래에 대한 제한을 규정하였다는 점은 이미 앞의 이해상충규제에서 설명한 바 있다.[5] 1991년에는 § 23B가 추가되어 제휴회사간의 내부거래는 독립거래의 원칙(arm's length)에 의하여야 함을 규정하였다.[6] 이러한 법상의 규정 이외에도 연방준비이사회는 필요하다고 판단시 자체규정으로 차단벽을 계속 추가하여 왔었는바, 임원의 모회사·자회사 겸직금지, 은행의 증권제휴회사가 발행한 주식취득의 금지 및 고객에 대한 제휴회사 상품의 판매권유금지 등은 그 대표적인 예이다.[7]

### 2. 기    능

#### (1) 은행의 건전성 유지

차단벽은 비은행인 자회사나 제휴회사의 업무에서 발생하는 위험이 은행으로 이전되는 것을 방지함으로써, 은행의 건전성을 유지시키고 예금보험기금으로 대표되는 공적 안전망(safety net)을 보존하는 기능을 수행한다. 보통 금융업무 중에는 은행업무와 밀접하게 관련되기 때문에 은행과 어떠한 형태로든 연계시켜 영위하는 것이 오히려 바람직한 업무가 있기는 하나, 어떠한 업무는

---

5) 12 U.S.C. § 371c.

6) 12 U.S.C. § 371c-1.

7) Remarks, *Implementing the Gramm-Leach-Bliley Act* by Laurence H. Meyer, Member, Board of Governors of the Federal Reserve System before the American Law Institute and American Bar Association 1, 3-4 (February 3, 2000) 참조.

그 위험이 너무도 현저하기 때문에 은행이 직·간접적으로 관여할 경우 은행의 안전과 건전성을 저해할 위험성이 높은 업무도 있다. 가장 대표적인 예로서 거론되는 업무로서 증권인수업이 있다. 미국에서도 은행이 과거에 이러한 증권업무를 직접적으로 수행한 결과 1920년대 말부터 1930년대 초반까지 연이은 파산의 희생자가 되었다는 자각하에 투자은행업무와 상업은행업무를 엄격히 분리하여 왔다.

### (2) 이해의 충돌·불공정경쟁의 방지

차단벽은 겸업으로 인한 이해의 충돌과 불공정한 경쟁 등을 미연에 방지하는 역할도 수행한다. 예를 들어 1999년 금융서비스현대화법의 제정 前까지 연방준비이사회가 운영하던 차단벽의 대표적인 예로서, 운영기준 6에서는 "非銀行 子會社가 인수하는 특정회사의 발행주식을 매수하는 데 필요한 자금을 제공할 목적으로, 은행지주회사나 은행은 은행고객에게 신용공여를 할 수 없다"고 규정하였다. 이러한 차단벽을 설정한 이유는 은행고객으로 하여금 비은행 자회사가 인수하는 당해 주식을 매수하도록 하기 위하여 시장이자율보다 낮은 가액으로 신용공여를 할 가능성이 매우 높기 때문이었다. 은행으로서는 이렇게 신용공여한 금액이 상환되지 않을 경우 건전성이 위협될 것이고, 은행고객으로서는 신용공여의 유혹에 끌려 위험한 증권을 매수함으로써 결국 손실의 위험을 감수하여야 할 것이다. 한편 비은행 자회사로서는 경쟁업체에 비하여 부당한 경쟁의 우위를 점할 수도 있다. 왜냐하면 타 경쟁업체들은 자신의 고객들에게 신용공여를 할 수 있는 금융기관(은행)을 보유하지 않고 있기 때문이다.8)

### (3) 공적 보조의 남용 방지

차단벽들은 정부로부터 공적 보조를 받는 은행으로 하여금 非銀行業務를 영위하는 제휴회사에게 보조금의 혜택을 이전시키지 못하도록 하는 기능도 수행한다고 이해되고 있다.9) 사실 공적 보조와 안전망이 존재함으로 인하여 은행은 타 경쟁업체에 비하여 상대적으로 우월한 지위에 있는 것은 사실이나, 예금보호체계 및 일반납세자들의 부담을 가중시킬 수 있는 도덕적 해이(moral

---

8) Board of Governors of the Federal Reserve System, *Bank Holding Companies and Change in Bank Control(Regulation Y): Amendments to Restrictions in the Board's Section 20 Orders,* 62 Fed. Res. Bull. 45295, 45299 (August 27, 1997).

9) Shull & White, p. 460.

hazard)의 상태에 빠질 가능성도 있다.[10] 물론 공적 보조에 의한 이익보다 안전
망의 조성을 이유로 감독을 강화함으로써 발생하는 비용도 무시할 수 없기는
하다.[11] 그럼에도 불구하고 차단벽은 이러한 보조금의 혜택을 은행내부로 제
한한다는 측면에서 그 존재의의가 있다고 본다.

---

### 📝 참고   겸업주의와 관련된 차단벽 조항

(1) 은행법 제28조의2

① 은행은 이 법에 따른 업무를 운영할 때 은행과 은행이용자 간, 특정 이용자와
다른 이용자 간의 이해상충(利害相衝)을 방지하기 위하여 대통령령으로 정하
는 업무 간에는 이해상충이 발생할 가능성에 대하여 인식·평가하고 정보교류
를 차단하는 등 공정하게 관리하여야 한다.

② 은행은 제1항에 따른 이해상충을 관리하는 방법 및 절차 등을 대통령령으로
정하는 바에 따라 「금융회사의 지배구조에 관한 법률」 제24조에 따른 내부통
제기준(이하 "내부통제기준"이라 한다)에 반영하여야 한다.

③ 은행은 이해상충을 공정하게 관리하는 것이 어렵다고 인정되는 경우에는 그
사실을 미리 해당 이용자 등에게 충분히 알려야 하며, 그 이해상충이 발생할
가능성을 내부통제기준이 정하는 방법 및 절차에 따라 은행이용자 보호 등에
문제가 없는 수준으로 낮춘 후 거래를 하여야 한다.

④ 은행은 제3항에 따라 그 이해상충이 발생할 가능성을 낮추는 것이 어렵다고
판단되는 경우에는 거래를 하여서는 아니 된다.

⑤ 금융위원회는 은행이용자 보호 등을 위하여 필요하다고 인정되는 경우에는 이
해상충에 관한 내부통제기준의 변경을 권고할 수 있다.

⑥ 은행은 대통령령으로 정하는 겸영업무 및 부수업무의 경우에는 대통령령으로
정하는 바에 따라 은행업무와 구별하고 별도의 장부와 기록을 보유하여야 한다.

(2) 은행법 제37조

③ 은행은 그 은행의 자회사 등과 거래를 할 때 다음 각호의 어느 하나에 해당하
는 행위를 하여서는 아니 된다.

  1. 그 은행의 자회사등에 대한 신용공여로서 대통령령으로 정하는 기준을 초과
하는 신용공여(그 은행의 자회사등이 합병되는 등 대통령령으로 정하는 경

---

10) Bevis Longstreth & Ivan E. Mattei, *Organizational Freedom for Banks: The Case in Support*, 97 Colum. L. Rev. 1895, 1901 (October, 1997) [이하 Lonstreth & Mattei라고 함].

11) 예를 들어 예금자보호법 제21조에 의한 예금보험공사의 부보금융기관에 대한 자료제출요
구와 한국은행법 제87조에 의한 한국은행의 금융기관에 대한 자료제출요구권 등.

우는 제외한다)

2. 그 은행의 자회사등의 지분증권을 담보로 하는 신용공여와 그 은행의 자회
   사등의 지분증권을 사게 하기 위한 신용공여

3. 그 은행의 자회사등의 임직원에 대한 대출(금융위원회가 정하는 소액대출은
   제외한다)

4. 그 밖에 그 은행의 건전한 경영을 해치거나 예금자 등 은행이용자의 이익을
   해칠 우려가 있는 행위로서 대통령령으로 정하는 행위

(3) 금융지주회사법 제48조

제48조 (자회사 등의 행위제한)  ① 금융지주회사의 자회사 등은 다음 각호의 행위
를 하여서는 아니 된다. 다만, 당해 자회사 등이 새로이 금융지주회사에 편입
되는 등 대통령령이 정하는 경우에는 그러하지 아니하다.

1. 당해 자회사 등이 속하는 금융지주회사에 대한 신용공여

2. 다음 각 목의 어느 하나에 해당하는 경우 이외에 해당 자회사 등이 속하는
   금융지주회사의 다른 자회사 등의 주식을 소유하는 행위
   가. 해당 자회사 등에 의하여 직접 지배받는 회사의 주식을 소유하는 경우
   나. 다른 자회사 등이 지배하는 외국법인의 주식을 소유하는 경우로서 위험
       전이 방지 등을 위하여 대통령령으로 정하는 기준을 초과하지 아니하는
       범위 내에서 해당 외국 법인의 주식을 소유하는 경우

3. 당해 자회사 등이 속하는 금융지주회사의 다른 자회사 등에 대한 신용공여
   로서 대통령령이 정하는 기준을 초과하는 신용공여

② 동일한 금융지주회사에 속하는 자회사 등 상호간에 신용공여를 하는 경우에는
대통령령이 정하는 기준에 따라 적정한 담보를 확보하여야 한다. 다만, 자회사
등의 구조조정에 필요한 신용공여 등 금융위원회가 정하는 요건에 해당하는
경우에는 그러하지 아니하다.

③ 은행, 보험회사 및 그 밖에 이에 준하는 금융기관으로서 대통령령으로 정하는
자회사 등은 해당 자회사 등이 속하는 금융지주회사 및 자회사 등(이하 '금융
지주회사 등'이라 한다)으로부터 대통령령으로 정하는 불량자산을 매입하여서
는 아니 되며 금융지주회사와 자회사 등간 또는 자회사 등 상호간에 불량자산
을 거래하는 경우에는 그 외의 자를 상대방으로 하여 거래하는 경우 등 통상적
인 거래조건과 비교하여 해당 금융지주회사 또는 자회사 등에 현저하게 불리
한 조건으로 해당 불량자산을 매매하여서는 아니 된다. 다만, 자회사 등의 구
조조정에 필요한 거래 등 금융위원회가 정하는 요건에 해당하는 경우에는 그
러하지 아니하다.

④ 금융지주회사 등은 다른 법령에도 불구하고 공동광고를 하거나 전산시스템,

사무공간, 영업점, 그 밖에 대통령령으로 정하는 시설을 공동사용할 수 있다.
이 경우 대통령령으로 정하는 기준을 준수하여야 한다.
⑤ 금융지주회사의 자회사 등은 당해 금융지주회사의 주식을 소유하여서는 아니
된다. 다만, 금융지주회사의 자회사가 제62조의2 제 1 항 또는 상법 제342조의2
의 규정에 의하여 당해 금융지주회사의 주식을 취득하는 경우에는 그러하지
아니하다.
⑥ 삭제 <2002. 4. 27>
⑦ 금융지주회사의 자회사 등이 당해 금융지주회사 또는 당해 금융지주회사의 다
른 자회사 등의 주식을 소유하는 경우에는 그 주식에 대하여 의결권을 행사할
수 없다. 다만, 제1 항 제 2 호 각 목의 어느 하나에 해당하는 경우에는 그러하
지 아니하다.
⑧ 제 1 항 제 1 호·제 3 호 및 제 2 항의 자회사 등의 범위, 신용공여의 기준은 대
통령령으로 정한다.

## 3. 차단벽의 본질적 한계

### (1) 경제침체시 차단벽의 無用性

그런데 이렇게 모범적인 차단벽을 운영하여 오던 미국에서도 차단벽의 유
효성에 대하여는 많은 의문이 제기되어 왔다. 즉 금융이 안정적인 시기에 있어
서 차단벽은 적절히 작동될 수 있으나, 금융사정이 안 좋은 시기에 더욱 효용
을 발휘하여야 할 차단벽이 너무도 쉽게 허물어진다는 점을 경험적으로 목도
한 것이다. 1990년 Drexel Burnham Lambert의 파산을 계기로, 연방준비이사회
의장이었던 Alan Greenspan은 지주회사內 어떠한 자회사를 타 제휴회사의 자
금부족문제로부터 완전히 절연시킬 수 있어야 할 차단벽이 과연 존재할 수 있
는 것인지에 대해 본질적인 의문을 제기한 바 있다.12) 연방예금보험공사 수장
이었던 Ricki Helfer도 § 23A와 § 23B의 역할에 대하여 강도 높은 비판을 하였
다. "이러한 차단벽들이 경제의 하강국면에는 약화되는 경향이 있고, 금융감독
기관에 감지되지도 않는 수많은 편법적 내부거래가 횡행하여 왔다. 더욱이 경
제침체기에는 지주회사뿐만 아니라 제휴회사도 은행을 상대로 부당한 자금지
원의 압박을 행사할 수 있다."13)

---

12) Alan Greenspan, *Statement before the Committee on Banking, Housing & Urban Affairs, U.S. Senate,* 76 Fed. Res. Bull. 731 (1990).
13) Ricki Helfer, *Testimony on Financial Modernization,* Hearings before the Subcommittee on

### (2) 차단벽과 겸업주의

차단벽에 의하여 은행업을 비은행업과 완전히 분리한다고 하는 것은, 겸업
주의를 옹호하면서 업무영역의 확대를 주장하는 본래의 취지(즉 은행으로 하여
금 범위·규모의 경제를 실현하고 위험의 다각화를 꾀함)와 배치된다. 즉 "높고 두터
운 차단벽들을 설치하게 되면 시너지효과를 반감시킬 것이고 금융기관의 비용
을 증대시킬 것이다. 그러한 차단벽들이 비용만을 증가시키고 효과적이지 않다
고 한다면, 이러한 것들의 존재의의에 대하여 전면적인 재검토가 필요하게 된
다."14) 이러한 모순점을 감안하여 우리나라에서도 금융지주회사법 제정시 "고객
의 이해상충 및 공정경쟁을 확보하기 위한 차단벽은 시너지효과를 봉쇄하지 않
는 범위 내에서 설정하여야 한다"는 매우 모호한 주장마저 제기된 바가 있다.15)


## 제 4 절   겸업주의의 유형16)

### I. 개    관

각국의 금융환경과 역사 및 정책당국의 규제철학 등에 따라 선호하는 겸
업 방식도 차이가 생기게 마련이다. 전세계적으로 ① 협의의 겸업주의를 취하
는 독일식 사내겸영 방식과 ② 광의의 겸업주의를 취하는 미국식 금융지주회
사 방식 및 ③ 절충형으로서 영국, 일본 및 우리나라에서 인정되어 왔던 자회
사 방식이 존재한다. 그런데 우리나라는 2000년 금융지주회사법을 제정함으로
써, 전통적인 자회사 방식 이외에도 금융지주회사 방식의 겸업주의를 인정하게
되었다. 이는 비단 우리나라에서만 발견되는 현상이 아니다. 즉 각국은 겸업에
있어서의 전통적인 고유모델에서 벗어나 다른 유형의 겸업도 인정하는 형식으

---

Capital Markets, Securities, & Government Sponsored Enterprises, Committee on Banking &
Financial Services, U.S. House of Representatives, 105th Cong., 1st Sess. (March 5, 1997).

14) Greenspan, *op. cit.,* p. 42.

15) 지동현, "금융지주회사 제도 개선 방향," 금융지주회사법 공청회자료 제16면, 한국금융연구
원 (2000. 6. 15) [이하 지동현이라고 함].

16) 다음은 김용재, "겸업주의와 금융그룹의 설립방식에 관한 고찰: 지주회사 방식과 자회사 방
식의 비교," 상사법연구 제19권 제 3 호 (2001), 371-402면과 김용재, "독일 금융산업에서의
겸업주의의 최근 동향," 비교사법 제13권 제 1 호 (2006), 621-648면을 참조한 것이다.

로, 보다 적극적이고 개방적인 입장을 취하고 있는 것이다. 예를 들어 미국은
전통적으로 전업주의에 가까운 겸업방식으로서 지주회사 방식을 선호하여 온
반면, 독일은 완전한 겸업방식으로서 사내겸영 방식을 선호하여 왔다(영국은 절
충형으로서 자회사 방식). 그런데 미국은 그램-리치-브라일리법의 제정을 통하
여 지주회사 방식 이외에도 은행 자회사 방식에 의한 겸업을 허용함으로써 독
일식 사내겸영 방식에 보다 근접하게 되었다. 독일의 금융기관들은 구 법제상으
로 보장되었던 완전한 사내겸영 방식과는 다른 형태의 겸업방식을 통하여 금융
그룹을 재편하여 왔다. 즉 감독의 편의와 고객의 요구 때문에 완전한 사내겸영
방식보다 자회사 방식이나 지주회사 방식을 선호하는 현상이 발견되는 것이다.

## II. 겸업방식의 유형별 검토

### 1. 사내겸영(Pure Universal Bank) 방식

#### (1) 법    제

과거 독일의 은행(Kreditinstitute)은 관련 법률에 의하여 단일의 은행업 인가
를 받으면 상업은행업과 투자은행업 등 다양한 업무를 직접적으로 영위할 수
있었다(보험업은 제외). 그렇다보니 독일에서 전통적으로 은행이라 함은 상업은
행업을 포함한 광범위한 범주의 금융업무를 영위할 수 있는 종합금융기관(겸업
은행)을 의미하였던 것이다. 독일 구 은행법도 은행이 상업은행업 이외에 투자
은행업, 증권 위탁매매업 및 자기매매업, 청산결제서비스(독일에서는 반드시 은
행업인가를 받아야 청산지급결제서비스를 할 수 있음) 등을 영위할 수 있음을 명문
으로 규정하고 있었다. 따라서 과거의 법제를 보면 독일 은행들에게 사내겸영
방식의 겸업이 전면적으로 허용되었음을 알 수 있다.

개정 이후의 현행법은 상업은행업과는 별개로 제 1 조 (1a)에 financial
services institutions란 개념을 추가하여 금융투자업을 규정하고 있다. 또한 제 1
조 (1b)에서는 institutions란 총괄적인 개념을 두고 은행업과 금융투자업을 영
위할 수 있도록 하는데, 이는 금융지주회사를 통칭하는 것이다. 따라서 현행
법제상 독일도 과거의 사내겸영 방식을 폐기하고 금융지주회사 방식으로 근본
적인 패러다임을 전환했음을 알 수 있다. 이 때문에 현행법상 은행의 업무 범
위도 본래의 상업은행업 중심으로 환원되었다. 개정 은행법 제 1 조(1)의 은행

이란 은행업을 상행위로서 또는 상인적 방법(in kaufmännischer Weise)으로 영위하는 기업을 말하는데, 여기서 은행업으로서 ① 제 3 자로부터 예금의 명목으로 자금의 수령 혹은 일반 대중으로부터 기타 상환가능한 자금의 수령. 여기서의 상환청구권은 소지인출급식 혹은 지시식 채권으로 발행되어서는 안 되고, 이자지급의 有無는 문제가 되지 않는다(수신업), ①-a. 독일은행채 발행업(Phandbrief Act에서 정하고 있는 업무), ② 대출 및 인수에 의한 신용 등의 공여(여신업), ③ 환어음과 수표의 매수(할인업), ④ 본인명의·타인계산에 의한 금융증서(Finanzinstrument)의 매수 및 매도(위탁매매업 또는 중개업), ⑤ 제 3 자를 위한 유가증권의 보관 및 관리(보관업), ⑥ 삭제, ⑦ 만기 전 대출채권을 취득할 목적의 채무인수(팩토링업), ⑧ 제 3 자를 위한 보증, 보상 및 기타 유형의 인적 담보의 인수(지급보증업), ⑨ 현금이 수반되지 않는 수표 및 어음의 회수와 여행자수표의 발행, ⑩ 본인의 위험으로 동일가액의 지급보증을 하거나 지급보증을 인수하는 것과 같은 금융증서의 인수(발행업), ⑪ 삭제, ⑫ 장외파생상품의 중앙청산결제기관이나 거래정보저장소로서의 역할 등이 있다.[17)]

---

📝 **참고   독일의 금융산업구조**

독일의 은행산업은 매우 독특한 특징이 있다. 첫째, 독일에서는 州소유의 저축은행과 국유은행(Land banks)과 같은 공공부문이 전체 소매은행업의 40%를 점하고 있다. 둘째, 종래 독일의 은행들은 산업자본과 상호간 주식을 교차보유함으로써 양자간의 밀월관계를 유지하여 왔다. 이들 은행들을 Hausbank라고 하는데, 이들에 의한 금융자본과 산업자본간의 유착관계도 긴밀하였다.[18)] 예를 들어 2000년대 초반 독일의 10대 민영 은행들은 1백만 DM을 상회하는 독일 공개상장회사들의 0.5% 지분을 보유하였다. 은행자본과 산업자본간 교차 주식보유로부터 발생하는 영업상의 긴밀한 관계로 인하여, 은행은 관련기업에 대해 상대적으로 우량대출을 할 수 있는 기회가 많았다. 그러나 이러한 관계금융업은 변화하였다. 즉 2002년 시행된 세제개혁에서 교차보유지분을 매각할 경우 매도인에게 자본이득세를 경감시켜 주는 획기적인 조치가 취해졌다. 이로 인하여 대형 은행들이 산업자본에 대한 보유지분을 매각할 계획을 공표하였고, 소위 독일식 주식회사의 종말(the

---

17) *Gesetz über das Kreditwesen* § 1(1) (2014). https://germanlawarchive.iuscomp.org/?p=826에서 검색 (검색일: 2019. 7. 31).

18) Hausbank는 일본식 주거래은행(main bank)에 비견될 수 있다. Jordi Canals, *Universal Banking: International Comparisons and Theoretical Perspectives* 52 (Oxford 1997).

end of Deutschland AG)을 촉진하는 계기가 되었다. 예를 들어 도이체은행의 경우 2004년 7월 다임러-크라이슬러의 전체지분을 매각한 바 있다. 셋째, 자본시장에서의 직접금융이 은행을 통한 간접금융시장을 급속히 대체함에 따라, 금융투자업의 역할이 더욱 중시되고 있다. 그 때문에 은행법에도 financial services institutions에 대해 새로운 조항을 추가한 것이다.

독일의 금융중개기관은 은행, 특수은행, 은행유사기관 및 非은행으로 유형화할 수 있다. 예금수취기관으로서 광의의 은행에는 私營銀行, 저축은행(대부분 주 소유) 및 상호소유형태의 신협 등이 포함된다. 특수은행은 주택저당은행과 뮤추얼펀드 및 국영은행(Deutsche Postbank AG를 포함)으로 구성되며, 은행유사기관으로서 보험회사와 여신전문금융기관이 포함된다. 마지막의 非은행에는 투자회사와 증권예탁원 등이 있다.[19]

## (2) 그  림

금융기관의 본체 내에서 은행업과 기타의 금융업을 모두 영위할 수 있는지 여부에 따라, 다시 전면적인 사내겸영 방식과 제한적인 사내겸영 방식으로 구분할 수 있다.

### (가) 전면적인 사내겸영 방식

| 은행업무 | 증권·파생상품업무 | 집합투자업무 | 보험업무 |
|---|---|---|---|

### (나) 제한적인 사내겸영 방식

① 독일의 과거 겸업은행형

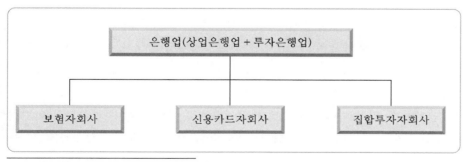

---

19) Theodor Baum & Michael Gruson, *The German Banking System: System of the Future?*, 19 Brooklyn J. Int'l Law 101, 103-105 (1993).

② 스위스의 방카슈랑스형

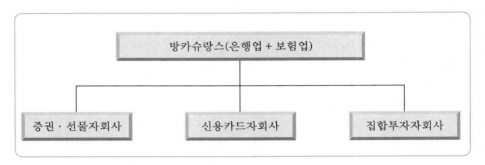

### (3) 특    징

사내겸영 방식 중 전면적 사내겸영 방식은 독립된 자회사, 제휴회사 및 지주회사의 설립이 강제되지 않으므로 비용이 가장 적게 소요되는 조직형태이다. 물론 금융그룹은 경영진의 편의 및 효율성을 증대하기 위하여 자회사, 제휴회사 혹은 지주회사를 설립한 후 사내겸영은행과 혼합적으로 겸업을 수행하기도 한다(제한적 사내겸영 방식). 후자 중 ①형은 앞에서 언급한 바와 같이 과거의 독일에서 많이 발견되었던 조직형태로서, 은행은 전통적인 상업은행업과 투자은행업을 내부적으로 융합하여 고객에게 마치 단일의 금융상품을 제공하는 듯한 외관을 조성한다. ②형은 스위스를 위시한 기타 유럽국가에서 발견되는 방카슈랑스 형태로서 우리나라의 과거 농협중앙회가 이에 해당한다.

전면적 사내겸영 방식의 경우 법규상으로 차단벽을 운영할 수 없는 문제점이 있고 이해상충행위를 감독하기가 현실적으로 어려우므로, 전세계적으로 이러한 조직방식을 허용하는 국가는 거의 존재하지 않는다고 보아도 무방하다. 제한적 사내겸영 방식은 본체 내의 겸업업무간 조화를 이룸으로써 내부적인 시너지효과를 극대화할 수 있고, 겸업업무 영역에서 발생하는 안정적인 수익을 바탕으로 자산운용을 극대화할 수 있다. 반면에 예금보험제도와 같이 기존의 은행에 대한 안전망이나 공적 보조금의 혜택이 본체 내의 신규업무영역으로까지 확대될 수 있고, 신규업무로부터 발생하는 손실로 인하여 파산까지 야기될 수 있는 최악의 위험성이 존재한다. 이 때문에 독일도 제한적 사내겸영방식을 포기하고 다음의 금융지주회사 방식으로 기본 틀을 전환한 것이다.

## 2. 금융지주회사 방식

### (1) 법    제

금융지주회사라 함은 주식의 소유를 통하여 금융업이나 금융업과 밀접한 관련을 갖는 영업을 영위하는 회사를 지배하는 것을 주된 사업으로 하는 회사로서, 한 개 이상의 금융자회사를 지배하고 금융감독당국의 인가를 받아 설립된다.[20] 또한 금융지주회사는 자회사의 경영관리업무와 그에 부수하는 업무를 제외하고는, 영리를 목적으로 하는 다른 업무를 영위할 수 없는 순수지주회사(pure holding company) 형태를 취한다. 즉 금융지주회사법 제15조에 의하면 금융지주회사는 자회사의 경영관리업무와 그에 부수하는 업무를 제외하고 영리를 목적으로 하는 다른 업무를 영위할 수 없는 것이다. 제한적으로 허용되는 업무 범위를 규정한 동법시행령 제11조에 의하면, 금융지주회사는 우선 "자회사의 경영관리에 관한 업무"로서, ① 자회사 등에 대한 사업목표의 부여 및 사업계획의 승인, ② 자회사 등의 경영성과의 평가 및 보상의 결정, ③ 자회사 등에 대한 경영지배구조의 결정, ④ 자회사 등의 업무와 재산상태에 대한 검사, ⑤ 자회사등에 대한 내부통제 및 위험관리 업무, ⑥ ①-⑤에 부수하는 업무를 영위할 수 있고, 다음으로 "자회사의 경영관리에 부수하는 업무"로서, ① 자회사등에 대한 자금지원(금전·증권 등 경제적 가치가 있는 재산의 대여, 채무이행의 보증, 그 밖에 거래상의 신용위험을 수반하는 직접적·간접적 거래 포함), ② 자회사에 대한 출자 또는 자회사등에 대한 자금지원을 위한 자금조달, ③ 자회사등의 금융상품의 개발·판매를 위한 지원, 그 밖에 자회사등의 업무에 필요한 자원의 제공, ④ 전산, 법무, 회계 등 자회사등의 업무를 지원하기 위하여 자회사등으로부터 위탁받은 업무, ⑤ 그 밖에 법령에 의하여 인가·허가 또는 승인 등을 요하지 아니하는 업무 등을 영위할 수 있다.

우리나라 금융지주회사법의 모델이 되었던 1999년 미국의 그램 - 리치 - 브라일리법에 의하면 은행, 증권회사, 보험회사 및 기타 금융서비스 제공자간의 제휴가 허용된다. 또한 동법은 미국의 1956년 은행지주회사법을 개정하여, 상업은행을 보유한 지주회사로 하여금 모든 종류의 금융업무를 수행하는 자회사를 설립하여 영위할 수 있도록 하였다. 逆으로 증권회사들도 금융지주회사의

---

20) 금융지주회사법 제 2 조 제 1 항 제 1 호.

구조를 매개체로 하여 은행을 매수할 수 있다. 물론 금융지주회사는 보험회사
도 인수할 수 있다.

　　우리나라는 금융지주회사법의 도입 당시부터 이중의 금융지주회사 구조로
서 중간금융지주회사의 설치를 허용하고 있다. 즉 금융지주회사법 제 7 조 제
1 항 제 1 호에 의하면 일정 요건을 충족하는 금융지주회사로 하여금 다른 금
융지주회사(중간금융지주회사)를 지배하는 경우를 예정하고 있는 것이다.[21] 또
한 금융지주회사법 제19조에 의하면 금융지주회사는 자회사의 자회사로서 손
자회사와 증손회사를 예외적으로 설치할 수 있다 따라서 구체적인 사례에서의
금융지주회사 전체의 그림은 다음과는 달라질 수 있다.

　　(2) 그    림

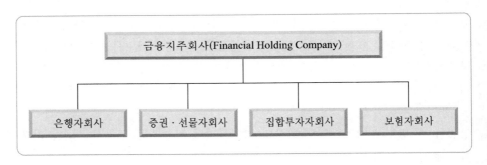

---

21) 금융지주회사법시행령 제 5 조의4(금융지주회사와 다른 금융지주회사의 지배관계 허용 요
　　건) ① 법 제 7 조 제 1 항 제 1 호에 따라 금융지주회사가 다른 금융지주회사에 대하여 지배
　　관계를 설정하려는 경우에는 다음 각 호의 요건을 모두 갖추어야 한다.
　1. 금융지주회사가 지배관계를 설정하려는 다른 금융지주회사(이하 "중간지주회사"라 한다)
　　의 발행주식 총수를 소유할 것. 다만, 주식교환 또는 주식이전에 의하여 설립되는 중간지
　　주회사에 대하여 지배관계를 설정하는 경우로서 다음 각 목의 요건을 모두 갖춘 경우에는
　　그러하지 아니하다.
　　가. 금융지주회사가 중간지주회사 발행주식 총수의 100분의 95 이상을 소유할 것
　　나. 금융지주회사가 중간지주회사의 다른 주주가 될 자(이하 이 목에서 "소수주주"라 한
　　　　다)에게 그 소유하는 주식을 매도할 것을 청구하였으나 그 소수주주가 매도청구를 받
　　　　은 날부터 2개월 이내에 그 주식을 매도하지 아니하거나 그 소수주주의 소재를 확인
　　　　할 수 없는 등 부득이한 사유로 중간지주회사의 발행주식 총수를 취득할 수 없을 것
　2. 동일한 중간지주회사(외국법인인 자회사만을 지배하는 중간지주회사는 제외한다)에 의하
　　여 지배받는 자회사가 영위하는 업종이 동일하거나 업무상 관련이 있을 것. 다만, 중간지
　　주회사로 편입될 당시에 그 자회사 중 업종이 다르거나 업무상 관련이 없는 자회사가 있
　　는 경우 그 편입된 날부터 2년간은 그러하지 아니하다.
　3. 중간지주회사는 손자회사를 지배하지 아니할 것. 다만, 중간지주회사가 외국법인인 자회사
　　만을 지배하는 경우에는 손자회사를 지배할 수 있다.

### (3) 금융지주회사의 자회사 주식소유

금융지주회사는 원칙적으로 자회사의 주식을 해당 자회사의 발행주식총수의 50% 이상 소유하여야 한다. 이러한 지분보유요건은 지주회사의 본질이 주식을 소유함으로써 다른 회사의 사업활동을 지배하거나 관리하는 회사라는 점과 밀접하게 관련된다. 그러나 자회사가 주권상장법인인 경우(자회사가 주식을 해외에서 발행하여 해외시장에서 상장·등록한 경우에도 그 해외시장의 안정성·유동성·투명성, 외국의 거래소의 공시수준·자율규제체계 등을 고려하여 금융위원회가 인정하는 때에는 주식소유기준의 적용에 있어 주권상장법인으로 본다)에는 발행주식총수의 30% 이상 소유하는 것으로 지배력 행사요건을 충족할 수 있는 것으로 본다. 그 외에도 경영에 영향을 미칠 수 있는 상당한 지분을 소유하고 있는 2인 이상의 출자자가 계약 또는 이에 준하는 방법으로 출자지분의 양도를 현저히 제한하고 있어 출자자간 지분변동이 어려울 때에도 역시 30%의 요건만을 충족하면 된다(금융지주회사법 제43조의2 제1항 본문).

우리나라의 금융감독당국은 자회사 방식보다는 지주회사 방식을 선호하여 왔고 금융그룹의 금융지주회사 전환을 사실상 권장하여 왔다. 그런데 금융감독당국은 금융그룹에서 금융지주회사로 전환하는 과정에서, 위와 같이 자회사에 대한 지분보유요건을 엄격하게 준수하기 어려운 경우를 예상하고 금융지주회사법 제43조의2 제1항 단서에서는 완충장치를 마련하였다. 예를 들어 자회사에 대한 50%의 주식보유요건을 금융지주회사 전환과 동시에 충족하기 어려울 수도 있으므로 2년의 유예기간을 주고, 과거 자회사가 주권상장법인이었으므로 30%의 요건만을 충족하면 되었는데 동 자회사가 금융지주회사로 편입되는 과정에서 상장폐지됨으로써 법률의 규정에 따라 50%로 지분보유를 늘려야 하는 경우 1년의 유예기간을 주며, 자회사가 주식을 모집하거나 매출하면서 우리사주조합에 우선배정하거나 해당 자회사가 전환사채 또는 신주인수권부사채의 전환이 청구되거나 신주인수권이 행사되어 주식소유기준에 미달하게 된 경우 1년의 유예기간을 주고 있다. 원래 자회사가 아니었던 회사를 자회사로 편입시킨 경우나 그 반대로 자회사였던 회사를 자회사가 아닌 회사로 하는 과정에 있어서도 역시 1년의 유예기간을 주고 있다.

한편 금융지주회사는 자회사가 아닌 회사의 주식도 소유할 수 있는데, 그

소유한도는 그 회사 발행주식총수의 5% 이내이다. 다만 금융지주회사법 제6조
의4에 의하여 금융지주회사는 자회사가 아닌 계열회사의 주식을 소유할 수 없
으므로 그 때에는 5%라도 소유할 수 없게 된다(금융지주회사법 제44조 제1항).

### (4) 특    징

금융지주회사 방식에 있어서는 각 금융기관과 異種의 금융업무를 수행하
는 제휴회사를 분리하게 되므로 앞의 사내겸영 방식에서 얻을 수 있는 내부적
인 시너지효과가 미약하다. 그러나 특정 금융자회사와 금융지주회사 및 기타의
자회사간 투입물의 효율적인 공유를 통하여 상품의 교차판매능력만 제고시킨
다면, 신규고객유치 등 마케팅효과가 장기적으로 발현되어 외부적인 시너지효
과를 구현할 수 있는 조직방식이다. 또한 다음의 자회사 방식에서와는 달리 병
렬적인 복수의 금융자회사간에는 상호 영향력을 행사할 여지가 없다.

금융지주회사 방식은 실질적으로 최소한 세 개 이상의 별개 법인(지주회사,
주력 금융자회사, 기타 자회사)을 설립하여야 하므로, 비용이 가장 많이 소요되는
조직방식이다. 범위의 경제와 업무의 다각화로 인한 안정적인 수익은 대부분
지주회사의 소유자인 주주들에게 귀속된다. 따라서 특정 금융기관의 효율성·
수익 증가와 사업다각화에 따른 파산위험의 감소라는 개별적인 이익만을 추구
하는 미시적인 차원에서 벗어나, 전체 금융지주회사라는 거시적인 차원에서 이
익의 극대화를 목적으로 설립되는 조직방식임을 알 수 있다.

## 3. 자회사 방식

### (1) 법    제

우리나라는 종래부터 자회사 방식에 의한 겸업주의를 인정하여 왔다. 예를
들어 은행법은 은행이 의결권있는 지분증권의 15/100를 초과하는 지분증권을
소유하는 자회사에 대하여 출자할 경우 총합계액은 은행의 자기자본의 20/100
(예외적으로 은행과 그 은행의 자회사 등의 경영상태 등을 고려하여 금융위원회가 정하
여 고시하는 요건을 충족하는 경우 40/100 범위에서 대통령령이 정하는 비율)을 초과
하여서는 안 된다고 규정함으로써, 자회사방식의 겸업을 허용하고 있다.[22] 원
칙적으로 은행이 보유할 수 있는 자회사로는 금융업과 밀접한 관련이 있는 업

---

22) 은행법 제37조 제2항 및 제4항, 동법시행령 제21조.

무를 영위하는 모든 금융기관이 망라된다고 할 수 있다.[23] 참고로 증권회사나 보험회사가 자회사를 보유하려면 '금융산업의 구조개선에 관한 법률' 제24조에 의하여 미리 금융위원회의 승인을 받아야 한다.[24]

　자회사 방식은 영국에서 기원한 것이다. 즉 영국은 자회사 방식을 통하여 업무영역을 확대하는 금융그룹(financial conglomerates) 모델을 선호하여 왔다. 영국이 자회사 방식을 선호한 이유는 첫째, 상이한 금융업무 수행중 발생하는 상이한 위험의 유형에 노출되지 않도록 하기 위한 것(so as to "ring a fence" around different types of risk)이다. 둘째, 금융기관과 고객간의 이해상충행위를 방지하기 위한 것이다. 셋째, 그룹 내의 상이한 금융기능을 수행하는 법인을 분리시킴으로써 기능별 규제를 적용하기 용이하기 때문이다. 넷째, 상이한 업무를 수행함에 있어서 독특한 기업문화와 경영스타일이 존재하므로, 이를 존중하는 것이 바람직하기 때문이다. 물론 이때에는 규모의 경제란 이익이 희생된다. 마지막으로 전통적인 영국금융관행은 전업주의에 입각하였으므로, 자회사 방식을 통한 금융그룹모델이 기존의 체제와도 조화될 수 있기 때문이다. 따라서 영국은 종래부터 자회사 방식을 통한 금융그룹모델이 완전한 업무다각화의 장점을 누리면서 겸업시 발생할 수 있는 여러 가지의 문제점을 극복할 수 있는 가장 최적의 방안으로 인식하여 왔다.[25]

---

23) 은행업감독규정 제49조는 은행업, 금융투자업, 보험업 등 모든 금융업을 망라하고 있다.

24) 금융산업의 구조개선에 관한 법률 제24조 (다른 회사의 주식소유한도) ① 금융기관(제 2 조 제 1 호 나목에 따른 중소기업은행은 제외한다. 이하 이 조, 제24조의2 및 제24조의3에서 같다) 및 그 금융기관과 같은 기업집단에 속하는 금융기관(이하 '동일계열 금융기관'이라 한다)은 다음 각호의 1의 행위를 하고자 할 때에는 대통령령이 정하는 기준에 따라 미리 금융위원회의 승인을 얻어야 한다. 다만, 당해 금융기관의 설립근거가 되는 법률에 의하여 인가·승인 등을 얻은 경우에는 그러하지 아니하다.

　1. 다른 회사의 의결권 있는 발행주식총수의 100분의 20 이상을 소유하게 되는 경우

　2. 다른 회사의 의결권 있는 발행주식총수의 100분의 5 이상을 소유하고 동일계열 금융기관 또는 동일계열 금융기관이 속하는 기업집단이 당해 회사를 사실상 지배하는 것으로 인정되는 경우로서 대통령령이 정하는 경우

　3. 다른 회사의 의결권 있는 발행주식 총수의 100분의 10 이상을 소유하고 동일계열 금융기관이나 동일계열 금융기관이 속하는 기업집단이 그 회사를 사실상 지배하는 것으로 인정되는 경우로서 대통령령으로 정하는 경우

　4. 다른 회사의 의결권 있는 발행주식 총수의 100분의 15 이상을 소유하고 동일계열 금융기관이나 동일계열 금융기관이 속하는 기업집단이 그 회사를 사실상 지배하는 것으로 인정되는 경우로서 대통령령으로 정하는 경우

25) David T. Llewellyn, *Universal Banking and the Public Interest: A British Perspective, pp. 166-168 edited by Anthony Saunders & Ingo Walter, Universal Banking: Financial System Design Recommended* (Stern, 1994).

한편 1999년 미국의 그램 – 리치 – 브라일리법에서는 연방인가은행들로 하여금 신규로 인가받은 금융업무(보험인수업, 부동산개발·투자업, merchant banking 업은 제외)에 참여할 수 있는 은행자회사를 보유할 수 있게 함으로써, 자회사 방식의 겸업주의를 공식적으로 허용하였다.[26] 다만 동 자회사는 예금수취업무를 행할 수 없다는 점을 유념하여야 한다.

### (2) 그     림

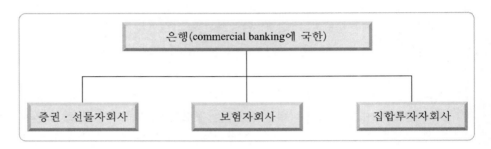

### (3) 특     징

자회사 방식에 있어서는 비은행업무를 은행의 자회사로 하여금 영위하도록 한다. 국제회계기준(International Financial Reporting Standards, IFRS)이 도입되면서 연결제무재표가 채택되었으므로, 은행의 자회사에 대한 출자분은 은행의 자산으로 계상되지 아니할 뿐만 아니라 은행의 자본으로도 구성되지 않는다. 자회사 방식은 모회사인 은행으로부터 자회사를 법적으로 독립시킨다는 측면에서 사내겸영 방식에 비하여 시너지효과가 상대적으로 적으나, 지주회사 방식보다는 시너지효과가 크다. 더욱이 은행은 업무의 다각화로 인한 안정적인 수익의 확보도 가능하다. 왜냐하면 자회사의 소득은 전적으로 은행의 통제하에 있으며, 은행을 통해서만 이익배당이 이루어지기 때문이다. 은행이 손실을 입고 있는 시기에 자회사의 소득은 오히려 증가한다면, 업무를 다각화한 결과 이익배당이 이루어짐으로써 은행의 손실은 어느 정도 만회되는 셈이다. 반면에 자회사의 손실은 직접적으로 은행에게 아무런 영향을 미치지 못한다. 왜냐하면 은행의 자회사에 대한 투자는 투자와 동시에 은행의 자

---

26) *The Gramm-Leach-Bliley Act,* Pub. L. No. 106-102, § 121(a)(2), 113 Stat. 1338, 1373 (1999) 에서는 연방인가은행(national bank)의 금융자회사는 연방인가은행이 직접적으로 영위할 수 있는 업무를 영위할 수 있다고 규정한다.

산과 자본에서 공제되기 때문이다.


# 제 5 절  은행지주회사 방식과 은행 자회사 방식의 비교

## I. 총    설

   각국의 은행감독기관은 예금자를 보호하고 은행산업內 위험의 확산을 방지함으로써 건전한 신용질서를 유지하기 위하여, 개별은행의 안전 및 건전성 강화에 감독의 초점을 맞추고 있다.[27] 이러한 감독상의 견지에서 금융위원회는 겸업주의로 이행함에 있어서 어떠한 조직형태가 은행의 건전성을 보다 강화할 수 있는지를 고민하여야 하는 것이다. 조직형태의 비교·평가를 위해서는 다음의 세부기준을 제시할 수 있다. ① 은행의 이익과 상반될 가능성이 높은 제휴회사와의 거래를 억제한다는 관점에서, 어떠한 조직형태가 다른 조직형태보다 은행의 건전성에 기여할 것인가? ② 은행과 별개의 법인이 비은행업무 영위중 발생한 위험이 은행으로 전이되는 것을 우려한다는 측면에서, 어떠한 조직형태가 동 업무수행에 있어서 좀 더 효율적인 방어막(차단벽)을 구축할 수 있는가? 이는 제휴회사의 책임과 위험을 얼마나 효율적으로 은행과 분리시킬 수 있는가의 문제이다. ③ 은행은 비은행들이 향유할 수 없는 공적 보조와 안전망의 혜택을 누린다는 관점에서, 어떠한 조직형태가 은행 이외의 독립된 조직에게 그러한 이익들을 향유할 수 없도록 하는 우월한 통제장치(차단벽)를 갖추었는가? 이는 정부지원의 수혜자를 은행으로만 한정하여야 한다는 논거이기도 하다. ④ 영업수익과 자금조달비용의 측면에서 어떠한 조직형태가 더욱 우월하다고 볼 수 있는가?[28]

---

27) 금융위원회의 설치 등에 관한 법률 제 1 조.
28) Longstreth & Mattei, p. 1902.

## Ⅱ. 자기거래(self-dealing)와 은행의 건전성 침해

### 1. 지분보유비율의 相異와 자기거래

일반적으로 어떠한 자가 두 당사자간의 거래시 그 거래조건에 영향력을 행사할 수 있는 지위에 있고, 두 당사자의 일방보다는 타방의 이익을 더욱 증대하려는 의도를 갖는 경우, 자기거래의 위험성이 발생한다. 예를 들어 금융지주회사가 은행과는 독립된 별개의 非銀行 子會社를 설립한다고 가정하자. 여기서 지주회사의 비은행 자회사에 대한 지분비율이 은행에 대한 지분비율보다 높다고 한다면, 자기거래의 위험성은 매우 농후해진다.[29] 왜냐하면 소유자인 지주회사로서는 규제의 강도가 높은 은행보다는 비은행 자회사로 이익창출의 기회를 집중하는 한편, 자신의 투자수익을 극대화하기 위하여 은행의 손실에 대해서는 무관심할 것이기 때문이다. 따라서 일부 불순한 목적을 지닌 소유주들은 은행과 비은행 지분소유를 달리할 수 있는 점을 기화로 은행을 非銀行 事業의 자금원인 私金庫처럼 악용할 소지가 크다. 더욱이 은행 규모가 다른 금융기관에 비하여 상대적으로 크므로 지배권 획득을 위하여 반드시 거액의 투자를 할 필요가 없다는 점도 지주회사의 비은행 자회사 보유지분을 증가시키는데 一助한다고 본다.[30] 따라서 지분보유비율의 相異에 따라 자기거래의 가능성이 증대함에도 불구하고, 금융지주회사법 제정시 이러한 문제점을 간과한 것은 중대한 입법상의 오류라고 할 수 있다.[31]

---

29) Robert C. Clark, *The Regulation of Financial Holding Companies*, 92 Harv. L. Rev. 787, 829 (1979).

30) 금융지주회사법에서는 자회사 소액주주와의 이행상충문제만을 염두에 두고 자회사주식을 100%까지 취득할 수 있는 完全持株會社와 完全子會社 규정을 두고 있기는 하다(금융지주회사법 제2조 제1항 제4호 및 제41조의4). 완전자회사는 완전지주회사의 통제를 받게 되므로 사외이사나 감사위원회를 두지 않아도 되지만, 이 때에는 상근감사를 선임하여야 된다(금융회사지배구조법 제23조).

31) 물론 자회사에 대해서도 별개의 지분을 보유한 은행 소유주는 자회사에 대한 투자지분을 만회하기 위해 은행으로부터 자산을 유출하려고 시도할 수도 있다. 그러나 자회사의 경우 이러한 중복지분의 보유는 일반적인 현상이 아니다. 참고로 과거 신한은행과 자회사인 신한생명의 경우 동일인(재일교포자본)이 兩社에 대하여 중복지분을 보유하고 있었는바, 복잡한 지분의 정리를 위하여 금융지주회사로 전환하게 된 것이다. 최영희(당시 신한은행 부행장), "금융지주회사 제도 개선 방향에 대한 공청회 토론요지" (2000. 6. 15).

## 2. 구조적인 相異와 자기거래

다양한 자회사를 지배하는 은행지주회사는 해당 자회사들로 하여금 상호 간 혹은 지주회사와 거래를 하도록 요구할 가능성이 높다. 이때에는 특정 자회 사나 지주회사 자체의 수익이 증대되는 반면, 거래의 상대방인 특정 자회사는 불이익을 감수하여야 한다. 만일 불이익을 감수하여야 하는 자회사가 은행일 경우, 은행의 건전성은 저해될 것이다. 반면에 은행이 가장 상부에 위치하는 자회사 방식을 따를 경우 조직 자체의 구조면에서도 자기거래에 의한 은행의 건전성 침해위험은 제거될 수 있다. 즉 자기 자신의 이익을 위하여 자기거래를 하려는 동기를 갖고 실제로 자기거래를 지시할 수 있는 권한이 있는 자는 지배 력이 있는 기업이다. 은행이 이러한 위치에 있게 되면 은행이 자기거래를 통하 여 자의적으로 위험을 자초한다는 것은 상식적으로도 납득할 수 없는 일이다. 따라서 금융지주회사제도를 적극적으로 도입하자고 주장하였던 일부 옹호론자 도 자회사 방식의 경우 은행의 이익을 위하여 자회사의 이익을 침해할 가능성 은 있지만 자회사의 이익을 위하여 은행의 이익을 침해할 가능성은 없다는 점 을 시인하였다.[32]

## 3. 차단벽과 자기거래

일반적으로 지주회사 방식에 의할 경우 차단벽을 효율적으로 운영할 수 있기 때문에, 기타 제휴회사들에 의한 비은행업무로 인하여 은행의 건전성은 침해되지 않는다는 점이 강조되고 있다.[33] 사실 은행지주회사 구조하에서 비 은행 자회사들은 은행의 지배를 받지 않고 은행의 자산·부채와 통합되지도 않 으며 비은행 자회사의 채권자들도 은행으로부터 채권을 회수할 가능성이 봉쇄 되어 있으므로, 은행으로서는 동 제휴회사를 굳이 지원함으로써 자신의 평판을 손상하려 하지 않을 수도 있다.

그러나 자회사 방식에 있어서 은행경영진들에게는 은행의 평판이 유일한 관심사가 되는 반면, 지주회사 방식에 있어서는 반드시 그렇지 않다는 점을 유

---

32) 지동현, 3면.
33) 지동현, 3면에서는 "지주회사 방식은 자회사의 경영성과만을 기준으로 자원을 배분함으로 써 특정 자회사의 이익을 침해할 가능성이 적으며, 지주회사가 완충역할을 하여 자회사의 부 실이 다른 자회사로 직접 파급되는 것을 차단"한다고 설명하고 있다.

념하여야 한다. 즉 은행지주회사는 지주회사 차원의 평판을 제고하기 위하여, 은행자회사의 경영진들로 하여금 재정상태가 열악한 비은행자회사들을 자금지원할 것을 지시할 수 있는 것이다. 자금지원의 결과 은행자회사의 평판에 손상이 간다고 하더라도 지주회사는 이를 심각하게 여기지 않을 수도 있다.

한편 지주회사 방식에 의할 경우 비은행 자회사의 수익과 손실이 은행의 손익계산서가 아닌 지주회사의 손익계산서에 반영된다는 점 때문에, 은행이 비은행 제휴회사에게 구제금융을 하지 않을 것이라고 단언할 수도 없다. 왜냐하면 은행지주회사 체제에서 일반 공중에게 공시되고 주주들에게 중대한 영향을 미치는 사항은 바로 은행지주회사의 수익이지 은행의 수익은 아니기 때문이다. 따라서 은행지주회사가 최상부에 위치하면서 은행으로 하여금 비은행 제휴회사를 구제하도록 유도할 가능성은 더욱 커진다. 따라서 은행지주회사의 경우 오히려 엄격한 차단장치가 필요한 것이다. 반면 은행이 최상부에 위치하면서 자회사에 대하여 어떠한 구제금융의 시도를 한다는 것은 결국 은행의 최대이익을 증진할 목적이라는 점에 주목하여야 한다. 따라서 자회사 방식에 있어서 은행이 자회사와 거래하려는 동기는 오히려 건전성규제의 목적을 달성하려는 데 있는 것이다.

## 4. 소    결

건전성규제(safety and soundness regulation)의 측면에서 자회사 방식이 자기거래의 유혹에서 보다 자유로우므로, 지주회사 방식보다 費用節約的이고 효율적이라는 결론이 도출된다. 따라서 종래 은행지주회사 방식만이 겸업을 위한 유일한 수단이었던 미국에서조차 은행지주회사 내에서의 자기거래를 원천적으로 봉쇄하고 은행자회사의 건전성을 강화할 수 있는 대안으로서, 1996년 말 통화감독청(Office of the Comptroller of the Currency)은 은행그룹 형성에 있어서 연방은행(national bank)을 가장 상부에 위치시키는 자회사 방식을 전면적으로 허용하기에 이르렀던 것이다.34)

---

34) Office of the Comptroller of the Currency, *Final Rule Amending 12 C.F.R. Part 5*, 61 Fed. Reg. 60342 (Nov. 27, 1996).

## Ⅲ. 외부위험의 차단

은행 자체적으로 영위할 수 없는 업무를 제휴회사(즉 은행자회사 혹은 은행지주회사 내 비은행 제휴회사)를 통하여 수행할 경우, 동 업무로 발생하는 책임이나 손실이 은행으로 전이되어 은행에 영향을 줄 수 있다. 이러한 위험은 보통 간접적으로 전이되는바, ① 유한책임의 한도에서 투자한 주주로서 입는 손실, ② 비은행 자회사에게 신용공여를 한 결과 채권자로서 입는 손실, ③ 문제된 자회사와 제휴함으로 인한 은행의 평판위험 등을 들 수 있다. 그런데 만일 비은행 자회사의 법인격이 부인될 경우에는 위험이 직접적으로 전이될 수도 있다. 결국 어떠한 조직형태를 취할 때 이러한 위험전이로부터 보다 안전할 수 있는가가 중요한 쟁점으로 등장한다.

### 1. 간접적인 위험의 전이

#### (1) 주주에 대한 손실

주주는 자신의 투자액을 전부 상실할 수도 있다는 위험을 인지하면서 회사에 대하여 투자를 한다. 은행지주회사 방식에서 비은행 자회사가 파산한다고 하더라도 이미 전체투자액이 은행지주회사의 자본에서 공제되어 있으므로 은행지주회사의 자본에는 영향이 없다.[35] 그러나 비은행 자회사의 건전성이 저해될 때에는 상황이 달라진다. 즉 이때에는 힘의 원천(a source of strength)으로서 지주회사는 비은행 자회사에 대하여 추가출자를 하여야 할 뿐만 아니라,[36] 추가출자 이후 결손이 생긴 지주회사의 자기자본금을 다시 원상으로 회복시켜야만 하는 것이다.[37] 따라서 비은행 자회사의 건전성이 저해된 이후 은행지주회사가

---

35) 금융지주회사법 제55조의 연결재무제표 공고의무.

36) 만일 지주회사가 추가출자의무를 이행할 의향이 없다면 선택적으로 자회사의 주식 전부를 처분하여야만 한다. 즉 금융지주회사법 제50조 제 3 항은 "금융위원회는 금융지주회사가 제 2 항에 따른 경영지도기준을 준수하지 아니하는 등 경영의 건전성을 크게 해할 우려가 있다고 인정되는 때에는 경영개선계획의 제출, 자본금의 증액, 이익배당의 제한, 자회사 주식의 처분, 상각형 조건부 자본증권 또는 전환형 조건부 자본증권의 발행·보유등 경영개선을 위하여 필요한 조치를 명할 수 있다"고 규정한다.

37) 금융지주회사감독규정 제25조 제 1 항에 의하면 은행지주회사는 연결기준 위험가중자산에 대한 자기자본비율이 100분의 8 이상 유지되어야 하며, 은행지주회사가 아닌 금융지주회사는 필요자본 합계액에 대한 자기자본 순합계액의 비율이 100분의 100 이상 유지되어야 한다. 이 조항으로 인하여 금융그룹의 모회사인 은행지주회사는 하부 자회사가 파산한다고 하더라도 적정수준의 자본을 유지하게 된다. 이러한 요건은 사후적인 적기시정조치보다도 더욱 강력한

추가출자 및 자본비율의 원상회복을 종료하는 시점까지, 힘의 원천인 은행지주
회사의 재정여력이 침해됨으로써 은행자회사도 간접적인 타격을 받게 된다.

　　자회사 방식에 있어서도 모회사인 은행은 자기자본에서 연결재무제표 작
성대상인 자회사에 대한 투자액을 공제하여야 하고, 공제 이후에도 은행의 자
기자본을 적정수준으로 유지하여야 한다는 점에서 지주회사 방식과 차이가 없
다. 따라서 자회사에 대한 투자손실이 발생한다고 하더라도, 공제 이후 은행
자체의 자본비율에는 영향을 주지 않는다. 그런데 지주회사 방식과는 달리 모
회사인 은행이 자회사에 대한 힘의 원천이 될 필요가 없음을 유의하여야 한다.
따라서 자회사 방식에 있어서 은행은 어떠한 타격도 받지 않는다.

### (2) 채권자에 대한 손실

　　은행지주회사 방식이나 자회사 방식 모두 은행과 제휴회사(혹은 자회사)의
신용공여에 대하여 엄격한 차단장치를 운영함을 이미 고찰하였다. 즉 은행이 제
휴회사(혹은 자회사)에 대하여 신용공여를 할 경우에는 독립거래(arm's length)의
원칙을 엄격히 준수하여, 신용공여의 한도 내에서 적정한 담보를 제공받아야
한다.[38]

　　그런데 현행 금융지주회사법 제48조에서는 자회사가 모회사인 지주회사로
부터 자금조달을 받는 경우에 대해 엄격한 차단벽을 설치하고 있지 않다.[39] 일
반적으로 상장법인인 금융지주회사는 공개시장의 일반 투자자들로부터 자금을
모집하는 주된 자금원이 될 것이다. 이후 금융지주회사는 엄격한 차단벽의 제
약을 받지 않고 비은행 자회사에 대하여 자유롭게 신용공여를 할 수 있다. 심
지어 신용공여의 자금원으로서 은행이 지주회사에게 지급한 배당금이 제공될
수도 있다. 이때에는 은행지주회사가 금융그룹 내 자원을 은행으로부터 비은행
제휴회사로 재배치하는 셈이 된다. 만일 비은행 제휴회사가 대출금에 대해 이
행지체에 빠지고 최종적으로 은행지주회사에게 손실을 입히는 경우, 은행지주
회사의 은행에 대한 힘의 원천으로서의 능력이 저해됨으로써 은행은 간접적으

---

　　안전장치가 될 수 있다. 즉 은행지주회사는 자회사를 설립하기 전에 사전적으로 자회사에 대
　　한 투자액 100%가 손실이 난다고 하더라도 이러한 손실을 견딜 수 있는 충분한 자본을 보유
　　하여야 하는 것이다.
38) 금융지주회사법 제48조 · 은행법 제37조 제 3 항 제 1 호 · 은행업감독규정 제52조 제 1 항.
39) 즉 자회사의 금융지주회사에 대한 신용공여와 자회사의 제휴회사에 대한 신용공여만을 제
　　한한다.

로 피해를 입게 된다. 이는 은행자회사 방식에서는 발견할 수 없는 지주회사 방식의 고유 문제이다.

### (3) 평판위험(Reputation Risk)

평판위험(또는 신용훼손위험)이란 은행이 실제로 입은 금전상의 손실보다 훨씬 큰 무형의 간접적 위험을 의미한다.[40] 금융그룹에서는 두 가지 범주의 평판위험이 발생할 수 있다. 첫째로 비은행 자회사가 입은 금전상의 손실이 금융그룹 전체 경영수준의 열악함에서 비롯되었기에 투자자들이 금융그룹의 내부통제체제에 대해 본질적인 의문을 갖게 되었다면, 금융그룹은 금전상의 손실을 훨씬 초과하는 신용훼손을 경험할 수 있다. 그러나 이러한 신용훼손은 합리적이고 정당한 근거가 있는 것이므로, 지주회사 방식이든 자회사 방식이든 공통으로 경험할 수 있는 '시장에 의한 자율규제'(market discipline)의 결과라고도 할 수 있다. 그런데 자회사 방식에 있어서 은행은 이러한 신용훼손의 위험이 발생하지 않도록 하기 위하여 철저히 자체이익을 증진하는 방향으로 일을 처리하려고 할 것이다. 반면에 은행지주회사 방식에 있어서는 은행이 자체이익만을 보전하고 싶어도 실제로 그렇게 할 수 없는 한계가 있다.

둘째로 은행이 실제로 입은 금전상의 손실보다 훨씬 균형을 잃은 신용훼손이 발생하였지만, 이를 시장에 의한 자율규제가 발동한 결과로 보기 어려운 경우도 있을 수 있다. 이때에는 '비합리적인 위험의 전이'(irrational spillover)가 발생한 것으로 볼 수 있다. 그러나 이는 어떠한 조직형태를 취하든 결과에 있어서 차이가 없다. 즉 이러한 평판위험은 보통 비합리적이고 사건의 본질에 대해 정보를 잘못 전달받거나 아무런 정보도 갖지 않은 시장참여자들에 의하여 야기되는 것이다. 이때에는 금융위원회가 공시의무를 강화함으로써 투명성을 제고시키는 등의 적절한 조치를 취하여야 할 것이다. 결론적으로 저자는 은행지주회사 방식이 비은행 제휴회사가 입은 손실에 의한 평판위험으로부터 은행자회사를 효과적으로 차단시킬 수 있다는 주장에 대하여 동의할 수 없다.[41]

---

40) Longstreth & Mattei, p. 1909. 다만, 신용훼손의 정도가 실제의 금전손실과 부합된다면 이를 은행의 독립된 위험요소로 간주할 필요는 없다.

41) 지동현, 3면에서는 "자회사 방식에 있어서는 자회사의 부실이 은행인 모회사로 직접 파급될 우려가 있는 데 반하여, 지주회사 방식에 있어서는 지주회사가 완충역할을 하여 자회사의 부실이 다른 자회사로 직접 파급되는 것을 차단할 수 있다"고 주장하였다.

## 2. 직접적인 위험의 전이

이론적으로 자회사 방식에 있어서 자회사의 채권자들이 법인격을 부인하는 경우 주주의 유한책임의 법리가 부정됨에 따라 모회사인 은행은 직접적인 위험에 직면할 수 있다. 참고로 우리 판례도 민법 제 2 조를 근거로 법인격부인의 법리를 채용한 적이 있다.42) 그런데 외국의 예를 볼 때 법인격을 부인함에 있어서 주주의 개인자산에 대해 효력을 미치기 위하여 반드시 '수직적 부인'(vertical piercing)만이 이루어지는 것은 아니다. 즉 '수평적 부인'(horizontal piercing)도 가능한바, 기업집단 내에서 공통의 지배를 받는 자회사들 중 법인격이 부인된 법인과 동렬의 제휴회사에게로 자산의 이전이 이루어지는 경우도 있다. 최근의 연구결과에 의하면 미국에서 법인격부인이 된 사례를 분석한 결과, 한 지주회사 내의 두 개 子會社間의 法的 獨立性이 母會社와 子會社間의 法的 獨立性보다 더욱 빈번하게 부인되어 왔다고 한다.43)

설령 금융그룹에 대하여 법인격부인의 법리를 전면적으로 적용한다고 하더라도, 지주회사 방식이 은행에게 더욱 유리하다고 단언할 수는 없다. 왜냐하면 기존 자회사 방식에 있어서 자회사의 독립성을 유지하기 위한 제 수단들을 고찰할 경우, 법인격부인을 효과적으로 예방할 수 있는 체제가 이미 잘 정립되어 있다고 보기 때문이다. 예를 들어 자회사는 ① 그 운영의 면에서 모회사인 은행으로부터 물리적으로 독립되어야 하고, 자회사의 피용자들은 자회사로부터 보수를 받아야 한다. ② 내부적으로 뿐만 아니라 외부의 제 3 자에게도 이러

---

42) 예를 들어 대법원 2004. 11. 12. 선고 2002다66892 판결은 "기존회사의 채무면탈을 목적으로 기업의 형태와 내용이 실질적으로 동일하게 설립된 신설회사가 기존회사와 별개의 법인격임을 내세워 그 책임을 부정하는 것은 신의성실에 반하거나 법인격을 남용하는 것으로서 허용될 수 없다"고 하였다. 그리고 대법원 2008. 8. 21. 선고 2006다24438 판결도 "기존회사가 채무를 면탈하기 위하여 기업의 형태·내용이 실질적으로 동일한 신설회사를 설립하였다면, 신설회사의 설립은 기존회사의 채무면탈이라는 위법한 목적 달성을 위하여 회사제도를 남용한 것에 해당한다. 이러한 경우에 기존회사의 채권자에 대하여 위 두 회사가 별개의 법인격을 갖고 있음을 주장하는 것은 신의성실의 원칙상 허용될 수 없으므로, 기존회사의 채권자는 위 두 회사 어느 쪽에 대하여도 채무의 이행을 청구할 수 있다. 여기에서 기존회사의 채무를 면탈할 의도로 신설회사를 설립한 것인지 여부는 기존회사의 폐업 당시 경영상태나 자산상황, 신설회사의 설립시점, 기존회사에서 신설회사로 유용된 자산의 유무와 그 정도, 기존회사에서 신설회사로 이전된 자산이 있는 경우 그 정당한 대가가 지급되었는지 여부 등 제반 사정을 종합적으로 고려하여 판단하여야 한다"고 하였다.

43) Robert B. Thomson, *Piercing the Corporate Veil: An Emperical Study*, 76 Cornell L. Rev. 1036, 1057 fn. 111 (1991).

한 독립성은 명백히 구현되어야 하고 관련문서에서도 명기되어야 한다. ③ 은행상호와 동일하지 않은 상호를 사용하여야 하고, 상호가 유사할 경우에는 고객이 혼란에 빠지지 않도록 적절한 조치를 취하여야 한다. ④ 적정한 자본으로 설립되어야 하고, 설립 이후에도 업무영위시 예상되는 합리적인 범위 내의 손실과 비용을 충당할 수 있는 적정자본을 계속 유지하여야 한다. ⑤ 독립된 상업장부를 보존하여야 한다. ⑥ 고객이 당해 자회사가 은행과는 별개의 법인임을 인지할 수 있는 독립된 영업방침과 내부절차를 마련하여야 한다. ⑦ 은행과의 계약은 기타 독립당사자간의 계약과 동일한 조건으로 체결되어야 한다. ⑧ 독립된 이사회 등의 적정한 기관형식을 구비하여야 한다. ⑨ 자회사의 이사는 은행의 이사를 겸임하여서는 안 된다.44) ⑩ 업무와 관련한 각종의 위험을 관리하기에 적절한 내부통제체제를 구축하여야 한다.45)

따라서 법인격부인의 측면에서 지주회사 방식이 자회사 방식보다 우월하지 않으므로, 직접적인 위험의 전이로부터 상대적으로 자유롭다고 단언할 수 없다.

## Ⅳ. 보조금의 수혜자를 은행으로만 제한할 필요성
### ─ 美國에서의 논의를 바탕으로 ─

은행이 정부로부터 안전망의 보호를 받음으로써, "순보조금(전체보조금 ─ 비용 ⊇ 0)"의 혜택을 받는다고 가정하자. 은행이 타 법인보다 특수하기 때문에 정부로부터 이러한 순보조금을 지원받는다고 한다면, 은행은 원칙적으로 동 보조금의 이익을 타 법인에게 이전하지 않아야 할 것이다. 겸업주의를 인정한 상태에서 순보조금의 이익이 제휴회사에게 이전되는 것을 유효적절하게 방지하는 조직형태로서 어떠한 방식이 우월한지에 관하여 우리나라에서는 논의가 전혀 없는 상태이나, 미국에서는 최근까지도 지주회사 방식과 자회사 방식을 둘

---

44) 다만 우리 은행법에서는 은행의 상임임원이 은행자회사의 임·직원이 되는 것을 허용하고 있으므로(금융회사지배구조법 제10조 제 2 항 제 1 호), 이러한 설명이 반드시 타당한 것은 아니다.

45) 미국에서는 명시적으로 은행자회사의 설립을 허용하면서 은행자회사의 건전성을 확보하기 위한 여러 가지 안전조치들을 명시적으로 규정하기도 하였었다. 12 C.F.R. § 5.34(f)(2). 현재 동 조항은 삭제되었다.

러싸고 활발한 논의가 전개되어 왔다. 따라서 현재까지 진행된 미국에서의 논의를 바탕으로 보조금의 이전을 방지한다는 측면에서 지주회사 방식이 결코 우월한 조직형태가 아니라는 점을 다음에서 고찰하고자 한다.

## 1. 지주회사 방식에서 순보조금의 상부회사로의 이전가능성 : 긍정

미국의 연방준비이사회 의장을 지낸 **Alan Greenspan**은 "경험적으로 지주회사에게 지급되는 은행의 배당금은 非銀行 子會社에 재투자되기보다는 지주회사의 주주들에게 귀속된다"고 주장함으로써, 은행지주회사 방식이 은행으로 하여금 안전망에 의한 사실상의 보조금혜택을 다른 제휴회사에게까지 확장할 수 없도록 방지하는 우월한 방식이라고 주장하였다.[46]

그러나 은행지주회사가 비은행 자회사에게 어떠한 자금을 제공하였을 경우, 금전의 불특정성으로 인하여 동 자금의 원천이 은행으로부터 배당금의 형식으로 수령한 보조금이 아니라고 단정할 수 없다.[47] 즉 표면적으로는 은행의 사업실적이 양호하여 주주인 은행지주회사에게 배당금지급을 하는 형식을 갖춘다고 하더라도, 그 이면에는 은행이 비은행 제휴회사에게 간접적으로 자금지원을 하려는 목적을 가지고 이러한 보조금을 배당금으로서 지급하는 경우도 충분히 상정할 수 있는 것이다. 문제는 지주회사 방식에 있어서 법으로 이러한 우회적 자금지원을 규제한다는 것은 거의 불가능에 가깝다는 점이다.[48] 따라서 은행지주회사 방식이 보조금의 혜택을 비은행인 제휴회사에게까지 확장하는 것을 막기 위한 우월한 방식은 아니다.

---

46) Alan Greenspan, *Remarks at the Conference on Bank Structure and Competition of the Federal Reserve Bank of Chicago* (May 1, 1997).
47) 만일 은행이 은행지주회사에게 지급하기로 결정한 배당금 액수와 비은행 자회사에게 자금지원한 액수가 우연치 않게 동일할 경우, 은행지주회사 방식하에서 이러한 보조금이 은행외부의 타 법인에게까지 확대되지 않았다고 단정할 수는 없는 것이다. OCC, *Analysis of the Safety Net Subsidy Issue* (1997).
48) 이러한 한계로 인하여 금융위원회는 은행의 은행지주회사에 대한 배당비율의 최고상한선과 배당 이후의 자본적정성 유지의무만을 규제하는 듯하다. 참고로 지동현, 제14면에서는 "금융지주회사가 자회사로부터 받아들이는 배당금이 지나치게 커서 자회사의 건전성을 위협하지 않도록 배당금에 관한 규제가 필요"하다는 주장을 하였었는데, 이는 금융지주회사법 제50조 제1항 제3호의 "기타 경영의 건전성 확보를 위하여 필요한 사항"의 일례를 든 것이다.

## 2. 자회사에서 보조금의 하부회사로의 이전가능성 : 부정

　보조금이 하부회사로 이전되는 형태는 은행의 자회사에 대한 추가출자와 우대조건부 신용공여 중 하나일 것이다. 우선 은행이 연결재무제표의 작성대상인 자회사에 대하여 추가적인 출자를 할 경우 동 투자금액은 은행의 자본으로부터 즉각적으로 공제되어야 함을 이미 고찰하였다. 그런데 현행법은 은행의 자회사에 대한 출자의 총합계액이 은행자기자본(자본+잉여금)의 15%를 초과할 수 없도록 추가적인 제한을 하고 있다.[49] 이에 비해 은행지주회사가 여러 자회사에 대해 투자하는 경우에는 자회사와 같은 출자총액의 제한을 받지 않는다. 따라서 자회사 방식에서 은행이 하부 자회사로 추가출자의 형식을 가장하여 보조금을 이전하려는 시도에 대해서는 은행지주회사 방식에 있어서의 상부이전과 비교하여 볼 때 훨씬 엄격한 규제를 받는다는 점을 알 수 있다.

　다음으로 은행이 정부로부터 받는 보조금이 은행 자회사에게 신용공여의 형태로 제공될 가능성도 있다. 그러나 만일 은행 자회사에 대한 신용공여의 조건이 기타 일반 회사에 대한 신용공여의 조건보다 우대적일 경우, 독립거래의 원칙에 위배되므로 즉각적으로 금융감독당국의 감시망에 포착된다.[50] 더욱이 현행법규는 은행과 자회사간의 거래에 대해 독립거래의 원칙 이외에도 신용공여의 한도를 두고 있다.[51] 이와는 상반되게 은행지주회사가 비은행 자회사에 대하여 신용공여를 하는 경우 비록 신용공여의 자금원이 은행으로부터의 배당금이라고 하더라도 차단벽에 의한 규제를 받지 않는다.

　본질적으로 은행은 신용공여에 있어서 차단벽조항들이 추구하는 정책을 충실히 이행함으로써 자체이익이 극대화한다는 점을 인지하고 있으므로, 정책에 위반하지 않으려는 내부적 동기를 갖고 있다. 반면 은행지주회사는 지주회

---

49) 은행법 제37조 제2항 제1호 및 은행법시행령 제21조 제1항.

50) 은행법시행령 제21조 제8항 제3호는 "정당한 사유없이 자회사 등을 우대하는 행위로서 금융위원회가 정하여 고시하는 행위"를 금지하고 있다. 이에 따라 은행업감독규정 제52조 제3항은 은행으로 하여금 은행자회사와의 거래에 있어서 통상의 조건에 따라야 하고 정당한 사유 없이 자회사를 우대하는 행위를 할 수 없다고 규정한다.

51) 은행법시행령 제21조 제5항은 신용공여의 한도를 자회사 각각에 대하여는 은행 자기자본의 100분의 10, 자회사 전체에 대하여는 은행 자기자본의 100분의 20으로 규정하고 있다. 다만 동법시행령 동조 제6항은 은행 이사회에서 합병하기로 결의한 자회사에 대하여 유동성 지원이 불가피한 경우나 은행 공동으로 경영 정상화를 추진중인 자회사에 대하여 유동성을 지원하기로 합의한 경우에는 위의 신용공여한도에 대한 예외를 인정하고 있다.

사 차원의 이익증대를 위하여 은행으로 하여금 제휴회사에 대한 신용공여를 하게끔 하려는 내부적 동기를 갖는다. 즉 신용공여의 결과 은행에 대한 잠재적 손실이 발생할 수 있더라도 지주회사 차원의 이익이 더욱 클 경우 신용공여를 지시할 수 있는 것이다.[52]

### 3. 소결 : 조직형태에 대한 시사점

공적 안전망이 존재함으로 인하여 은행은 보조금의 이익을 향유한다고 가정하더라도, 동 이익을 은행 내로만 한정하여야 한다는 논거와 은행지주회사 방식과는 아무런 관련이 없음을 고찰하였다. 은행지주회사 방식에 있어서 은행이 향유하는 보조금의 이익이 일단 상부의 지주회사로 이전된 후 다시 제휴회사로 이전되는 것에 대해 현행 금융지주회사법은 무력하지만, 자회사 방식에 있어서 은행의 자회사에 대한 추가출자나 신용공여에 대하여 엄격한 제한이 가하여지므로 보조금의 이익이 자의적으로 이전되는 것을 막을 수 있다. 따라서 안전망에 의한 보조금을 은행내부로 제한하여야 한다는 정책상의 목표는 자회사 방식에서 보다 쉽게 달성될 수 있는 것이다.


## V. 기      타

은행이 전체 금융그룹에 있어서 지배력을 행사하고자 한다면 은행지주회사 방식보다는 자회사 방식을 유지하는 것이 자연스럽다. 또한 자회사 방식에 있어서 모회사인 은행의 하부자회사에 대한 유일한 재산은 주식뿐이므로 은행의 임·직원들은 본업인 은행업에만 정력을 집중할 수 있는 한편, 모회사의 지배력을 토대로 자회사의 불건전한 위험인수를 사전에 차단함으로써 영업이익을 극대화하여 자회사로부터 추가적인 배당이익을 취할 수도 있는 것이다. 그러나 지주회사 방식으로 전환할 경우 자회사의 배당이익은 전적으로 타 법인(지주회사)에게로 흡수되므로 은행의 수익은 그만큼 감소한다.

채권자들은 직접적으로 부동산이나 동산 등의 유형자산을 담보로 대출하는 것을 선호하고, 이러한 경향은 담보대출시 여신이자율이 일반대출의 경우보

---

52) 지동현, 4면도 "금융지주회사는 금융그룹의 자금과 인력 등 자원을 집중하여 관리하고 배분함으로써 개별기업의 이익보다는 금융그룹 전체이익의 극대화를 도모"한다고 하였다.

다 상대적으로 낮은 것에서도 관찰된다. 그런데 자기사업을 영위하지 않는 은행지주회사(순수지주회사)의 채권자는 은행지주회사가 소지한 주식만을 담보로 대출을 할 것인바, 금융감독당국이 은행 자회사로부터 은행지주회사에 대한 배당금의 지급을 제한할 경우도 있을 것이므로 채권자의 위험은 증대된다. 따라서 은행지주회사의 자금조달비용은 은행의 자금조달비용보다 과다할 것임을 미루어 짐작할 수 있다.

## VI. 맺 는 말

겸업주의가 대세인 지금, 은행을 주축으로 하는 금융그룹을 형성함에 있어서 자회사 방식이 금융지주회사 방식보다 더 나은 선택이 될 수도 있음을 고찰하였다. 금융지주회사 방식은 다수의 법인을 설립하여야 하는 비용의 과다문제를 야기할 뿐만 아니라, 범위의 경제나 시너지효과를 충분히 누릴 수 없는 문제점이 존재한다. 이에 비하여 자회사 방식은 은행을 포함한 전체 금융그룹의 건전성을 제고시킬 수 있을 뿐만 아니라, 특정부문에서 발생한 위험이 타 부문으로 전이되는 것을 예방할 수 있다. 한편 은행이 향유하는 무형의 공적 보조가 실제로 존재하는지에 대하여 논란이 많지만, 설령 존재한다고 하더라도 은행 외부의 타 법인에게 이러한 보조금이 이전되는 것을 예방함에 있어서 자회사 방식이 우월하다. 자회사 방식이 은행의 수익을 증대시키는 데 기여하고, 외부로부터의 차입비용을 감소시킨다는 점도 간과하여서는 안 된다.

1997년 국제통화기금(IMF)으로부터 구제금융을 받은 이후 우리의 금융감독당국은 종래의 자회사 방식을 실패한 모델로 단정하면서,[53] 굳이 엄청난 비용이 소요될 수 있는 금융지주회사로의 전환을 고집하여 왔다. 일각에서는 정부가 무리하게 추진하는 지주회사 방식이 겸업을 도외시한 금융구조조정의 방편에 불과하다는 비판도 있었다. 그럼에도 불구하고 세밀한 분석이나 검증도 없이, 타 금융선진국에서 지주회사제도가 도입된 점만을 강조한 것은 많은 문제가 있었다고 생각한다. 그리고 현재 시점에서 어떠한 조직형태가 더 나은가 하는 논의가 그리 시의적절하지 못할 수도 있다. 왜냐하면 우리나라의 모든 금융그룹은 이미 금융지주회사 방식으로 전환하였기 때문이다. 그렇지만 만일 우

---

53) 이백규, "금융지주회사제도 현황과 발전방향," 「신한리뷰」 (2000 가을 제13권 제 3 호), 9-10면.

리 시장에 다시 부실은행의 정리라는 극약처방이 내려져야 할 경우, 정부는
IMF 금융위기 때와 같이 추가적인 공적 자금을 조성하여 과다한 지주회사의
설립비용을 충당하려고 하였던 우를 범하지 말고, 국민경제적으로 비용이 가장
적게 소요되지만 효율을 극대화할 수 있는 설립형태를 심각하게 고려하여야
할 것이다. 물론 최종적인 선택권은 금융그룹에게 부여하여야 한다.

# [부 록]

## 지주회사의 설립을 위한 주식교환·이전제도[54)]

### 제1 의    의

우선 주식의 포괄적 교환이란 회사간에 完全母會社 및 完全子會社가 되기 위한 방법으로서, 완전자회사가 되는 회사(B)의 주식을 전부 완전모회사가 되는 회사(A)로 이전하고, B회사의 주주는 A회사의 신주를 배정받아 주식교환일에 A회사의 주주가 되는 절차이다(상법 제360조의2). 다음으로 주식의 포괄적 이전이란 특정회사가 완전자회사가 되기 위하여 완전모회사를 설립하는 방법으로서, 완전자회사가 되는 회사(D)의 주식을 새로 설립하는 완전모회사가 되는 회사(C)에게 이전하고, D회사의 주주는 C회사의 신주식을 배정받아 C회사의 주주가 되는 절차이다(상법 제360조의15).

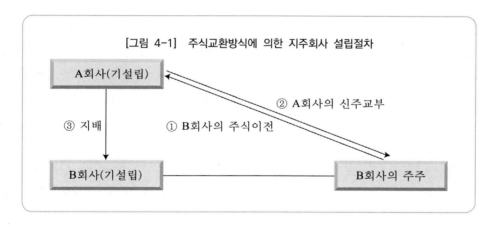

[그림 4-1] 주식교환방식에 의한 지주회사 설립절차

---

54) 이하의 설명은 김동훈, "주식교환·이전제도의 도입에 따른 법적 문제," 「상장협」 제44호 87-107면 (2001. 9)을 참조하였다.

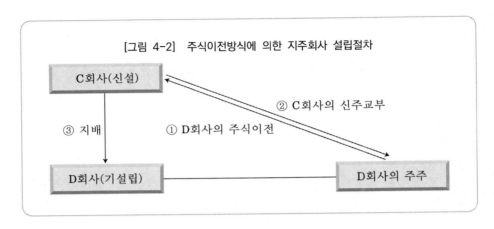

[그림 4-2]　주식이전방식에 의한 지주회사 설립절차

## 제2　양자의 공통점 및 차이점

(1) 兩者는 모두 지주비율 100%인 모자회사 관계를 형성한다. 이때에는 기업집단의 경영활동이 투명하게 되고 더욱 효율화되는 장점을 갖는다. 따라서 완전한 모자관계를 형성하지 않는 경우, 주식교환·이전제도의 적용대상이 아니라는 점을 유념하여야 한다. 그리고 동 제도는 합명·합자·유한회사에 대해서도 적용되지 않으며, 현물출자의 절차가 수반됨에도 불구하고 검사인의 검사를 필요로 하지 않는다는 특징을 갖는다. 개별 주주의 의사 여하에 관계없이 모든 주주에 대하여 강제적으로 지위변화의 효과를 발생시킨다.

(2) 양자는 성격상 합병과 유사한 기업결합제도이다. 규정의 형식이나 절차면에서 주식교환은 흡수합병과 유사하고 주식이전은 신설합병과 흡사하다. 그러나 합병의 경우 적어도 당사회사의 일방이 소멸함에 비하여, 주식의 교환이나 이전 후에도 기존회사는 그대로 존속하므로 회사 채권자보호절차가 불필요하다는 차이점이 있다.

(3) 한편 주식교환은 기존회사간에 완전모자관계가 형성되는 데 비하여, 주식이전은 기존회사가 완전모회사를 신설한다는 점에 차이가 있다.

## 제3 법적 성질

### 1. 현물출자설

현물출자설은 주식교환·이전에서의 신주발행의 납입을 현금 대신 다른 회사의 주식으로 하는 점에서 결국 주식의 현물출자로 본다. 동설에 의하면 회사설립의 경우가 주식이전, 신주발행의 경우가 주식교환에 해당한다고 할 수 있을 것이다.

### 2. 합병과 유사한 조직법적 행위설

회사설립이나 신주발행의 경우 현물출자가 있으면 그 악용의 폐해를 막기 위해 원칙적으로 검사인의 검사를 받아야 하고 그 보고서를 창립총회나 법원에 제출하도록 하는 엄격한 규제가 행해지고 있는데 이와 같은 규정이 존재하지 않는다(상법 제360조의2, 제360조의15). 따라서 주식교환이나 주식이전은 현물출자라기보다는 합병과 유사한 조직법적 행위라고 할 수 있다. 한편 현물출자라면 규정이 필요한 완전자회사가 되는 회사의 주식가액, 완전모회사의 신주발행가액, 신주의 납입기일, 주식이전에서의 발기인제도 등에 관한 규정도 존재하지 않는다는 점을 유념하여야 한다. 우리나라에서의 통설이다.

# 제 5 장

## 인터넷뱅킹의 법적 규제

## 제1절 총 설

    1990년대 IT 기술의 발전과 함께 인터넷 보급이 확산되고 전세계적으로 전자상거래 규모도 급증하면서 각국의 은행들은 인터넷뱅킹에 지대한 관심을 갖게 되었다.[1] 신규영업에 적극적으로 참여함으로써 인터넷에 접속하는 수많은 잠재 고객들을 유인할 수 있을 뿐만 아니라, 기존의 오프라인 은행업 수행 중 발생하는 제반 부수비용도 대폭적으로 감축할 수 있기 때문이다.[2] 광범위한 은행지점망의 구축과 유지에 대략 은행전체비용의 1/2이 소요된다는 점을 감안할 경우,[3] 인터넷뱅킹의 장래는 매우 밝다고 볼 수 있다. 실례로 1990년대 중반까지만 하여도 은행들은 인터넷상으로 일반 정보만을 게시함으로써 자체 기관을 홍보하는 데 그치는 단순한 웹페이지만을 보유하고 있었다. 그러나 2000년대에 접어들어 금융소비자들의 인터넷 사용과 스마트폰 사용이 일상화되자, 은행들은 종전 웹페이지의 단순성에서 벗어나 인터넷이나 모바일(스마트폰의 앱)을 통한 금융거래가 가능하도록 그 기능을 급속도로 발전시켜 왔다. 한편 전자상거래와 함께 인터넷뱅킹, 모바일뱅킹이 발전함에 따라 소비자들은 전

---

1) Internet Banking을 Cyber Banking이라고도 한다. Marty Fisher-Haydis & Kara R. Yancey, *Development in Banking Law: 1996 — VII. Electronic Banking*, 16 Ann. Rev. Banking L. 76 (1997) [이하 Marty Fisher-Haydis라고 함].

2) 이러한 신기술로 인하여 은행은 상당한 비용절감효과를 갖는다는 것이 증명되었다. Robert Keene, *Don't Let Costs Drive Customers Away*, Am. Banker, May 14 1999, p. 7. 신승민, "인터넷전문은행 1년 성적표", 「월간조선」, 2018. 5.

3) Dennis Taylor, *Traditional Banks Get "Wake-Up Call" From Internet Firm*, Bus. J., June 18, 1999.

통적인 화폐를 대체하는 새로운 유형의 결제대용수단을 접하게 되고, 기술력을
갖춘 非금융기관(소위 FinTech 업체)들은 인터넷과 모바일 금융시장으로 속속
진입하고 있다.

　　인터넷뱅킹과 모바일뱅킹을 포함하는 광의의 전자은행업은 개념적으로나
기능적으로 전통적인 은행업과 큰 차이가 없으나, 다만 매개체제에 있어서 유
통경로가 상대적으로 독특하다는 것을 발견하게 된다. 전자은행업을 그 발전단
계별로 유형화할 경우 현재 全世界 은행시장에는 세 가지 종류의 전자은행업
이 존재한다. ① 첫 번째 유형으로서 온라인 은행업을 들 수 있는바, 고객들이
전화나 은행이 배포한 소프트웨어로 은행의 사적 통신망(private network)에 접
속하여 통상의 금융거래를 수행하는 가장 초기의 원시적인 방식을 말한다. ②
다음으로 웹상의 은행업(web-based banking)이란 고객들이 공개된 통신망인 인
터넷상으로 기존 거래은행에 제약 없이 접속하여 통상의 금융거래를 행하는
것을 지칭한다. ③ 마지막으로 인터넷전문은행을 통한 은행업을 들 수 있는바,
이러한 인터넷상의 전문은행은 물리적인 시설을 갖추지 않거나 소수의 영업점
만을 구비한 채 인터넷 및 ATM (Automated Teller Machine)망4) 그리고 스마트폰
의 앱(App) 등 전자매체를 통하여 현존하는 은행들과 동일한 금융서비스를 제
공할 수 있는 능력을 갖고 있다.5) 여기서 두 번째 유형인 웹상의 은행업과 세
번째의 인터넷전문은행에 의한 은행업을 인터넷뱅킹이라고 정의할 수 있을 것
이다.

　　현재 우리나라에서는 기존의 오프라인 은행들이 웹상의 은행업을 활발하
게 영위하고 있고 2017년 4월 케이뱅크, 2017년 7월 카카오뱅크가 인터넷전문
은행으로서 은행업을 개시하였다. 이미 2000년 금융감독당국은 인터넷전문은
행의 인가기준과 감독기준을 제정하려고 시도하였었다.6) 그러나 당시 구체적
인 인가기준 및 감독기준을 제정함에 있어서 상당한 난관에 봉착하였고 인터

---

4) ATM이란 마그네틱장치에 의하여 코드화된 은행카드로 거래가 이루어지는 컴퓨터 터미널
　을 지칭하는 것인바, 개별점포의 은행창구에서와 마찬가지로 은행이용자들은 ATM을 이용하
　여 자신의 계좌로부터 예금을 입·출금할 수 있고, 다른 계좌로의 자금이체 및 기타 통상적인
　금융거래를 행할 수 있다. Thomas Fitch, *Dictionary of Banking Terms* 45 (2d ed. 1993).
5) 광의의 전자금융에는 인터넷금융, 전자자금이체, 전자지급결제, PC에 의한 금융서비스 이
　용가능성 및 非금융기관이 제공하는 전자금융서비스 등이 망라된다. Jacqueline Marcucci,
　*Notes & Comments: The Brave New World of Banking on the Internet: The Revolution of Our*
　*Banking Practices*, 23 Nova L. Rev. 739, 740 (Winter, 1999) [이하 Jacqueline Marcucci라고 함].
6) 김종현, "[금감위 업무보고] 인터넷전문은행 곧 등장," 연합뉴스, 2000. 3. 23.

넷전문은행의 보안성과 안전성에 대한 의문이 지속적으로 제기되어 추진을 중단한 바 있다. 2008년 금융위원회는 인터넷전문은행의 설립근거를 마련하여 인터넷전문은행의 설립을 허용하고자 하였으나 글로벌 금융위기가 터지면서 다시 좌초된 바 있다.[7] 2015년 금융위원회는 우리나라의 발전된 IT 인프라와 이용자의 니즈 등을 감안하여 국내 금융서비스를 한 단계 업그레이드 하여야 한다는 사명감을 갖고 인터넷전문은행 설립을 강력하게 추진하였다. 2016년 케이뱅크와 카카오뱅크 두 개의 인터넷전문은행이 인가를 받은 후 2017년부터 영업을 개시하였으며 2018년 10월 '인터넷전문은행 설립 및 운영에 관한 특례법'(이하 인터넷전문은행법)이 제정되어 2019년 1월부터 시행되고 있다.

　　인터넷전문은행법 시행을 계기로 인터넷뱅킹 전반에 대한 법적 쟁점을 고찰하는 것은 매우 의미 있는 작업이 될 것이다. 우선 인터넷뱅킹에서의 본질적인 쟁점사항들을 분석할 것인바, 종래 금융업과 무관하였던 기업이 인터넷전문은행을 설립하려고 할 때에는 인가와 관련하여 특수한 쟁점이 발생할 수 있음을 지적할 것이다. 다음으로 인터넷전문은행의 업무를 어떠한 범위까지 확대할 수 있는지를 검토할 것인바, 인터넷전문은행법이 명문으로 규정하는 업무 이외에도 추가적으로 허용 가능한 업무가 무엇인지를 판단하는 기초로서 미국의 통화감독청(Office of the Comptroller of the Currency로서 OCC라 약칭하나, 이하 통화감독청이라 함)이 발표한 제 기준들을 분석할 것이다. 은행이 타 기업에 지분참여하거나 외부의 기술력을 갖춘 제 3 자와 서비스제공대행계약(아웃소싱계약)을 체결함으로써 간접적으로 인터넷뱅킹을 영위할 때 발생하는 법적 쟁점들을 간략하게 고찰한 후, 인터넷상의 불법금융거래와 관련한 선의의 금융소비자 보호 및 책임제한의 문제를 다룰 것이다. 그리고 간단하게나마 보이스피싱의 문제도 언급할 것이다.

---

7) 금융위원회 공고 제2008-151호, "은행법 일부개정법률안 입법예고," 2008. 10. 21.

## 제2절   인터넷뱅킹의 본질적 쟁점

### I. 인가와 관련한 쟁점

### 1. 기존은행이 인터넷뱅킹을 영위할 경우 : 기존영업의 연장선상에서 국내영업을 우선적으로 취급함을 전제

은행법 제27조 제 1 항에서는 기존에 인가받은 은행이 은행업에 관한 모든 업무를 영위할 수 있다고 규정하고 있는바, 인터넷뱅킹을 포함한 모든 유형의 전자은행업은 은행업을 영위하는 데 필수적인 고유업무의 하나로 볼 수 있으므로 금융위원회의 별도인가를 다시 받을 필요가 없다. 그렇지만 혹자는 인터넷뱅킹이 법규에서 열거한 고유업무 범위에 포함되지 않는다는 형식적 이유만으로, 기존의 은행들이라도 별도의 인가를 받거나 사전 신고를 하여야 한다고 주장할 수 있다. 더욱이 현행법에 의할 경우 인터넷전문은행을 신규로 설립하려면 사전인가를 받아야 하므로,[8] 오프라인 은행의 인터넷뱅킹 영위시 동 규정들을 유추적용하여 사전인가가 필요할 것이라는 문제를 제기할 수 있다. 그러나 형식상 인터넷뱅킹을 포함한 전자은행업을 자금중개 매체의 특수성에 따른 은행업의 한 유형으로 분류한다고 하더라도, 사실상 기능적인 측면에서는 전통적으로 기존의 은행이 영위한 은행업과 차이가 없다는 점을 주목하여야 한다. 그리고 그러한 인가요건이 전자은행업이나 기술 자체가 문제되기 때문에 특별히 부과되는 것이 아니고, 신규 은행을 인가할 경우 충족하여야 하는 일반 법령상의 제한일 뿐임을 강조하고자 한다.

물론 기존은행의 인터넷뱅킹이 전면적으로 허용되더라도, 은행은 항상 감독관청과 긴밀한 협의 채널을 가동하여야 할 것이다. 왜냐하면 이러한 사전협의절차를 통하여 감독관청은 그 은행의 인터넷뱅킹 수행 중 발생가능한 위험에 특별한 주의를 기울일 수 있고, 개별은행의 능력만으로 해결할 수 없는 특수한 위험의 대처요령에 관한 적절한 정보제공 및 기타 필요한 조치를 강구할

---

8) 인터넷전문은행법 제 3 조 제 1 항은 인터넷전문은행에 대하여 특별한 규정이 없을 때에는 은행법에서 정하는 바에 따르게 되어 있는데, 은행법 제 8 조 제 1 항은 "은행업을 경영하려는 자는 금융위원회의 인가를 받아야 한다"고 규정하고 있으므로, 기존에 은행업을 영위하지 않던 비금융기관이 인터넷뱅킹에 참여하려면 당연히 인가를 받아야 한다.

수 있기 때문이다.9)

## 2. 종래 금융업과 무관하였던 기업이 인터넷전문은행을 설립하려는 경우

본 쟁점은 은행법상 비금융주력자에 대한 소유규제를 완화할 것인지의 문제로 연결되는 비정상적인 상황으로 치달았었는데, 국회와 금융위원회는 은행법상 소유규제를 그대로 유지한 상태에서 인터넷전문은행법을 제정하여 별도의 소유규제를 규정하는 슬기로움을 발휘하였다. 즉 인터넷전문은행의 경우 상호출자제한 기업집단을 제외하고 자산 중 ICT 비중이 50% 이상인 비금융주력자로 하여금 인터넷전문은행의 의결권 있는 발행주식총수의 34% 이내에서 주식을 보유할 수 있도록 허용한 것이다.10) 이는 우리나라의 입법당국과 금융감독당국이 소유규제라는 측면에서 '은행법상의 은행'과 '인터넷전문은행법상의 인터넷전문은행'을 명확히 구분하려는 의지를 피력한 것이다. 2015년 당시 은행법의 틀 내에서 인터넷전문은행의 특칙을 명문화하려는 시도가 있었다. 그때에는 인터넷전문은행과 기존 은행이 전혀 차별화되지 않는 상황에서 인터넷전문은행에 대해서만 소유 규제를 완화하는 제도상의 혼선이 발생할 수 있었다. 그리고 조만간 규제의 일관성이라는 차원에서 오프라인상의 기존 은행들에게도 소유 규제를 완화하여야 한다는 주장이 강력하게 대두될 수 있었다. 인터넷전문은행이라는 ICT 속성을 갖는 특수한 은행의 설립을 예외적으로 허용하면서, 우리나라 은행 제도의 근간이 되는 은산분리 마저 폐기하는 비정상적인 상황으로 치달을 수 있었던 것이다. 그러한 부작용을 염려하여 인터넷전문은행법을 별도로 제정한 조치는 지극히 타당하다고 생각한다. 양자를 이원화할 경우 장·단점에 대해서는 다음의 표를 참고하기 바란다.

---

9) 1999년 말 금융위원회와 한국은행이 주도적으로 Y2K 문제로 인한 지급결제망의 붕괴 등 전산장애를 극복하기 위하여 전체 은행들을 대상으로 1999년 12월 31일과 2000년 1월 2일을 은행휴일로 지정하였던 사례를 들 수 있다.

10) 인터넷전문은행법 제5조 제1항 및 동법시행령 제2조 제2항. 그리고 인터넷전문은행법 제5조 제2항은 비금융주력자의 자격 및 주식보유와 관련한 승인의 요건은 ① 출자능력, 재무상태 및 사회적 신용, ② 경제력 집중에 대한 영향, ③ 주주구성계획의 적정성, ④ 정보통신업 영위 회사의 자산 비중, ⑤ 금융과 정보통신기술의 융합 촉진 및 서민금융 지원 등을 위한 기여 계획 등을 감안하도록 하였다.

[표 5-1]   인터넷전문은행과 일반은행의 소유규제를 이원화할 경우의 장·단점

| 인터넷전문은행의 규제 | 장 점 | 단 점 |
| --- | --- | --- |
| 일반은행의 소유규제와 동일한 규제의 적용 | - 예대업무 허용 등 규제일관성 유지<br>- 적정진입 통한 안정적 성장<br>- 해외사례와의 정합성 유지 | - 상품개발상 제약<br>- 경쟁촉진 지연 |
| 완화된 형태의 차별적인 소유규제의 적용 | - 비금융회사의 참여 촉진<br>- 신상품 개발 촉진<br>- 경쟁 촉진 | - 시장안정성 악화 우려<br>- 규제차익 발생 소지<br>- 해외사례와의 비정합성 |

자료: 구본성, "인터넷전문은행 도입 방안," 한국금융연구원, 2008. 10, 17면(이하 구본성).

참고로 은행법과 비교할 경우 인터넷전문은행법은 비금융주력자에 대한 소유규제를 4%에서 34%로 대폭 완화하였지만 그 대신 대주주에 대한 규제를 훨씬 강화하였다는 점을 주목하여야 한다. 즉 인터넷전문은행법은 대주주들이 인터넷전문은행을 사금고화 할 수 있다는 점을 우려하여 대주주에 대한 엄격한 통제 장치를 추가적으로 정비하게 된 것이다. 예를 들어 은행법 제35조의2 제 1 항 및 제35조의3 제 1 항과 달리, 인터넷전문은행법 제 8 조 제 1 항과 제 9 조 제 1 항은 인터넷전문은행의 대주주에 대해 일체의 신용공여를 금지하고 있으며 대주주가 발행한 지분증권도 전혀 취득할 수 없도록 금지한다. 이러한 금지행위를 위반한 대주주는 ① 인터넷전문은행법 제21조의 벌칙으로서 10년 이하의 징역이나 5억원 이하의 벌금에 처해질 뿐만 아니라, ② 동법 제 3 조 제 1 항에 의하여 은행법 제16조의4 제 3 항 내지 제 5 항이 적용되어 충족명령, 당해 인터넷전문은행의 4%를 초과하는 주식에 대한 의결권 제한, 4% 초과 주식에 대한 처분명령을 받게 된다.

## (1) 해외영업을 주된 영업으로 계획할 경우 주된 시장과 주된 감독권자 확정의 곤란

인터넷은 본질적으로 지정학적인 제약을 받지 않으므로, 국경을 초월하여 고객을 유인할 수 있는 능력을 갖는다. 이러한 잠재력을 바탕으로 종래 금융업을 영위하지 않던 기업이 신규로 인터넷전문은행을 설립하여, 인터넷상으로만 은행업을 영위하려는 전략을 강구할 수도 있다. 그러나 인터넷전문은행이 일단 영업을 개시하여 다수의 국민들이 고객으로 될 경우, 각국마다 상이하게 운영

[표 5-2]   인터넷전문은행의 도입에 따른 일반적인 기대효과

| 긍정적 효과 | 부정적 효과 |
|---|---|
| - 금리 및 수수료, 접근성 측면에서 소비자<br>　효용의 증대<br>- 비용절감에 의한 경영성과 개선<br>- 신상품개발의 촉진<br>- 은행간 경쟁 촉진<br>- 은행간 서비스 차별화·다양화 촉진<br>- 인터넷뱅킹 등 금융기술 발전 촉진 | - 진입 확대에 따른 과잉공급 가능성<br>　(over-banking)<br>- 설립 초기에 수익모델 취약시 부실화<br>　우려<br>- 과다경쟁으로 수익성 저하<br>- 은행산업의 신인도 하락 소지 |

자료: 구본성, 3면.

되는 은행규제에 중첩적으로 구속받게 된다.[11] 더욱이 어느 국가이건 은행업을 인가함에 있어서 공익성에 대한 심사를 하고 있는바, 인터넷전문은행이 인가를 신청할 경우 어떠한 지역경제의 주된 고객을 대상으로 금융서비스를 공급할지가 불분명하게 됨으로써, 공익요건을 충족할 주된 시장(예: 주영업소재지)과 주된 감독권자가 확정되지 않는다는 문제점이 발생한다. 이는 인터넷전문은행이 기존은행과 달리 물리적 기반(예: 본점소재지)을 갖지 않기 때문이다. 기존은행과 같이 인가권자와 감독권자는 동일인에게 귀속하여야 한다는 원칙이 적용될 수도 있으나, 문제는 그리 간단하지 않다.[12] 즉 인터넷전문은행을 설립하려는 자가 케이만군도나 바하마제도와 같이 인가취득이 상대적으로 용이한 조세회피처(tax haven)에 인가 서류만을 비치한 채 주된 영업을 타국에서 수행할 경우, 감독권자간의 책임전가에 따른 감독상의 공백마저 초래될 수 있는 것이다.[13] 이러한 편법을 차단하는 한편 주된 영업수행지를 관할하는 금융시장의 건전성을 제고하고 예금자를 보호하기 위하여, 인터넷전문은행에 있어서는 인가권자와 주된 감독권자를 분리하고 주된 감독국의 관할권 행사에 인가국은 적극 협력한다는 공통규범이 마련되어야 할 것이다. 즉 주된 감독권자는 인가권자와는 별개로 주된 영업소재지국의 감독관청이 되어야 하는 것이다. 참고로

---

11) *Ibid.*

12) 한국은 1999년 5월 24일 영국의 舊금융감독청(Financial Supervisory Authority)의 "요람에서 무덤까지" 단일기관이 인가권과 감독권을 행사하는 체제를 모델로 하여, 종전까지 재정경제부장관이 행사하였던 금융기관에 대한 인가권한을 금융위원회로 이관함으로써, 인가권과 감독권을 금융위원회에게 통일적으로 귀속시켰다.

13) 1991년 the Bank of Credit and Commerce International(BCCI)의 파산은 단적인 예가 될 수 있다.

인터넷전문은행의 주된 영업지를 판단함에 있어서는 은행 웹페이지상 주된 언어, 주된 고객, 운영주체(주주·발기인·임원 등), 인터넷금융의 정보처리를 관장하는 메인서버 소재지 등을 종합적으로 고려하여야 할 것이다.[14]

### (2) 국내영업만을 계획할 경우 기존은행과 동일한 자본기준의 채택 필요성

인터넷전문은행을 설립하려는 자가 각국의 상이한 규제를 중복적으로 받지 않기 위해 국내 고객만을 상대로 영업을 수행하려는 전략을 취한다고 가정하자. 그때에도 각 은행의 수익전략은 다양할 수 있는데, 참고로 우리나라보다 인터넷전문은행의 설립이 일찍 허용된 일본에서 가장 대표적인 인터넷전문은행의 수익모델을 보면 다음과 같다.

[표 5-3]  일본 인터넷전문은행의 수익모델

|  | Japan Net | Sony | eBank | Seven |
|---|---|---|---|---|
| 상품 및 서비스 | - 증권·F/X 관련 결제서비스<br>- 보통 및 정기예금<br>- 카드론 | - 예금 및 외화예금<br>- 주택담보대출<br>- 투자상품 판매 (money kit) | - 소액지급결제 | - 편의점을 통한 입출금/결제/물품수수<br>- 공공요금 납부<br>- 증권계좌 결제<br>- 보험료 납부 |
| 수익모델 | - 예금서비스 결제서비스<br>- 유가증권 매매 | - 대출 및 외환서비스, 자산관리서비스<br>- 중산층 중심 | - 온라인 지급결제서비스 | - 결제서비스 및 전자상거래 |

자료: 구본성, 9면.

인터넷상의 영업이 본질적으로 지역적 제한을 받지 않는다는 점에서, 인터넷전문은행의 설립을 인가받고자 하는 자는 시중은행의 설립요건을 충족시키는 것이 옳다. 그런데 인터넷은행이 기존의 시중은행들과 달리 물적·인적 시설을 필요로 하지 않는다는 이유만으로, 인터넷전문은행법 제 4 조 제 1 항은 최저자본금 요건을 지방은행 수준인 250억원으로 대폭 감액하였다. 이러한 최저자본금 요건의 감액은 예금보험제도의 운영과 관련하여 문제가 있다. 왜냐하

---

14) 웹페이지상의 주된 언어를 기초로 주된 고객을 선정하는 예로서 www.google.co.kr과 www.google.com을 들 수 있다.

면 금융기관에 있어서 자본금이란 운영위험에 대한 일종의 완충제(cushion)로서 기능하면서, 파산을 막는 역할을 수행하기 때문이다.

현행 예금자보호법은 은행법에 의하여 정식으로 인가받은 금융기관만을 예금보험의 적용대상으로 엄격히 한정하고 있으므로, 인터넷은행에게만 특혜를 주어 최저자본금을 완화하여야 할 당위성은 없다.[15] 더욱이 특별한 사정이 없는 한 은행들이 예금보험공사에 납부하여야 할 보험료에 있어서 거의 차이가 없는 현행 법제하에서, 종래의 은행과 인터넷전문은행간에 최저자본금 요건에 차이를 두게 되면, 형평의 문제는 별론으로 하더라도 기존 은행들이 조성한 보험기금이 결국 최저자본금이 낮음으로써 도산의 위험이 상대적으로 큰 인터넷전문은행들에게 집중될 가능성도 높다. 따라서 인터넷전문은행법상의 최저자본금 요건은 은행법상 시중은행의 최저자본금 액수와 동일하게 1,000억원으로 증액하여야 한다. 한편 인터넷은행이 영업개시 후 신규고객들을 유인할 목적으로 수신금리를 높게 책정할 개연성이 크다는 점을 감안할 때, 금융위원회로서는 사후적으로도 동 기관의 자기자본대비 적정 채무비율이 일정수준 이상으로 유지되도록 상시 감독하여야 한다.

참고로 2018년 8월 미국의 통화감독청은 모바일과 온라인 및 스마트폰을 기반으로 하여 은행상품을 제공하는 Varo Bank의 연방은행 신청을 예비인가 하였다. 기존에 모바일로 Fintech 업무를 수행하던 Varo Money가 연방은행으로서 인가신청을 한 것에 대해 통화감독청이 예비 인가를 내준 것이다. Varo Bank에게는 예비 인가 이후 연방준비이사회와 연방예금보험공사의 회원 자격을 취득할 조건과 함께, 예비 인가 후 12개월 내에 시초자본금을 1억4백만불 이상 충족하여야 하는 조건이 부과되었다. Varo Bank는 오프라인상의 지점이 없을 뿐만 아니라 예금을 수취하는 ATM도 설치할 계획이 없으므로 순수하게 모바일뱅킹만을 수행하는 은행으로서 기존의 인터넷전문은행보다 훨씬 발전된 형태인데, 향후 지역재투자법(Community Reinvestment Act)이 요구하는 조건을 어떻게 충족할 것인지의 쟁점이 문제될 소지가 있다. 즉 어느 지역을 주된 영업 기반으로 하여 예금과 대출이 주로 이루어질 것인지에 대해 논란이 발생할 수 있는 것이다. 예비 인가를 신청할 당시 Varo Bank는 유타주의 솔트레이크

---

15) 예금자보호법 제 2 조 제 1 호 가목. 물론 인터넷금융기관이 상호신용금고의 형태를 취할 수 도 있으나 이는 별론으로 한다.

시에 본점 소재지를 두는 것으로 기재하였으므로, 향후 그 인접 지역을 주된 영업기반으로 할 것으로 예상된다.16) 현재 인터넷뱅킹은 스마트폰과 Fintech를 기반으로 하여 가장 선진화된 형태인 모바일뱅킹으로 진화하고 있는데, 모바일뱅킹도 본질적으로 고객 기반이 광범위할 수밖에 없으므로 연방은행으로서 인가 신청하는 것이 너무도 당연시되고 있다. 즉 연방은행으로서의 인적, 물적 요건과 함께 영업을 계속 수행하면서도 엄격한 자기자본요건을 충족하여야 하는 것이다.

2000년도에 미국의 통화감독청이 네 번째로 예비인가를 내준 인터넷연방은행 Aero Bank.com의 사례를 보더라도, 발기인 요건이나 최저자본금 요건에 있어서 기존 오프라인상의 연방은행과 전혀 차이가 없음을 알 수 있다. 특히 설립주체들의 면면을 보면 사회적으로 名望 있는 자들이나 기업들이 주도적으로 참여하고 있다. 이는 인터넷뱅킹이 본질적으로 위험성을 내포하고 있으므로, 동 은행과 거래를 하려는 고객들의 신뢰를 제고시켜야 한다는 측면에서 당연하다고도 할 수 있다. 그러나 다른 각도에서 본다면 종래의 은행보다 인터넷은행은 설립주체에 있어서 가중된 제한을 받는 것이다. 다음으로 통화감독청은 동 은행의 예상된 자산 규모에 기초한 레버리지비율(자본/자산)을 영업개시 후 3년간 8% 이상 유지하여야 한다고 명기함으로써 최저자본금 요건 이외의 자기자본요건을 Basel Ⅲ보다 오히려 강화한 바 있다.17) 이와 대조적으로 우리나라의 금융위원회는 케이뱅크와 카카오뱅크에 대해 영업 개시일로부터 2년이 경과한 날을 포함하는 회계연도까지 Basel Ⅲ의 적용을 유예하고 그 대신에 Basel Ⅰ을 적용하기로 하였는데,18) 신설 은행의 경우 경영이 안정화될 때까지 적응기간이 필요하다는 점을 감안하면 일응 합리적인 조치라고도 보인다. 그러나 지나치게 신설 인터넷전문은행의 편의만을 배려함으로써 파산위험의 부담을 금융소비자에게 전가시킬 수도 있다는 점을 유념하여야 한다.

---

16) Office of the Comptroller of the Currency, *Conditional Approval #1205*, Septemberd 2018. https://www.occ.treas.gov/topics/licensing/interpretations-and-actions/2018/ca1205.pdf (검색일: 2019. 7. 30.)

17) *Conditional Approval #347 January 2000: Decision of the Office of the Comptroller of the Currency on the Application to Charter Aero Bank.com, National Association, San Jose, California* (January 29, 2000).

18) 은행업감독규정 <별표 2-13>. 한편 인터넷전문은행이 은행법상의 은행이 아님에도 불구하고 인터넷전문은행에 대한 자기자본비율의 유예조치를 은행업감독규정의 별표에 추가한 것은 전체 법체계와 조화롭지 않다.

[표 5-4]   미국 인터넷 전문은행의 인가요건

| 통화감독청의 인가지침 주요 내용 |
| --- |
| - 한 개 이상의 오프라인 영업점 설치(Varo Bank 사례: 오프라인 영업점도 불필요) |
| - Tier 1 capital: 8% 이상 |
| - 유동성 위험에 대비한 비상자금조달계획 마련 |
| - 금리, 자산가격, 성장성 등 외부환경에 대비한 영업전략 수립 |
| - 계좌 개설시 고객확인의무(know your customer) 강화 |
| - 재해발생에 대비한 재해복구계획 마련 |

자료: 구본성, 5면.

Varo Bank의 예비인가 사례를 보면 ATM마저 요구하지 않고 있다. 그렇지만 일반적으로 인터넷은행은 보안시설을 완벽하게 갖춘 대형 전산망을 구축하고 수시로 업그레이드하여야 하며, ATM의 이용에 익숙해져 있는 고객들의 편의를 위하여 ATM을 구축할 필요성도 있다. 즉 설립초기에는 대규모의 설비투자를 하여야 한다. 한편 제한적인 기능을 수행하는 오프라인상의 영업점과 새로운 영업망의 창출·신용관리 및 기술적 자문 등을 담당할 상당수의 특수전문인력이 필요할 수도 있다. 그 때문에 단지 부동산 구입 등 물리적 시설에 대한 투자비용과 영업사원에 의한 영업비용이 상대적으로 적게 든다는 이유만으로 시초자본금과 자기자본비율을 완화할 여지는 없다.[19] 참고로 일본에서도 인터넷전문은행의 인가요건은 일반은행의 인가요건과 동일하다.[20]

### (3) 적격 인터넷전문은행에 대한 감독당국의 公示義務

한편 금융위원회와 예금보험공사는 당해 인터넷전문은행이 ① 정식인가를 받아 은행업을 영위한다는 점, ② 적정한 자기자본비율을 유지한다는 점, ③ 도산시 예금부보의 객체가 된다는 점을, 인가 후 즉각적으로 금융소비자에게 공지하는 게시판을 각각의 웹페이지에 상설화하여야 한다. 더 나아가 미국의 예금보험공사 웹페이지에서는 "금융소비자들에게 이례적으로 높은 이자지급을 약속하며 은행인 듯이 접근하는 회사들이 예금부보대상이 아닐 확률이 높다"는 경고까지 하고, 동 회사들의 의심스러운 행위를 소비자들로 하여금 보고

---

19) 이수진, "미국 인터넷전문은행 인가 사례 및 시사점", 「주간 금융브리프」 제24권 제21호 (2015. 5), 13면에 의하면 미국의 통화감독청은 인터넷전문은행의 수익성과 그 지속가능성이 불분명할 수 있으므로 자본적정성을 유지하는 것이 매우 중요하다는 점을 강조한다고 한다.
20) 구본성, 7면.

할 수 있는 체제까지 구축하고 있다.21) 인터넷전문은행으로 행세하며 금융소
비자들로부터 거액의 예금을 수취한 후 신속하게 종적을 감출 불법행위자는
인터넷상으로 常存하므로, 금융소비자들의 피해를 사전적으로 방지할 경고·
공시체제의 구축은 매우 필요하다고 본다.

## II. 기술관련 위험의 특정과 위험관리체제의 구축

기존의 은행이나 신설 인터넷전문은행이 인터넷뱅킹을 영위하면서 발생하
는 제 위험을 적절하게 관리하지 못할 경우, 전체 금융시장에 미치는 부정적인
파급효과는 매우 클 것이다. 따라서 금융위원회로서는 이들 은행이 인터넷뱅킹
영위시 직면하게 될 위험과 그 대처방안을 심사숙고하여 시장지도적인 감독기
준을 정립하여야 하고, 동 기준에 따라 관련 은행이 적절하게 위험을 관리하는
지 여부를 상시 검사하여야 하는 것이다. 이와 관련하여 2000년 바젤위원회는
기술진보로 발생할 수 있는 은행감독상의 쟁점에 관하여 제 1 차 보고서를 제
출한 바 있다.22) 동 보고서는 전세계 금융감독기관을 상대로 인터넷뱅킹에 고
유한 위험을 예시하고 적절한 위험관리체제 구축을 다음과 같이 권고하였다.

### 1. 위험의 유형

#### (1) 운영위험

운영위험(operational risk)은 인터넷운영체제의 신뢰성 및 무결성(integrity)이
심각하게 침해됨으로써 발생하는 손실로부터 발생한다. 인터넷뱅킹이 전산기
록에 의존한 자료관리·보관체제를 근간으로 하므로 미국의 9·11 테러와 같은
재해가 발생할 경우 본 위험은 현실화된다. 그렇지만 그보다 더욱 발생가능성
이 높은 것으로 운영위험의 대표적인 유형은 보안성의 위험(security risks)을 들
수 있다. 보안성은 외부인(해커)과 은행 임·직원들의 고의적 행위 혹은 고객들

---

21) *Internet Banking and Shopping: Cyber-Buyer Beware* [http://www.fdic.gov/consumer/news/
    cnfall97/netbank.html (검색일: 2019. 7. 1)].

22) Basel Committee on Banking Supervision, *Risk Management for Electronic Banking and
    Electronic Money Activities* (이하 바젤보고서라고 함). 2003년에 바젤위원회는 이 보고서를
    토대로 위험관리원칙을 공표한 바 있다. Basel Committee on Banking Supervision, *Risk
    Management Principles for Electronic Banking* (July 2003).

의 과실에 의하여 침해될 수 있다.23) 그러나 컴퓨터의 정보처리용량 및 속도가
확대되고 인터넷과 같은 공개통신망이 급속히 발달함에 따라 인터넷뱅킹 업무
를 방해하는 침해자들의 접속을 차단하기란 쉽지 않다. 따라서 은행은 막대한
액수의 금전상의 손실을 보게 될 것이고, 침해자의 詐害的 행위(fraudulently cre-
ated activities)로 인하여 고객에 대한 책임부담이 가중될 것이다.

　　다음으로 개별 은행이 구축한 통신망(network)의 기획, 시행 혹은 관리상의
결함으로 발생하는 위험도 이 범주에 속한다고 할 수 있다. 정보산업의 급속한
발전으로 인하여 기획시 적합하였던 체제라고 하여도 근시일 내에 무용지물이
될 가능성은 매우 크다. 예를 들어 인터넷전문은행이 고객들에게 접속하도록
한 모바일상의 앱도 단기간에 곧 진부해질 수 있으므로, 적시에 업그레이드를
하여야 하는 것과 마찬가지의 이치다. 마지막으로 기술력이 떨어지는 일반 고
객에 의하여 야기되는 위험을 들 수 있다. 즉 이러한 고객들이 공개통신망인
인터넷상으로 은행이 제공하는 상품이나 서비스를 오용(misuse)함으로써 발생
하는 위험도 간과할 수 없는 것이다.24) 따라서 고객들을 상대로 정기적으로 필
요한 사전보안조치를 숙지시키지 않는다면, 보안성의 문제는 은행 자체의 노력
만으로 치유할 수 없게 되고 은행 및 고객 양자 모두 범죄자들의 침해행위로
인하여 막대한 손실을 입을 것이다.

### (2) 평판위험

　　평판위험(reputational risk)이란 인터넷뱅킹을 영위하는 은행의 자금손실이
나 고객재산의 유실로 발생하게 되는 은행에 대한 부정적 여론의 형성위험을
말한다.25) 본 위험은 은행의 운영체제나 고객에게 배부된 소프트웨어의 誤작
동 및 접속의 불량 혹은 상기 첫 번째의 보안상 결함에 의하여도 발생할 수 있
다. 물론 제 3 자의 과실·고의적 행위나 사기적 행위에 의하여도 은행에 대한
부정적 시각이 조성될 수 있다는 점에서 본 위험의 발생원인은 매우 광범위하
다. 본 위험이 미치는 영향은 개별적으로 부정적 聲價를 받은 단일은행에게만
한정되지 않고 전체 금융체제에 대한 불신으로까지 연결될 수 있다는 점에서
매우 심각하다. 일반 공중이 어떠한 인터넷전문은행의 도산을 계기로 모든 은

---

23) 바젤보고서, 5-6면.
24) 바젤보고서, 6-7면.
25) 바젤보고서, 7면.

행들의 인터넷영업 수행능력 전체에 대해 불신을 하게 될 경우, 인터넷뱅킹의 발전이 중단되는 데 그치지 않고 일반 전자상거래의 발전도 저해된다는 점에서 그 파급력은 매우 클 것이다.[26]

### (3) 법적 위험 및 기타

마지막 위험유형으로서 법규나 실무상의 지침을 위반하거나 준수하지 않음에 따라 발생하는 법적 위험(legal risk)을 들 수 있다. 한편 인터넷뱅킹 당사자의 법적 권리나 의무가 제도적으로 정비되지 않은 경우 발생하는 법적 혼란도 광의의 법적 위험에 해당된다. 그 외 전자상거래와 마찬가지로 "고객정보의 공개에 따른 비밀정보의 침해가능성"도 인터넷뱅킹에 고유한 법적 위험이라고 할 수 있다.[27]

그 외 바젤위원회는 전통적인 은행업에서 발생가능한 신용위험, 유동성위험, 이자율위험 및 파생상품과 같은 부외거래에서 발생가능한 시장가격(외환) 변동의 위험에도 역시 노출될 수 있음을 적시하고 있다.[28]

## 2. 위험에 대한 대처방안

### (1) 인터넷뱅킹 개시에 필요한 엄격한 인가기준의 채택

바젤위원회는 상기의 제 위험들을 효과적으로 관리하고 통제하는 방안들도 제시하고 있다. 특히 인터넷전문은행의 인가신청시 보안성에 대한 정책, 구체적 운영방안 및 통제가능한 보안상의 위험 등 항목을 신청서에 반드시 명기하도록 함으로써, 보안성문제에 대한 효과적인 대처방안의 수립을 인가조건으로 추가할 것을 권고하고 있다.[29] 동 권고안을 수용할 경우 우리나라에서 인터넷전문은행을 설립하고자 하는 자는 특수한 암호기술의 채택, 복잡한 비밀번호의 부여, 은행의 내부운영체제를 침해하려는 의도를 지닌 외부인의 인터넷 접속을 효과적으로 감시하고 차단하는 하드웨어와 소프트웨어의 결합체제(통상

---

26) 바젤보고서, 7면. 미국의 실제 사례를 분석한 자료를 보면, 기존의 오프라인 은행과 차별성이 없는 인터넷전문은행은 절반 이상이 퇴출되었고 생존하더라도 규모의 경제를 달성하지 못하여 퇴출될 수 있는 운명에 처해져 있다고 한다. 이성복, "미국 인터넷전문은행의 진입·퇴출 특징 분석", 「자본시장리뷰」 2015년 가을호, 107면.
27) 바젤보고서, 8면.
28) 바젤보고서, 9-10면.
29) 바젤보고서, 10-11면.

firewall이라고 함) 구축, 바이러스 통제장치 및 은행내부 고용인의 접근차단장치 구비 등을 혼합적으로 운영함으로써 보안성에 만전을 기하고 있다는 확신을 주어야만 금융위원회로부터 인가를 받을 수 있을 것이다.[30) 그 외에도 유효적절한 고객불만처리시스템을 구축하고 있는지 그리고 동시다발적인 거액의 인출(bank run) 사태에 대하여 어떠한 대응방안을 갖고 있는지 등도 인가시 고려하여야 할 사항들이라고 본다.

### (2) 경영진의 적절한 위험관리체제 구축

기존 은행과 신설 인터넷은행은 인터넷뱅킹을 영위함으로 인하여 직면하게 될 이러한 기술관련 특별위험들을 사전에 예방하고 효율적으로 관리하기 위하여 종합적인 위험관리체제를 구축·운용하여야 한다. 여기서 기술과 관련된 위험들을 적절히 관리하기 위하여 은행은 3단계의 위험관리체제를 구축하여야 한다.

첫째는 이사회와 대표이사(총재)가 관여하는 기획단계이다. 면밀한 기획이 이루어지려면 기획의 전과정에 걸쳐 ① 이사회와 대표이사가 중요한 결정을 하는 등으로 주도적인 참여를 하여야 하고, ② 현존하는 기술과 신규기술에 관한 제 정보를 수집·분석하여야 하며, ③ 소비자의 수요를 측정하고 대안에 관한 면밀한 심사를 하여야 한다. 특히 이사회는 기획단계에서 인터넷뱅킹과 관련된 내부통제제도를 면밀하게 기안하여야 할 것인바, 각 은행의 추구하는 목표 및 서비스가 수반할 위험수준에 대한 인식이 다를 수 있으므로, 은행별로 차별화된 경영전략이 수립될 것이라고 본다.

둘째는 임·직원에 의한 운영단계이다. 이사회의 기획에 따른 적절한 내부통제제도의 운영을 통하여 특정 임·직원(CIO와 CSO)에게 특정책임을 부담하는 형식으로 책임의 분배가 이루어져야 한다. 기술관리 임·직원과 외부의 기술을 제공하는 자가 전문가이자 적절한 교육을 받아야 함을 내규에 명시하고, 신기술체제 및 상품에 대해 면밀한 검증을 하여야 한다. 운영단계에는 전산체

---

30) 금융위원회는 2009년 이러한 모든 사항이 포함된 '(가칭)인터넷전문은행의 고유리스크 관리에 대한 내부운영지침'을 마련하려고 하였는데, 2019년 9월 현재까지 그러한 지침은 제정되지 않았다. 그렇지만 은행업감독규정 <별표 2-2>는 사업계획에 관한 사항으로서 "위험관리와 은행 이용자 보호를 위하여 적절한 내부통제장치와 업무방법이 마련되어 있을 것"을 요구하므로, 금융위원회는 인터넷뱅킹이 야기하는 여러 가지 위험에 적합한 내부통제장치를 구축하지 못할 경우 인가를 내주지 않을 것임은 확실하다.

[표 5-5]  CIO와 CSO 비교

| CIO(Chief Information Officer) | CSO(Chief Security Officer) |
|---|---|
| - 최고정보관리책임자<br>- 조직의 정보기술 및 정보시스템을 총괄 관리 | - 최고정보보호책임자<br>- 정보보호문제 및 긴급상황시 대처, 전자적 침해로부터의 보호 등 제반의 안전 문제를 담당 |

자료: 구본성, 24면.

제의 마비나 권한 없는 자의 무단침해가 발생한 경우를 대비한 긴급복구조치를 강구하여야 한다.

셋째는 감사나 감사위원회에 의한 통제단계로서, 발생가능위험을 측정하고 감시하는 노력이 상시적으로 이루어져야 한다. 감독관청은 위험의 측정·감시정책이 적절한지를 감독하기 위하여 은행의 감사제도와 적격자 고용여부 및 관련 기술수준 등을 검사하게 될 것이다.

## Ⅲ. 인터넷뱅킹 고유의 법적·규제적 쟁점

### 1. 표시·광고의 정확성

은행의 웹사이트나 앱에는 정보의 정확성을 보장하여야 하므로, 은행이 금융소비자를 속이거나 금융소비자로 하여금 잘못 알게 할 우려가 있는 허위·과장의 표시·광고행위를 하여서는 안 된다.[31] 따라서 단순히 고객의 비밀보호에 관한 내부방침을 게시할 때에도 당해 은행의 실무관행과 정확하게 일치하지 않을 경우 허위·과장이라는 의심을 받을 수 있다.[32] 중요한 광고문구는 통상적으로 웹페이지나 앱의 제일 상단에 표시될 것이나, 금융소비자들이 관심을 갖고 반드시 열람할 가능성이 높은 다른 페이지에 게시하더라도 무방하다고 본다.

### 2. 필요한 정보의 공시 및 통지

인터넷이나 모바일상으로 예금계좌에 대한 정보를 제공하고 고객들로 하

---

31) 표시·광고의 공정화에 관한 법률 제1조 및 제3조.
32) John L. Douglas, *Cyberbanking: Legal and Regulatory Considerations for Banking Organizations*, 4 N.C. Banking Inst. 57, 79 (April 2000) 참조 [이하 Douglas라고 함].

여금 금융거래를 할 수 있도록 하는 웹사이트나 앱의 경우, 금융상품의 내용 공시와 거래내용 통지 및 변동이율의 정확한 고시 등이 필요하고, 거래내용의 오류발생시 즉각적인 정정절차가 이루어질 수 있도록 유의하여야 한다. 은행은 통상적으로 고객과 인터넷거래를 행하여도 무방하다는 사전의 명시적인 권한 부여절차를 취한다. 즉 대부분의 은행은 인터넷거래를 개시하기 전에 별도의 서면으로 된 전자금융거래계약서를 교환하거나, 웹사이트 또는 앱상에 연속적으로 게시되는 경고문구·계약내용문구·확인문구 등에 고객이 동의한다는 박스를 반복적으로 클릭하여야만 최종적인 승낙을 한 것으로 간주하는 전자문서를 게시하고 있다. 인터넷이나 모바일상의 거래가 사용자의 신원확인번호와 암호에 전적으로 의존한다는 점을 유의할 때, 고객의 신원확인번호와 암호에 근거한 거래가 행해진 경우 고객이 원칙적으로 계약에 의한 법률적인 구속을 받는다는 점도 공시하여야 할 것이다. 그러나 권한 없는 자에 의하여 거래가 행하여진 경우 혹은 고객이 자신의 신원확인번호와 암호를 분실·도난당한 경우에는 고객의 책임을 제한한다는 사실도 포함되어야 한다. 그 외에도 은행은 고객의 사고통지를 수령한 후 즉각적으로 기 발생한 거래의 정정과 정지절차를 취한다는 사실을 명확히 밝혀야 한다.

공시·통지는 오해의 소지가 없도록 명확하게 하여야 한다. 따라서 은행은 저축상품의 이율, 연수익률, 수수료, 중도해지시 처리방법과 대출상품의 대출금리, 부대비용, 상환기간, 담보 또는 보증의 필요여부 등 제 사항을 각 상품별로 상세히 공시하여야 한다. 은행이 대출신청인의 자격요건을 규정함에 있어서 성별, 연령, 직종 등의 비합리적인 기준을 명시할 경우 차별적으로 대출거래를 행한다는 불필요한 오해를 받을 수 있으므로, 차주의 신용도나 거래실적 등 합리적인 기준을 제시할 필요가 있다. 고객들은 이러한 필요공시사항들을 직접 다운로드받고 인쇄할 수 있어야 한다.

## 3. 고객정보의 비밀보호와 정당한 정보공개간의 충돌

오늘날 은행업에 있어서 고객정보의 비밀유지는 고객들이 그들 자신의 정보처리에 점차 민감하여짐에 따라 그 중요성이 더욱 부각되고 있다. 만일 금융소비자들이 자신의 비밀정보에 대해 우려할 경우, 이러한 우려는 곧바로 전체 인터넷뱅킹의 불신으로까지 확산될 것이다. 고객의 신뢰를 확보하기 위하여,

인터넷뱅킹이나 모바일뱅킹을 영위하는 은행의 웹사이트나 앱에는 다음의 사항들이 포함되어야 한다. ① 고객정보의 처리방법에 관한 명확한 공개, ② 고객의 개인정보 보호를 위한 확고한 은행내부방침, ③ 은행의 개인정보 비밀유지정책을 준수하기 위한 제 절차.[33]

　　은행이 고객정보의 비밀유지를 위하여 만전을 가하여야 한다는 것(은행의 의사와 관계없이 고객정보가 외부로 누설되지 않도록 특별한 주의의무가 부과된다는 것)이 동 정보에 관한 무조건적인 비공개를 의미하지는 않는다. 만일 관련법규에서 적법하거나 정당한 이유로 범위를 정하여 공개를 요구하는 경우, 은행은 자신들이 보유하는 해당 고객정보를 공개하여야 한다.[34] 그러나 은행이 고객에게 그의 정보를 적법하게 공개하였음을 주장하려면, 정당한 이유에 의하여 정보를 공개하였고 공개절차가 적법하였음을 증명하여야 할 것이다.

　　인터넷상으로 고객의 비밀정보를 정당하게 공개하고 적극적으로 활용할 수 있는 예로서는 고객의 신용에 관한 정보를 들 수 있다. 즉 '신용정보의 이용 및 보호에 관한 법률'에 의하면 은행들은 대출결정을 함에 있어서 기존 고객의 신용정보를 수집·사용할 수 있고 이러한 신용정보를 신용정보업자 및 신용정보집중기관에게 제공할 수 있으며, 은행들이 신용정보업자나 신용정보집중기관으로부터 신용정보를 제공받아 공유할 수도 있다.[35] 인터넷상의 대출거래에 있어서는 非對面的인 특성상 종래의 담보대출과 같은 창구거래와는 달리 신용정보에 전적으로 의존할 가능성이 크다. 만일 은행이 이러한 신용정보에 근거하여 인터넷상의 대출신청을 승인하지 않는 경우에는, 신청자에게 그 사유(예: "신용정보에 기할 경우 부적격자로 판정되었습니다")를 전자우편이나 서신 등으로 통보하여야 한다. 왜냐하면 이러한 통보를 하지 않을 경우 신용정보의 정확성과 최신성이 보장될 수 없기 때문이다.[36] 즉 이러한 통보에 기하여 신청자는

---

33) OCC Advisory Letter 99-6, *Guidance to National Banks on Web Site Privacy Statements* (May 4, 1999).

34) 2007년 제정된 '특정 금융거래정보의 보고 및 이용 등에 관한 법률'은 외국환거래 등 금융거래를 이용한 자금세탁행위와 공중협박자금조달행위를 규제하는 데 필요한 특정금융거래정보의 보고 및 이용 등에 관한 사항을 규정함으로써 범죄행위를 예방하고 나아가 건전하고 투명한 금융거래질서를 확립하는 데 이바지함을 목적으로 표방하고 있는데, 동법 제 4 조 제 1 항에서는 은행으로 하여금 특정한 사실이 발생한 경우 지체 없이 그 사실을 금융정보분석원장에게 보고하도록 규정한다.

35) '신용정보의 이용 및 보호에 관한 법률' 제 2 조 제 6 호.

36) '신용정보의 이용 및 보호에 관한 법률' 제18조 제 1 항은 "신용정보회사 등은 신용정보의

본인의 신용정보를 열람청구하고 사실과 다를 경우 정정을 청구할 수 있는 것이다.[37] 전체 인터넷뱅킹의 발전과 신용정보의 집적은 상호 불가분의 관계에 있으므로, 신용정보를 개별적으로 수집한 은행들은 이러한 정보들을 타 은행과 공유함으로써 인터넷뱅킹이 보다 효율적이고 원활하게 운영되도록 협조하여야 한다. 따라서 고객들은 은행이 본인의 개인정보를 타인에게 누설하지 않는다고 약속하더라도, 신용정보에 있어서만큼은 이러한 약속을 전적으로 신뢰하여서는 안 될 것이다.

## 4. 은행의 투자상품 취급과 관련한 쟁점

　겸영업무를 영위하는 은행이 제휴회사가 판매하는 투자상품에 관한 정보를 중첩적으로 제공함으로써, 소비자들은 동 상품을 예금으로 착각할 위험성이 있다. 이러한 혼란을 방지하기 위하여 금융위원회는 동 사이트를 운영하는 은행으로 하여금 다음의 두 가지 요건을 충족할 것을 요구하여야 한다. ① 첫째, 예금이 아닌 투자상품을 판매하는 경우 동 상품의 성질과 위험에 대하여 명백하고도 완전한 정보를 제공하여야 한다. 특히 동 상품이 예금부보를 받지 않고, 은행법 제 2 조에서 규정한 "예금을 받거나 유가증권 또는 그 밖의 채무증서를 발행"한 것으로 간주되지 않으므로 당해 은행의 보장성 예금이 아니며, 경우에 따라서는 투자위험으로 원금이 손실될 수 있음을 명시하여야 한다. ② 둘째, 투자상품을 판매하는 은행은 자본시장에서의 불공정거래행위로 인한 책임을 지지 않도록 유의하여야 한다. 즉 투자상품을 판매하는 금융기관은 중요한 사항에 관하여 거짓의 기재 또는 표시를 하거나 필요한 사실의 표시가 누락된 웹사이트를 이용하여 선의의 투자자들에게 오해를 유발함으로써 금전 기타 재산상의 이익을 취하여서는 안 된다.[38] 최악의 경우 이를 위반한 은행에 대하여 금융위원회는 인가를 취소하거나 인터넷뱅킹을 정지하는 조치를 취할 수도 있다.[39]

　첫 번째의 "예금부보를 받지 않고 은행이 보장도 하지 않으며 원금손실이 있을 수도 있다"는 경고문구는 투자상품이 게시된 온라인상의 페이지에 명백

---

정확성과 최신성이 유지될 수 있도록 대통령령으로 정하는 바에 따라 신용정보의 등록·변경 및 관리 등을 하여야 한다"고 규정하고 있다.

37) '신용정보의 이용 및 보호에 관한 법률' 제38조 제 1 항.

38) 자본시장법 제178조 제 1 항 제 2 호.

39) 자본시장법 제420조 제 1 항.

하게 나타나야 하고, 동 경고문구는 예금자가 최종적으로 투자결정을 하는 사이트상의 지점(포인트)에서도 반복되어야 한다. 두 번째의 자본시장법상 제재조치를 피할 수 있는 방법으로 투자상품을 다루는 페이지를 예금상품을 다루는 페이지와 완전히 분리시키는 방안도 강구할 수 있다. 즉 절연에 의하여 고객이 예금상품이 게시된 페이지를 완전히 빠져나와 예금상품과는 별개의 상품을 다루는 새로운 영역으로 들어간다는 인식을 제고시켜 줌으로써, 불공정거래의 의혹으로부터 벗어날 수 있는 것이다.

## 제 3 절   인터넷뱅킹의 부수업무 : 어느 범위까지 허용가능한가?
### ― 미국에서의 논의를 중심으로 ―

인터넷전문은행법 제 6 조는 인터넷전문은행에 대하여 중소기업에 대한 대출만을 허용하고 일반 법인에 대한 대출을 금지하고 있다. 그렇다보니 인터넷전문은행은 은행법상의 은행에 비하여 고유 업무범위를 제한받는 것이다. 은행의 고유업무가 예대마진에 따른 이자 수익을 근간으로 하는 것임을 감안할 때, 인터넷전문은행은 이자 수익의 원천 중 큰 부분을 차지하는 법인 대출이 제한되므로 안정적인 수익성 확보에 대해 계속적으로 의문이 제기될 것이다. 비이자 수익을 확대하는 방식으로 비즈니스 모델을 차별화하여야만 이자 수익에 있어서의 불리를 극복할 수 있다는 차원에서, 조만간 인터넷전문은행에게 편면적으로 부수업무를 넓게 인정해주어야 한다는 논의가 봇물을 이룰 것이다. 종국적으로 이러한 논의는 인터넷뱅킹 전반으로 확대되어 은행의 부수업무 범위를 넓게 인정하여야 한다는 주장으로 이어질 것이다. 즉 인터넷뱅킹은 은행의 업무 전반을 재검토하는 시금석으로 작용할 수 있는 것이다.

### I. 부수업무의 범위

#### 1. 전자화폐의 발행

은행업무의 가장 중심적인 요소는 화폐를 취급한다는 점이다. 현재 중앙은행만이 법정통화를 발행할 수 있다는 점에 대해서는 이론이 없지만,40) 일반은행들도 사실상 화폐와 유사한 유가증권(예: 10만원권 자기앞수표)을 발행하고 있다. 이렇게 제한적인 통화발행능력 이외에도, 일반은행이 인터넷상으로 중요한 지급결제수단으로 부각되고 있는 전자화폐까지 발행할 능력이 있는지에 관하여 의문이 제기된다. 그러나 현행법상 명문의 금지규정이 없고,41) 전자화폐의 발행이 인터넷뱅킹과 매우 밀접하게 관련되는 업무라는 점을 고려할 때 적극적으로 해석하여야 할 것이다.42) 이 때문에 전자금융거래법상으로도 은행의 전자화폐 발행에 대해 허가나 등록을 요구하지 않는 것이다.

　　전자화폐란 "이전 가능한 금전적 가치가 전자적 방법으로 저장되어 발행된 증표 또는 그 증표에 관한 정보"인데(전자금융거래법 제 2 조 제15호), 결국 상품이나 용역을 구입할 수 있는 가치가 표창된 정보를 총칭한다.43) 전자화폐를 발행받고자 하는 자는 전자가치를 구입하기 위하여 발행인에게 현금이나 신용카드를 통한 대금을 선급하게 될 것이다. 물론 전자화폐를 반드시 선불전자지급수단이라고 할 수도 없다. 왜냐하면 전자화폐는 결제 이외에도 다른 이용자에게의 자금 이전 및 환금의 약속을 하는 수단이 되기 때문이다. 전자화폐를 지급대용수단으로 수령함으로써 전자가치를 수령하게 된 소지인은 특정 시점에 표창된 가액(잔존가치)만큼의 실제화폐를 교환받을 수도 있다. 만일 은행이 직접 전자화폐를 발행하거나 자회사 혹은 제휴회사를 통하여 간접적으로 발행하도록 할 경우, 거래의 대가로 전자화폐를 수령하는 개별 당사자에게 실제화폐의 교환을 통한 상환을 약속함으로써, 거래당사자들에게 전자화폐지급체계의 확실성을 보장하여야 할 것이다.44)

---

40) 한국은행법 제47조는 "화폐의 발행권은 한국은행만이 가진다"고 규정한다.

41) 은행법 제38조는 은행이 영위할 수 없는 업무유형을 열거하고 있다.

42) 은행법 제27조 제 1 항은 "은행은 이 법 또는 그 밖의 관계법률의 범위에서 은행업에 관한 모든 업무를 운영할 수 있다"고 규정하고 있는데, 전자화폐의 발행도 전자은행업에 관한 업무에 해당한다고 유추해석할 수 있다.

43) 전자화폐는 인터넷상의 지급결제수단으로서, 일종의 발전된 형태의 전자메일 송·수신 수단으로 이해할 수 있다. 전자화폐거래를 가능하게 하는 소프트웨어를 자신의 컴퓨터에 설치한 고객은 인터넷상으로 자신의 계좌가 개설되어 있는 은행(전자화폐 결제시스템에 참여한 은행에 한함)으로부터 필요한 액수만큼의 전자화폐를 다운로드(download)받을 수도 있고, 동 은행으로 하여금 자신에게 상품이나 서비스를 제공한 매도인(역시 전자화폐 결제시스템에 참여한 자에 한함)에게 전자화폐를 송신할 것을 요구할 수도 있다. 이때 송·수신된 전자화폐는 필요한 경우 언제든지 현금으로 교환이 가능하다. Jonathan R. Macey & Geoffrey P. Miller, *Banking Law and Regulation,* pp. 41-42 (2d ed. 1997).

44) 전자금융거래법 제16조 제 4 항은 "전자화폐발행자는 전자화폐보유자의 요청에 따라 전자

전자화폐의 발행과 관련하여 다음의 문제점이 제기될 수 있다.[45]

## (1) 예금부보여부

현재 은행이 발행한 전자화폐가 예금부보를 받는지에 관하여 명확한 법문이 존재하지 않는다.[46] 참고로 미국의 연방예금보험공사는 은행이 전자화폐 발행계약으로 설정되는 계좌의 자금을 추적하려는 의지와 추적이 가능한 체계를 정비하고 별단예금과 같은 특별계좌를 설정한 것이 아닌 한, 예금부보관계가 창설된다고 선언한 바 있다.[47] 만일 전자화폐발행인으로서의 은행과 전자화폐를 발행받는 소지인과의 관계가 예금부보의 대상이 아니라고 한다면, 소지인은 은행에 대하여 일반 무담보채권자의 지위에 서게 된다. 그런데 은행이 파산할 경우 동 채권자들은 예금자보다 후순위에 처함으로써 잔존가치에 대한 변제를 받지 못할 위험성이 농후해질 것인바, 이는 인터넷뱅킹을 활성화한다는 측면에서 도입하는 전자화폐제도를 위축시킬 것이다. 따라서 은행이 발행하는 전자화폐는 양 당사자간 별도의 특약이 없는 한 예금부보의 대상이 된다.

## (2) 전자자금이체

은행으로부터 전자화폐를 발행받은 고객에 대해서는 전자자금이체를 통하여 지급·추심이 이루어지는 것과 유사한 소비자계좌를 제공받았다고 해석할 수도 있다. 따라서 은행이 전자화폐를 발행할 경우 기존의 전자자금이체에 적용되는 소비자보호법제가 전면적으로 준용될지에 대해 논란이 발생하게 된다. 전자금융거래법 제27조 제 1 항은 금융회사 또는 전자금융업자는 전자금융거

---

화폐를 현금 또는 예금으로 교환할 의무를 부담한다"고 규정한다.

45) 전자화폐발행에서 한걸음 더 나아가 1996년 미국의 통화감독청은 은행이 전자자금이체와 전자문서교환망을 기획·발전·판매·유지하는 회사에 지분참여하는 것을 허용하였다. 통화감독청은 동 사가 전자상거래를 촉진하고 관련 소프트제품을 판매하는 데 주된 사업목적을 두고 있었고, 자금이체 및 결제에는 부분적으로 관여하고 있었음에도 불구하고 허용결정을 하였다. OCC Interpretive Letter 732 (May 10, 1996). 또한 통화감독청은 은행이 직접적으로 電子車輛通行稅 感知裝置(electronic toll booth)를 기획·설계·운영할 수도 있다고 결정하였는바, 여기서 은행이 현금의 지급과 수령이라는 중심적인 역할을 수행한다는 점에 착안하여, 동 업무는 은행의 고유업무영역에 해당한다고 간주하였다. OCC Interpretive Letter 731 (July 1, 1996).

46) 예금자보호법 제 2 조 제 2 호 가목은 예금부보대상으로 은행의 "예금·적금·부금 등에 의하여 불특정다수인으로부터 채무를 부담함으로써 조달한 금전과 자본시장법 제103조 제 3 항에 따라 원본이 보전되는 금전신탁 등을 통하여 조달한 금전"이라고만 규정하고 있을 뿐이다.

47) FDIC, *General Counsel Opinion No. 8* (July 16, 1996).

래와 관련하여 금융소비자가 제기하는 정당한 의견이나 불만을 반영하고 금융
소비자인 고객이 전자금융거래에서 입은 손해를 배상하기 위한 절차를 마련하
도록 하고 있다. 그리고 소지인에게는 정기적으로 잔고를 확인받을 수 있는 권
리와 오류정정절차·책임제한의 혜택을 누릴 권리가 있다(전자금융거래법 제 8
조 오류의 정정 등). 물론 소액의 전자화폐발행에 대해서는 타국에서와 같이 면
책조항을 둘 여지도 있으나, 이때에도 금융소비자 보호에 만전을 기하여야 한
다는 원칙에 최대한 충실하여야 할 것이다.

### (3) 예금지급준비 대상여부

한국은행의 금융통화위원회는 예금종류별로 예금지급준비율을 달리 운영
할 수 있는바,[48] 은행이 전자화폐를 발행할 경우 대가로 수수한 자금에 대하여
일정비율의 예금지급준비를 하여야 할지 여부도 문제된다. 만일 예금지급준비
의 대상이 된다고 한다면 은행들은 전자화폐발행으로 수수한 자금의 운용을
극대화하기 위하여 상대적으로 저율의 예금준비의무가 부과되는 예금으로 기
술적 분류를 행할 가능성이 높다.

### (4) 휴면예금과 관련한 논점

은행은 예금자가 수시로 입출금이 가능한 요구불예금 중 장기간 인출하지
않는 예금을 휴면예금이라고 하여 은행의 잡수익으로 계상할 수 있다.[49] 전자
화폐와 스마트카드의 사용자가 장기간 이를 사용하지 않고 상환의 요구도 없
어 잔존가치가 남아 있는 경우, 이는 휴면예금과 성격이 유사하다. 그런데 우
리나라의 금융감독당국은 휴면예금에 대해 시효가 경과하였다고 하더라도 예
금자가 원할 경우 언제든지 이를 반환하도록 창구지도하고 있다. 이는 은행이
휴면예금에 대해 이자를 입금할 경우 소멸시효가 적용되지 않는다는 판례[50]를

---

48) 한국은행법 제58조.
49) 상법 제64조에 의할 경우 상행위로 인한 채권은 5년의 소멸시효 적용을 받게 되어 있다.
50) 대법원 2012. 8. 17. 선고 2009두14965 판결에 의하면 "농업협동조합중앙회가 잔액의 크기
　　에 따라 차등을 두어 고객의 일부 휴면예금 중 최종거래일부터 5년이 경과한 예금을 익금불
　　산입하였으나 과세관청이 익금산입한 사안에서, 농업협동조합중앙회가 고객의 예금계좌에
　　이자를 입금한 것은 예금채권의 존재를 인식하고 있다는 것을 나타낸 것이어서 채무의 승인
　　에 해당하고, 이자가 예금계좌에 입금되면 예금주는 인터넷 뱅킹 등에 의한 잔액조회를 함으
　　로써 그 사실을 확인할 수 있고 그에 대한 처분권도 취득하게 되므로 그로 인한 채무승인의
　　통지는 그 시점에 예금주에게 도달하게 되어 그 예금에 대한 소멸시효는 중단되었다고 보아,
　　과세관청이 고객의 예금이 최종거래일부터 5년이 경과되었을 때 소멸시효가 완성되었다며
　　모두 그 시점의 사업연도에 익금산입한 것은 위법하다고 본 원심판단을 수긍"하였다. 따라서

따른 것이다. 문제는 이러한 감독지침과 판례에 의할 경우 은행으로서는 휴면예금을 잡수익으로 처리하지도 못하고 장기간 관리함에 따른 비용의 과다와 전산용량 부족 등의 문제로 매우 고통받게 된다는 점이다. 이러한 휴면예금의 문제를 미연에 방지하기 위해, 은행들은 거래가 없는 전자화폐나 스마트카드에 대하여 매월 일정한 수수료를 부과하는 방안을 고려할 수 있을 것이다. 참고로 미국의 다수은행들은 전자화폐발행시 표창하는 가액 전부를 특정일까지 사용할 수밖에 없도록 하는 안전장치를 구비하고 있다. 이러한 은행들은 전자화폐제도가 지급결제에 참여하는 권리에 불과하므로, 동 권리가 약정에 의하여 소멸할 경우 미사용의 잔존가액에 대하여 상환을 요구할 권리가 없다는 입장을 취하고 있다.[51] 판단건대 우리나라에서도 은행들이 휴면예금의 부담으로부터 벗어날 수 있도록 사용가능기간이 한정된 전자화폐의 발행을 우선적으로 허용할 필요가 있다.

### (5) 기타 : 비금융기관의 전자화폐 발행

그간 전자상거래 관련업무를 취급하는 상당수의 非금융기관들도 기술력을 갖추고 일정액의 스마트카드나 전자화폐를 발행하여 왔다. 그런데 금융감독당국의 입장에서는 전자화폐를 발행하는 非금융기관이 기능적으로 은행과 유사한 기능을 한다는 의심을 갖게 될 것이다. 즉, 은행법 제 2 조 제 1 항은 주된 은행업을 "예금을 받거나 유가증권 또는 그 밖의 채무증서를 발행하여 불특정 다수인으로부터 채무를 부담함으로써 조달한 자금을 대출하는 것을 업으로 하는 것"이라고 정의하고 있는바, 非금융기관이 불특정 다수인에게 전자화폐를 발행함으로써 일종의 채무를 부담하는 외형만을 본다면 기존 은행과 유사한 수신기능을 수행하고 있는 것이다. 더욱이 非금융기관이 조성된 자금을 기반으로 장차 신용공여업무를 행하게 된다면 여신업에도 진출하는 셈이 된다. 이러한 과정에서 중요한 두 가지 논점이 제기된다. ① 전자화폐발행과 對價的으로 교환한 화폐 및 기타 가치를 보관하는 非금융기관의 실질은 무엇인가? ② 非금융기관이 보관한 화폐 및 기타가치에 대하여 예금부보를 받을 수 있는가? 이러한 논점들은 특히 전자화폐를 발행한 非금융기관들이 갑작스럽게 파산하는 경우

---

판례는 은행이 휴면계좌에 대해 이자를 지급할 경우 상법상 5년의 소멸시효를 적용하지 않는 것으로 보고 있다.

51) Douglas, p. 98.

의미를 갖게 될 것이다.52)

　　전자금융거래법 제28조 제 1 항과 제30조 제 1 항은 전자화폐의 발행 및 관
리업무를 행하는 전자금융업자의 경우 주식회사로 설립되어 자본금이 50억원
이상이어야 한다는 물적 요건을 강제하고 추가적으로 금융위원회의 허가를 받
을 것을 요구한다. 그러나 이러한 전자금융업자는 비금융기관으로서 은행이 아
니며 이들이 발행하는 전자화폐는 예금보험공사로부터 부보를 받지 않음을 주
의하여야 한다.

　　물론 전자화폐가 가액을 표방한다고는 하지만 그 법적 성격을 有價證券(예
금형)과 貨幣(통화형) 중 무엇으로 보아야 할지에 대해서는 논의가 분분할 수
있다. 그러나 멀지 않은 장래에 전자화폐를 발행하는 非금융기관을 규제하고
은행과 동일한 수준의 감독을 하여야 할 당위성은 현실화될 것이다. 왜냐하면
금융당국으로서는 이러한 “전자화폐와 가치보관기관(非금융기관)의 안전성”을
“기존의 화폐와 가치보관기관(금융기관)의 안전성”과 다른 기준으로 취급할 이
유가 없기 때문이다. 이때에는 전자화폐를 발행하는 非금융기관들을 은행으로
간주하여, 정식인가절차를 받지 않고 은행업 유사행위를 한 것에 대하여 엄중
한 벌칙을 부과하게 될 것이다.53)

## 2. 요금대납 · 지급청구업무

　　은행이 인터넷상으로 공공요금의 청구서송부 대행과 요금의 대납 업무를
수행할 수 있는지도 문제된다. 현행법상으로 은행들은 금융위원회에 사전 신고
를 하지 않고 “수납 및 지급대행”업무를 운영할 수 있으므로,54) 은행들은 자동
이체서비스를 통하여 부수적으로 공공요금의 대납업무를 할 수 있다. 그러나
자동이체서비스와는 별개로 인터넷상 요금청구서 송부업무를 대행하려면, 현
행법하에서는 동 서비스를 제공하는 타 법인이 발행한 주식의 15/100 미만으
로 자본참여함으로써 간접적인 업무수행만이 가능할 것이다.55) 판단컨대 청구
서송부 대행업무라는 것도 지급대행업무와 밀접히 관련되는 업무라는 점을 감
안할 때, 은행의 수익기반을 확충한다는 측면과 은행의 기술력을 적극적으로

---

52) 미국은 1998년 E-cash사의 붕괴를 계기로 본 논점들에 대한 의견이 활발하게 진행된 바 있다.
53) ‘유사수신행위의 규제에 관한 법률’이 적용될 경우 동법 제 6 조 및 제 7 조 참조.
54) 은행법 제27조의2 제 2 항 제 5 호.
55) 은행법 제37조 제 1 항 반대해석.

활용한다는 측면에서 인터넷상의 전자우편형태로 청구서 송부업무를 영위할 수 있도록 전면 허용하는 것이 타당할 것이다.

## 3. 전자서명 인증업무

전자서명의 인증이란 제 3 자인 공인인증기관이 전자서명에 사용된 공개키가 자연인 또는 법인이 소유하는 비밀키에 합치한다는 사실을 확인함으로써, 그 진정성을 증명하는 행위를 말한다.[56] 인터넷뱅킹을 수행하는 은행은 고객에 관한 정보를 광범위하게 집적하는 한편 고객의 비밀정보를 제 3 자에게 누설하지 않는 등 안전성과 신뢰성에 전력을 기울여야 할 것이므로, 업무의 성격상 공인인증기관으로 지정받을 수 있는 기술력과 재정능력 및 설비를 갖추었다고 할 수 있다.[57] 따라서 전자서명에 대한 인증업무가 인터넷뱅킹의 고유업무는 아니라고 하더라도 부수업무가 될 수 있다는 점에 대해서는 이론의 여지가 없으므로, 은행은 직·간접적으로 동 업무에 참여할 수 있다고 본다. 물론 인증기관의 부적절한 업무수행으로 인하여 전자서명을 신뢰한 금융거래 당사자에게 손해를 입힌 때에는 손해배상의무가 발생하지만 공인인증기관이 과실 없음을 입증하면 그 배상책임이 면제되므로,[58] 금융위원회로서는 은행의 공인인증업무를 금지할 이유가 없다.

한편 과거 금융실명제법상으로 국내은행의 실명확인은 대면확인이나 가족 및 대리인에 의한 실명확인만이 허용될 뿐 온라인에 의한 실명확인이 인정되지 않았으나, 2015년 5월부터 금융감독당국이 창구를 방문하지 않고도 금융상품에 가입할 수 있는 방안을 마련하면서 온라인에 의한 비대면 실명확인도 가능해졌다. 참고로 2015년 이전에 금융실명제법과 조화로운 방식의 비대면 실명확인을 하는 대안으로서 다음의 3가지 안이 제시되었는데, 금융감독당국은 제 2 안을 채택한 것이다. 그리고 케이뱅크와 카카오뱅크의 계좌 개설은 이와 같은 비대면 방식에 의하여 이루어지고 있다.

---

56) 여기서 전자서명이란 "서명자를 확인하고 서명자가 당해 전자문서에 서명을 하였음을 나타내는 데 이용하기 위하여 당해 전자문서에 첨부되거나 논리적으로 결합된 전자적 형태의 정보"를 말하는데, 인터넷을 통하여 정보를 전달하는 자의 신원 및 전달된 정보내용의 무결성을 확인하는 암호화기법의 하나라고 말할 수 있다. 전자서명법 제 2 조 제 2 호 참조.
57) 전자서명법 제 4 조 제 1 항 및 동법 시행령 제 2 조 참조.
58) 전자서명법 제26조 참조.

(1안) 은행직원이 고객을 방문하여 계좌개설하는 방식
- 업무권한을 부여받은 은행의 정규직원이 영업점 이외에서 실명확인하는 방안
- HSBC 다이렉트 뱅킹에 이미 허용된 전례가 있음
- 계좌개설 등과 관련된 고객정보의 유출방지를 위한 적절한 내부통제장치 마련필요
(2안) 업무제휴 협약에 의해 대행기관을 통한 실명확인 방식
- 타 금융기관(은행)과의 업무제휴를 통해 계좌개설과 관련된 실명확인을 대행
- 온라인증권사 등에 있어서 이미 허용된 방식
- 타 금융회사에 의해 실명확인된 은행계좌의 입출금은 특정 계좌를 통해서만 허용
(3안) 인터넷동영상을 통한 대면확인 방식
- 공인인증서로 인터넷에 접속한 후 은행직원이 동영상을 캡처하고 우편 또는 온
  라인으로 전송한 주민등록증의 사본과 대면확인하는 방식
- 주민등록증의 위조 또는 대포통장 개선 등의 우려가 있어 사본을 이용한 대면확
  인은 허용하기 어려울 소지가 있음

자료: 구본성, 27-28면.


## 4. 인터넷서비스 제공·중개업무

은행이 인터넷뱅킹에서 벗어나 금융과 관련 없는 기타의 인터넷서비스를 제공·중개할 수 있는지가 문제된다. 이에 대해 1996년 8월 미국의 통화감독청은 연방인가은행이 인터넷서비스제공업무를 수행할 수 있다고 유권해석하였는바, 그 이유는 동 업무가 홈뱅킹서비스제공과 밀접하게 연관되는 부수업무이기 때문이다.[59] 즉 인터넷뱅킹을 수행할 은행은 우선 인터넷서비스 기술에 대한 막대한 투자를 한 후 구축된 유형의 기술설비와 무형의 기술력을 활용하여 고객에게 홈뱅킹서비스를 제공하게 될 것인바, 통화감독청은 동 은행으로 하여금 이러한 설비와 기술력을 고객이 아닌 제3자에게도 판매할 수 있다는 적극적 해석을 하게 된 것이다. 동일한 취지에서 1999년 통화감독청은 연방인가은행이 웹호스팅서비스(Web Hosting Service)업무도 제공할 수 있다는 유권해석을 하였다.[60] 즉 인터넷뱅킹을 영위하는 은행은 상인인 은행고객들이 타 고객들을 상대로 상거래를 가능하도록 하는 웹호스팅서비스를 제공할 수 있다고 보아, 회원인 상인들로 하여금 인터넷상으로 신용카드에 의한 주문을 받아 적극적으

---

59) OCC Interpretive Letter 742 (August 19, 1996).
60) OCC Interpretive Letter 856 (March 5, 1999).

로 商行爲를 할 수 있는 길을 터주었다. 여기서 웹호스팅서비스가 허용된 은행
은 상인고객의 웹사이트를 은행자체의 웹페이지에 게시함으로써, 기타의 은행
고객으로 하여금 동 상인으로부터 필요한 상품이나 용역을 간편하게 구입할
수 있도록 하는 한편, 상인에게는 은행의 광범위한 고객층과 상대할 수 있는
기회를 마련하여 준다는 이점이 있다.

### 5. 소프트웨어 기획 및 개발업무

은행은 인터넷뱅킹을 수행하는 데 필요한 소프트웨어를 기획하고 개발할
수 있다. 그러나 어떠한 소프트웨어가 인터넷뱅킹을 수행하는 데 필요한 것인
지에 대해 그 범위를 확정하기는 기술적으로 어렵다고 본다. 그럼에도 불구하
고 은행은 비록 인터넷뱅킹과 직접 관련된 소프트웨어가 아니라고 하더라도,
금융거래에 직·간접적으로 기여할 수 있는 다양한 소프트웨어의 개발에 적극
적으로 참여할 수 있다. 과거 미국의 통화감독청도 은행이 개인들로 하여금 자
신의 수익을 효율적으로 관리할 수 있도록 하는 기능을 갖는 소프트웨어(예:
Managing Your Money)의 개발·판매·유지에까지 은행이 관여할 수 있도록 허
용한 바 있다.[61]


## II. 부수업무의 허용기준

일반적으로 기술을 수반하는 업무의 경우, 기술의 급속한 발전에 따라 가
능한 업무영역이 무한히 확대될 수 있다. 따라서 인터넷뱅킹의 경우 어떠한 범
위까지 허용가능하고 그 범주를 넘어설 경우 금지된다는 명확한 기준을 설정
할 수 없다는 문제점이 발생한다. 그러나 만일 일정한 기준이 정립되지 않을
경우, 향후 금융위원회와 은행간 인터넷뱅킹의 부수업무와 관련하여 허용여부
를 둘러싸고 혼란이 발생할 수 있다. 이러한 혼란을 미연에 방지하기 위하여
미국의 통화감독청이 운영하는 제 기준들을 다음과 같이 소개하는 바이다.

---

61) OCC Interpretive Letter 677, *The Establishment of Operating Subsidiaries by Two National
   Banks to Engage through a Joint Venture in the Development and Distribution of Home
   Banking and Financial Management Software and Data Processing Services* (June 28, 1995).

## 1. 잉여시설기준

미국의 통화감독청은 전통적으로 은행의 부동산업무와 관련하여 "은행이 소유한 잉여건물이나 토지를 제 3 자에게 임대할 수 있다"던 종래의 이론을 확대해석하고 있다. 즉 동 이론을 전자영역으로까지 확대하여, "연방인가은행이 소유한 가용자원의 이용을 극대화하기 위하여, 연방인가은행은 자체적으로 다른 의도를 갖지 않고(in good faith) 취득하거나 개발한 컴퓨터 관련 잉여시설을 제 3 자에게 임대할 수 있다"라고 유권해석하고, 규정으로 명문화하기에 이르렀다.[62] 그런데 여기서 "다른 의도를 갖지 않고"의 의미는 "취득이나 개발 당시 타인에게 판매하거나 임대할 목적이 아니었고"로 해석하여야 한다는 것이 저자의 입장이다. 만일 타인에게 판매·임대할 목적으로 컴퓨터 관련시설을 취득하거나 개발하였을 경우에는, 동 사실행위 자체가 통상적인 은행업의 범주에 포함되지 않으므로 행위의 적법성 자체가 문제되기 때문이다.

## 2. 패키지기준

전자은행업서비스 패키지의 일부로서 은행이 제공한 어떠한 제품에 기타의 업무영역에서도 응용할 수 있는 제품이 포함되었다고 하여, 동 제품이 은행업과 관련되지 않는다고 단정할 수는 없다. 이와 관련하여 미국의 통화감독청은 다음의 두 가지 기준을 가지고 있다. ① 첫 번째는 비용기준으로서, 응용할 수 있는 제품의 비용이 전체 패키지 가액의 30% 미만인 경우, 은행이 제공한 서비스패키지는 정당한 은행업에 속한다.[63] ② 두 번째는 총 이익기준으로서, 전체 제품의 판매액에서 비용을 공제한 총 이익을 산출한 후 상기 첫 번째 기준과 같이 비교하여 그 비율이 30% 미만인 경우 동 제품의 판매행위는 정당한 은행업으로 간주하고 있다.[64]

## 3. De minimis 예외기준

은행이 금지업무를 영위하는 회사에 대하여 법정비율 이상의 주식을 취득

---

62) 12 C.F.R. § 7.1019.

63) OCC Interpretive Letter No. 742 (August 19, 1996).

64) OCC Interpretive Letter No. 756 (November 5, 1996).

하는 경우, 은행감독관청으로서는 동 은행에게 특정의 기간 내에 동 업무를 중
지하도록 명하는 것이 일반적이다.[65] 우리나라에서도 은행이 채무불이행으로
인한 강제집행의 결과 채무자의 유일한 재산인 타 회사의 주식을 취득하는 경
우, 은행은 특정기간 내에 동 주식을 매도하여야 할 것이다. 그러나 이러한 일
반원칙에는 예외가 존재할 수 있다. 즉 미국의 통화감독청은 인터넷뱅킹을 영
위하는 은행이 부수적으로 미소하게나마(de minimis) 금지업무에 관여하게 된
경우, 동 행위가 허용가능한지를 묻지 않고 전체은행업무에 중대한 영향을 주
지 않는다는 입장을 견지하여 왔다. 예를 들어 금융관련 소프트웨어를 제작ㆍ
판매하는 은행의 자회사가 게임소프트웨어도 개발한 사례에서, 통화감독청은
동 게임소프트웨어의 개발이 당해 자회사의 전체 영업에서 차지하는 비중이
너무도 미약하고, 동 자회사가 그러한 소프트웨어를 개발하는 데 더 이상의 자
금을 투입하지도 않을 것이며, 시간이 경과하면 동 자회사는 자연히 주업무에
전력할 것이므로, 이를 허용한다고 결정하였다.[66]

## Ⅲ. 소  결

우리나라에서는 케이뱅크와 카카오뱅크 등 인터넷전문은행이 설립되어 업
무를 영위함에도 불구하고 이들 인터넷전문은행이 어떠한 범주까지 인터넷관
련업무를 수행할 수 있는지가 불분명하다. 원칙적으로 기존 인터넷뱅킹과 밀접
하게 관련된 업무(전자화폐발행, 요금청구, 전자인증, 소프트웨어 기획 및 개발 등)는
현 시점에서도 허용된다고 본다. 문제는 금융과 관련 없는 인터넷서비스제공
및 웹호스팅업무라고 하겠다. 판단건대 은행자원의 이용을 극대화하는 한편 사
회전체의 자원이용을 효율화하려면, 미국의 통화감독청과 같이 첫 번째의 잉여
시설기준을 도입하여, 은행은 인터넷관련 기술과 잉여시설을 제 3 자에게 판
매ㆍ임대할 수 있다고 해석하여야 한다.[67] 그래야만 비이자 수익 비중이 높은
다양한 비즈니스 모델을 가진 인터넷전문은행의 등장을 기대할 수 있는 것이

---

65) 우리 은행법 제37조는 본 문제에 대해 아무런 규정을 두지 않았지만, 은행의 비금융업 진
　　출을 엄격히 금지하는 정책기조로 볼 때, 본문에서와 같은 일반원칙(미국에서는 이를
　　divestiture rule이라고 함)이 적용될 것이다.

66) OCC Interpretive Letter 677 (June 28, 1995).

67) 동일한 취지에 의하여 현재 은행은 자체소유의 잉여부동산을 타인에게 임대할 수 있다.

다. 마찬가지로 은행이 홈뱅킹 및 관련서비스를 제공하게 할 목적으로 특수한 벤처기업을 자회사로서 설립할 수도 있는바,[68] 이때에도 벤처자회사가 홈뱅킹서비스 업무와 매우 밀접한 관련이 있는 인터넷서비스 제공자의 역할까지 수행할 수 있다고 적극적으로 해석할 것이다. 두 번째의 패키지기준에 대한 채택 여부는 금융위원회의 구체적인 감독규정 제정에 의하여 해결할 문제이므로 언급을 유보하고, 마지막의 **de minimis**기준은 특정사례에 있어서 구체적 타당성을 기하려는 것으로서 우리도 현재 운영하는 기준이라고 판단된다. 은행이 직·간접적으로 제 3 자를 상대로 인터넷서비스를 제공할 경우, 당사자 관계가 명확하므로 분쟁발생시에도 책임의 소재를 밝히기는 상대적으로 수월할 것이다. 그러나 웹호스팅서비스를 제공하게 될 인터넷전문은행의 경우 상인 선정에는 상당한 신중을 기하여야 할 것이다. 만일 고객과 상인간에 분쟁이 발생한 경우, 인터넷전문은행으로서는 부적절한 상인을 알선함으로 인한 과실책임이 인정되어 손해배상액의 일부를 분담하여야 할 상황에 직면할 수도 있기 때문이다.


# 제 4 절   은행의 간접적인 인터넷뱅킹 수행과 관련한 법적·규제적 쟁점

## Ⅰ. 자회사와 소수지분참여에 의한 인터넷뱅킹

### 1. 자회사를 통한 인터넷뱅킹

은행의 자회사란 은행이 직접 수행할 수 있는 업무를 은행과는 별개의 독립된 법인이 영위하도록 할 목적으로, 은행이 설립하거나 투자하는 법인(15% 이상의 지분취득)을 의미한다. 현행법상으로 은행이 금융업을 영위할 자회사를 설립하는 데 있어서 엄격한 제한은 없다.[69] 그렇지만 이렇게 설립된 금융업 및

---

68) 은행법 제37조 제 2 항에 근거한 은행업감독규정 제49조 제 7 호의 "은행업무의 수행과 직접 관련된 금융전산업, 금융연구업"에 해당하므로 자회사설립이 가능하다.
69) 은행법 제37조 제 2 항 내지 제 4 항.

금융관련업무에 종사하는 자회사(신용정보업자 포함)들은 그 업무의 성질상 당연히 금융위원회의 감독을 받게 될 것이다.[70]

은행이 자회사를 통하여 인터넷뱅킹을 영위하는 형태로서, ① 모회사인 은행을 배제한 채 자회사가 직접 고객과 당사자가 되어 신규 인터넷뱅킹업무를 개시하는 경우와 ② 고객과 모회사인 은행간 기존 당사자관계는 그대로 유지한 채, 자회사는 단순히 매개체로서 인터넷서비스 및 기술만을 제공하는 경우를 상정할 수 있다. 그런데 첫 번째 유형에서는 자회사가 사실상 은행업무를 전면적으로 영위하기 때문에 본질적으로 은행의 성격을 갖는다는 점에 주목하여, 과연 모회사인 은행이 그 지배하에 별개의 은행을 신설할 수 있는지 논란이 발생할 수 있다(이 때문에 개정 은행법 제37조 제 5 항에서는 모은행과 자은행에 대한 근거규정을 마련하기에 이른 것이다).[71] 두 번째 유형에서 발생할 수 있는 쟁점에 대해서는 다음에서 좀 더 상세하게 분석해 보고자 한다.

## 2. 소수지분참여시 被參加企業 대상의 제한 필요성

사실 자회사 설립보다 감독기관이 더욱 주의하여야 할 부분은 은행의 타 회사에 대한 소수지분의 참여이다. 현행법상 은행이 타 회사의 지분을 15% 미만으로 취득하는 한, 그 업종에 대한 제한이 없고 금융위원회의 감시망에도 포착되지 않는다.[72] 따라서 은행은 타 회사와 공동으로 인터넷뱅킹과 관련된 기술력을 갖춘 벤처기업뿐만 아니라 기타 어떠한 종류의 타 기업에도 소수지분 참여를 할 수 있다. 형식적인 소수지분 참여만으로 은행이 피참가기업에 실질적인 지배력을 행사할 경우에는, 사실상 지배관계가 성립한 것으로 간주되어 공정거래법상의 기업집단에 해당되는지 여부가 문제될 수 있다.[73] 그럼에도 불구하고 금융위원회의 규제권한은 발동되지 않는다. 그러나 은행법에서 타 회사 지분의 15% 이상 투자를 은행자회사로 보는 취지가 은행의 무분별한 업무

---

70) '금융위원회의 설치 등에 관한 법률' 제38조 및 '신용정보의 이용 및 보호에 관한 법률' 제45조 제 1 항 참조.
71) "모은행 및 자은행이라 함은 금융기관이 다른 금융기관의 의결권 있는 발행주식총수의 100분의 15를 초과하여 주식을 소유하는 경우의 당해 금융기관과 그 다른 금융기관을 말한다."
72) 은행법 제38조 제 1 호는 은행이 자기자본의 60/100(동 시행령 제21조의2)을 초과하는 투자를 할 수 없다고 규정할 뿐이다.
73) 사실상 지배관계에 관한 관계법령으로서는 '독점규제 및 공정거래에 관한 법률시행령' 제3 조.

확대를 방지하고 투자손실에 따른 위험의 전이를 방지하고자 하는 것이라면, 소수지분의 참여라고 하여 무제한 방치할 사항은 아니라고 판단된다. 참고로 은행의 허용가능한 업무범위에 대하여 매우 관대한 미국의 통화감독청마저도 소수지분의 참여문제에 있어서는 다음의 네 가지 기준을 갖고 제한적으로 운영하고 있는바,[74] 향후 우리의 은행법과 감독규정 개정에 반드시 반영하여야 할 사항이다(다행스럽게도 인터넷뱅킹과 관련해서는 전자금융거래법 제40조에서 이러한 법적 흠결을 보정할 수 있는 제도적인 장치가 마련되었다).[75]

① 자회사와 마찬가지로 피참가기업의 업무도 은행업과 부수적이거나 관련된 업무에 한한다.

② 참가은행은 피참가기업이 은행업과 부수적이지 않거나 전혀 관련되지 않는 업무를 영위할 수 없도록 억제할 수 있어야 하고, 여의치 않을 경우 은행이 투자하였던 소수지분을 회수하여야 한다.

③ 법적으로 참가은행은 지분참여분만의 유한책임을 지고 피참가기업의 채무에 대하여 추가적인 책임을 부담하여서는 안 된다. 은행의 건전성을 유지하기 위하여 은행이 부당한 위험에 노출되어서는 안 된다는 점은 지극히 당연하다. 그러나 참가은행이 피참가기업의 업무를 통제하는 경우에는 은행이 법인격부인의 법리 등에 의하여 무한책임을 부담하는 최악의 사태가 발생할 수도 있다는 점을 유의하여야 한다.

④ 당해 지분참가란 은행 본래의 업무에 편의를 주고 유용한 적극적 투자를 의미하고, 은행업무와 무관한 기관투자자로서의 투자(소극적 투자)를 의미하는 것이 아니다.

---

74) 12 C.F.R. §5.3. 물론 미국의 통화감독청은 은행업 자체를 매우 광범위하게 보고 은행업 자체가 점차 확대일로에 있다는 인식을 갖고 있다.

75) 대표적으로 전자금융거래법 제40조 제1항에 의하면 금융회사 및 전자금융업자는 전자금융거래와 관련하여 전자금융보조업자와 제휴, 위탁 또는 외부주문(이하 외부주문등)에 관한 계약을 체결하거나 변경하는 때(전자금융보조업자가 다른 전자금융보조업자와 외부주문등에 관한 계약을 체결하거나 변경하는 때를 포함)에는 전자금융거래의 안전성 및 신뢰성과 금융회사 및 전자금융업자의 건전성을 확보할 수 있도록 금융위원회가 정하는 기준을 준수하도록 강제하고 있다. 동조 제2항 내지 제7항도 동일한 취지의 조항을 두고 있다.

## Ⅱ. 아웃소싱계약에서의 서비스제공자에 대한 감독권한의 확대

어떤 은행은 인터넷뱅킹을 영위하는 데 필요한 기술을 자체적으로 보유하고 모든 기능을 직접적으로 수행할 수 있지만, 어떤 은행은 인터넷뱅킹을 자체적으로 수행할 경우 소요되는 시설과 비용을 감당하지 못할 수도 있다. 특히 부실여신으로 적정자본기준도 충족하지 못하는 은행과 소규모은행들은 아웃소싱에 관하여 적극적으로 고려할 것이다. 그러나 아웃소싱을 한다고 하더라도 은행은 여전히 고객과 당사자관계에 있으므로, 고객에 대한 본래의 채무를 이행하여야 하고 관련법규를 준수할 총괄적 책임을 부담한다. 따라서 아웃소싱계약시 은행의 귀책사유가 전혀 없음에도 불구하고 문제가 발생한 경우 전액구상할 수 있다는 등의 책임문구를 명시할 필요가 있다. 전자금융거래법 제11조 제 1 항도 이러한 취지에서 전자금융보조업자의 고의, 과실을 은행이나 전자금융업자의 고의, 과실로 간주하는 것이다.[76]

사실 아웃소싱계약은 은행이 외부의 제 3 자로부터 업무수행에 필요한 물품이나 서비스를 공급받기로 하는 계약과 같은 一般債權契約에 불과하므로, 동 계약의 체결에 대하여 정관규정에 의한 주주총회의 특별결의(예: 타인과 영업의 손익을 같이 하는 계약 등의 체결)를 받는 것은 별론으로 하고,[77] 금융위원회로부터 별도의 인가나 승인을 받을 필요가 없다.[78] 그러나 법문의 규정이 없음을 들어 동 서비스제공자가 금융위원회로부터의 감독이나 검사까지도 면제받는가에 대해서는 의문이 제기된다. 왜냐하면 동 서비스제공자의 부적절한 업무수행

---

76) 동법 동조 제 2 항에 의하면 은행이나 인터넷전문은행이 전자금융보조업자의 고의나 과실로 인하여 발생한 손해에 대하여 이용자에게 손해를 배상한 경우 그 전자금융보조업자에게 구상할 수 있도록 하고 있다.

77) 상법 제374조 제 1 항 제 2 호.

78) '금융기관의 업무위탁 등에 관한 규정' 제 3 조 제 1 항에서 금융기관은 원칙적으로 인가 등을 받은 업무를 영위함에 있어 제 3 자에게 업무를 위탁하거나 제 3 자의 업무를 수탁할 수 있다고 규정하면서, 다음과 같은 경우에는 위탁이나 수탁을 금지하고 있다. 1. 인가 등을 받은 금융업의 본질적 요소를 포함하는 업무를 위탁하는 경우, 2. 관련 법령에서 금융기관이 수행하도록 의무를 부여하고 있는 경우, 3. 업무의 위탁 또는 수탁으로 인하여 당해 금융기관의 건전성 또는 신인도를 크게 저해하거나 금융질서의 문란 또는 금융이용자의 피해 발생이 심히 우려되는 경우. 그런데 아웃소싱은 제 3 자에 대한 예·대금업무의 직접적인 위탁이 아니라, 은행이 여전히 예·대금업무의 주체가 되고 인터넷상의 업무수행에 있어서 제 3 자의 기술과 서비스만을 지원받는 계약에 불과하므로, 동 조의 단서 제 1 호 내지 제 3 호에 해당하지 않아 업무의 위탁이 가능한 것이다.

으로 인하여 은행의 업무를 마비시키는 데 그치지 않고 직접적으로 일반 금융소비자들이 피해를 보기 때문이다.

　　비교법적으로 미국은 입법에 의하여 이 문제를 해결하고 있는바, 금융서비스회사법(the Bank Service Corporation Act)은 금융감독관청으로 하여금 계약에 의하여 은행에게 금융서비스업무(banking service)를 제공하는 기업에 대해서도 감독권한이 있음을 명시하고 있다.[79]

　　우리나라에서도 전자금융거래법 제40조에서 아웃소싱업체인 전자금융업자를 감독하고 검사할 수 있는 근거조항을 마련하고 있다. 동 조에 의할 경우 일부 기술력을 갖춘 서비스판매자들은 은행과의 계약체결을 주저하게 될 것이다. 왜냐하면 일단 계약이 체결될 경우 이러한 非金融機關들이 금융위원회로부터 감독을 받을 수도 있기 때문이다. 사실 종래에 전혀 금융에 관여하지 않았던 이러한 기업들이 금융위원회로부터 감독을 받는다는 사실이 매우 이례적일 수 있다. 따라서 은행은 이러한 서비스제공자들과의 계약체결시, ① 서비스제공자의 감독·검사의무와 ② 감독·검사시 준수사항을 적절히 이행하기 위한 양자간의 정보제공·상호협조의무를 명시하는 것이 바람직할 것이다.


## 제 5 절   인터넷뱅킹에 있어서 금융소비자 보호의 문제

### Ⅰ. 문제의 제기

　　금융위원회는 한국의 금융시스템에 대한 감독 이외에도, 최종적으로 금융소비자를 보호할 수 있는 건전한 금융구조가 정착되도록 노력하여야 한다.[80] 전자은행업 부문에서 발생하는 고객과의 분쟁을 은행이 일방적으로 작성한 약관에 전적으로 맡길 수도 없다. 인터넷뱅킹에 있어서는 은행과 고객 이외에도 제3의 당사자(즉, 기술력을 갖춘 아웃소싱업체 및 해커)가 개입할 가능성이 높으므로, 구체적인 법률관계는 더욱 복잡해질 것이다. 그럼에도 불구하고 고객의

---

79) 12 U.S.C. § 1861.

80) '금융위원회의 설치 등에 관한 법률' 제1조에서는 금융위원회의 주된 설치목적으로 "건전한 신용질서와 공정한 금융거래관행을 확립하며 예금자 및 투자자 등 금융수요자를 보호함으로써 국민경제의 발전에 기여함"을 들고 있다.

권리침해가 제 3 자의 귀책사유로 야기될 때에는 은행이 고객에 대해 책임지지 않는다는 약관이 존재할 경우, 기술적으로 열등한 지위에 있는 고객이 제 3 자를 상대로 손해배상을 추궁함에는 인과관계에 대한 입증책임의 곤란 등 법률상의 애로가 발생하게 되는 것이다. 그렇다면 가장 최선의 방안은 금융소비자를 보호할 수 있는 완벽한 법제를 마련하는 것이다.

## Ⅱ. 미국법제를 모델로 한 소비자보호

### 1. 미국의 전자자금이체법, 규정 E 및 동 법규의 적용확대 경향

미국은 1978년 전자자금이체법의 다수 조항에서 자금전송에서 발생할 수 있는 금융소비자의 권익침해에 대비하고 있고, 동법의 시행을 위해 연방지준이사회의 "규정 E"가 제정되어 "모든 유형의 전자자금이체"를 규제하고 있다.[81] 즉, 동법 및 규정 E는 ① 전자자금이체 서비스의 조건 등을 기재한 약관을 계약체결 당시 및 그 이후 정기적으로 소비자에게 공시하는 조항, ② 직불카드 및 신용카드의 무분별한 발행을 제한하는 조항, ③ 금융기관으로 하여금 자금이체를 문서화할 의무를 부과하는 조항, ④ 신용 및 금융서비스를 무단으로 사용한 것에 대한 고객의 책임제한에 관한 조항, ⑤ 금융기관 내부의 카드대금 정정절차를 통한 대금청구상의 오류 등 조사 및 정정절차에 관한 조항(error resolution procedure) 등을 상세하게 규정하고 있다.[82]

### 2. 구체적 적용 : 무권한의 자금이체에 대한 소비자의 책임제한

무권한의 자금이체가 행해진 경우 소비자책임의 문제는 인터넷뱅킹에서 발생가능한 가장 중요한 논점 중의 하나가 될 것이다. 무권한의 자금이체란 고객이 아닌 제 3 자가 고객으로부터 사실상의 권한조차 부여받지 않은 상태로 이루어지는 자금이전행위를 말한다.[83] 연혁적으로 미국의 은행들은 고객의 과

---

81) 전자자금이체법(15 U.S.C. § 1693-§ 1693r)과 규정 E(12 C.F.R. Part 205)를 "전자은행업에 있어서의 권리장전"이라고 하기도 한다. Dan C. Aardal, *Consumer Protection Issues in Home Banking, Electronic Developments: U.C.C. and Selected Regulatory Pespectives*, 1996 ABA Sec. Bus. L. 25, 31 (1996) (이하 Dan Aardal이라고 함).

82) 15 U.S.C § 1693c-§ 1693g.

83) 12 C.F.R. § 205.2(m).

실이 손실에 기여한 경우 고객의 책임을 인정하여야 한다는 입장을 견지한 반면, 금융소비자들은 신용카드사기의 경우 부과되는 고객의 책임한도와 유사하게 일률적으로 일정액의 책임상한선을 설정할 것을 주장하였었다.[84] 미국의 전자자금이체법과 규정 E는 이와 같이 첨예하게 대립되는 양 당사자의 주장에 대한 타협점을 제시하고 있는바, 금융소비자들은 원칙적으로 무권한의 자금이체에 대해 책임을 지나 그 책임액은 경미한 수준으로 제한된다. 즉 2영업일 내에 금융기관에 고지할 경우 무권한의 자금이체에 대한 고객의 책임은 일정한 도액($50)과 실제 이루어진 자금이체액 중 낮은 가격으로 제한되고, 고객자신의 과실이 있는 경우에 한하여 무권한이체에 대해 전액 책임을 부담한다는 것이다[85] (우리나라의 경우 전자금융거래법 제 9 조 제 2 항 및 제 6 절 참조).

또 다른 책임제한의 영역으로는 홈뱅킹의 보안성을 침해하여 야기된 무권한의 자금이체를 들 수 있다. 이는 고객의 과실유무와는 관련 없이, 전자매체를 기획한 은행이나 기타 제 3 의 아웃소싱업체가 보안성에 만전을 기하지 못함에 따라 사고가 발생하는 경우이다. 예를 들어 해커가 은행이나 서비스제공자의 관리하에 있는 접속카드번호 및 PIN이 포함된 데이터베이스를 침해하여 자금이체행위를 할 수 있다. 혹은 고객이 자신의 가정에서 은행으로 자금거래의 이전을 지시하였으나, 전혀 예기치 못한 제 3 자가 동 거래행위의 이익을 중간에서 가로챌 수도 있다. 전자자금이체법 및 규정 E는 이러한 경우 은행이 전적으로 책임을 부담한다고 규정하고 있다(우리나라의 경우 전자금융거래법 제 9 조 제 1 항).[86] 따라서 은행으로서는 시스템의 보안이 침해될 경우 부담할 책임액을 줄이기 위해서라도 모든 영역에 있어서 사전에 철저히 보안성을 점검하여야 하는 것이다. 그리고 은행은 당해 거래가 권한있는 자에 의하여 직·간접적으로 이루어졌다는 사실에 대한 입증책임을 진다.[87] 그렇지만 컴퓨터프로그램, 통신방식, 제 3 자인 아웃소싱업체 및 홈뱅킹시스템의 부속물 등의 선정이 은행

---

84) Jacqeline Marcucci, pp. 776-777.

85) 15 U.S.C. § 1693g(a) & 12 C.F.R § 205.6(b). 과실이 없는 경우 2영업일을 초과한다고 하더라도 고객의 책임은 500불을 초과하지 않는다. 참고로 과실에는 고객이 자신의 신원고유번호 (PIN: personal identification number)를 부주의하게 관리 못한 경우를 포함한다. 그러나 고객이 access card의 윗면에 PIN을 기재하였다는 이유만으로는, 과실에 기한 전액책임을 추궁할 수 없다. Dan Aardal, p. 33.

86) 15 U.S.C. § 1693f & 12 C.F.R. § 205.11.

87) 15 U.S.C. § 1693g(b).

의 주도하에 이루어지므로, 은행이 고객을 상대로 항변을 하는 데는 한계가 있다. 따라서 은행은 홈뱅킹 서비스제공자, 정보처리자, 소프트웨어 판매자 및 개발자 등의 제 3 자와 사전에 계약을 체결하여, 이들의 귀책사유로 돌릴 만한 문제가 발생할 경우 은행의 책임이 제한되고 이들 아웃소싱업체가 은행을 대신하여 책임진다는 조항을 삽입함으로써, 책임소재를 명확히 하여야 할 것이다.[88]

마지막으로 전자자금이체법은 은행이 고객의 전자자금이체 지시에 응할 수 없었던 경우 고객을 보호하는 장치가 마련되어 있다. 즉 이때에는 은행이 전자자금이체를 이행하지 못한 것에 대해 책임을 지는 것이 원칙이고, 더 나아가 이체의 이행불능으로 고객에게 발생한 상당인과관계에 있는 모든 손해를 배상할 책임이 있다고 규정한다.[89] 더욱이 입증책임을 은행에게 부과함으로써, 향후 인터넷상으로 금융거래를 수행하려는 고객의 신뢰를 증진시켜 결과적으로 인터넷뱅킹이 발전할 수 있는 계기를 마련한 것이라 평가된다.[90]

# 제 6 절   보이스피싱과 무권한의 자금이체

## I. 처 음 에

최근 보이스피싱과 관련된 정보 유출을 원인으로 하여, 고객과 금융기관 사이에 전자금융거래법 제 9 조 제 2 항의 중대한 과실이 있었는지를 둘러싼 분쟁이 종종 발생하곤 한다. 다음은 인터넷뱅킹에 있어서 무권한의 자금이체가 발생한 경우 어떠한 세부 쟁점들이 문제될 수 있는지를 생각해볼 수 있는 좋은 사례인 듯 하다.

## II. 사실관계

신청인은 대검찰청을 사칭하는 보이스피싱 사기범에게 세 시간에 걸쳐 개

---

88) Jacqeline Marcucci, p. 778.
89) 15 U.S.C. § 1693h.
90) Jacqeline Marcucci, p. 778.

인금융 정보(계좌번호, 보안카드번호, 신용카드번호, 카드CVC 등)를 유출하였고, 사기범은 당일 신청인 개인정보를 이용하여 A은행에서 공인인증서를 재발급받았다. 같은 날 사기범은 재발급받은 공인인증서를 이용하여 A은행의 인터넷뱅킹상으로 인터넷 무서류대출 400만원을 발생시켰고, 신청인의 은행 예금을 담보로 예금담보대출 4,200만원을 발생시킨 후 동 대출금이 입금된 신청인 보통예금 계좌에서 N은행 대포계좌로 전액 이체하였다. 같은 날 사기범은 동 공인인증서로 신청인 명의 정기예금(1,500만원) 및 청약적금(300만원)을 인터넷상으로 해지하고 N은행 대포계좌로 전액이체하여 편취하였다. 한편 같은 날 사기범은 신청인으로부터 취득한 개인정보로 신청인 명의의 공인인증서를 재발급받아 B저축은행에서 인터넷 신용대출을 받았는데, B저축은행은 대출을 신청하는 자가 은행에 내점하여 본인확인 및 인터넷뱅킹 신청 등의 절차를 밟지 않더라도 공인인증서를 통한 인터넷 신용대출을 관행적으로 허용하여 왔다. 이에 따라 신청인과 A은행, B저축은행 사이에 책임 소재 등을 둘러싸고 법적인 분쟁이 발생하였는데, 전자금융거래법 제9조 제2항에 의한 이용자의 중대한 과실이 있었는지 여부, 전자서명법과 전자금융거래법의 관계, 대포계좌를 개설해준 은행의 주의의무 위반 및 손해배상책임 여부 등 다양한 쟁점이 거론될 수 있다. 그 중 가장 핵심적인 쟁점은 가장 첫 번째의 전자금융거래법 제9조와 관련한 쟁점이다.

## Ⅲ. 보이스피싱과 전자금융거래법 제9조의 귀책사유

### 1. 전자금융거래법 제9조에 따른 손해배상책임

사기범이 은행 이용자인 보이스피싱 피해자의 개인금융정보를 취득하여 공인인증서를 재발급받고 이를 이용하여 예금인출 등을 함으로써 궁극적으로 이용자에게 손해가 발생한 경우 전자금융거래법 제9조에 따라 금융회사가 전부 또는 일부의 책임을 부담하여야 하는지가 문제된다.

#### (1) 보이스피싱에 의한 공인인증서 재발급과 접근매체의 위·변조

첫째 쟁점은 사기범이 피해자를 기망하여 개인금융정보를 획득한 후 동 정보를 금융회사의 인터넷뱅킹사이트에 입력하여 공인인증서를 재발급(또는 범용인증서의 신규발급) 받은 것이 접근매체의 위·변조로 볼 수 있는지 여부였다. 왜냐하면 구 전자금융거래법 제 9 조 제 1 항에는 지금의 제 3 호가 제외된 상태로 단지 제 1 호와 제 2 호만이 규정되어 있었기 때문이다.

---

전자금융거래법 제 9 조 (금융회사 또는 전자금융업자의 책임) ① 금융회사 또는 전자금융업자는 다음 각 호의 어느 하나에 해당하는 사고로 인하여 이용자에게 손해가 발생한 경우에는 그 손해를 배상할 책임을 진다.
1. 접근매체의 위조나 변조로 발생한 사고
2. 계약체결 또는 거래지시의 전자적 전송이나 처리 과정에서 발생한 사고
3. 전자금융거래를 위한 전자적 장치 또는 「정보통신망 이용촉진 및 정보보호 등에 관한 법률」 제 2 조 제 1 항 제 1 호에 따른 정보통신망에 침입하여 거짓이나 그 밖의 부정한 방법으로 획득한 접근매체의 이용으로 발생한 사고
② 제 1 항의 규정에 불구하고 금융회사 또는 전자금융업자는 다음 각 호의 어느 하나에 해당하는 경우에는 그 책임의 전부 또는 일부를 이용자가 부담하게 할 수 있다.
1. 사고 발생에 있어서 이용자의 고의나 중대한 과실이 있는 경우로서 그 책임의 전부 또는 일부를 이용자의 부담으로 할 수 있다는 취지의 약정을 미리 이용자와 체결한 경우
2. 법인(「중소기업기본법」 제 2 조 제 2 항에 의한 소기업을 제외한다)인 이용자에게 손해가 발생한 경우로 금융회사 또는 전자금융업자가 사고를 방지하기 위하여 보안절차를 수립하고 이를 철저히 준수하는 등 합리적으로 요구되는 충분한 주의의무를 다한 경우
③ 제 2 항 제 1 호의 규정에 따른 이용자의 고의나 중대한 과실은 대통령령이 정하는 범위 안에서 전자금융거래에 관한 약관(이하 "약관"이라 한다)에 기재된 것에 한한다.
④ 금융회사 또는 전자금융업자는 제 1 항의 규정에 따른 책임을 이행하기 위하여 금융위원회가 정하는 기준에 따라 보험 또는 공제에 가입하거나 준비금을 적립하는 등 필요한 조치를 하여야 한다.

---

　　엄격한 잣대로 볼 때 사기범이 피해자의 개인정보를 부정하게 이용하여 공인인증서 발급기관으로부터 공인인증서를 재발급받은 행위는 우리 법제상으로 위조에 해당하지 않는다. 이와 달리 개정 전자금융거래법이 시행되기 이전의 구 법제하에서 서울중앙지방법원 2012. 3. 28. 선고 2011가단105339 판결은

공인인증서가 부정하게 재발급된 경우를 전자금융거래법 제49조 제 2 항 제 1
호에서 규정하는 접근매체의 위조라고 판시하였었는데, 전자금융거래법 제 9
조 제 1 항 제 3 호가 신설되기 전의 상황에서 실질과 부합하지 않은 허위내용
의 전자기록 작성행위를 포괄적으로 접근매체의 위조로 간주하여 선의의 피해
자를 보호하려고 한 동 판결의 취지를 이해할 수 있다. 그러나 접근매체의 위
조란 "작성권한 없는 자가 타인 명의의 접근매체를 창출하는 것"이라고 제한
적으로 보아야 하고, 공인인증서의 불법복제를 가장 대표적인 예로 들 수 있을
것이다. 행정부의 유권해석이나 사법부의 판결만으로 위·변조의 개념을 확대
하는 것은 본질적으로 한계가 있다. 더욱이 본 사안과 같이 실질은 위조에 가
깝더라도 형식적으로 작성권한 있는 자에 의하여 공인인증서를 재발급한 것과
같은 외양을 갖춘 행위를 "접근매체의 위조"라고 확대해석하여 전자금융거래
법상의 형사처벌을 적용하는 것은 죄형법정주의 원칙에도 위배된다. 법률에서
명확한 행위유형과 처벌조항을 마련하지 않은 상태에서, 사법부의 확대해석 또
는 유추해석만으로 새로운 형사규범을 창출하는 것은 우리나라의 기본 법제와
조화되지 않는다. 따라서 제 3 자가 부정하게 접근매체를 이용할 수 있게 되었
더라도, 이를 접근매체의 위조·변조로 볼 수는 없다. 그 때문에 2013년 개정
전자금융거래법 제 9 조 제 1 항에 제 3 호를 신설하여 이 사건과 같은 부정한 방
법에 의한 공인인증서 재발급행위를 사고라고 명시적으로 추가하게 된 것이다.

### (2) 피해자의 고의 또는 중대한 과실

　　둘째 쟁점은 피해자가 보이스피싱을 당하여 개인금융정보(그중 일부는 접근
매체에 해당)를 알려준 경우, 피해자의 귀책사유가 전자금융거래법 제 9 조 제 2
항 제 1 호 및 동법시행령 제 8 조 제 2 호에 따른 "고의 또는 중과실"의 범위에
해당되는지 여부였다.

　　보이스피싱 피해자의 사기자에 대한 개인금융정보 고지행위는 전자금융거
래법시행령 제 8 조 제 2 호의 "제 3 자가 권한없이 이용자의 접근매체를 이용하
여 전자금융거래를 할 수 있음을 알았거나 쉽게 알 수 있었음에도 불구하고 접
근매체를 누설하거나 노출 또는 방치한 경우"에 해당하는지를 분석해 보아야
한다. 이 사안에서 보이스피싱 피해자의 정보유출행위는 고의 또는 중과실로
"접근매체를 누설하거나 노출 또는 방치한 경우"에 해당한다. 왜냐하면 보이스

피싱에 따른 금융정보 노출행위가 전자금융거래법 제 9 조 제 2 항 및 동법시행령 제 8 조에서 규정한 가장 전형적인 중과실에 해당하기 때문이다.

최근 보이스피싱 기법이 점차 발전하고 있지만, 금융감독당국과 언론보도 등에 의하여 보이스피싱의 위험성은 일반 공중에게 널리 알려져 있는 상태이다. 따라서 유선상이나 온라인을 통하여 개인의 주민등록번호 및 계좌번호, 인터넷뱅킹 ID와 패스워드 등을 노출해서는 안 된다는 점은 이제 너무도 일반화된 상식으로 되었다. 이 사안에서 피해자가 보이스피싱 사기범과 세 시간여를 통화하면서 보이스피싱을 전혀 의심하지 않은 채 자신의 중요한 정보를 모두 누설하였다는 것은 보편타당한 일반인의 관점에서 볼 때 도저히 납득할 수 없는 중대한 과실에 해당한다.[91]

### (3) 공인인증서 재발급시 은행의 선관의무 및 은행의 면책

셋째 쟁점은 은행이 공인인증서의 재발급, 인터넷대출 및 예금해지 등을 처리함에 있어서 합리적으로 요구되는 주의의무를 다했다고 주장하는 경우 은행 책임의 일부 또는 전부가 면제될 수 있는지 여부였다.

은행의 공인인증서 재발급, 인터넷대출 및 예금해지가 있었던 일련의 과정 중, 피해자가 처음의 공인인증서 재발급에 중대한 과실이 있었다는 이유만으로, 이후 인터넷대출과 예금해지에 있어서 은행이 전부 면책이 되는지에 대해서는 좀 더 심도있는 고찰이 필요하다. 왜냐하면 전자금융거래법 제 9 조 제 2 항에 의하면 은행이 전부 면책 또는 "일부 면책"된다고 규정하므로, 은행이 항상 전부 면책되지는 않기 때문이다.

원론적으로 보면 일련의 과정에서 은행이 선관주의의무를 이행하였는지

---

91) 유사한 사안에서 대법원 2014. 1. 29. 선고 2013다86489 판결은 원심의 판단을 다음과 같이 인용하였다. 즉 "① 이 사건 금융사고 당시에는 전화금융사기(이른바 보이스피싱)가 빈발하여 이에 대한 사회적인 경각심이 높아진 상태이었던 점, ② 원고는 이 사건 금융사고 당시 만 33세로서 공부방을 운영하는 등 사회경험이 있었고 1년 이상 인터넷뱅킹서비스를 이용하여 왔던 점, ③ 원고는 관련 형사사건의 조사과정에서 성명불상자로부터 '001'로 시작되는 국제전화를 받아 순간 이상하다는 생각을 하였다고 진술하고 있는 점, ④ 그럼에도 원고는 제 3 자에게 접근매체인 공인인증서 발급에 필수적인 계좌번호, 계좌비밀번호, 주민등록번호, 보안카드번호, 보안카드비밀번호를 모두 알려준 점 등에 비추어 보면, 원고는 '제 3 자가 권한 없이 접근매체를 이용하여 전자금융거래를 할 수 있음을 알았거나 쉽게 알 수 있었음에도 이를 노출'하였다고 볼 것이므로, 결국 원고의 위와 같은 금융거래정보 노출행위는 전자금융거래법 제 9 조 제 2 항, 제 3 항, 같은 법 시행령 제 8 조 제 2 호, 피고들의 전자금융거래 기본약관 제20조가 정하는 금융사고의 발생에 이용자의 '중대한 과실'이 있는 경우에 해당한다."

여부를 각각 검토한 후 은행과 이용자 간 책임의 적절한 분배를 하여야 할 것이다. 그리고 이러한 적절한 분배의 근거조항은 "금융회사ㆍ전자금융업자 및 전자금융보조업자는 전자금융거래가 안전하게 처리될 수 있도록 선량한 관리자로서의 주의를 다하여야 한다"고 규정한 전자금융거래법 제21조 제 1 항이다.

우선 공인인증서 재발급시에는 고객의 중과실이 있었으므로 보이스피싱 사기자가 공인인증서를 재발급받아 일부 자금을 인출하고 이를 다른 계정에 이체하였을 경우, 은행은 준점유자에 대하여 정당하게 변제한 것으로 보아 면책된다는 법리를 적용하여 면책시켜야 할 것이다.[92]

공인인증서 재발급 이후의 인터넷대출시에는 다른 기준이 적용되어야 할 것인데, 예를 들어 공인인증서의 존재만으로 충분하지 않고 은행은 본인에 대해 추가적인 확인의무를 하였어야 한다는 원칙이 도출되었어야 한다. 물론 객관적으로 합리적이고 사회적으로 수용할 만한 소액(de minimis)의 인터넷 무서류대출은 금융기관과 이용자간 사전 합의에 따라 대출시 추가적인 본인확인 과정이 없었더라도 은행에게 책임을 물을 수 없을 것이다. 이와 대조적으로 대출액이 지나치게 거액일 경우 반드시 은행의 본인확인의무가 있었어야 하는 것은 너무도 당연하다.[93] 따라서 이 사안에서와 같이 정기예금 및 청약예금을 해지함에 있어서는 은행이 추가적으로 본인확인의무를 하였어야 한다.

## 2. 공인인증서에 의한 본인확인절차의 법적 효력

전자서명법에서는 공인인증서에 의한 본인확인 절차를 거친 경우 거래 상

---

92) 공인인증서를 재발급할 경우 금융기관들이 추가적인 주의의무로서 고객에게 이 내용을 통지할 의무가 있는지 여부가 문제된 바 있다. 즉 대법원 2014. 1. 29. 선고 2013다86489 판결에서 원고(보이스피싱 피해자)는 피고(금융기관)들이 공인인증서를 재발급하는 경우 이용자에게 이를 통지하여야 할 주의의무가 있음에도 피고들이 이를 게을리하여 원고가 이 사건 금융사고를 방지하지 못하게 하였으므로 피고들은 민법 제760조 제 3 항이 규정한 과실에 의한 불법행위방조책임에 따라 원고가 입은 손해를 배상할 책임이 있다고 주장하였던 것이다. 원심은 피고들에게 공인인증서의 재발급에 있어서 원고에게 이를 문자메시지 등을 이용하여 통지할 주의의무가 있다고 할 수 없고 오히려 문자메시지 등을 이용한 통지는 피고들이 이용자의 요청에 따라 제공하는 서비스로 보이는데 원고는 인터넷뱅킹서비스 신청 당시 보안 SMS 신청을 하지 아니하였으며 설령 피고들에게 그러한 주의의무가 있다고 하더라도 이를 이행하지 아니함으로써 이 사건 금융사고가 발생하였다고 할 수 없으므로 원고의 위 주장은 이유 없다고 판단하였는데, 대법원은 이러한 원심의 판단이 정당하다고 하였다.

93) 그러나 대법원 2014. 1. 29. 선고 2013다86489 판결은 보이스피싱 피해자의 중대한 과실을 인정하면서 금융기관들의 전부 면책 주장을 받아들였다.

대방이 자필로 기재한 것으로 추정하는바, 은행이 본인 아닌 보이스피싱 사기범의 거래지시(제3자앞 계좌이체, 송금, 예·적금 해지, 예·적금 담보대출, 일반대출 등)에 따라 처리한 경우 본인의사에 기한 유효한 청약행위로 볼 수 없어 동 거래 지시 및 계약을 무효로 할 수 있는지 여부도 문제되었다.

일반적으로 전자서명법 제3조에 의하면 공인전자서명이 있는 공인인증서의 경우 본인확인 절차를 거친 것으로 보아 전자서명자의 자필로 기재한 것으로 추정한다. 따라서 본인이 아닌 자가 전자서명자의 공인인증서를 발급받았다는 사실이 사후 입증되었다면 위의 추정은 번복될 수 있는 것이다.

그렇지만 전자서명법 제3조가 전자금융거래법 제9조보다 우선적으로 적용되는 배타적 규정은 아니다. 따라서 사기자가 보이스피싱에 의하여 정보를 취득하여 외관상으로 정상적인 절차에 따라 공인인증서를 발급받은 후 행한 개별적인 전자금융거래의 효력에 대해서는 전자금융거래법 제9조에 따라 판단하여야 한다. 즉 전자서명법 제3조에 따라 추정이 깨졌으므로 모든 행위가 전부 무효라고 단정할 수 없는 것이다. 결론적으로 계좌이체, 송금, 예금의 해지, 대출 등에 있어서 은행이 추가적으로 요구되는 본인확인의무를 하였는지 여부를 개별적으로 검토한 후 금융기관과 피해자 간 책임을 분배하는 것이 가장 합리적이라고 판단된다.

추가적으로 '대부업 등의 등록 및 금융이용자 보호에 관한 법률' 제6조의2 제3항에 따라 공인인증서의 효력을 전자서명자의 자필로 간주한다는 규정은 대부업자에게만 적용될 뿐 은행이나 저축은행에 적용되지 않으므로, 이 사안에서 문제삼을 수 있는 쟁점은 아니다.

## 3. 인터넷뱅킹과 비대면거래로 허용되는 금융거래의 범위

전자금융거래약관 및 전자금융서비스이용약관에 동의하고 인터넷뱅킹을 신청한 자는 예금 인출 이외에 예·적금의 해지 등의 행위도 모두 비대면거래로 할 수 있는지 여부가 문제되었다. 이 쟁점은 기존의 오프라인 은행들이 인터넷뱅킹서비스를 추가적으로 제공할 경우 문제되는 것으로서, 인터넷전문은행에게 그대로 적용되지 않는다는 점을 유념하여야 한다.

첫째, 예금거래기본약관과 전자금융서비스이용약관 상 인터넷뱅킹을 이용한 예금계약 해지는 허용되지 않는다. 더욱이 이러한 약관에 동의하였더라도 약관상으로 인터넷뱅킹을 이용한 계약해지에 대해 명확한 근거조항이 없는 상태에서, 단지 동의만으로 해지를 위해 고객과 특별한 사전약정이 있었다고 볼 수도 없다.

둘째, 다소 형식적인 판단일 수도 있으나, 인터넷뱅킹에 있어서 예금인출과 예금계약 해지를 명확히 구분하고 있다는 점에 주목하여야 한다. 우선 예금거래기본약관 제10조 제2항은 "거래처가 자동이체·전산통신기기 등을 이용하여 찾을 때는 그 약정에서 정한 바에 따른다"고 규정하여 인터넷뱅킹에서의 예금인출에 대한 근거조항을 마련하고 있지만, 예금계약 해지에 대해서는 아무런 언급이 없다. 다음으로 동 약관 동조 제1항이 "예금·이자를 찾거나", "예금계약을 해지하고자 할 때"라고 하여 찾는 행위와 해지행위를 명확히 구분하고 있다. 따라서 예금인출과 예금해지는 구분하여야 하는 것이다.

이렇게 예금인출과 예금계약 해지를 명확히 구분할 경우, 전자금융거래법 제21조 제1항에 의하면 은행은 전자금융거래가 안전하게 처리될 수 있도록 선량한 관리자로서의 주의를 다하여야 하므로 예금계약을 해지할 경우 추가로 본인에게 그 의사를 확인하였어야 한다. 따라서 이 사안에서 인터넷뱅킹을 이용한 예금계약의 해지에 대해 은행이나 저축은행이 본인에게 추가적으로 해지의사를 확인하지 않았다면 은행의 과실이 더욱 크다고 판단할 수 있는 것이다.

## 4. 저축은행의 약관을 위반한 대출행위

이 사안에서는 저축은행의 약관을 위반한 대출 실행이 문제되었다. 즉 표준약관 상으로 저축은행 고객은 전자금융거래를 하고자 하는 경우 저축은행에 전자금융신청서를 사전에 서면으로 제출하고 은행이 승낙하는 절차를 거치도록 규정되어 있음에도(전자금융거래기본약관 제4조, 전자금융서비스이용약관 제5조), 일부 저축은행은 이러한 사전 전자금융거래계약 없이 공인인증서, 핸드폰 등을 통한 본인인증절차만을 거쳐 대출을 실행하는 대출상품을 취급하여 왔다. 이 사안에서도 이러한 대출행위가 문제되었는데, 보이스피싱 사기범의 대출행위를 위 약관을 위반한 것으로 보아 무효로 할 수 있는지 여부가 쟁점으로 되었다.

저축은행에 이러한 표준약관이 존재하는 상황에서 이를 위반하고 절차적으로 상이한 대출실행행위를 한 것으로 무효로 볼 수밖에 없다. 더욱이 이 사안에서는 전자금융신청서를 사전에 서면으로 제출하지도 않았고 저축은행이 이러한 신청서를 승낙하는 절차도 마련되어 있지 않았다. 따라서 보이스피싱 사기범이 약관을 위반한 대출을 신청했는데 저축은행이 아무런 본인 확인절차 없이 이러한 대출을 승인하였다면 중대한 절차위반으로 무효라고 보아야 하는 것이다. 만일 핸드폰 등을 통한 본인인증절차를 거쳤을 경우에는 저축은행이 추가적으로 본인확인의무를 이행한 것으로 볼 수 있는 여지도 있다. 그렇지만 이 사안에서는 이러한 절차를 취하지 않았으므로 문제가 되지 않는다.

## 5. 기타: 대포계좌를 개설한 은행의 책임

이 사안에서는 보이스피싱 사기범에게 대포계좌를 개설해준 N은행이 과실에 의한 방조자로서 공동불법행위 책임을 지는지 여부도 문제될 수 있었다. 그 책임을 묻기 위해서는 N은행의 주의의무 위반과 피해자에 대한 손해발생 간 인과관계가 있는지 여부를 충분히 검토하였어야 할 것이다. 대포계좌를 개설한 N은행이 본인 확인에 있어서 주의의무를 다하지 못하였다면 원칙적으로 과실에 의한 방조자로서 공동불법행위자가 될 수도 있지만 피해자에 대한 손해배상책임을 판단함에 있어서는 신중을 기하여야 한다고 보는데, 대법원도 이와 동일한 취지의 판시를 하였다.

즉 대법원 2016. 5. 12. 선고 2015다234985 판결은 첫째, 과실에 의한 방조가 성립되는지와 관련하여 "민법 제760조 제 3 항은 불법행위의 방조자를 공동불법행위자로 보아 방조자에게 공동불법행위의 책임을 지우고 있다. 방조는 불법행위를 용이하게 하는 직접, 간접의 모든 행위를 가리키는 것으로서 손해의 전보를 목적으로 하여 과실을 원칙적으로 고의와 동일시하는 민사법의 영역에서는 과실에 의한 방조도 가능하며, 이 경우의 과실의 내용은 불법행위에 도움을 주지 말아야 할 주의의무가 있음을 전제로 하여 그 의무를 위반하는 것을 말한다. 그런데 타인의 불법행위에 대하여 과실에 의한 방조로서 공동불법행위의 책임을 지우기 위해서는 방조행위와 불법행위에 의한 피해자의 손해 발생 사이에 상당인과관계가 인정되어야 하며, 상당인과관계를 판단할 때에는 과실에 의한 행위로 인하여 불법행위를 용이하게 한다는 사정에 관한 예견가능성과 아울러 과실에 의한 행위가 피해 발생에 끼친 영향, 피해자의 신뢰 형성에 기여한 정도, 피해자 스스로 쉽게 피해를 방지할 수 있었는지 등을 종합적으로 고려하여 책임이 지나치게 확대되지 않도록 신중을 기하여야 한다"고 하였다.

둘째, 상당인과관계를 판단함에 있어서 "타인의 명의를 모용하여 계좌가 개설된 경우에, 그 과정에서 금융기관이 본인확인절차 등을 제대로 거치지 아니하였다는 사정만으로 모용계좌를 통하여 입출금된 금전 상당에 대하여 언제나 손해배상책임을 져야 한다고 볼 수는 없고, 손해배상책임을 인정하기 위해서는 금융기관의 주의의무 위반과 피모용자 또는 제3자의 손해 발생 사이에 상당인과관계가 있음이 인정되어야 하며, 상당인과관계는 일반적인 결과 발생의 개연성은 물론 본인확인 주의의무를 지우는 법령 기타 행동규범의 목적과 보호법익, 계좌를 이용한 불법행위의 내용 및 불법행위에 대한 계좌의 기여도, 계좌 이용자 및 계좌 이용 상황에 대한 상대방의 확인 여부, 피침해이익의 성질 및 피해의 정도 등을 종합적으로 고려하여야 한다. 금융기관이 본인확인절차 등을 제대로 거치지 아니하여 개설된 모용계좌가 불특정 다수인과의 거래에 이용되는 경위나 태양은 매우 다양함에도 모용계좌를 이용하여 범죄행위가 이루어졌다는 사정만으로 그로 인하여 발생한 피해에 대한 책임을 금융기관에 부담시킨다면, 불특정 다수인이 자신의 책임하에 행하여야 할 거래상대방에 관한 본인확인이나 신용조사 등을 잘못하여 이루어진 각양각색의 하자 있는 거래관계나 불특정 다수인을 상대로 행하여진 다양한 형태의 재산권 침해행위 등으로 인하여 발생한 손해에 대해서까지 무차별적으로 금융기관에 책임을 추궁하는 결과가 되어 금융기관의 결과 발생에 대한 예측가능성은 물론 금융기관에게 본인확인의무 등을 부과한 행동규범의 목적과 보호법익의 보호범위를 넘어서게 되므로, 이러한 사정을 고려하여 본인확인절차 등을 제대로 거치지 아니하여 모용계좌를 개설한 금융기관의 잘못과 다양한 태양의 가해행위로 인한 손해 발생 사이의 상당인과관계를 판단하여야 한다"고 하였다.


# 제 7 절    맺는 말

제4차 산업혁명시대에 인터넷과 보안기술이 급속도로 발전하고 스마트폰이 일상화됨에 따라, 정보와 화폐를 기반으로 하는 은행산업은 인터넷과 모바일을 통하여 기존의 업무영역을 확대해야 할 운명에 처해 있다. 기존 오프라인

은행들이 자체적으로 인터넷뱅킹과 모바일뱅킹 수준을 대폭 끌어올리는 것만으로는 우리 은행산업의 성장 및 발전에 한계가 있음을 직시하고, 금융위원회도 케이뱅크와 카카오뱅크와 같은 인터넷전문은행을 신규로 인가하면서 인터넷전문은행법을 제정하게 되었다. 이에 그치지 않고 추가적인 제 3 , 제 4 의 인터넷전문은행이 인가될 것이라고 기대되므로, 우리나라의 은행산업도 경쟁과 기술의 혁신 및 획기적인 금융서비스의 제고란 급격한 환경 변화에 노출될 것이다. 이러한 상황에서 특히 인터넷전문은행의 경우 비이자수입 비중이 높은 새로운 업무영역을 개발하여 차별화된 비즈니스 모델을 구축하여야만 기존 오프라인 은행들과의 경쟁에서 살아남을 수 있을 것이다. 문제는 기존 은행과 인터넷전문은행이 영업을 확대하려고 할 경우 필연적으로 직면하게 될 금융감독당국과의 마찰이다. 금융위원회로서는 어떠한 전략적 선택이 금융산업의 발전을 저해함이 없이 효율성을 극대화할 수 있는지에 대하여 현명한 판단을 하여야 한다. 또한 과거 상대적으로 소홀하였던 인터넷과 모바일상의 비밀보장, 보안성 및 관할권, 인터넷뱅킹에 부수되는 업무의 확대 등 문제들에 대해서도 선도적이고 개방적인 자세를 취하여야 할 것이다.

　　1997년 말과 2008년 말 두 차례에 걸쳐 금융위기의 혼란을 겪기는 하였지만, 이후 강도 높은 금융분야의 구조조정과 위기관리로 인하여 은행에 대한 금융소비자들의 신뢰는 점차 회복되어 왔다. 금융시장이 안정을 되찾으면서 은행들도 시대조류 및 소비자들의 요구에 발맞추어 인터넷뱅킹 시스템을 한층 업그레이드하여 왔다. 인터넷전문은행의 참여는 기존 은행들의 분발을 더욱 촉구하는 계기가 되었다. 그러나 기존 은행들이 과연 얼마나 월등한 기술력을 갖추고 이 분야에서 금융소비자의 신뢰를 받을 수 있을지, 인터넷전문은행이 얼마나 차별화된 비즈니스 모델을 구축하고 비이자수입을 높혀 독자적인 경쟁력을 갖출 수 있을지는 솔직히 불확실하다. 모든 은행들이 인터넷뱅킹이나 모바일뱅킹에 수반되는 부수적인 업무영역을 획기적으로 확대할 수 있으려면, 금융감독당국도 과거의 엄격한 잣대에서 벗어나서 보다 전향적인 자세와 열린 마음을 갖추어야 할 것이다. 다른 한편 기존 은행과 인터넷전문은행의 신뢰성과 안정성이 문제될 경우, 금융소비자들은 자신들의 권익을 보호하기 위하여 규제기관인 감독관청의 역할에 주목할 것이다. 따라서 금융위원회는 인터넷과 모바일상으로 가장 발전된 암호화기법과 보안조치를 구축할 수 있도록 선진화된 기

준 및 타당성 있는 규제를 운영하여야 하고 기술의 발전에 맞추어 규제수준을
계속 향상시켜야 할 것이다. 한편 은행들도 전자화폐, 더 나아가 암호화폐의
등장, 블록체인 기술 및 인공지능의 발전, 인터넷과 모바일상 범죄행위의 향후
추세 등에 촉각을 곤두세워야 한다. 전통적인 금융기관과 FinTech 발전을 선도
하는 非금융기관의 구분이 점차 불명료하여질 것이고 양자간 고객확보를 위한
경쟁이 치열해질 것이므로, 은행의 경쟁력 제고를 위한 장기적 전략의 수립이
필요할 것이다. 이러한 모든 상황의 변경은 매우 급박하게 현실화되고 있다.

　　물론 어느 국가에서나 은행업은 기타 산업과 달리 고도의 규제를 받는 영
역이다. 따라서 인터넷상으로 금융유사행위를 하는 非금융기관들도 금융위원
회의 감독대상으로 편입하여야 할 필요성은 매우 크다. 한편 인터넷뱅킹과 모
바일뱅킹이 국경을 초월한다는 점을 감안할 때, 과거의 경험을 토대로 全世界
의 금융감독권자들은 연쇄적인 전자은행업의 붕괴를 예방하는 최선의 수단을
강구하여야 한다. 저자는 이러한 주장을 뒷받침하는 1987년 10월 17일 미국의
Black Monday 사건을 상기하고자 한다. 당일 미국 증권시장의 붕괴를 야기한
한 원인으로서 전혀 통제가 불가능하였던 컴퓨터 프로그램상의 대량매도주문
을 들고 있다.94) 만일 인터넷뱅킹과 모바일뱅킹에 대하여 체계적인 감독법규
가 정비되지 않을 경우, 은행과 非금융기관 공히 동시다발적인 동일유형의 대
량전자정보가 유입됨으로 인하여 시스템의 마비를 경험할 수도 있고, 전자매체
에 의한 대량 예금인출사태로 전체금융시장의 붕괴를 경험하게 될 것이다. 인
터넷전문은행이 이러한 시스템위기의 방아쇠를 당길 수 있다. 이때에는 그간
매우 건전하고 견고하다는 이미지를 구축하여 왔던 큰 은행들이라도 예외 없
이 수시간만에 파산하는 사태에 직면할 것이다. 이러한 비극을 경험하지 않기
위해서는 기존 은행과 신설 인터넷전문은행 및 금융감독당국이 상호 협력하여
신규고객 및 비지니스의 창설, 운영비용의 절감, 새로운 유형의 서비스·금융
매개체 개발 및 금융혁신이 가능하도록 인터넷환경에 걸맞는 새로운 은행제도
와 관행을 조속히 정착하여야 할 것이다.

---

94) *CNNfn – The Blackest of Mondays, The Oct. 19, 1987. Crash Reduced U.S. Stock Values by $1 trillion*, Oct. 13, 1997.

## [부 록]

## 계좌이체와 원인관계가 흠결된 예금채권의 상계가능성

## 제 1   계좌이체의 법률관계

계좌이체는 자금이체의 일종으로서 계좌이체 의뢰인이 특정은행에 개설하고 있는 특정 계좌로부터 현금의 수수를 수반함이 없이 같은 은행 또는 다른 은행에 개설하고 있는 다른 계좌에 일정금액을 대체 입금시키는 것을 말한다. 자금이체는 지급인(채무자)이 지급은행에 현금을 입금하거나 자신의 계좌로부터 지급금액을 출금기장하여 수취은행에 있는 수취인(채권자)계좌에 이체자금을 입금기장하는 것을 위탁하는 지급이체를 말하는데,[95] 통상 인터넷뱅킹에 의한 계좌이체는 전자 지급이체에 해당한다. 지급이체거래의 법률관계는 ① 지급인(계좌이체 의뢰인)과 지급은행 사이의 관계(자금관계), ② 지급은행과 수취은행 사이의 관계(환거래관계), ③ 수취은행과 수취인 사이의 관계(지급관계), ④ 지급인과 수취인 사이의 관계(대가관계, 원인관계)로 구분된다.

이러한 계좌이체에서 주로 문제되는 쟁점은 지급인이 아무런 거래관계, 즉 원인관계가 없는 수취인에게 과실로 자금을 송금하는 경우에도 그 계좌이체가 유효하므로 수취인이 예금채권을 취득한다고 볼 수 있는가 하는 점이다. 이에 대하여 학설은 계좌이체 위탁의 의사표시 착오에 기하여 이루어졌으므로 착오 취소가 가능한지 여부로 접근하는 방법[96]과 예금계약의 해석에 따라 예금채권의 성립여부를 검토하려는 접근방법으로 나누어지는데, 후자의 접근방법이 보다 타당하다고 보며 현재의 통설이기도 하다. 계약해석에 따른 접근방법은, ① 원인관계와 지급이체계약은 별개의 계약으로서 독립한 것이므로 원인관계의

---

95) 정경영, 「전자금융거래와 법」, 박영사, 2007, 135면.

96) 이는 지급인이 수취인의 동일성에 대한 착오를 중요부분의 착오로 보아 지급이체 지시의 착오 취소 문제로 접근해야 한다는 주장이다. 그러나, 수취인 동일성에 대한 착오가 중요부분의 착오라 하더라도 지급인이 수취인을 확인하지 않은 것은 중대한 과실에 해당하여 착오 취소는 인정하기 힘들며(민법 제109조 제 1 항 단서), 지급인과 지급은행의 지급이체위탁 계약이 수취인과 수취은행 사이 예금계약의 효력에 영향을 미치는 이유를 설명할 수 없다는 난점이 있다.

흠결이 당연히 지급이체계약에 영향을 미친다고 볼 수 없고 비대면 거래인 지급이체에서 수취은행이 예금채권의 유효성을 일일이 조사하여 판단하는 것이 사실상 불가능하다는 이유로 원인관계의 흠결이 계좌이체의 효력에 영향을 미치지 아니한다는 견해(원인관계 불요설[97])와 ② 계좌이체는 원인관계에 근거한 자금결제 수단에 지나지 아니하므로 원인관계와 완전히 분리할 수 없고, 수취인 역시 착오 송금된 돈을 수령할 의도나 기대가 없었음에도 불구하고 일단 유효한 예금채권을 취득하게 되는 반면 지급인은 부당이득반환청구권을 행사하지 않는 이상 동 금액을 되찾을 수 없어 지급인에 대한 지나친 제재로 귀결된다는 점에서 계좌이체는 무효이며 예금채권은 성립하지 않는다는 견해(원인관계 필요설[98])가 대립되고 있다.

　　대법원은, 원인관계의 흠결, 즉 지급인과 수취인간 발생한 하자로서 지급인의 수취인에 대한 채무가 당초부터 성립하지 않았거나 성립하였다가 소멸한 경우에도 계좌이체의 효력에는 아무런 영향이 없기 때문에 수취인은 예금채권을 취득하며, 다만 지급인은 수취인이 아무런 원인 없이 계좌이체금액 상당의 이익을 얻었음을 이유로 수취인에 대하여 부당이득반환을 청구할 수 있다고 보아 원인관계 불요설을 취하고 있다.[99] 이 때 부당이득 반환을 청구할 수 있

---

97) 정동윤, 어음수표법(제 5 판, 2004년), 587면; 손진화, 주석 어음수표법(Ⅲ), 525면 등 다수설.
98) 日本最高裁判所 1996. 4. 26. 선고 1992년 제413호 판결이 나오기 전 일본 하급심 다수 판결과 학설의 견해였다고 한다.
99) "예금거래기본약관에 따라 송금의뢰인이 수취인의 예금계좌에 자금이체를 하여 예금원장에 입금의 기록이 된 때에는 특별한 사정이 없는 한 송금의뢰인과 수취인 사이에 자금이체의 원인인 법률관계가 존재하는지 여부에 관계없이 수취인과 수취은행 사이에는 위 입금액 상당의 예금계약이 성립하고, 수취인이 수취은행에 대하여 위 입금액 상당의 예금채권을 취득한다(대법원 2010. 5. 27. 선고 2007다66088 판결)." 그 밖에 대법원 2007. 11. 29. 선고 2007다51239 판결, 대법원 2006. 3. 24. 선고 2005다59673 판결 등이 있다. 한편 송금의뢰인에 대한 계좌명의인의 부당이득반환과 관련하여 대법원 2018. 7. 19. 선고 2017도17494 판결에 의하면, "이와 같이 계좌명의인이 송금·이체의 원인이 되는 법률관계가 존재하지 않음에도 계좌이체에 의하여 취득한 예금채권 상당의 돈은 송금의뢰인에게 반환하여야 할 성격의 것이므로, 계좌명의인은 그와 같이 송금·이체된 돈에 대하여 송금의뢰인을 위하여 보관하는 지위에 있다고 보아야 한다. 따라서 계좌명의인이 그와 같이 송금·이체된 돈을 그대로 보관하지 않고 영득할 의사로 인출하면 횡령죄가 성립한다. 이러한 법리는 계좌명의인이 개설한 예금계좌가 전기통신금융사기 범행에 이용되어 그 계좌에 피해자가 사기피해금을 송금·이체한 경우에도 마찬가지로 적용된다. 계좌명의인은 피해자와 사이에 아무런 법률관계 없이 송금·이체된 사기피해금 상당의 돈을 피해자에게 반환하여야 하므로, 피해자를 위하여 사기피해금을 보관하는 지위에 있다고 보아야 하고, 만약 계좌명의인이 그 돈을 영득할 의사로 인출하면 피해자에 대한 횡령죄가 성립한다"고 하였다. 이와 대조적으로 계좌명의인의 보이스피싱범에 대한 관계에 있어서 동 판결은 "① 계좌명의인이 전기통신금융사기의 범인에게 예

는 상대방은 수취인일 뿐 착오송금으로 아무런 이익을 얻은 바 없는 수취은행
을 상대로 할 수는 없는 것인바,[100) 아래에서 살펴보는 바와 같이 원인관계가
흠결된 계좌이체로 취득한 예금채권이 유효하고 제 3 자가 그 예금채권에 대하
여 압류, 상계 등을 통해 새로운 이해관계를 갖게 되는 경우 착오로 계좌이체
를 한 지급이체의뢰인과 새로운 이해관계를 맺는 상계권자 등 제 3 자 중 누구
를 우선적으로 보호해야 하는가 하는 이해관계 조절의 문제가 발생한다.

## 제 2   원인관계가 흠결된 예금채권에 대한 상계가능성

위에서 언급한 바와 같이 착오송금이 문제되는 것은 착오 송금된 예금채권
에 대하여 수취인의 채권자 등 제 3 자가 새로운 법률관계를 맺음으로써 지급인
의 부당이득반환 채권과 충돌하게 되는 경우이다. 대법원 2010. 5. 27 선고 2007
다66088 판결은 다음과 같은 사실관계를 전제로, 착오송금이 이루어진 경우 수
취은행이 수취인에 대한 대출채권 등을 자동채권으로 그 예금채권과 상계하는
것이 신의칙 위반 또는 권리남용에 해당하는지 여부에 대하여 판단한 바 있다.

---

**[사실관계]**

원고의 직원인 A가 6,568만원을 피고 은행에 개설된 B의 예금계좌에 송금하여
야 하는데 착오로 C의 이 사건 예금계좌에 잘못 송금하였고 이로써 C는 피고 은
행에 대하여 6,568만원 상당의 예금채권을 취득하게 되었다. 그런데 원고가 위 금

---

금계좌에 연결된 접근매체를 양도하였다 하더라도 은행에 대하여 여전히 예금계약의 당사자
로서 예금반환청구권을 가지는 이상 그 계좌에 송금·이체된 돈이 그 접근매체를 교부받은
사람에게 귀속되었다고 볼 수는 없다. 접근매체를 교부받은 사람은 계좌명의인의 예금반환청
구권을 자신이 사실상 행사할 수 있게 된 것일 뿐 예금 자체를 취득한 것이 아니다. 판례는
전기통신금융사기 범행으로 피해자의 돈이 사기이용계좌로 송금·이체되었다면 이로써 편취
행위는 기수에 이른다고 보고 있는데, 이는 사기범이 접근매체를 이용하여 그 돈을 인출할
수 있는 상태에 이르렀다는 의미일 뿐 사기범이 그 돈을 취득하였다는 것은 아니다. ② 또한
계좌명의인과 전기통신금융사기의 범인 사이의 관계는 횡령죄로 보호할 만한 가치가 있는
위탁관계가 아니다. 사기범이 제 3 자 명의 사기이용계좌로 돈을 송금·이체하게 하는 행위는
그 자체로 범죄행위에 해당한다. 그리고 사기범이 그 계좌를 이용하는 것도 전기통신금융사
기 범행의 실행행위에 해당하므로 계좌명의인과 사기범 사이의 관계를 횡령죄로 보호하는 것
은 그 범행으로 송금·이체된 돈을 사기범에게 귀속시키는 결과가 되어 옳지 않다"고 하였다.
100) 대법원 2007. 11. 29. 선고 2007다51239 판결.

원의 반환을 요청하고 C도 위 금원의 반환에 대하여 이의가 없다는 취지의 확인서를 피고 은행에 작성하여 제출하면서 위 금원의 반환을 요청하였으나 피고 은행은 이를 거부하던 중 피고 은행이 위 착오송금 전에 C에 대하여 취득한 보증채권을 자동채권으로 하여 위 6,568만원 상당의 예금채권과 상계하였다.

　　원심은 피고 은행의 상계가 권리남용에 해당하지 않는다고 판단하였으나 대법원은 원심판결을 파기환송하였다. 대법원의 판단에 따르면 ① "수취은행은 원칙적으로 수취인의 계좌에 입금된 금원이 송금 의뢰인의 착오로 자금이체의 원인관계 없이 입금된 것인지 여부에 관하여 조사할 의무가 없으며, 수취은행이 수취인에 대한 대출채권 등을 자동채권으로 하여 수취인의 계좌에 입금된 금원 상당의 예금채권과 상계하는 것은 신의칙 위반이나 권리남용에 해당한다는 등의 특별한 사정이 없는 한 유효"하므로, 착오송금된 금원에 대하여 수취은행이 상계권을 행사하는 것은 원칙적으로 유효하다.[101] 다만, ② 본 사안과 같이 송금 의뢰인이 착오 송금임을 이유로 수취은행에 그 송금액의 반환을 요청하고 수취인도 이를 인정하여 수취은행에 그 반환을 승낙하고 있다면, 수취은행이 선의의 상태에서 예금채권을 담보로 대출하여 자동채권을 취득하였거나 그 예금채권이 제3자에 의해 압류되었다는 특별한 사정이 없는 한, 수취은행에 의한 상계는 "공공성을 지닌 자금이체시스템의 운영자가 그 이용자인 송금 의뢰인의 실수를 기화로 그의 희생 하에 당초 기대하지 않았던 채권회수의 이익을 취하는 행위로서 상계제도의 목적이나 기능을 일탈하고 법적으로 보호받을 만한 가치가 없"는 것으로서 신의칙 위반 내지 권리남용에 해당하여 허용되지 아니한다. 즉, 판례는 착오송금으로 인하여 취득한 예금채권에 대하여도 제3자가 원칙적으로 정당한 상계권을 행사할 수 있지만, 구체적인 사실관계에 따라 제3자의 기대가능성 등을 종합적으로 고려하였을 때 보호가치가 없는 자의 상계권 행사는 신의칙 위반 또는 권리남용에 해당하므로 허용하지 않는 것이다.

---

101) 日本最高裁判所 1996. 4. 26. 선고 1992년 제413호 판결은 여기서의 부당이득반환청구권을 수취인의 예금채권 양도를 막을 수 있는 권리가 아니라고 보아 송금 의뢰인이 수취인의 압류채권자를 상대로 하여 제기한 제3자 이의의 소를 인용하지 아니하였다.

## 제3 검   토

원인관계가 흠결된 경우 계좌이체의 효력을 인정할 것인지의 문제는 결국 관련 당사자들 간 이익 형량의 문제로 귀착된다. 그런데, 우리나라 은행들이 사용하는 예금거래기본약관 제6조 및 제7조에 의하면 "현금으로 계좌송금 또는 계좌이체가 된 경우에는 예금원장에 입금의 기록이 된 때에 예금이 된다"는 취지로 규정되어 있고, 수취인과 수취은행 사이의 예금계약의 성립 여부가 계좌이체 의뢰인과 수취인 사이에 원인관계가 존재하는지 여부에 따라 좌우되는 것이 아니므로, 원인관계가 흠결된 경우에도 예금채권이 성립되었다고 보는 것이 타당하다.[102]

이에 대하여 일부 하급심 판결은 계좌이체 의뢰인이 수취인의 계좌로 일정 금액의 계좌이체를 하였으나 수취인과 계좌이체 의뢰인 사이에 위 금액 송금에 해당하는 법률적 원인관계가 없는 경우에는 수취인이 수취은행에 대하여 예금채권을 가지지 못한다고 보는 것이 수취인과 수취은행 예금계약의 쌍방 당사자의 진정한 의사에 부합하는 합리적 해석이라고 판단한바 있다.[103] 그러나, 수취은행으로서는 계좌이체의뢰인과 수취인 사이에 어떠한 법률관계가 존재하는지 조사하는 부담을 질 이유가 없고 실제 금융거래에서 은행이 개별적 원인관계를 일일이 조사하여 그 유효성을 판단하는 것 역시 현실적으로 불가능하다는 점에서 계좌이체를 의뢰한 자가 수취인에 대하여만 부당이득의 반환을 청구해야 할 뿐, 수취은행에 대하여는 청구하지 못한다고 보는 것이 타당하다. 다만 이러한 결론에 따를 경우, 계좌이체의뢰인이 자신과는 무관한 수취인의 무자력 위험을 전적으로 부담하는 결과가 되어 착오송금 과정에서의 과실에 비해 지나치게 큰 제재가 따른다는 문제점이 발생하나, 현실적으로 부당이득반환청구권을 인정하고 이를 피보전채권으로 하여 수취인에 대한 보전처분 또는 강제집행이 가능하도록 하는 것이 계좌이체의뢰인을 보호하는 방법일 것이다.

결국 현행 예금거래기본약관 및 법률 아래에서는 계좌이체의뢰인과 수취

---

102) 同旨; 고영태, "원인관계 없이 이루어진 지급이체의 법률관계: 대법원 2007. 11. 29. 선고 2007다51239 판결," 부산판례연구회 「판례연구」 제21집, 2010, 20면.
103) 서울중앙지방법원 2007. 6. 29. 선고 2007나1196 판결.

인 사이의 원인관계가 흠결되어도 수취인의 계좌에 계좌이체가 이루어지면 수취인의 수취은행에 대한 예금채권이 성립한다고 보아야 할 것인바, 보다 어려운 문제는 수취인의 예금을 제3자가 압류하거나 수취은행이 수취인에 대한 채권을 가지고 수취인의 예금채권과 상계하는 등 제3자가 이해관계를 맺을 때 발생한다. 위 대법원 판례와 같은 해결방법은 원인관계가 흠결된 계좌이체가 계좌이체의뢰인의 실수에 비해 그 불이익이 너무 가혹하고, 수취은행이나 수취인의 채권자는 우연히 착오 송금된 예금에서 채권의 만족을 받는 행운을 얻는 것이어서 부당한 측면이 존재하는 것이 사실이다. 그러나 한편으로는 자금이체 제도의 취지가 다수인 사이의 다액의 자금이동을 원활하게 처리함으로써 효율적 자금중개 기능을 도모하는 것이라는 점을 고려할 때 원칙적으로 착오 송금된 예금채권의 외형을 신뢰하여 새로운 이해관계를 맺는 제3자를 보호하는 것을 원칙으로 하고, 보호가치를 인정할 수 없는 특수한 사정이 있는 경우 제3자의 상계권 행사가 공평·정의의 이념에 반하는 것으로서 신의칙상 인정될 수 없다고 보아 구체적인 타당성을 확보하고자 하는 것으로 판단된다.

　　수취인과 수취은행 모두 오입금임을 알고 있다는 사정이 있는 경우, 착오로 잘못 입금한 자에게 모든 불이익을 지게 하는 것은 부당하므로 현행 법제와 예금거래기본약관 하에서는 이러한 오입금 사실을 수취은행에 통지하여 새로운 이해관계를 맺을 만한 신뢰를 제거하였다면 수취은행은 더 이상 수취인에 대한 채권을 자동채권으로 상계권을 행사하지 못하도록 하는 것이 타당하며 이러한 방법이 계좌이체의뢰인과 제3자의 이해관계를 적절히 조절하는 방안으로 사료된다. 혹자는 보다 근본적으로 향후 예금거래약관의 변경이나 입법을 통하여 원인관계 없이 이루어진 계좌이체에 대한 소명이 있을 경우, 수취인의 권리를 정정·소멸하도록 하는 방법을 고안함으로써 계좌이체의뢰인의 착오 송금된 예금채권에 대한 우선권을 인정하는 방향을 검토할 필요가 있다는 주장도 하지만,104) 외국의 입법례 등을 보면서 신중히 접근하여야 할 것으로 판단된다.105)

---

104) 고영태, 전게논문, 23면.
105) 최근 국회 정무위원장을 맡고 있는 민병두 국회의원이 발의한 예금자보호법 개정안에서는 공공기관인 예금보험공사가 착오송금 관련 채권을 매입해 송금인의 피해를 실질적으로 구제하는 안을 담고 있다고 한다. 정희철, "개인 실수 착오송금, 공공기관의 구제책 필요," NEWSIS, 2019. 4. 25. 그리고 이러한 개정안에 대해 적극적으로 지지하는 학자도 일부 있는

듯하다. 임정하, "착오송금의 분쟁해결지원과 관련 법리의 재검토 —예금자보호법 개정안을 중심으로—,"「은행법연구」제12권 제 1 호, 2019. 5., 3-28면. 그러나 이러한 개정안은 민법 제109조의 착오로 인한 의사표시에 대한 기존의 법리를 완전히 무시하는 방안으로서 찬성할 수 없다. 비대면 거래에 있어서 착오송금이 발생할 경우 송금인에게 중대한 과실을 물을 수 있다는 것이 기존 판례의 입장임을 이미 앞에서 고찰하였다. 또한 기존 판례에 의하면 송금인과 수취인 간 부당이득반환의 법리로 해결하는 것을 원칙으로 하면서, 그 와중에 수취인에 대한 선의의 제 3 자(예: 선의로 수취인에 대한 예금을 압류한 제 3 의 채권자)가 개입된 경우 송금인은 그 선의의 제 3 자에게 대항할 수 없다는 법리를 정립하고 있다. 최근의 개정안은 "항상 착오송금인을 보호해주어야 한다는 지나친 후견주의적 발상"에서 비롯된 것인데, 이는 기존 법리를 바탕으로 법률관계를 맺어온 거래 당사자의 신뢰 및 안정성을 훼손하며 실제 거래에 있어서 심각한 부작용을 야기할 것이다. 왜냐하면 중대한 과실로 착오송금하였음에도 불구하고 송금인을 항상 보호해줄 경우, 비대면을 원칙으로 하여 전자적으로 확정된 의사표시를 신뢰하고 이후 거래에 참여하게 될 거래 당사자들의 질서를 무너뜨림으로써 전자금융거래의 비대면성, 효율성 및 신속성이라는 근본적인 장점을 송두리째 희석시킬 것이기 때문이다. 더욱이 위 개정안은 예금보험공사로 하여금 착오송금한 송금인의 수취인에 대한 부당이득반환청구권을 양도(매수)받아 일단 송금인의 착오송금액을 전액 보호해주는 조치를 취하면서, 송금인의 당사자 지위를 갈음하여 예금보험공사가 수취인을 상대로 직접 부당이득청구권을 행사할 수 있게 하는 듯하다. 그런데 여기서 매수 대금의 재원이 무엇인지 매우 불확실한 문제점도 발견된다. 만일 공적자금으로 착오송금인의 부당이득반환청구권을 매수하는 것이라면, 국가의 암묵적인 동의를 받은 예금보험공사가 중대한 과실을 저지른 착오송금인을 보호하기 위해 공적자금을 유용(misappropriation)하는 결과를 야기한다. 이는 예금보험공사의 본래의 mission, 즉 파산은행의 예금자를 일정액 한도로 보호하기 위하여 공적 자금을 재원으로 한 보험금으로서 예금자에게 예금을 대지급하는 임무와는 전혀 차원을 달리하는 것이다. 예금보험공사는 은행파산시 파산은행의 채무(예금)를 예금자보호한도 내에서 인수하고 파산은행의 채권(대출)을 양도받아 효율적으로 동 채권을 회수하려는 목적을 갖는 기관이다. 개별 예금자들에게 예금자보호한도 내에서 보험금을 지급하는 목적은 다른 은행으로 파산위험이 전파되어 전체 금융시스템이 붕괴되는 것을 막겠다는 취지이다. 그렇다보니 전세계적으로 예금보험공사가 은행의 업무에 관여되는 경우는 매우 제한적이고, 그 관여 요건도 매우 엄격하다고 할 수 있다. 즉 은행이 파산되어 전체 금융시스템이 붕괴될 우려가 발생할 개연성이 있을 때 극히 예외적으로 공적자금을 투입하는 것이다. 우리나라에서도 예금보험공사법 및 공적자금관리특별법상 최소비용의 원칙(공적 자금 투입비용의 최소화 — 공적 자금 회수의 최대화)에 따라 엄격한 절차와 요건을 충족한 상태에서 개입하도록 하고 있다는 점을 다음의 제 6 장에서 고찰하게 될 것이다. 따라서 공적 자금을 재원으로 한 보험금은 예금보험공사의 재량에 따라 만연히 지급될 수 있는 성질이 결코 아닌 것이다. 그럼에도 불구하고 착오송금한 송금인을 보호하기 위해 그 사고 금액을 예금보험공사의 기금으로 선지급한다는 발상은 예금보험공사의 존립 목적을 완전히 벗어나서 공적 자금을 부정사용하는 셈이 된다. 예금보험공사가 은행이 파산할 경우 극히 예외적으로 소방수로서 개입하는 것 이외에, 정상적인 은행 업무 영위시에도 일반적으로 사적 법률관계에 개입한다는 것은 상상할 수도 없으며 외국의 입법례에서도 유사한 사례는 전혀 없는 것으로 알고 있다. 결론적으로 비록 예금보험공사가 파산은행의 채권회수에 있어서 전문적인 지식을 쌓았다고 하더라도 그 역할의 전문성을 사유로 본래의 고유업무에서 벗어나서 전혀 본질에도 맞지 않는 신규 업무 영역으로 진출하는 것이 옳은지에 대해 전면적인 재검토가 필요할 것이다.

# 제 6 장

## 금융산업구조조정

## 제 1 절 국내 금융기관의 파산

### I. 총 설

금융기관의 파산은 공공의 이익에 심각한 타격을 미치고, 금융기관을 이용하는 고객들과 기타의 채권자들에게 경제적 손실과 심리적 불안 및 불편 등을 야기한다. 더욱이 한 금융기관의 파산이 전체금융기관 및 금융제도에 대한 전반적인 불신을 초래할 수도 있다. 국내 금융시장도 1997년 말의 외환위기로 촉발된 다수 종합금융회사들과 일부 은행들의 파산을 계기로, 금융기관 파산의 심각성을 이미 경험한 바 있다.

금융기관이 파산할 경우 여러 가지의 법률적인 쟁점이 발생할 수 있다. 그 중에서도 예금자보호법에 의하여 각 예금주들에게 오천만원의 상한 범위 내에서 예금을 상환한 이후 主채권자로 등장하게 될 準정부기관인 예금보험공사와 기타 채권자들간의 상호관계가 어떠한 것인지가 가장 주된 논점이 될 수 있다. 이와 관련하여 헌법재판소는 2006년 11월 30일 너무나도 어처구니 없는 위헌결정을 하였다.[1] 즉 6 대 2의 다수결로 "예금자에게 우선권을 부여하는 구 상호신용금고법 제37조의2(예금채권의 우선변제)"[2]가 위헌이라는 결정을 내린 것이다. 이는 동 조항의 입법연혁과 취지를 오해하였기 때문이라고 분석되는데, 동 결정에 의할 경우 대규모 공적 자금을 투입한 후 파산된 금융기관의 예금자

---

1) 헌법재판소 2006. 11. 30. 선고 2003헌가14·15(병합) 결정, 본절 II 참조.
2) 예금 등을 예탁한 자는 예탁금액의 한도 안에서 상호신용금고의 총재산에 대하여 다른 채권자에 우선하여 변제를 받을 권리를 가진다는 내용을 선언한 조항이다.

를 대위하게 될 예금보험공사도 다른 일반 채권자와 배당순위에 있어서 전혀 차이가 없다는 결론에 이르게 된다. 이때에는 공적 자금의 재원을 제공하는 일반 국민들이 파산한 금융기관의 예금주들을 위하여 자신의 血稅가 낭비되는 것을 가만히 보고 있지는 않을 것이다. 왜냐하면 파산금융기관들의 예금자들을 보호하기 위하여 밑 빠진 독에 물 붓기 식으로 쏟아부은 공적 자금의 부담을 장래의 후세대들에게로 전가시킬 우둔한 국민은 존재하지 않을 것이기 때문이다.3)

저자는 이러한 헌법재판소 결정이 미치게 될 파급효과에 주목하였다. 왜냐하면 이 결정은 금융기관의 파산에 대한 정부의 개입과 예금보험제도의 근간을 사실상 부정하는 것이기 때문이다. 이 결정을 계기로 금융기관의 파산과 관련하여 가장 본질적인 의문이 제기된다. 과연 정부의 적극적 주도로 이루어지는 금융시장에 대한 개입은 바람직한 것인가? 왜냐하면 개입에 대해 부정적인 시각4)에서는 금융기관의 파산도 자율적인 시장체제에 맡기면 된다는 입장이므로, 일반 파산절차와 별개로 금융기관 파산의 특수성을 논할 실익도 없기 때문이다. 부정론자들은 금융기관의 파산이 보통 금융시장의 이자율 급변과 함께 발생한다는 점에 주목하고, 정부의 후견적인 개입은 오히려 시장을 왜곡시킬 수 있다는 점에 주목하는 듯하다. 즉 이자율 급등이 금융시장에서의 화폐에 대한 과잉수요나 적정화폐공급의 미달에서 단기적으로 발생하였더라도 결국은 장기적으로 적정이자율로 조정될 것이므로, 그러한 단기시장의 충격에 타격을 받는 금융기관은 오히려 퇴출당하는 것이 당연하고 자유시장 논리에도 적합하다는 것이다. 이들의 논거에 의하면 금융기관의 파산시 대규모의 공적 자금을 투입하는 것이 오히려 이상한 것이고, 그 결과 공적 자금을 투입한 예금보험공사와 다른 채권자들의 우열을 가릴 필요도 없게 된다. 왜냐하면 원리원칙대로 채권자평등의 원칙에 따라 남아 있는 파이(pie)를 지분대로 나눠 주면 되기 때문이다.

---

3) 예금보험공사는 동 자금의 마련을 위하여 5년 만기의 예금보험공사채를 발행한다. 만기가 도래하는 5년 후 공적 자금의 회수가 적절히 이루어지지 않는다면, 예금보험공사는 다시 대환의 형식으로 만기를 재연장하게 될 것이다. 결국 이렇게 상환이 미루어지는 예금보험공사채의 적절한 상환을 위하여 정부로서는 增稅정책을 마련할 수밖에 없는데, 이는 종국적으로 현 세대인 파산금융기관의 고객들을 보호하기 위하여, 장래의 후세대에게 그 재원의 마련을 책임지우는 결과를 가져오는 것이다. 이를 '세대간 부담의 이전'이라고 한다.
4) 헌법재판소의 위 결정은 의도하였건 의도하지 않았건 결국 정부의 개입을 부정하는 셈이다.

그러나 이러한 순수경제논리로 금융기관의 파산을 다루는 것은 매우 위험하다. 왜냐하면 한 금융기관의 파산은 종국적으로 전체금융기관에 대한 불신으로 이어질 수도 있고 결국은 一國의 금융체제 전반이 붕괴될 수도 있는 위험성이 존재하기 때문이다. 가장 대표적인 예로서 미국에서 1980년대 초 거의 20%에 달하는 이자율의 급등으로 말미암아 장기주택저당업무에 특화되었던 많은 저축대부조합(Saving & Loan Association)이 연이어 파산하면서 미국의 전체 금융시장이 위기에 빠졌었던 경험을 들 수 있다. 그리고 2007년 7월 미국의 베어스턴스(Bear Sterns)가 서브프라임상품에 투자한 두 개의 헤지펀드가 파산하였음을 발표하면서 표면화된 서브프라임 위기는 2008년에 접어들어 베어스턴스, 리먼브라더스, 메릴린츠 등의 투자은행과 AIG, 와코비아 등 기타 금융기관의 동반파산사태로 확대되었고 결국은 글로벌금융위기를 촉발하였다. 국내에서도 1997년 당시의 외환위기는 단기외채에 대한 이자율 급등으로 이어졌고, 전반적으로 단기외채의 부담이 높았던 종합금융회사들은 연쇄적인 타격을 받아 시장에서 퇴출당하게 되었다. 그런데 금융소비자들이 이를 종합금융회사의 문제로만 한정하지 않고 다른 금융기관도 동일한 문제가 있다고 불신함으로써 전반적인 금융위기로까지 치달았던 것이다.

금융기관의 파산은 금융시장 전체의 붕괴로 이어질 수 있으므로, 금융당국이 전혀 개입하지 않은 채 전적으로 시장에 그 운명을 맡기려는 국가는 존재할 수 없다. 이러한 입장은 금융기관의 파산법제가 일반 회사의 파산절차와는 별개의 특수성이 존재한다는 시각과 일맥상통하는 것이다. 그럼에도 불구하고 헌법재판소의 2006년도 결정은 종국적으로 정부의 개입을 위축시킬 것이고 부실금융회사를 구제하기 위한 공적 자금 투입의 정당성을 약화시킬 것이다. 정부가 급한 불을 끄기 위해 개입하여 대규모 공적 자금을 투입한 후, 향후 공적자금의 회수에 있어서는 재원을 염출해 준 국민들에게 다른 채권자들과 지위가 동일하므로 우선권을 주장해서는 안 된다고 설득할 경우, 설득을 당할 우매한 국민은 없기 때문이다.

저자는 헌법재판소의 위헌결정을 계기로 국내 금융기관이 파산할 경우 적용되는 정리기법과 관련 법률을 좀 더 체계적으로 연구하여야 한다는 사명감에서 제 1 절을 집필하였는데, 헌법재판소의 결정을 꼼꼼하게 분석한다는 취지에서 동 결정문을 그대로 인용하고 이를 평석하는 형식으로 전체 내용을 구성

하였다. 정리기법에 대한 소개와 비교법적인 검토를 위한 자료로서 1929년 대
공황 이후 은행파산의 쓰라린 경험을 많이 갖고 있는 미국의 실제 사례들을 일
부 참조하였다. 관련 법률에 대한 언급에 있어서는 은행법 외에도 다른 법률들
이 많이 소개되었다. 은행법 제46조가 금융위원회로 하여금 은행의 파산이나
예금지급불능의 우려 등 예금자의 이익을 크게 해칠 우려가 있을 때 은행의 고
유업무인 예대업무를 제한하고 예금의 전부 또는 일부의 지급정지 기타 필요
한 조치를 명함으로써 예금자들의 동시다발적인 예금인출사태(bank run)를 예
방하려는 취지의 규정을 두고 있다. 그리고 동법 제57조는 은행파산시 파산관
재인 선임에 관한 규정을 두고 있다. 그러나 은행법에서는 은행파산과 관련한
더 이상의 구체적이고 상세한 조항을 발견할 수 없다. 왜냐하면 은행파산에 대
한 기본법은 '금융산업의 구조개선에 관한 법률'과 예금자보호법이기 때문이
다. 따라서 여기서는 관련 내용을 언급하면서 동 법률들의 중요 조항을 그대로
인용하는 방식의 서술체계를 취하였다. 저자는 어느 나라에서나 금융기관의 파
산절차가 司法府보다 行政府의 주도로 이루어지는바 금융시장에서의 충격을
완화하기 위한 행정부의 현명한 조치를 사법부는 가능한 한 존중하여야 한다
는 점을 밝혔다. 물론 헌법재판소의 위헌결정이 초래할 문제점도 적시하였다.

## II. 2003헌가14·15(병합) 결정

### 1. 사건의 개요

K금고 및 S금고는 1998년 재정경제부장관의 영업인가취소로 해산과 동시
에 청산절차가 진행되던 중, 1심 관할법원으로부터 파산선고를 받았다. 가교금
융기관(bridge bank)인 주식회사 한아름상호신용금고(이하 '한아름금고')[5]는 예금
자보호법에 따라 예금채권자들의 채권을 매입하기 시작하였다. 예금채권을 매
입함에 있어 농업협동조합중앙회가 한아름금고를 대행하여 예금채권자로부터
채권을 매입하면서 예금채권을 한아름금고에 양도한다는 서류를 받았고 K금
고와 S금고는 위 서류에 날인하는 방식으로 위 채권양도를 승낙하였으며, 한아

---

5) 예금자 등의 보호 및 금융제도의 안정성 유지를 위하여 부실상호신용금고의 영업 또는 계
   약을 양수하여 이를 정리하기 위한 목적으로 예금자보호법 제36조의3에 의하여 예금보험공
   사가 전액출자하여 설립된 정리금융기관으로서, 그 유형은 가교은행(bridge bank)에 속한다.

름금고가 양수한 예금채권만큼은 같은 금고 명의로 개설된 예금계좌로 입금된 것으로 처리하였다. 한아름금고는 위와 같은 방식으로 예금채권자들로부터 채권을 매입하였고, 원고가 매입한 예금채권을 예금한 다음날부터 파산선고일까지 약정이자(연 12.31%)가 발생하였다.

K금고와 S금고의 파산절차에서 한아름금고는 위 예금 및 이자채권을 우선채권으로, 상호저축은행중앙회는 각 금고에 대한 대여금 등을 일반파산채권으로 각 신고하였다. 그러나 파산관재인은 그 중 한아름금고가 매입한 예금채권과 이에 대한 상사법정이율에 의한 이자만을 파산채권으로 인정하고 나머지 이자 부분은 부인하였으며, 파산채권으로 인정한 부분에 대한 우선권도 부인하였다. 한편 위헌제청신청인인 상호저축은행중앙회에 대해서는 그 대여금 거의 전액을 파산채권으로 시인하였다.

이에 한아름금고는 파산관재인인 피고를 상대로 1심관할법원에 파산채권확정 청구의 소를 제기하였고 상호저축은행중앙회는 피고를 위하여 보조참가를 하였는데, 법원으로부터 한아름금고 K금고와 S금고에 대한 우선권 있는 채권이 있음을 확정한다는 판결이 선고되자, 상호저축은행중앙회는 이에 불복하여 서울고등법원에 항소하였다. 또한 상호저축은행중앙회는 위 항소심 재판 계속중, 재판의 전제가 된 구 상호신용금고법 제37조의2[6]가 헌법에 위반된다고 주장하며 서울고등법원에 위헌제청신청하였고 위 법원은 이 신청을 받아들여 이 사건 위헌법률심판제청을 하였다.

---

6) 1972. 8. 2. 제정된 상호신용금고법은 소상공인·영세서민을 대상으로 사금융시장에서 번창하고 있던 사설무진·서민금융·계 등을 질적으로 개선하여 이를 지역 단위의 민간금융기관인 상호신용금고로 육성함으로써 신용질서를 확립하고 거래자를 보호하기 위하여 제정되었다. 그런데 상호신용금고의 부실경영 및 도산 등으로 거래자에게 손해를 끼치는 사례가 빈번하게 발생하자, 1975. 7. 25. 제1차 개정을 통하여 관할관청의 감독권을 강화하면서 임원·과점주주 연대책임제도를 도입하고 계원과 부금자의 납입금액의 범위 내에서 상호신용금고의 총재산에 대하여 다른 채권자보다 우선하여 변제받을 권리에 관한 조항(법 제37조의2)을 신설하게 되었다. 그 후 1995. 1. 5. 제2차 개정을 통하여 상호신용금고의 취급업무를 예금·적금까지 확대하고 이에 맞추어 법 제37조의2를 개정하여 종래의 계원과 부금자뿐만 아니라 예금 등을 예탁한 자(이하 예금채권자라고 한다)는 모두 예탁한 금액의 한도 내에서 상호신용금고의 총재산에 대하여 다른 채권자보다 우선변제를 받도록 하였다. 한편, 1995. 12. 29. 예금자보호법이 제정되어 은행예금이 일정한도에서 지급을 보장받게 되었고, 1997. 12. 31. 법률 제5492호로 개정되면서 상호신용금고의 예금도 1997. 12. 31.부터 예금자보호법에 의한 보호를 받게 되었다.

## 2. 쟁    점

이 사건 법률조항이 상호신용금고의 예금채권자에게 예탁금의 한도 안에서 상호신용금고의 총재산에 대하여 다른 채권자에 우선하여 변제받을 권리를 줌으로써 다른 일반채권자를 합리적 이유 없이 차별하고 그들의 재산권을 침해하는지 여부이다.

## 3. 다수의견 : 위헌

이 사건 법률조항에 의한 예금자우선변제제도는 서민금융기관인 상호신용금고의 예금채권자를 보호하고 상호신용금고의 공신력을 제고하기 위한 것이지만, 일반채권자의 희생을 그 수단으로 삼고 있다. 이 사건 법률조항이 일반금융기관과 달리 상호신용금고의 예금채권자에게 우선변제권을 인정함으로 인하여 상호신용금고의 다른 일반채권자는 예금채권자가 우선변제를 받은 후 남은 재산에 대해서만 권리를 행사할 수 있게 된다. 상호신용금고는 지역단위의 소규모 금융기관이어서 그 자산규모가 작다. 그리고 상호신용금고의 총부채 중에서 예금채권이 차지하는 비율은 90%가 넘는다. 그 결과 상호신용금고의 소규모 자산에 대하여 대다수 예금채권이 우선변제권을 행사하고 나면 일반 채권자의 몫으로 남는 자산이 없거나 극히 적게 된다. 이 사건 예금자우선변제제도로 인하여 상호신용금고의 일반채권자들은 거의 변제를 받지 못하고 일방적으로 희생당하게 된다. 따라서 상호신용금고의 예금채권자를 보호하고 공신력을 제고하기 위하여 일반채권자를 희생시키는 것이 헌법적으로 정당화될 수 있는 것인지 심사할 필요가 있다.

이 사건 법률조항이 제정될 당시에는 상호신용금고의 예금채권자를 보호하고 상호신용금고의 공신력을 제고하기 위하여 예금자우선변제제도를 시행할 필요가 있었다고 할 수 있다. 그런데 이 사건 법률조항이 신설된 후에 금융환경이 크게 변화되었다. 상호신용금고의 건전한 경영과 부실방지를 위한 제도적 장치가 보완되어 상호신용금고의 부실 위험이 크게 개선되었다. 금융의 자율화·개방화가 진행되어 상호신용금고의 취급업무도 질적·양적으로 확대되어 일반 금융기관과 다를 바가 없게 되었다. 더욱이 1997. 12. 31.부터 상호신용금고의 예금채권자도 은행의 예금채권자와 똑같이 예금자보호법에 의한 보호를 받게 되었다. 따라서 상호신용금고의 예금도 예금보험의 보호를 받게 된 1997. 12. 31. 이후에는 일반 금융기관의 예금과 달리 상호신용금고의 예금채권만을 우선변제권으로써 특별히 보호해야 할 필요성이 있다고 보기 어렵다. 이 점은 상호신용금고연합회가 이 사건 법률조항의 위헌을 주장하고 있는 점만 보더라도 명백하다.

이 사건 법률조항은 예금보험공사가 지급정지사태에 빠진 상호신용금고에 투입한 공적 자금(예금보험금이나 예금채권 매입금)을 일반채권에 우선하여 회수할 수 있게 하여 상호신용금고의 잦은 도산으로 인하여 예금보험공사까지 부실화되는 사태를 방지하는 데 기여한다고 하지만, 그것은 바로 상호신용금고의 예금채권자에게 지급한 보험금을 일반 은행의 경우와 달리 이 사건 법률조항에 의하여 우선적으로 회수하는 것을 의미한다. 그것이 상호신용금고의 잦은 도산으로부터 예금보험공사의 부실화를 방지하는 기능을 수행한다고 하더라도, 일반 은행의 경우와 달리 상호신용금고의 일반채권자를 희생시키는 수단(이 사건 예금자우선변제제도)을 정당화시키는 목적으로 삼기는 어렵다. 결국 이 사건 법률조항의 입법목적의 정당성을 인정하기 어렵다.

상호신용금고의 공신력 추락은 부실경영으로 비롯된 것이므로 그 공신력을 제고시키기 위하여 부실경영을 방지하는 수단을 사용하지 않고 일반채권을 희생시켜 예금채권을 우대하는 수단을 사용하는 것은 합리적이라고 보기 어렵다. 그러한 일반채권의 대부분이 상호신용금고의 도산을 막기 위하여 상호신용금고연합회가 금융지원한 채권이기 때문에 그 손실은 상호신용금고연합회와 그 회원인 개개의 상호신용금고에게 귀속된다. 상호신용금고의 공신력을 제고시키기 위한 제도가 상호신용금고에게 손실을 안겨 주는 셈이다. 그것은 다른 한편으로 상호신용금고의 지급정지사태를 막기 위하여 미리 자금을 대여한 채권자는 일반채권자로서 후순위로 되고 상호신용금고의 지급정지사태가 발생된 후에 예금보험금을 지급한 예금보험공사는 우선변제받도록 하는 것을 의미한다.

이 사건 예금자우선변제제도가 도입된 배경에 비추어 보면 영세상공인이 주로 거래하는 서민금융기관의 공신력을 보장하고 서민예금채권자를 보호하기 위한 것이라고 할 수 있다. 그런데 이 사건 법률조항이 예금의 종류나 한도를 묻지 아니하고 예탁금 전액에 대하여 우선변제권을 부여하는 것은 위와 같은 입법취지를 벗어난 것이라고 볼 여지가 있다. 상호신용금고의 예금채권을 특별히 보호해야 할 필요성이 있다고 하더라도 입법자는 예금의 종류나 한도를 묻지 않고 무제한적인 우선변제권을 줄 것이 아니라 입법취지에 맞게 예금의 종류나 한도를 제한하여 다른 일반채권자의 재산권 침해를 최소화할 헌법상 의무가 있는 것이다.

결국 이 사건 예금자우선변제제도는 상호신용금고의 예금채권자를 우대하기 위하여 상호신용금고의 일반채권자를 불합리하게 희생시킴으로써 일반 채권자의 평등권 및 재산권을 침해한다고 하지 않을 수 없다. 이 사건 법률조항은 헌법 제11조 제1항과 제23조 제1항에 위반된다.[7]

## III. 금융기관 파산절차의 특징

### 1. 문제의 제기

앞의 헌법재판소 결정이 이루어지는 데 있어서 원인을 제공한 법원의 역할도 매우 컸다. 서울고등법원은 일반적인 파산절차에 적용되는 채권자평등의 원칙과 달리 특정 채권자 군에게 배당에서의 선순위를 부여하는 이 사건 법률조항 자체를 매우 껄끄럽게 느끼고 위헌심판제청을 한 것이라고 분석된다. 한편 일반 파산절차에서 법원에게 주도적인 역할이 주어지는 데 비하여, 금융기관 파산절차에서 동 조항이 존재하기 때문에 법원의 역할이 다소 제한된다는 점을 불편하게 생각하지 않았을까 짐작된다. 그러나 법원의 이러한 인식은 매우 잘못된 것이다. 왜냐하면 외국의 사례를 보더라도 일반 파산절차와 달리 금융기관의 파산에 있어서는 법원에게 그렇게 광범위한 주도권이 부여되지 않기 때문이다.

### 2. 금융감독당국 주도의 파산절차

일반 회사와 달리 파산한 금융기관은 파산법보다 금융기관 감독법규에 의한 특별한 파산법제의 규율을 받게 된다. 즉 '금융산업의 구조개선에 관한 법

---

7) 소수의견으로 김종대 재판관과 민형기 재판관은 "상호신용금고가 여전히 일반 금융기관과는 다른 특수성이 있고 심판대상조문의 성격과 그것이 목적으로 하는 공익의 중요성 및 필요성에 비추어 볼 때 입법의 재량을 명백히 일탈하였다고 보기 어려워 헌법에 위반되지 아니한다"는 반대의견을 제시하였다.

률'은 금융기관의 합병·전환 또는 정리 등 금융산업의 구조개선을 지원하는
파산금융기관 처리의 기본적 법률이고, 예금자보호법은 금융기관이 파산 등의
사유로 예금 등을 지급할 수 없는 상황에 대처하기 위하여 예금보험제도 등을
효율적으로 운영함으로써 예금자 등을 보호하고 금융제도의 안정성을 유지하
기 위한 법률인 것이다. 동 법률들에 의할 경우 금융기관 파산절차는 법원보다
는 금융위원회나 예금보험공사에게 주도권이 부여된 특별한 행정기능으로 간
주된다.8) 예를 들어 私的인 채권자들을 배제한 채 오직 금융감독당국에 의하
여 정리절차나 청산절차가 개시된다는 점이 이러한 분석을 뒷받침한다. 사실
이러한 행정시스템으로 인하여 금융위원회나 예금보험공사의 전문성과 신속성
이 발휘되고, 금융기관의 기존 경영진과 일반채권자, 법원 및 다른 행정관청으
로부터의 간섭도 최소화할 수 있다. 그러나 반면에 이러한 시스템은 금융위원
회나 예금보험공사에게 너무도 지나친 재량권한을 부여하는 듯한 감이 든다.
예금보험공사에게 있어서 이러한 비판은 더욱 설득력을 갖게 된다. 왜냐하면
파산절차에서 예금보험공사가 파산재단에 대한 청구를 공식적으로 집행하여야
할 자일 뿐만 아니라 당해 파산재단에 대한 최대의 채권자이므로 이해상충의
지위에 있고 이는 결국 재량남용의 위험성을 증폭시키기 때문이다.9) 그러나
이 사건 위헌결정은 이러한 이해상충의 위험과 전혀 무관할 뿐만 아니라, 이해
상충에 관한 쟁점도 이미 헌법재판소에서 깨끗이 정리되었으므로 여기서는 추
가적인 논의를 생략한다.

　　참고로 다음은 현행법상 은행이 파산할 경우 파산관재인의 선임에 관한
관련규정인데, 은행법과 '금융산업의 구조개선에 관한 법률'이 상충됨을 알 수
있다. 은행법 제57조 제1항은 예금보험제도와 공적 자금의 투입을 예정하지
못하였던 구 파산법제의 잔재인데, '금융산업의 구조개선에 관한 법률'이 시행
된 이후에도 동 조항이 정비되지 않고 있는 것은 의외이다.

---

8) 금융산업의 구조개선에 관한 법률 제2조 제2호.
9) 미국에서는 정리인이나 청산인으로서 연방예금보험공사를 선임한 것에 대해 법원에 위헌
심사가 많이 제기되었지만, 실제로 위헌결정이 난 사례는 없다고 한다. Patricia A. McCoy,
*Banking Law Manual*, § 15.04[3] (2003).

---

금융산업의 구조개선에 관한 법률

제15조 (청산인 또는 파산관재인) ① 금융위원회는 금융기관이 해산하거나 파산한 경우에는 상법 제531조 및 '채무자 회생 및 파산에 관한 법률' 제355조에도 불구하고 다음 각호의 사람 중에서 1명을 청산인 또는 파산관재인으로 추천할 수 있으며, 법원은 금융위원회가 추천한 사람이 금융관련 업무지식이 풍부하며 청산인 또는 파산관재인의 직무를 효율적으로 수행하기에 적합하다고 인정되면 청산인 또는 파산관재인으로 선임하여야 한다. 이 경우 금융위원회는 그 금융기관이 예금자보호법 제 2 조 제 1 호에 따른 부보금융기관으로서 예금보험공사 또는 정리금융회사가 그 금융기관에 대하여 대통령령으로 정하는 최대채권자에 해당하면 제 2 호에 해당하는 사람을 추천하여야 한다.

1. 대통령령으로 정하는 금융전문가
2. 예금보험공사의 임직원

② 금융위원회는 제 1 항에 따른 청산인 또는 파산관재인의 추천을 금융감독원장에게 위탁할 수 있다.

은행법

제57조 (청산인 등의 선임) ① 금융기관이 해산 또는 파산한 때에는 금융감독원장 또는 그 소속직원 1명이 청산인 또는 파산관재인으로 선임되어야 한다.

② 제 1 항에 따라 청산인 또는 파산관재인으로 선임된 금융감독원장 또는 그 소속직원은 그 임무에 대하여 보수를 청구할 수 없다. 다만, 그 임무를 수행하는 데에 든 정당한 경비는 해당 재산에서 받을 수 있다.

---

## 3. 금융위원회의 재량에 의한 조기폐쇄조치

금융기관들의 파산을 규율하는 법에서는 사법부의 사후적인 간섭보다는 행정부에 의한 사전적인 적절한 개입을 더욱 선호하고 있다. 왜냐하면 비록 시장의 논리에 반하더라도 파산을 사전에 예방함으로써 금융위기를 미리 예방할 수 있다는 행정부의 규제우선주의가 금융법 영역에서는 정당화되기 때문이다. 예를 들어 우리나라의 '금융산업의 구조개선에 관한 법률'과 예금자보호법은 미국의 1991년 연방예금보험공사개선법(the Federal Deposit Insurance Corporation Improvement Act of 1991)을 모태로 제정된 법률들인데, 금융기관의 파산을 방지하기 위한 사전적인 규제를 정당화하고 있다. 가장 대표적으로 1991년 미국 연방예금보험공사개선법에 도입된 적기시정조치(prompt corrective action)에 의하여 연방은행감독권자들은 현저하게 자본이 잠식된 금융기관들(예: 유형자본/전체자산 × 100이 2%에 미달하는 금융기관)을 즉시 폐쇄할 수 있도록 규정하고 있다. 한편 이보다 상대적으로 덜하지만 자본잠식상태에 빠진 금융기관들도 연방정부에 자본확충계획을 제출하여야 한다. 이러한 적기시정조치에 따른 파산금융기관의 조기폐쇄규정은 우리나라의 '금융산업의 구조개선에 관한 법률'에도 그대로 수용되었다.10)

1991년 연방예금보험공사개선법에 의할 경우 미국에서의 파산금융기관 조기폐쇄조치는 당해 금융기관의 인가권자(연방차원의 통화감독청, 연방예금보험공사, 연방지준위원회 또는 각 주의 감독관청)에 의하여 개시되는 것을 원칙으로 하지만, 우리나라에서는 금융위원회가 조기폐쇄조치의 전권을 행사한다는 점에서 다소 차이가 있다. 그러나 우리나라에서는 인가권자가 금융위원회로 일원화되어 있으므로 양 법제의 동일성이 훼손되는 것은 아니다. 자본의 부적절성과 지급여력의 미확보, 즉 국제결제은행이 제시한 일정수준 이하의 자기자본비율이 당해 금융기관을 조기폐쇄하는 가장 주된 요인이 된다.11)

조기폐쇄조치는 금융위원회의 결정에 의한 정리절차나 청산절차로의 이행 중 하나의 형태를 띠게 된다. 정리절차의 목적은 금융기관이 계속기업가치(going concern value)를 갖고 매각되거나 생존력을 회복할 때까지 당해 금융기관의 자산을 관리하는 것이다. 청산절차의 목적은 금융기관을 청산함으로써 그 사무를 종식시키는 것이다. 금융위원회는 예금보험공사의 의견을 들어 법원에 파산관재인이나 청산인을 추천할 수 있고, 법원은 특별한 사유가 없는 한 금융위원회가 추천한 자를 선임하여야 한다.12)

---

10) '금융산업의 구조개선에 관한 법률' 제10조 제 1 항에서는 적기시정조치의 예로서, ① 금융기관 및 임직원에 대한 주의·경고·견책 또는 감봉, ② 자본증가 또는 자본감소, 보유자산의 처분이나 점포·조직의 축소, ③ 채무불이행 또는 가격변동 등의 위험이 높은 자산의 취득금지 또는 비정상적으로 높은 금리에 의한 수신(受信)의 제한, ④ 임원의 직무정지나 임원의 직무를 대행하는 관리인의 선임, ⑤ 주식의 소각 또는 병합, ⑥ 영업의 전부 또는 일부 정지, ⑦ 합병 또는 제 3 자에 의한 해당 금융기관의 인수, ⑧ 영업의 양도나 예금·대출 등 금융거래와 관련된 계약의 이전, ⑨ 그 밖에 ①~⑧에 준하는 조치로서 금융기관의 재무건전성을 높이기 위하여 필요하다고 인정되는 조치 등을 규정하고 있다.
11) '금융산업의 구조개선에 관한 법률' 제10조 제 1 항은 금융기관의 자기자본비율이 일정수준에 미달하는 등 재무상태가 기준에 미달하거나 거액의 금융사고 또는 부실채권의 발생으로 금융기관의 재무상태가 기준에 미달하게 될 것이 명백하다고 판단되는 때를 규정하고 있다.
12) '금융산업의 구조개선에 관한 법률' 제15조 제 1 항. 여기서의 파산관재인에는 정리관재인을 당연히 포함한다고 본다.

## Ⅳ. 부실금융회사의 의의 및 정리원칙

### 1. 행정부가 금융기관의 파산에서 유념하여야 할 최우선적인 명제

법원이 일반 회사의 도산절차에서 주도권을 갖는 이유는, 법원이 가장 공정하고 중립적으로 모든 사무를 집행할 수 있는 최후의 보루라는 기대가 있기 때문이다. 사후적으로 모든 이해관계자에게 공정하고 평등한 배당을 실현하기 위하여 일반 도산절차에서 법원의 주도적인 역할을 중시하는 것도 이 때문이다. 일반 기업을 회생시키기 위하여 국민의 혈세가 투입되지도 않는다. 그러나 금융기관의 파산절차는 이와 매우 대조적이다. 즉 금융시장에서의 다른 금융기관에 대한 전염을 막기 위하여 국민의 혈세 투입에 의한 신속하고 효율적인 정부 개입이 정당시된다. 그러나 투입비용은 가급적 최소화하여 차후 국민에게 많은 부담이 전가되지 않도록 하여야 한다. 금융기관의 파산을 미연에 방지할 목적으로 부실우려금융회사를 지정하여 사전에 밀착 감시하는 것도 국민의 혈세를 최소화하기 위한 이유에서 비롯된다. 이렇게 금융기관의 파산에 있어서 가장 우선적으로 고려하여야 할 명제는 "전염에 의한 금융위기 발생을 막기 위해 즉각적으로 공적 자금을 투입하되, 국민에게 부담을 가중시키지 않도록 그 투입을 최소화하여야 한다"는 것이다. 물론 공적 자금의 회수에 있어서도 동일한 원칙이 준수되어야 할 것이다.

### 2. 부실금융회사 또는 부실우려금융회사의 의의

우리나라에서 부실금융회사의 지정은 금융위원회나 예금보험위원회에 의하여 이루어진다. 여기서 부실금융회사라고 함은, ① 경영상태를 실사한 결과 부채가 자산을 초과하는 부보금융회사 또는 거액의 금융사고 또는 부실채권의 발생으로 부채가 자산을 초과하여 정상적인 경영이 어려울 것이 명백한 부보금융회사로서 금융위원회나 예금보험위원회가 결정한 부보금융회사, ② 예금 등 채권의 지급이나 다른 금융회사로부터의 차입금의 상환이 정지상태에 있는 부보금융회사, ③ 외부로부터의 자금지원이나 정상적인 금융거래에서 발생하는 차입 이외 별도의 차입 없이는 예금 등 채권의 지급이나 차입금의 상환이 어렵다고 금융위원회 또는 예금보험위원회가 인정한 부보금융회사를 말

한다.13)

    반면 부실우려금융회사의 지정은 예금보험위원회만의 전권사항이다. 부실
우려금융회사란 재무구조가 취약하여 부실금융회사가 될 가능성이 농후하다고
예금보험위원회가 결정하는 부보금융회사를 말한다.14) 여기서 "재무구조가 취
약하여 부실금융회사가 될 가능성이 농후하다"는 것은 "정상적인 영업으로는
예금자들의 요구불예금에 대한 반환을 해 줄 가능성이 거의 없다"라는 의미로
해석된다.15)

## 3. 부실금융회사 정리의 원칙 : 최소비용의 원칙 도입경과

    국내 금융회사의 파산법제가 부실금융회사의 정리원칙으로서 최소비용의
원칙을 수용한 것에 대한 구체적인 시사점을 찾기 위해서는, 그 모태가 되었던
미국의 경험을 우선적으로 고찰할 필요가 있다. 왜냐하면 최소비용의 원칙과
동 원칙의 예외를 적용하는 데 있어서의 구체적인 기준은 결국 실제의 경험에
서 찾을 수밖에 없기 때문이다.

### (1) 미국의 1980년대 : 정리기법의 선택에 있어서 일관성의 결여

    1980년대까지 미국의 연방은행감독권자들은 부보대상이 아닌 예금자들과
기타의 채권자마저 완전히 보호하는 데 초점을 맞추었기 때문에, 자산·부채
이전방식에 의하더라도 정리비용은 그 액수가 매우 클 수밖에 없었다. 즉 부보
예금자뿐만 아니라 미부보예금자의 예금도 지급하여야 했으므로, 정부가 지급
하여야 하는 인수인에 대한 지급비용도 자연히 증대되었던 것이다. 한편 구제자
금 지원방식은 더욱 천문학적인 비용을 수반하였다. 1984년 시카고에 소재하였
던 Continental Illinois National Bank and Trust Company에게 구제금융을 행함
에 있어서, 연방예금보험공사는 규모가 방대한 은행을 파산시킬 경우 금융체계
전반에 해를 끼칠 수 있다는 대마불사(too big to fail)의 논리를 주장하였다. 연
방예금보험공사는 다른 금융기관에 예치된 부보대상이 아닌 고액 예금자의 예금
이탈이 확산됨으로써 은행산업 전반과 미국 전체에서의 자본이탈이 가속화될 것

    13) 예금자보호법 제 2 조 제 5 호. 예금자보호법은 다른 금융 관련 법률들과 달리 금융기관이라
       는 용어 대신에 금융회사라는 용어를 사용하고 있다. 이 때문에 법문을 인용하는 과정에서
       부득이하게 양자가 혼용되는 혼선이 발생하고 있다.
    14) 예금자보호법 제 2 조 제 6 호.
    15) 12 U.S.C. § 1813(x)(2)(B).

이며, 이는 지급결제체제의 붕괴와 신용경색을 야기할 것이라는 점을 염려하였다. 그러나 연방예금보험공사의 태도에 대해 다음과 같은 비판이 제기되어 왔다. 즉 대마불사의 논리는 결국 사회전체자원을 비효율적인 용처에 사용하는 결과를 야기하고, 예금부보의 대상이 아닌 고액 예금자들의 은행경영에 대한 사적인 감시의지를 감퇴시켰으며, 대형은행의 부적절한 위험인수를 오히려 권장(전혀 책임을 지지 않는 주주들에게는 횡재의 기회를 제공)하였고, 예금주들과 투자자들간에 대형은행을 훨씬 선호하도록 하는 계기를 마련하였다는 점이다. 더욱이 구제금융비용이 납세자들에게 전가된다는 점도 비판의 무게를 더해 주었다.

### (2) 미국의 1991년 최소비용의 원칙(the Least Cost Rule) 입법화

1991년 연방예금보험공사개선법에서 의회는 두 가지의 비용제약요인을 추가하였다. 첫째, 의회는 연방예금보험공사로 하여금 연방정부에 가장 비용을 절약할 수 있는 정리기법을 사용할 것을 요구하였는바, 이는 기존의 자산·부채이전방식에 대해 대폭적인 수정을 초래한 것이다. 둘째, 의회는 최소비용의 원칙에 대한 유일한 예외로서 체계상의 위험을 수반하는 사건에 대한 것만을 인정하였다는 점이다. 이때에는 연방예금보험공사가 좀 더 비용이 많이 드는 정리기법도 사용할 수 있는데, 그 전제조건으로서 대통령과의 협의 이후 재무부장관과 연방지준이사회의 공식적인 승인을 받도록 하였다. 따라서 대마불사의 논리와 구제금융 지원방식은 종래보다는 훨씬 엄격한 요건하에 예외적으로 발동하게 된 것이다.

연방예금보험공사개선법에서 의회는 도산은행의 처리에 있어서 연방예금보험공사로 하여금 가장 비용이 적게 드는 정리방식을 선택하도록 제한하였다. 소위 최소비용의 원칙에 따라 정리금융공사는 다음의 두 가지 사항을 고려하여 도산은행에 대한 자금지원을 결정한다. 첫째, 정리금융공사는 당해 도산은행에 대한 연방차원의 자금지원이 필요한지를 결정하여야 한다. 둘째, 지원비용을 계산함에 있어서 우발채무가 포함된 단기채무 및 중·장기채무, 정부가 징수하지 못한 조세 등을 모두 고려하여야 한다.16)

### (3) 우리나라에서의 최소비용의 원칙 수용

우리나라의 '공적자금관리 특별법' 제13조와 예금자보호법 제38조의4에서

---

16) 12 U.S.C. § 1823(c)(4)(A).

도 미국의 1991년 연방예금보험공사개선법에서의 최소비용의 원칙을 명문으로 규정하고 있다.

---

공적자금관리 특별법

제 1 조 (목적)  이 법은 공적자금의 조성·운용·관리 등에 있어 공정성, 전문성 및 투명성을 높여 공적자금을 효율적으로 사용하고 국민 부담을 최소화하기 위하여 필요한 사항을 규정함을 목적으로 한다.

제 2 조 (정의)  이 법에서 사용하는 용어의 정의는 다음과 같다.

　1. "공적자금"이란 다음 각 목의 기금 또는 재산 등에서 금융회사 등 또는 기업의 구조조정에 지원되는 자금을 말한다.

　　가. 예금자보호법에 따른 예금보험기금채권상환기금 및 예금보험기금. 다만, 예금보험기금의 경우에는 다음 어느 하나에 해당하는 재원(財源)을 수입으로 한 경우만 해당한다.

　　1) 정부의 출연금

　　2) 예금자보호법 제26조의2에 따라 정부가 원리금 상환에 대하여 보증한 예금보험기금채권으로 조성된 자금

　　3) 예금자보호법 제24조의2에 따라 정부가 예금보험공사에 양여한 국유재산

　　나. '금융회사부실자산 등의 효율적 처리 및 한국자산관리공사의 설립에 관한 법률'에 따른 부실채권정리기금 및 구조조정기금

　　다. 공공자금관리기금법에 따른 공공자금관리기금

　　라. 국유재산법에 따른 국유재산

　　마. 한국은행법에 따른 한국은행이 금융회사 등에 출자한 자금

　　바. 공공차관의 도입 및 관리에 관한 법률에 따른 공공차관

　　사. 금융산업의 구조개선에 관한 법률에 따른 금융안정기금

　2. (생략)

제13조 (최소비용의 원칙)  ① 정부, 예금보험공사, 한국자산관리공사 및 한국산업은행은 공적 자금의 투입비용을 최소화하고 그 효율을 극대화할 수 있는 방식으로 공적 자금을 지원하여야 한다.

② 금융위원회가 '금융산업의 구조개선에 관한 법률' 제12조에 따라 정부 또는 예금보험공사(이하 '정부 등'이라 한다)에 부실금융기관에 대한 출자 또는 유가증권의 매입을 요청하는 경우에는 제 1 항에 따른 최소비용의 원칙을 준수하였음을 입증하는 자료 및 해당 금융기관에 대한 자산부채 실사자료를 대통령령으로 정하는 바에 따라 정부 등에 제출하여야 한다.

③ 정부, 예금보험공사 및 자산관리공사는 공적 자금의 지원이 제 1 항에 따른 최

소비용의 원칙에 따라 이루어졌음을 입증하는 자료를 작성·보관하여야 한다.

④ 제1항부터 제3항까지의 규정에 따른 최소비용의 원칙의 기준, 절차 등 세부적인 사항은 대통령령으로 정한다.

제14조 (공평한 손실분담의 원칙 등) ① 정부 등은 공적 자금을 지원하는 경우 지원대상 금융회사 등의 부실에 책임이 있는 자의 공평한 손실 분담을 전제로 공적 자금을 지원하여야 한다.

② 정부 등은 공적 자금을 지원하는 경우 2회 이상 나누어 지원하여야 한다. 다만, 예금대지급 등 대통령령으로 정하는 경우에는 그러하지 아니하다.

③ 정부 등은 공적 자금 지원대상 금융회사 등의 자체 구조조정 노력을 전제로 공적 자금을 지원하여야 한다.

④ 정부 등은 부실금융기관의 경영책임과 감독책임을 부담할 자가 있을 때에는 관련법령에 따라 지체없이 손해배상의 청구 등 그 책임을 물어야 한다.

⑤ 제1항부터 제4항까지의 규정에 따른 기준, 절차 등 세부적인 사항은 대통령령으로 정한다.

예금자보호법

제38조의4 (최소비용의 원칙) ① 공사는 부보금융회사 및 그 부보금융회사를 금융지주회사법에 의한 자회사 등으로 두는 금융지주회사에 대하여 보험금을 지급하거나 자금지원을 하는 경우에는 예금보험기금의 손실이 최소화되는 방식을 적용하여야 한다.

② 공사는 보험금지급 또는 자금지원이 제1항에 따라 이루어졌음을 입증하는 자료를 작성·보관하여야 한다.

③ 공사는 부실금융회사 등의 청산 또는 파산 등이 금융제도의 안정성을 크게 해할 우려가 있다고 위원회가 인정하는 경우에는 제1항에 따른 방식이 아닌 다른 방식으로 보험금을 지급하거나 자금지원을 할 수 있다.

④ 제1항부터 제3항까지의 규정에 따른 최소비용원칙의 기준, 절차 등에 관하여 세부사항은 대통령령으로 정한다.

## V. 부실금융회사 정리기법의 유형적 고찰 — 미국의 경험을 토대로 —

### 1. 총    설

금융감독당국은 파산의 위험에 있는 금융기관, 예를 들어 현저하게 자본이 잠식된 은행에 대하여 다음 네 가지 처리방식 중 하나를 선택하게 된다. ① 청산방식, 즉 금융감독당국이 은행의 자산을 청산하여 부보 예금자들의 예금, 즉

1예금주당 오천만원의 상한범위 내에서 실제 예금액을 지급하는 것이다. ⓐ 헌법재판소의 결정례에서 볼 수 있듯이 청산의 경우 예금보험공사와 다른 채권자들간의 지위에 관한 쟁점과 ⓑ 우량자산, 불량자산의 매각에 관한 쟁점이 가장 핵심을 이루게 된다. ② 자산부채이전방식, 즉 금융감독당국이 당해 부실은행에 대한 매수자를 구한 후 자산의 일부나 전부에 대한 매각 또는 은행간 합병을 성사시킬 수 있도록 매수자에게 자금지원을 하는 것이다. ③ 구제금융방식, 즉 금융감독당국이 은행을 폐쇄하지 않고 은행의 영업권과 유동성을 계속 지탱할 수 있도록 직접적으로 구제자금의 형식을 통하여 당해 은행을 지원하는 것이다. ④ 가교은행방식, 즉 금융감독당국(특히 예금보험공사)이 파산금융기관을 자체적인 관리하에 두는 임기응변의 잠정적인 정리기법인데, 이는 당해 금융기관의 자산을 보존한 후 向後 매수자로 나설 私的 경제주체에게 매각하려는 목적을 갖는다. 어떠한 방식을 금융감독당국이 선택할지는 원론적으로 어떠한 방식이 예금보험기금에 가장 비용절약적인지, 즉 국민에 대한 혈세부담을 최소화할 것인지 여부와 밀접하게 관련된다.17)

## 2. 미국에서의 유형별 부실금융기관 정리방식 및 장·단점 분석

### (1) 청산방식

### (가) 의의 및 기능

청산방식은 미국의 1933년 은행법에서 예정하였던 유일한 정리기법이었고 오늘날에도 연방예금보험공사가 활용하는 주요한 정리기법으로 의의를 갖는다. 직접적인 예금지급방식(straight deposit payoff)으로도 알려진 청산에서 연방예금보험공사는 부보예금을 확인한 후 예금보험기금으로부터 부보예금자들

---

17) 여기서 첫째의 청산방식이 최소비용의 원칙과는 상호 모순된다는 점을 쉽게 간파할 수 있다. 역사적으로 외국의 사례를 참조해 보더라도 미국의 연방예금보험공사가 특히 대형은행의 경우 청산의 방안을 거의 활용하지 않았음을 알 수 있는데, 이는 청산방식을 따를 경우 연방예금보험공사는 부보예금주들에게 예금보험기금으로부터 일시불로서 다액의 예금을 지급하여야 하는 부담을 안기 때문이다. 이러한 이유로 자산·부채이전방식의 형태를 통하여 연방금융감독당국이 자금을 지원하는 흡수합병(federally assisted mergers in the form of purchase and assumption agreements) 방식을 연방예금보험공사는 선호하여 왔던 듯하다. Patricia A. McCoy, *Banking Law Manual*, § 15.01 (2003). 우리나라에서도 1998년 6월 동화, 동남, 대동, 경기, 충청은행 등 다섯 개 은행을 퇴출시킬 때 금융위원회가 이 방식을 사용하였던 이유는, 청산방식의 비용부담이 너무 과중하였기 때문이다. 이들 다섯 개 퇴출은행은 1998년 9월 29일 각 관할법원에 파산신청을 하였다. 서경환, "금융기관의 파산과 관련한 실무상 문제점," 재판자료 제83집 「파산법의 제문제[하]」, 20면 참조.

에게 예금을 전액 지급한다. 이 과정에서 부보예금자들은 자신들이 발행한 수
표가 지급거절되고 연방예금보험공사로부터의 지급에 상당한 시일이 소요될
수도 있기 때문에 곤경에 빠질 수도 있다. 25만불을 초과하는 예금(미부보예금)
은 동결되고 부실금융회사의 미부보예금자들과 기타 채권자들은 파산재단의
채권자의 지위로 편입된다. 청산인이 이러한 채권자들의 이익을 위해서 자산을
청산하게 되고, 청산인이 재단의 자산을 매각할 때 법령에 규정된 우선순위에
따라 매각대금에 대해 지분비율로 분배를 받게 된다. 최대의 단일채권자는 부
보예금자들에게 예금을 상환한 예금보험공사가 될 것이다. 미국에서는 미국민
예금자 우대법령에 따라 미부보예금자들이 일반 채권자보다 우위에 있다.[18]
이는 25만불의 한도 내에서 부보예금자들을 대위하는 예금보험공사가 미부보
예금자와 일반채권자보다 선순위에 있다는 의미이다. 청산방식이 자산·부채
이전방식보다 미부보예금자들에게 훨씬 더 감시에 대한 동인을 제공한다는 것
이 일반적인 인식이었다. 왜냐하면 미부보예금자들은 청산방식에서 보통 자신
들의 예금 일부를 상실하기 때문이다. 그러나 최근 연방예금보험공사가 특정
부실금융회사의 자산·부채이전방식에서 미부보예금자들의 이익보호를 거절
하여 왔기 때문에 양자의 차이는 점차 옅어지고 있다(한국도 현재 그러하다). 더
욱이 어떠한 사례에 있어서는 청산시 미부보예금자들의 평균손실이 무시해도
좋을 만큼 적다라는 연구결과도 있다.[19]

　　원칙적으로 연방예금보험공사가 청산비용보다 낮은 자산·부채이전협정의

---

18) 12 U.S.C. § 1821(d)(11) Depositor preference

(A) In general Subject to section 1815(e)(2)(C) of this title, amounts realized from the
liquidation or other resolution of any insured depository institution by any receiver appointed
for such institution shall be distributed to pay claims (other than secured claims to the extent
of any such security) in the following order of priority:

　(i) Administrative expenses of the receiver.

　(ii) Any deposit liability of the institution.

　(iii) Any other general or senior liability of the institution (which is not a liability described
　　in clause (iv) or (v)).

　(iv) Any obligation subordinated to depositors or general creditors (which is not an obligation
　　described in clause (v)).

　(v) Any obligation to shareholders or members arising as a result of their status as
　　shareholders or members (including any depository institution holding company or any
　　shareholder or creditor of such company).

19) Jonathan R. Macey & Geoffrey P. Miller, *Bank Failures, Risk Monitoring, and the Market
for Bank Control*, 88 Colum. L. Rev. 1153, 1192 (1988).

입찰이 없는 경우 가장 마지막의 도피처로서 활용되는 것이 청산방식이다. 사실 청산방식은 부보예금자들에게 부보예금을 지급하기 위하여 예금보험기금으로부터 상당한 규모의 자금인출을 하여야 하기 때문에, 예금보험공사가 이 방식을 사용하기를 주저한다고 할 수 있다. 더욱이 이렇게 일시적인 거액의 지급으로 인하여 단기의 유동성부족에 직면하므로, 자금인출의 효과는 너무도 생생하게 피부에 와닿게 되며 지급액 전체가 상환되지 않음으로써 예금보험기금의 지급여력을 심각하게 저해할 수 있다. 미부보예금에 대한 동결(지급거절)은 예금자들에게는 불편을 야기하며 지역경제를 피폐시킬 뿐만 아니라 다른 은행과 거래하는 미부보예금자들의 동시다발적인 예금이탈을 촉발시킬 수도 있다. 마지막으로 1980년대와 1990년대 초반 미국의 금융위기 기간중 연방예금보험공사는 청산방식을 소규모은행에만 적용하였고, 그 결과 미부보예금자들에게는 대규모은행에 예치된 미부보예금액에 대해 사실상의 보호를 부여한다는 부정적인 메시지를 전달하게 되었다.

참고로 우리나라에서의 청산방식에 관한 관련조항은 다음과 같다.

---

**금융산업의 구조개선에 관한 법률**

제16조 (파산의 신청)  ① 금융위원회는 금융기관에 '채무자 회생 및 파산에 관한 법률' 제306조에 따른 파산 원인이 되는 사실이 있음을 알게 된 경우에는 파산의 신청을 할 수 있다.

② 금융감독원장 또는 파산참가기관은 금융위원회에 해당 금융기관에 대한 파산의 신청을 건의할 수 있다.

제17조 (파산선고의 송달)  법원은 금융기관에 파산선고를 한 경우에는 '채무자 회생 및 파산에 관한 법률' 제313조 제 1 항 각호의 사항을 적은 서면을 파산참가기관에 송달하여야 한다.

제18조 (채권신고기간 등에 관한 협의)  법원이 '채무자 회생 및 파산에 관한 법률' 제312조에 따라 채권신고의 기간과 채권조사의 기일을 정할 때에는 미리 파산참가기관의 의견을 들어야 한다.

제19조 (의견진술)  파산참가기관은 금융기관의 파산절차의 진행과정에서 법원에 대하여 의견을 제출하거나 진술할 수 있다.

---

### (나) 자산매각

정리인 또는 청산인으로서 예금보험공사는 도산금융기관의 자산을 정리금융공사에 매각을 목적으로 혹은 대출에 대한 담보물의 목적으로 제공할 수 있다. 정리금융공사는 부실금융회사로부터 자산을 다음의 두 가지 방식으로 취득할 수 있다. 우선 여기서의 자산은 자산·부채이전방식에서 양수인이 매수하기를 거절한 불량자산이 포함될 수 있다. 매수인이 나타나지도 않고 연방예금보험공사가 청산을 목적으로 한 관재인에 임명될 경우, 부실금융회사의 자산은 통상적으로 정리금융공사에게 이전되거나 매각된다. 자산을 양수함으로써 정리금융공사는 법의 규정에 의하여 관재인으로서 연방예금보험공사에게 부여된 것과 동일한 권리, 권한, 특권 및 권위를 갖게 된다.

정리금융공사가 자산을 매각하거나 처분할 경우, 다음의 다섯 가지 목표를 충족하여야 한다. ① 매각으로 인한 순현재가치 수익률의 최대화, ② 실현된 손실의 최소화, ③ 적절한 경쟁의 보장 및 입찰자들에 대한 공정하고 일관성 있는 대우, ④ 청약의 권유와 대가에 있어서 차별의 금지, ⑤ 저소득층과 중소득층을 위한 거주부동산의 확보 최대화.[20]

연방예금보험법은 연방예금보험공사의 부실금융회사 자산매각에 대하여 특정한 제약을 가하고 있다. 첫째로 부실금융회사로부터의 대출에 대해 이행지체중인 특정 채무자에게의 매각을 제한하고 있다. 부실금융회사에 대한 1백만불 이상의 채무총액에 대해 사해의 의도를 갖고 이행을 지체한 자나 그 조합원 혹은 임·직원에 대해 결코 매각을 해서는 안 된다. 부실금융회사에 영향을 미친 특정의 연방범죄를 저지른 채무자가, 당해 금융회사로부터의 대출에 대한 이행지체로 인하여 금융회사 또는 예금보험기금에 상당한 손실을 야기한 경우, 역시 자산매수인이 될 수 없다. 두 번째 제약은 상당한 손실을 야기한 부정행위에 종사하였던 특정 금융회사와 제휴한 당사자에게 적용된다. 즉 부실금융회사의 전직 임원이나 이사 또는 부실금융회사에게 상당한 손실을 야기한 거래에 깊이 관여하였던 제휴자 등도 금융회사의 자산에 대한 매수입찰에 참여할 수 없다. 또한 관련된 연방은행감독관청으로부터 종국적으로 제재를 받아 부실금융회사로부터 직위해제되었거나 사무참여를 금지당한 자 역시 마찬가지이다.

### (2) 자산·부채이전방식

1935년 미국의회는 연방예금보험공사에게 청산인 또는 정리인으로서 파

---

20) 12 U.S.C. § 1821(d)(13)(E). 여기서 마지막 ⑤의 사항은 우리나라 현실에 꼭 부합되지 않는다고 본다.

산은행과 건전은행간에 연방정부의 지원에 의한 흡수합병을 협약할 수 있는 권한을 부여하였다.[21] 이러한 흡수합병을 자산 · 부채이전방식이라고도 한다. 그런데 자산 · 부채이전방식이 은행영업권의 계속기업가치를 보존하고 예금자의 재산유실을 감소시키며 예금보험기금으로부터의 지급을 최소화할 수 있기 때문에, 연방예금보험공사는 청산방식보다 자산 · 부채이전방식을 선호하여 왔다. 그렇지만 1980년대를 지나 1990년대 초반에 접어들면서 자산 · 부채이전방식에 대한 비판이 본격화되었다. 왜냐하면 이 방식은 예금부보의 대상이 아닌 고액 예금자들뿐만 아니라 일반채권자들까지도 완전한 보호를 해 주는 방식으로 거래가 성안되므로, 이러한 채권자들이 은행에 대한 시장에서의 자율규제를 행할 動因을 감소시킨 것으로 분석되기 때문이었다. 이러한 비판에 대응하여 연방예금보험공사는 예금부보대상인 예금자들만 보호하는 형식으로 일부 자산 · 부채이전협정의 보장조항을 감축시켜 왔다.

자산 · 부채이전협정에서 연방예금보험공사는 직접 부보예금자들에게 예금을 지급하지 않는다. 오히려 예금보험공사는 도산은행의 부보예금을 인수한 금융기관에게 일정 금액의 자금지원을 행하는 것이다. 자산 · 부채이전협정은 흡수합병, 신설합병, 주식매각 또는 자산매각의 형태로 체결된다. 어떠한 금융기관이 채무불이행의 상태에 있거나 지체위험에 처한 경우 혹은 심각한 경제여건의 악화로 금융체제 전반의 불안정을 야기할 위험성이 있는 경우 연방예금보험공사는 자산 · 부채이전협정을 체결할 권한이 있다. 자산 · 부채이전협정을 체결할지 여부는 전적으로 매수인으로 나설 시장참가자의 의지에 달려 있기 때문에, 시장참가자를 유도하기 위하여 연방예금보험공사는 계약조항을 신축성 있게 구성할 수 있는 재량을 갖는다. 예를 들어 부실은행의 대차대조표상으로 자산란에서 연방예금보험공사가 불량자산(bad assets)을 보유한 채 건전한 자산만을 매수인에게 매각할 수도 있다. 기술적으로 연방예금보험공사가 불량자산을 보유할 때에는 정리금융공사가 연방예금보험공사로부터 동 자산을 정리인으로서 매수한다. 정리금융공사가 이후 동 자산을 매각한 후 매각대금은 금융기관의 일반채권자들에게 분배될 것이다.

---

21) Banking Act of 1935, Chapter 614, Section 101, § 12B(n)(4), 49 Stat. 684, 699. Helen A. Garten, *A Political Analysis of Bank Failure Resolution,* 74 B.U. L. Rev. 429, 472 (1994)에서 재인용.

　　매수인이 불량자산의 일부 또는 전체를 인수하는 경우도 있을 수 있다. 과거에 연방예금보험공사는 풋옵션의 조건하에 불량자산을 매각하기도 하였는바, 만일 특정기간 내에 기대된 바와 같이 이행되지 않는 경우 연방예금보험공사가 동 자산을 재차 매수하기로 하는 특약을 의미한다. 그러나 풋옵션은 결정적인 흠을 갖고 있는데, 매수자가 이익이 크게 날 가능성이 있는 자산들을 선택적으로 인수한 후 부실자산에 대해 회수를 극대화하려는 노력을 하지 않은 채 불량자산을 매도선택하려고 할 것이기 때문이다. 결과적으로 연방예금보험공사는 1991년 말 풋옵션제도를 폐지한 대신, 매수은행과 금융감독기관간에 회수가 의문시되는 대출로부터 발생하는 손실 또는 이익을 배분하는 손실분담약정제도를 도입하였다.[22]

　　자산·부채이전협약은 보통 연방정부로 하여금 매수인에게 일정금액을 지급하도록 하는데, 그 수식은 다음과 같다.

연방정부로부터의 지원금 = 인수채무액 − 구입자산액 − 계속기업가치에 대한 프리미엄

　　최소비용의 원칙에 의할 경우, 연방예금보험공사는 부보예금자들의 예금전액을 지급한 후 은행을 청산하는 데 소요되는 비용을 초과하는 흡수합병(이는 사실상 연방정부로부터 자금지원을 받는 형태가 됨)을 인정하여서는 안 된다. 최소비용의 원칙이 제정된 이래 연방예금보험공사는 부실금융회사에서 예금부보의 대상이 아닌 예금자들마저 보호하던 종래의 관행으로부터 과감히 탈피하게 되었다. 또한 연방예금보험공사가 매수인으로 하여금 부실금융회사의 예금이 아닌 채무마저 인수할 것을 요구할 필요도 없게 되었다. 이러한 정책이 시행된 이후 정책의 직접적인 적용대상이 된 것은 중·소형은행이었다. 그러나 연방예금보험공사가 대마불사형 초대형은행에서의 예금부보대상이 아닌 예금자들을 어떻게 취급할 것인지는 여전히 불분명하다.[23] 만일 연방예금보험공사가 은행의 규모에 따라서 예금부보의 대상이 아닌 예금자들을 차별적으로 취급할 경우,

---

22) 우리나라에서는 1999년 뉴브리지캐피털이 제일은행을 인수했을 때 정부 당국을 상대로 풋옵션을 보장받았다. 그런데 이러한 풋옵션의 특약 때문에 헐값 매각 논란마저 일어났다.

23) Ron J. Feldman & Arthur J. Rolnick, *Fixing FDICIA: A Plan to Address the Too-Big-To-Fail Problem*, Federal Reserve Bank of Minneapolis 1997 Annual Report Essay (1998).

그 결과는 중·소형은행들간의 예금유치를 위한 경쟁을 증대시킬 것이라는 점이다.

실무적으로 최소비용의 원칙이 도입되었지만 연방예금보험공사가 미부보예금자들을 보호대상으로서 전혀 고려하지 않는 것은 아니다. 즉 연방예금보험공사는 자산·부채이전방식이 그리 비용이 많이 소요되지 않는 한, 미보부예금자들까지도 완전히 보호하는 자산·부채이전협정에 서명하여 왔던 것이다. 1999년 Long-Term Capital Management, L.P. 사건과 관련하여 위험이 금융부문 전반으로 전이될 수도 있다는 연방은행감독권자들의 근심은 15년 전 Continental Illinois은행에서의 공포와 매우 흡사하였다. 이 두 가지 사건을 고찰해 볼 때, 연방예금보험공사가 법에 의하여 강제될 경우 어쩔 수 없이 미부보예금자들에 대한 완전한 보호를 포기하고 시장에서의 자율규제장치를 작동시키려 할 것임을 알 수 있다. 반면에 최소비용의 원칙에 의하더라도 정당화될 수 있는 예외가 있다든가 혹은 금융체제 전반으로 전이될 위험성이 있는 경우에는 언제든지 시장에서의 규율을 희생하고자 하는 유혹을 계속적으로 가질 것이라는 점을 시사한다.

우리나라에서는 자산·부채이전을 계약이전이라고 통칭하는데, 관련조항은 다음과 같다.

---

금융산업의 구조개선에 관한 법률

제14조 (행정처분) ② 금융위원회는 부실금융기관이 다음 각호의 어느 하나에 해당하는 경우에는 그 부실금융기관에 대하여 계약이전의 결정, 6개월 이내의 영업정지, 영업의 인가·허가의 취소 등 필요한 처분을 할 수 있다. (단서 생략)

⑤ 금융위원회는 제 2 항에 따라 계약이전의 결정을 할 때에는 필요한 범위에서 계약이전이 되는 계약의 범위, 계약이전의 조건 및 이전받는 금융기관을 정하여야 한다. 이 경우 계약이전을 받는 금융기관의 이사회의 동의를 미리 받아야 한다.

⑥ 제 2 항에 따른 계약이전은 관계법률 및 정관의 규정에도 불구하고 계약이전을 하는 부실금융기관의 이사회 및 주주총회의 결의를 필요로 하지 아니한다.

⑦ 금융위원회는 제 2 항에 따라 계약이전의 결정을 한 때에는 부실금융기관의 관리인을 선임하여야 한다.

제14조의2 (계약이전결정의 효력) ① 제14조 제 2 항에 따른 계약이전의 결정이 있는 경우 그 결정내용에 포함된 계약에 의한 부실금융기관의 권리와 의무는 그 결정이 있은 때 계약이전을 받는 금융기관(이하 '인수금융기관'이라 한다)이

승계한다. 다만, 계약이전의 대상이 되는 계약에 의한 채권을 피담보채권으로 하는 저당권이 있는 경우 그 저당권은 제 2 항에 따른 공고를 한 때 인수금융기관이 취득한다.

② 제14조 제 2 항에 따른 계약이전의 결정이 있는 경우에는 해당 부실금융기관 및 인수금융기관은 공동으로 그 결정의 요지와 계약이전의 사실을 2개 이상의 일간신문에 지체없이 공고하여야 한다.

③ 제 2 항에 따른 공고가 있는 경우에는 그 계약이전과 관련된 채권자·채무자·물상보증인 기타 이해관계인(이하 '이해관계인'이라 한다)과 해당 부실금융기관 사이의 법률관계는 인수금융기관이 동일한 내용으로 승계한다. 다만, 이해관계인은 제 2 항에 따른 공고 전에 그 부실금융기관과의 사이에 발생한 사유로 인수금융기관에 대항할 수 있다.

④ 제 2 항에 따른 공고가 있는 경우에는 그 공고로써 '민법' 제450조에 따른 지명채권양도의 대항요건을 갖춘 것으로 본다. 다만, 이해관계인은 공고 전에 그 부실금융기관과의 사이에 발생한 사유로 인수금융기관에 대항할 수 있다.

⑤ 제14조 제 2 항에 따른 계약이전의 결정이 있는 경우에는 금융위원회는 해당 부실금융기관 및 인수금융기관으로 하여금 계약이전과 관련된 자료를 보관·관리하게 하고, 이해관계인이 열람할 수 있게 하여야 한다. 이 경우 보관·관리 및 열람에 필요한 기준 및 절차는 금융위원회가 정한다.

### (3) 구제금융방식

부실금융회사를 폐쇄하는 대신, 정부는 도산은행이 지급불능의 사태에 빠지기 전에 과거의 건전성을 회복시킬 수 있다는 희망을 품고 단순히 구제자금을 지원할 수도 있다. 합병의 상대방인 금융기관의 여력만으로 정상화시킬 수 없는 경우에 연방차원의 보조금(구제자금)이 강구되어질 것인데, 이는 주로 초대형 부실은행에 있어서 당면 현안으로 부각된다. 구제금융지원방식이라고 통상 알려진 보조금방식은 대부분의 은행들이 선호하는 방식으로 알려져 있다. 그 이유는 구제금융방식에 의할 경우 은행주주들이 자신들의 투자분을 일부 회수할 가능성이 높아지기 때문이다.24) 1980년부터 1994년 사이에 연방예금보험공사는 도산금융기관 사례 중 8%의 사례(총 133개 금융기관)에 있어서 구제금융지원방식을 이용하였다.25) 그럼에도 불구하고 구제금융지원방식에 대해서는

---

24) FDIC, *Managing the Crisis: The FDIC and RTC Experience 1980-1994*, p. 166 (1998).
25) *Ibid.*, p. 164.

여전히 논란이 많다.

　원론적으로 구제금융지원방식은 정부가 은행부문을 국유화하여 은행업무의 세세한 부분까지 영향력을 행사할 우려가 있다는 문제점을 갖는다. 이와 관련 가장 중요한 관심사 중의 하나는 구제금융이 결국은 비효율적이고 위험한 사업에 뛰어든 은행들을 정부가 보상하고 고무시킨다는 메시지를 전달한다는 점이다. 구제금융이 주주들의 지분(자기자본, equity)을 복원하는 데 사용된다면, 이는 주주들이 자신의 투자손실위험을 감수하여야 한다는 원칙을 훼손하게 된다. 미부보예금자들과 기타의 무담보채권자들도 구제금융의 결과 완전한 보호를 받을 수 있다면 은행을 감시하려는 동인을 상실할 것이다. 더욱이 구제금융이 향후에도 결코 자생력을 갖출 수 없는 금융기관에 대한 생명줄을 연장하는 데 사용된다면, 이는 연방재정의 고갈원이 될 것이고 사회전체적으로 비효율적인 자원배분을 야기하게 된다. 이러한 제 이유로 인하여 구제금융지원방식은 시장에서 도태되어야 마땅할 은행들을 축출시키지 못하고 구제해 준다는 중대한 문제점을 야기한다.

　구제금융지원방식은 또한 대마불사형이라고 간주되는 초대형은행들을 구제하기 위하여 선택적으로 채택된다는 비판을 받아 왔다. 1983년 Continental Illinois National Bank & Trust Company에 대한 45억불의 구제금융과 1988년 Texas주의 First Republic Bank Corp.에 대한 40억불의 구제금융이 대표적인 예라고 할 수 있다.[26] 그 외에도 대마불사형이라는 이유만으로 구제금융을 받은 은행으로는 1971년 U.S. National Bank of San Diego와 1974년 Franklin National Bank를 들 수 있다.[27] 간혹 구제금융지원방식이 소규모은행을 구제하는 데 사용되기도 했지만, 미국에서 지금까지 구제금융을 받은 은행들의 규모는 평균 6억2천만불로서, 일반 부실은행의 평균규모 1억4천8백만불과 대비된다. 이렇게 큰 은행들에 대해 편중적으로 구제금융이 행하여졌다는 사실은 거액예금자들로 하여금 은행위험을 예의주시하지 않더라도 초대형은행에서는 자신들의 예금을 전액 보호받을 수 있다는 인상을 심어 주기에 충분하다.[28] 향후

---

26) William A. Lovett, *Moral Hazard, Bank Supervision and Risk-Based Capital Requirements*, 49 Ohio St. L.J. 1365, 1367 (1989).

27) *Ibid.,* p. 1381.

28) Robert H. Dugger, *Financial Soundness and Deposit Insurance Reform: Comments on the Continental Illinois National Bank Experience, in Proceedings: A Conference on Bank Structure*

에도 구제금융지원방식은 "최소비용의 원칙과 체계적 위험에 대한 예외조항" 때문에 초대형은행에게로만 한정될 것이고, 소형은행들로부터 대형은행들로 예금이 편중되는 현상을 심화시킬 것이다. 결과적으로 구제금융을 제공받을 수밖에 없는 당위성(금융체계 전반의 안정)을 전면에 내세우려면, 은행들은 계속적으로 덩치를 키울 수밖에 없으며 종국적으로는 은행간 합병을 통하여 대마불사형 초대형은행만이 존재하게 될 것이다.[29)]

물론 구제금융지원방식도 최소비용의 원칙에 의한 제한을 받게 되는데, 체계적인 위험이 발생할 위험성이 있는 예외상황이 아닌 한 구제금융지원방식이 사용될 여지는 거의 없다는 것을 알 수 있다. 구제금융을 하기로 하는 결정은 일반 대중에게 공시하여야 한다.[30)] 1982년 미국의 연방의회는 구제금융지원방식의 범주를 확대하는데, 관련법에서 연방예금보험공사는 부보금융회사에 대해 대출, 예금, 자산 또는 주식의 매수, 채무의 인수, 또는 무상증여도 행할 수 있다고 규정한다. 동 개정의 결과로서 연방예금보험공사는 부실금융회사의 불량대출을 매수할 수 있게 되었으며(자산의 매수에 해당), 재정적으로 곤경에 빠진 은행의 무의결권 우선주주로도 등장할 수 있게 되었다.[31)]

구제금융을 행하려면 연방예금보험공사는 여러 가지 요소를 고려하여야 한다. 정리인이나 청산인을 선임할 당위성이 존재하든지 혹은 가까운 장래에 선임하여야 할 시급성이 존재하여야 한다. 더욱이 당해 금융기관에 대해 지원을 해 주지 않을 경우 결코 BIS 자기자본기준을 충족할 수 없어야 한다. 구제금융의 주된 목적은 당해 금융기관의 채무불이행(예금지급불능) 사태를 예방하거나 당해 금융기관을 정상화시키는 것 혹은 극심한 금융경색으로 야기될 수 있는 다른 금융기관들에 대한 체계적인 안정성에 대한 위협을 감소시키는 것이다. 금융기관의 주된 감독권자와 연방예금보험공사가 과거의 기록을 토

*and Competition* 435, 440-441 (Federal Res. Bank of Chicago 1985).

29) Arthur E. Wilmarth, Jr., *Too Big to Fail, Too Few to Serve? The Potential Risks of Nationwide Banks,* 77 Iowa L. Rev. 957, 1003-1004 (1992).

30) 12 U.S.C. § 1823(c)(8)(B).

31) 연방예금보험공사가 부보금융회사의 의결권 있는 주식이나 보통주식을 매수할 수는 없다. 12 U.S.C. § 1823(c)(5) The Corporation may not use its authority under this subsection to purchase the voting or common stock of an insured depository institution. Nothing in the preceding sentence shall be construed to limit the ability of the Corporation to enter into and enforce covenants and agreements that it determines to be necessary to protect its financial interest.

대로 당해 금융기관의 경영진이 유능하였고 관련법규 및 감독지침 등을 잘 준수하였다는 사실도 고려하여야 할 요인이다. 경영진이 내부거래, 투기행위 및 남용행위 등을 하지 않았었는지도 고찰하여야 한다.[32] 연방예금보험공사는 구제금융에 대한 추가적인 요건들을 삽입하였다.[33] 즉 구제금융을 요청할 때에는 최소한의 자본기준을 충족하기 위한 사적인 자본확충방안을 마련하여야 한다. 금융지주회사에 편제된 금융기관의 경우, 모회사와 다른 제휴회사들이 자금을 무상지원하여야 하고, 연방으로부터의 구제금융이 모회사나 다른 제휴회사에게로 전용되어서는 안 된다. 당해 금융기관이 폐쇄될 경우와 비교하여 주주와 채권자들이 부당한 이득을 취해서는 안 된다.

우리나라에서의 구제금융방식에 대한 관련조항은 다음과 같다.

---

**금융산업의 구조개선에 관한 법률**
제12조 (부실금융기관에 대한 정부 등의 출자 등) ① 금융위원회는 부실금융기관이 계속된 예금인출 등으로 재무구조가 악화되어 영업을 지속하기가 어렵다고 인정되면 정부등에 대하여 그 부실금융기관에 대한 출자나 대통령령으로 정하는 유가증권의 매입을 요청할 수 있다.
② 제1항의 요청에 따라 정부등이 부실금융기관에 출자하는 경우 그 부실금융기관의 이사회는 상법 제330조, 제344조 제2항, 제416조부터 제418조까지의 규정에도 불구하고 발행할 신주(新株)의 종류와 내용, 수량, 발행가액, 배정방법 및 그 밖의 절차에 관한 사항을 결정할 수 있다.
③ 금융위원회는 제1항에 따른 요청에 따라 정부 등이 출자 또는 유가증권의 매입을 하였거나 출자 또는 유가증권의 매입을 하기로 결정한 부실금융기관에 대하여 특정주주(제1항에 따른 요청에 따라 정부 등이 출자 또는 유가증권의

---

32) 12 U.S.C. § 1823(c)(8)(A)(ii) OTHER CRITERIA.—The depository institution meets the following criteria:
  (I) The appropriate Federal banking agency and the Corporation have determined that, during such period of time preceding the date of such determination as the agency or the Corporation considers to be relevant, the institution's management has been competent and has complied with applicable laws, rules, and supervisory directives and orders.
  (II) The institution's management did not engage in any insider dealing, speculative practice, or other abusive activity.
  이 조항이 의미하는 바는 매우 크다. 왜냐하면 과거 내부통제체제를 잘 구축한 후 내부통제를 잘한 금융기관에게 우선적으로 구제금융의 혜택을 부여할 수 있다는 것을 함축하고 있기 때문이다.
33) FDIC, *Statement of Policy on Assistance to Operating Insured Banks and Savings Associations,* 55 Fed. Reg. 12, 599 (1990).

매입을 하거나 출자 또는 유가증권의 매입을 결정할 당시의 주주 또는 그 금융
기관의 부실에 책임이 있다고 금융위원회가 인정하는 주주를 말한다. 이하 같
다)가 소유한 주식의 일부 또는 전부를 유상 또는 무상으로 소각하거나 특정주
주가 소유한 주식을 일정 비율로 병합하여 자본금을 감소하도록 명령할 수 있
다. 이 경우 금융위원회는 정부 등이 소유한 주식에 대하여는 제1항에 따른
출자 또는 유가증권의 매입의 지원을 고려하여 다른 특정주주가 소유한 주식
보다 유리한 조건이나 방법으로 소각 또는 병합하도록 명령할 수 있다.

④ 부실금융기관이 제3항에 따라 자본감소를 명령받은 때에는 상법 제438조부터
제441조까지의 규정에도 불구하고 그 부실금융기관의 이사회에서 자본감소를
결의하거나 자본감소의 방법과 절차, 주식병합의 절차 등에 관한 사항을 정할
수 있다.

⑤ 제4항에 따라 자본을 감소하려는 부실금융기관은 채권자에게 10일 이상의 기
간을 정하여 이의를 제출할 것을 2개 이상의 일간신문에 공고하여야 하며, 이
의를 제출한 채권자가 있으면 그 채권자에게 변제하거나 상당한 담보를 제공
하거나 변제 또는 담보제공을 목적으로 상당한 재산을 자본시장과 금융투자업
에 관한 법률에 따른 신탁업자에게 신탁하여야 한다. 다만, 실제 자본감소금액
(자기주식을 유상으로 매입하여 소각하는 경우 그 매입금액을 말한다)이 제2
항에 따라 정부 등이 출자하는 금액에 미달하는 경우에는 그러하지 아니하다.

⑥ 제3항 및 제4항에 따라 주식을 병합하는 경우 해당 부실금융기관은 5일 이
상의 기간(그 기간 중 마지막 날을 "주식병합기준일"이라 한다. 이하 같다)을
정하여 병합 내용과 그 기간 내에 주권(株券)을 회사에 제출할 것을 공고하고,
주식병합기준일부터 1개월 이내에 신주권(新株券)을 교부하여야 한다. 다만,
자본시장과 금융투자업에 관한 법률에 따라 주권이 예탁결제원에 예탁되어 있
는 주식을 병합하는 경우에는 주식병합기준일에 실질 주주명부의 기재에 따라
구주권(舊株券)의 제출 및 신주권의 교부가 이루어진 것으로 할 수 있으며 이
경우 그 사실을 본문에 따른 공고를 할 때 함께 공고하여야 한다.

⑦ 부실금융기관은 제2항 또는 제4항에 따라 이사회가 결의를 한 경우에는 지
체 없이 2개 이상의 일간신문에 다음 각 호의 사항을 공고하여야 한다.
1. 이사회의 결의사항
2. 그 결의사항에 반대하는 주주는 10일 이내에 주식의 종류와 수를 적은 서면
으로 회사에 대하여 자기가 보유한 주식의 매수를 청구할 수 있다는 사실

⑧ 부실금융기관은 제7항에 따른 청구를 받았을 때에는 그 날부터 2개월 이내에
그 주식을 매수하여야 한다. 이 경우 주식의 매수가액은 주주와 회사가 협의하
여 결정하며, 협의가 이루어지지 아니하는 경우에는 회계전문가가 정부 등의

출자나 유가증권의 매입이 이루어지기 전의 부실금융기관의 재산가치 및 수익가치 등을 고려하여 산정한 가격으로 한다.

⑨ 회사 또는 주식의 매수를 청구한 주주가 보유한 주식의 100분의 30 이상이 제 8항 후단에 따라 결정된 매수가액에 반대하는 경우에는 그 가액을 결정한 날부터 30일 이내에 법원에 매수가액 결정을 청구할 수 있다.

제13조 (의결권 없는 주식의 발행에 관한 특례) 정부 등이 다음 각호의 어느 하나에 해당하는 금융기관에 출자하는 경우 그 금융기관은 상법 제370조 제 2 항 및 '자본시장과 금융투자업에 관한 법률' 제165조의15 제 2 항에 따른 한도를 초과하여 의결권없는 주식을 발행할 수 있다.

1. 부실금융기관
2. 부실금융기관을 합병하거나 그 영업을 양수하는 금융기관
3. 제14조 제 2 항의 규정에 의한 금융위원회의 계약이전의 결정에 따라 계약이전을 받는 금융기관

## (4) 잠정적인 정리방식

적기시정조항에 의하여 연방예금보험공사가 현저하게 자기자본이 잠식된 금융기관의 청산인으로 선임될 경우, 이상적으로는 당해 금융기관이 도산하기 전 연방예금보험공사가 금융기관의 자산에 대한 실사를 완료할 충분한 시간이 있을 것이다. 그러나 현실적으로 금융기관이 갑작스럽게 심각한 유동성위기에 빠질 경우(이것이 대부분임), 연방예금보험공사가 종국적인 해결방안을 내놓는 데에는 추가적인 시간이 필요할 수 있다.[34] 연방예금보험법은 연방예금보험공사에게 도산의 위험에 처한 금융기관을 구조조정하는 데 사용할 수 있는 가교은행방식(추후 궁극적으로는 매각을 염두에 두고 있음)을 규정하고 있다. 즉 1987년 법개정으로 미국의 연방의회는 부실금융기관의 정리기법의 하나로서 가교은행방식을 추가하였다. 가교은행이란 그 명칭에서 알 수 있듯이, 은행의 도산시점과 종국적인 정리협정이 체결되는 시점까지의 간격을 메꿔 줄 목적으로 설립되는 임시은행이다. 가교은행은 즉각적인 인수가 의문시되는 대규모의 복잡한 은행도산을 해결하는 데 있어서 특히 중요한 정리기법이다. 가교은행방식은 연방예금보험공사로 하여금 종국적인 매각시에도 영업권을 보존할 수

---

34) 헌법재판소의 결정례에서 보면 S금고와 K금고를 인수할 적격자가 없었기 때문에 예금보험공사가 한아름상호신용금고를 설립한 후 어느 정도 시간적인 여유를 가지면서 종국적으로 당해 금고들의 운명을 결정지으려고 하였음을 짐작할 수 있다.

있도록, 부실은행을 안정화시키고 재정비할 시간을 제공한다.35) 1987년부터
1994년까지 연방예금보험공사는 복수의 관련은행들이 도산하는 상황에서 10회 정
도의 가교은행권한을 발동하였다. 10회의 발동결과 114개 은행들의 자산과 부채
를 인수한 32개의 가교은행을 설립하였다. 동 기간에 전체 은행도산 건수 중 가
교은행방식이 10%를 차지하였고, 도산은행 전체자산액 중 45%를 차지하였다.36)
　　청산인으로서의 능력을 갖고 연방예금보험공사는 부보은행이 부실 혹은 부
실우려가 있는 경우 가교은행을 설립할 권한이 있다. 가교은행을 설립하려면 다
음의 세 가지 범주 중 하나에 해당하여야 한다. ① 우선 가교은행을 운영하는
데 합리적으로 필요한 금액이 부실은행을 청산하는 데 필요한 금액을 초과하
지 않아야, 가교은행의 설립이 정당화된다. ② 다음으로 영업을 지속하지 않으
면 각 부실은행이 소재한 지역경제사회에 적절한 금융서비스를 결코 제공할
수 없다고 연방예금보험공사가 판단한 경우를 들 수 있다. ③ 마지막으로 영업
을 지속하는 것이 공공에 대한 최선의 이익이거나 혹은 도산은행 예금자들의
최선의 이익일 때이다.37) 가교은행은 예금보호를 받는 연방인가은행의 하나로
서 다른 연방인가은행과 마찬가지의 권한을 갖는데, 연방예금보험공사의 통제
를 받는 사적인 회사라고 할 수 있다. 각 가교은행은 연방예금보험공사가 사실
상으로 선임하고 연방예금보험공사의 이익을 최우선시하는 이사회를 갖는다.
가교은행은 연방예금보험공사로부터 사전승인을 받지 않는 한 주식을 발행할
수 없고 합병, 자산·부채의 처분, 주식매각이나 주식교환 등 제반 거래의 일방
당사자가 될 수 없다. 가교은행이 정관을 개정할 때에도 연방예금보험공사로부
터 사전승인을 받아야 한다.38) 미국에서는 가교은행을 설립함에 있어서 연방
예금보험공사가 주식을 매수할 수도 있지만 자본을 반드시 제공하여야 하는
것은 아니다. 자본 대신 연방예금보험공사가 결정한 금액과 조건으로 운영자금
을 가교은행에게 제공할 수도 있다.39) 참고로 우리나라는 예금보험공사의 출

35) FDIC, *Managing the Crisis: The FDIC and RTC Experience 1980-1994*, p. 25 (1998).
36) *Ibid.*
37) 12 U.S.C. § 1821(n)(2)(A).
38) 12 U.S.C. § 1821(n)(4)(K) (K) except with the prior approval of the Corporation, a bridge depository institution may not, in any transaction or series of transactions, issue capital stock or be a party to any merger, consolidation, disposition of assets or liabilities, sale or exchange of capital stock, or similar transaction, or change its charter.
39) 12 U.S.C. §§ 1821(n)(5)(A)-(n)(5)(B).

자를 의무화한다는 점에서 미국과 다르다고 할 수 있다.

　가교은행은 통상적으로 하나 혹은 둘 이상의 도산은행예금을 인수하며, 연방예금보험공사가 적정하다고 판단한 기타 자산 및 부채의 일부도 인수할 수 있다. 청산인으로서 연방예금보험공사는 신설가교은행이 부실자산으로 인하여 곤경에 빠지는 것을 피할 수 있도록, 부실은행이 보유한 최악의 불량자산이나 증권을 정리금융공사에게 매각할 수도 있다. 가교은행은 인가받은 시점부터 2년까지의 존속기한을 갖는 것이 원칙이나, 연방예금보험공사의 재량에 따라 1년을 연장할 수 있다. 가교은행이 다른 부보금융기관에게 합병, 주식매수 또는 자산매각의 형태로 만족스러운 조건하에 매각된 후 해산되는 것이 가장 이상적일 것이다. 만일 만족스러운 매수자를 찾지 못할 경우에는 통화감독청이 청산의 목적으로 연방예금보험공사를 가교은행의 청산인으로 임명할 것이다.

　우리나라에서 잠정적인 정리방식은 예금자보호법에 다음과 같이 규정되어 있다.

---

예금자보호법

제36조의3 (정리금융회사의 설립 등)  ① 공사는 예금자 등의 보호 및 금융제도의 안정성 유지를 위하여 필요하다고 인정하는 경우에는 금융위원회의 승인을 얻어 부실금융회사의 영업 또는 계약을 양수하거나 정리업무를 수행하기 위한 금융회사(이하 '정리금융회사'라 한다)를 설립할 수 있다.

② 정리금융회사는 주식회사로 한다.

③ 공사는 다음 각호의 사항을 기재한 정리금융회사의 정관을 작성하여야 한다.

　1. 목적

　2. 명칭

　3. 자본금의 총액

　4. 설립시에 발행하는 주식의 총수

　5. 주식 1주당 금액

　6. 주된 사무소의 소재지

　7. 공고의 방법

④ 정리금융회사의 자본금은 예금보험기금의 부담으로 공사가 전액 출자한다.

⑤ 정리금융회사는 은행·투자매매업자·투자중개업자·보험회사·종합금융회사 또는 상호저축은행 등의 명칭을 사용할 수 있으며, 부실금융회사의 정리와 관련

된 범위 안에서는 부실금융회사로 보아 제35조, 제35조의2부터 제35조의9까지, 제36조, 제36조의2, 제37조, 제38조, 제38조의3부터 제38조의6까지 및 제39조를 적용한다.

제36조의4 (임원의 선임 및 권한 등)  ① 정리금융회사에 사장 1인, 이사 2인 이내와 감사 1인을 둔다.

② 사장·이사 및 감사는 공사가 선임한다. 이 경우 사장을 선임할 때에는 금융위원회의 승인을 받아야 한다.

⑤ 해당 부실금융회사와 이해관계가 있는 사람은 사장·이사 또는 감사로 선임될 수 없다.

제36조의5 (정리금융회사의 업무범위 등)  ① 정리금융회사는 예금 등 채권의 지급, 대출 등 채권의 회수 그 밖에 부실금융회사의 정리업무를 효율적으로 수행하기 위하여 필요한 업무로서 금융위원회가 승인한 업무를 수행한다.

② 제 1 항에 따라 정리금융회사가 예금자 등에게 지급하는 예금 등 채권의 금액은 보험금 및 개산지급금을 한도로 하고, 그 지급액은 제32조에 따른 보험금에서 뺀다.

③ 공사는 위원회의 의결에 따라 정리금융회사의 운영에 필요한 범위 안에서 자금지원을 할 수 있다.

④ 공사는 대통령령으로 정하는 바에 따라 정리금융회사의 업무를 지도·감독한다.

⑤ 금융감독원장은 필요하다고 인정하면 구체적인 범위를 정하여 필요한 자료를 제공할 것을 정리금융회사에 요청하거나 정리금융회사를 검사할 것을 공사에 요청할 수 있다. 이 경우 그 요청을 받은 정리금융회사 또는 공사는 특별한 사유가 없으면 이에 따라야 한다.

제36조의7 (정리금융회사의 영업기간 등)  ① 정리금융회사의 영업기간은 5년 이내로 한다. 다만, 금융위원회의 승인을 받아 영업기간을 연장할 수 있다.

② 공사는 정리금융회사의 영업기간 만료, 정리금융회사와 부보금융회사간의 합병, 영업의 양도·양수 또는 제 3 자에 의한 정리금융회사의 인수 등의 경우에는 금융위원회의 승인을 받아 정리금융회사를 해산하여야 한다.

③ 공사는 정리금융회사가 영업을 계속하는 것이 예금자 등의 이익을 해칠 우려가 있다고 인정되는 때에는 금융위원회의 승인을 받아 정리금융회사를 해산할 수 있다.

## VI. 맺 는 말

금융기관의 파산을 단지 순수경제학적인 시각에서 접근하고 그 해결책을
제시하는 것은 매우 위험하다. 왜냐하면 어떠한 금융기관이 파산할 경우 시스
템리스크(체계위험)에 의하여 일국 금융체제 전반이 붕괴될 수도 있는 위험성
이 존재하기 때문이다. 舊 상호신용금고법(現 상호저축은행법) 제37조의2가 금융
기관 파산의 특수성을 반영하여 '예금채권 최우선순위'를 법정한 것에는 나름
대로 정당화할 이유가 있는 것이다. 사법부는 최종적인 법률해석에 있어서 일
반 회사와 달리 금융기관의 파산에 대해서는 특수한 절차가 개입되고 이를 규
율하는 실체법규도 매우 특수하다는 점을 항상 유념하여야 한다. 가사 '금융산
업의 구조개선에 관한 법률'과 예금자보호법 및 관련 법률에 명문의 규정이 없
더라도, 사법부는 당해 법령들이 추구하는 인식의 특수성과 목적에 맞게 매우
시의적절한 법령해석을 하여야 하는 것이다.

법원과 헌법재판소는 금융기관의 파산을 일반회사의 파산과 차별화하여
다른 논리로 접근하여야 한다는 점을 인정하여야 한다. 특히 특수한 행정기능
의 하나로서 인정되는 금융기관 파산절차에 있어서 공적 자금 투입의 최소화
(혹은 국민희생의 최소화)와 동 투입자금 회수의 극대화가 가장 핵심적인 원칙임
을 유념하여야 한다. 종래에는 그 규모나 종류를 불문하고 어떠한 금융기관이
든 파산시 시스템리스크에 의한 전염을 방지하기 위하여 항상 구제금융하여야
한다는 극단론이 만연하였다. 이때에는 투입의 최소화와 회수의 극대화란 명제
도 공염불에 그쳤을 수 있다. 그러나 1980년대 이후 전세계적으로 금융위기의
홍역을 치른 국가들에서는 이러한 구제금융방식이 반드시 파산시켜야 할 금융
기관의 생명을 연장함으로써 오히려 금융시장의 불안을 더욱 가중시켰다는 뼈
저린 경험을 얻게 되었다. 더욱이 동 금융기관이 종국적으로 파산할 경우 눈덩
이처럼 커진 손실을 납세자인 국민이 고스란히 떠안아야 한다는 점을 도저히
수긍할 수 없게 되었다. 이러한 와중에 납세자인 국민에게 부담을 덜 주는 대
안으로서 최소비용의 원칙이 등장하게 된 것이므로, 사법부를 포함한 정부 당
국은 동 원칙을 최대한 존중하여야 하는 것이다.

파산 금융기관의 정리방식 중, ① 부실금융기관의 예금자들에게 예금보험
공사가 부보예금액을 대지급하고 당해 금융기관을 청산시키는 청산방식이 가

장 고전적이고 장점도 많다. 왜냐하면 이러한 정리방식이 단기적으로뿐만 아니라 중·장기적으로도 국민경제에 미치는 악영향과 손실을 최소화할 수 있기 때문이다. 이 점은 자산·부채이전방식과 명확히 대비되는 청산방식만의 장점일 수 있다. 그러나 결코 단순수치만으로 산정할 수 없는 부실금융기관의 영업가치가 亡失되고, 예금자들을 상대로 예금보험공사가 일시불로서 지급한 부보액이 결국은 경제전체에 대한 손실로써 부메랑과 같은 악영향을 미치게 될 것이다. 시스템리스크를 차단할 수 없다는 최악의 취약점도 무시할 수 없다. 더욱이 헌법재판소의 결정과 같은 판단이 내려질 경우, 청산의 직접적인 재원이 되었던 공적 자금이 메꿔지지 않고 그 부담이 후세대로 이전될 위험성마저 안게 된다. ② 그러다 보니 대안으로 등장한 것이 자산·부채이전방식이다. 부실금융기관을 다른 건전금융기관에게로 흡수합병시키는 자산·부채이전방식은 은행의 계속기업가치와 유·무형의 자산(예: 고객관계)을 보존시킬 수 있는 매력이 있다. 더욱이 시스템리스크의 작동자체를 예방함으로써 금융시장의 불안을 조기에 진화시키고 타 금융기관에게 위험이 전이되는 것을 막는다는 장점이 있다. 국민의 혈세를 낭비하지 않아도 된다는 점도 간과할 수 없다. 그러나 이러한 장점은 단기적인 대증요법으로 그칠 수 있다. 즉 부실금융기관의 영업부문에 잠재되어 있던 위험이 현실화되고 거액의 우발손실마저 발생할 경우, 중·장기적으로는 부실금융기관을 흡수합병한 건전한 금융기관마저 부실화되는 동반파산의 위험(joint failure risk)에 직면할 수 있는 것이다. 이때에는 대마불사의 정책기조(too-big-to-fail doctrine)에 따라 금융당국이 더 이상 최소비용의 원칙을 원용할 수 없는(즉 당해 금융기관을 결코 파산시킬 수 없는) 곤란한 형국으로 빠져들게 되는 것이다. 즉 구제금융방식의 단점이 그대로 나타나는 최악의 상황이 야기되는 것이다. ③ 결국 자산·부채이전방식과 청산방식의 장점을 살리고 단점을 중화시킬 수 있는 절충안으로서 등장한 것이 가교은행방식이다. 그러나 가교은행방식에 의하더라도 종국적으로는 부실금융기관을 어떠한 방식으로든 정리하여야 할 것이므로, 모든 문제를 차후로 미루는 것에 불과하다는 비판을 면치 못할 것이다. 헌법재판소의 결정례에서와 같이 S금고와 K금고의 파산시점을 연장하기 위한 방편으로 한아름 상호신용금고를 설립한 것을 대표적인 예로 들 수 있다. ④ 결국 최소비용의 원칙에 따른 국민혈세 투입의 최소화와 공적 자금 회수의 최대화(예금채권의 변제 최우선권 확보)란 토대 위에서 시스템리스크의 최소화와 국민부담의 최소화란 양립된 정책목표 중 금융정책당국이 무엇을 더 중시할 것인지에 따라, 금융기관의 파산시 구체적으로 선택될 부실 금융기관의 정리방식도 달라질 것이다.

저자는 제 정리방식 중 청산방식에서 미국의 관련법이 '부보예금 – 미부보 예금 – 일반 채권'의 순서로 배당순위를 법정한 것에는 나름대로의 이유가 있다는 점을 고찰하였다. 그런데 이러한 법률에 대한 정책적인 배경과 기초적인 철학 및 논리를 도외시한 채, 일반 회사의 파산과 마찬가지로 금융기관의 파산을 다루려고 하였던 이 사건에서의 헌법재판소 결정은 一波萬波로 우리 경제에 악영향을 미칠 수 있다. 더욱이 헌법재판관 다수의견으로 당사자인 상호신용금고연합회가 진지하게 동 조항의 위헌을 제안하였다는 점을 위헌결정의 한 이유로 거론한 것은 거의 희극에 가깝다. 왜냐하면 상호신용금고연합회가 혜택을 보게 되는 이해관계자일 수는 있지만 금융기관 파산에 있어서 가장 직접적인 당사자는 예금보험공사 및 공적 자금의 원천을 增稅의 형태로 부담하게 되는 일반 국민이기 때문이다. 그렇지만 헌법재판소의 위헌결정으로 인하여 즉각적인 후속조치, 즉 동 조항의 폐지가 법률개정의 형태로 반영되게 되었다. 현재의 상호저축은행법 제37조의2 이외에 다른 금융기관을 규율하는 법, 특히 은행법에도 당연히 마련되었어야 할 조항이 과연 어느 시점에나 정상적으로 복원될 것인지, 그 폐지의 부당성과 법률 조항의 재정비를 위하여 얼마나 많은 시간과 자원의 낭비가 수반될 것인지, 너무도 답답할 따름이다.

## 제 2 절   외국은행의 파산

(다음의 논의는 예금자보호제도에 의하여 예금부보를 받는 예금자들 이외의 일반 채권자들을 대상으로 한 것임을 유념하기 바란다)

---

📝 **참고   외국은행의 파산과 관련한 은행법상의 조항들**

제58조 (외국은행의 은행업인가 등)  ① 외국은행(외국법령에 따라 설립되어 외국에서 은행업을 경영하는 자를 말한다. 이하 같다)이 대한민국에서 은행업을 경영

하기 위하여 지점·대리점을 신설하거나 폐쇄하려는 경우에는 제 8 조 제 2 항 및 제55조에도 불구하고 대통령령으로 정하는 바에 따라 금융위원회의 인가를 받아야 한다.

제59조 (외국은행에 대한 법적용)　① 제58조 제 1 항에 따라 인가를 받은 외국은행의 지점 또는 대리점은 이 법에 따른 은행으로 보며, 외국은행의 국내대표자는 이 법에 따른 은행의 임원으로 본다. (단서 생략)

② 하나의 외국은행이 대한민국에 둘 이상의 지점 또는 대리점을 두는 경우 그 지점 또는 대리점 전부를 하나의 은행으로 본다.

제60조 (인가취소 등)　③ 외국은행의 본점이 해산 또는 파산하였거나 은행업을 폐업한 경우 또는 은행업의 인가가 취소된 경우에는 그 외국은행의 지점 또는 대리점에 대한 제58조 제 1 항에 따른 인가는 그 사유가 발생한 날에 취소된 것으로 본다. 다만, 금융위원회는 예금자 등 은행이용자의 이익을 보호할 필요가 있는 경우 취소된 날은 달리 정할 수 있다.

제61조 (인가취소시의 지점폐쇄·청산)　① 외국은행의 지점 또는 대리점이 제53조·제60조 제 1 항 또는 제 3 항에 따라 인가가 취소되거나 취소된 것으로 보게 되는 경우에는 그 지점 또는 대리점은 폐쇄되며 대한민국에 있는 재산의 전부를 청산하여야 한다.

제62조 (외국은행의 국내자산)　① 외국은행의 지점 또는 대리점은 대통령령으로 정하는 바에 따라 자산의 전부 또는 일부를 대한민국 내에 보유하여야 한다.

② 외국은행의 지점 또는 대리점이 청산을 하거나 파산한 경우 그 자산, 자본금, 적립금, 그 밖의 잉여금은 대한민국 국민과 대한민국에 주소 또는 거소를 둔 외국인의 채무를 변제하는 데에 우선 충당되어야 한다.

# I. 총　설

전세계를 영업망으로 하는 외국은행이 파산할 경우, 은행의 영업소나 보유자산이 소재하는 개별 국가에서 파산절차가 개시된다. 이때에는 전세계적으로 파산에 연루된 모든 금융소비자와 채권자 및 채무자들을 평등하게 처리할 수 있는 합의안을 도출하는 것이 당해 파산은행과 소속국가에게 최선의 이익을 가져다 줄 수 있는 방안이 될 것이다. 그렇지만 여러 국가들간에 공식적인 협력체제가 마련되어 있지 않으므로, 다국적인 파산을 규율하는 통일법이나 법적 장치는 없다. 그리하여 오랜 기간 대부분의 국가들은 국내투자자들의 이익만을 보호하고 외국채권자들을 차별하는 식(이를 소위 ring fencing 방식이라고 한다)으

로 이러한 문제에 대처해 왔다.[40]

　　비교법적으로 복잡한 다국적 파산 분쟁에서 미국 연방법원들은 두 가지 상충되는 철학을 견지하여 왔는데, 보편주의와 속지주의가 바로 그것이다. 초기 미국 법원들은 국제예양(comity)에 따라 외국의 파산절차를 존중하여야 함에도 불구하고 그렇게 하지 않았다. 사실 미국 법원들의 외국파산절차에 대한 태도는 일반적으로 적대적이었다고 할 수 있는데, 미국의 채권자들을 우선시하는 지나친 국수주의적 편견을 나타내는 것이었다.[41] 이후 일부 법원들이 평등취급의 원칙을 중시하여 국제예양에 대한 보편주의적인 입장을 취하기 시작하였다. 그렇지만 최근까지도 미국의 입장이 어떠한 것인지는 확실치 않다.[42]

## 1. 보편주의(Universality Approach)

　　보편주의 입장에 의하면, 파산은 파산자와 밀접하게 결부되므로 파산자가 어디에 소재하든 파산은 파산자와 운명을 같이하게 된다. 이러한 입장에 따르면, 채무자의 자산에 대한 1차적(본래적)인 관할권은 당해 채무자나 파산재단에 대해 가장 큰 이해관계를 가진 국가, 즉 채무자의 주된 영업소재지가 될 것이다. 1차적인 절차에서는 파산재단에 대한 모든 채권을 조화롭게 해결하고자 하는 의도하에 파산관재인이 선임된다. 파산관재인은 파산자의 전세계에 소재한 자산을 회수하고 이를 1차적인 관할권으로 양도할 것이다. 그런데 이는 다음과 같은 세 가지의 실천적인 의미를 갖는다. 즉 ① 외국채무자의 자산소재지국은 본래적인 절차가 개시된 국가의 실체법을 적용하여야 하고, 당해 국가에 소재한 자산을 본래적인 절차로 양도하는 명령을 하여야 하고, ② 전세계에 산재한 모든 채권자들은 본래적인 절차에 자신의 채권을 신고하여야 하며, ③ 다른 국가들은 본래적인 절차에서의 종국적인 결정을 존중하여야 한다.[43]

---

40) Charles D. Booth, *Recognition of Foreign Bankruptcies: An Analysis and Critique of Inconsistent Approaches of United States Courts*, 66 Am. Bankr. L. J. 135-136 (1992).

41) Stacey A. Morales & Barbara A. Deutsch, *Bankruptcy Code Section 304 and U.S. Recognition of Foreign Bankruptcies: The Tyranny of Comity*, 39 Bus. Law. 1573, 1579 (1984).

42) Christine Sandez, Note, *The Extension of Comity to Foreign Bankruptcy Proceedings: Philadelphia Gear Corp. v. Philadelphia Gear De Mexico, S.A.*, 20 N.C.J. Int'l L. & Comp. Reg. 629, 638 (1995).

43) Booth, *op. cit.*, p. 137.

이러한 보편주의의 장점은 모든 채권자들이 공평하게 지분을 나누어 갖는다는 점이다. 그 이유는 모든 채권이 동일한 법과 동일한 법원에 의하여 다루어진다는 점, 중복절차와 소송을 피할 수 있으므로 보다 높은 지분율을 분배받고 채권관리도 보다 효율적으로 이루어진다는 점, 전세계적으로 파산법원 간의 강화된 협조체제가 구축될 것이라는 점 등을 들 수 있다. 그에 반하여 단점은 일부 지역 채권자들이 본래의 파산법정과 전혀 관련 없는 거래로 인한 것임에도 불구하고 채무자의 주소지로 장소를 이동하여야 하는 부담을 감수하여야 한다는 점이다.44)

## 2. 속지주의(Territoriality Approach)

속지주의는 파산절차가 관할권 내의 재산으로 제한되어야 한다는 입장으로서, 당해 국가를 벗어나서는 안 된다는 것이다. 이러한 입장에 따르면 각 국가는 고유한 파산법을 유지하면서 국경 내에 소재한 모든 재산을 관리·집행할 수 있고 당해 국가 이외의 국가에까지 역외적용을 인정하지 않는다.45) 협조체제의 결여로 인하여 1994년의 BCCI 파산 사건에서 보는 바와 같이, 재판상의 파산절차가 채무자의 자산이 있는 모든 국가에서 별도로 이루어진다.

속지주의의 장점은 지역적으로 훨씬 우월적인 취급을 받게 되는 지역 채권자들에게만 발견된다. 이들은 외국재판정으로 이동할 필요도 없다. 그러나 치명적인 단점은 채권자평등의 원칙을 부정하고 '법정으로의 신속한 제소'(run to the court)를 조장함으로써 전세계인 채권자들을 희생하여 지역 채권자들에게 편향적인 이익을 제공한다는 점이다. 또한 속지주의는 복수의 파산절차로 인하여 자산관리에 있어서 많은 비용과 비효율성을 초래하며, 이는 결과적으로 국제기업거래에 종사하는 회사들에게 불안정성을 증대시킨다. 또한 많은 법원들은 사업체의 경영에 개입하여 경영진들을 감독하려고 할 것이므로, 계속기업가치가 있는 기업의 갱생을 무시하게 된다.46)

---

44) Todd Kraft & Allison Aranson, *Transnational Bankruptcies: The Section 304 and Beyond,* 1993 Colum. Bus. L. Rev. 329, 338 (1993).

45) John D. Honsberger, *Conflict of Laws and the Bankruptcy Reform Act of 1978,* 30 Case W. Res. L. Rev. 631, 634 (1980).

46) Daniel M. Glosband & Christopher T. Katucki, *Claims and Priorities in Ancillary Proceedings under Section 304,* 17 Brook. J. Int'l L. 477, 481 (1991).

## II. 현행법상의 문제점 검토

### 1. 속지주의의 채택

은행법 제62조 제 2 항을 보면 외국은행 본점의 청산이나 파산에 있어서 우리나라는 속지주의 원칙을 채택하고 있음을 알 수 있다. 사실 이러한 입장을 이해 못할 바는 아니다. 첫째, 금융소비자들이 국내에서 향유할 수 있는 것과 마찬가지의 보호를 외국 파산법원으로부터 받을 수 없을 것이라는 걱정이 생길 수 있다. 둘째, 국내 채권자들은 외국법원으로 채무자의 자산이 양도되는 것에 대해 심한 반발을 하게 된다. 왜냐하면 이로 인하여 채권자들은 당해 자산에 대한 지배력을 상실하기 때문이다. 셋째, 외국에서 진행되는 파산절차에서 채권을 보전하기 위하여 국내 채권자들이 감수하여야 할 불편은 이루 말할 수 없다.

### 2. 비    판

이러한 속지주의에 대해서는 많은 비판이 제기될 수 있다. 첫째, 국지적이고 지엽적인 채권자들을 편향적으로 우대하려는 입장은 다국적 파산(transnational bankruptcy)의 문제를 본질적으로 조화롭게 해결하는 데 있어서 중대한 장애사유로 등장한다. 만일 본법이 계속적으로 국내 채권자들의 편리함에만 치중할 경우, 채권자에 대해 불평등하고 모순되며 예측에 어긋난 대우를 하게 된다는 속지주의의 치명적인 결함은 결코 해소되지 않는다. 둘째, 외국은행들과의 거래시, 채권자들은 외국은행들이 복잡한 파산절차에 연루될 수 있는 위험을 인지하면서도 이러한 위험을 적극적으로 인수하는 것이 보통이다. 채권자들이 당해 거래에서 발생하는 이익을 향유할 수 있는 것과 마찬가지로 당해 거래에서 발생하는 위험도 감수하여야 하는 것이다.[47] 셋째, 인터넷과 정보통신의 급격한 발달로 인하여 전세계 금융기관간의 자금이체는 순식간에 이루어지고 있다. 즉 금융감독당국이 감지하지도 못하는 상태에서 국내 외국은행 지점과 외국의 본점간 또는 다른 외국의 지점 간에 자산의 이전이 이루어질 수 있는 것이다(따라서 은행법 제62조 제 1 항은 그리 실효성이 없을 수도 있다). 장부상의 자산

---

47) Kraft & Aranson, *op. cit.*, p. 350.

과 실제 보유자산간의 異同을 사후적으로 감시할 수밖에 없는 감독체제하에서, 외국은행 본점의 파산 당시 어떠한 나라의 지점이 어느 정도의 자산을 보유하고 있는지에 따라 각국 채권자들의 운명이 좌우된다는 것은 일종의 福不福으로서 타당하지 않은 것이다.

## Ⅲ. 맺 는 말

현재 시점에서 우리나라의 현행 법제를 속지주의에서 보편주의로 전환하여야 한다고 급진적으로 주장하는 것은 많은 문제가 있다. 왜냐하면 외국 법원들이 자신들의 법을 공정하게 적용하지 않고 당해 국가의 채권자들을 외국의 채권자들보다 우대하는 정책을 고수하는 상황에서 우리만이 보편주의로 개정할 경우, 그 결과는 우리나라에만 불리한 상황으로 될 수 있기 때문이다. 그러나 현대의 다국적 파산법제를 보면, 내국민대우의 원칙을 준수하면서 국내의 분배절차에서 외국채권자들을 국내채권자들과 동등하게 취급하고 있다는 점도 유념하여야 한다. 은행법 제62조 제 2 항과 같이 국내 법원이 국내 채권자들을 계속적으로 우대 취급할 경우, 외국 법원들도 동일한 조치를 취할 것이다. 그렇게 된다면 속지주의와 이에 수반하는 불평등과 예측불가능성이 전세계에 만연할 것이다. 결론적으로 보편주의를 지향하는 형태의 개정안이 마련되어야 한다. 즉 은행법 제62조 제 2 항에 단서를 추가하여 국제예양을 존중하여야 할 상황에서 속지주의를 고집하지 않겠다는 정책당국의 의지가 표출되어야 하는 것이다. 이때에는 외국 법원들로서는 자국소속의 채권자들이 우리나라에서 공정하게 대우받는다는 점을 신뢰할 것이고, 역으로 자국 법원에서 우리나라의 채권자들을 공정하게 대우하려고 노력할 것이다. 이는 결국 보편주의로 전환하는 물꼬를 트게 되는 셈이다.

# 제 3 절  은행합병과 금융소비자 보호 —미국에서의 논의를 기초로—[48)]

## I. 총    설

금융부문의 지속적인 규제완화로 인하여, 우리 은행산업은 기존의 엄격한 정부규제로부터 상당 부분 자유로워졌다. 반면에 이러한 규제완화의 물결로 인하여 은행산업은 극심한 경쟁의 소용돌이에 놓이게 되었고 수익기반도 취약해졌다. 그러다 보니 경쟁력을 강화하기 위한 은행의 자구노력도 매우 두드러졌다. 예를 들어 과거에는 상상도 할 수 없었던 초대형 은행간의 합병(예를 들어 국민은행과 주택은행, 신한은행과 조흥은행, 하나은행과 서울은행)이 2000년대 이후 이루어졌다. 가장 최근이라고 할 수 있는 2015년에는 하나은행과 외환은행의 합병이 성사되었다. 이러한 초대형은행의 등장은 韓國式 大馬不死型 공룡그룹의 탄생을 의미하는 것이며, 도매금융시장과 소매금융시장에 있어서 타의 추종을 불허하는 절대적인 강자에 의하여 우리 금융산업의 재편이 가속화될 것임을 강력히 시사하는 것이다.[49)] 그런데 이렇게 발전된 모습의 금융산업 구조조정이 한편으로는 경쟁에 심각한 타격을 주어 금융소비자의 복지에 도저히 회복할 수 없는 손해를 야기할 수도 있다는 점을 주목하여야 한다. 그렇다면 은행합병시 어느 정도까지 금융소비자의 이익을 고려하여야 하는가? 이것이 본 절의 주된 쟁점사항이다. 사실 본 쟁점에 대해서는 국내 법학계에서 아직까지 심도 있는 논의가 이루어지지 않았다. 왜냐하면 금융시장의 구조조정이라는 대세에 휩쓸리다 보니 금융소비자의 이익을 주장하면서 합병을 반대할 분위기는 아니었기 때문이다.

전세계적으로 2007년 말부터 서브프라임으로 시작된 금융위기가 상업은행 부문으로 확대되면서, 시장에서 은행간 합병을 통한 자율적인 구조조정이

---

48) 다음은 김용재, "미국의 은행합병정책 변화추세와 우리 금융시장에 대한 시사점 분석,"「상사법연구」제21권 제4호, 2003, 253-287면을 수정·보완한 것이다.

49) 예를 들어 2000년대 초반 한 시중은행장은 신문기자와의 인터뷰에서 통합은행이 2~3개로 집약되고 그 외에는 지역에 뿌리내린 소규모의 저축은행만 생존할 것이라는 극단적인 전망까지 하였다. 김영진, "9개 시중은행 몇 개로 재편될까 —은행장들 전망—," 조선일보 B7면 (2002. 9. 11).

이루어져 왔다. 우리 금융시장에서도 일부 영역(예: 중기대출 시장)에서 over-banking의 문제가 발생하고 있는데, 갑작스러운 경제 위기가 발생하면 경쟁력이 취약한 일부 은행의 경우 부실화될 가능성이 있다. 그리고 기존 은행들과 차별화될 수 있는 비즈니스 모델을 구축하지 못한 인터넷전문은행이 퇴출될 위험성도 있다. 그 때에는 은행간 합병이라는 쟁점이 다시 뜨거운 감자로 부각될 것이다. 따라서 현재의 은행합병정책을 재평가하고 금융소비자의 이익을 침해하지 않는 방향으로 관련법규의 개정을 촉구하는 것이 비현실적인 주장이라고 생각하지 않는다.

　　참고로 우리나라에서 은행합병에 대한 기본법은 '금융산업의 구조개선에 관한 법률'이다.[50] 동 법률은 연혁적으로 구 '금융기관의 합병 및 전환에 관한 법률'상의 조항들과 부실금융기관의 정리에 관한 조항들이 결합된 것인데, 특히 구 '금융기관의 합병 및 전환에 관한 법률'이 현행 '금융산업의 구조개선에 관한 법률' 제 2 장으로 편입되었다. 물론 동 법률 외에도 은행합병에 대해서는 기업결합을 규제하는 기본법인 '독점규제 및 공정거래에 관한 법률'이 보충적으로 적용된다. 그렇지만 우리나라는 미국과 달리 은행합병에 초점을 맞추어 관련 조항들을 분석하려는 노력이 부족하였고 은행합병에 대한 가이드라인도 별도로 마련되어 있지 않다. 따라서 이 절은 미국에서의 경험과 정책 변화에 상당한 지면을 할애하고 이를 바탕으로 향후 우리나라에 대한 제도적인 시사점을 강구하는 데 논의가 한정되어 있음을 미리 밝히는 바이다.

## II. 1980년대 이후 미국에서의 은행합병정책 : 인가범위의 확대

　　1980년 Depository Institutions Deregulation and Monetary Control Act의 제정과 함께 예금금리와 지점영업행위에 대한 엄격한 규제가 완화되고 1982년 법무부의 개정된 수평합병지침(Horizontal Merger Guidelines)이 나오게 되면서,

---

50) 대법원 2009. 4. 23. 선고 2005다22701 · 22718 판결에서는 "구 금융산업의 구조개선에 관한 법률(2002. 12. 26. 법률 제6807호로 개정되기 전의 것) 제 2 조 제 1 호와 제 3 호는 각 '금융기관'과 '부실금융기관'을 구별하여 정의하고 있고, 같은 법 제 3 조 내지 제 5 조는 '금융기관' 간의 합병에 관하여 규정하면서 그 적용 범위를 '부실금융기관' 사이의 합병으로 한정하고 있지 아니하므로, 구 금융산업의 구조개선에 관한 법률 제 5 조는 합병당사회사들이 모두 금융기관이라면 어느 일방 혹은 쌍방이 부실금융기관인지 여부에 관계없이 적용될 수 있다"고 판시하였다.

은행합병에 대한 경쟁적인 측면에서의 평가기법에 대해서도 중대한 변화가
모색되었다.[51] 특히 1982년의 수정지침에서는 상업은행업에 있어서의 관련시
장을 확대하였다.[52] 즉 수정지침에서는 은행업에 있어서 상품시장이 확대되어
야 할 필요성을 설시하였는바, 예를 들어 1982년의 Garn-St. Germain Depository
Institutions Act의 제정으로 과거보다 더욱 광범위한 예·대업무 권한을 획득한
저축대부기관들을 은행의 경쟁대상으로 고려할 것을 제안하였다.[53] 또한 수정
지침은 금리차이와 교통의 발달에 따른 운송거리의 협소화에 대응하여 금융기
관과의 영업관계를 변화시키려는 고객들을 감안할 때, 필연적으로 지역시장을
확대하여야 한다고 제안하였다. 이렇게 상품시장과 지역시장을 확대한 결과 종
래의 영역시장에 대한 집중도를 감소시킴으로써, 과거에는 인가되지 않았을 합
병도 허용하는 길이 열렸다.[54]

　1994년 Riegle-Neal Interstate Banking and Branching Efficiency Act의 제정

---

51) 또한 1982년 지침은 최초로 허핀달-허쉬만지수(Herfindahl-Hirschman Index, 이하 HHI)를
　　도입하였는바, 동 지수에 의하여 연방은행감독당국과 법무부는 은행합병안이 산업집중도에
　　미치는 영향에 대해 용이한 분석을 할 수 있게 되었다. 1984년의 합병지침에서는 3단계의 산
　　업집중도기준을 채택하여, ① 합병 이후의 HHI가 1,000 미만인 경우, 집중되지 않은 시장, ②
　　합병 이후의 HHI가 1,000 이상 1,800 이하인 경우, 완화된 형태의 집중된 시장, ③ 합병 이후
　　의 HHI가 1,800 이상인 경우, 고도로 집중된 시장으로 구분하였다. 마지막의 고도로 집중된
　　시장은 경쟁제한, 지나치게 높은 가격 및 과도한 수익이 존재하는 것으로 간주된다.
　　*Concentration, the HHI, and the Department of Justice Merger Guidelines*, 84 Fed. Res. Bull.
　　704 (1998). 여기서 은행산업에 대해서는 다소 완화된 기준이 추가되었다. 즉 은행간 합병 이
　　후 HHI가 1,800 미만인 경우 혹은 HHI가 1,800 이상이라도 증대치가 200 point 미만에 불과
　　할 경우, 반독점적이 아니라는 세부기준이 마련된 것이다. 이에 그치지 않고 지주회사 방식
　　을 통한 은행간 합병을 심사하는 1차적인 연방은행감독권자인 연방지준이사회는 비록 법무
　　부의 HHI 1800/200 집중기준을 위반한 합병이라도 인가를 내줄 수 있는 일련의 절충요인
　　들을 도입하였다. 즉 이러한 절충요인들로서 지속적인 잠재경쟁요인의 존재, 시장에서의 상
　　당수의 잔여은행의 존재, 효율성의 증진 및 신용질서의 유지 등을 들 수 있다. 이렇게 상업은
　　행업에 있어서 절충요인들을 인정한 이유는 은행이 저축대부기관들 및 기타의 비은행금융기
　　관들과 치열한 경쟁관계에 있다는 점이 부각되었기 때문이다. *Letter from Charles F. Rule,
　　Acting Assistant Attorney General, to Paul A. Volcker, Chariman, Board of Governors of the
　　Federal Reserve System* (Aug. 7, 1985).
52) 우리나라의 ‘독점규제 및 공정거래에 관한 법률’에서는 관련시장을 ‘일정한 거래분야’라고
　　한다. 동법 제2조 제8호에 의하면 ‘일정한 거래분야’란 거래의 객체별·단계별 또는 지역별
　　로 경쟁관계에 있거나 경쟁관계가 성립될 수 있는 분야를 말한다.
53) Bernard Shull & Gerald A. Hanweck, *Bank Merger Policy: Proposals for Change*, Banking
　　Law Journal 217 (March 2002).
54) Bernard Shull, *Provisional Markets, Relevant Markets and Banking Markets: The Justice
　　Department's Merger Guidelines in Wise County, Virginia*, 34 The Antitrust Bulletin 411
　　(1989).

을 계기로, 전면적으로 허용된 州間 은행업무의 자유화는 다른 주에서 인가받
은 은행을 합병할 수 있는 물꼬를 트게 되었는바, 이는 지역시장에서 신규경쟁
자를 출현시킴으로써 잠재적인 경쟁을 확대할 수 있다는 평가를 받게 되었다.
결과적으로 시장확대형 합병(market-extension mergers)이 직접적으로 집중도의
증가와는 무관하다고 평가됨으로써 州間 합병을 자유롭게 인정할 수 있는 기
반이 마련되었다.[55]

　　한편 연방준비이사회는 법무부의 집중도기준에 절대적으로 구속받지 않을
것임을 천명하여 왔다.[56] 연방준비이사회의 인가결정사항들을 종합해 볼 때,
현재 이사회의 인가를 배제하는 절대적인 기준이 존재하는지조차 의심스럽다.
예를 들어 1997년 결정에서 연방준비이사회는 오하이오주 콜롬버스시에서 전
체시장예금의 61% 이상의 예금을 수취하고 있는 선도은행이 19%의 예금수취
실적을 보유하던 제 2 대은행을 취득하는 합병안을 인가하였다. 여기서 이사회
는 선도합병은행 시장점유율의 증대치를 최대 64%까지로 제한하는 자산매각
명령(divestiture, 탈각명령이라고도 함)을 내린 바 있다.[57] 물론 동 사안에 대하여
일부 이사회 구성원들은 시장집중도를 상쇄할 만한 절충요인들이 존재하지 않
음을 들어 합병을 인가해서는 안 된다는 반대의견을 제기하였다.[58] 그러나 종
국적으로 법무부와 연방준비이사회가 합병 이전 극도로 집중되어 반독점적이라
고 평가될 수 있는 수준보다 두 배 이상 허핀달－허쉬만지수(이하 HHI)가 증대
되었음에도 불구하고 결국 당해 은행합병이 인가되었다는 점을 주목하여야 한
다. 대규모은행의 합병이 거절될 개연성을 더욱 감소시키는 것은 은행감독권자
와 합병은행간의 협상에 의한 자산매각관행이다. 합병당사자인 은행들이 동일
지역시장에서 직접적으로 경쟁하기 때문에 시장집중도의 증대가 매우 우려할
만한 사안이라도, 합병은행은 종종 경쟁영업소의 자산매각(중복점포의 해소라고
도 함)을 통하여 집중도를 떨어뜨릴 수 있고 결과적으로 인가를 받을 수 있는
것이다.[59] 1990년대 중반 공식통계에 의하면, 미국 법무부의 독점규제국

---

55) Macey & Miller, op. cit., pp. 32-33.
56) 예를 들어 First Bank Systems, 79 Fed. Res. Bull., pp. 50, 51 fn. 10 (1993).
57) Sourthern Naitonal Corporation, 83 Fed. Res. Bull., pp. 596, 598 (1997).
58) Ibid., p. 602에서 Vice Chairwoman Rivlin과 Governor Meyer의 반대의견.
59) 미국 은행합병사례에 있어서 자산매각관행은 너무도 빈번하게 이루어지기 때문에 실제로
　　합병인가신청이 거절된 사례는 거의 없다고 한다. 지금까지 은행업계에서 이루어진 가장 규
　　모가 방대하였던 자산매각사례 중의 하나는 1997년의 NationsBank Corp.의 Barnett Bank 인

(Antitrust Division)이 연간 다섯 건 정도의 은행합병에 대해 자산매각을 요구하였고 은행의 자발적인 자산매각건수를 감안하면 그 사용빈도가 매우 높았다는 기록이 있다.60) 보통 자산매각협상은 연방은행감독관과 은행임원진들간에 이루어진다. 그런데 아이러닉하게도 이러한 절차를 이용할 수 있는 은행은 거대은행에 한정되기 때문에, 최근 미국에서 은행합병안이 거절된 사례는 동일한 소규모지역시장의 소규모은행간에만 발견된다고 한다.61)

## III. 은행합병정책의 문제점과 새로운 대안의 모색

### 1. 문 제 점

미국에서 1980년대 이후 합병정책의 전환과 상응하여 대두되는 은행산업구조의 기형화현상은 예사롭지 않다. 왜냐하면 은행들로부터 금융서비스를 제공받는 데 있어서 여전히 지역적인 시장에만 전적으로 의존하는 금융소비자와 중·소기업체들의 적시 금융공급에 대한 예측가능성이 현저하게 침해될 수 있기 때문이다. 과거에도 대부분의 대도시지역들은 오랜 기간 소수의 대은행과 다수의 소수은행들로 구성되어 있었다. 중·소지역의 구조적인 여건은 이보다 더욱 나빴다고 하여도 과언이 아니다. 문제는 이렇게 기형화된 시장구조가 더욱 고착화될 개연성이 높아졌다는 사실이다.

### (1) 공적 보조금의 수혜자가 대형은행으로만 축소될 가능성

첫 번째로 연방은행감독당국, 종국적으로는 납세자들이 대은행과 소은행에게 제공할 공적 보조의 혜택은 편면적으로 대형은행에게만 집중될 가능성이 매우 높아졌다. 1933년부터 1970년대를 거쳐 1980년대까지 미국연방정부는 그 규모의 대·소를 불문하고 곤경에 처한 거의 모든 은행들에 대하여 경제에서 차지하는 비중이 너무도 크기 때문에 도산시킬 수 없고 공적 보조의 혜택을 부여하여야 한다는 입장을 견지하여 왔다. 동 기간중 신규은행인가와 지점설립을 제한하고 한편으로는 적법하게 부여된 규제권한의 발동을 자제하면서 다른 한

　　수합병을 들 수 있는바, 동 사안에서 NationsBank Corp.은 124개의 점포를 폐쇄함으로써 대략적으로 41억불의 예금수취고를 감소시키는 자산매각협정에 서명하였다. Justice, *Fed Clear Bank Merger: NationsBank Agrees to Divestiture,* BNA Banking Rep. 866-867 (Dec. 15, 1997).
　60) Anne K. Bingaman, *Antitrust and Banking,* 41 The Antitrust Bull. 465, 468 (1996).
　61) Shull & Hanweck, *op. cit.,* p. 218.

편으로는 공적 자금의 투입 등 제 금융지원을 행하는 방식의 묘안을 강구함으로써, 연방은행감독당국들은 절묘하게 은행파산을 회피할 수 있었다. 더욱이 은행규모의 대·소를 불문하고 실제로 도산이 발생하더라도 부보받지 못하는 예금자와 채권자들이 손실을 입은 사례는 거의 全無하였다. 왜냐하면 연방예금보험공사가 계약이전방식을 통하여 건전한 은행이 도산은행의 우량자산과 채무를 인수하는 방식의 합병을 유도하였기 때문이다.[62]

1980년대와 1990년대 초반까지 수많은 저축대부조합과 은행들의 파산에 직면하게 되면서, 이렇게 파산을 회피하기 위하여 강구되었던 기존 규제당국의 묘안들이 엄청난 비용을 수반할 뿐만 아니라 도덕적 해이 등 많은 문제점을 야기한다는 점이 드러나게 되었다. 이에 대한 반감으로서 대다수 은행들의 파산이 결코 공공의 관심사가 될 필요가 없다는 극단적인 공감대마저 형성되기 시작하였다. 이와는 대조적으로 거대은행이 파산할 경우 전체 경제가 붕괴될 수도 있는 체계상의 위험(systemic risk)에 대한 악령은 여전히 잔존하였다. 미국의 연방은행감독당국은 BIS 자기자본비율의 최소요건을 충족하지 못하는 은행들에 대하여 적기시정조치의 발동을 유예하거나 상당액의 공적 자금을 투입하면서까지 심지어는 영업수행중 발생한 부실대출과 부실자산보유에 따른 거대손실을 애써 외면하면서까지 파산의 위험성에 직면한 거대은행들을 생존시키려고 노력하였다. 1991년 제정된 연방예금보험공사개선법(Federal Deposit Insurance Corporation Improvement Act)에서는 시장에서 형성된 이러한 공감대를 명문화하였다. 즉 동법은 연방예금보험공사로 하여금 기존에 모든 채권자들을 보호하였던 계약이전방식을 배제시키고 예금보험기금에 대하여 가장 비용이 적게 드는 방식으로 도산은행의 문제를 해결할 것을 요구하고 있다.[63] 또한 연방은행감독당국은 좌초위기에 빠진 금융기관에 대하여 재정적인 지원을 할 수 없고 예금부보의 대상이 아닌 채권자와 예금부보의 한계를 벗어난 고액예금자들에 대하여 구제금융을 행할 수 없음을 명시하고 있다.[64]

이러한 원칙에 대해서는 중대한 예외가 있다. 즉 당해 은행의 파산으로 거시경제여건이나 금융의 안전성에 중대한 악영향을 미치는 때와 같이 체계상의

---

62) *Ibid.*, p. 221.
63) 12 U.S.C. § 1823(c)(4)(A).
64) 12 U.S.C. § 1823(c)(4)(E)(i); 12 C.F.R. § 360.1(a).

위험이 야기될 가능성이 있는 경우, 연방예금보험공사개선법은 종래 연방은행
감독당국의 재량행사가 아닌 연방지준이사회와 재무부장관의 공동결정(대통령
의 동의를 요함)에 의하여 가능한 지원방안을 모색할 수 있도록 하였다.[65] 이러
한 예외조항이 아직 발동한 사례는 없지만, 당해 예외조항의 존재는 거대은행
조직의 경우 여전히 대마불사의 기조에 따라 안주할 것이라는 점을 강력히 시
사하고 있다. 대형은행에 대하여 대마불사의 정책기조가 여전히 그 효력을 유
지하고 있다는 증거는 1998년 헤지펀드의 대표주자였던 Long-Term Capital
Management의 구제금융을 위하여 연방지준은행이 연방예금보험공사개선법의
예외조항을 발동하지 않은 채 대출신디케이트를 결성하도록 조정하였던 실례
에서도 드러난다. 즉 당해 사건에 있어서 연방지준은행은 금융시장을 보호할
목적 이외에도 절박한 채무이행지체의 위기에 노출되었던 거대은행조직(채권
자)을 보호할 목적으로 대출신디케이트 결성을 주도하였던 것이다.[66] 연방지준
은행의 고위감독관들도 대마불사의 정책기조가 여전히 중대한 문제로 잔존하
고 있음을 인정하고 있다.[67]

　　대마불사정책이 편향적으로 유지될 경우, 수혜자인 대형은행들은 자금조
달에 있어서 비용절감의 이익을 향유하게 된다. 왜냐하면 금융시장에서 거대은행
들에 대하여 편면적인 지원체제가 존재한다는 인식이 만연된다면, 당해 은행의
자금조달비용은 감소될 것이기 때문이다. 실제로 매우 규모가 큰 은행이 다른
소규모 은행들에 비하여 자금조달비용이 훨씬 낮다는 증거도 있다.[68] 결국 은
행업에 있어서의 공공정책의 변화가 지역시장에 있어서 경쟁의 행태뿐만 아니
라 경쟁업체간 실적에 있어서의 우열마저 뚜렷하게 드러내게 할 것이고, 결국
실적이 나쁜 소형은행들을 枯死시키는 결과를 초래할 것이다.

### (2) 대형은행간 묵시적인 부당공동행위에 의한 과점모델로의 이행

　　두 번째로 현행시장구조는 대형은행간의 묵시적인 시장분할협정과 가격협

---

65) 12 U.S.C. § 1823(c)(4)(G)(i).

66) Anita Raghaven & Mitchell Pacelle, *To the Rescue: A Hedge Fund Falters and Big Banks Agree to Ante Up $3.5 Billion*, Wall Street Journal, September 24, 1998.

67) Ron J. Feldman and Arthur J. Rolnick, *Fixing FDICIA: A Plan to Address the Too-Big-to-Fail Problem*, 1997 Annual Report, Federal Reserve Bank of Minneapolis (1998).

68) Gerald A. Hanweck, *The Issue of the Federal Safety Net Subsidy: Evidence from the Pricing of Bank Company Subordinated Debt, in Bank Corporate Structure and Public Policy: Do Banks Receive a Federal Safety Net Subsidy?*, Financial Services Roundtable, June 1999.

정과 같은 부당공동행위를 조장할 위험성이 있다. 1994년 Riegle-Neal Interstate Banking and Branching Efficiency Act의 제정을 계기로 전국적으로 지점설립을 용이하게 하는 자유화조치가 단행되었고, 1999년 Gramm-Leach-Bliley법 제정과 함께 금융지주회사나 은행자회사의 형태로 전통적인 은행업 이외 타 금융업종마저 영위할 수 있는 길이 열렸다. 이러한 일련의 입법조치는 종래 지역시장을 할거하던 거대은행조직들로 하여금 상품시장과 지역시장들을 확대할 수 있도록 하였는바, 이는 필연적으로 금융기관 상호간의 경쟁체제를 격화시키고 경쟁의 결과 발생하는 이익이 소비자에게 귀속되는 긍정적인 효과를 낳을 것이라는 기대를 불러일으켰다. 그러나 이러한 기대는 단지 기대로 끝나고 말았다. 왜냐하면 1990년대에도 이미 거대은행조직이 종래의 영업시장을 벗어나 신규금융시장에 진입하려는 시도가 있어 왔지만, 이로 인하여 금융소비자의 이익이 증대되었다는 어떠한 징표도 보이지 않았기 때문이다.

대형조직간에 신규시장을 개척하려는 시도는 상호간의 이익을 증진하되 상호간 보복적인 행태가 야기되어서는 안 된다는 공감대만을 형성하여 왔다. 종국적으로 일종의 황금률로서 상호간 절제하고 협력한다는 정신이 금융시장을 지배하게 될 것이다.[69] 왜냐하면 상호간의 절제만이 각자의 가치를 극대화할 수 있는 전략이라고 판단할 수 있기 때문이다. 대형은행만을 편향적으로 우대취급하는 법규마저 속속 제정됨으로써, 이러한 상호절제와 협력의 정신을 고착화하기까지 하였다.

이러한 현상을 분석할 경우, 금융시장이 지배은행에 의하여 가격을 선도하는 모델인 경제학상의 과점모델로 귀결되고 있음을 반증한다. 이때에는 상호간의 절제가 고착화되는 구조가 항구화된다. 과점모델에 의하면 지배기업이 잠재적인 경쟁의 가능성을 중화시키고 기존의 시장점유율을 유지하면서, 경쟁시장에서의 가격보다 훨씬 높은 가격을 설정하는 위치에 있게 된다. 물론 은행과 기타의 금융서비스기관들이 인터넷과 모바일상으로 일반 가계와 중·소기업에게 금융서비스를 제공할 수 있는 여건이 조성되어 있기 때문에 오히려 경쟁이 격화되었고, 이러한 경쟁체제의 구축은 대형화·겸업화로 인하여 야기될 수 있는 경쟁에 대한 악영향을 능가할 것이라는 반론도 가능하다. 인터넷전문은행

---

69) Kirsty Hughes & Christine Oughton, *Diversification, Multi-market Contact and Profitability,* 60 Economica, 203, 211 (1993).

이 활성화될 경우, 자금조달의 이점으로 인하여 수수료인하 등 소비자의 이익 증대에 직결되는 조치가 수반될 수도 있다. 그러나 초대형은행들이 인터넷뱅킹의 영역마저 잠식해버리고 신설 인터넷전문은행들이 전혀 차별화되지 못한 비즈니스 모델에 안주한다면, 기술진보로 인하여 부각되는 신종의 금융서비스분배채널이 소비자의 이익증대에 기여할 것이라는 기대는 무색해질 수 있다.

## 2. 미국에서의 은행합병정책에 대한 대안모색

### (1) 모든 은행합병에 대해 명시적으로 규정된 금융감독당국의 인가권한을 재고하라

개선안은 첫째로 합병당사자인 두 은행의 자산이 소액인 합병에 대해서는 금융감독당국의 인가권한을 폐지하여 독점규제당국으로 인가권한을 일원화하되, 자산액이 일정규모 이상의 합병에 대해서는 현행의 이원화된 인가체제를 유지하라고 주장한다.[70] 이는 대형은행간 합병에 대해서는 전혀 문제삼지 않으면서 소규모은행간 합병에 대해서만 인가거절권한을 남용하는 미국 연방은행감독당국의 왜곡된 행태에 대해 일종의 경고메시지를 담은 주장이라고 볼 수 있다. 그러나 한편으로는 은행간 합병에 대해 독점규제당국의 권한을 고양시킴으로써, 은행산업 경쟁력의 배가에만 초점이 맞추어진 듯한 현행 합병정책을 금융소비자의 이익도 중시하는 방향으로 다시 선회하여야 한다는 주장이라고 분석된다.

### (2) 대형은행간 합병이 경쟁에 미치는 영향을 분석함에 있어서 좀 더 구체적이고 명확한 기준을 활용하라

개선안은 둘째로 단순히 합병이 집중도에 미치는 영향, 합병 이후 잔존하게 되는 은행조직의 시장지배력, 합병은행 이외의 나머지 은행들간의 경쟁의 유효성과 시장내부의 협력 등과 같은 형식적인 구조기준보다는, 오히려 당해 대형은행간 합병이 공공에 기여하게 될 순이익의 증가라는 실질적인 성과기준을 채택하여야 한다고 주장한다.[71] 이는 종래 은행감독당국과 법무부가 허핀달-허쉬만지수의 증대치만을 단순히 계수화한 후, 예외를 광범위하게 인정함으로써 소비자의 이익을 도외시한 채 결국 대형은행간 합병을 인가하던 관행

---

70) Shull & Hanweck, *op. cit.*, p. 224.
71) *Ibid.*, p. 226.

에 종지부를 찍으려는 주장이다. 그런데 이러한 주장은 사업다각화를 통한 효율
성의 확대와 안전성의 증대 및 소비자이익의 증대와 같은 이익증대요인과 대비
하여, 집중도의 증가와 지역시장에 대한 지배력의 증가 및 시장내부의 협력 등
과 같은 반경쟁적인 비용증가요인들도 계수화하여야 할 것이므로, 결국은 구조
기준과 성과기준을 동시에 고려하여야 한다는 합리적인 주장이라고 분석된다.

### (3) 대규모은행간 합병의 결과 증가하는 시장집중도에 대하여 負(-)의 가중치를 부여하라

개선안은 셋째로 은행감독당국으로 하여금 합병에 의한 수신고의 증대와
같은 시장에서의 집중도가 특정 수치에 접근할 때마다 負(-)의 가중치를 증대
시키는 방식을 통하여, 대규모은행간 합병을 인가할지 여부를 결정하여야 한다
고 주장한다.72) 이미 1994년 Riegle-Neal Interstate Banking and Branching
Efficiency법에서는 합병금융기관에 대하여 전국 총예금수신고의 10%, 각 주
총예금수신고의 30%를 최대 상한선으로 설정하는 형식으로 집중도를 제한하
고 있다.73) 그런데 개선안은 이러한 단일 한도규제에 그치는 것이 아니라, 단
계별로 합병에 의한 예금수신고 지표를 설정하여(예를 들어 1단계 10%, 2단계
20%, 3단계 30% 등), 마지막 단계의 합병에 대해서는 인가를 거의 내주지 않는
형식으로 금융소비자의 이익을 저해할 가능성이 큰 합병에 대해 심도깊은 고
려를 할 것을 촉구하는 셈이다.

### (4) 협상에 의한 자산매각관행을 전가의 보도인 양 활용하여서는 안 된다

개선안은 넷째로 은행감독당국과 법무부는 합병당사자중 하나의 은행 이
상이 대마불사형인 경우나 양 은행이 합병함으로써 대마불사형은행으로 변모
할 경우, 합병을 인가하는 방편으로서 자산매각협상을 진행하여서는 안 된다고
주장한다.74) 이는 대형은행간 합병사례에서 자산매각협정이 궁극적으로 반경
쟁적인 영향력을 제거하지 못하였다는 회의적인 시각을 구체화한 것이다.75)

---

72) *Ibid.*, pp. 227-228.
73) P.L. 103-328, 108 Stat. 2338 (1994).
74) Shull & Hanweck, *op. cit.*, p. 228.
75) 미국에서는 인가거절의 가능성을 감소시키고 법무부의 이견마저 불식시킬 수 있는 자산매
각협정이 등장함으로써, 은행합병을 둘러싼 소송수가 대폭 감소하였다고 한다. 따라서 반경
쟁적인 합병임에도 경쟁법상의 쟁점으로부터 벗어나게 하는 수단으로 활용되어 온 자산매각
방식은 이렇게 소송비용을 절약시킴으로써 사실상 은행감독당국과 합병당사자 은행들에게
편익을 제공한 측면이 있다. 또한 은행감독당국은 초기의 은행합병정책방향을 180도로 수정

즉 대마불사형은행이 탄생할 가능성이 있는 합병에 대해 강제적으로 자산매각
협정을 체결하더라도, 단기적으로 합병은행의 시장집중도가 감소되겠지만
중·장기적으로는 시장지배력을 행사함으로써 자산매각 이전의 규모를 쉽게
회복할 가능성이 있기 때문에, 시장에 대해 미치는 악영향(예: 체계적 위험의 증
대, 소비자복지의 감소 등)을 효과적으로 차단할 수 없다는 점을 천명한 것이다.
오히려 대마불사형은행이 파산할 경우 투입될 천문학적인 공적 보조금액을 감
안할 때에는, 사전예방적으로 아예 대형은행간 합병을 인가해 주지 말아야 한
다는 실질적인 이유도 내재되어 있는 주장이라고 분석된다.

### (5) 초대형은행에 대해서는 자기자본요건을 강화하고 예금보험료를 증액하라

  개선안은 마지막으로 향후 초대형은행이 파산할 경우를 대비하여 당해 은
행의 자기자본요건을 강화하여야 한다고 주장한다.[76] 왜냐하면 대형은행이 파
산할 경우 연방예금보험공사개선법에서 규정하는 체계상의 위험에 따른 예외
조항이 발동될 개연성이 높아지므로 결국 공적 보조금을 투입하게 될 것인바,
이는 예외조항의 혜택을 받지 못하는 다른 은행들 및 기타 비은행들에 비하여
현저하게 형평을 잃은 구제조치가 될 것이기 때문이다. 개선안은 동일한 취지
에서 초대형은행들이 파산할 경우 보험기금에 줄 수 있는 예상손실과 예기치
못한 손실의 양자를 반영하는 수준에서 동 은행들에 대한 예금보험료를 상향
조정하여야 한다고 주장한다.[77] 사실 초대형은행에 대하여 은행감독당국이 규
제상의 지원을 해 줄 가능성은 매우 높다. 이때에는 당해 은행이 이행지체에
빠질 위험성은 낮아지므로, 결과적으로 당해 은행의 자금조달비용을 줄이면서
차입능력을 제고시키는 셈이 된다. 따라서 초대형은행에 대해 편면적인 지원체
제가 존재할 경우 초대형은행들은 더욱 높은 위험을 인수하려는 동기를 갖게
될 뿐만 아니라, 상대적으로 규모가 적은 타 은행들에 비하여 경쟁상의 이점을
향유하게 된다. 자본요건을 강화하고 예금보험비용을 증액함으로써 초대형은

---

한 것임에도 불구하고, 이렇게 부지불식중의 합병정책선회에 대해 최종적으로 그 적법성을
선언하여야 할 사법부의 감시로부터 벗어난 측면도 있다. *Ibid.*, p. 229. 물론 자산매각정책이
경쟁에 대하여 순기능을 하였다는 증거가 일부 있기는 하다. Jim Burke, *Divestitures as an
Antitrust Remedy in Bank Merger*, No. 1998-14, Financial and Economic Discussion Series,
Board of Governors of the Federal Reserve System (1998). 그러나 장기적으로 경쟁에 미치는 영
향에 대해서는 의문이 제기되고 있다.

76) Shull & Hanweck, *op. cit.*, p. 230.
77) *Ibid.*

행이 갖는 비용의 이점을 제거할 수 있어야 초대형은행이 경쟁법상 야기할 수 있는 문제점들이 다소나마 해소될 수 있다는 점에서, 이 주장은 매우 경청할 만하다고 본다.

## Ⅳ. 우리나라의 현행 제도 및 정책에 미치는 시사점

### 1. 현행 제도

은행법

제55조 (합병·해산·폐업의 인가)  ① 은행이 다음 각호의 어느 하나에 해당하는 행위를 하려는 경우에는 대통령령으로 정하는 바에 따라 금융위원회의 인가를 받아야 한다.

1. 분할 또는 다른 은행과의 합병(분할합병을 포함한다)
2. 해산 또는 은행업의 폐업
3. 영업의 전부 또는 대통령령으로 정하는 중요한 일부의 양도·양수

② 금융위원회가 제1항에 따른 인가를 하는 경우에는 제8조 제4항 및 제5항을 준용한다.

금융산업의 구조개선에 관한 법률

제4조 (인가)  ① 금융기관이 이 법에 따른 합병 또는 전환을 하려면 미리 금융위원회의 인가를 받아야 한다.

② 삭제

③ 금융위원회는 제1항에 따른 인가를 할 때 다음 각 호의 기준에 적합한지를 심사하여야 한다.

1. 합병 또는 전환의 목적이 금융산업의 합리화와 금융구조조정의 촉진 등을 위한 것일 것
2. 합병 또는 전환이 금융거래를 위축시키거나 기존 거래자에게 불이익을 줄 우려가 없는 등 금융산업의 효율화와 신용질서의 유지에 지장이 없을 것
3. 합병 또는 전환이 금융기관 간 경쟁을 실질적으로 제한하지 아니할 것
4. 합병 또는 전환 후에 하려는 업무의 범위가 관계 법령 등에 위반되지 아니하고 영업계획이 적정할 것
5. 합병 또는 전환 후 업무를 할 수 있는 조직 및 인력의 체제와 능력을 갖추고 있을 것
6. 상법, 자본시장과 금융투자업에 관한 법률, 그 밖의 관계 법령에 위반되지 아니하고, 그 절차의 이행에 흠이 없을 것

7. 자기자본비율, 부채 등이 적절한 수준일 것

8. 대통령령으로 정하는 주요 출자자가 충분한 출자능력과 건전한 재무상태를
   갖추고 있을 것

④ 금융위원회는 금융기관 간의 합병을 인가하려면 제 3 항 제 3 호에서 규정한 금
   융기관 간의 경쟁을 실질적으로 제한하지 아니하는지에 대하여 미리 공정거래
   위원회와 협의하여야 한다.

⑤ 금융위원회는 제 3 항 각 호의 기준에 비추어 금융산업의 건전한 발전을 위하
   여 필요하다고 인정하면 제 1 항에 따른 인가에 조건을 붙일 수 있다.

⑥ 제 3 항 각 호의 심사기준에 필요한 구체적인 사항은 금융위원회가 정하여 고
   시한다.

    미국과 마찬가지로 우리나라에서도 모든 은행의 합병인가신청에 대해 금
융위원회와 공정거래위원회의 협의를 거치도록 하고 있다.[78] 그러나 금융시장
에서는 은행합병에 있어서 공정거래위원회가 제 역할을 하지 못하다는 의심을
하고 있다. 이는 합병당사자인 은행들이 '독점규제 및 공정거래에관한 법률'
제 7 조 제 2 항에 의한 "당해 기업결합 외의 방법으로는 달성하기 어려운 효율
성 증대효과가 경쟁제한으로 인한 폐해보다 큰 경우"에 해당한다는 주장을 공
정거래위원회가 쉽게 받아들인다고 믿기 때문이다. 만일 이러한 금융시장에서
의 誤信이 사실이라면, 이는 공정거래위원회의 존립근거마저 부정할 수 있는
중대한 사안이라고 본다. 왜냐하면 미국의 예에서 보았지만 대형은행간 합병에
의하여 공정거래위원회가 마지막 보루로서 수호하여야 할 금융소비자의 이익
이 훼손될 위험성은 매우 크기 때문이다. 참고로 우리나라에서는 은행합병에
대해 관련 주주의 보호가 쟁점으로 부각된 사례만이 존재한다.[79]

---

78) '금융산업의 구조개선에 관한 법률' 제 4 조 제 1 항 및 은행법 제55조 제 1 항에서는 은행합
   병에 대해 금융위원회로부터 사전인가를 받을 것을 요구하고, '독점규제 및 공정거래에 관한
   법률' 제 7 조에서는 기업결합에 대해 공정거래위원회로부터 경쟁을 실질적으로 제한하는지
   여부를 심사받도록 하고 있다.

79) 즉 대법원 2009. 4. 23. 선고 2005다22701·22718 판결에서는 "현저하게 불공정한 합병비율
   을 정한 합병계약은 사법관계를 지배하는 신의성실의 원칙이나 공평의 원칙 등에 비추어 무
   효이고, 따라서 합병비율이 현저하게 불공정한 경우 합병할 각 회사의 주주 등은 상법 제529
   조에 의하여 소로써 합병의 무효를 구할 수 있다. 다만, 합병비율은 자산가치 이외에 시장가
   치, 수익가치, 상대가치 등의 다양한 요소를 고려하여 결정되어야 할 것인 만큼 엄밀한 객관
   적 정확성에 기하여 유일한 수치로 확정할 수 없고, 그 제반요소의 고려가 합리적인 범위 내
   에서 이루어진 것이라면 결정된 합병비율이 현저하게 부당하다고 할 수 없다. 따라서 합병당
   사회사의 전부 또는 일부가 주권상장법인인 경우 구 증권거래법과 그 시행령 등 관련 법령이

## 2. 은행합병에 대한 개선안

금융위원회는 현재 대형은행간 합병에 대하여 주도적인 심사권한을 행사하고 있다. 그런데 대마불사형 거대은행에 대해 금융위원회만이 전속적인 감독당국일지는 의문시된다. 왜냐하면 통화정책을 총괄하는 한국은행과 예금부보의 책임을 떠맡는 예금보험공사도 대형은행의 파산이 체계상의 위험을 야기할 경우에 대비하여야 하는 특수한 위치에 있기 때문이다. 따라서 금융위원회는 한국은행과 예금보험공사의 조력을 받아, 대형은행의 합병인가신청에 대해 감독적인 측면 외에도 통화정책의 수행이나 예금보험의 측면에서도 종합적인 고려를 하여 인가결정을 내려야 할 것이다. 따라서 '금융산업의 구조개선에 관한 법률' 제 4 조 제 1 항 또는 제 4 항은 이를 반영한 방식으로 개정되어야 한다.

다음으로 세부적인 인가기준에 있어서는 다음과 같은 개선안을 제시하고자 한다.

① 대형은행의 합병에 의한 시장집중도의 증가를 수신고증대뿐만 아니라 자산과 대출의 증대까지 포함한 종합적인 가중치로 계수화하여 당해 은행이 시장지배력을 행사할 가능성이 있는지 여부를 면밀히 분석하여야 한다. 단순히 시장점유율을 합산할 것이 아니라, 미국과 같이 HHI 지수를 활용하는 방법도 대안으로 모색할 수 있다.

② 합병인가심사에 있어서는 합병은행 외의 나머지 은행들간의 유효경쟁상태가 계속 유지될 것인지를 분석한 후, 합병은행이 선도하여 나머지 은행들과 묵시적인 부당공동행위를 유발할 가능성이 있는지 여부도 점검하여야 한다.

---

📝 **참고   묵시적 부당공동행위가 주요 쟁점이 되었던 판례**

2012년 상반기 공정거래위원회는 은행들의 CD 금리 담합 의혹을 제기하며 대출거래의 불공정성을 문제 삼은 바 있다. 그렇지만 2016년 7월 6일 공정거래위원회는 사실관계를 확인하기가 어려워 시중은행의 법률 위반 여부를 결정하기 어렵

---

정한 요건과 방법 및 절차 등에 기하여 합병가액을 산정하고 그에 따라 합병비율을 정하였다면 그 합병가액 산정이 허위자료에 의한 것이라거나 터무니없는 예상 수치에 근거한 것이라는 등의 특별한 사정이 없는 한, 그 합병비율이 현저하게 불공정하여 합병계약이 무효로 된다고 볼 수 없다"고 판시하였다.

다는 이유로 심의절차를 종료하였다.[80] 이렇게 은행간의 묵시적인 부당공동행위
를 입증하기가 어렵다는 점은 다음의 판례(대법원 2011. 7. 28. 선고 2009두9963
판결)에서도 잘 나와 있다.

1. 원심판결 이유에 의하면, 원심은 지로수수료에 관한 합의가 없는 상태에서
은행 간 수수료가 일률적으로 인상될 경우 금융기관별로 지급건수 대비 수납건수
의 비율에 차이가 있음에 따라 지급건수가 상대적으로 많은 금융기관은 은행 간
수수료의 지급 부담이 커지고, 수납건수가 상대적으로 많은 금융기관은 은행 간
수수료의 수입이 많아지는 등 이해관계가 일치하지 아니하는 점, 지로업무로 인한
이용기관 및 예금유치의 증대, 다른 금융상품 가입 등에 따른 수익 증대, 지로업
무 처리에 의한 기존 고객의 만족 및 거래유지 등에 관하여 금융기관에 따라 경영
방침에 차이가 있을 수 있는 점 등에 비추어, 비록 현실적으로 은행 간 수수료가
원가에 훨씬 미치지 못한 상황이더라도 은행 간 수수료가 인상될 경우 금융기관
은 각자의 상황을 고려하여 추가수수료를 조절함으로써 은행 간 수수료의 인상분
을 지로수수료 인상분에 얼마만큼 반영시킬지 여부를 다양하게 결정할 수 있고,
따라서 은행 간 수수료 인상분을 그대로 지로수수료에 반영하는 것이 반드시 당
연한 결과로 볼 수 없다고 보아, 원고 등이 2005. 3. 29. 및 2005. 5. 6. 은행 간 수
수료를 인상하는 절차를 거쳐 그 인상액만큼 지로수수료를 인상하기로 합의한 것
이 독점규제 및 공정거래에 관한 법률(이하 '공정거래법'이라 한다) 제19조 제 1
항 제 1 호 소정의 '가격의 결정·유지 또는 변경하는 행위'의 공동행위에 해당한
다고 판단하였다.

2. 그러나 원심의 판단은 다음과 같은 이유로 수긍할 수 없다.

원심이 적법하게 채택한 증거 등에 의하면, ① 지로제도는 일상생활에서 발생
하는 채권 채무의 결제나 자금의 이전에 관하여 직접 현금이나 수표 등으로 주고
받는 대신 금융기관의 예금계좌를 통하여 결제하는 것으로서, 정기적·계속적으로
이루어지는 대량의 자금거래에 폭넓게 이용되는 지급결제제도의 하나인 점, ② 지
로수수료는 지급은행이 지로결제 제도의 이용기관과 지로수납대행계약을 체결하여
이용기관의 각종 요금의 수납을 대행해 주는 대가로 이용기관으로부터 수취하기
로 약정한 금액인 점, ③ 지로업무의 비용은 수납은행이 창구에서 수납하고 지로
일계표를 작성하는 등의 수납 과정에서 대부분 발생하고, 지급은행이 금융결제망
을 통해 입금된 지로결제금액을 이용기관 계좌로 입금하는 과정에서는 거의 발생
하지 아니하는 점, ④ 지로업무처리 절차에서 지급은행과 수납은행이 일치하지
아니하는 경우 지급은행은 수납은행에 금융결제원이 정한 은행 간 수수료를 지급
함으로써 수납과정에서 소요되는 비용을 정산하는 점, ⑤ 서민의 보편적 결제제

80) 민경락, "CD 금리 담합 4년여만에 사실상 무혐의 결론", 연합뉴스 (2016. 7. 6.).

도로서 지로제도가 가진 공공적 성격 때문에 원고 등 지로제도에 참가한 금융기관은 지로수수료가 완전히 자율화된 이후에도 이를 대폭으로 또는 자주 인상하지 못하였고, 그 결과 지로수수료 수준은 지로제도 도입 이래 수납원가에 미치지 못하는 적자산업으로 유지되어, 그 원가 보전율이 2000년 당시 60% 내외였고 그러한 사정이 원심 변론종결 당시에도 크게 다르지 아니한 점, ⑥ 이러한 상황에서 지급은행은 이용기관으로부터 수취한 지로수수료를 그대로 수납은행에 지급함으로써 '지로수수료=은행 간 수수료'로 인식되다시피 하여 지로제도가 운영되어 왔고, 지급은행이 은행 간 수수료 외에 추가수수료를 더하여 지로수수료를 징수한다는 것은 사실상 기대할 수 없었던 점, ⑦ 지로수수료가 수납원가에 훨씬 미치지 못하고 지로수수료를 그대로 은행 간 수수료로서 수납은행에 지급하고 있는 상황에서 은행 간 수수료가 인상될 경우, 지급은행은 은행 간 수수료의 인상에 따른 손실의 누증을 막기 위하여 불가피하게 그 인상액만큼 지로수수료를 인상할 수밖에 없는 점, ⑧ 은행 간 수수료의 공동결정행위는 지로망 내의 비용정산의 효율성 등으로 인해 위법하다고 볼 수 없는 점 등을 알 수 있다.

이와 같은 지로수수료의 연혁, 결정 체계, 지로업무의 비용발생 구조, 수납업무 원가의 보전 정도 등에 비추어 보면, 원고 등 17개 금융기관이 2005. 3. 29. 및 2005. 5. 6.에 한 공동행위의 실질은 원고 등이 지로업무로 인한 적자를 보전받아야 한다는 공동의 인식 아래 은행 간 수수료의 인상을 금융결제원에 요청하여 은행 간 수수료를 공동으로 인상한 것에 그칠 뿐, 여기에서 더 나아가 은행 간 수수료 인상액만큼 지로수수료를 인상하기로 담합한 것이라고 단정하기는 어려워 보인다.

그럼에도 원심이 그 판시와 같은 이유만으로 이와 달리 판단한 데에는 공정거래법 제19조 제1항 제1호 소정의 가격담합의 의미나 범위에 관한 법리를 오해한 나머지 지로수수료 경쟁 구조 등에 관한 심리를 다하지 아니한 위법이 있고, 이를 지적하는 이 상고이유는 이유 있다.

3. 그러므로 나머지 상고이유에 대한 판단을 생략한 채 원심판결을 파기하고 사건을 다시 심리·판단하게 하기 위하여 원심법원에 환송하기로 하여, 관여 대법관의 일치된 의견으로 주문과 같이 판결한다.

③ 합병을 통한 효율성과 안전성의 증대 외에도 금융소비자와 공공의 이익이 제고될 것인지에 대한 수익성기준, 즉 성과기준이 어떠한 형태로든 채택되어야 한다. 왜냐하면 수익성기준에 의하여야 이익증대와 상충관계에 있는 구조적인 저해요인들, 즉 묵시적 공모의 가능성과 가격선도 및 대마불사형은행의 등장과 같은 경쟁제한적인 비용적 요인들도 적절하게 반영될 것이기 때문이다.

④ 미국에서의 개선안과 같이 대형은행간 합병도 시장점유율의 증대에 따라 단계별로 負의 가중치를 부과하는 형식으로 세분화된 기준을 마련하여야 한다. 현재의 30% 기준한도는 우리나라의 금융상황을 적절히 반영한 기준이 아니다. 따라서 10%, 20%, 30%의 3단계로 점차 가중된 부의 가중치를 부여하여 인가를 쉽게 내주지 않는 형식으로 관련법규의 제·개정이 이루어져야 할 것이다. 즉 수신증대치나 여신증대치가 20%를 초과하는 합병에 대해서는 10%를 초과하는 합병보다는 훨씬 가중된 負의 가중치를 부여함으로써, 금융소비자에게 오히려 해악을 미칠 가능성이 크다는 점을 정책적으로 선언하여야 한다. 이는 '금융산업의 구조개선에 관한 법률'에서의 적기시정조치와 유사한 파급력을 가질 수 있다고 평가된다.

## 3. 자기자본기준의 강화와 예금보험료의 증액 필요성

### (1) 현황 및 문제점

지금까지 우리 금융시장에서 초대형은행간의 합병에 대해 강화된 자기자본기준을 채택하고 예금보험료를 증액하여야 한다는 주장이 제기된 적은 없다. 이는 초대형은행간의 합병은 우량은행을 탄생시킨다는 단순논리의 결과라고 본다. 따라서 현행 관련법규상으로도 초대형은행에 대해 다른 은행과 동일한 자기자본기준과 예금보험요율이 적용되고 있다. 즉 은행법에서는 은행의 위험가중자산대비 자기자본비율(BIS비율)을 대·소은행간 차별 없이 동일하게 적용할 뿐이다. 한편 예금자보호법 제30조 제 1 항이 예금보험공사로 하여금 은행별로 상이한 차등보험료를 징수할 수 있는 근거조항을 마련하였지만, 초대형은행에 대해 가중된 보험료를 징수할 것이라고는 기대되지 않는다. 왜냐하면 동조는 경영 및 재무상황에 따라 은행별로 보험요율이 달라진다고 규정하지만, 이는 부실하거나 부실의 우려가 있는 은행에 대해 적용하는 것을 예정하였을 뿐 우량은행으로서의 면모를 갖춘 초대형은행에게 적용할 것을 예정한 것이 아니기 때문이다.

현실적으로 대형은행이 부실화되더라도 경제에 미치는 체계적 위험 때문에 금융감독당국은 이를 과감히 파산시킬 수 없을 것이다. 조직이 방대해질수록, 은행의 중앙본부가 행사할 수 있는 통제력에는 한계가 있게 마련이다. 결국 대형은행간 합병은 직접적으로 대마불사형은행의 탄생을 야기할 것인바, 공적 보조금이 편향적으로 집중될 위험성을 더욱 가중시키는 것이다. 이는 "공적 자금의 투입비용이 최소화되고 그 효율을 극대화할 수 있는 방식을 채택하여 공적 자금을 지원하여야 한다"는 공적자금관리 특별법 제13조의 기본원칙을 파괴한다. 따라서 어떠한 방식으로든 대형은행의 파산에 대비하는 예비책이 강구되어야 하는 것이다.

### (2) 개 선 안

자산규모가 일정금액 이상의 초대형은행에 대하여 BIS 비율을 상향조정하고 예금보험료를 증액하여야 한다. 그런데 이는 은행법규와 예금자보호법령의 관련규정 개정을 수반하여야 한다.

우선 대형은행에 대해서는 최저 BIS 비율을 정부가 전액출자하고 있는 특수은행의 비율에 준하여 대폭 강화하여여야 한다. 초대형은행에 대한 자기자본요건을 강화할 경우, 대마불사형은행으로 거듭나기 위하여 무리하게 양적으로 성장하고자 하는 동기를 제거할 수 있기 때문에, 대형은행간 합병의 욕구를 다소나마 잠재울 수 있다고 본다. 또한 자기자본을 미리 확충함으로써 향후 거액의 신용위험에 노출될 수 있는 대규모은행들이 전체 은행산업에 야기할 체계적 위험을 줄이게 될 것이다.

다음으로 초대형은행에 대해서는 예금보험요율을 증액하여야 한다. 물론 어느 정도까지 당해 요율을 증액하여야 할 것인지에 대한 정확한 대안의 제시는 저자의 능력을 일탈한 것이다. 다만 초대형은행의 자산수익률과 자본수익률의 변동비율이나 후순위채상환실적 또는 금리스왑스프레드가 할증률 산정에 영향을 미칠 수 있을 것이다. 할증률을 자산가액의 변동폭에 대한 시장에서의 예측수치(market-based estimates)와 연계시킬 수도 있다. 또한 자본시장에서 가격이 책정되는 은행의 무담보채무에 대한 위험할증률의 데이터도 할증률 산정에 반영될 수 있을 것이다.[81] 이러한 제 요소를 감안하여 산정된 할증률만이 초대형은행의 파산시 예금보험기금에 미칠 수 있는 예상손실과 예기치 못한 손실의 양자를 정확히 반영하는 지표로 활용됨으로써, 공적 자금의 최소투입원칙에 합치되는 결과를 달성하게 되는 것이다.

---

81) *Ibid.*, pp. 230-231.

# 제 7 장

## 금융감독법상의 쟁점

# 제 7 장 ■
# 금융감독법상의 쟁점

　은행법의 모든 조항들은 사실 은행의 안정성과 건전성(safety and soundness)을 감독하기 위한 목적에서 제정된 것이므로, 광의의 감독법규에 포섭시킬 수 있다. 그렇지만 이 책의 기능별 분류체계에 따르면, 은행법 제 7 장의 감독 · 검사(제44조부터 제54조의2까지), 제10장의 보칙(제64조부터 제65조의2까지), 제11장의 과징금 등의 부과 및 징수(제65조의3부터 제65조의11까지), 제12장의 벌칙(제66조부터 제68조까지)과 '금융위원회의 설치등에 관한 법률' 및 '금융산업의 구조개선에 관한 법률'의 해당 조항들이 이 책의 제 7 장에서 다루는 감독법상의 쟁점과 직접적으로 관련된다고 할 수 있다. 그런데 동 조항들은 감독 · 검사 · 제재를 중심으로 한 것이므로, 행정법적인 색채가 매우 짙고 기술적이며 절차적이라는 특징이 발견된다. 저자는 이러한 감독 조항들을 법문에 충실하게 문리해석하는 작업이 독자들에게 다소 흥미를 잃게 할 수 있다는 생각을 하였다. 오히려 몇 개의 핵심 주제들을 선정한 후 공법적인 측면에서 발생할 수 있는 법적 쟁점들을 집중적으로 다루는 것이 독자들의 감독 조항들에 대한 전반적인 이해도를 높이는 데 훨씬 도움이 될 것이라고 판단하였다. 따라서 제 7 장은 감독 조항과 관련된 핵심적인 몇 개의 주제만을 선정한 후 동 제도의 탄생 배경과 세부 내용 및 바람직한 향후 개정 방향에 대한 입법론 등을 제시하는 방식으로 구성되었다. 그렇다보니 제 7 장의 서술 체계는 개별 조항들을 상세하게 언급한 다른 장들과 확연히 다르다. 독자들은 관련된 개별 조항들을 따로 시간 내어 읽어보기 바란다.

## 제 1 절   금융규제 · 감독의 이상과 과제

### I. 총     설

　금융감독기구가 법령상으로 자신들에게 요구되는 직무를 충실히 수행함으로써 금융부문을 안정시키려면, 이들은 정부와 금융산업 兩者로부터 상당한 정도의 독립성을 확보하여야 한다. 또한 이러한 독립성이 실효성을 갖추려면 그에 부응하는 책임체계도 수립되어야 한다.

　21세기에 접어들어 금융감독기구의 독립성과 책임성에 관한 문제는 全世界的으로 집중적인 조명을 받고 있는데, 그 원인으로서 다음의 두 가지가 지적된다. 첫째, 1990년대 이후 각국에서 발생한 금융위기사례들을 분석한 결과 하나의 공통점이 발견되었다. 즉 정치적인 개입으로 인하여 금융감독기구가 법령상으로 허용된 규제 · 감독권한을 정상적으로 제때 행사하지 못하였기 때문에, 결국 금융위기를 자초하였다는 점이다. 즉 빈번한 정치개입의 결과, 금융산업의 경쟁력이 와해되었고 예기치 못한 외부충격에 금융산업의 건전성마저 붕괴될 수 있는 위기상황으로 치닫게 되었다. 이러한 상황에서 금융산업의 안정에 전념했어야 할 금융감독기구는 다가오는 위기의 중대성을 감지하지 못한 채 적시의 유효적절한 감독조치를 취하지 않는 무기력한 행태를 반복하였다.[1] 둘째, 금융부문의 가장 적절한 규제 · 감독구조에 대해 많은 격론이 있었는데, 중앙은행 內 · 外部 中 어디서 은행감독을 수행하는 것이 가장 타당한가에 대한 쟁점은 추가적으로 은행규제 · 감독의 독립성에 대한 관심마저 촉발시켰다. 즉 1990년대 중반 이후 불거진 중앙은행의 독립에 관한 논의가 자연스럽게 은행규제 · 감독의 독립에 관한 논의로 이어졌고, 더 나아가 금융감독기구를 정부로부터 완전 독립시켜야 한다는 주장으로 이어진 것이다. 우리나라에서도 1998년까지 한국은행 내에 설치된 은행감독원이 은행감독기능을 수행하였는데, 한국은행의 통화정책수행과 관련한 독립 논의는 자연스럽게 은행감독의 독립에 관한 중요성마저 부각시켰다.

　우리나라는 1997년 말 금융규제 · 감독이 독립되지 않을 경우 심각한 경제

---

1) 김대식 & 윤석헌, "금융감독기구의 지배구조," 1면 재무 5 개학회 발표자료 (2004. 5. 21).

위기로까지 연결될 수 있다는 교훈을 이미 경험하였다. 외국문헌들도 1997년 以前의 국내상황을 매우 열악한 금융감독구조의 대표적인 事例로서 언급하고 있다.2) 당시 일반은행들은 한국은행 금융통화위원회와 은행감독원의 감독을 받았고, 특수은행들과 비은행 금융기관들은 재정경제부장관(이하 재경부)의 직접적인 통제하에 있었다. 이 중에서도 정부로부터 전혀 독립되지 않은 재경부가 비은행 금융기관들을 상대로 수행하였던 감독기능은 너무도 취약하였던 것으로 평가된다. 예를 들어 재경부는 종합금융회사들이 외환거래를 할 때 필수적으로 구비하여야 할 요건을 일부 減免해 주고 적시에 검사·제재권한을 발동하지 않는 등, 금융감독의 중립성과 전문성을 오히려 저해하는 방향으로 재량권한을 남용하였다. 종합금융회사들은 이를 악용, 규제상의 차익(regulatory arbitrage)을 향유하면서 과도한 위험을 인수하기에 이르렀다. 재경부의 감독부실로 인한 종합금융회사들의 단기 외채급증은 결국 1997년 금융위기를 발생시킨 결정적인 원인으로 작용하였다.

제 1 절에서 저자는 현재의 금융감독기구 조직형태가 과연 이상적인지를 분석하고자 한다. 여기서는 "미래지향적인 견지에서 현행체제의 代案은 무엇이고, 금융감독기구의 개편은 어떠한 목표와 방향성을 가지고 추진되어야 할 것인가?"를 제시하는 데 초점을 맞추게 될 것이다.

## II. 금융규제·감독의 이상 : 금융감독기구의 독립성과 책임성 확보

### 1. 금융감독기구의 독립성 확보

#### (1) 금융감독기구 독립의 정당성

#### (가) 금융규제·감독의 목적 및 감독기구독립의 중요성

금융규제·감독의 주된 목적으로서 금융소비자 보호와 금융시스템의 건전성 확보(금융시스템의 안정)를 들 수 있는데, 어느 나라나 금융감독기구에게 이

---

2) 예를 들어 Michael E. Burke, IV, *Improving China's Bank Regulation to Avoid the Asian Bank Contagion*, 17 UCLA Pac. Basin L.J. 32 (Summer 1999)와 Cynthia C. Lichtenstein, *Dealing with Sovereign Liquidity Crises: New International Initiatives for the New World of Volatile Capital Flows to and from Emerging Markets*, 29 McGeorge L. Rev. 807 (Summer, 1998) 등 다수.

러한 兩大 목적을 달성하기 위하여 다양한 감독수단들을 부여하고 있다. 예를 들어 은행감독권자는 은행이 부실금융기관으로 되는 것을 방지하기 위하여, 常時檢査(off-site analysis), 광범위한 臨店檢査(on-site inspections) 및 기타 추가적인 감시수단들을 사용할 수 있다. 은행감독기능에는 부실금융기관을 정리하기 위한 準사법기능도 포함되므로, 최악의 상황에서 감독권자들은 부실금융기관에 대하여 영업의 전부정지, 영업의 전부양도, 계약의 전부이전 또는 주식의 전부소각 등 극단적인 조치까지 命할 수 있다.[3]

이렇게 광범위한 감독권한을 행사하는 감독기구를 독립시켜 금융소비자보호와 금융시스템 안정이라는 본연의 목적에만 전념하도록 할 경우, 궁극적으로 감독기구의 책임성, 투명성 및 無缺性(integrity)이 확보된다.[4] 換言하면 금융규제·감독의 목적을 달성하기 위한 전제조건으로서 감독기구의 독립성, 책임성, 투명성, 無缺性이 성취되어야 하는데, 그 중에서도 가장 중요한 것은 독립성의 확보인 것이다.

### (나) 금융감독기구·중앙은행 독립의 상호연관성

감독기관의 독립에 관한 논의와 중앙은행의 독립에 관한 논의는 서로 밀접하게 연관된다. 예를 들어 금융정책의 안정과 통화정책의 안정은 거시경제적인 측면에서 동전의 앞·뒷면에 비유되는 것이다.[5] 즉 은행규제·감독의 독립이 금융시스템의 안정을 목적으로 한다면, 중앙은행의 독립은 통화의 적절한 수요·공급을 통한 물가안정을 목적으로 한다. 금융정책이나 통화정책의 집행에 있어서 정치권은 단기적인 가시성과만을 重視할 뿐 장기적인 부작용에 대해 도외시한다. 예를 들어 통화정책적인 측면에서 현재의 고도성장은 향후 급속한 인플레이션의 위험성을 수반할 수 있고, 감독적인 측면에서 현재의 감독권한 자제(예: 은행파산결정의 연기)는 향후 막대한 은행정리비용의 급증이라는 문제점을 야기할 수 있다. 그런데 정치권력은 단기적인 고도성장에만 집착할 뿐, 현재의 위기상황이 전면에 드러나는 것을 꺼리게 된다. 정치권으로부터의 영향력으로 인하여 잠재적인 위험이 점차 눈덩이처럼 커질 것이라는 점을 감

---

3) 은행법 제53조 및 은행업감독규정 제36조 제 2 항 단서.

4) Udaibir Das & Marc Quintyn, *Crisis Prevention and Crisis Management – The Role of Regulatory Governance,* pp. 9-11, IMF Working Paper (2002) [이하 Das & Quintyn이라고 함].

5) Marc Quintyn & Michael Taylor, *Regulatory and Supervisory Independence and Financial Stability* 4, IMF Working Paper WP/02/46 (2002) [이하 Quintyn & Taylor라고 함].

안한다면, 중앙은행과 감독기관을 정치권력으로부터 완전히 분리시켜야 할 필요성은 너무도 큰 것이다.

### (2) 금융감독기구 독립의 네 가지 구성요소

금융감독기구의 독립은 운영적인 측면에서 다음의 네 가지로 세분할 수 있다(규제, 감독, 기관, 예산).

### (가) 규제의 독립

규제의 독립이란 금융감독기구가 법령의 위임범위 내에서 감독규정을 자율적으로 제정할 수 있는 권한이 있음을 의미한다. 규제의 독립을 성취하여 시장여건과 조화로운 규제를 운영할 경우, ① 금융시장의 건전성을 확보하고, ② 전문성을 구축하며, ③ 국제 금융시장의 급변상황에 적절히 대처할 수 있는 신속·유연성을 함양하고, ④ 규제시행과 제재에 있어서 주인으로서의 책임의식을 고양시킬 수 있는 장점이 나타난다. 한편 규제의 독립이 이루어지지 않을 경우 완전히 逆의 효과가 발생함으로써, 금융시장의 안정을 저해할 것이다.

규제의 독립으로 발생할 수 있는 문제점으로서, ① 지나치게 의욕적인 감독당국의 과다비용에 의한 과다규제현상이 나타날 수 있고, ② 산업에 의한 규제권한의 장악(industry capture, 산업포획이라고도 함) 위험이 발생할 수 있으며, ③ 전통적인 3권분립체제에서의 견제와 균형을 받지 않는 無所不爲의 "제4의 행정부"가 탄생할 위험성마저 있다. 여기서 마지막의 쟁점사항은 특히 유념할 만하다. 왜냐하면 금융감독기구를 독립시킬 경우 당해 금융감독기구에 대해 적절히 책임을 묻는 체제를 아울러 구축하여야 한다는 점을 강력히 시사하기 때문이다.

### (나) 감독의 독립

① 금융기관의 認可, ② 엄격한 의미의 감독(상시감시, 임점검사), ③ 제재 및 제재의 집행(예: 인가취소행위), ④ 위기관리 등은 금융시스템의 건전성을 확보하기 위한 주요 감독수단들이다. 여기서 감독의 독립이란 이러한 감독수단들의 無缺性을 보호하는 것이다. 그런데 감독의 독립은 다른 구성요소의 독립보다 구체적인 시행방안을 수립하기가 용이하지 않다. 또한 이 부문의 독립성이 지속적으로 보장될 것이라고 기대할 수도 없다. 왜냐하면 감독의 독립이 완전한 효과를 보려면 감독기능은 보이지 않는 형태로 수행되어야 하는데, 이러한

非可視性(invisibility)으로 인하여 감독기능이 정치권력과 금융기관 兩者로부터의 간섭에 취약해질 수 있는 위험성이 농후하기 때문이다. 더욱이 은밀한 형태로 이루어지는 간섭으로부터 감독당국을 보호하기란 쉽지 않다. 종종 감독권의 자제를 촉구하는 형태로 발현되는 정부의 간섭으로 인하여 감독의 독립이 요원해지고 결국 금융시스템의 안정성까지 위협받을 수도 있다.

### (다) 기관의 독립

기관의 독립이란 금융감독기구가 정부 내의 행정부·입법부 양자로부터 독립된다는 것을 의미한다. 만일 금융감독기구가 행정부서(예: 과거의 재경부)의 하부기관으로 설치된다면, 이는 기관의 독립성을 결여한 가장 대표적인 형태가 될 것이다. 급변하는 국내·국제 금융시장 상황에 신속하게 대처하려면, 타 정부부서로부터 고도의 독립이 이루어진 감독기구를 설치하여야 할 것이다.

### (라) 예산의 독립

예산의 독립이 이루어졌는지 여부를 평가하려면, 감독당국의 직원 수와 보수수준 등을 포함한 예산규모 및 용도 등의 사항을 결정하는 데 있어서 행정부와 입법부가 어느 정도 영향력을 행사할 수 있는지를 분석하여야 한다. 직무를 수행함에 있어서 자신의 예산출처, 예산규모 및 용도 등을 독립적으로 결정할 수 있는 감독권자만이 정치적인 간섭을 극복할 수 있다. 이러한 감독권자는 감독영역에서 새롭게 등장하는 요구사항들에 좀 더 신속히 대응할 수 있고, 높은 보수수준을 제시함으로써 유능한 직원들을 채용할 수 있다. 반면 자신들의 직무를 감시하는 상급행정부서로부터 자금을 제공받거나 정부예산으로부터 직접적으로 자금을 제공받는 감독당국의 경우, 상급행정부서나 정부로부터의 정치적인 간섭에 노출될 수 있다. 이때에는 예산이 너무도 소액이므로 최상의 인재를 고용할 수 없을 뿐만 아니라, 시장 대비 적정 규모의 급여도 지급 못하는 상황에 직면하게 된다. 심지어 재정적으로 어려운 시기란 보통 은행시스템에 문제가 발생하는 시기이기도 한데, 감독당국의 인적·물적 자원이 추가적으로 투입되어야 할 시기에 오히려 예산이 깎이는 상황도 예상할 수 있다. 그 외에도 정부로부터 자금을 제공받을 경우, 정부의 감독당국에 대한 간섭은 다양하게 전개될 수 있다. 감독권자들이 정치권과 연계된 금융기관에 대해 지나치게 엄격하다는 판단이 들 때, 정부가 감독기구를 상대로 예산을 감축하겠다는 협

박을 하는 경우를 단적인 예로서 들 수 있다.6)

## 2. 금융감독기구의 책임성 확보

### (1) 문제의 제기

　　금융감독기구의 독립성을 확보한다고 하여 萬事亨通인 것은 아니다. 왜냐하면 독립적인 권한행사에 대해 적절한 책임장치를 구축하지 않을 경우, 非選擧職인 금융감독기구 소속 임·직원들과 그들의 과도한 재량남용행위를 전혀 통제하지 못하는 문제점이 발생하기 때문이다. 이때에는 독립에 의한 장점보다 단점이 부각됨으로써, 금융감독기구의 존립근거에 대해 심각한 의문마저 제기될 수 있다. 따라서 적절한 금융감독체계를 구축한다는 것은 어떠한 방식으로든 책임을 지는 체계를 설계한다는 의미이다. 지금까지 전세계적으로 독립규제권자들이 책임을 전혀 지지 않는(즉, 상급기관으로부터 전혀 지휘·통제를 받지 않는) 제4의 정부로서 운영되어 온 사례는 발견되지 않는다. 그런데 문제는 금융감독기구가 상급의 행정관청에게 어떠한 방식으로든 책임을 진다면, 과연 그러한 금융감독기구를 독립된 기관이라고 볼 수 있는가이다.

### (2) 독립성을 침해하지 않는 범위 내에서의 정당한 책임체제 구축 필요성

　　사실 이러한 딜레마는 금융감독기구의 독립에 대한 본질을 오해한 데서 비롯된다. 왜냐하면 적절히 고안된 독립체제는 정부로 하여금 금융감독기구의 업무수행중 임시변통의 개입을 할 수 없도록 하지만, 전반적인 감독기능 수행에 대해 체계적으로 책임을 물을 수 있는 장치를 구비할 것이기 때문이다. 독립성과 책임성 兩者는 상충관계에 있지 않다. 즉 양자는 상호보완적으로서, 독립을 실효성 있도록 하기 위하여 책임의 개념이 필요한 것이다. 따라서 독립성의 정도가 크면 클수록, 책임체제의 구축은 더욱 중요한 것이다.

　　금융감독기구는 외부기관에 대한 정치적인 책임체제를 구축하기에 앞서, 스스로를 엄격히 구속하는 자기검열장치(self-imposed censorship, 예: 내부통제장치)를 마련하여야 한다.7) 왜냐하면 이러한 내부검열장치가 존재할 경우, 금융감독기구의 독립성을 침해하는 방향으로 과도하게 책임체제를 설계하려는 행

---

6) Quintyn & Taylor, pp. 20-21.

7) Giandomenico Majone, *Controlling Regulatory Bureaucracies: Lessons from the American Experience*, EUI Working Paper SPS 93/3.

정부나 정치권의 의도는 弱化될 것이기 때문이다. 금융감독기구에 대한 책임체
제를 설계할 때에도, 계속성, 전문성, 일관성이라는 독립의 장점이 결코 훼손되
어서는 안 된다.

### (3) 중앙은행에 대한 책임설계와의 비교

중앙은행과 비교할 때, 다음 ①의 이유로 금융감독기구에 대한 적절한 책
임체제의 구축이 반드시 필요하지만, 다음 ②와 ③의 이유로 실제적인 책임의
설계는 용이하지 않다. ① 금융감독기구는 금융회사들의 성과에 직접적인 영
향을 미치고 금융소비자복지에 중대한 영향을 줄 수 있으므로, 중앙은행보다
훨씬 더 막강한 권한을 갖는다. 강력한 권한을 행사할 수 있는만큼 그에 상응
한 엄격한 책임조치가 구축되어야 할 것임은 당연하다. ② 그렇지만 無制限의
책임을 요구할 수는 없다. 왜냐하면 책임이라는 문제는 감독기능의 또 다른 측
면인 비밀유지 필요성(confidentiality)과 균형을 맞추어야 하기 때문이다. 감독기
능의 고유특성 중 하나로서 비밀유지가 요구되므로, 정당한 책임 추궁과 투명
성의 보장을 기대하기 어려운 영역도 존재한다. ③ 물가안정, 연 인플레이션
지표와 같은 중앙은행의 목표와 달리, 금융소비자보호와 금융시스템의 건전성
보호와 같은 금융감독기구의 목표는 객관적인 측정이 곤란하므로 책임을 묻는
과정도 복잡할 수밖에 없다.[8]

## Ⅲ. 금융규제 · 감독의 과제
### ─ 독립성과 책임성의 확보를 위한 구체적인 방안의 마련 ─

### 1. 전론 : 우리나라에서 금융감독기구를 민간공적기구화하는 방안이 현실적으로 실현가능한가?

그간 우리나라에서는 금융감독기구를 민간공적기구화하는 것이 금융규제
의 독립성과 책임성을 확보할 수 있는 최선의 방안이라는 목소리가 높았다. 그
러나 금융감독기구를 민간공적기구화하자는 주장은 매우 이상적이고 언젠가는
선택하여야 할 금융감독의 목표일 수도 있지만, 우리나라에서 현실적으로 수용
가능한 것인지에 대해서는 일부 논란이 있을 수 있다.

8) E. Ferran & C.A.E. Goodhart, *Regulating Financial Services and Markets in the 21st Century*, pp. 151-164 (2001).

혹자는 우리나라의 전체 법제상 이러한 내용의 법률이 과연 제정될 수 있는지 자체를 의문시하며, 가사 법률이 제정되더라도 단지 법령에 의한 정당한 위임의 형식을 구비한다고 하여 법률로서 완전한 자족성을 가질 수 없다는 점을 강조하기도 한다. 그리고 금융건전성감독과 관련한 사무는 국가가 수행하여야 하는 본연의 업무에 속하므로 이를 私人에게 위임하는 것은 국가의 본질적인 권한행사를 포기한 것이라는 비판도 있다. 가사 법률제정이 성공적으로 이루어지더라도 민간공적기구로 발족되는 금융감독기구는 업무수행상 많은 난관에 봉착할 것이고 절름발이와 같은 기관으로 전락할 수 있다. 이러한 문제 의식은 다음 헌법재판소의 결정례에서도 잘 드러나는바, 민간공적기구화를 적극적으로 옹호하는 자들이 극복하여야 할 문제점을 적시하는 것이기도 하다.

### (1) 헌법재판소 2005. 2. 24. 선고 2004헌마442 결정 '주권상장폐지확정결정취소'

가. 한국증권거래소(*현재의 한국거래소)의 법적 지위

(1) 한국증권거래소는 유가증권의 공정한 가격형성과 안정 및 그 유통의 원활을 기하기 위하여 법 제71조의 규정에 따라 일반 사인인 증권회사를 회원으로 설립되어 유가증권시장의 개설과 유가증권의 상장, 매매거래, 공시 등에 관한 업무에 종사하는 비영리 사단법인이다.

(2) 즉, 한국증권거래소는 첫째 회원조직으로서의 법인인 점(법 제71조 제2항), 둘째 동 거래소에 대하여 법 또는 법에 의한 명령에 특별한 규정이 있는 것을 제외하고는 민법 중 사단법인에 관한 규정을 준용하도록 하고 있는 점(법 제75조), 셋째 동 거래소는 회원인 증권회사의 자발적인 신청에 의하여 가입처리되는 임의가입 형태이고 회원인 증권회사는 동 거래소의 승인을 얻어 탈퇴할 수 있도록 되어 있는 점(법 제76조의2, 제76조의4 제1항), 넷째 회원은 출자의무를 부담하지만 그 내용은 정관에서 정한 방식에 따르는 것인 점(법 제76조의3), 다섯째 동 거래소의 임원구성에 있어서 이사장을 제외하고는 대체로 회원총회의 결의를 통하여 자발적으로 선출되는 점(법 제78조), 여섯째 법률상 동 거래소의 임직원을 그 지위와 관련하여 공무원으로 간주하는 규정이 없는 점, 일곱째 동 거래소가 행한 결정에 대한 불복방법으로 행정심판에 의한 구제절차를 밟도록 하는 규정이 없는 점 등을 종합하면 피청구인의 기본적인 성격은 민법상 사단법인에 준하는 것이라고 할 것이다.

## 나. 유가증권의 상장 및 상장폐지 업무의 성격

(1) 피청구인이 수행하고 있는 유가증권의 상장 및 상장폐지 업무(법 제73조)는 유가증권시장의 관리와 관련이 있기는 하나, 국가사무로서의 "유가증권시장에 대한 관리·감독 및 감시 업무"는 금융감독위원회 및 이의 위임을 받은 금융감독원에 의하여 별도로 수행되고 있다(법 제206조의7 등 참조). 즉, 상장 또는 상장폐지 업무가 국가의 사무, 구체적으로는 금융감독위원회의 사무라고 볼 만한 직접적인 법률상 근거가 없을 뿐만 아니라, 법을 비롯한 관계법령에 피청구인에게 상장 또는 상장폐지결정의 권한을 위임 또는 위탁한다는 아무런 규정이 없다. 이는 그러한 결정의 권한이 국가의 사무가 아닌 것을 당연한 전제로 한 것이라고 볼 것이고, 통상 국가사무를 위탁하는 경우라면 수탁자가 구체적인 사무처리에 있어서 저지른 잘못을 국가기관이 직접 시정할 수 있는 권한을 유보하는 것이 일반적임에도(행정권한의위임및위탁에관한규정 제13조 제 1 항 참조), 법이나 그 밖의 관계법령에 상장 또는 상장폐지 결정의 잘못을 국가가 직접 시정할 수 있도록 하는 근거규정이 없다.

(2) 증권거래법상 한국증권업협회의 기능 및 동 협회가 행하는 협회중개시장(소위 '코스닥시장')의 관리업무는 한국증권거래소의 기능 및 동 거래소가 행하는 거래소시장 관리업무와 거의 유사하다(법 제71조 내지 제117조, 제162조 내지 제172조의4 참조). 그런데, 대법원은 한국증권업협회가 행하는 코스닥시장의 운영업무와 관련하여 코스닥등록 업무는 국가사무의 일부라고 볼 수 없다고 판시한 바 있다(대법원 2004. 3. 4.자 2001무49 결정). 또한 법원의 실무상 피청구인의 주권상장법인에 대한 상장폐지결정 또는 한국증권업협회의 코스닥등록법인에 대한 등록취소결정에 대하여는 행정소송이 아닌 민사소송에 의하여 처리되어 왔고, 이 사건과 관련하여 청구인이 서울남부지방법원에 제기한 상장폐지무효확인소송(2004가합378)에서도 이를 전제로 본안판단을 하였다.

(3) 요컨대, 피청구인은 증권회사를 회원으로 하여 설립된 법인이고(법 제76조의2), 원칙적으로 피청구인의 회원이 아닌 자는 유가증권시장에서의 매매거래를 하지 못하며(법 제85조 제 1 항), 유가증권시장에 유가증권을 상장하려는 법인은 피청구인과의 사이에 피청구인이 제정한 유가증권상장규정 등을 준수하겠다는 상장계약을 체결하는 것이다. 따라서 유가증권의 상장은 피청구인과 상장신청법인 사이의 "상장계약"이라는 사법상의 계약에 의하여 이루어지는 것이고, 상장폐지결정 및 상장폐지확정결정 또한 그러한 사법상의 계약관계를 해소하려는 피청구인의 일방적인 의사표시라고 봄이 상당하다고 할 것이다.

결론적으로, 이 사건 상장폐지확정결정은 헌법소원의 대상이 되는 공권력의 행사에 해당하지 아니하므로 이를 대상으로 한 심판청구는 부적법하다고 할 것이다.

위의 결정은 한국거래소가 국가로부터 상장규칙 제정권한을 위임받았을 뿐, 상장 및 상장폐지업무는 국가사무로서 위임받은 것이 아니므로 상장폐지결정은 단순한 사인간의 계약관계를 해소하는 것에 불과하다는 취지이다. 여기서 한국거래소의 상장이나 상장폐지결정보다 일반 국민들의 권리, 의무에 더욱 중대한 영향을 미치는 것은 향후 금융감독기구가 행사하게 될 인가 및 인가취소권의 행사일 것이다. '행정권한의 위임 및 위탁에 관한 규정' 제3조 제1항은 "행정기관의 장은 허가·인가·등록 등 민원에 관한 사무, 정책의 구체화에 따른 집행사무 및 일상적으로 반복되는 사무로서 그가 직접 시행하여야 할 사무를 제외한 일부 권한을 그 보조기관 또는 하급행정기관의 장, 다른 행정기관의 장, 지방자치단체의 장에게 위임 및 위탁한다"고 규정하므로, 인가권한 및 인가취소권한을 민간공적기구인 금융감독기구에 위임하더라도 법률상의 난관은 없다고 할 수 있다.9) 그런데 인가 및 인가취소권의 행사는 기업의 자유 또는 영업의 자유를 제한하는 것이므로 헌법상 보장된 직업의 자유와 밀접하게 연관된다. 더욱이 금융기관의 공공성을 고려하여 금융감독기구가 상당한 재량을 발휘할 것이라는 점을 고려할 때 이러한 권한의 행사는 매우 파장이 클 수 있는 것이다. 만일 민간공적기구의 설치와 운영에 관한 법률을 제정함에 있어서 만전을 기하지 못하여, 향후 금융감독기구의 조치에 대해 헌법재판소의 상장폐지결정례와 같은 선고가 다시 반복된다면(상장폐지업무가 국가사무에 해당하지 않으므로 상장폐지된 회사는 행정소송이나 헌법소원을 제기할 수 없다), 민간공적기구로 탄생할 금융감독기구의 인허가 거부나 취소 조치에 대해 기본권의 제한을 당하게 되는 자가 행정소송으로 이를 다투거나 헌법소원을 제기할 수 없게 될 것이다. 그 때에는 헌법상 보장된 기업의 자유나 영업의 자유가 심각하게 훼손됨에도 불구하고 침해에 대하여 적절한 구제수단을 확보하지 못하는 중대한 문제점이 발생할 것이다.

---

9) 여기서 말하는 허가, 인가, 등록은 기속재량행위를 말하는 것이고 금융기관의 인가와 같은 자유재량행위로까지 확대되지 않는다는 반대의견도 존재한다. 가장 중요한 논거는 금융기관의 인가가 건축허가와 같이 일상적으로 반복되는 사무로 취급할 수 없기 때문이라는 것이다.

## (2) 헌법재판소 2006. 11. 30. 선고 2005헌마855 결정 '군미필자 응시자격 제한 위헌확인'

【판시사항】

한국방송공사의 '2006년도 예비사원 채용공고' 중 "병역필 또는 면제받은 분. 단, 2005. 12. 31. 이전 전역 예정자는 응시 가능합니다." 부분(이하 '이 사건 공고'라 한다)이 헌법소원의 대상이 되는 공권력의 행사에 해당하는지 여부(소극)

【결정요지】

공법인의 행위는 일반적으로 헌법소원의 대상이 될 수 있으나, 그 중 대외적 구속력을 갖지 않는 단순한 내부적 행위나 사법적(私法的)인 성질을 지니는 것은 헌법소원의 대상이 되는 공권력의 행사에 해당하지 않는다. 방송법은 "한국방송공사 직원은 정관이 정하는 바에 따라 사장이 임면한다."고 규정하는 외에는(제52조) 직원의 채용관계에 관하여 달리 특별한 규정을 두고 있지 않으므로, 한국방송공사의 이 사건 공고 내지 직원 채용은 피청구인의 정관과 내부 인사규정 및 그 시행세칙에 근거하여 이루어질 수밖에 없다. 그렇다면 한국방송공사의 직원 채용관계는 특별한 공법적 규제 없이 한국방송공사의 자율에 맡겨진 셈이 되므로 이는 사법적인 관계에 해당한다고 봄이 상당하다. 또한 직원 채용관계가 사법적인 것이라면, 그러한 채용에 필수적으로 따르는 사전절차로서 채용시험의 응시자격을 정한 이 사건 공고 또한 사법적인 성격을 지닌다고 할 것이다. 이 사건 공고는 헌법소원으로 다툴 수 있는 공권력의 행사에 해당하지 않는다.

〈재판관 조대현, 재판관 이동흡, 재판관 목영준의 반대의견〉

오늘날 국가기능의 확대 내지 민간화 추세에 따라 국가기관은 아니면서 그 기능의 일부를 대신하거나 공익적 업무를 수행하는 공공기관 내지 공법인이 늘어나고 있다. 이런 연유로 국민의 기본권은 주로 국가에 의해 침해될 수 있다는 전통적 이론도 새로운 관점에서 재조명해 볼 필요성이 대두되었다. 미국, 독일 등에서는 이미 산업사회의 발달과 더불어 사적 집단이나 세력에 의한 기본권 침해가 증대될 수 있다는 측면을 중시하여 이른바 '국가행위이론(state action doctrine)'이나 '기본권의 대사인적 효력 이론' 등을 들어서 헌법상 기본권이 사인 상호 간의 법률관계에도 적용될 수 있는 방안을 모색하고 있는 추세이다. 방송법에 따르면 한국방송공사는 국가기간방송으로 방송의 공정성과 공익성을 실현하고, 그 자본금 전액을 정부가 출자하고 재원도 주로 국민이 납부하는 텔레비전 방송수신료로 충당되고 있으며, 이사는 방송위원회의 추천으로 대통령이 임명하고, 사장은 이사회의 제청으로 대통령이 임명하며, 그 회계결산은 방송위원회와 국회에 제출하여 승인을 얻어 확정·공표하며, 외부감사는 감사원법에 따라 감사원이 실시한다. 이러

한 사정에 비추어 볼 때, 한국방송공사는 공법인 중에서도 특히 공공적 성격이 강
하다고 할 수 있을 뿐만 아니라, 한국방송공사의 이 사건 공고처럼 국민의 기본권
을 침해할 소지가 있는 경우에 이미 채용된 직원의 근무관계는 사법적인 관계에
해당하므로 법원에 민사소송을 제기함으로써 구제받을 수 있는 것과 달리 단지
피청구인에 대한 입사지원을 준비하는 당사자가 일반법원에 채용공고의 무효확인
소송을 제기하거나 집행정지신청을 한 경우에 이것이 허용되어 구제된 사례를 발
견할 수도 없다. 그렇다면 이 사건 공고는 공권력 행사에 준하는 것으로 보아 이
사건을 각하할 것이 아니라 본안에 들어가 위헌 여부를 판단하는 것이 옳다.

공법인 중에서도 매우 공공성이 높은 한국방송공사의 조치, 특히 일반 私
人들에게 영향을 미칠 수 있는 조치에 대해 헌법재판소의 다수의견은 대외적
인 구속력을 갖는 공권력의 행사가 아니라고 하였다. 그 결과 한국방송공사의
조치가 국가행위로 인정되지 않으면서 결국 기본권을 침해받은 자의 헌법소원
이 각하되는 결과가 초래되었다. 소수의견과 같이 대통령이 임명하고 회계결산
에 국회의 승인을 받으며 감사원 감사를 받는다고 하더라도, 다수의견에 의하
면 한국방송공사의 조치는 공권력 행사와 무관하다고 판단될 여지마저 발생하
는 것이다. 한국방송공사의 사례 중 소수의견에서 짐작할 수 있는 바와 같이,
비록 민간공적기구인 금융감독기구를 설치함에 있어서 법률에 정당한 근거를
두고 그 운영에 대해 일반 행정부처와 유사하게 입법부, 사법부, 행정부로부터
법률에 의한 견제를 하더라도 민간공적기구의 조치는 공권력의 행사가 아니라
고 판단될 개연성도 있다. 이 때에는 국민의 기본권 신장에 장애를 초래하고
일반 국민들에게 불편을 끼칠 수도 있게 된다. 따라서 민간공적기구인 금융감
독기구의 발족은 입법부, 사법부(헌법재판소와 대법원), 행정부를 망라한 다른 정
부부처로부터 긴밀한 협조와 교감을 얻지 못하는 한 최선의 선택이 아닐 수도
있는 것이다.

## 2. 현행 금융감독기구에 대한 구체적인 대안의 모색

다음의 [표 7-1]은 현행법상 금융감독·검사·제재의 권한을 모두 갖는 금
융위원회와 업무수탁기관인 금융감독원의 이원적인 규제체계에 대한 대안으로
서, 설치가능한 세 가지의 금융감독기구 형태를 제시한 후 이들을 상호 비교·
평가하기로 한다. 금융위원회와 금융감독원을 영국이나 호주와 같이 쌍봉형 감

[표 7-1]  가능한 대안으로서의 금융감독기구형태

| 구분 | * 대안으로서의 금융감독체제 | 유사기구 |
|---|---|---|
| 1안 | ○ 금융위, 금감원 통합해 민간공적기구화<br>○ 금융위는 한은의 금통위 같은 내부의사결정기구화 | 한국은행 |
| 2안 | ○ 금융청 신설(금융위 + 금감원)<br>▶ 기존 금감원 직원 완전 공무원화 | 공정거래위원회 |
| 3안 | ○ 현재의 금융위 사무국을 철폐하고 금융위는 순수한 의결기구로서 존치시키되, 금융위 위원들 중 상임위원은 정무직 공무원화<br>○ 민간조직인 금감원을 금융위 사무국으로서 존치시키되, 감독, 검사, 제재 등 업무집행 | 구 방송위원회, 1997년 금감위, 금감원의 반관반민조직 |

\* 현행 금융위원회, 금감원 체제는 위의 어디에도 해당되지 않음.


독기구로 다시 이분화 하는 방안, 즉 건전성규제기관과 소비자보호기관으로 쪼개는 방안은 차후의 과제로서 여기서는 상세한 논의를 하지 않기로 한다.

참고로 위의 [표 7-1]에서 제시된 세 가지 대안은 기존의 타 정부조직을 모델로 한 것이다. 대안평가의 기준으로는 ① 법적 타당성, ② 책임성, ③ 전문성, ④ 독립성 및 ⑤ 효율성의 다섯 가지를 사용하였는데, 그 평가결과는 다음의 [표 7-2]에 제시되었다.

우선 3안은 半官半民 조직으로서 감독책임의 문제가 발생하였을 때 책임소재가 불분명하다는 치명적인 단점이 있다. 이 때문에 책임 전가와 무사안일의 문제가 효율성을 떨어뜨리고 전문성마저 저해하는 심각한 상황으로 치닫게 된다. 책임성과 효율성이 떨어지면 당연히 독립성에도 악영향을 주게 될 것이다. 따라서 법적 타당성의 논의를 하지 않더라도 3안은 세 가지 대안 중 가장 최악의 안이 아닌가 싶다. 그렇다보니 현재 우리나라의 어떠한 행정조직도 3안의 형태를 취하지 않는 것이라고 분석된다. 따라서 다음에서는 1안과 2안에 집중하여 논의를 전개하고자 한다.

첫째, 법적 타당성의 측면에서 민간공적기구화하는 1안과 완전한 공무원 조직으로 전환하는 2안 모두 설치에 관한 근거법을 제정한다면 그 효력에 있어서 차이는 없다. 다만 1안으로 할 경우 민간공적기구에게 국가사무를 정당하게 위임하였으므로 민간공적기구로부터 기본권 침해를 당한 자가 헌법상으로 보장된 구제책을 활용할 수 있도록 법률정비에 만전을 기하여야 할 것인데, 그

것이 과연 현실적으로 가능한지에 대해 앞에서 검토한 바 있다. 즉 입법부, 사법부, 행정부로부터 민간공적기구가 국가사무의 정당한 위임을 받아 공권력을 행사하고 있다는 공감을 얻지 못할 경우, 법률의 실효성이 문제될 수 있는 것이다. 책임성 측면에서는 1안, 2안 모두 감독기구의 대내적, 대외적 책임성을 명확히 한다는 점에서 차이가 있을 수 없고, 3안보다 우월한 대안들이라고 평가된다. 그리고 전문성의 측면에서는 어느 방안이든 전문성을 추구하고자 하는 동기의식을 갖고 직무에 전념할 수 있는 환경만 조성된다면 금융감독에 대한 전문성을 구비하게 될 것이라고 생각한다.

둘째, 독립성의 측면에서 외관상 1안이 단연 우위로 보이지만, 2안도 운영의 묘를 살릴 경우 상당한 독립성을 확보할 수 있다. 독립성의 지표가 ① 정치권력으로부터의 독립과 ② 산업으로부터의 독립으로 구성되어 있음을 감안할 때, 2안이 오히려 1안보다 더 나은 대안일 수도 있는데, 1안의 민간공적기구는 피감독자인 금융산업으로부터 포획될 위험성도 상당히 높기 때문이다. 2011년과 2012년의 저축은행사태는 산업포획의 예를 적나라하게 보여준 것으로 평가된다. 물론 2안에 대해서는 타 정부조직이나 정치권의 영향에서 자유로울 수 없어 계속 관치금융의 폐해를 야기시킬 것이라는 비판도 있겠으나, 현재 공정거래위원회의 운영현황을 볼 때 이러한 비판은 지나친 기우일수도 있다고 판단된다.

셋째, 효율성 측면에서, 어떠한 방안이 규제, 감독의 궁극적인 목적실현에 가장 잘 기여할 수 있는지를 볼 때, 1안과 2안 모두 우수한 방안이라고 보인다. 그런데 1안을 선택하더라도 다른 정부조직들이 향후 민간공적기구가 수행할 감독, 검사 및 제재 등의 업무에 대한 재량의 일탈을 경원시하여 미리 관련 법령에 권한 행사의 요건을 상세하고 엄격하게 규정함으로써 재량 권한을 완전히 배제해버린다면, 민간공적기구는 전혀 금융감독의 시의적절성 및 임기응변성을 발휘할 수 없는 비효율적인 조직으로 전락할 것이다. 물론 2안에 의하면 거대한 공무원조직으로 탈바꿈함에 따라 시장친화적이고 시장선도적인 감독자로서의 역할을 기대할 수 없다는 단점도 있을 수 있다. 그러나 현선연계 불공정거래의 규제 현황을 보면 금융감독당국이 다른 정부 부처(예: 돈육선물의 경우 현물시장의 규제권자인 농림수산식품부)와 유기적이고 조화로운 협조채널을 가동하여야 할 상황도 많이 발생할 것인데, 그 때에는 2안이 훨씬 유리할 수 있는 것이다.

[표 7-2] 제시된 대안들의 평가

|  | 법적 타당성 | 책임성 | 전문성 | 독립성 | 효율성 |
|---|---|---|---|---|---|
| 1안 | ○ | ○ | ○ | △ | △ |
| 2안 | ○ | ○ | ○ | △ | ○ |

다섯 가지 평가지표에 따른 1안과 2안의 평가 결과는 [표 7-2]에 제시되었는데, 종합적으로 우리나라의 현실에서는 2안이 가장 우월한 것으로 평가된다. 물론 2안을 채택할 경우 독립성을 확보하기 위한 의지와 끊임없는 노력이 수반되어야 할 것이다.

## 3. 독립성의 세부적인 확보방안

### (1) 규제의 독립 수립방안

금융부문의 규제는 다음의 세 가지 범주로 유형화할 수 있다. ① 가격책정, 이익(profits), 진입, 퇴출에 대한 통제 등의 경제규제(economic regulation), ② 피감독대상인 금융기관이 제공하는 상품유형이나 상품설계과정에 대한 통제 등으로 대변되는 건전성규제(prudential regulation), ③ 일반 대중 및 감독당국에 대해 공시필요성이 있는 정보를 규율하는 정보규제(information regulation).[10]

세 가지 유형은 개념상으로 확연하게 구별되지 않지만, 규제를 자주 개정함으로써 급변하는 금융환경의 변화에 신축적으로 대응하여야 한다는 측면에서는 유형별로 규제간의 차이점이 나타난다. 즉 어느 정도의 시간이 경과하더라도 경제규제와 정보규제는 지나치게 빈번한 개정을 하여서는 안 된다. 예를 들어 인가기준은 명확히 법문화되어야 하고 국제적인 최상의 관행에 부합하여야 하므로 시간의 경과라는 변수에 영향을 적게 받는다. 인가취소 기준도 마찬가지이다. 정보규제도 일단 최선의 국제기준 및 관행에 부합한다면 빈번한 개정의 대상이 아니다. 그러나 건전성규제에 있어서 상황은 달라진다. 건전성규제로는 업무의 안전성과 관련된 규제(예: BIS 자기자본규제), 업무수행과 관련된 규제(예: 임원진의 적격성규제, fit and proper requirements) 및 기타 금융중개업으로부터 발생하는 특별한 규제[11] 등을 들 수 있다. 이들은 감독업무에 있어서 가

---

10) Quintyn & Taylor, pp. 12-13.
11) 마지막 유형의 규제로서 부외거래항목에 대한 제한, 동일인 여신한도, 동일인에 포함되는

장 핵심적인 규제로서, 은행시스템의 건전성에 매우 중대한 영향을 미치게 된다. 규제상의 독립과 연관시켜 보자면, 금융감독당국은 건전성규제를 제·개정함에 있어서 가장 높은 수준의 자율성을 확보하여야 할 것이다. 왜냐하면 건전성규제에 있어서의 자율성이 확보되어야만 금융시장도 국제적인 최상의 기준 및 관행에 적응하고 부합할 수 있는 여건이 조성되기 때문이다.

### (2) 감독의 독립을 확립하는 방안

전체적인 감독수단의 無缺性을 보호함으로써 감독의 독립을 확립하려면, 다음의 다섯 가지 구체적인 방안들이 마련되어야 한다.

### (가) 감독의 전과정에 대한 감독권한의 보유

설립인가부터 인가취소까지 감독의 전과정이 금융감독기구에게 맡겨져야 한다. 이는 영국에서 과거 금융감독청(Financial Supervisory Authority) 설립시 모토로 내세웠던 "요람에서 무덤까지" 단일 감독기관이 감독업무를 수행하여야 한다는 理想과도 일치하는 것이다.[12)

### (나) 면책특권의 규정

감독권자들이 자신의 직무를 적절하게 수행할 경우, 법적인 보호를 받을 수 있어야 한다. 감독권자들은 직무상으로 수행한 자신의 감독행위로 인하여 私的인 소송에 휘말려들 수 있다. 만일 적절한 법적 보호장치가 마련되지 않으면, 감독기능의 수행은 無用之物이 될 것이다. 즉 피감독 금융기관으로부터 私的으로 소송당할 수 있기 때문에, 감독권자들은 제재의 부과나 제재의 집행을 기피할 것이다. 또한 부실은행의 조기폐쇄조치와 같이 신속하고 과감한 조치가 필요한 금융위기상황에서, 제재조치를 늦춤으로써 다른 건전금융기관에게까지 부실위험이 전파될 수 있다. 따라서 감독권자들에 대한 적절한 법적 보호장치가 설치법률에 명확히 규정되어야 한다. 예를 들어 금융감독기구의 임·직원이 적법한 직무수행중 부득이하게 타인에게 손해를 가한 경우 그 행위로 인하여 私的 訴訟을 추궁받지 않도록 하는 방안을 들 수 있다.

---

관계자의 범주에 관한 정의, 외환거래의 한도, 대출의 유형화 및 충당금설정에 관한 규제 등을 들 수 있다.

12) "감독의 전과정에 대한 감독권한의 보유"라는 본 쟁점은 '금융위원회의 설치 등에 관한 법률'(이하 금융위설치법) 제17조(금융위원회의 소관사무) 및 제18조(금융감독원에 대한 지도·감독)에 대부분 반영되었다.

### (다) 법규상의 제재발동요건 및 제재수단의 구체화

법규상으로 금융감독기구의 제재발동요건 및 제재수단을 구체적으로 명시할 경우, 구체적인 사안에 있어서 감독권자의 재량범위를 축소하거나 제거할 수 있다. 법규에 근거한 제재시스템은 재량권에 기한 제재시스템보다 훨씬 투명할 뿐만 아니라, 추후 사법부의 면책특권 해당여부에 대한 판단을 용이하게 해준다. 한편 금융감독기구의 자의적인 재량권 남용을 막고 법규에 명시된 기준에 의하여 제재가 이루어짐으로써, 전체 금융시장에서의 법적 안정성과 예측가능성도 증대된다. 대표적인 예로서 법규상으로 적기시정조치의 발동요건을 상세히 규정하고 그러한 규정에 입각하여 금융감독기구가 적기시정조치를 발동하는 것을 들 수 있다. 법규상 객관적인 기준이 존재한다는 사실만으로도 기준에 쫓아 선의로 직무를 수행한 감독권자들을 보호할 수 있는 근거가 마련되므로, 향후 제재시스템에 관한 법규개정에 있어서 재량권의 남용이 발생할 여지가 있는지를 계속적으로 점검하여야 할 것이다.

그렇지만 금융감독권자의 재량이 전혀 인정되지 않는 것은 아니다. 예를 들어 긴급한 필요성이 있는 경우 등에도 반드시 법령의 근거가 있어야 한다면 형식적인 적법성을 충족할 수 있지만 구체적인 결과에 있어서의 타당성을 실현할 수는 없는 것이다. 참고로 금융위설치법 제14조 제 1 항은 '긴급조치'에 대한 요건을 설시하고 있는데, 동 조항은 한편으로는 평상시 '자의적인 권한집행'의 가능성을 내포한 긴급조치발동을 해서는 안 된다는 본질적인 제약을 가하는 것이라고 볼 수 있다.[13]

### (라) 보수·승진체제의 마련

감독의 독립을 달성하려면, 감독권자들에 대한 적절한 수준의 보수와 함께 합리적인 승진체제도 마련되어야 한다. 만일 감독권자의 보수수준이 지나치게 낮다면, 뇌물수수가 만연될 위험성이 높다. 또한 감독당국이 최상의 자격요건을 갖춘 감독권자들을 초빙하여 직무에 전념하게 할 수 없다. 이때에는 감독기능의 질이 의문시될 뿐만 아니라, 수준 미달의 감독권자들이 외부의 전문가들로부터 많은 영향을 받아 감독기능의 중심조차 흔들리는 최악의 상황으로 빠져들게 된다.

---

13) 금융위설치법 제14조 (긴급조치)  ① 위원장은 내우·외환·천재지변 또는 중대한 금융경제상의 위기로 긴급조치가 필요한 경우로서 금융위원회를 소집할 시간적 여유가 없을 때에는 금융위원회의 권한 내에서 필요한 조치를 취할 수 있다.

(마) 이의절차의 전문성 강화

금융감독기구의 설치법률에서는 제재를 받은 금융기관이 금융감독기구를 상대로 이의를 제기할 수 있는 절차를 명시하여야 한다. 각 단계별로 확연히 구분되는 절차를 마련하여야 하고, 전체단계를 축소함으로써 不服하는 금융기관의 부담을 완화시켜 주어야 한다. 또한 법률로 이의를 제기할 수 있는 기한을 명백히 규정하여야 한다.

이의제기에 있어서 사법부에 지나치게 의존할 경우 감독의 독립은 요원해지는데, 구체적으로 다음과 같은 문제점이 발생한다. 첫째, 사법부에서의 최종판정이 이루어질 때까지 부실금융기관을 불건전한 상태로 계속 존속하게 만들며, 이는 결과적으로 전체 시스템의 건전성에 악영향을 미친다. 둘째, 비전문가로 하여금 이의절차에 개입하도록 함으로써 감독기능의 無缺性과 감독권자들의 평판을 저해한다. 셋째, 재판절차가 수개월에서 수년이 걸릴 수도 있으므로, 감독권자들의 관심을 다른 쪽으로 분산시킨다. 넷째, 금융기관들이 사법시스템이나 정치적인 시스템을 통하여 감독권자들을 협박할 수 있는 환경이 조성된다면, 금융기관(혹은 정치권력)에 의한 감독권의 장악이라는 위험이 현실화된다.14) 따라서 이렇게 불합리한 결과를 방지하기 위해서도 합리적인 행정심판절차가 마련되어야 한다. 대안으로서 향후 사법부의 전문성이 강화되려면, 특허법원과 같이 금융만을 전담하는 특별법원(special tribunal)의 설치도 적극적으로 고려하여야 한다.

(3) 기관의 독립 달성방안

(가) 간부직원의 선임·해임요건 명문화

상급간부직원의 선임요건과 해임요건을 명문화하여야 한다. 법령상으로 상급간부직원의 선임·해임시 그들의 업무상 결정보다 개인적인 능력과 성실성에 전적으로 따른다는 명문의 규정이 존재한다면, 이는 궁극적으로 기관의 독립에 이바지할 것이다. 이때에는 감독권자들이 보장된 임기 동안 안정적인 지위에 있게 되며, 정부로부터의 해임에 대한 두려움을 갖지 않고 당당하게 직무를 수행할 수 있다.

---

14) Quintyn & Taylor, p. 17.

## (나) 금융감독기구의 모범적인 지배구조 설계

금융감독기구의 지배구조를 매우 선진적이고 모범적으로 설계하여야 한다는 점에 대해 異見이 있을 수는 없다. 다수의 위원들로 구성된 위원회조직으로 설치할 경우, 의결사항의 일관성과 계속성을 확보할 수 있고 특정 개인의 견해에 영향을 받지 않는다는 장점이 있다. 모든 위원들은 당연히 전문가로 구성되어야 하는데, 특정 행정부서를 대변하는 자는 배제되어야 할 것이다.

## (다) 의사록의 완전 공개

금융감독기구의 모든 의사결정과정은 공개되고 투명하여야 한다. 과거와 달리 금융위설치법 제12조 제 2 항은 이러한 이념을 반영하였다.[15] 금융위원회의 많은 결정사항들은 공개하기 어려운 상업적으로 매우 민감한 사항들일 가능성이 높다. 그러나 의사결정과정이 공개되어야만 일반 대중과 금융산업이 금융감독기구의 결정을 면밀히 조사할 수 있을 뿐만 아니라 정치권과 행정부로부터의 간섭도 최소화되는 것이다.

## (4) 예산의 독립 성취방안

비록 어떠한 형태로든 정부예산으로부터 財源을 제공받더라도, 금융감독기구의 예산안은 당해 시장발전 및 감독업무에 상응한 객관적인 기준에 따라 금융감독기구가 주도적으로 작성, 제출할 수 있어야 한다. 금융감독기구의 주된 재원은 피감독 금융기관들로부터 징수하는 분담금이 될 것이다. 이렇게 재원을 분담금에 의존하는 방식을 취할 경우, 정부의 간섭을 회피할 수 있고 감독당국의 합리적인 필요에 따라 예산편성을 할 수 있는 등 장점이 있다. 그러나 산업에 대한 의존도가 높아짐에 따라 감독당국의 자율성이 침해될 수도 있다. 따라서 산업에 의한 감독권 장악을 방지하면서 합리적인 분담금을 책정하기 위한 대안으로서, 금융감독기구와 다른 정부조직이 연대하여 분담금 수준을 결정하는 방식도 있다. 감독의 수혜자인 정부로부터 재원의 일부를 제공받는 것도 산업에 의한 감독권 장악을 회피하려는 방안일 수 있다.

분담금 체계의 가장 큰 단점은 금융감독기구를 이해상충상황으로 빠뜨린다는 점이다. 즉 경제침체기나 금융위기시에는 감독과 검사를 철저히 하여야

---

15) 금융위설치법 제12조 (의결서 작성 등) ② 금융위원회는 의사록을 작성하고, 금융위원회가 정하는 바에 따라 이를 공개하여야 한다.

하므로 산업으로부터 더욱 많은 자원을 염출하여야 하지만, 이러한 시기에는
금융기관의 수익이 감소되고 규모도 축소될 수밖에 없으므로 오히려 분담금을
감액하여야 하는 상황에 직면한다. 최악의 경우 감독권자들을 가장 필요로 하
는 시기에 오히려 그들을 인위적으로 감축하여야 하는 것이다. 따라서 금융감
독기구가 이러한 시기를 대비하여 보험료에 비견할 정도의 잉여금을 비축하는
것이 최선의 해결책이다.

## 4. 책임성의 확보방안

다양한 통제수단의 혼합에 의하여, 금융감독기구에 대한 정치적인 책임추
궁이 가능하여야 한다. 예를 들어 입법부와 행정부의 감독, 엄격한 절차요건의
부여, 일반 공중의 참여, 철저한 사법부의 심사 등을 들 수 있다. 이를 구체적
으로 상설하면 다음의 (1)~(6)과 같다.

### (1) 법적인 근거

법률에서 감독당국의 권한과 기능을 명확히 규정함으로써, 감독당국에 대
한 법적 근거가 마련되어야 한다. 명확한 법적 근거만 있다면, 감독당국과 타
정부부처 혹은 감독당국과 법원간의 분쟁가능성을 미연에 회피할 수 있다. 현
재 금융위원회와 금융감독원의 존립근거를 마련하고 있는 금융위설치법도 이
러한 목적을 위하여 제정된 것이다. 향후 정부로부터 독립된 금융감독기구를
설치할 경우 그 존립근거로서 특별법을 제정하여야 할 것임은 재론할 필요가
없다.

### (2) 목    표

감독당국은 존립근거로서의 목적사항들을 명확히 밝힐 필요가 있다. 정부
로부터의 독립과 금융시스템의 안정성 보존, 개별 금융기관의 건전성 유지 및
예금자·일반 금융소비자 교육과 보호 등을 예시할 수 있다.16) 실제로 많은 국
가의 감독당국들은 자신들의 특별한 존재목적과 소관사무에 관한 사항들을 명
확히 기술한 직무지침(mission statement)을 발간하여 왔다. 이러한 공적 문서가

---

16) 독립성과 책임성을 제외한 나머지 사항은 현행법의 목적조항에도 대부분 반영되어 있다.
    즉 금융위설치법 제1조에서는 "이 법은 금융위원회와 금융감독원을 설치하여 금융산업의
    선진화와 금융시장의 안정을 도모하고 건전한 신용질서와 공정한 금융거래 관행(慣行)을 확
    립하며 예금자 및 투자자 등 금융 수요자를 보호함으로써 국민경제의 발전에 이바지함을 목
    적으로 한다"고 규정한다.

존재할 경우, 정치인과 피감독 금융기관들은 감독기관의 어떠한 직무수행이 목적을 일탈하여 정당하지 않다는 주장을 할 수 없게 된다. 또한 이러한 문서는 책임소재를 밝히는 데 있어서 가장 핵심적인 지표로서 기능할 것이다.

### (3) 행정부, 중앙은행과의 관계

금융감독당국은 경제정책을 총괄하는 기획재정부와 통화정책을 수행하는 중앙은행과의 관계를 명확히 하여야 한다. 예를 들어 기획재정부·한국은행이 금융감독당국의 결정에 대하여 再議를 요구할 수 있는 사항[17] 등을 규정하는 것이다. 특히 경제전반의 위기관리를 책임지는 기획재정부가 금융감독에 개입할 수밖에 없는 예외적인 상황은 분명히 존재한다. 예를 들어 "기획재정부장관이 금융감독원의 금융기관에 대한 감독·검사 및 제재 등으로 인하여 금융제도의 안정성을 크게 해침으로써 국민경제에 회복할 수 없는 치명적인 손해를 입힐 우려가 있다고 인정할 때"와 같은 사유를 들 수 있다. 이때에도 감독당국의 결정에 대한 재의요건 등을 명확히 규정하여야 할 것이다. 이렇게 함으로써 사전통지나 협의 혹은 재의 등이 없는 금융감독사항에 대한 금융감독당국의 책임은 더욱 명확해지는 것이다.

### (4) 입법부와의 관계

감독당국은 국회가 법률로 위임한 기능(본질상 입법에 준하는 기능도 있음)들을 수행한다. 따라서 의회가 책임을 물을 수 있는 장치를 법문에 마련하여야 한다.

### (5) 투 명 성

금융감독기구는 비밀을 유지하여야 할 절대적 필요성이 있는 일부 사안들을 제외하고, 감독, 검사 및 제재에 관한 모든 자료를 공개하여야 한다. 감독관련서류의 완전한 공개를 통하여 투명성을 확보할 경우, 다음과 같은 장점이 實現된다. ① 감독당국의 사적 이익추구행위를 제한할 수 있고, 산업에 의한 규제권의 장악 위험을 예방할 수 있다. 감독당국이 규명한 사실관계와 감독조치를 샅샅이 공개함으로써, 시장참여자들은 감독집행효과를 객관적으로 평가할 수 있다. ② 감독절차에 있어서의 암묵적인 정치적 개입을 배제할 수 있다. ③

---

17) 한국은행법 제89조 제1항에 따르면 금융통화위원회는 금융위원회가 통화신용정책과 직접 관련되는 금융감독상의 조치를 하는 경우 이의가 있을 때에는 재의를 요구할 수 있고, 동조 제2항에 따르면 이러한 재의요구가 있는 경우 금융위원회가 재적위원 3분의 2 이상의 찬성으로 전과 같은 의결을 한 때에는 확정적인 효력이 발생함을 규정하고 있다.

피감독 금융기관의 경영진, 이사 및 대주주들에게 고도의 주의의무를 촉구하고 금융업무에 대해 적절히 위험통제를 하도록 하는 동기를 제공한다.18)

### (6) 회계책임

금융감독기구는 조달받은 자금집행에 대해 회계책임을 진다. 이는 예산배정의 형태로서 사전적으로 행해질 수도 있고, 회계감사의 형태로서 사후적으로 행해질 수도 있다.

## Ⅳ. 소    결

우리나라에서는 과거 수십년간 "금융부문의 규제·감독에 대한 정치적 개입"(소위 관치금융)으로 인하여 금융위기상황이 더욱 악화되었던 경험들을 많이 갖고 있다. 이러한 뼈저린 경험을 교훈으로 삼아, 정부는 금융시스템을 안정시킬 책임을 맡은 금융감독기구를 정치적인 영향력으로부터 최대한 독립시킬 수 있는 妙案을 짜내야 한다. 이때 비로소 금융감독기구도 고유의 직분을 충실히 수행할 수 있는 것이다.

금융감독영역에 있어서의 독립성과 책임성 확보는 단지 理想으로 그칠 空念佛에 불과한 것이 아니라 반드시 성취하여야 할 당면의 현안으로 부각되고 있다. 그러나 구체적인 시행방안으로 접어들면 많은 난관에 봉착할 수 있다. 예를 들어 정부로부터 독립된 금융감독기구가 피감독대상인 금융기관들로부터도 자유로울 수 있는 구조를 완벽하게 설계할 수 있는가? 정치적인 통제로부터의 자유를 지나치게 강조하다 보면 정치적인 책임에 있어서의 중대한 흠결이 초래되지 않겠는가? 이러한 난관을 극복하려면 세부적으로 규제, 감독, 기관, 예산의 독립을 실현할 수 있는 구체적인 제도개선방안이 강구되어야 한다. 한편 견제·균형장치와 같은 기존의 정치제도들이 당해 금융감독기구의 독립을 보호할 수 있을 정도로 成熟되어 있는지에 대해서도 반드시 되짚어 보아야 한다.

---

18) Quintyn & Taylor, p. 25.

## 제 2 절   금융기관 임직원에 대한 재취업금지 명령제도 도입방안

### I. 서   설

현행 금융관련법상 일정한 제재 조치를 받은 금융기관 임·직원의 경우, 금융기관의 임원이나 준법감시인으로 선임되는 데 있어서 일정한 제한을 받고 있다. 따라서 금융기관 임·직원에 대한 금융업 재취업 금지제도는 제한적인 형태나마 일응 도입되었다고 평가할 수 있다. 이를 구체적으로 살펴보면, 금융 관련법령에 따라 해임요구나 면직요구의 조치를 받은 자는 5년간 은행의 임원 으로 선임될 수 없고,[19] 문책경고, 감봉 이상 등의 제재 조치를 받은 자는 5년 간 준법감시인으로 선임될 수 없다.[20]

그런데 최근 대형 금융사고의 발생 빈도가 많아지고 그 규모도 커지면서, 저자는 기존 제도에서 한 걸음 더 나아가 금융업무의 적격자와 비적격자를 선 별적으로 추려낸 후 이 중 비적격자를 일정 기간 금융시장에서 축출하는 형태 의 해임·재취업 금지제도도 필요하다는 생각에 이르게 되었다. 모델이 되는 입법례로서 미국에서 시행하는 prohibition order 제도[21]를 들 수 있다.

금융업무 수행 능력이 의심되고 자질도 미흡한 자가 제약을 받지 않은 채 금융업무를 수행할 수 있는 상태가 지속된다면, 금융업 자체에 대한 금융소비 자와 전체 금융시장의 신뢰는 바닥으로 추락할 것이다. 금융이 전체 산업의 발 전에 이바지한다는 측면에서 마치 인체에 있어서의 동맥과도 같은 역할을 한 다는 점을 감안할 때, 이러한 신뢰 실추는 국가 전체적으로도 바람직하지 않다. 이 때문에 기존 제도에서 한 걸음 더 나아가, 금융업무의 비적격자들이 업무를 수행할 수 없도록 금지하는 시스템을 보완할 필요가 있는 것이다. 그때에는 단 기적으로 금융범죄를 예방할 수 있을 뿐만 아니라 중·장기적으로 금융소비자 의 보호, 금융시스템의 신뢰성 제고 및 더 나아가 국가경제의 발전에 이바지하 게 되는 것이다.

---

19) 금융회사지배구조법 제 5 조 제 1 항 제 7 호 및 동법시행령 제 7 조 제 2 항 제 1 호 및 제 2 호.
20) 금융회사지배구조법 제26조 제 1 항 제 1 호.
21) 미국에서는 removal and prohibition order라는 용어를 사용하므로 원칙적으로 해임 및 재취 업금지 명령제도로 번역된다.

## II. 미국 *FIRREA*에서의 해임·재취업금지 명령제도 고찰[22]

### 1. 개     관

1933년 이래로 미국의 연방은행감독권자들은 "은행 및 상호저축은행의 임원 및 이사들의 직무를 정지하고 해임할 수 있는 권한"(the power to suspend and remove officers and directors of banks and thrifts from office)을 보유하여 왔다. 그런데 1980년대 저축·대부산업(the savings and loan industry)에서의 10여 년에 걸친 금융위기에 대처할 목적으로 긴급 제정된 1989년 금융기관개혁갱생제재법(the Financial Institutions Reform, Recovery, and Enforcement Act of 1989: 이하 FIRREA)은 예금수취기관 및 '금융기관과의 이해관계인'(institution-affiliated party, 이하 금융기관 관계인)에 대한 연방금융감독권자의 제재권한을 상당히 강화하였다. 그 중에서도 해임당한 자에게 은행산업 전체의 재취업을 자동적으로 금지(automatic industrywide prohibition from the banking industry)하는 조항과 감독당국의 권한으로 금융기관 관계인에게 재취업금지 규정을 적용하는 조항이 특히 주목할 만한 입법이었다.

### 2. 해임·재취업금지의 요건

#### (1) 일반적인 요건

해임·재취업금지는 각각 금융기관 관계인을 직무로부터 해임시키면서 금융부문(통상 금융산업 전체)에 대한 장래의 취업을 일체 배제시키는 것이다. 해임과 재취업금지는 통상 個人을 상대로만 행해지고, 事業體를 상대로 행해지지는 않는다. 그렇지만 금융감독당국이 법무법인, 회계법인 등 외부자문가로 하여금 고객으로서 모든 금융기관들을 전면적으로 받아들일 수 없다는 행정처분을 행할 경우, 그러한 행정처분은 당해 외부자문가와 같은 사업체에게 재취업금지를 명한 것과 동일한 효과가 발생하게 된다.[23]

---

22) 다음 II의 내용은 Barry Stuart Zisman *et al.*, *Banks and Thrifts: Government Enforcement and Receivership* (LexisNexis 2004), § 9.02[6] 이하를 주로 참조하였다.

23) Raymund G. Kawasaki, *Liability of Attorneys, Accounts, Appraisers, and Other Independent Contractors under the Financial Institutions Reform, Recovery, and Enforcement Act of 1989*, 42 Hastings L.J. 249, 263, 268-269 (1990).

감독권자들의 제재방법 중 해임과 재취업금지가 가장 혹독한 범주의 제재에 속한다. 해임은 항상 은행산업에 대한 재취업의 평생금지조치를 수반하게 되는데, 전문가로서의 평판을 파멸시킬 뿐만 아니라 생계를 박탈하는 것이다. 이렇게 가혹한 결과를 감안하여, 미국 의회는 해임 및 재취업금지에 있어서 직무정지명령(cease-and-desist order)보다 훨씬 고도의 입증을 요구하고 있다.24) 즉 감독당국은 해임과 재취업금지를 발동하기 전에, ① 일체의 위법행위와 불안전하고 불건전한 행위 등을 포함하는 부정행위(misconduct)의 실행,25) ② 부보 금융기관에 대한 손해나 예금자 이익의 침해와 같은 결과의 발생26) 및 ③ 유책성의 존재라는 세 가지 요건을 입증하여야 하는 것이다.

**(2) 자금세탁 또는 불법 임원겸임과 관련한 특별한 사건에 대한 특칙**

자금세탁이나 불법적인 임원겸임의 경우27) 연방금융감독권자들은 명백한 입증이 없더라도(lower quantum of proof) 해임명령을 발할 수 있는데, 이때에는 유해한 결과의 발생을 입증할 필요도 없다.

## 3. 해임·재취업금지의 절차와 효과

### (1) 일반적인 절차 및 효과

해임과 재취업금지 절차를 개시하기 위해, 감독당국은 금융기관 관계인에게 서면의 위반사실통지서를 송달하여야 한다.28) 통지서에는 해임과 재취업금지사유, 청문일시·장소 등의 사실이 기재되어야 한다. 청문회는 송달 이후 최소 30일부터 최대 60일 이내에 개최되어야 한다.29) 청문회에서 위반사실이 입증된다면, 감독당국은 적절하다고 간주되는 직무정지, 해임 또는 재취업금지를

---

24) 미국의 법원들도 이러한 의회의 입장을 따르고 있다. 예를 들어 *In re Seidman,* 37 F.3d 911, 929 (3d Cir. 1994) 사건에서 제 3 순회항소법원은 "은행임원 해임권은 법에서 규정한 요건을 엄격하게 준수하여 주의깊게 행사하여야 할 비상적인 권한(an extraordinary power)"이라고 판시하고 있다.

25) 12 U.S.C. § 1818(e)(1)(A).

26) 12 U.S.C. § 1818(e)(1)(B).

27) 12 U.S.C. § 1818(e)(2)(A).

28) 12 U.S.C. § 1818(e)(1)-(e)(4).

29) 이러한 청문회는 행정절차법에서 요구하는 절차적인 요건을 따라야 한다. 12 U.S.C. § 1818(h)(1). 우리 은행법 제64조는 국내 은행의 인가를 취소하거나 외국은행의 지점 또는 대리점의 인가를 취소하는 경우 필수적인 청문절차를 규정하지만 임직원에 대한 제재에 대해 청문절차를 규정하지는 않고 있다. 그렇지만 일반적인 행정절차법에 따라 청문을 요구할 수 있다고 본다.

명할 수 있다.30)

일단 해임 및 재취업금지 명령이 내려지면, 금융기관과 피고에 대한 송달 이후 30일이 경과할 경우 효력이 발생한다. 직무정지, 해임 또는 재취업금지 명령은 혹독한 결과를 야기하는데, 가장 극심한 것은 금융산업 전반에 있어서 향후 참가가 완전히 배제된다는 것이다.31)

## (2) 잠정적인 직무정지(Suspension)

특정 상황에서 일단 해임 및 재취업금지 절차가 개시되면, 감독당국은 피청구인의 직무를 잠정적으로 정지할 권한을 갖거나 당해 금융기관의 일상 업무에 향후 참가를 배제할 권한을 갖는다. 직무정지나 잠정적인 금지가 정당하다는 점을 확인받기 위하여, 감독당국은 당해 조치가 예금수취기관이나 예금자들의 이익을 보호하기 위하여 필요하다는 점을 확인하여야 한다.32) 감독당국은 피청구인과 금융기관에게 정지명령의 서면통지를 송달하여야 한다.33)

## (3) 중대한 범죄행위(felony)로 인한 직무정지, 해임, 재취업금지

금융기관 관계인이 어떠한 중범죄로 기소되거나 유죄판결을 받은 경우, 연방은행감독권자들은 12 U.S.C. § 1818(g)의 별도 규정에 의하여 이러한 자의 직무정지, 해임 또는 재취업금지를 강구할 수 있다(어떠한 경우에는 반드시 강구하여야 한다). § 1818(g)는 다음의 경우에만 적용된다. ① 주법이나 연방법상 1년 이상의 징역으로 처벌할 수 있는 부정행위 또는 신뢰위반과 관련된 범죄, ② 18 U.S.C. §§ 1956, 1957, 1960 및 31 U.S.C. §§ 5322, 5324의 연방자금세탁방지규정을 위반한 형사범. § 1818(g)의 중대 범죄자에게는 청문과 같은 절차가 완전히 보장되지 않는다. 더욱이 자금세탁(money-laundering)이 유죄판결된 경우, 해임이나 재취업금지가 필수적으로 부과되어야 한다.

---

30) 12 U.S.C. § 1818(e)(4).

31) 12 U.S.C. §§ 1818(e)(6)-(e)(7)(A).

32) 12 U.S.C. § 1818(e)(3)(A).

33) 12 U.S.C. § 1818(e)(3)(C).

## Ⅲ. 재취업금지 명령제도의 위헌성 여부에 대한 검토

### 1. 직업선택권 침해소지 여부

우리나라에 전면적인 금융업 재취업금지 제도를 도입할 경우 관련 대상자에 대해 헌법상 보장되고 있는 직업선택권을 침해하는 것이 아니냐는 위헌문제가 제기될 수 있다. 이는 관련자에 대해서 금융업 재취업금지 명령을 내리는 경우, ① 제재 대상자의 사적 재산권 보호와 ② 금융소비자 보호 및 금융시스템의 신뢰 확보라는 두 가지 법익이 정면으로 충돌하게 되는데, ①과 ② 중 어느 것을 우선할 것인가의 문제로 귀착된다. 현재 제한적으로 실시되고 있는 금융업 취업제한제도는 ①, 즉 제재 대상자의 사적 재산권이 본질적으로 훼손되지 않도록 하는 데 치우친 입법의 소산이라고 짐작된다.

그런데 금융시장에서 ①보다는 ②의 보호가 더욱 중요하다는 점을 재론할 필요는 없다고 본다. 왜냐하면 금융업무 수행의 부적격자에 대하여 금융업에 종사하는 것을 금지하는 조치는 궁극적으로 금융소비자를 보호하고 더 나아가서는 시장의 신뢰를 유지할 뿐만 아니라, 예금자보호제도와 지급결제제도 및 중앙은행의 최종대부자기능과 같은 공적 안전망(public safety)을 보호할 수 있는 순기능을 가져올 것이기 때문이다. 따라서 기존의 제한적인 금융업 재취업제한 제도를 전면적으로 확대하더라도 큰 문제는 없다. 현행 헌법은 금융제도 및 금융시장의 신뢰 확보와 소비자 보호를 개인적인 권리 보호보다 더 우선시하는 것에 대해 정당성을 부여하고 있다. 즉 헌법 제37조는 국민의 자유와 권리가 공공복리를 위하여 필요한 경우 법률로써 제한할 수 있도록 규정하고 있는 것이다. 따라서 전면적인 재취업금지 제한제도를 당장 도입하더라도 위헌성 여부에 대한 시비는 극복될 수 있을 것이라고 본다.

### 2. 과징금 등 다른 제재와의 병과가능 여부

금융업 재취업금지 명령제도를 도입할 경우 과징금, 시정명령, 또는 벌금이나 과태료 등의 처분과는 별개로 처분이 내려질 것인데, 이때에는 다른 제재조치와의 병과가 이중위험금지원칙이나 과잉금지원칙 등에 위반되는지 여부가 다시 문제될 수 있다.

그러나 금융업 재취업금지 명령제도의 본질적인 성격은 행정제재 또는 민사제재에 해당하므로, 다른 제재와의 병과 이외에도 형벌과의 병과가 가능하다. 그리고 금융업 재취업금지 명령제도는 이미 금융선진국에서 위헌논란을 극복하고 성공적으로 정착되어 그 유효성이 검증된 제도란 점을 다시 한번 강조하고 싶다.

## Ⅳ. 재취업금지 명령제도의 구체적인 도입방안

### 1. 기본 원칙

가사 위헌의 논란은 극복할 수 있더라도, 금융업 재취업금지 명령제도가 관련 대상자에게는 개인적으로 아주 중대한 제재임에 틀림없다. 왜냐하면 금융업 재취업금지 명령은 금융 관련 업종에 종사하는 것을 금지하는 조치이므로, 직업선택의 자유가 제한되고 당해 제재 대상자의 경제활동에도 중대한 악영향을 미치기 때문이다. 이런 점에서 금융업 재취업금지 명령은 제한적으로, 그리고 절차 및 요건을 엄격하게 규정하여 남용되지 않도록 할 필요가 있다.

이러한 이유로 영구적인 재취업금지 명령은 정당화되지 않는다. 또한 재취업금지 명령을 결정하는 과정에서 관련 당사자 및 이해관계자들의 설명 및 의견 진술 기회의 부여, 이의 신청 절차의 확실한 보장 등 절차면에서의 투명성 및 공정성을 확보하는 것이 무엇보다도 중요하다. 이러한 절차적 요건들이 마련된다면, 금융업 재취업금지제도의 도입은 당연한 시대적 조류에 부합하는 입법조치로서 긍정적인 평가를 받게 될 것이다.

참고로 미국의 금융감독당국에 비하여 사법부는 재취업금지 명령제도에 대해 다소 소극적이다. 즉 미국에서는 1년 이상의 징역으로 처벌되는 부정행위나 연방자금세탁방지규정을 위반한 형사범 등 중대한 범죄행위를 저지른 자에 대해서는 해임 및 재취업금지 명령이 의무적으로 부과되지만, 그 외의 사안에 있어서 판례는 다소 소극적인 것이다. 이러한 미국법원의 입장은 해임 및 재취업금지가 헌법상 보장되는 사적 재산권을 박탈하고 직업선택의 자유를 침해할 위험성이 있기 때문에, 그 발동요건을 의도적으로 제한하는 것으로 분석된다. 따라서 향후 우리 금융감독당국이 해임 및 재취업금지 명령제도를 도입할 경우에는 동 제재의 성격이 너무도 권리 침해적이고 징벌적으로 치우치지 않도록 운영의 묘를 발휘하여야 할 것이다.

## 2. 재취업금지 명령의 적용 대상자의 범위

금융업 재취업금지 명령제도를 도입한다고 했을 때 우선 문제될 수 있는 것은 재취업금지 명령 대상자의 범위를 정하는 문제이다. 우선 ① 임원에만 한정할 것인가?, ② 임원뿐만 아니라 일반 직원도 그 대상으로 할 것인가?, 아니면 ③ 임·직원 이외에도 기타의 주요 주주, 독립계약자 등 금융기관 관계인까지 그 대상을 확대할 것인가?의 문제가 있을 수 있다. 미국은 *FIRREA*에서 ③의 방식을 채택하고 있는데, ③은 제재대상 범위가 워낙 넓으므로 제재의 강제성과 실효성을 확보할 수 있는 장점은 있지만, 사적 재산권을 침해당하는 자가 많아지므로 위헌의 시비가 확산될 수 있다는 단점이 있다. 따라서 ③을 우선 배제하고 ①과 ②를 비교한다면, 제재 조치의 실효성 확보라는 측면에서 보았을 때 임원만 대상으로 하는 ①보다는 일반 직원까지도 그 대상으로 하는 ②가 바람직하다고 본다.

이렇게 임·직원을 대상으로 하더라도, 이들 중 구체적으로 대상자를 어떻게 정할 것인지는 매우 어려운 문제이다. 일단 형사 처벌 대상이 된다는 것은 위반의 정도가 크다는 판단에 기한 것이므로, 벌금형을 받은 경우에도 재취업 제한 명령 대상에 포함하는 것이 바람직하다고 본다. 금융감독당국으로부터 제재 조치를 받는 경우 '모든 제재 조치'를 대상으로 하는 방안과 '제재 조치 중 위반의 정도가 큰 제재 조치'만을 대상으로 하는 방안을 생각해 볼 수 있는데, 감독당국이 내린 제재 조치는 상대적으로 자의적인 재량이 개입되므로 그 범위를 제한하는 것이 바람직하다.

## 3. 재취업금지 명령의 조치 요건

금융업 재취업금지 명령제도를 도입하고 재취업금지 명령 대상자를 정하는 데 있어서, 위에서 제시한 범위 내의 형사 처벌을 받거나 금융감독당국으로부터 제재 조치를 받은 임·직원들을 자동적으로 재취업금지 명령 대상자로 확정할 것인지가 문제될 수 있다. 다시 말하면 재취업금지 명령이라는 별도의 제재 조치 없이, 다른 제재 조치나 형사 처벌이 확정되면 바로 재취업금지 명령 대상자로 될 수 있는 것인지의 문제이다. 견해는 긍정설과 부정설로 나뉠 수 있을 것인데, 저자는 그 어느 한쪽으로 치우쳐 결론을 내릴 수는 없다고 본다. 왜냐하면 원칙적으로 금융업 재취업금지가 그 대상자에게는 해당 업종에 종사할 수 없도록 금지하는 악영향을 미치므로 관련 절차를 다시 개시하는 것이 바람직하다고 할 수 있지만, 예외적인 상황 즉 중대한 법령위반이나 금융감독당국의 명령을 정면으로 이행하지 않음으로써 중벌의 유죄선고나 막대한 과징금을 부과받은 당해 임·직원을 상대로 하여 중복적인 절차를 반복하도록 강요할 필요는 없기 때문이다. 결국 이 쟁점은 입법정책의 문제라고도 할 수 있는데, 재취업금지 명령의 발동요건을 엄격하게 법정한 상태에서 예외적으로 중복적인 절차를 피할 수 있도록 하는 방안을 모색할 필요가 있다.

한편 금융감독당국이 재취업금지 명령의 결정을 내릴 때 참작할 수 있는 고려 요소로는 다음과 같은 것을 생각해 볼 수 있다: ① 대상자의 정직성, 도덕성 및 평판(reputation), ② 대상자의 업무 수행 능력(competence), ③ 위반 행위에 따른 금융소비자나 금융시스템의 신뢰에 미치는 영향의 정도, ④ 위반의 중대성의 정도 등.

## 4. 재취업금지 명령의 제한 기간

금융업 재취업금지 명령제도를 도입하는 경우 영구적인 재취업금지를 할 것인가 아니면 제한적인 기간 설정을 할 것인가가 논의될 수 있다. 이에 대해서는 영구적인 재취업금지 명령제도를 도입하는 경우에는 직업선택권 침해 소지의 가능성이 클 수 있다는 점 등을 감안하면 재취업금지 기간을 두는 것이 바람직하다고 본다.

## 5. 재취업이 금지되는 금융기관

금융업 재취업금지 대상자가 재취업할 수 없는 금융기관의 범위를 어떻게 정할 것인가도 쟁점으로 상정할 수 있다. 예를 들어 동종 금융기관으로 한정하는 것과 같이 제한적으로 금융기관의 범위를 정하는 방안을 생각해 볼 수 있으나, 이때에는 재취업금지 명령제도의 실효성을 확보하기가 용이하지 않다. 따라서 재취업제한이 되는 대상 금융기관은 전체 금융기관(우선은 금융감독원의 검사 대상 금융기관인 금융위설치법 제38조에 규정된 금융기관이 타당하다고 본다)으로 하는 것이 바람직하다고 본다.

## 6. 재취업금지 명령의 법적 근거 마련 방안

금융업 재취업 금지명령은 헌법상 보장되는 국민의 기본권을 제한하는 조치이다. 따라서 공공복리를 보호하기 위하여 개인의 사적 재산권을 제한하는 형태로 이러한 명령이 발하여진다는 점을 관련 법률에 명확히 규정하여야 한다. 여기서 해당 법률로서는 '금융산업의 구조개선에 관한 법률'(이하 금산법)이나 금융위설치법을 들 수 있다.

금융위설치법이 금융감독기구의 업무분장을 규정한 조직법에 불과하다는 점을 감안할 때,34) 금융위기를 미연에 방지하기 위하여 금융기관에 대한 상시검사와 금융기관의 임·직원에 대한 제재를 규정하고 있는 금산법에 재취업금지 명령의 근거조항을 마련하는 것이 바람직하다고 생각한다. 동 조항에서 대상자의 범위와 제재요건 및 제재기간 등을 명확히 규정하는 방안을 강구할 수도 있지만, 개괄적인 원칙만을 정하고 구체적인 사항을 시행령과 개별 법률에 마련하는 방안도 생각해 볼 수 있을 것인데, 이는 결국 입법정책의 문제로 귀결되므로 추가적인 논의를 생략하고자 한다.

## V. 정      리

금융의 선진화를 꾀하려면 그 기반이 되는 유능한 금융 전문 인력들을 많이 배양하는 한편, 금융업무의 부적격자들에 대해서는 조기에 시장에서 퇴출시키는 제도도 마련되어야 한다. 만일 부적격자들이 금융 업무에 계속 참여할 경우 업무의 효율성과 금융기관 자체에 대한 신뢰도가 함께 추락할 것이므로, 금융업을 수행하기에 부적합한 자를 일정 기간 금융업에 종사할 수 없도록 하는 제도가 필요한 것이다. 해임권고나 면직 조치를 받은 자 중 금융현장에 접근을 차단하여야 할 자들을 추려 내는 작업은 그리 많은 시간이 소요되지 않을 것이므로, 도입될 경우 근시일 내에 조속한 제도의 정착도 이루어질 것이라고 기대하는 바이다.

---

34) 판례도 금융위설치법의 각 규정은 금융위원회나 금융감독원의 직무범위를 규정한 조직규범에 불과하여 구체적인 제재의 근거법률이 될 수 없다고 판시함으로써 같은 견해를 취하고 있다. 대법원 2005. 2. 17. 선고 2003두14765 판결.

# 제 3 절 민사금전벌 제도의 도입방안

## I. 총    설

우리나라의 현행 금융관련법상 금융기관 임·직원에 대한 제재 조치는 임원에 대한 해임권고·업무정지 또는 직원에 대한 감봉·견책 등 신분상 제재 위주로 운영되고 있다.[35]

> 은행법
> 제54조 (임직원에 대한 제재) ① 금융위원회는 은행의 임원이 이 법 또는 이 법에 따른 규정·명령 또는 지시를 고의로 위반하거나 은행의 건전한 운영을 크게 해치는 행위를 하는 경우에는 금융감독원장의 건의에 따라 해당 임원의 업무 집행의 정지를 명하거나 주주총회에 그 임원의 해임을 권고할 수 있으며, 금융 감독원장으로 하여금 경고 등 적절한 조치를 하게 할 수 있다.
> ② 금융감독원장은 은행의 직원이 이 법 또는 이 법에 따른 규정·명령 또는 지시를 고의로 위반하거나 은행의 건전한 운영을 크게 해치는 행위를 하는 경우에는 면직·정직·감봉·견책 등 적절한 문책처분을 할 것을 해당 은행의 장에게 요구할 수 있다.
> 제54조의2 (퇴임한 임원 등에 대한 조치내용의 통보) ① 금융위원회(제54조 제 1 항에 따라 조치를 하거나 같은 조 제 2 항에 따라 문책처분을 할 것을 요구할 수 있는 금융감독원장을 포함한다)는 은행의 퇴임한 임원 또는 퇴직한 직원이 재임 중이었거나 재직 중이었더라면 제54조 제 1 항 또는 제 2 항에 해당하는 조치를 받았을 것으로 인정되는 경우에는 그 조치의 내용을 해당 은행의 장에게 통보할 수 있다.

---

35) 금융감독원장은 금융기관의 임원이 금융위설치법 또는 동법에 따른 규정·명령 또는 지시를 고의로 위반한 때에는 그 임원의 해임을 임면권자에게 권고할 수 있으며, 그 임원의 업무 집행의 정지를 명할 것을 금융위원회에 건의할 수도 있다(금융위설치법 제42조). 또한 금융 감독원장은 대상 금융기관의 임직원이 ① 금융위설치법 또는 동법에 따른 규정·명령 또는 지시를 위반한 경우, ② 동법에 따라 금융감독원장이 요구하는 보고서 또는 자료를 거짓으로 작성하거나 그 제출을 게을리 한 경우, ③ 동법에 따라 금융감독원의 감독과 검사 업무의 수행을 거부·방해 또는 기피한 경우, ④ 금융감독원장의 시정 명령이나 징계 요구에 대한 이행을 게을리 한 경우 당해 금융기관의 장에게 이를 시정하게 하거나, 해당 직원의 징계를 요구할 수 있다(동법 제41조 제 1 항). 여기서 징계는 면직·정직·감봉·견책 및 경고로 구분한다(동법 동조 제 2 항).

② 제 1 항에 따른 통보를 받은 은행의 장은 이를 퇴임·퇴직한 해당 임직원에게 통보하고, 그 내용을 기록·유지하여야 한다.

그렇지만 이러한 신분상 제재의 부과여부는 궁극적으로 은행의 자율경영 영역에 속한다는 측면에서, 그 완전한 효과를 기대할 수 없는 상황이 발생한다. 예를 들어 은행 임직원이 자신의 소속기관이나 대주주의 잘못된 경영 전략이나 정책을 충실히 따른 결과 법령을 위반한 경우를 가정해 보자. 이때에는 은행이 해당 임직원에 대해 최소한의 형식적인 제재만을 하려고 할 것이다. 왜냐하면 소속 임직원의 법령 위반 행위가 중·장기적으로 은행의 건전성을 침해할 위험성이 있지만 단기적으로는 은행 자체의 이익 혹은 은행 대주주의 이익과 부합하므로, 해당 은행은 임직원의 제재에 소극적일 것이기 때문이다. 한편 신분상 제재가 사회 전체적으로 그리 실효적이지 못한 경우도 생각해 볼 수 있다. 이는 은행들이 임직원에 대해 연봉제를 실시하면서 계약직을 확대한 결과, 노동수급 시장의 유연성이 상당히 높아진 지금의 상황과도 밀접하게 관련된다. 즉 이러한 상황에서는 어떠한 은행 임직원이 이전의 금융기관으로부터 신분상 제재를 받았더라도, 쉽게 다른 금융기관으로 轉職할 수 있는 여건이 마련되어 있는 것이다.

지금까지 은행 임직원에 대한 제재를 신분상 제재 위주로 한 데에는 나름대로의 이유가 있었다고 분석된다. 참고로 은행법 제65조의3부터 제65조의11까지는 과징금의 부과대상을 원칙적으로 은행으로 제한하고 예외적으로 이해상충규제를 위반한 대주주로 확대할 뿐 은행의 임직원까지는 포함하지 않고 있다. 이는 사업자 이외에 개인에까지 과징금을 부과하는 것은 이중제재라는 인식이 밑바탕에 깔려 있다고 짐작된다. 그렇지만 자본시장법상으로 이미 개인을 상대로 한 과징금 제도가 도입된 상황에서,[36] 위와 같은 인식은 다소 구태의연할 수밖에 없다. 한편 과태료와 같은 기존 제도가 금전적인 제재로서 기능하여 왔다는 반론이 제기될 수도 있다. 그러나 현행 금융관련법상 임직원에 대한 과태료의 부과 사유는 보고 의무나 공시 의무 위반 등 절차상의 위반 행위로 한정되어 있고, 부과 금액도 상대적으로 경미하다.[37] 더욱이 금융기관 임·

36) 자본시장법 제429조(공시위반에 대한 과징금)와 제429조의2(시장질서 교란행위에 대한 과징금)는 공시서류상 misrepresentation에 책임 있는 자와 시장질서 교란행위자를 상대로 과징금을 부과하고 있다.
37) 예를 들어 은행법 제69조 제 2 항은 은행의 임원 등 또는 직원이 동법 제30조의2 제 2 항을

직원들 사이에서 과태료의 납부는 그리 문제되지 않는다는 인식이 만연되어 있다. 따라서 과태료는 금전상의 제재로서 적절히 기능하지 못하며 법령위반행위를 유효적절하게 억제할 수 있는 수단이 되지 못한다.

　우리나라와 달리 주요 금융선진국의 제도를 분석해 보면, 금융기관의 임·직원에 대하여 신분상의 제재보다는 금전적인 제재 위주로 제재의 기본틀을 전환하고 있음을 알 수 있다.[38] 이는 기존 제재가 갖는 한계 이외에도, 신분상 제재가 금융기관의 자율성을 저해할 뿐만 아니라 그 실효성도 반감된다는 문제점을 적시한 결과라고 분석된다. 저자는 금융의 脫國境化와 함께 Global Standard에 맞는 금융제도를 강구하려면 금전적인 제재 위주로 제재의 패러다임을 변화시켜야 한다고 생각한다. 참고로 2014년 개정 자본시장법은 제178조의2를 신설하여 자본시장에서의 시장질서 교란행위자에 대해 개인 과징금 제도를 도입하였다. 물론 자본시장법이 모든 불공정거래 행위자에 대해 전면적으로 개인 과징금 제도를 도입한 것은 아니지만 향후 제재의 기본적인 패러다임을 전환할 수 있는 기반을 구축하였다는 점에서 높이 평가할 만하다.

　금전적인 제재로의 패러다임 전환을 모색함에 있어서 미국 금융기관개혁갱생제재법상의 civil money penalties(이하 민사금전벌) 제도를 꼼꼼히 검토할 필요가 있다. 왜냐하면 동 제도는 전세계 금전상 제재의 모델로 칭송받기 때문이다. 물론 헌법상 민사금전벌과 형사제재 등의 다른 제재들을 병과할 수 있는지의 문제, 즉 민사금전벌의 이중처벌 해당 여부에 대한 검토도 추가적으로 필요할 것이다.

---

위반하여 금리인하요구권을 알리지 아니한 경우, 동법 제48조에 따른 검사를 거부·방해 또는 기피한 경우, 동법에 따른 서류의 비치, 제출, 보고, 공고 또는 공시를 게을리한 경우, 그밖에 동법이나 동법에 따른 규정·명령 또는 지시를 위반한 경우 2천만원 이하의 과태료를 부과할 뿐이다.

38) 정찬형·고동원·김용재, 「금융기관 임·직원에 대한 제재제도의 선진화 방안에 관한 연구」, 금융감독원 연구용역 최종보고서 (2007. 7. 10), 26-120면.

## II. 미국 금융기관개혁갱생제재법상 민사금전벌 제도[39]

### 1. 개    관

1989년 8월 9일 금융기관개혁갱생제재법(the Financial Institutions Reform, Recovery, and Enforecement Act of 1989: 이하 FIRREA)이 제정되었다.[40] 동법은 1980년대 저축·대부산업(the savings and loan industry)에서의 10여 년에 걸친 금융위기에 대처하기 위한 것으로서, 예금수취기관에 대한 연방규제의 대폭적인 개정이라는 결과를 가져왔다. 동법은 금융기관에 대한 연방금융감독권자의 제재권한을 상당히 강화하였다. 즉 제재권한의 범위가 대폭적으로 넓어졌고 특정 상황에서는 '금융기관과의 이해관계인'(institution-affiliated party, 이하 금융기관 관계인)도 제재할 수 있게 되었다. 민사금전벌의 엄정성 및 대상 범위가 FIRREA에서 대폭 증대되었다.

### 2. *FIRREA*의 민사금전벌 제도

#### (1) 민사금전벌의 부과 대상: 금융기관과 금융기관 관계인

*FIRREA*는 민사금전벌의 부과 대상을 과거의 법제보다 대폭 확대하였다. 부보(insured) 금융기관과 금융기관 관계인(institution-affiliated parties)이 민사금전벌의 대상이 되는데, 민사금전벌은 자기자본비율 충족이나 자본보완명령 위반, 금융법 위반 또는 '건전성기준'(safety and soundness standards) 위반 등의 경우 부과될 수 있다. 그리고 이러한 민사금전벌은 부보금융기관과 금융기관 관계인에게 병과될 수 있다. *FIRREA*에서 민사금전벌의 대상으로 추가한 금융기관 관계인이란 다음과 같은 네 가지 범주의 법인 및 개인을 포함하는 개념이다(직무를 중단한 후부터 6년 내에 혐의의 통지로 제재절차가 개시되는 한, 민사금전벌 부과 이전에 사직하였거나 해임되었더라도 당해 금융기관 관계인은 민사금전벌의 대상이 될 수 있다[41]).

---

39) 다음 II의 내용은 주로 Elizabeth A. McLaughlin, *Civil Money Penalties in the Financial Institutions Reform, Recovery, and Enforcement Act of 1989: An Analysis*, 12 Geo. Mason U. L. Rev. 289 (1990)과 Barry Stuart Zisman et al., *Banks and Thrifts: Government Enforcement and Receivership* (LexisNexis 2004)를 참고하였다.

40) Pub. L. No. 101-73, 103 Stat. 183 (1989).

41) 12 U.S.C. § 1818(i)(3).

첫째, 내부자(insiders)이다. 부보금융기관의 이사, 임·직원 및 지배주주가
금융기관 관계인의 첫 번째 범주이다. 이러한 내부자들의 대리인들도 마찬가지
이다. 다만 지배주주라도 은행지주회사는 금융기관 관계인에서 제외된다.[42) 지
배주주를 편입한 의미는 매우 크다. 왜냐하면 이들을 민사금전벌의 대상으로
함으로써 이들이 종전부터 향유하던 유한책임의 이익을 박탈하는 결과를 야기
하기 때문이다. 둘째, 지배력을 행사하는 기타의 자(others in control)이다. 12
U.S.C. § 1817(j)에 따라 소관 금융감독당국에게 지배권의 변동통지를 제출하
였거나 제출할 의무가 있는 자는 금융기관 관계인이다.[43) 셋째, 금융기관의 업
무에 참가하는 자(participants in the institution's affairs)이다. 금융기관 관계인의
개념에는 금융기관의 업무에 참가하는 주주(은행지주회사는 제외), 자문업자
(consultant) 및 합작파트너(joint venture partner)를 포함한다. 기타의 자로서 금융
기관의 업무에 참가하는 자도 연방금융감독당국이 규정이나 각 사안에서 금융
기관 관계인이라고 결정할 경우 금융기관 관계인으로 취급된다.[44) 넷째, 독립
계약자(independant contractors)들이다. 변호사, 감정평가사 및 회계감사인 등과
같이 부보금융기관에 대한 독립계약자들도 금융기관 관계인이 될 수 있다. 그
러나 이러한 범주의 자들을 금융기관 관계인으로 취급하려면, 감독당국이 ①
misconduct(위법·부당한 행위를 포괄하는 개념으로서, 이하 부정행위), ② 유책성,
③ 유해한 결과 발생을 입증하여야 한다.

## (2) 3단계 체제의 민사금전벌 제도

*FIRREA*는 벌칙대상자의 有責性과 危害의 정도에 따라 상한선이 대폭적으
로 증액하는 3단계의 민사금전벌 체제를 도입하였다. 동 민사금전벌 규정은 현
재의 계속적인 위반행위와 과거의 위반행위에 모두 적용된다.

## (가) 1등급 민사금전벌

1등급 민사금전벌은 가장 경미한 위반행위에 대비한 것이다. 그럼에도 불
구하고 위반일수당 최대상한선 5,500불의 1등급 민사금전벌도 대부분의 이사

---

42) 12 U.S.C. § 1813(u)(1).

43) 12 U.S.C. § 1813(u)(2). 제1817(j)조는 연방금융감독당국에게 사전의 서면에 의한 통지 없
   이 의결권 있는 주식의 매수(purchase), 양수(assignment), 이전(transfer), 담보제공수령(pledge)
   또는 기타의 처분행위 등을 통하여 부보금융기관의 지배력을 획득할 수 없도록 규정하고 있다.

44) 12 U.S.C. § 1813(u)(3).

와 임원들의 위법행위를 억지하기에는 충분한 벌칙이다. 1등급 민사금전벌은
다음 위반행위 중 하나의 행위에 대해 부과될 수 있다. ① 법규위반행위(종래
민사금전벌 권한의 부여는 특정 조항에 한정되었었다), ② 임시 혹은 종국정지명령
(cease-and-desist order), 정직(suspension), 해임 및 재취업금지명령(removal and pro-
hibition order), 12 U.S.C. § 1818(s)에 따른 자금세탁금지명령, 12 U.S.C. § 1831o
에 따른 자본증가명령(capital directive), 12 U.S.C. § 1831p-1에 따른 건전성명령
(safety and soundness order) 등의 위반행위, ③ 어떠한 신청의 승인이나 예금수취
기관의 기타 요청과 관련하여 적절한 연방은행감독당국이 부과한 서면조건의
위반행위, ④ 예금수취기관과 소관 연방은행감독당국간 체결된 서면합의의 위
반행위.

연방감독권자들은 1등급 민사금전벌을 부과하기 위해, 유책성 혹은 실제
적인 위해나 위해의 위협성을 입증할 필요가 없다. 즉 금지된 위반행위가 발생
하는 한, 유해한 결과를 끼치지 않는 과실행위나 선의의 행위였다고 하더라도
1등급의 민사금전벌을 부과하기에 충분한 것이다.[45]

### (나) 2등급 민사금전벌

2등급 민사금전벌은 좀 더 중대한 부정행위(serious misconduct)나 危害
(harm)에 대한 것이다. 그러한 금전벌은 위반일수당 최대 상한선이 27,500불에
이른다.[46] 연방금융감독권자들은 2등급 민사금전벌을 부과하기 위해, 부정행
위의 성격 및 그 중대성을 감안하여야 하는데, 다음 범주의 행위는 2등급 민사
금전벌을 부과하기 위한 충분요건을 갖춘 것으로 본다. ① 1등급 민사금전벌
위반행위, ② 부보예금수취기관의 사무를 처리함에 있어서 무모하게 불건전한
업무에 종사하는 행위, ③ 자금수탁자로서의 신인의무 위반행위.[47] 2등급 민사
금전벌은 1등급 민사금전벌 위반행위 외에도 불건전한 업무관행과 자금수탁자
로서의 신인의무 위반행위를 대상으로 한다. 자금수탁자로서의 신인의무 위반

---

45) Negligent or even innocent conduct with no harmful consequences at all is sufficient to
assess tier one fines so long as a prohibited violation occurred. John J. Byrne *et al.*, *Examining
the Increase in Federal Regulatory Requirements and Penalties: Is Banking Facing Another
Troubled Decade?*, 24 Cap. U. L. Rev. 1, 4 fn. 293 (1995).

46) 참고로 12 U.S.C. §1818(i)(2)(B)에 규정된 원래의 일수당 25,000불의 금액은 the Federal
Civil Money Penalties Inflation Adjustment Act of 1990, 28 U.S.C. § 2461 note가 정해놓은 인
플레이션 지수(inflation index)에 의하여 상향조정된다.

47) 12 U.S.C. § 1818(i)(2)(B)(i).

행위에 대해 벌칙을 부과함에 있어서 어떠한 수준의 유책성이 요구되는지는 명확하지 않다. 다만 불건전한 업무관행에 대해서는 무모성(recklessness) 혹은 고의가 요구된다고 할 것이다.[48]

중대한 위반행위라고 인정되려면, 감독당국은 다음의 사항을 입증하여야 한다. 즉 위반행위나 위법업무관행이, ① 부정행위의 일환으로서 이루어졌거나, ② 당해 예금수취기관에게 사소한 손실 이상의 손실을 입혔거나 입혔을 가능성이 있을 것, 혹은 ③ 피청구인에게 금전상의 이익이나 기타 이익을 발생시켰을 것.[49]

### (다) 3등급 민사금전벌

3등급 민사금전벌은 금융기관에게 상당한 손실 혹은 피청구인에게 상당한 이익을 가져온 '고의'의 부정행위에 대해서만 제한적으로 부과된다. 3등급 민사금전벌은 피청구인들에게 위반일수당 최대 110만불까지 부과할 수 있다. 이에 비해 부보받는 금융기관에 대해서는 위반일수당 110만불 혹은 금융기관 전체자산의 1% 중 적은 금액을 상한선으로 한다.

2등급 민사금전벌과 마찬가지로, 3등급 민사금전벌은 고의의 부정행위(misconduct)와 결과의 발생(effects)이라는 두 가지 요건을 충족하여야 한다. 피청구인이 '고의'의 부정행위를 한 경우, 피청구인은 전문가의 자문에 의존한 것이었다거나 일반 납세자들의 자금(공적 자금)을 절약하려는 동기로 그러한 행위를 한 것이었다는 항변을 할 수 없다. 마찬가지로 어떠한 개인이 '고의'로 위반행위를 하여 상당한 금전상의 이득을 얻은 경우 예금수취기관의 재무상태가 어떠한지는 중요하지 않다. 두 번째의 결과 발생여부에 대해, 감독당국은 피청구인이 금융기관에 대해 상당한 손실을 야기하였거나 혹은 부정행위로 인하여 상당한 금전상의 이익 또는 기타 이익을 실현하였다는 점을 입증하여야 한다.[50]

---

48) 현행 상법 제769조에서는 영미법상의 reckless라는 개념을 법문에 도입하고 있다. 관련 조항만을 간추려 보면, 단서에서 "그 채권이 선박소유자 자신의 고의 또는 손해발생의 염려가 있음을 인식하면서 <u>무모하게</u> 한 작위 또는 부작위로 인하여 생긴 손해"라고 하는데, 여기서 밑줄친 부분이 바로 recklessly를 번역한 것이다. 개념적으로는 중대한 과실과 미필적 고의의 중간에 위치한다.

49) 12 U.S.C. § 1818(i)(2)(B)(ii).

50) 12 U.S.C. § 1818(i)(2)(C)(ii).

## 3. 민사금전벌 부과절차

민사금전벌 절차는 부과대상(부보금융기관이나 금융기관 관계인)에게 서면에 의한 통지를 송달함으로써 개시된다. 절차는 청구원인이 처음 발생한 날로부터 5년 이내에 개시되어야 한다.[51] 피청구인은 부과통지가 발행된 날로부터 20일 이내에 청문회를 요청할 경우, 감독당국의 청문절차를 받을 자격이 있다.[52] 통상적으로 청문회는 감독당국이 선임한 행정심판관(administrative law judge)의 주재 하에 개최된다. 청문회 이후 행정심판관은 감독당국의 首長에게 권고를 하지만, 여기서의 권고가 당해 감독당국을 구속하지는 못한다. 즉 감독당국은 청문회에 제출된 서면의 기록에 따라 독립적인 판단을 행하는 것이다.[53] 감독당국의 결정 이후 피청구인은 미국연방항소법원에 서면에 의한 심사청원(written petition for review)을 제출할 수 있다.[54] 만일 앞의 기간 내에 청문의 요청이 없다면, 부과결정은 종국적인 것이 되어 確定力(불가쟁력, 불가변력)이 발생한다.[55]

벌금액을 결정함에 있어서 감독당국은 다음의 네 가지 요인들을 참작하여야 한다. ① 재정여력규모 및 혐의대상자나 혐의대상법인의 善意, ② 위반의 중대성, ③ 과거 위반의 전력, ④ 正義의 관점에서 요구되는 기타의 사항들(such other matters as justice may require).[56] 피청구인이 선의로 행동하였거나 이후 재정적인 실패로 어려움을 겪고 있을 경우, 이러한 네 가지 요인들은 피청구인에게 부과된 종국적인 벌금액을 減額시키는 쪽으로 작용할 수도 있다. 반대로 피청구인이 악의였거나 금융기관에게 위해 혹은 위해의 위험을 야기시킨 경우 이들 요인들은 벌금을 增額하는 요인으로 작용할 수도 있다.[57] 민사금전

51) 28 U.S.C. § 2462.
52) 12 U.S.C. § 1818(i)(2)(H).
53) John L. Douglas, *The Liability of Directors of Financial Institutions*, 532 PLI/Lit 175, 185 (October, 1995).
54) 12 U.S.C. § 1818(h).
55) 하자 있는 행정행위라도 그에 대한 불복기간이 경과되거나 쟁송절차가 모두 경료된 경우 더 이상 그 효력을 다툴 수 없는 것을 불가쟁력이라고 한다. 또한 일정한 행정행위는 그 성질상 행정청도 이를 취소·철회하지 못하는데 이를 불가변력이라고 한다. 김동희, 「제18판 행정법 I」, 83면 (박영사, 2012).
56) 12 U.S.C. § 1818(i)(2)(G).
57) 1998년 연방금융기관검사협의회(the Federal Financial Institutions Examination Council, FFIEC)는 민사금전벌을 부과할 때 모든 연방은행감독권자들이 사용할 기준을 설시한 정책보고서(policy statement)를 발간하였다. *Assessment of Civil Money Penalties*, 63 Fed. Reg. 30,

벌은 ① 사적 당사자로 하여금 회피하거나 수령한 손실 또는 경제적 이익을 상환하도록 요구하는 塡補賠償的 性格(a compensatory element)과 ② 벌금(a financial penalty)을 부과하는 抑止的 性格(a deterrent element)의 兩者를 포함하고 있다. 부당이득반환(disgorgement)을 명하는 민사금전벌에서 법원은 경제적인 이익을 광의로 해석하고 있는데, 예를 들어 불법적으로 형성된 금융조직으로부터 주주에게로 귀속되는 조세상의 이익까지 경제적인 이익으로 보고 있다.58)

*FIRREA*는 또한 제재 조치의 공시에 대한 규정을 삽입하였다. 제재 조치에 대한 모든 종국명령들(all final orders of enforcement actions)은 공개되어 일반 대중이 인지할 수 있어야 한다. 물론 공개가 금융기관의 건전성과 안전성을 위협할 경우에는 예외가 허용된다.

## III. 민사금전벌 병과의 위헌성 여부에 대한 *Hudson v. United States* 사건

### 1. 개    관

1997년 12월 10일 미국연방대법원은 *Hudson v. United States* 사건에서 동일한 위반행위에 대해 민사금전벌을 부과한 후 은행법규 위반을 이유로 형사소추하는 것이 연방헌법상의 이중처벌금지원칙을 위반하지 않는다고 판시하였다.59) Hudson 판결에 대해 미국의 증권거래위원회(Securities Exchange Commission, 이하 SEC)는 형사사건의 조사 및 소추대상인 증권거래법 위반행위에 대해 민사금전벌도 구할 수 있도록 한 획기적인 판결이라는 평가를 하였다. 이제 Hudson 사건의 법리는 은행법뿐만 아니라 증권법 등 다른 금융법 전반에도 적용할 수 있게 되었다. 1998년 제 2 차 항소법원도 Hudson 사건의 법리가 증권법에 적용된다는 점을 명확히 하였다.60)

Hudson 판결을 계기로, 이제 미국에서는 금융기관 및 금융기관 관계인에 대한 민사금전벌이 형벌과 병과되더라도 위헌이 아니라는 결론에 이르게 되었다. 따라서 *FIRREA*에 의한 금융감독당국의 천문학적인 민사금전벌 부과에 대

---

226 (1998).

58) *Long v. Board of Governors*, 117 F.3d 1145, 1154-1155 (10th Cir. 1997).

59) 118 S. Ct. 488 (1997).

60) *SEC v. Palmisano*, 135 F.3d 860 (2nd Cir. 1998).

해 시비를 걸 수 있는 여지는 사라지게 된 것이다.

## 2. *Hudson v. United States* 사건의 사실관계 및 판결 요지

### (1) 사실관계

Hudson은 A, B 두 개의 도산은행 이사회 의장이자 지배주주였다. Rackley는 A은행의 은행장이었고 B은행의 임원이었으며, Baresel은 A, B 은행의 이사였다. 두 은행을 검사한 후 통화감독청(OCC)은 Hudson, Rackley와 Baresel이 제 3 자에 대한 일련의 대출에 대한 채무조정을 하기 위해 A, B 두 개 은행들을 導管으로 사용하였는데 이는 은행법을 위반한 것이라고 결론내렸다. 실제로 은행들이 Hudson으로 하여금 담보물로서 제공하였던 그의 은행주식을 회수할 수 있도록 하기 위하여 Hudson에게 금전을 대출한 사실도 밝혀졌다.

1989년 2월 13일 통화감독청은 민사금전벌 부과통지서를 발행하였는데, 여기서는 위의 불법대출에 의한 은행법 위반사실을 적시하고 있었다. 동 통지서에서는 또한 불법대출이 은행에게 거의 90만불의 손실을 야기하였고 결국 도산으로 이끌었다고 적혀 있었지만, 어떠한 위해가 정부에 대해 행해졌다는 언급은 없었다. 통화감독청은 Hudson에게 10만불, Rackley와 Baresel에게 각각 5만불의 민사금전벌을 부과하였다. 통지서에서는 또한 이들 3인에게 대해 추후 어떠한 부보예금수취기관의 업무에도 참여할 수 없도록 금지하려고 한다는 사실을 고지하였다.

1989년 10월, Hudson 등 3인은 통화감독청과 '쌍방합의 및 동의명령제도'(Stipulation and Consent Order)에 서명함으로써 통화감독청의 제재절차를 종결지었는데, 이 동의명령서에서 Hudson, Baresel, Rackley는 각각 16,500불, 15,000불, 12,500불을 납부하는 데 동의하였다. 또한 3인은 통화감독청과 다른 관련금융감독당국의 서면에 의한 허가를 받지 않는 한 어떠한 예금수취기관의 업무에 어떠한 방식으로든 참여할 수 없다는 점에 대해 동의하였다. 동의명령서에서는 동의명령이 기타 적절하다고 판단되는 다른 소송을 제기할 수 있는 정부의 권리, 능력 및 권한을 포기하는 것이 아니라는 명문의 문구가 포함되었다.

1992년 8월, 3인은 오클라호마주 연방지방법원에 18 U.S.C. § 371, § 656, § 1005를 위반하여 공모, 은행자금의 유용 및 허위표시를 한 혐의로 기소되었다. 기소이유가 되었던 사항들은 이전의 행정처분의 기초가 되었던 것과 동일한 행위였다. 3인은 이중처벌에 해당한다는 이유로 기소처분 취소 신청을 하였는데, 결국 이 사건은 연방대법원에 상고되었다.[61]

### (2) 판결 요지

연방대법원은 3인의 형사소추가 이중처벌금지 조항을 위반하지 않았다고 판시하였다. "의회는 통화감독청의 민사금전벌과 재취업 제재(debarment sanction)가 본질적으로 민사적인 것으로 의도하였다. 민사금전벌의 부과를 허용하는 법들은 이러한 금전벌이 성질상 민사적이라고 명확히 규정하고 있다. 더욱이 제재를 發할 권한을 행정청에게 수여하였다는 사실은 의회가 민사제재를 제공하려고 하였다는 추가적인 증거가 된다."[62]

연방대법원은 통화감독청의 제재를 받게 될 만한 행위가 형사범죄일 수도 있다는 점을 인정하지만, 이것만으로 당해 제재가 형사제재로서 징벌적이라고 단정하기에는 불충분하다고 보았다. 법원은 사전의 억제(deterrrence)가 전통적으로 형사처벌의 목적임을 인정하지만, 억제의 목적이 존재한다는 사실만으로 어떠한 제재를 형사제재라고 단정하기에는 불충분하다고 판시하였다.[63] 즉 연방대법원은 억제는 "형사적인 목적뿐만 아니라 민사적인 목적에도 이바지할 수 있다"는 점을 인정한 것이다.

### (3) 소   결

Hudson 판결 이전의 판례에 따르면 금융감독당국은 형사소추가 이미 행해졌거나 행해질 가능성이 있는 사건들에서 민사금전벌을 부과하는 데 상당히 신중하였어야 한다. 왜냐하면 당해 금전벌에 대해 법원이 형사처벌로 간주하여 차후의 형사소추를 배제할 위험성이 높았기 때문이다. 그러나 Hudson 판결은 이러한 우려를 말끔히 없애 주었다. 즉 민사금전벌 이외의 형사처벌이 이중처벌금지에 해당하지 않는다고 선언함으로써 미국금융감독당국의 민사금전벌 제재 부과가 훨씬 용이해진 것이다. 민사구제절차는 형사소추절차와 비교해 볼 때 진행이 훨씬 용이하고 효율적이며 비용이 적게 든다. 법 위반자의 처벌가능성이 증가되었으므로 그 사전적인 억지력 및 위하력도 더욱 커진 셈이다. Hudson 판결을 계기로, 민사금전벌에 대한 위헌논란도 일단 종지부를 찍게 되

---

61) 118 S. Ct. 488, 491-492 (1997).
62) 118 S. Ct. 488, 495 (1997).
63) *Ibid.*, p. 496.

었다. 犯法者들의 운명은 이제 사법부가 아닌 입법부의 손에 맡겨졌다고 보아
도 무방하다. 만일 입법자들이 민사제재로서 의도한 민사금전벌 조항을 마련한
다면, 금융감독당국은 어떠한 장애요인도 없이 당해 법률 위반자를 상대로 민
사금전벌을 징구할 수 있게 될 것이다.

## Ⅳ. 우리 금융법상 금전적 제재로서 개인 과징금 제도의 도입방안

### 1. 개     관

금융관련법규를 위반한 금융기관 임·직원 개인에 대하여 미국의 민사금
전벌과 같은 금전상 제재로서 개인 과징금을 부과할 필요성이 있는지에 대해
부정적인 견해가 있을 수 있다. 이는 금융기관에 속하는 임·직원이 금융기관
의 이익을 위하여 위법행위를 할 경우 해당 금융기관에게 과징금을 부과함으
로써 제재의 실효성을 확보할 수 있을 뿐만 아니라, 당해 임·직원을 상대로
과태료 등의 행정벌이나 벌금 등 형사벌로 충분히 실효성을 확보할 수 있다는
점을 근거로 한 것이다. 그러나 기존의 신분상 제재 조치는 국제정합적인 기준
과 상당한 괴리가 있기 때문에, 제재에 대한 기본틀로서 상당히 미흡하였다.
더욱이 대형 금융사고가 근절되지 않는 상황에서 금융기관 임·직원을 상대로
사전적인 억제력과 사후적인 제재력을 모두 갖춘 새로운 유형의 제재 조치를
강구할 필요성은 더욱 높아졌다고 판단된다. 다음에서는 우리나라에 금전상의
제재 조치로서 개인 과징금 제도를 도입할 경우 발생할 수 있는 헌법상의 쟁점
을 검토한 후, 구체적인 도입방안을 강구하고자 한다.

### 2. 개인 과징금 병과의 위헌성 여부 검토

개인 과징금 제도를 도입할 경우, 동일한 위반 행위에 대하여 관련 임·직
원을 상대로 과징금 이외에도 기타의 다른 제재 조치로서 시정명령이나 과태
료 또는 벌금 등의 형벌이 병과될 수 있다. 이때에는 헌법상 이중부담 내지 이
중처벌 금지 원칙 혹은 비례원칙(또는 과잉금지원칙)의 위반이 문제될 것이다.
그러나 미국의 *Hudson v. United States* 사건에서 시사하는 바와 같이, 금융관
련 법률상으로 개인 과징금 제도의 도입 당시부터 개인 과징금이 징벌적인 형
사처벌이 아니라 부당이득의 환수 및 억제에 초점을 맞춘 민사적 제재임을 명

확히한 후, 관련 법률에 부과요건과 부과절차 및 구제장치·절차를 명확히 규정한다면, 이러한 쟁점은 수면 아래로 감추어질 것이다. 너무 가혹하다고 생각될 정도의 민사금전벌을 운영하는 미국에 있어서도 Hudson 판결 이후 이러한 헌법상의 쟁점은 더 이상 공론화되지 않고 있다는 점을 유념할 필요가 있다.

좀 더 구체적으로 살피면, 우선 시정명령과 과징금을 병과하는 것이 일사부재리의 원칙 또는 이중처벌금지의 원칙에 위반된다는 견해가 있을 수 있다. 이는 시정명령과 과징금이 모두 위법행위에 대한 행정제재로서의 성격을 가지기 때문에 이중처벌금지의 원칙에 위반된다는 주장으로 이해된다. 저자는 시정명령이 위법 상태를 제거하고 적법 상태를 회복시키기 위한 제재 조치임에 반하여, 과징금은 당해 위반행위로 인하여 위반 행위자가 취득한 경제적 이익을 환수하거나 위반행위에 대하여 제재를 가하려는 것이어서 그 목적이 다르다는 점을 강조하고 싶다.[64] 즉 양 제재는 성질과 목적상 확연한 차이를 지니므로, 이중부담 또는 이중처벌에 해당하지 않는 것이다.

다음으로 과징금과 유사한 성격을 갖는 과태료나 벌금을 병과할 때에도 마찬가지이다. 즉 과징금이 행정질서벌인 과태료나 형사벌인 벌금과 유사한 기능을 갖고 있지만 그 성격에서 차이가 있고, 더욱이 그 부과 목적이 서로 다르

---

64) 헌법재판소와 대법원도 과징금이 부당이득 환수와 행정제재라는 두 가지 성격을 모두 갖는 것으로 보고 있다. 즉 헌법재판소의 2003. 7. 24. 결정(2001헌가25)에서 "행정권에는 행정목적 실현을 위하여 행정법규 위반자에 대한 제재의 권한도 포함되어 있으므로, '제재를 통한 억지'는 행정규제의 본원적 기능이라 볼 수 있는 것이고, 따라서 어떤 행정제재의 기능이 오로지 제재(및 이에 결부된 억지)에 있다고 하여 이를 헌법 제13조 제1항에서 말하는 국가형벌권의 행사로서의 '처벌'에 해당한다고 할 수 없는바, '구 독점규제 및 공정거래에 관한 법률' 제24조의2에 의한 부당내부거래에 대한 과징금은 그 취지와 기능, 부과의 주체와 절차 등을 종합할 때 부당내부거래 억지라는 행정목적을 실현하기 위하여 그 위반행위에 대하여 제재를 가하는 행정상의 제재금으로서의 기본적 성격에 부당이득환수적 요소도 부가되어 있는 것이라 할 것이고, 이를 두고 헌법 제13조 제1항에서 금지하는 국가형벌권 행사로서의 '처벌'에 해당한다고는 할 수 없으므로, 공정거래법에서 형사처벌과 아울러 과징금의 병과를 예정하고 있더라도 이중처벌금지원칙에 위반된다고 볼 수 없으며, 이 과징금 부과처분에 대하여 공정력과 집행력을 인정한다고 하여 이를 확정판결 전의 형벌집행과 같은 것으로 보아 무죄추정의 원칙에 위반된다고도 할 수 없다"고 판단하였고, 대법원 2004. 4. 23. 선고 2001두6517 판결에서는 "부당지원행위에 대한 과징금은 부당지원행위 억지(抑止)라는 행정목적을 실현하기 위한 행정상 제재금으로서의 기본적 성격에 부당이득환수적 요소도 부가되어 있는 것으로서, 이중처벌금지원칙에 위반된다거나 무죄추정의 원칙에 위반된다고 할 수 없고, 적법절차원칙이나 사법권을 법원에 둔 권력분립의 원칙에 위반된다고 볼 수 없다"고 판시하였다.

다는 점에서 이중부과 내지는 이중처벌금지 원칙에 위반한 것으로 볼 수 없다.
행정질서벌인 과태료는 행정목적과 공익을 침해하는 행위 또는 간접적으로 행
정상의 질서에 장애를 줄 위험이 있는 행위에 대하여 부과되지만, 과징금은 위
반행위로 인하여 행위자가 취득한 경제적 이익을 환수함으로써 위반행위의 유
인을 제거하거나 또는 위반 행위에 대하여 실질적인 제재의 효과를 발휘할 수
있도록 강한 경제적 제재를 부과할 목적으로 부과되는 것으로서, 위법행위의
발생을 예방하는 데 일차적 목적을 두고 있다는 점에 근본적인 차이가 있다.[65]
벌금과의 병과 문제도 과태료와의 병과 문제와 동일하므로 반복하여 재론하지
않겠다.

### 3. 개인 과징금 제도의 도입 방안

#### (1) 개인 과징금 부과의 기본원칙

미국에서의 민사금전벌 제도는 위반일수가 늘어남에 따라 그 벌금액이 증
대된다는 측면에서, 현행 은행법 제65조의9에서 규정하는 이행강제금과 매우
유사한 제도이다. 그런데 금융기관 임·직원 개인에 대하여 금전벌인 과징금
부과 제도를 전면 확대 도입하는 경우 관련 당사자에게는 경제적인 손실 등 여
러 가지 영향을 미칠 수 있다. 따라서 도입 초기에는 개인 과징금의 부과 대상
자 및 대상 행위를 가능한 한 제한하여 시험적으로 운영하여야 할 것이다. 특
히 부과 대상자가 과징금 부과 결정에 승복할 수 있는 절차의 투명성 및 공정
성을 확보하는 것도 매우 중요하다.

#### (2) 개인 과징금 부과 대상 임·직원의 범위

미국에서 민사금전벌의 부과대상은 매우 넓다는 점을 이미 고찰하였다. 개
인 과징금의 파급력을 감안할 때, 제도 자체의 위헌성에 관한 논란을 불식시켜
야 할 도입초기에는 부과대상 범위를 일단 금융기관 내부인으로 제한하여야
할 것이다. 구체적으로 임원만 대상으로 하는 제 1 안, 임원뿐만 아니라 직원
전체를 대상으로 하는 제 2 안을 생각해 볼 수 있다.

우선 임원만 대상으로 하는 제 1 안의 경우에는 제재의 실효성을 확보하지

---

65) 현재 우리나라의 판례와 통설도 과징금, 시정명령, 과태료, 형벌 등의 제재 수단들은 원칙
   적으로 각각의 규제 목적과 성질을 달리하는 것으로서 서로 병과할 수 있다고 한다. 김철용,
   「행정법 Ⅰ」(박영사, 2004), 390면; 정찬형·고동원·김용재, 전게보고서, 167-168면.

못할 가능성이 많고 더 나아가서 과징금 부과 제도의 목적을 충분히 달성할 수 없다고 본다. 따라서 금융기관의 전체 임·직원을 대상으로 하여 임·직원이 관련 법령, 규정이나 감독당국의 명령 등을 위반한 경우에 과징금을 부과할 수 있도록 하는 제 2 안이 타당하다고 본다. 왜냐하면 통상적으로 금융기관의 임·직원이 중요한 위법행위의 당사자로 나서기 때문이다.

### (3) 개인 과징금 부과 대상 행위

과징금 부과 대상 행위를 어떻게 정할 것인가에 대한 기본 원칙을 제시한다면, 기본적으로 금융기관 임·직원 개개인이 관련 법규나 규정에서 요구하는 기준이나 조건을 준수하지 않음으로써 금융기관의 건전성을 해하고 더 나아가서는 금융소비자의 이익을 해칠 수 있는 업무를 대상으로 과징금 부과 대상 행위를 정하는 것이 바람직하다. 입법적인 모델로서 미국 *FIRREA*에서 규정하는 3단계 민사금전벌의 적용대상 행위를 참조할 수 있다. 미국 *FIRREA*에서는 법규위반행위, 금융감독당국의 제재조치 위반행위 등을 민사금전벌의 대상으로 규정하고 있는데, 우리나라의 현행법상으로도 *FIRREA*와 매우 유사한 규정이 발견된다. 즉 '금융산업구조개선에 관한 법률' 제14조 제 1 항은 금융기관 임원의 업무집행정지명령 사유를 구체적으로 열거하고 있는데,66) 이를 개인과징금 부과대상 행위로 규정할 수 있는 것이다.

한편 법규위반행위에 대해 개인과징금을 부과할 수 있다는 점에 대해서는 이론이 있을 수 없다. 다만 모든 법규위반행위에 대해 과징금을 부과하는 방식의 일반적이고 추상적인 규정은 금융감독당국의 제재 운영에 있어서 과도한 재량권을 부여하게 된다는 비판이 제기될 수 있으므로, 다른 대안을 모색하여야 할 것이다. 입법모델은 현행 '독점규제 및 공정거래에 관한 법률'과 같이 개개의 위반행위별로 구체적이고 세부적인 개인 과징금 규정을 마련하는 방식이 될 것이다.

---

66) 금융관련법률 전체 분야에 있어서 금융감독당국의 요구나 명령을 위반함으로써 개인 과징금이 부과될 수 있는 개괄적인 유형을 공통적으로 추려 보면 다음과 같다. ① 자본증가 또는 자본감소, 보유자산의 처분 또는 점포·조직의 축소, ② 채무불이행 또는 가격변동 등의 위험이 높은 자산의 취득금지 또는 비정상적으로 높은 금리에 의한 수신의 제한, ③ 임원의 직무정지 또는 임원의 직무를 대행하는 관리인의 선임, ④ 주식의 소각 또는 병합, ⑤ 영업의 전부 또는 일부 정지, ⑥ 합병 또는 제 3 자에 의한 해당 금융기관의 인수, ⑦ 영업의 양도 또는 예금·대출 등 금융거래에 관련된 계약의 이전, ⑧ 기타 ①~⑦에 준하는 조치로서 금융기관의 재무건전성을 높이기 위하여 필요하다고 인정되는 조치.

### (4) 개인 과징금의 한도 및 부과 기준

미국의 *FIRREA*에는 벌칙 대상자의 유책성과 위해의 정도에 따라 상한선이 대폭적으로 증액하는 3단계의 민사금전벌 제도가 존재하는데, 개인 과징금의 경우에도 상한선을 감안하여야 할 것이다. 그렇지만 과징금의 금액 한도와 그 부과 기준은 각 위반 행위별로 그 특성을 감안하여 달리 정하여야 할 것이므로, 여기서 구체적인 기준을 제시하는 것은 저자의 능력 밖이라고 판단된다. 따라서 저자는 과징금 금액을 결정함에 있어서 기본적으로 고려해야 할 원칙에 대해서만 언급하기로 한다.

우선 개인 과징금의 액수를 결정함에 있어서는 은행법 제65조의4에서 규정한 것처럼, ① 위반 행위의 내용 및 정도, ② 위반 행위의 기간 및 횟수, ③ 위반 행위로 인하여 취득한 이익의 규모 등을 고려하여 결정하여야 할 것이다. 여기서 ①과 ②를 고려하는 것은 과징금의 제재적 성격을 드러내는 것이고, ③에서 규모를 고려하는 것은 과징금의 부당이득환수적 성격을 감안한 것이다. 특히 마지막의 부당이득 규모에 대한 충분한 심사는 과징금을 부과하기 전 반드시 선행되어야 할 것이다. 그 외에도 관련 법령 위반 행위의 결과 금융시장 및 금융소비자에게 미치는 영향이나 위반 행위에 따른 피해 금액 등도 충분히 고려하여야 한다. 물론 과징금 금액이 너무 적은 경우에는 과징금 부과의 실효성을 확보할 수 없기 때문에 미국 *FIRREA*와 같이 최고 상한선을 설정한 후 개별 사안에 따라 과징금 부과권자가 그 한도 내에서 적정한 금액을 부과하는 방향으로 규정을 마련하는 것이 타당하다. 그런데 개별 위반행위에 따라 최고 상한선의 설정도 달라지기 마련이므로 구체적인 기준을 제시하기는 쉽지 않다. 부당이득의 규모나 회피한 손실의 규모를 기본적으로 산정한 후 동 액에 두 배 내지 세 배의 승수를 곱하는 방식으로 개인 과징금에 대한 최고상한선을 설정하여, 과징금이 사전억지적·사후제재적 효력을 가진 행정제재금으로서의 면모도 충분히 발휘될 수 있게끔 배려할 필요가 있다.[67]

### (5) 과징금 가중·감경 사유

개인 과징금 가중 사유로는 다음과 같은 사항을 고려할 수 있다. ① 관련자가 위반행위를 함에 있어서 고의가 있거나 중대한 과실이 있는 경우, ② 과

---

67) 정찬형·고동원·김용재, 전게보고서, 176-178면.

거 위반행위로 금융감독당국으로부터 제재를 받은 전력이 있는 경우, ③ 위반행위로 인하여 금융시장의 신뢰나 금융소비자의 이익에 중대한 영향을 미친 경우, ④ 동시에 중첩된 위반행위를 한 경우, ⑤ 관련자가 위반행위 이후 사후조치를 제대로 하지 않은 경우, ⑥ 관련 대상자가 금융감독당국의 위반행위 조사와 관련하여 충분한 협조를 하지 않은 경우, ⑦ 위반행위가 해당 금융기관의 취약한 내부통제 제도나 경영체제 등의 사유에 기인한 경우.

한편 개인 과징금 감경 사유로는 위의 가중 사유와 반대의 사항을 고려할 수 있다. ① 관련자가 위반행위를 함에 있어서 고의가 없거나 과실의 정도가 경미한 경우, ② 과거 제재 조치를 받은 전력이 없는 경우, ③ 위반행위로 인하여 금융시장이나 금융소비자에게 미치는 영향이 경미한 경우, ④ 관련 대상자가 감독당국의 위반행위 조사시에 충분한 협조를 한 경우, ⑤ 관련 대상자가 충분한 재정 능력이 없는 경우, ⑥ 위반행위 이후 손해배상 등 충분한 사후 조치를 취한 경우.68)

### (6) 과징금 부과 절차

금융기관 임·직원에 대한 과징금 부과제도를 전면 확대 도입하는 경우 유념하여야 할 점은 과징금 부과 결정을 하는 절차에 있어서 투명성과 공정성을 확보되어야 한다는 점이다. 왜냐하면 과징금 부과 대상자인 개인 입장에서는 경우에 따라 막대한 금전적인 부담을 지게 되므로 치명타를 입을 수도 있기 때문이다. 이렇게 절차의 투명성과 공정성이 보장될 경우 종국적으로 과징금 부과의 정당성도 확보됨으로써, 과징금에 대한 사후 시비를 미연에 방지할 수 있게 된다.

원론적으로 검토할 때, 미국과 같이 개인에 대한 최종적인 과징금 부과명령을 하기 전에 청문절차를 거치도록 하는 방안을 강구할 수 있다.69) 그런데 미국에서는 금융기관이나 개인이 과징금 부과에 동의한 경우(대부분이 이에 해당), 청문절차 없이 과징금이 확정된다. 청문을 거치도록 함으로써 과징금의 부과대상이 되는 개인의 절차적인 방어권이 제고되고 당사자나 이해관계자들이 충분히 소명할 기회를 갖게 된다는 점에서, 청문회 제도가 과징금의 정당성을

---

68) 상계보고서, 180-181면.
69) 현행 은행법 제64조는 국내은행의 인가 취소와 외국은행의 지점 또는 대리점의 인가 취소의 경우에만 제한적으로 청문절차를 인정하고 있다.

확보하기 위하여 유용한 수단임에는 이론이 없다.

은행법 제65조의6 제 1 항에 의하면 과징금 부과처분에 대해 불복이 있는 자는 그 처분의 고지를 받은 날로부터 30일 이내에 이의신청의 대상 및 내용, 사유 등을 기재한 신청서에 이의신청의 사유나 내용을 증명하는 데 필요한 서류를 첨부하여 금융위원회에 이의를 제출할 수 있다. 또한 금융위설치법 제70조에 의하면 금융위원회, 증권선물위원회 및 금융감독원이 내린 위법·부당한 과징금 부과처분으로 인하여 권리·이익의 침해를 받은 자는 행정심판을 제기할 수 있도록 규정하고 있다. 그 외 과징금 납부기한의 연장 및 분할 납부, 과징금 징수 및 체납 처분, 과오납금의 환급, 결손처분 등은 은행법 제65조의7, 제65조의8, 제65조의10, 제65조의11에 규정되어 있다. 예를 들어 은행법 제65조의7 제 1 항에 의하면 과징금 납부의무자의 납부기한 연장 또는 분할납부 사유를 다음의 세 가지, 즉 ① 재해 등으로 재산에 현저한 손실을 입은 경우, ② 사업여건의 악화로 사업이 중대한 위기에 처한 경우, ③ 과징금을 한꺼번에 내면 자금 사정에 현저한 어려움이 예상되는 경우를 규정하고 있는데, 여기서 ① 과 ③은 개인에게 과징금을 부과할 때에도 고려할 수 있는 사유가 될 것이다. 따라서 향후 개인 과징금 제도가 도입될 때에도 이러한 현행 제도가 그대로 반영될 것이므로, 특별히 과징금 부과절차면에서 제도 보완의 필요성은 없을 것이라고 판단된다. 한편 과징금 부과결정이 최종적으로 확정된 경우(즉 이의신청 절차가 다 종료되는 경우), 이를 공개함으로써 제재의 공정성과 투명성을 높이고 실효성을 확보할 필요성은 매우 높아질 것이다.[70]

## V. 맺 는 말

정보기술혁명과 함께 금융의 고도화와 겸업화 및 탈국경화가 급격하게 진행되는 21세기 금융시장의 환경변화에 대응하여 금융감독제도도 탄력적으로 변화되어야 할 것이다. 한 국가에서 금융감독제도를 업그레이드하는 데 있어서 반드시 고려하여야 할 것은 국제정합성이 확보된 상태에서의 감독수단의 효율화 및 선진화라고 할 수 있다. 즉 감독의 효율성을 제고하는 과정은 국제적인 감독 기준에 맞춘 법제도를 정비하는 과정이라고도 할 수 있는 것이다.

---

70) 정찬형·고동원·김용재, 전게보고서, 182-183면.

　이러한 측면에서 현행법상 은행과 은행 임직원들에 대한 제재 조치를 개
관하고 문제점을 철저히 분석한 후 개선안을 도출하는 것은 매우 의미있는 작
업이다. 다른 금융선진국과 달리, 우리나라의 은행 임직원에 대한 현행 제재
조치는 신분상 제재 조치 위주로 되어 있어서 그 실효성을 달성할 수 없는 문
제점이 발견되므로, 제재 조치를 Global Standard에 맞추어 업그레이드하여야
한다는 점에 대해 이견이 있을 수 없다. 국제기준에 부합된 개인 과징금제도가
도입될 경우, 감독의 효율화와 선진화를 통하여 궁극적으로 금융시장의 신뢰성
과 투명성이 제고됨으로써 금융 소비자를 보호하고 금융산업의 발전에 이바지
할 뿐만 아니라, 우리나라가 장차 동북아시아의 금융허브국으로서 발돋움할 수
있는 기반이 구축될 것이라고 믿는다.

# 참고문헌

## Ⅰ. 국내문헌

### 1. 단행본

권오승, 「제12판 경제법」(법문사, 2015).

김동희, 「제25판 행정법Ⅰ」(박영사, 2019).

김용재, 「자본시장과 법 개정판)」(고려대학교 출판문화원, 2016)

김재형·남효순 공편, 「금융거래법강의 Ⅱ」(법문사, 2000).

김철용, 「전면개정 제8판 행정법」(고시계사, 2019).

김홍범, 「한국 금융감독의 정치경제학」(지식산업사, 2004).

신인석 외 4인, 「자본시장의 질적 발전을 위한 증권관련산업 규제의 개선방안」(한국개
    발연구원, 2003).

이재연, 「금융규제의 운영실태분석과 개선방안: 은행산업을 중심으로」(한국행정연구
    원, 2004. 12).

이철송, 「제27판 회사법강의」(박영사, 2019).

임재연, 「2019년판 자본시장법」(박영사, 2019).

정경영, 「전자금융거래와 법」(박영사, 2007).

정순섭, 「은행법」, (지원출판사, 2017).

정찬형, 「상법강의(상) 제18판」(박영사, 2015).

정찬형·고동원·김용재, 「금융기관 임·직원에 대한 제재제도의 선진화 방안에 관한
    연구」(금융감독원 연구용역 최종보고서, 2007. 7).

정찬형·최동준·도제문, 「제3판 은행법강의」, (박영사, 2015).

지동현, 「공청회 자료: 금융지주회사 제도 개선 방향」(한국금융연구원, 2000. 6).

최기원·김동민, 「제20판 상법학신론(상)」(박영사, 2014).

한국개발연구원, 「자본시장의 질적 발전을 위한 증권관련산업 규제의 개선방안 ― 업무
범위관련 규제를 중심으로」(한국증권업협회·투자신탁협회 제출 연구보고서, 2003).

한국은행, 「한국의 금융제도」(2018).

## 2. 논문 등

"국내은행 BIS자기자본비율 소폭 상승," YTN (2009. 6. 9).

"무심코 버린 통장 잔액 모으면 2,500억," 조선일보 (2000. 2. 8).

김대식 & 윤석헌, "금융감독기구의 지배구조," 재무5개학회 발표자료 (2006).

김동훈, "주식교환·이전제도의 도입에 따른 법적 문제," 「상장협」 제44호 (2001).

김병연, "증권거래법상 준법감시인의 법적 책임에 관한 연구: 증권거래법상 내부통제시스템을 중심으로," 「기업법연구」 제20권 제 4 호 (2006).

김석연, "부실경영과 경영진의 손해배상책임 —제일은행 소액주주들의 주주대표소송을 중심으로—," 「보험법률」 통권 27호 (1999. 6).

김영진, "9개 시중은행 몇 개로 재편될까 —은행장들 전망—," 조선일보 B7면 (2002. 9. 11).

김용재, "21세기와 새로운 은행규제환경에 대한 모색," 「심당송상현선생화갑기념논문집: 21세기 한국상사법학의 과제와 전망」 (2002).

_____, "겸업주의와 금융그룹의 설립방식에 관한 고찰: 지주회사 방식과 자회사 방식의 비교," 「상사법연구」 제19권 제 3 호 (2001).

_____, "금융감독위원회, 금융감독원의 법적 지위와 문제점 및 개선방안: 금융감독기구의설치등에관한법률을 중심으로," 「월간금융법무」 Vol. 2 (2004. 10).

_____, "금융지주회사법 제정시 고려하여야 할 논점," 「정보와 법 연구」 제 2 호 (2000. 2. 28).

_____, "독일 금융산업에서의 겸업주의의 최근 동향," 「비교사법」 제13권 제 1 호 (2006).

_____, "미국 금융법상 민사금전벌 제도에 관한 연구," 「저스티스」 제103호 (2008. 4).

_____, "미국의 은행합병정책 변화 추세와 우리 금융시장에 대한 시사점 분석," 「상사법연구」 제21권 제 4 호 (2003).

_____, "산업자본의 은행소유와 관련한 법적 쟁점," 「증권법연구」 제 2 권 제 2 호 (2001. 12).

_____, "은행법상 대주주의 이해상충규제에 관한 연구," 「금융법연구」 제 2 권 제 2 호 (2005).

_____, "은행이사의 선관주의의무와 경영판단의 법칙," 「상사판례연구(VI)」 (박영사, 2006).

_____, "은행주식 소유규제에 관한 일고," 「기업법연구」 제20권 제 1 호 (2006).

_____, "인터넷전문은행의 도입에 즈음한 은산분리 정책의 재검토: 은행법상 소유규제 위반시 사법적 효력," 「금융법연구」 제12권 제 3 호 (2015).

_____, "자본시장통합법상 자금수탁자 의무의 전면적인 도입 필요성," 「금융법연구」 제

4권 제 1 호 (2007).

김우진, "신BIS협약의 영향 및 시사점,"「주간 금융브리프 13권 38호」(2004. 10. 23 ~ 10. 29).

김종현, "[금감위 업무보고]인터넷전문은행 곧 등장," 연합뉴스 (2000. 3. 23).

박수진, "부실銀에 5조 6천억원 29일 투입 … 예보, 주식매수대금 포함," 한국경제신문 (2000. 12. 29).

박희선, "금융안정화를 위한 주요국의 감독정책 현황,"「자본시장 Weekly」 2009-36호 (2009. 9).

서경환, "금융기관의 파산과 관련한 실무상 문제점,"「재판자료 제83집: 파산법의 제문제 [하]」(1999).

송상현, "주식회사이사의 충실의무론,"「서울대 법학」 제14권 제 2 호 (1973. 12).

신승민, "인터넷전문은행 1년 성적표",「월간조선」 (2018. 5).

오종근, "우리나라 은행민영화의 경험과 시사점,"「금융경제연구」 (한국은행 특별연구실, 1999. 11).

이미아, "[Global Issue] 회사 망쳐놓고 두둑한 보너스? … 양심에 털난 AIG 임직원들," 한 국경제신문 (2009. 3. 20).

이백규, "금융지주회사제도 현황과 발전방향,"「신한리뷰」 2000 가을 제13권 제 3 호 (2000).

이수진, "미국 인터넷전문은행 인가 사례 및 시사점",「주간 금융브리프」 제24권 제21호 (2015. 5).

이원기, "주요국 은행의 산업자본과의 관계,"「한국은행 조사연구자료」 99-9 (1999. 4)

이지훈의 경제 돋보기, "금융위기 美는 전면 수술 … 한국은 버티기," 조선일보 (2009. 3. 14).

이진우·박태준, "금융社 회생기운 완연 —은행권 대규모 영업익에 충당금부담 덜어, 보 험·종금등 적자 벗어나 흑자반전 성공—,"「서울경제신문」 (2001. 6. 19).

이현진, "미국 ABS시장의 현황과 규제의 변화방향,"「자본시장 Weekly」 2009-36호 (2009. 9).

임정하, "착오송금의 분쟁해결지원과 관련 법리의 재검토 —예금자보호법 개정안을 중심 으로—,"「은행법연구」 제12권 제 1 호 (2019. 5).

전성인, "은행소유규제 완화 및 자본시장통합법 시행과 관련한 정책현안 분석," (한국금 융연구원 정책세미나 발표자료, 2008. 11. 21).

정경민, "정현준 게이트 수법," 중앙일보 (2000. 10. 26).

정윤모, "미국 금융위기를 통해 본 SEC의 감독기능," 「자본시장 Weekly」, 2008-41호
    (2008. 10. 14. ~ 10. 20).

최영희, "금융지주회사 제도 개선 방향에 대한 공청회 토론요지" (금융지주회사법 공청회
    자료, 2000. 6. 15).

한국은행 기획부 법규과, "한국은행법 개정관련질의에 대한 교수회신내용" (1997. 7).

한상범, "월가의 금융위기와 자기자본규제," 「자본시장 Weekly」, 2008-40호 (2008. 10.
    7 ~ 10. 13).

황지석, "Special Report: 바젤Ⅲ 도입과 조건부자본증권 성장 배경," NICE Fixed Income
    Review (2014. 12. 5).

## Ⅱ. 외국문헌

### 1. 단행본

高月昭年, 「米國銀行法」 (金融財政事情研究會, 2001).

小山嘉昭, 「詳解 銀行法」 (金融財政事情研究會, 2004).

Alexander, Kern *et al.*, *Global Convergence of Financial Systems* (2006).

Bhala, Raj K., *Foreign Bank Regulation After BCCI* (1994).

Canals, Jordi, *Universal Banking — International Comparisons and Theoretical Perspec-
    tives* (1997).

Chorafas, Dimitris N., *New Regulation of the Financial Industry* (2000).

Cranston, Ross, *Principles of Banking Law* (1997).

Dewatripont, Mathias & Jean Tirole, *The Prudential Regulation of Banks* (1994).

Das, Udaibir & Marc Quintyn, *Crisis Prevention and Crisis Management − The Role of
    Regulatory Governance*, IMF Working Paper (2002).

Deutsche Bundesbank, *Development of Banking Industry*, Monthly Report (March 1998).

Dugger, Robert H., *Financial Soundness and Deposit Insurance Reform: Comments on the
    Continental Illinois National Bank Experience, in Proceedings: A Conference on
    Bank Structure and Competition* (Federal Res. Bank of Chicago 1985).

Duncan E. Alford, *Core Principles for Effective Banking Supervision : An Enforceable
    International Financial Standard?*, 28 B.C. Int'l & Comp. L. Rev. 237 (2005).

FDIC, *General Counsel Opinion No. 8* (July 16, 1996).

_____, *Managing the Crisis: The FDIC and RTC Experience 1980-1994* (1998).

Ferran, Eilis & Charles A.E. Goodhart, *Regulating Financial Services and Markets in the*

*21st Century* (2001).

Fitch, Thomas, *Dictionary of Banking Terms* (2d ed. 1993).

Gerster, Cornelia *et al.*, *European Banking and Financial Services Law* (2004).

*Gesetz über das Kreditwesen* (2014).

Goodhart, Charles *et al.*, *Financial Regulation: Why, how and where now?* (1998).

Hawkins, John & Philip Turner, *Bank Restructuring in Practice: An Overview*, Bank for International Settlements Policy Papers No. 6 (August 1999).

Jeunemaître, Alain, *Financial Markets Regulation: A Practitioner's Perspective* (1997). Kaufman, Henry, *On Money and Markets: A Wall Street Memoir* (2000).

Kirsch, Clifford E., *The Financial Services Revolution* (1997).

Krahnen, Jan Pieter & Reinhard H. Schmidt, *The German Financial System* (2004).

Macey, Jonathan R. & Geoffrey P. Miller, *Banking Law and Regulation* (2d ed. 1997).

McCoy, Patricia A., *Banking Law Manual* (2d ed. 2003).

_____, *Banking Law: Financial Modernization after Gramm-Leach-Bliley* (2002).

Office of the Comptroller of the Currency, *Analysis of the Safety Net Subsidy Issue* (1997).

Quintyn, Marc & Michael Taylor, *Regulatory and Supervisory Independence and Financial Stability*, IMF Working Paper WP/02/46 (2002).

Saunders, Anthony & Ingo Walter, *Universal Banking in the United States — What Could We Gain? What Could We Lose?* (1994).

_____, *Universal Banking: Financial System Design Recommended* (1994).

Scott, Hal S. & Philip A. Wellons, *International Finance; Transactions, Policy and Regulation* (6th ed. 1999).

Stern, Gary H. & Ron J. Feldman, *Too Big to Fail: The Hazards of Bank Bailouts* (2004).

United States Department of Treasury, *Modernizing the Financial System — Recommendations for Safer, More Competitive Banks* (February 1991).

US General Accountability Office, *Industrial Loan Corporations: Recent Asset Growth and Commercial Interest Highlight Differences in Regulatory Authority*, GAO-05-621 (September 2005).

Zhang, Peter G., *Barings Bankruptcy and Financial Derivatives* (1995).

Zisman, Barry S. *et al.*, *Banks and Thrifts: Government Enforcement and Receivership* (2004).

## 2. 논문 등

中原茂樹, "證券取引法上の過徴金について," 「現代の行政紛爭: 小高 剛先生古稀祝賀」, 成
　　文堂 (2005).

Adams, Edward S. & John H. Matheson, *Corporations and Other Business Associations
　　Statutes, Rules and Forms*, 86 (WEST 1996).

Adler, Joe, *Approval for GM ILC Deal Pleases Industry*, American Banker (Nov. 17,
　　2006).

Ardal, Dan C., *Consumer Protection Issues in Home Banking, Electronic Developments:
　　U.C.C. and Selected Regulatory Pespectives*, 1996 ABA Sec. Bus. L. 25 (1996).

Aspinwall, Richard, *On the "Specialness" of Banking*, 7 Issues in Banking Reg. 16
　　(1983).

Baum, Theodor & Michael Gruson, *The German Banking System: System of the Future?*,
　　19 Brooklyn J. Int'l Law 101 (1993).

Bingaman, Anne K., *Antitrust and Banking*, 41 The Antitrust Bull. 465 (1996).

Biswas, Rita & Horst Löchel, *Recent Trends in U.S. and German Banking: Convergence
　　or Divergence*, Hochschule für Bankwirtschaft/HFB No. 29 (2001).

Blackwell, Rob, *Superior's Uninsured $66 Million: Fuel for Reform*, American Banker
　　(Aug. 14, 2001).

Board of Governors of the Federal Reserve System, *Bank Holding Companies and Change
　　in Bank Control (Regulation Y): Amendments to Restrictions in the Board's Section
　　20 Orders*, 62 Fed. Res. Bull. 45295 (August 27, 1997).

_____, *Policy Statement on Equity Investments in Banks and Bank Holding Companies*
　　(September 22, 2008).

Booth, Charles D., *Recognition of Foreign Bankruptcies: An Analysis and Critique of
　　Inconsistent Approaches of United States Courts*, 66 Am. Bankr. L. J. 135 (1992).

Burke, Jim, *Divestitures as an Antitrust Remedy in Bank Merger*, No. 1998-14, Financial
　　and Economic Discussion Series, Board of Governors of the Federal Reserve System
　　(1998).

Burke Ⅳ, Michael E., *Improving China's Bank Regulation to Avoid the Asian Bank
　　Contagion*, 17 UCLA Pac. Basin L. J. 32 (Summer 1999).

Byrne, John J. *et al.*, *Examing the Increase in Federal Regulatory Requirements and
　　Penalties: Is Banking Facing Another Troubled Decade?*, 24 Cap. U. L. Rev. 1
　　(1995).

Cecchetti, Stephen G., *The Future of Financial Intermediation and Regulation: An*

*Overview,* 5 Curr. Issues in Econ. & Fin. (Fed. Res. Bank of N.Y. 1999).

Cheh, Mary M., *Constitutional Limits on Using Civil Remedies to Achieve Criminal Law Objectives: Understanding and Transcending the Criminal-Civil Law Distinction,* 42 Hastings L. J. 1325 (July 1991).

Clark, Robert C., *The Regulation of Financial Holding Companies,* 92 Harv. L. Rev. 787 (1979).

_____, *The Soundness of Financial Intermediaries,* 86 Yale L. J. 1 (1976).

Corrigan, E. Gerald, *The Banking-Commerce Controversy Revisited,* Quarterly Review Federal Reserve Bank of New York (Spring 1991).

Cray, Douglas W., *Bancorp on Coast Reveals Problems,* N.Y. Times (Dec. 31, 1973).

Douglas, John L., *Cyberbanking: Legal and Regulatory Considerations for Banking Organizations,* 4 N.C. Banking Inst. 57 (April 2000).

_____, *The Liability of Directors of Financial Institutions,* 532 PLI/Lit 175 (October 1995).

Eads, Linda S., *Separating Crime from Punishment: The Constitutional Implications of United States v. Halper,* 68 Wash. U. L. Q. 929 (1990).

Eisenbeis, Robert A. et al., *Benefits of Bank Diversification: The Evidence from Shareholder Returns,* The Journal of Finance Vol. 39 No. 3, 881 (July 1984).

FDIC, *Industrial Bank Subsidiaries of Financial Companies: Notice of Proposed Rulemaking,* 72 Fed. Reg. 5217 (2007).

_____, *Moratorium on Certain Industrial Bank Applications and Notices: Limited Extension of Moratorium,* 72 Fed. Reg. 5290 (Feb. 5, 2007).

_____, *Statement of Policy on Assistance to Operating Insured Banks and Savings Associations,* 55 Fed. Reg. 12, 599 (1990).

Feldman, Ron J. & Arthur J. Rolnick, *Fixing FDICIA: A Plan to Address the Too-Big-To-Fail Problem,* Federal Reserve Bank of Minneapolis 1997 Annual Report Essay (1998).

Ferran, Eilis, *Examing the United Kingdom's Experience in Adopting the Single Financial Regulator Model,* 28 Brook. K. Int'l L. 257 (2003).

Fields, L. Paige & Donald R. Fraser, *On the Compensation Implications of Commercial Bank Entry into investment Banking,* 23 Journal of Banking & Finance 1261 (1999).

Fisher, Daniel R. et al., *The Regulation of Banks and Bank Holding Companies,* 73 Va. L. Rev. 301 (1987).

Fisher-Haydis, E. Marty & Kara R. Yancey, *Development in Banking Law: 1996 — VII.*

*Electronic Banking*, 16 Ann. Rev. Banking L. 76 (1997).

Fromson, Brett D. & Jerry Knight, *The Saving of Citibank*, Washington Post (June 16, 1993).

Garten, Helen A., *A Political Analysis of Bank Failure Resolution*, 74 B. U. L. Rev. 429 (1994).

Glosband, Daniel M. & Christopher T. Katucki, *Claims and Priorities in Ancillary Proceedings under Section 304*, 17 Brook. J. Int'l L. 477 (1991).

Greenspan, Alan, *Remarks at the Conference on Bank Structure and Competition of the Federal Reserve Bank of Chicago* (May 1, 1997).

_____, *Statement before the Committee on Banking, Housing & Urban Affairs, U.S. Senate*, 76 Fed. Res. Bull. 731 (1990).

Hadjiemmanuil, Christos D., *Central Bankers' "Club" Law and Transitional Economies: Banking Reform and the Reception of the Basel Standards of Prudential Supervision in Eastern Europe and the Former Soviet Union*, in Joseph J. Norton & Mads Andenas ed., *Emerging Financial Markets and the Role of Internaitonal Financial Organizations* (1996).

Hagerty, James R. & Joann S. Lublin, *Regulatory Crackdown Fear Drove Countrywide Deal*, Wall St. J. (Jan. 29, 2008).

Hanweck, Gerald A., *The Issue of the Federal Safety Net Subsidy: Evidence from the Pricing of Bank Company Subordinated Debt, in Bank Corporate Structure and Public Policy: Do Banks Receive a Federal Safety Net Subsidy?*, Financial Services Roundtable (June 1999).

Helfer, Ricki, *Testimony on Financial Modernization*, Hearings before the Subcommittee on Capital Markets, Securities, & Government Sponsored Enterprises, Committee on Banking & Financial Services, U.S. House of Representatives, 105th Cong., 1st Sess. (March 5, 1997).

Hoenig, Thomas M., *Financial Modernization: Implications for the Safety Net*, 49 Mercer L. Rev. 787 (1998).

Honsberger, John D., *Conflict of Laws and the Bankruptcy Reform Act of 1978*, 30 Case W. Res. L. Rev. 631 (1980).

Hughes, Kirsty & Christine Oughton, *Diversification, Multi-market Contact and Profitability*, 60 Economica, 203 (1993).

IMF, Republic of Korea Financial Sector Assessment Program : Detailed Assessment of Compliance on the Basel Core Principles for Effective Banking Supervision, IMF

Country Report No. 14/310 (October 2014).

Isidore, Chris, *GMAC seeks bailout: General Motors' finance arm seeks capital infusion from Treasury as it files to become bank holding company* (available in http://money.cnn.com).

Jackson, Howell E., *The Expanding Obligation of Financial Holding Companies*, 107 Harv. L. Rev. 507 (1994).

Jones, David & John Mingo, *Industry Practices in Credit Risk Modeling and Internal Capital Allocations: Implications for a Models-Based Regulatory Capital Standard*, Econ. Pol'y Rep. Fed. Reserve Bank (N.Y., Oct. 1998).

Justice Department, *Fed Clear Bank Merger: NationsBank Agrees to Divestiture*, BNA Banking Rep. 866-867 (Dec. 15, 1997).

Kawasaki, Raymund G., *Liability of Attorneys, Accounts, Appraisers, and Other Independent Contractors under the Financial Institutions Reform, Recovery, and Enforcement Act of 1989*, 42 Hastings L.J. 249 (1990).

Keene, Robert, *Don't Let Costs Drive Customers Away*, Am. Banker (May 14, 1999).

Kraft, Todd & Allison Aranson, *Transnational Bankruptcies: The Section 304 and Beyond*, 1993 Colum. Bus. L. Rev. 329 (1993).

Kroszner, Randall S., *Bank Regulation: Will Regulators Catch Up with the Market?*, Cato Inst. Briefing Paper No. 45 (1999).

Lee, Lawrence L.C., *The Basel Accords as Soft Law: Strengthening International Banking Supervision*, 39 Va. J. Int'l L. 1 (1998).

Lichtenstein, Cynthia C., *Dealing with Sovereign Liquidity Crises: New International Initiatives for the New World of Volatile Capital Flows to and from Emerging Markets*, 29 McGeorge L. Rev. 807 (Summer 1998).

Litan, Robert E., *Evaluating and Controlling the Risks of Financial Product Deregulation*, 3 Yale J. on Reg. 1 (1985).

Longstreth, Bevis & Ivan E. Mattei, *Organizational Freedom for Banks: The Case in Support*, 97 Colum. L. Rev. 1895 (October 1997).

Lovett, William A., *Moral Hazard, Bank Supervision and Risk-Based Capital Requirements*, 49 Ohio St. L.J. 1365 (1989).

MacDonald, Alistair & Carrick Mollenkamp, *U.K.'s Nothern Rock Move Hoghlights Risk to Taxpayers: Nationalization Opens New Stage in Financial Crisis*, Wall St. J. (Feb. 19, 2008).

Macey, Jonathan R. & Geoffrey P. Miller, *Bank Failures, Risk Monitoring, and the*

*Market for Bank Control*, 88 Colum. L. Rev. 1153 (1988).

Malloy, Michael P., *Nothing to Fear but FIRREA Itself; Revising and Reshaping the Enforcement Process of Federal Bank Regulation*, 50 Ohio St. L. J. 1117 (1989).

Marcucci, Jacqueline, *Notes & Comments: The Brave New World of Banking on the Internet: The Revolution of Our Banking Practices*, 23 Nova L. Rev. 739, 740 (Winter 1999).

McLaughlin, Elizabeth A., *Civil Money Penalties in the Financial Institutions Reform, Recovery, and Enforcement Act of 1989: An Analysis*, 12 Geo. Mason U. L. Rev. 289 (1990).

Mester, Loretta J., *Testing for Expense Preference Behavior: Mutual versus Stock Savings and Loans*, Rand Journal of Economics Vol. 20 No. 4, 483 (Winter 1989).

_____, *Traditional and Nontraditional Banking: An Information − Theretic Approach*, 16 Journal of Banking and Finance 562 (1992).

Mingo, Jone, *Toward an Internal Models' Capital Standard for Large Multinational Banking Companies*, 80 J. Lending & Credit Risk Management 49 (1998).

Morales, Stacey A. & Barbara A. Deutsch, *Bankruptcy Code Section 304 and U.S. Recognition of Foreign Bankruptcies: The Tyranny of Comity*, 39 Bus. Law 1573 (1984).

Nance, Mark E. & Bernd Singhof, *Banking's Influence over Non-bank Companies after Glass-Steagall: A German Universal Comparison*, 14 Emory Int'l L. Rev. 1305 (Fall 2000).

Office of the Comptroller of the Currency, *Conditional Approval #1205*, September 2018.

Raghaven, Anita & Mitchell Pacelle, *To the Rescue: A Hedge Fund Falters and Big Banks Agree to Ante Up $3.5 Billion*, Wall Street Journal (September 24, 1998).

*Remarks, Implementing the Gramm-Leach-Bliley Act* by Laurence H. Meyer, Member, Board of Governors of the Federal Reserve System before the American Law Institute and American Bar Association (February 3, 2000).

Sandez, Christine, *The Extension of Comity to Foreign Bankruptcy Proceedings: Philadelphia Gear Corp. v. Philadelphia Gear De Mexico, S.A.*, 20 N.C.J. Int'l L. & Comp. Reg. 629 (1995).

Sardegna, Robin W., *No Longer in Jeopardy: The Impact of Hudson v. United States on the Constitutional Validity of Civil Monetary Penalties for Violations of Securities Laws under the Double Jeopardy Clause*, 33 Val. U. L. Rev. 115 (Fall 1998).

Saunders, Anthony & Pierre Yourougou, *Are Banks Special? The Separation of Banking from Commerce and Interest Rate Risk*, Journal of Economics and Business Vol. 42 No. 2, 171 (May 1990).

Saunders, Anthony, *Banking and Commerce: An Overview of the Public Policy Issues*, 18 Journal of Banking and Finance 231 (1994).

Schooner, Heidi Mandanis, *Fiduciary Duties' Demanding Cousin: Bank Director Liability for Unsafe and Unsounding Banking Practices*, 63 Geo. Wash. L. Rev. 175 (1995).

Schooner, Heidi Mandanis & Michael Taylor, *Convergence and Competition: The Case of Bank Regulation in Britain and the United States*, 20 Mich. J. Int'l L. 595 (1999).

Scott, Hal S., *Supervision of International Banking Post-BCCI*, 8 Ga. St. U. L. Rev. 487 (1992).

Shull, Bernard, *Provisional Markets, Relevant Markets and Banking Markets: The Justice Department's Merger Guidelines in Wise County, Virginia*, 34 The Antitrust Bulletin 411 (1989).

Shull, Bernard & Gerald A. Hanweck, *Bank Merger Policy: Proposals for Change*, Banking Law Journal 217 (March 2002).

Shull, Bernard & Lawrence J. White, *The Right Corporate Structure for Expanded Bank Activities*, 115 Banking L. J. 446 (May 1998).

Smith Ⅲ, Dwight C. & Jonathan H. Talcott, *Asset Preservation Orders by the Office of Thrift Supervision*, 8 St. John's J. L. Comm. 405 (1993).

Stigler, George J., *The Theory of Economic Regulation*, Bell Journal of Economics and Management Science Vol. 6, No. 2 (1971).

Tarbert, Heath Price, *Are International Capital Adequacy Rules Adequate? The Basel Accord and Beyond*, 148 U. Pa. L. Rev. 1771 (May 2000).

Taylor, Dennis, *Traditional Banks Get "Wake-Up Call" From Internet Firm*, Bus. J. (June 18, 1999).

*Testimony of FRB Chariman Ben S. Bernanke before the Joint Economic Committee*, US Congress (April 2, 2008).

Thomas C. Baxter, Jr., *Governing the Financial or Bank Holding Company : How Legal Infrastructure Can Facilitate Consolidated Risk Management*, Federal Reserve Bank of New York Vol. 9, No. 3 (March 2003).

Thomson, Robert B., *Piercing the Corporate Veil: An Emperical Study*, 76 Cornell L. Rev. 1036 (1991).

Wilmarth, Jr., Arthur E., *Subprime Crisis Confirms Wisdom of Separating Banking and Commerce*, 27 No. 5. Banking & Fin. Services Pol'y Rep. 1 (May 2008).

_____, *The Transformation of the U.S. Financial Services Industry, 1975-2000: Competition, Consolidation and Increased Risks*, 2002 U. of Illinois L. Rev. 215 (2002).

_____, *Too Big to Fail, Too Few to Serve? The Potential Risks of Nationwide Banks*, 77 Iowa L. Rev. 957 (1992).

_____, *Wal-mart and the Separation of Banking and Commerce*, 39 Connecticut L. Rev. 1539 (2007).

Wriston, Walter, *Testimony, Hearings before the Committee on Banking, Housing & Urban Affairs, U.S. Senate*, Part II, 97th Cong., 1st Sess. (Oct. 29, 1981).

Zaring, David, *International Law by Other Means: The Twilight Existence of International Financial Regulatory Organizations*, 33 Tex. Int'l L. J. 281 (1998).

# 판례색인

# 우리말색인

# 외국어색인

**[ M ]**

M1    16

M2    16

M&A finder    185

main bank    304

Management Risk    82

market discipline    23, 319

market-extension mergers    434

MCorp Fin., Inc. v. Board of Governors    152

mission statement    471

moral hazard    17, 19, 298

**[ N ]**

nationwide bank    87, 340

Net Stable Funding Ratio    69

Nicholas Leeson    54

Nothern Rock    11

**[ O ]**

OCC    335

off-site analysis    454

on-site inspections    454

operational risk    54, 59, 344

**[ P ]**

Pillar 3    60

prohibition order    474

prompt corrective action    42, 79, 400

prudent man    240

prudent person    240

prudential regulation    12, 40, 466

public subsidy    13, 225, 296

Pure Universal Bank    303

**[ Q ]**

quasi-insider    150

**[ R ]**

Race to the Bottom    43

recklessness    489

regional bank    87

regualtroy arbitrage    52

Regulation Y    174

regulatory arbitrage    453

regulatory capital    62

Repo    194

Reputation Risk    17, 82, 319, 345

Restatement (Second) of Torts § 552    260

Riegle-Neal Interstate Banking and Branching Efficiency Act    433, 438

ring fencing    426

run to the court    428

**[ S ]**

safety and soundness regulation    12

safety net    9, 15, 297

Sarbanes-Oxley    11, 231

savings and loan associations    5

security risks    344

self-dealing    201, 314

self-imposed censorship    457

social overhead capital, SOC    95

Soft International Law    44

soft law    45

special tribunal    469

Standardised Approach    56

Stipulation and Consent Order    492

straight deposit payoff    407

structuring    36

## 저자약력

### 김용재(金容載)
서울대학교 법과대학 사법학과 졸업(법학사)
서울대학교 대학원 법학과 석사과정 졸업(법학석사)
서울대학교 대학원 법학과 박사과정 수료
미국 위스콘신-매디슨 주립대학교 법학전문대학원 박사과정 졸업(법학박사)
교육인적자원부 국비유학 장학생
대법원 재판연구관
금융위원회 금융발전심의위원
금융투자협회 자율규제위원

현)
고려대학교 법학전문대학원 교수(은행법, 자본시장법, 기업금융법 전임)
금융위원회 법령해석심의위원
금융감독원 제재심의위원
한국거래소 시장감시위원

### 저서 및 논문
자본시장과 법(개정판), 고려대학교 출판문화원(2017)
"가칭 통합금융법 추진에 대한 비판: 은행의 특수성과 시스템규제의 분리 필요성", 금융법연구,
　　제1권 제1호(2004. 6)
"바즐위원회의 자본적정성 기준에 관한 소고", 증권법연구, 제6권 제2호(2005. 12)
"은행주식 소유규제에 관한 일고", 기업법연구, 제20권 제1호(2006. 3)
"미국 금융법상 민사금전벌 제도에 관한 연구", 저스티스, 제103호(2008. 4)
"금융실명제상 규제차익의 해소와 실명확인절차의 선진화 필요성", 증권법연구, 제14권 제2호
　　(2013. 8)
"KIKO 사건의 주요 쟁점에 관한 법리적 재검토", 저스티스, 제140호 (2014. 2)
"인터넷전문은행의 도입에 즈음한 은산분리정책의 재검토: 은행법상 소유규제 위반시 사법적
　　효력", 금융법연구 제12권 제3호 (2015. 12) 외 다수

제 3 판
은행법원론

초판발행      2010년  2월 10일
제 3 판발행   2019년  8월 30일

지은이       김용재
펴낸이       안종만·안상준

편  집       김선민
기획/마케팅   조성호
표지디자인    박현정
제  작       우인도·고철민

펴낸곳       (주) **박영사**
             서울특별시 종로구 새문안로3길 36, 1601
             등록  1959. 3. 11. 제300-1959-1호(倫)
전  화       02)733-6771
f a x        02)736-4818
e-mail       pys@pybook.co.kr
homepage     www.pybook.co.kr
ISBN         979-11-303-3474-5   93360

* 잘못된 책은 바꿔드립니다. 본서의 무단복제행위를 금합니다.
* 저자와 협의하여 인지첩부를 생략합니다.

정 가       33,000원